KB260768

위클리비즈 i

일러두기

1. 이 책은 〈조선일보〉 주말 프리미엄 경제섹션인 '위클리비즈'의 인터뷰 기사 모음집입니다. 단행본 편집 과정에서 기호 사용, 띄어쓰기, 맞춤법 적용 외에는 원문 기사가 가진 현장성을 최대한 살리고자 했습니다. 일부 시의성이 떨어질 수 있는 내용을 그대로 실은 것은 당시의 인터뷰이(interviewee) 의견을 지금 상황과 비교해 보는 것도 의미가 있다고 판단했기 때문입니다.

2. 본문에 명시된 책 중 한국어판으로 출간된 책은 원서 제목을 함께 표기하지 않았습니다. 국내 미출간된 책의 경우만 원서 제목을 함께 표기하였습니다.

3. 책은 《 》으로 신문, 잡지, 영화 등은 〈 〉으로 표기했습니다.

4. 각 인터뷰이의 〈조선일보〉 기사 게재일 및 필자, 사진·일러스트 출처는 책 말미에 수록돼 있습니다. 포토파크(www.photopark.com)를 통해 구입한 사진·일러스트는 따로 출처를 밝히지 않았습니다.

5. 이 책에 사용된 사진·일러스트는 대부분 저작권자의 동의를 얻었습니다만, 저작권자를 찾지 못하여 게재 허락을 받지 못한 사진·일러스트에 대해서는 저작권자가 확인되는 대로 게재 허락을 받고 정식 동의 절차를 밟겠습니다.

6. 이 책은 실로 꿰매어 제본하는 정통적인 사철 방식으로 만들어졌습니다. 사철 방식으로 제본된 책은 안쪽까지 잘 펼쳐지며 오랫동안 보관해도 손상되지 않습니다.

위클리비즈

| 조선일보 위클리비즈 팀 지음 |

21세기북스

세계적 경제·경영 대가들의 통찰력과 만난다

한 가지 일에서 대성한 사람에게는 향기가 있다. 우리는 많은 대가들을 만나면서 그 향기를 느낄 수 있었다. 우리가 〈조선일보〉의 주말 프리미엄 경제섹션인 '위클리비즈(WeeklyBIZ)'를 만들면서 세계적인 경제·경영 대가와 CEO들을 만날 수 있었던 것은 큰 축복이었다. 짧은 만남이었지만 우리는 그들의 정수(精髓)에서 나오는 지혜를 접하면서 많은 깨달음을 얻었고, 독자들과 그것을 나누었다. 100년 만에 최악이라는 글로벌 경제 위기 속에 대가들의 따뜻하고도 통찰력 있는 조언은 우리가 흔들리지 않고 중심을 잡는 데 큰 도움이 됐다.

많은 독자들이 우리에게 어떻게 그 많은 세계적 대가들을 인터뷰할 수 있느냐고 물어온다. 물론 쉽지 않았다. 처음엔 '이런 인물들과의 인터뷰를 매주 추진한다는 것 자체가 가능할까'라는 회의적인 시각도 있었다. 그러나 의지를 갖고 〈조선일보〉의 전사적 역량을 총동원함으로써 한 명 한 명 섭외할 수 있었다. 나중에는 유명 인사들을 인터뷰했다는 사실 자체가 하나의 브랜드가 되어 우리가 요청하지 않아도 인터뷰를 해달라는 요청이 저절로 들어오는 일이 늘어났다. G20 의장국이 되는 등 글로벌 무대에서 날로 발언권이 커지는 한국의 파워가 일조했음은 물론이다.

한 사람을 인터뷰하기 위해서는 많은 노력이 필요하다. 인터뷰 섭외에 6개월~1년이 걸리는 경우가 허다하고, 인터뷰가 확정된 뒤에는 인터뷰 대상이 쓴 책과 자료를 샅샅이 훑어본다. 한 명의 인터뷰이를 위해 그 사람이 쓴 5권, 10권의 책을 읽는 경우도 많다. 짧은 인터뷰지만 그들로부터 지혜의 정수를 뽑아 독자들에게 전달하기 위해 공들여 사전 조사를 해야 한다.

위클리비즈의 인터뷰는 신문 2~3개 면에 걸쳐서 쓸 정도로 충분히 길고, 깊이가 있으며, 마치 바로 옆에서 이야기하는 것처럼 생생하다는 것이 특징이다. 이 책은 위클리비즈 창간 이후 3년여 동안 실린 인터뷰 중에서도 지금 독자들에게 가장 유익하고 필요할 것이라고 생각되는 것들을 다시 추려낸, 그야말로 지혜의 '농축 엑기스'라고 할 수 있다.

세계 경제가 최악의 위기에서는 벗어났지만, 앞으로도 당분간 큰 불확실성 속을 걸어가야 할 것은 분명하다. 그 길을 걸어가는 데 이 책이 조금이나마 도움이 됐으면 하는 바람이다.

이 책은 〈조선일보〉 그리고 '위클리비즈' 없이는 태어날 수 없었다. 독자의 폭이 한정될 수밖에 없는, 고급 지면 위클리비즈를 만들겠다는 쉽지 않은 결단을 내리고 필자에게 편집장이 되는 기회를 허락해주신 〈조선일보〉 방상훈 사장님, 그리고 늘 따뜻하게 격려하고 조언해주신 김문순 발행인, 변용식 편집인, 김창기 전 편집국장, 홍준호 편집국장, 그리고 위클리비즈 초대 편집장인 이광회 선배와 2대 편집장 박종세 뉴욕 특파원을 비롯한 위클리비즈 전현직 팀원들, 이밖에 일일이 거명하지 못한 조선일보의 선후배, 동료들에게 깊이 감사드린다.

또한 위클리비즈가 '글로벌한 시각과 심층 분석'이라는 편집 방침을 유지하고 방향이 어긋나지 않도록 늘 관심을 가지고 지켜보고 조언해주시는 박영철, 홍성태, 김난도, 정동일 교수 등 위클리비즈 자문단을 비롯한 경제·경영 전문가 여러분, 지식의 수준을 높이겠다는 우리의 대의에 공감해 여러모로 도와주신 국내외 여러 기업과 유관 산업 종사자 여러분께도 감사드린다. 특히 해외에 가서도 위클리비즈는 꼭 찾아서 읽고, 주변 사람들에게도 위클리비즈를 권하며 자발적인 홍보 대사가 돼주신 위클리비즈 '광(狂) 팬' 여러분, 이 책은 여러분의 것입니다.

필자들을 대표하여
이지훈 위클리비즈 편집장

차례

야나이 다다시

유니클로(Uniqlo) 회장 겸 사장

柳井正

일본에선 의류산업을 '어패럴(apparel)산업'이라고 부른다. 1980년대 이미 급속한 쇠퇴 국면에 들어선 사양산업의 대표주자다. 특히 '패션성'이 약한 일본의 '베이직' 분야는 저임금 국가가 부상하면서 추락 속도가 훨씬 빨랐다. 고령화·저출산 현상으로 젊은층이 날로 줄어드는 일본의 시장 환경도 어패럴 산업의 몰락 속도를 더욱 빠르게 했다. 유니클로는 바로 '어패럴+베이직', 쇠퇴 요소를 두루 갖춘 브랜드이다. 이런 기업이 어떻게? 유니클로가 특히 주목받는 이유다.

사양산업을 어떻게 떠오르는 태양으로 만들었습니까?

"사양산업이라는 말 자체가 명확한 답. 지금까지 방식대론 안 돼"

과거엔 일본 하면 워크맨을 연상했지만, 이젠 '일본 = 유니클로'가 일본 사람을 대표하는 이미지일 것이다. 일본의 21세기는 2000년 한 해 동안 무려 2600만 벌이 팔려나간 유니클로의 '플리스(fleece, 폴리에틸렌으로 만든 양털처럼 부드러운 섬유)' 선풍에서 시작됐다. 21세기 첫 10년은 2008년 한 해 2800만 벌이 팔려나간 유니클로의 속옷 '히트테크(Heattech)' 선풍으로 마무리되고 있다. 유니클로 특유의 부담없는 원색(原色)이 튀는 것을 꺼리는 일본인 성향에 꼭 들어맞는 것일까. 아기부터 노인까지, 유니클로는 실로 '국민 유니폼'이다.

의류산업은 사양산업이 아닌가요? 어떻게 이런 성장을 이룰 수 있었습니까? "지갑 속의 돈이란 '무엇을 사라'고 처음부터 결정된 것이 아닙니다. 소비자는 늘 갈등해요. '레스토랑을 갈까, 옷을 살까.' '휴대전화를 살까, 옷을 살까.' '자동차를 살까, 옷을 살까.' 이런 소비자에게 옷을 선택하게 만들려면 당연히 다른 산업보다 매력 있는 상품을 내놓아야죠. 맛있는 음식은 끝없이 나옵니다. 새 휴대전화, 새 자동차도 끝없이 나오지요. 기본적으로 옷 역시 진화하는 이런 모든 제품과 경쟁하는 것입니다. 그런데 '사양산업'이라고 하니까, 경영자 자신이 그렇게 생각하지 않아요. '파이는 일정하다, 수요는 결정돼 있는 것이다. 이걸 어떻게 뺏어 먹을까'라고 생각하죠. 생각이 산업 내부에 머물러 있는 거예요. 확신과 도전정신이 없는 겁니다. 그런 방식으론 매출도, 이익도 늘어나지 못해요. 사양산업이란, 안정에서 성숙을 거쳐 쇠퇴로 진입하는 것을 뜻하지요. 그 자체가 명쾌한 답을 던집니다. '지금까지 방식대론 안 돼!'라는."

인터뷰 요청 당시, 야나이 회장은 여름 휴가 중이었다. 그런데 "휴가가 끝나면 너무 바쁘니, 차라리 휴가 중에 만나자"는 연락을 받았다. 사실상 창업자인 그는 유니클로의 지주회사 '패스트 리테일링'의 대표이사 회장 겸, 사장 겸, 상품 본부장이다.

휴가 때도 일하시네요? "휴가를 늘 3주 정도로 길게 잡아요. 2주는 완전히 쉬고. 나머지 한 주는 이렇게 보냅니다. 절반은 일하고, 절반은 놀고. 예전부터 그랬지요."

2주는 어디로 다녀오셨습니까? "마우이섬(하와이, 일본인이 가장 즐겨가는 휴양지)에 가서 골프를 쳤습니다."

여행을 즐기시나요? "아니요. 휴가 때 마우이섬에 가는 정도이지요."

하루 일과는? "아침 5시 30분에 일어나, 6시 45분 집을 나오고, 7시에 회사에 도착합니다. 그리고 오후 4~5시까지 일을 하지요. 길게 일하는 것이 싫습니다. '빨리 왔다가 빨리 가라'가 신조예요. 잔업하는 걸 아주 싫어합니다."

술, 담배는? "둘 다 전혀 안 합니다."

취미는? "골프밖에 없어요."(그는 1년에 100번 플레이를 할 정도로 일본 재계의 대표적 골프광이다.)

밤 취미는? "(웃음) 에너지가 모자라서. '낮일'만으로 지칩니다. 매일 회식·연회하는 분들을 보면, '참, 대단한 체력이네'하고 감탄합니다."

"설마, 이런 회사 사장이"

생활은 평범하군요. "그냥 착실하게 살았습니다. 회사와 집을 오가면서. 휴일만 골프. 다른 사람과 전혀 다른 생활을 한 석도 없고."

그래도 무언가 달랐겠지요. "미래에 어떻게 할 것인가를 줄곧 생각하는 것이 좀 달랐던 것 같습니다. 사람들은 대개 지금 하는 일에 너무 꼭 붙잡혀 살지요. 미래를 생각하지 않는 것은 옛 방식대로 가는 것을 말합니다. 사양산업이든, 성장산업이든 그러면 안 되는 것이 비즈니스의 법칙입니다."

2009년 일본의 최고 부자로 뽑히셨습니다(야나이 회장은 '패스트 리테일링' 주식의 26.68%를 보유 중). 깜짝 놀랐어요. 제조업의 나라 일본에서, 어패럴 사장이 어떻게? "그러게요, 저도 깜짝 놀랐습니다. (웃음) 누구도 예상 못 한 일이 아니었을까요? 사양산업에서 최고 부자가 나올 줄은.(인터뷰에 동석한 아오노 데루노부靑野光展 기업홍보팀장을 가리키며) 저 친구 면접을 할 때 우리 빌딩은 야마구치(山口)현 우베(宇部)시란 곳에 있었습니다. 한국 분들은 거의 모르는 동네일 거예요. 다 허물어져 가는 '펜슬빌딩(좁은 땅에 지어 연필처럼 얇은 일본 특유의 건물을 뜻하는 일본식 조어)'이었어요. 바닥은 무너져 있었고. 그런 곳에서 채용한 사람이에요. 저 친구, '설마 그런 곳 사장이 일본 최고 부자가 될 줄은 꿈에도 생각 못했다'고 말해요. 당연하지요. 저조차 꿈도 못 꿨으니까. 다음 하는 말은 꼭 기사에 써줬으면 좋겠어요. '사양산업이니까 안 돼'라고, 자신이 하는 일이면서도 그 일을 비하하는 사람들이 있어요. 아니에요. 어떤 장사든 새로운 산업을 만들겠다는 희망을 가지면 다 잘됩니다. 한국도, 일본도 사실 아무것도 없는 나라였어요. 일본은 2차 대전, 한국은 한국전쟁의 폐허만 있었지요. 하지만 지금은 교육이 구석까지 퍼져 나가 인재가 많고, 소비자에게 돈도 있어요. 중산층도 있고. 미국과도 가깝고. 게다가 성장 센터인 아시아에 있고, 누구나 글로벌 기업을 일으킬 수 있는 환경입니다. 방글라데시에서 사업하는 분들과 비교해 보세요. 혜택받은 곳에서 비즈니스를 하는 것입니다. 우베시에서 태어난 나도 성공했습니다. 자신의 일이 세상에서 가장 중요한 일이라고 생각하고, 희망을 가시고 하면 착착 성공할 수 있어요."

'나 홀로 승리'의 비결

유니클로는 아주 특이한 기업이다. 경제 위기

지갑 속의 돈이란 '무엇을 사라'고 처음부터 결정된 것이 아니다. 소비자는 늘 갈등한다

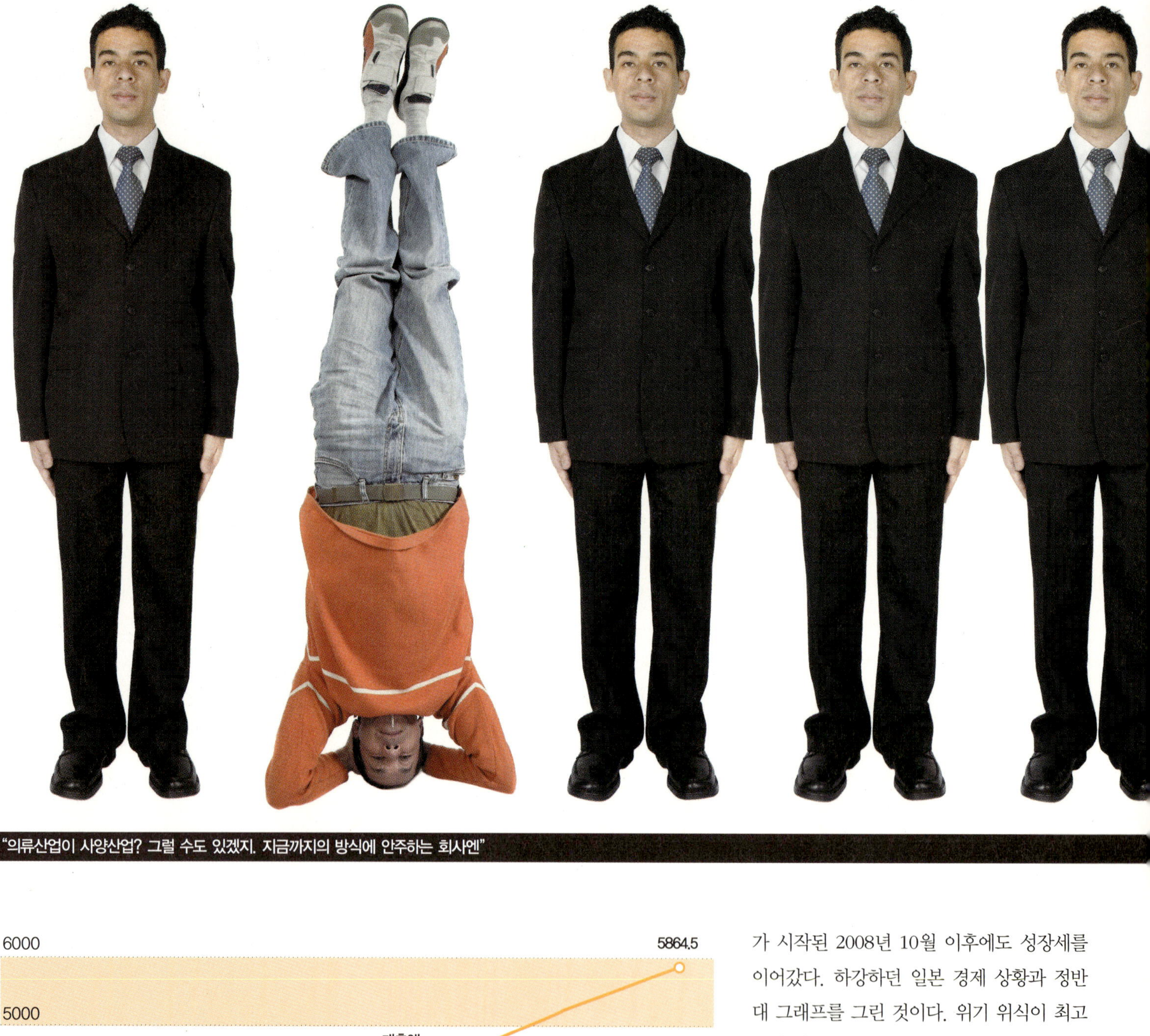

가 시작된 2008년 10월 이후에도 성장세를 이어갔다. 하강하던 일본 경제 상황과 정반대 그래프를 그린 것이다. 위기 위식이 최고조에 달했던 2008년 11월에는 매출액이 무려 32%(2007년 11월 대비)가 늘었다.

<u>일본 언론은 유니클로를 보고, '히토리가치(一人勝ち, 단 한명의 승자)'라고 합니다.</u> "아니, 전 그런 표현은 틀렸다고 말합니다. 일단 '가치(勝ち, 승리)'가 아닙니다. 매출이 작년의 2배가 됐다든가, 아니면 30% 성장, 50% 성장이 계속 이어진다면, '승리'라고 말할 수 있겠지요. 하지만 우리도 연간 평균으로 볼 때(매출 성장세가 10% 정도에 지나지 않습니다. 다소 뜨는

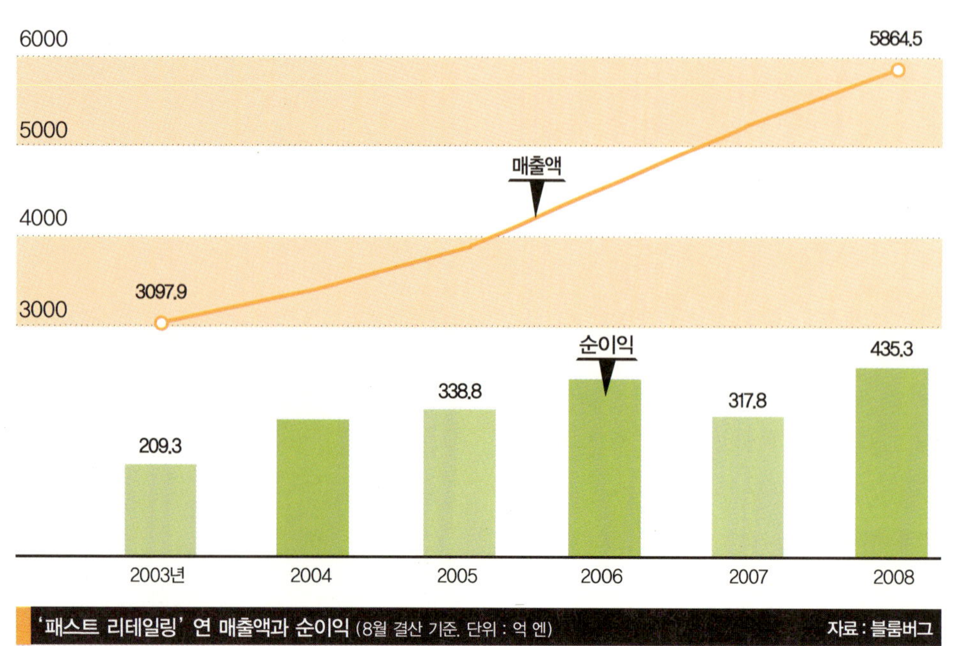

'패스트 리테일링' 연 매출액과 순이익 (8월 결산 기준. 단위 : 억 엔)   자료 : 블룸버그

ideation 새로운 생각

10p
야나이 다다시
유니클로 회장 겸 사장

18p
제프리 페퍼
스탠퍼드대 경영대학원 교수

26p
조르겐 빅 크누드스톱
레고 사장

32p
베르나르 베르베르
소설가, 《개미》《파피용》 저자

36p
번트 슈미트
컬럼비아대 경영대학원 교수

42p
잭디시 세스 &
하타무라 요타로
에모리대 경영대학원 교수 / 도쿄대 명예교수

50p
로버트 치알디니
애리조나주립대 심리학과 교수

으로 가라앉는데 홀로 뜨니까 좋아 보이는 것이지요. '승리'라고 할 수 없습니다.”

불황엔 가격이 낮은 제품이 역시 잘 팔립니다. 유니클로도 저렴한 제품입니다. 하지만 저렴하기 때문에 '뜬' 것은 아니지요. 수많은 염가 의류업체가 침몰했습니다. 유니클로는 무엇이 달랐습니까? “불황이든, 호황이든 똑같습니다. 소비자의 수요가 현실로 나타났을 때는 이미 늦은 것입니다. '현재화(顯在化, 분명히 눈에 보이는 형태로 표현하는 것)'란 말이 있지요. 잠재(潛在)수요를 현실로 내보이는 것이지요. 소비자가 무엇을 요구하고 있는가를 여러 각도에서 생각합니다. 우리가 먼저 소비자에게 '혹시 이런 것을 요구하시지 않나요? 우리가 제공해 보겠습니다'하고 제안하는 것이지요. 소비자가 광고를 보거나, 매장에서 '그래, 내가 필요한 것이 이런 것이었어'라고 느끼게 하는 것입니다. 우린 여기에 충실했지요.”

2000년 2600만 장이 팔려나간 '플리스(fleece)' 선풍이 좋은 예인 듯합니다. 그때도 일본 경제는 불황이었지요. “플리스란 상품은 이전에도 있었습니다. 소비자들 대부분이 들어본 적이 없었을 뿐이지요. 등산을 하는 사람, 윈터 스포츠를 하는 사람들 일부가 아는 상품이었어요.

면 좋지 않을까 생각했지요. 다른 사람들은 플리스라면 등산 전문점이나 아웃도어 전문점에서만 판매하는 것, 플리스를 패션 매장에서 파는 것 자체가 이상하다고 여겼습니다. 하지만 사실은 달랐지요. (기존에) 플리스를 사는 수요 역시 등산 수요보다 '후단기' 수요 쪽이 컸습니다. 플리스의 '가치'가 알려진 것과 달랐던 것이지요. 우린 진짜 가치를 제공했고, 그러니까 팔린 것입니다. 이것이 우리들의 '이노베이션'이지요.”

히로시마 → 긴자 → 세계로

2005년 도쿄에 왔을 때 긴자(銀座)에 유니클로 매장이 있는 것을 보고 놀랐습니다. 유니클로 이미지(저가 의류)와 긴자 이미지(명품 거리)는 어울리지 않았거든요. “기업은 시대와 성장에 맞춰 변화해야지요. 우리 기업은 원래 제 아버지가 양복 정장을 팔던 기성품점에서 출발했어요. 여기서 남성 캐주얼을 조금씩 팔기 시작했지요. 이것이 캐주얼 전문점으로 변했고, 캐주얼 체인점으로 진화한 것입니다. 처음엔 주로 교외(郊外) 로드사이드(대로변)에서 싼 캐주얼을 파는, 그런 평범한 체인점이었어요. 그러다 '로드사이드에서만이 아니라 도심에서도 팔아보면 어떨까' 하는 생각에 하라주쿠(原宿, 주로 10~20대가 몰리는 도쿄 쇼핑가)에 매장을 만들어 진출했지요. 플리스 선풍은 하라주쿠에서 일어난 것입니다. '어, 유니클로도 되네' 이런 확신이 생긴 뒤 긴자에 도전했지요.”

도쿄 긴자는 상징적인 곳입니다. 긴자에서 성공하면 세계 어디서든 성공할 수 있다는. “에르메스, 구찌, 아르마니 등 유럽 브랜드들은 모두 긴자의 가장 좋은 지점에 가장 큰 점포를 냅니다. 긴자는 우리 회사가 어떤 회사이고, 어떤 것을 파는가를 가장 효과적으로 알릴 수 있는 곳이지요. 긴자에 진출한 것은 하라주쿠의 성공 직후에 '해외에서도 해보자'는 생각이 들 때였습니다. 갑자기 해외로 가면 될 리가 없으니까 세계적 브랜드가 모인 긴자에서 먼저 해보자는 생각이었지요. 긴자에 들어가면서 유니클로가 비로소 일본의 '내셔널 브랜

정도이지요. 상대적으로 다른 기업이 너무(경영 실적이) 나빠서 눈에 띄는 것입니다. 전체적

이것을 겨울용 '후단기(普段着, 평상시에 입는 옷을 뜻하는 일본말)'로 만들어 대대적으로 판매하

드'로서 위치가 확립된 것입니다. 그것이 제1
기이지요. 제2기는 해외 진출입니다."

**긴자에 진출한다고 모두 성공하는 것은 아니지
요. 로드사이드 패션이 긴자에서도 통할 수 있었
던 이유는 무엇이라고 생각하십니까?** "일본 소
비자에게 세상의 옷이란 두 종류밖에 없었지
요. 값비싼 브랜드 의류와 값싼 노(No)브랜드
의류. 값싼 브랜드 의류, 결국 싸고 좋은 옷을
제공하지 못하면 도심에서 성공할 수 없었습
니다. 그래서 (판매만이 아니라) 기획에서 제조·
생산까지 스스로 하는 체제를 시작했어요. 유
니클로 1호점을 히로시마(廣島)에서 만든 것은
1984년. 1990년쯤 중국에 생산기지를 만들
면서 'SPA(speciality store retailer of private label
apparel, 대형 의류 제조 소매업)' 체제가 확립됐습
니다. 이 체제로 지금까지 19년 동안 '싼 것=
나쁜 것' 이미지를 불식시켜 나갔지요. 그러
다 보니 교외 로드사이드 점포가 일본 1등이
됐습니다."

**긴자와 하라주쿠에서 벌이는 H&M(스웨덴의 SPA)
과의 경쟁이 화제를 일으킵니다. 거대한 경쟁자
가 나타났는데요.** "다른 사람들은 H&M이 오
면 내 매출을 빼앗길 거라고 생각할지 모릅니
다. 하지만 경쟁이야말로 수요를 환기시키는
중요한 동력이라고 저는 생각합니다. 비교할
수 있는 곳에서 경쟁이 일어나면 유니클로도
팔리고, H&M도 팔리지요. 우리 업계는 이런
원칙을 잊고 있습니다."

전단지 제작까지 참여

**개인적으로 유니클로 매장엔 꼭 원하는 것, 필요
한 것이 있어서 가는 것이 아닙니다. '이번 계절
엔 어떤 물건이 나왔나' 궁금해서 가면 생각하지
못한 제가 원하는 것, 필요한 것을 발견하게 되
지요.** "그렇게 말씀해 주시면 기쁘군요. 전문
가란 그래야지요. 소비자에 관해 소비자 이상
으로 많이 알아야 합니다. 소비자 이상으로
느껴야 하고. 소비자와 비슷한 정도의 지식으
로, 소비자가 요구하는 구체적인 무언가를 제
공하려고 하면 전문가가 아니지요. 소비자들

유니클로의 캐시미어 터틀넥 스웨터

에겐 이런 것이 아니라, 오히려 이런 것이 좋
지 않을까? 이런 생각을 하면서 비즈니스의
전체 조합을 꾸미는 것이 전문가입니다."

**일본 제품의 문제점은 물건은 좋지만 불황만 되
면 팔리지 않는다는 것입니다. 지금 일본 경제가
처한 어려움도 그렇지요. 마케팅 기술이 모자란
다고 할까요.** "물론 제조 기술만으론 팔리지
않아요. 고도의 제조 기술을 가져도 우선 제품
이 되지 않으면 안 되는 것이고, 소비자에게
도움을 주는 물건이 되지 않으면 안 되는 것입
니다. 여기 플리스 천이 있어도, 천 자체는 사
는 사람 입장에선 의미가 없지요. 그저 따뜻한
천입니다. 이것을 재킷으로 만들어 겨울에 입
으면 어떨까 하는 생각이 필요하지요. 마케팅
기술의 문제가 아닙니다. '소비자에게 무슨 물
건이 좋은가'라는 생각은 결국 마케팅하는 사
람이 생각하는 것이 아니라, 경영자, 장사를
하는 머천트(merchant, 상인) 자신이 생각해야
하는 것입니다. 일본엔 원래 직인(職人) 기질의
사람들이 많지요. 직인 기질보다 상인 기질이

더 필요합니다. 이런 물건을 혹시 이렇게 팔아
보면 어떨까, 이런 방식으로 광고를 해서 이렇
게 팔면 팔리지 않을까 하는 상상력과 실행력
을 가진 토털 프로듀서가 필요한 것이지요."

**'토털 프로듀서'를 위한 구체적인 방식은 무엇입
니까?** "우리 회사는 기획, 생산, 마케팅, 머천
다이징, 판매, 이런 각 분야의 사람들이 원테
이블 미팅을 통해 결정하지요. 하나의 '크로
스 펑크션' 공간에서 시장에서 팔리는 것, 우
리가 팔고 싶은 것, 팔기 위해 요망되는 것을
늘 함께 이야기하면서 상품을 만들지요."

회장님도 직접 참가하십니까? "그렇습니다. 참
가할 수 있으면 참가합니다."

**제품 전단지를 만드는 것까지 관여하시는 것으로
알고 있습니다. 경영자로서 그런 구체적인 관여
가 필요할까요?** "필요합니다. 전단지는 신문
에 끼워 매주 배달되지만 전체 프로세스 가운
데 유니클로를 소비자에게 맨 처음 알리는 아
주 중요한 부분입니다. 부서 담당자가 만들면
담당자의 '사정'에 따라 전단지를 만들어요.
자기 부서의 상품, '우리가 만든 것인데 팔리
지 않으니 이번 기회에 팔고 싶다'는 부서 사
정이 전단지에 투영됩니다. 그런 사정에서 자
유로운 사람이 경영자입니다. 그러니까 회사
전체 입장에서 팔고 싶은 물건, 회사 전체의
의도를 전단지에 반영할 수 있지요."

**그러니 '원맨(one man) 기업'이란 소리를 듣는 것
아닐까요?** "좋은 의미의 원맨 기업이라고 생
각합니다. 당연한 이야기이지만 회장, 사장이
아무리 열심히 해도 물건은 팔리지 않아요.
직원들이 열심히 할 때 팔리는 것이 상품이지
요. 물론 제가 '원맨'인지 모릅니다. 하지만
지금 우리 물건이 시장에서 팔리는 것은 제가
원맨이기 때문이 아니라 직원이 열심히 일하
는 회사의 물건이니까 팔리는 것입니다. 직원
전체가 참가하는 회사이지요. 다만 누군가 중
심에 서 있지 않으면 안 되니까 제가 있을 뿐
이지요."

이제 환갑(1949년 2월 7일 생)을 넘기셨는데, 후계자를 생각하실 때가 아닌가 합니다. 좋은 의미든, 나쁜 의미든 '원맨 기업'은 '원맨'이 사라지는 순간, 흔들리는 경우가 많지요. 어떤 후계자를 육성하고 계십니까? "65세까지는 지금 하고 있는 현실적 경영, 일상적 집행을 그만두려고 합니다. 결국 후계자는 지금 제가 일상에서 하는 집행이 가능한 사람이어야겠지요. 그런 후계자를 육성하는 것이 지금 제 임무 중 가장 중요한 임무라고 생각합니다.

앞으론 한 사람이 끌고 가는 체제는 안 될 것입니다. 여러 팀을 만들고, 팀을 끌고 가는 리더를 육성해야겠지요."

1승9패로 충분하다

제2기는 해외 진출이라고 하셨습니다. 왜 해외에 진출해야 합니까? 그리고 지금까지 성적은? "한국도 마찬가집니다. 일본은 고령화, 소자화(少子化, 저출산)가 진행되면서 인구가 점점 줄고 있습니다. 국내뿐만이 아니라 해외로 진출하지 않으면 안 되는 상황이지요. 삼성, LG도 한국 국내 매출보다 해외 매출이 압도적으로 많지요.

소매업은 (문화가 다른 곳에서 성공하기 힘든) 가장 지역 밀착형인 업태이긴 합니다. 그래도 해외로 가는 길밖에 없습니다. 서울 명동의 유니클로는 성공적입니다. 물론 흑자를 내고 있지요. 명동 매장보다 한국을 더 대표할 만한 유니클로 매장을 만들고 싶어요. 중국 상하이의 유니클로도 흑자를 내고 있습니다."

해외의 어떤 기업을 벤치마킹하셨습니까? "갭(GAP, 미국의 SPA)도 벤치마킹했고, 예전엔 미국의 리미티드브랜즈(Limitedbrands), 영국의 막스&스펜서, 넥스트, 동남아시아의 지오다노 등도 벤치마킹했습니다."

갭이나 H&M과 비교할 때, 유니클로의 특징은 무엇이라고 보십니까? "우리는 베이직(기본형)이지요. 고품질에 패션성은 있지만, 베이직한 옷들을 판매하는 업태입니다. H&M은 '패션'을 파는 업태, 갭은 '아메리칸 라이프 스타일'을 파는 업태이지요. 각각 소비자가 요구하는 분야가 다릅니다."

고령화 말씀을 하셨는데, 노인 고객을 잡기 위한 전략은 무엇입니까? "전혀 없어요. 저도 고령자입니다만. (자신의 옷을 가리키면서) 이런 셔츠, 이런 바지, 이런 재킷을 입고 있는데, '그건 고령자용'이라고 하면 다시는 입고 싶지 않아요. '고령자 전략'이란 탁상공론이지요."

2005년 9월 1일 롯데호텔에서 열린 유니클로 론칭 행사에 참석한 야나이 회장. 맨오른쪽은 신동빈 롯데그룹 부회장

2003년에 《1승9패(一勝九敗)》란 책을 내셨습니다. 1승은 무엇이고, 9패는 무엇입니까? "사업, 장사를 하는 사람들 중에 곧잘 '연전연승하고 있다'고 하는 사람들이 있어요. 10전10승. 이런 건 있을 수가 없지요. 만약 그렇게 생각하는 사람이 있다면 성공의 기준이 낮은 사람이겠지요. 대부분 장사하는 사람들은 이기는 순간은 알아도, 지는 순간을 잘 모릅니다. 새로운 것을 안 하기 때문이지요. 장사란 새로운 수요를 창출해서 비즈니스로 만드는 것입니다. 이것이 부가가치이고, 장사의 사회적 공헌이지요. 진짜 장사에서 성공하려면 10번 중에 한 번만 승리해도 됩니다. 뒤집어 말해, 9번 실패해도 계속 도전하라는 얘기이지요. 1승9패라도 새로운 도전을 계속해서 최종적으로 고객의 요구에 맞는 업태, 상품, 매장을 만드는 것이 목표입니다."

유니클로의 실패는요? "우리도 많은 실패를 했습니다. 하지만 9번을 지는 과정에서 회사가 무너지면 안 되지요. 역시 기업이란 성장을 하는 가운데 이익을 올리는 유기체입니다. 실패를 실패로 거듭하면 무너집니다. 실패를 다음 성공의 열쇠로 삼아야 연명할 수 있지요. 지금까지 연명하는 것을 보면, 우리가 실패를 그렇게 받아들였기 때문이 아닌가 합니다. 그래서 실패가 치명적인 실패로 연결되지 않은 것이겠지요."

유니클로의 1승은요? "소비자들이 '생활 속에 유니클로가 없으면 안 되겠구나' 하고 생각하기 시작한 것, 그런 소비자 인식이 가장 큰 성공입니다."

목표는 '2020년 세계 1위'

'2010년 매출액 1조 엔, 2020년 세계 1위'가 경영 목표라고 하셨습니다. 2020년은 아직 시간이 남았으니 될 것이라고 생각합니다만, 2010년은 올해입니다. 가능합니까? (패스트 리테일링의 2008 회계연도 매출액은 5684억 엔, 세계 6위다.) "어딘가를

9패 하더라도 1승 거두면 장사 성공, 계속 도전하라

유니클로의 지주회사 '패스트 리테일링'의 회계연도는 특이하게 매년 8월에 끝난다. 따라서 패스트 리테일링의 2009 회계연도는 글로벌 경제위기에서 시작해 위기가 거의 마무리되는 시점에 끝났다고 할 수 있다. 일본 경제는 미국이나 유럽보다 더 가파르게 하강했다. 하지만 2009년 7월 발표한 2009년 8월기(期) 예상 영업이익은 전년 대비 23% 증가한 1080억 엔. 2001년 최고 영업이익 기록을 8년 만에 경신했다.

패닉(심리적 공황)에 가깝던 불황기에 기록을 경신한 이유는 물론 싼 물건에 손이 가는 불경기의 소비 패턴 덕분이기도 하지만, 이런 일반론만으로 유니클로의 '나홀로 승리'를 해석할 수는 없다. 유니클로처럼 SPA모델(제조에서 판매까지 직접 경영해 중간 유통 마진을 없애는 모델)을 추구해 가격 경쟁력을 높인 기업들 대부분이 이번 불황기에는 맥을 못 췄기 때문이다.

일본 경제지 〈닛케이(日經)비즈니스〉는 유니클로의 성공 이유를 '강한 제조업'에서 찾는다. "SPA모델로 의류 제조업에 진입한 유니클로는 남들이 모르는 자신만의 모델을 창조해 '강한 제조업'으로 진화했다. 매일 이어지는 유니클로의 '카이젠(改善, 토요타가 만들어낸 경영 용어)'은 '닛폰 모노쓰쿠리(일본 제조업)'의 모습 그 자체다." 유니클로가 최고 영업이익 기록을 세운 2001년과 2009년은 모두 일본에서 최악의 불황기로 기록된다. 하지만 유니클로는 이 두 해에 역사에 남을 '히트작'을 내놓았다.

2001년엔 '플리스(본문 참조)', 2009년엔 '히트테크'를 내놨다. 보온 내의인 히트테크는 2008년 한 해 동안 2800만 매가 팔렸다. '플리스'의 2600만 매 판매 기록을 갱신한 경이적 기록이다. 일본 국민 4명 중 1명이 입고 있다는 계산이다.

〈닛케이비즈니스〉는 "이 상품의 기반은 도레이(일본 화학회사)의 특수 기술로, 세계 최고의 유연함을 실현한 폴리마 구조의 폴리에스터"라고 설명했다. 세계 최고를 자랑하는 일본의 제조 기술이 유니클로 성장의 핵심 비결이라는 것이다.

유니클로 창업자는 야나이 다다시 현 회장이다. 와세다대 정치경제학부를 졸업한 뒤 일본 최대 유통업체 '이온'을 잠깐 거쳐(재직기간 9개월) 아버지가 운영하던 고향의 의류점에 입사했다. 야나이 회장이 경영의 바통을 이어받은 것은 1984년. 그해 6월 히로시마(廣島)시에 유니클로 1호점을 개점하면서 확장과 성장의 시대를 열었다. 현재 일본 전국의 유니클로 매장은 750군데. 한국, 중국, 미국, 영국, 프랑스 등 6개국에 해외 점포, 7개국에 생산 거점을 보유하고 있다.

야나이 회장은 공격적 성장론자다. "성장하지 못하면 죽는 것은 당연하다", "헤엄치지 못하는 녀석은 가라앉으면 된다" 등

M&A하면 되지 않겠습니까? 역시 우리는 상장기업이니까, 어떤 의미에서 회사를 시장에서 팔고 있는 것이지요. 반대로 우리가 M&A를 당할 수도 있는 것이고. 이번 회기(패스트 리테일링의 회계연도는 8월 말까지)에 매출액 약 7000억 엔, 다음 회기에 8000억 엔 정도까지 간다고 하면, 2000억 엔 규모의 기업을 매수하는 것으로 1조 엔 규모로 갈 수 있다고 생각하는 것이지요."

구체적인 계획을 말씀해 주시지요. "상장기업이니까 말하면 안 되지요. 내부자 거래가 되니까요."

의류 이외에 사업을 다른 영역으로 확대할 계획이 있습니까? "없습니다. 우리는 역시 어패럴로 소비자들의 기대를 받는 기업이니까요. 사업의 종류를 늘리는 것보다, 사업의 영역을 지금부터 글로벌로 확대하는 것이 중요합니다. 그게 우리 사명이지요."

〈포브스〉지는 2009년 일본의 최고 부자로 그를 꼽았다. 재산 액수(대부분 보유주식) 61억 달러. 닌텐도의 야마우치 히로시(45억 달러), 모리트러스트의 모리 아키라(42억 달러), 소프트뱅크의 손 마사요시(39억 달러) 등 일본의 쟁쟁한 부자들을 밀어냈지만, 그의 집무실은 평사원과 함께 사용하는 사무동 한쪽의 25㎡(7.5평)

남짓한 공간이었다. 회사 시가총액은 1조 1710억 엔(2009년 9월 9일 현재). 도쿄 증시에서 샤프(전자), 후지쓰(전자), 스미토모(住友)상사, 스즈키(자동차) 등과 같은 반열이다. 그는 "바닥이 무너진 건물에서 시작한 옷장사 사장이 일본 최고 부자가 될 줄은 꿈도 못 꿨다"고 말했다. **WeeklyBIZ**

순위	이름	회사 직책	순재산(억 달러)
1	야나이 다다시(柳井正)	'패스트 리테일링(유니클로 지주회사)' 회장	61
2	부스지마 구니오(毒島邦雄)	슬롯머신 제조업체 '산쿄' 창업자	52
3	야마우치 히로시(山内溥)	'닌텐도' 회장	45
4	모리 아키라(森章)	부동산 개발업체 '모리트러스트' 회장	42
5	손 마사요시(孫正義)	'소프트뱅크' 회장	39
6	이토야마 에이타로(絲山英太郎)	부동산 재벌	37
7	미키타니 히로시(三木谷浩史)	온라인쇼핑몰 '라쿠텐' 사장	36
8	사지 노부타다(佐治信忠)	식음료업체 '산토리' 회장	35
9	다케이 히로코(武井ひこ)	소비자 금융업체 '다케후지' 대주주	28
10	다키자키 다케미쓰(瀧崎武光)	레이저 센서 제조업체 '키엔스' 사장	24

표 제목: 2009년 일본의 최고 부자들 · 자료 : 포브스

'패스트 리테일링'의 대표 브랜드 '유니클로' 일본 매장 모습

그의 어록은 얼핏 보면 '인간 경영'을 주장하는 일본 경영문화와 상당한 거리를 두고 있다. 2002년 사장직을 전문경영인에게 물려줬다가 실적 악화를 이유로 2005년 다시 사장에 복귀해 지금에 이르고 있다. 일본 메이지(明治)유신의 발원지인 야마구치(山口)현의 공격적이고 강인한 기질을 경영 현장에 그대로 반영하고 있다는 평가를 받는다. 2009년 6월 경제지 〈닛케이베리타스〉와의 인터뷰에서 그는 "경영은 사상누각"이라고 말했다. "강하다고 평가받는 기업도 순간 방심하면 단기간에 모든 것이 무너진다. 착실히 매일의 점검을 게을리 하지 않는 것이 기업 존속의 열쇠다."

제프리 페퍼

스탠퍼드대 경영대학원 교수

Jeffrey Pfeffer

혁신기술 중심 or 인재 중심, 어떤 경영 스타일이 오래갈까요?

"인재가 일하고 싶어하는 100대 기업 안에 들어라"

'하위 10% 직원을 내보내라.'

'항상 점검하고, 체크하라.'

'세계는 인재전쟁, 엄청난 돈을 들여서라도 최고의 인재를 데려오라.'

'매섭고 강인하며 카리스마 넘치는 지도자가 승리한다.'

오늘 많은 경영자들이 신봉하는 이런 비즈니스 상식들은 그의 검증 앞에서 무참하게 짓밟힌다. 제프리 페퍼. 조직행동, 리더십, 인사관리 등 경영학 핵심영역의 세계 최고 대가로 세계 경영학계에서 그의 이름은 넘기 힘든 무게와 높이를 지닌다.

그는 상식으로 간주되는 전통 경영이론에 '자료'와 '증거'를 바탕으로 검증의 칼을 들이댄다. 기계처럼 인간을 다루는 신(新)자유주의적 경영방식이 집중적으로 그의 심판을 받아왔다. '해고(lay off)'와 '비용절감'이 경영자의 능력으로 평가되는 경영관행에 그는 "대체 어떤 근거로 그걸 믿고 있느냐"고 반문한다

스탠퍼드대 경영대학원 '리틀필드' 건물의 회의실에서 위클리비즈와 단독인터뷰를 가진 페퍼 교수는 "데이터를 바탕으로 들여다보면 기업의 기술적 우위는 오래가지 않으며, 기업의 규모는 늘 과장되게 평가돼 있다"고 단언한다. 사우스웨스트항공, 싱가포르항공, 토요타자동차, 커머스은행(Commerce Bank) 등은 모두 시장에 맨 처음 진입한 기업도 아니고 가장 덩치가 큰 회사도 아니지만 최고의 수익을 자랑하고 있다는 것이다.

페퍼 교수는 인터뷰 내내 거침이 없었다. 민감한 답변이 나와 재차 확인하려고 하면 어김없이 "틀림없다(absolutely)"고 못 박았다.

페퍼 교수는 특히 잭 웰치 GE 전(前) 회장을 직설적으로 비판했다. 그는 잭 웰치 GE 전(前) 회장에 대한 세간의 평가를 참지 못했다. 그를 영웅시하는 비즈니스계의 관행과 미디어의 태도, 그를 모방하려는 기업과 경영자의 시도에 대해 단호하게 '노(No)'라고 말했다. 세계 경영학계의 거목이 비즈니스계의 영웅 취급을 받는 CEO를 직설적으로 비판한 것은 매우 이례적인 일이다.

GE의 잭 웰치는 가장 카리스마 넘치는 리더 중의 한 명으로 꼽히죠. 직원을 A, B, C로 나눠 하위등급 직원을 탈락시키는 강제배분평가방식(forced ranking system)을 포함해 그의 리더십 스타일에 대해 어떻게 평가하십니까? "잭 웰치는 언론플레이를 매우 잘하는 대리인(press agent)을 데리고 있을 뿐입니다.(웃음) 잭 웰치가 그렇게 위대한 리더라는 어떤 증거(one piece of evidence)도 없습니다."

페퍼 교수는 경영학자 톰 피터스와의 다른 인터뷰에서 "(잭 웰치의) 강제배분평가방식이 효과적이라는 어떤 체계적이고 문서화된 리서치를 발견하지 못했다. 이 부분을 지적했더니 잭 웰치는 '이것은 정확히 학교에서 하고 있는 것'이라는 반응을 보였다. 정확히 맞는 말이다. 학교에서 학습에 관한 모든 교육연구 자료를 들여다보면, 강제배분평가방식은 사람들을 배우게 하고, 향상시키는 데 있어서 최악의 방법이라는 걸 발견할 수 있을 것이다"라고 말했다.

잭 웰치의 많은 추종자들이 실망하겠는데요. "추종자(follower)들이 생각만큼 많지 않아요.(웃음) 짐 콜린스의 《좋은 기업을 넘어 위대한 기업으로》를 보면 GE가 과장됐다는 게 나와요. GE가 그렇게 잘하고 있지 못하다는 다른 증거를 대 보죠. GE는 수년 전 화학물질을 뉴욕 허드슨강에 불법 방류하는 바람에 엄청난 벌금을 물었습니다. GE가 혁신(innovation)한 게 어떤 게 있나요? GE는 다른 회사를 사들이는 회사(buying company)입니다. 당신의 질문에 담겨 있는 논리는 잘못됐지만 흔히 저지르는 실수입니다. '잭 웰치가 했으니, 우리도 한다' '잭 웰치가 성공했으니, 우리도 그렇게 하면 성공할 거다' 이런 식이죠. 잭 웰치는 〈하버드비즈니스리뷰〉의 에디터와 부적절한 관계를 가졌습니다. 나중에 둘은 결혼했죠. 하지만 여러분이 그렇게 똑같이 한다고 해서 기업이 성공하는 것은 아니잖아요. 그가 했던 것을 모방하려는 아이디어는 옳지 않습니다."

하지만 그의 개인적 성격과 관련해 그가 카리스마 넘치는 리더라고 생각하지 않습니까? "(단호하게) 아닙니다. 그를 직접 본 적이 있나요?"

아뇨. 없습니다. "그는 키가 작고, 남자답지 못하죠. 카리스마 넘치는 인물이 아닙니다."

"기업이 성공하려면 살맛 나는 직장 만들어야"

그는 비상식이 상식이 되어가는 비즈니스의 관행을 풍부한 사례와 근거를 들어가며 비판했다. 가령, 조직구성원들의 창의성을 살리고, 몰입(commitment)하도록 유도하는 직장을 만들려면 고용의 안정성이 필수적이다. 하지만 현실에서는 고용의 안정성을 해치는 대신 유연성을 확보하려는 기업들이 다운사이징과 구조조정을 일삼고, 이게 오히려 기업 경쟁력 회복의 원천으로 간주되고 있다는 것이다. 그는 많은 기업들이 단기적인 성과를 위해 장기적으로 조직에 치명적인 문제를 일으키는 처방을 남발하는 것을 안타까워했다.

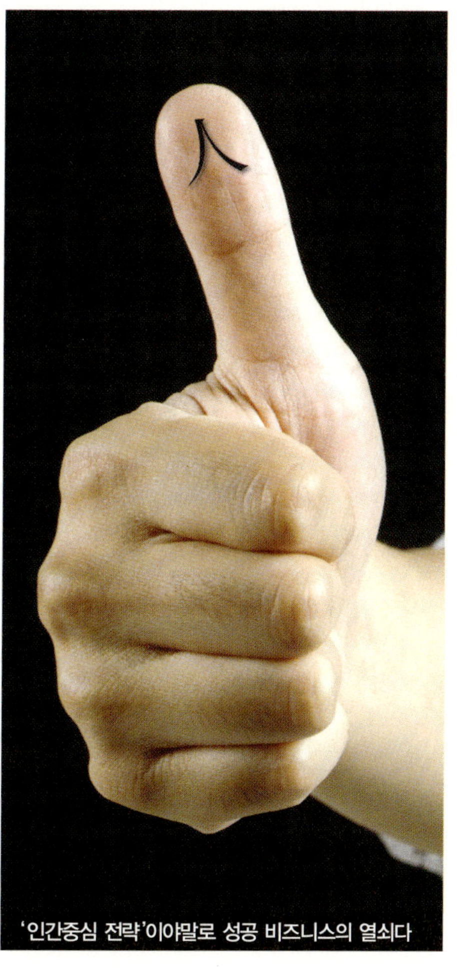

'인간중심 전략'이야말로 성공 비즈니스의 열쇠다

페퍼 교수는 직원들의 잠재력을 끌어내 탁월한 성과를 거둔 기업으로 구글과 사우스웨스트항공(Southwest Airlines), 시스코시스템스(Cisco Systems), 사양산업인 남성용 의류산업에서 인력개발에 집중투자함으로써 지속적인 성장을 거둔 멘즈웨어하우스(Men's Warehouse), 소프트웨어업계의 관행인 스톡옵션제도와 인센티브를 제공하지 않고도 놀라운 성과를 거둔 에스에이에스 인스티튜트(SAS Institute) 등을 꼽았다. 그는 이들 기업에 공통적으로 적용되는 성공 열쇠를 '인간중심 전략(human-centered strategy)'이라고 정의한다. 살맛 나는 직장, 신바람 나는 일터를 만드는 게 비결이라는 얘기다. 페퍼 교수는 "10년 동안 사두면 돈이 되는 주식을 찾는 비밀을 알려주겠다"며 "〈포천〉선정 '일하고 싶은 100대기업'을 골라서, 앞부분의 리스트에 오른 기업을 사두면 실패하지 않는다"고 장담했다. 이 대목에서 경영학의 대가는 더욱 단호해졌다. "재무제표요? 볼 필요도 없죠."

새로운 성장엔진은 사람에게서 나온다

한국 기업들의 현안은 지속 가능한 성장을 앞으로 어떻게 끌고나갈 수 있느냐 하는 겁니다. 새로운 성장 엔진을 찾아 상품개발과 혁신을 위해 노력하고 있지만, 아직 뚜렷한 해답을 찾고 있지는 못합니다. 당신은 인간중심 전략의 중요성을 강조하십니다. 지속가능한 성장에 이 전략이 도움이 되는 건가요? "기술개발이 어디서 오는지 생각해봐야 합니다. 기술개발은 사람들의 마인드셋(mindset)에서 나오지 다른 데서 나오는 게 아닙니다. 2005년 산업자원부 주최 국제회의에 참석해서 글로벌기업들이 역외생산(offshore)과 연구개발(R&D) 입지를 선정할 때 어떤 것을 고려하는지에 대해 얘기한 적이 있습니다. 세금이나 리베이트, 금융지원 등을 보고 입지를 선정하지 않습니다. 사람(people)을 보고 결정하죠. 실리콘밸리의 성공스토리는 낮은 노동비용과 생활비 등에 기인한 게 아닙니다. 가장 좋은 교육기관들을 갖고 있고, 전 세계의 우수한 인재를 이민자로 받아들일 수 있었기 때문입니다."

결국 인재가 핵심이라는 얘기군요. "그렇습니다. 성공하는 기업과 경제의 비밀은 좋은 인재를 끌어들이고 유지하는 데 있습니다. 구글의 에릭 슈미트 회장에게 핵심전략이 뭐냐고 물으면, 기본적으로 좋은 인재를 확보하고 유지하면서, 그들을 풀어놓는 것(turn them loose)

이라고 말합니다. 그들의 재능과 기술을 이용해서 새로운 제품과 서비스를 만들어 회사를 성공으로 이끄는 것이지요. 상식을 바탕으로 세계를 들여다보면서 한국을 생각해보면, 한국은 선진 경제로 진입해 있습니다. 저임금으로 방글라데시 같은 곳과 경쟁할 수는 없습니다. 결국 혁신과 제품, 서비스의 질에 집중할 수밖에 없고, 그것은 어떻게 사람을 경영하고 유지하느냐에 달린 것입니다.”

__창조적인 잠재력(creative potential)을 최대한 끌어내라는 것이군요?__ “그렇죠. 사람들은 기본적으로 창의적입니다. 그런데 회사는 직원들의 창의력을 구속하는 경향이 있습니다. ‘창의적이되 실패해서는 안 된다’ ‘창의적이되 예산을 맞춰라’ ‘창의적이되 다른 사람들이 하는 것을 해라’…. 기업의 경영진은 관행적으로 직원들의 창의력에 제약을 가하죠. 의사들이 하는 히포크라테스 선서의 첫째는 ‘해를 끼치지 말라(do no harm)’입니다. 사람들의 창의력을 끌어내기 위해서는 그런 관행들을 삼가야 합니다.”

__새로운 비즈니스 모델을 만들어 내거나, 영속하는 기업을 만들어낸 CEO들을 많이 만나고 연구해 오셨습니다. 이런 CEO들에게서 보이는 공통적인 특징이 있습니까?__ “애플의 스티브 잡스와 오라클의 래리 앨리슨은 매우 예외적인 경우입니다만, 다른 대부분의 경우 성공한 CEO에게서 공통된 특징을 발견합니다. 그들은 최우선 순위를 기업문화를 세우는 데 둡니다. 기업문화를 제대로 세우면, 나머지는 따라온다는 거죠. HP 전성기의 빌 휴렛과 데이비드 패커드가 이런 경우죠. 구글의 래리 페이지와 몇 년 전 점심을 한 적이 있죠. 그때 래리 페이지는 회사가 성장할 때 가졌던 마치 대학교 같은 문화를 상장 후에도 유지하는 문제를 집중적으로 얘기했어요. 인텔의 앤디 그로브가 얘기하는 ‘건설적 마찰(constructive confrontation)’ 문화도 마찬가지입니다. 진실을 얘기하고, 다른 견해를 듣는 것이죠.”

__혁신적인(innovative) 문화 같은 무형의 자산이 놀라운 기술보다 선행되어야 한다고 정말로 믿는 건가요?__ “물론입니다. 기술은 오고 가는 겁니다. 기술적 우위는 그리 오래 유지되지 않습니다. 아마존이 책을 온라인으로 팔겠다고 결정한 첫 번째 기업이 아니고, 화이자는 분무형 당뇨형 치료제 ‘스텁’을 시장에 첫 번째로 들고 나온 기업이 아닙니다. 시장에 첫 번째로 나올 필요가 없는 거죠. 특허의 경제적 수명은 단축되고 있습니다. 기업은 제품과 서비스를 일상적으로 재창조해야 하는 겁니다. 결국 일상적으로 이 일을 할 수 있느냐는 인간자본(human capital)과 이걸 구축하는 인프라에 달렸습니다.”

진실을 말하는 CEO가 드물다

__당신은 여러 책을 통해 인간중시 경영에 성공한 여러 CEO들을 소개하고 있습니다. 소프트웨어 업체인 SAS의 짐 굿나이트, 사우스웨스트 항공의 허브 켈러허 등이 자주 등장합니다. 이런 CEO들은 잭 웰치와 같은 리더, 당신의 표현대로 하면 과장된 카리스마 타입의 리더와 어떻게 다른가요?__ “카리스마를 갖춘 리더가 될 필요가 없습니다. 라키시 쿠라나(Rakesh Khurana)가 쓴 《기업 구세주를 찾아서(Searching for a corporate savior)》나 짐 콜린스의 《좋은 기업을 넘어 위대한 기업으로》에 잘 나와 있습니다. 좋은 리더는 나대거나(high profile), 카리스마를 가질 필요가 없습니다. 〈포천〉지 표지 모델로 나오는 걸 조심해야 합니다. 운동선수들이 〈스포츠 일러스트레이티드〉에 등장한 뒤 좋지 못한 일이 생기는 걸 두고 ‘스포츠 일러스트레이티드 저주(curse)’라고 합니다. ‘포천 매거진 저주’도 있을 수 있어요.”

__아무튼 좋은 리더들이 갖는 공통점은 어떤 게 있나요? 리더십 스타일이든 개인 성격이든….__ “좋은 리더들은 두세 가지 간단한 특징을 갖고 있는데, 이런 특징을 갖춘 사람들이 매우 드뭅니다. 첫째는 진실을 말하는 것입니다.”

__진실을 말하는 것은 쉬운 게 아닌가요? CEO로__ 서 진실을 말하는 게 어려운 건가요? “그렇습니다. 어려운 일입니다. 대부분의 CEO는 속입니다(spin). ‘요즘 어떠냐’고 물으면 ‘매우 잘하고 있다’거나 ‘우리는 감원(lay off)을 하지 않을 거다’는 식으로 말하죠. 갤럽의 조사에 의하면, 미국과 영국에서 직원들의 50~60%, 어떤 경우에는 3분의 2가 고위경영진을 신뢰하느냐는 질문에 ‘노(No)’라고 대답했습니다. ‘그들이 거짓말하는지 어떻게 아느냐’고 물으면 경영진은 직원과 고객, 투자자들을 늘 속인다고 답하죠.”

__그런데 좋은 리더들은 진실을 말한다는 거군요?__ “그렇죠. 좋은 리더의 두 번째 특징은 자기가 모를 때 꾸미지(make it up) 않는다는 거죠. 그걸 인정하는 거죠. 모르면 일어나서 당당하게 ‘모른다’ 혹은 ‘확실하지 않다’고 말하는 특징을 가지고 있습니다.”

CEO

경영학 ‘최후의 심판자’가 말하는
“이런 회사가 망한다!”

• CEO가 거짓말 하는 회사
• CEO가 카리스마에 중독돼 있는 회사
• “창의적으로 해, 하지만 실패하면 안 돼”
  한 입으로 두 말하는 CEO
• 사람보다 기술이 중요하다고 믿는 CEO

당신의 회사는, 당신의 CEO는 어떻습니까?

'후추'처럼 매운 페퍼 교수의 충고

세 번째 특징은 뭔가요? "매우 사람 중심 (people-centered)의 핵심 가치체계를 갖고 있다는 거죠."

정직하다는 것이 듣기에는 훌륭하지만, 이것만으로 성공적인 CEO가 될 수 있는 것은 아니잖습니까? "정직한 게 필요합니다. 정직하지 못하다면 성공적인 CEO가 될 수 없습니다."

한국적인 문화를 고려하면, 한국의 CEO들이 정직하기는 어려울 수 있다는 생각이 듭니다. 때에 따라서 거짓을 말해야 하는 압력을 받고 있는 한국의 CEO들에게 어떤 조언을 해주시겠습니까? "그런 압력을 극복해야 합니다. 한국은 역사적으로 권력의 위계가 분명한(power distance) 문화를 갖고 있습니다. 한국과 한국 기업이 세계적인 경쟁력을 가지려면 변해야 한다고 생각합니다."

당신은 논문과 책을 통해 리더들이 해야 할 것과 하지 말아야 할 것에 대해 얘기하셨지만, 중간관리자나 추종자가 해야 하는 일에 대해서는 별로 말하지 않으셨는데요. "마찬가지입니다. 진실을 말하고, 모르면 모른다고 말하고 도움을 구해야 합니다. 그리고 아래 직원들을 포함시켜 결정을 내려야 합니다."

평범한 사람들에게서 비범한 결과를 끌어내라

당신은 리더십에 관한 전통적인 이론에 도전한 첫 번째 학자였죠. 지금도 리더십이 기업의 성과에 별 큰 차이를 주지 못한다고 생각하십니까?(그는 1977년에 쓴 논문을 통해 이런 주장을 한 바 있다.) "(그가 쓴 논문을 상기시키자, 손을 내저으며) 압니다, 기억합니다. 나쁜 리더십은 기업에 엄청난 해악을 끼칩니다. 하지만 좋은 리더가 혼자서 기업을 구할 수 있다고는 생각지 않습니다. 반면 나쁜 리더는 많은 사람과 유능한 인재를 기업에서 쫓아냅니다. 좋은 인재가 많이 남아있지 않으면 성공하는 데 어려움을 겪을 수밖에 없죠. 나쁜 리더는 이런 식으로 많은 해악을 끼치게 되는 거죠."

써튼 교수가 《또라이 제로 조직》에서 말한 '또라이(asshole)'라는 얘기죠? "그렇습니다."

내고 있는 겁니다. 반면 다른 많은 기업에서는 비범한 사람들이 아무 결과도 못 내고 있어요. 중요한 것은 시스템과 관행입니다. 능력 있는 개인과 영웅을 보유하고 있느냐가 아닙니다."

창조성을 관리할 생각 말고, 직원들에게 자유를 줘라

한국 기업들이 잠재적 창조역량을 최대화할 수 있는 손에 잡히는 아이디어를 좀 주시죠. "의사결정 권한을 아래로 내려보내야 합니다. 중앙에 권한이 덜 집중되어야 하는 거죠. 창조성을 관리(manage)하는 것은 불가능합니다. 창조성은 대부분 밑에서부터 위로 올라옵니다. 재능있고 똑똑하고 잘 교육된 사람들을 뽑아, 그들이 기술(skill)을 사용할 수 있도록 해야 합니다. 구글의 예를 들어보죠. 구글은 어떤 종류의 서비스를 도입할지를 놓고 투표를 합니다. 내부시장(internal market)을 형성하는 거죠. 또 구글과 코닥은 직원들에게 어느 정도의 자유시간을 줍니다. 공식적인 회사 일 이외에 자기가 정말 하고 싶은 일을 하도록 하는 거죠. 그것이 바로 그들이 경쟁력을 유지하는 비결입니다."

자유방임적인 리더십이 지시를 내리고 카리스마를 발휘하는 리더십보다 낫다는 얘긴가요? "그렇습니다. 하지만 아무 것이나 괜찮다는 자유방임은 아닙니다. 만약 핵심가치를 위반하거나 고객과 동료직원에 대해 적절치 못한 태도를 보인다면, 해고돼야 합니다. 하지만 조직 내 사람들의 재능과 지식과 아이디어를 사용하는 데는 매우 개방되어야 하는 거죠."

앨빈 토플러와의 논쟁

2005년에 한국을 방문했을 때 미래학자 앨빈 토플러와 논쟁을 벌이셨죠. 당시 미래를 예측하는 것은 동전을 던지는 것과 마찬가지라고 하셨는데, 지금도 미래를 예측하는 것에 대해 비판적이신가요? "사람들이 미래를 예측할 수 있다는 증거가 별로 없습니다."

많은 기업들이 유능한 CEO들을 끌어들이기 위해 많은 돈을 쓰고 있는데…. "실수하고 있는 겁니다. 여기에는 많은 증거가 있습니다. 부즈앨런해밀턴의 최근 보고서를 보면 무엇보다 이렇게 비싼 돈을 들여 영입한 CEO들의 대부분이 오래가지 못해요. 이런 경향은 아시아, 유럽 등에서도 시작됐습니다. 평균 재임기간이 5~6년에 불과해요. 그런데 왜 이렇게 많은 돈을 들여서 영입해야 하죠? 토요타에서 10년간 일하다가 최근 미국 트럭회사에 영입된 고위간부를 만나서 '토요타에서 뭘 배웠냐'고 물었더니, '그 친구들은 영리하지(smart) 못해요. 그게 성공의 비밀이죠'라고 말하더군요. 시스템으로 움직인다는 거죠. 평범한 사람들이 비범한 결과를 만들어

그럼 미래를 예측하려고 하는 것은 완전히 시간 낭비라는 얘긴가요? "아뇨. 미래를 예측하는 데 돈을 지불하면서 즐기려는 수요가 있으니까요. 다만 MIT의 다이내믹스 연구소에 따르면, 미래를 예측하는 데 시간을 낭비하는 대신 어떤 일이 일어나는지 빨리 파악해서, 재빨리 대응하고 배우는 게 훨씬 성과가 좋습니다."

2005년 한국에 왔을 때 한국 정부가 내놓은 미래 비전에 대해 비판하신 적이 있습니다. 근거가 약하다고…. 정부가 미래 비전을 말하는 것도 부질없는 겁니까? "비전을 세우는 것은 좋은 거죠. 미래예측(forecasting)과는 다른 겁니다. 미래에 뭐가 되고 싶다는 열망이며, 그곳에 어떻게 도달할 것이며 어떤 단계를 밟아야 하느냐는 것입니다. 매우 중요한 겁니다."

이렇게 빨리 변화하는 정보화시대에 한국 정부는 어떻게 해야 합니까? "한국 정부는 국민을 교육하고 훈련하는 데 투자해야 하고, 노동시장을 개방해야 합니다.

싱가포르 정부가 효과적이라고 평가받는 이유는 적절한 인센티브를 제공하고 있기 때문입니다. 거시정책을 통해 기업들이 미시적으로 글로벌 마켓에서 보다 경쟁력을 가질 수 있도록 한 것입니다."

'일하기 좋은 기업'이 좋은 기업

좋은 예가 될 수 있는 위대한 회사는 어떤 곳이 있습니까? "사우스웨스트항공, 싱가포르항공, 구글…. 〈포천〉지의 100대 '일하고 싶은 회사'를 보면 됩니다. 이들은 다른 기업들의 성과보다 훨씬 좋습니다."

사람 중심의 전략을 믿고 계신 것 같네요. "저는 아무 것도 믿지 않습니다. 저는 과학자입니다. 데이터를 들여다볼 뿐입니다. 웹사이트에 가서 가장 일하고 싶은 100대 기업 가운데 첫 번째 페이지에 나오는 기업들의 주식을 사서 10년간 들고 계세요. 다른 주식보다 수익률이 훨씬 좋을 겁니다."

그럼 심지어 재무보고서 등도 들여다볼 필요가 없다는 건가요? "물론입니다."

한국의 대기업 CEO를 위해서 조언해 주신다면. "상식을 사용하라는 겁니다. 그런데 이게 드물어요. 다시 말하면 관찰(observation)에 근거하라는 겁니다. 어느 책에서 봤다고, 혹은 GE가 했다고 따라하는 것은 곤란합니다. 사실과 증거에 주의를 기울이세요."

당신이 말하는 인간중심 전략을 위해서는 구체적으로 어떤 관행을 도입해야 하나요? "직원들을 훈련시키는 데 과감히 투자하세요. 그들이 훈련에서 배운 기술을 업무에 사용할 수 있도록 해야 합니다."

구체적으로 어떤 훈련이 필요합니까? "이론훈련(class training)과 현장훈련(on the job training)이 모두 필요합니다. 사람들에게 필요한 기술을 훈련시키는 가장 좋은 방법은 해야 할 일을 주는 겁니다. 그래서 그런 기술을 발전시키고 스스로에게 자신감을 갖도록 하는 거죠. 피아노를 가르치는 가장 좋은 방법은 피아노를 주고, 연주하게 하는 겁니다."

이미 많은 기업에서 하고 있는 것 아닙니까? "그럴 수도 있습니다. 하지만 실제로 기업에서 일어나고 있는 일을 유심히 관찰해 보세요. 경기가 안 좋을 때 기업들이 맨 처음 하는 일이 뭔가요. 다름 아니라 훈련비용을 줄이는 겁니다.

또 많은 기업들이 직원들에게 '뭘 하라'고 지시하는 바람에 직원들이 훈련을 통해 배운 것을 써먹을 기회를 박탈하고 있습니다."

그렇게 간단한데, 왜 많은 기업들이 따라하지 못하는 겁니까? "영문 세 글자로 말하면 '자아(ego)' 때문입니다. CEO의 자아 때문입니다. 'CEO가 그렇게 하라고 했다' 'CEO의 결정은 거기에 참여한 수백 명의 사람보다 뛰어나다' …."

이런 강한 자아의 문제가 중간관리자에게도 있을까요? "물론입니다. 조직의 위부터 아래까지 다 해당됩니다. 이런 문제가 없는 기업이 성공합니다." WeeklyBIZ

페퍼 교수가 골랐다
"이런 회사는
성공한다"

제프리 페퍼 교수가 보는 '좋은 기업'이란 과연 어떤 기업일까?

그는 "발상의 전환을 통해 사람의 가치를 알고 사람을 제대로 관리하는 기업이 좋은 기업"이라고 주장한다. '좋은 기업'이 되기 위해선 인재들이 의욕에 불타도록 하는 경영 정책을 실천에 옮겨야 한다. 페퍼 교수가 꼽은 최고의 '좋은 기업' 사례들을 소개한다.

제프리 페퍼 교수

• 멘즈웨어하우스 : 스타 직원이 팀 분위기를 망친다면 해고할 수 있는가?

멘즈웨어하우스(Men's Warehouse)를 설립한 조지 짐머(George Zimmer) 사장은 1973년 24세의 젊은 나이에 단돈 7000달러를 쥐고 남성 의류 사업을 시작했다. 오늘날 멘즈웨어하우스는 미국 전역에 600여 개가 넘는 점포를 보유한, 연 매출 8억 달러의 기업으로 성장했다. 성장을 거듭하는 이 기업엔 비결이 있다. 바로 '가치 중심의 경영 철학'이다. 멘즈웨어하우스의 판매 직원들은 기본 연봉 외에 1인당 손님 수와 매출을 기준으로 인센티브를 받는다. 그러나 공평하지 않은 무조건적인 경쟁은 벌칙을 받는다. 개인의 능력을 발현하는 것도 중요하지만, '결국 모든 것은 팀워크'라는 원칙을 앞세우고 있기 때문이다. 짐머 사장은 "모든 직원들은 동료들의 잠재력을 최대한 계발할 수 있도록 도와 줄 책임이 있다"는 사실을 각종 교육을 통해 강조한다. 이런 원칙을 지키기 위해 멘즈웨어하우스는 매달 모든 판매 직원이 작성한 전표의 수를 확인한다. 만약 한 점포에서 특정 직원이 다른 직원들보다 훨씬 많은 전표를 작성한 것으로 나타나면 일단 다른 직원들의 고객을 가로챈 것으로 보고 면담을 한다. 그래도 고쳐지지 않으면 과감하게 해당 직원을 해고한다. 실제로 멘즈웨어하우스는 자사 직원 중 판매 실적이 가장 높은 '스타' 직원을 해고한 적이 있다. 다른 직원들의 고객을 가로채고 회사의 경영 철학과 방침을 따르지 않았다는 게 그 이유였다. 그 결과는? 해당 점포에서 그 어느 누구도 해고 당한 직원만큼의 실적을 거두지 못했지만, 점포 매출은 오히려 30% 정도 증가했다. 개인의 실적보다 '팀'을 앞세운 경영이 기업의 성과에 더욱 도움이 되고 있는 사례다.

• SAS 인스티튜트 : 경쟁사에 '스카우트 유혹'을 받는 직원도 잡을 수 있는가?

통상적으로 인력이 부족한 첨단 기술 업계에서 높은 이직률은 '어쩔 수 없는 것'으로 여겨져 왔다. 하지만 비상장 소프트웨어 업체로는 세계 최대 규모를 자랑하는 SAS 인스티튜트(SAS Institute)는 스톡 옵션 등 인재들을 붙잡아 두기 위해 타기업들이 사용하는 처방을 따르지 않는데도 이직률이 4%대를 넘지 않는다. 창사 이후 20년 동안, SAS의 이직률이 5%를 넘은 일은 단 한 번도 없다. 비결은 바로 직원들을 누구보다 '느긋하게' 만든 데 있었다. 자유 계약과 스톡 옵션이 보편화 돼 있는 IT 업계에서 SAS는 돈 보다는 회사와 직원 사이의 '관계'를 중요시했다. 직원들의 기대 수준보다 더 높은 대우를 해주는 '차별화된 인력 관리'가 바로 SAS의 힘이다.

현재 노스캐롤라이나 리서치 트라이앵글의 캐리(Cary)에 위치한 SAS 본사. 24만 평이 넘는 대지에 18개의 건물이 들어서 있다. 호수·정원·숲 등 훌륭한 조경을 갖춰 '대학 캠퍼스 분위기'가 난다. 본사 곳곳엔 조각 공원과 피크닉 장소가 조성돼 있고, 산책로까지 꾸며져 있다. 구내 병원엔 간호사 6명, 의사 2명, 물리치료사 1명, 마사지 치료사 1명, 정신치료전문 간호사 1명이 배치돼 있다. 사전 예약을 하면, 5분 만에 진료를 받을 수 있다. 사내에 마련된 몬테소리 유아원은 교사 1인당 학생 수가 3명이다. 고급 레스토랑 못지 않은 구내식당엔 언제나 우아한 피아노 소리가 흐른다. SAS의 공식적인 근무 시간은 일주일에 35시간. 직원들은 근무 시간이 끝나는 오후 5시가 되면 일제히 퇴근한다. SAS는 '좋은 기업'의 중요한 특성 가운데 한 가지를 갖추고 있다. 그것은 바로 '충분히 다른 직장을 구할 수 있는 사람들도 계속 남아 있게 하는' 근무 환경이다.

• PSS 월드 메디컬 : 직원이 질문할 때마다 2달러씩 줄 수 있는가?

PSS 월드 메디컬(World Medical)은 의사, 영상진단기관, 장기적인 의료 서비스 제공 단체와 병원 등에 의료 기기 및 제품을 공급하는 전문 유통업체다. 패트릭 켈리(Patrick Kelly) 사장이 PSS를 좋은 기업으로 키울 수 있었던 첫 번째 열쇠는 '열린 경영'이다. PSS는 재무 관련 정보를 모든 직원들에게 공개하고, 투명한 회계 경영을 실천하고 있다. 또한 직원들은 언제든지 자신의 의견을 밝히고 궁금한 사항을 문의할 수 있는 열린 의사소통의 문화를 갖고 있다. 켈리 사장을 비롯한 임원들은 각 영업 지점에서 열리는 회의에 참석할 때 2달러짜리 지폐 뭉치를 들고 가 질문하는 사람에게 나눠 준다. 이 때 직원들은 어떠한 질문이든 자유롭게 할 수 있으며, 임원들은 반드시 답을 해준다. 또 다른 열쇠는 '전 직원의 리더화'다. 켈리 사장은 어떤 일을 할 때, 단순히 상사의 허락을 기다리는 것보다 과감하게 모험을 할 줄 아는 정신이 있어야 한다고 확신한다. 그래서 직원이 실패하더라도 최선을 다했을 경우 실패했다는 이유만으로 징계를 하지 않는다. PSS는 새로운 것을 배우려면 항상 과감하게 모험할 수도 있어야 한다는 사실을 그 어떤 기업보다 잘 알고 있다.

조르겐 빅 크누드스톱

레고(Lego) 사장

Jørgen Vig Knudstorp

많은 부모들이 이런 경험을 가지고 있을 것이다. 레고(Lego)를 사달라고 떼쓰는 아이를 혼내거나, 레고 블록을 어질러 놓은 아이들에게 정리하라고 잔소리했던 일 말이다. 레고 블록은 1949년 처음 발매됐지만, 여전히 전 세계 어린이들의 동경의 대상이다. 몇 달 전 외국 잡지를 뒤적이다 'Lego'라는 단어에 눈이 멈췄다. 몇 해 전만 해도 망하기 일보 직전이었는데, 뼈를 깎는 구조조정을 거쳐 부활에 성공했다는 기사였다. 이상하다. 기자의 네 살배기 딸도 레고를 세 세트나 가지고 있고, 지구상의 모든 사람들이 평균 62개씩의 레고 블록을 가지고 있다는 통계도 있다. 이렇게 날개 돋친 듯 팔려나가는 레고가 왜 어려움을 겪게 됐고, 또 어떻게 부활에 성공했을까?

컴퓨터 게임이라는 강적을 만났을 때 레고는 어떻게 했습니까?

"움직이는 레고 개념을 떠올렸고 어린이가 아닌 어른으로 눈을 돌렸다"

레고를 부활시킨 주인공 조르겐 빅 크누드스톱 사장은 불과 41세. (2009년 현재)

2004년 말 그가 사장으로 취임하기 전 레고는 깊은 수렁에 빠져 있었다. 1990년대 이후 레고는 닌텐도나 플레이스테이션 같은 비디오 게임기에 어린 고객들을 빼앗기기 시작했다. 대응책으로 레고는 스스로 비디오 게임 시장에 뛰어드는 한편, 테마파크(레고랜드)와 의류, 영화 등으로 사업을 다각화해 나갔다. 다른 한편으로 '스타워즈 시리즈'와 '해리포터 시리즈' 등 영화를 소재로 한 제품을 출시하며 상품 구성을 어린이 중심에서 성인 고객층으로 확대했다. 시작은 좋았지만, 결과는 참담했다. 오히려 기존의 어린이 고객이 떨어져 나갔고, 무리한 사업 확장 과정에서 쌓인 빚으로 자금난에 시달려야 했다.

1998년에는 창립(1932년) 이후 첫 적자를 기록했고, 2004년에는 18억 덴마크크로네(2009년 12월 현재 환율로 약 4100억 원)에 이르는 큰 적자를 기록했다. "의욕이 앞서 너무 무리하게 확장을 했던 것이 문제였어요. 그것도 아주 빠르게 말이죠. 저는 CEO가 된 뒤 잘하는 것과 못하는 것을 분류하는 일부터 시작했습니다. 그리고 잘하는 것부터 차근차근 다시 시작한 거죠."

크누드스톱 사장은 취임 후 비핵심 사업을 매각하기 시작했다. 빌룬트와 미국, 영국, 독일에 있는 레고랜드 4곳의 지분 70%를 사모펀드에 팔았다. (나머지 30%는 아직도 보유하고 있다.) 의류와 영화 등의 사업도 매각한 후, 브랜드 이름만 빌려주고 수수료를 받는 라이선스로 전환했다. 대신 주력인 장난감(레고 블록) 사업에 집중했다. 성인 고객을 겨냥한 모델을 꾸준히 내놓는 한편, 기존 어린이용 모델인 '듀플로(Duplo) 시리즈'를 보완해 나갔다.

레고는 2005년 흑자로 전환했으며, 2008년에는 세계적인 경제위기 속에서도 매출이 18.7%, 순이익이 32% 급증하는 성과를 올렸다. 경제가 어려울 땐 부모들이 장난감 하나도 유명하고, 안전하고, 튼튼한 것을 고르기 때문이라는 분석과 함께, 경제 위기에 앞서 일찌감치 구조조정을 했던 것이 보약이 됐다는 분석이 함께 나왔다.

잘하는 것부터 시작한다고요? 결과가 좋았다고 너무 쉽게 이야기하는 거 아닌가요? "그렇게 보이나요? (웃음) 하지만 못하는 걸 계속 붙잡고 있을 순 없잖아요."

잘하는 것만 하는 것도 좋지만, 요즘처럼 변화가 심한 상황에서 새로운 것에 도전하지 않고 어떻게 살아남을 수 있나요? "도전하지 말라는 게 아닙니다. 서두르다 자신의 분수에 넘치는 욕심을 부리지 말라는 거지요. 기업은 5년에 1번 정도 새로운 도전에 나서면 충분하다고 봅니다. 1년에 5번씩 도전하는 건 욕심입니다. 그렇게 해야 변화에 올바르게 적응할 수 있어요."

상황에 맞춰 진화(evolution)하라는 건가요? "재미있는 표현이군요. 그렇습니다. 기업도 생물의 진화처럼 자연스럽게 변해야 오래 살아 남는 법입니다."

찰스 다윈이 이런 말을 했다. "끝까지 생존하는 것은 강한 종(種)도 아니고, 지적인 종도 아니며, 변화에 가장 적응을 잘하는 종이다." 다윈의 이 말을 비즈니스 세계에서 가장 잘 구현하는 기업 중 하나가 바로 레고일 것이다. 레고는 창립 후 오랜 세월 장난감, 특히 블록 분야에서 제대로 된 적수를 만난 적이 없다. 그러나 1990년대 들어 레고는 전혀 예상하지 못한 천적(天敵)을 만나게 된다. 기존 장난감과는 차원이 다른 비디오 · 컴퓨터 게임이라는

외래종이 어린 고객들을 빼앗아가기 시작했다. 세계적으로 출산율이 떨어지면서 레고의 활동 영역도 점차 줄어들었다. 트렌드를 선도하던 레고가 오히려 시대에 뒤떨어지는 상황에 직면한 것이다.

그러나 레고 역사상 가장 큰 변화는 바로 이 시기에 찾아왔다. 레고는 두 가지 생각의 굴레를 깨뜨렸다. '레고는 움직일 수 없다' 는 것이 그 하나이고, '레고의 고객은 어린이' 라는 것이 다른 하나였다. 레고는 1998년 MIT대와 손잡고 움직이는 레고 로봇인 '마인드 스톰'을 출시했고, 1999년에는 어른과 마니아 고객층을 겨냥한 '스타워즈' 시리즈를 내놓았다. 조르겐 빅 크누드스톱 사장은 "당시 무분별한 사업 다각화는 회사에 큰 짐으로 남았지만, 성인 고객층을 공략했던 건 뒤에 회사의 큰 자산으로 남았다"고 말했다.

레고엔 'Afols(Adult Fans of Lego)' 라는 성인 동호회 모임이 있는데 전 세계에 회원이 25만 명에 이른다. "성인 고객들은 아주 열성적인 마니아 그룹이 됐어요. 제품의 문제점에 대해 의견을 내고, 또 신제품 아이디어도 제시합니다. 어린이들은 결코 할 수 없는 일이지요." 어른이 고객이 됨으로써 제품의 가격대가 올

라간 것은 물론이다.

레고는 '개방과 공유'라는 디지털 비즈니스 환경에 가장 성공적으로 적응한 기업 중 하나로 거론된다. 이 회사는 2003년 고객 스스로 온라인에서 레고 모델을 설계하는 프로그램인 '레고 디지털 디자이너'를 공개했다. 현재 레고에 고용된 제품 디자이너는 고작 120명 정도인데 반해 온라인에서 이 프로그램을 써서 활동하는 자발적인 디자이너가 12만 명이나 된다. 물론 이들은 돈 한 푼 받지 않는다. 레고는 이들 자발적인 디자이너 가운데 활동이 활발하고 아이디어가 뛰어난 사람을 가려 '레고 대사(deputy)' 로 임명한다.

레고는 이들을 본사로 초청해 디자이너와 직접 만나 아이디어를 나누는 기회를 제공하기도 한다. 고객의 좋은 아이디어는 실제 상품으로도 만든다. 크누드스톱 사장은 "다른 기업들은 비고객을 고객으로 끌어들이는 데 노력을 기울이지만, 우리는 반대"라고 말했다. "우리는 기존 고객들이 레고를 더 잘 활용하는 데 초점을 맞춥니다. 레고 경진대회를 열고, 동호회 활동을 지원합니다. 자연히 기존

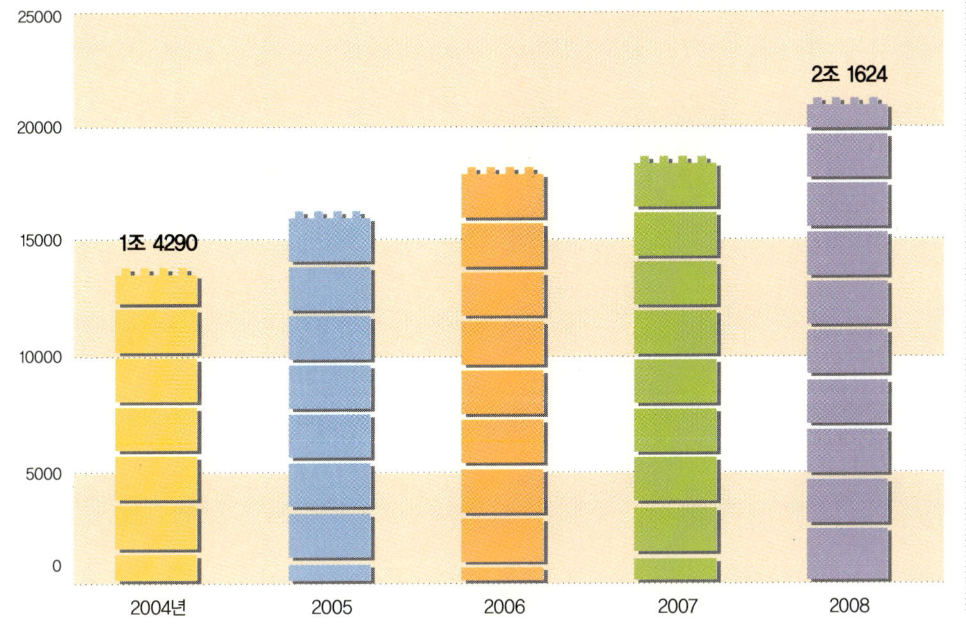

레고 매출액 추이

단위 : 억 원 ※1DDK(덴마크 크로네)를 227원으로 환산한 것

레고와 관련된 숫자들　　자료 : 레고

5　1년 동안 판매된 레고 블록을 일렬로 세울 경우 지구를 왕복으로 돌 수 있는 횟수

7　전 세계적으로 1초당 팔리는 레고 세트 수

9억 1500만　6개의 레고 블록으로 만들 수 있는 형태의 가짓 수

50억　전 세계의 아이들이 1년간 레고를 가지고 노는 시간의 합계

4000억　지금까지 만들어진 레고 블록의 수

소비자들이 레고의 활동에 관심을 가지게 됩니다. 회사는 고객에게 '우리가 당신의 아이디어를 소중하게 다루고 있다'는 메시지를 지속적으로 줘야 합니다. 고객이 올린 글에 댓글을 달고, 우수한 활동자를 뽑는 것도 그런 이유입니다. 소비자들에게 그보다 더 좋은 보상은 없어요."

'광(狂)팬'들을 주된 성장 동력으로 삼는 할리 데이비슨을 연상하게 하는 경영 방침이다. 레고는 인터넷 해커들을 자기편으로 끌어들인 일화로도 유명하다.

1998년 움직이는 레고 로봇 '마인드 스톰'을 개발했을 때다. 소비자들이 제어장치 프로그램을 해킹해 마음대로 바꾸어 인터넷에 올렸다. 레고의 기술을 무단으로 도용한 셈이지만, 레고 경영진은 숙고 끝에 오히려 소비자들이 이를 마음껏 활용하도록 오히려 프로그램 원본을 공개해 버렸다.

그런데 그 뒤 소비자들이 경쟁적으로 프로그램을 개선하는 과정에서 성능에 엄청난 혁신이 일어났다. 예전에는 단순 동작만 가능했는데, 이후에는 계단 오르기 등 복잡한 동작도 가능하게 됐다.

그러나 만약 다른 경쟁사가 프로그램을 베끼면 큰일 아닌가? 이 질문에 크누드스톱 사장은 "경쟁사가 베끼는 사이에 소비자들이 더 좋은 제품을 개발할 것"이라고 일축했다. "요즘처럼 정보가 널린 세상에는 비밀이라는 게 없다고 봐요. 오히려 적극적으로 자신의 정보를 개방하고 공유하는 기업만이 살아남게 될 겁니다."

바로 이런 점들이 세계적 마케팅 대가 필립 코틀러 교수로 하여금 레고를 '소비자 참여 마케팅'의 모범이라고 지목하게 만들었을 것이란 짐작이 갔다.

레고의 역사는 진화의 역사

돌이켜 보면 레고는 탄생부터 도전에 대한 응전(應戰)의 결과물이었다. 이를 빌룬트의 '레고 박물관'에서 눈으로 확인할 수 있었다. 박물관에는 1932년 창업 당시 올레 키르크 크리스티안센(Christiansen) 창업자가 손수 만들었던 나무로 된 오리 장난감부터 최근에 나오는 스타워즈 시리즈까지 시기별 대표 상품들이 전시돼 있다.

손재주가 좋았던 가난한 목수 크리스티안센은 평소 조카들에게 나무 장난감을 만들어 주곤 했다. 대공황이 위세를 떨치던 1932년, 일감이 줄어들자 크리스티안센은 궁여지책으로 나무 장난감을 내다 팔기 시작했다. 장난감이 의외로 인기를 끌자, 크리스티안센은 2년 후 회사 이름을 '레고'로 짓고 장난감 사업에 전념하기 시작했다.

레고(Lego)는 덴마크어 'leg'와 'godt'의 합성어로 '잘 논다(play well)'는 뜻이다. 레고의 첫 번째 진화는 재료에서 일어났다. 나무 장난감은 무겁고 잘 부서진다는 단점이 있다. 1940년대 초 레고 공장에 큰불이 나 나무 재료들이 모두 불탄 일도 있었다. 큰 손해를 본 크리스티안센은 새로운 장난감 재료 개발에 본격적으로 매달렸다. 그리고 내구성이 뛰어난 플라스틱에서 해결책을 찾았다. 그는 1947년에 덴마크에서는 처음으로 플라스틱을 이용해 장난감을 생산하기 시작했다. 제2차 세계대전이 끝나고 베이비 붐이 불기 시작했다.

한 어린이가 레고 블록으로 만든 사자의 입으로 머리를 내밀고 있다. 이제 레고는 어린이만의 상품이 아니다

장난감 회사로서는 절호의 기회였다. 크리스티안센은 이를 놓치지 않았다. 그는 변덕 심한 아이들이 몇 번 장난감을 가지고 놀다 금방 싫증을 내는 것에 주목했다. '여러 모양으로 바꿀 수 있는 장난감을 만들 수는 없을까?' 이 고민에 대한 해답이 바로 블록 장난감이었다. 물론 당시에도 나무로 된 블록이 있기는 했다. 하지만 표면이 평평해 높이 쌓으면 금방 허물어졌다.

크리스티안센은 1949년 블록 윗부분에 요철(凹凸) 모양을 만들고, 아랫부분을 텅 비워 서로 결합할 수 있는 형태의 새로운 블록을 만들었다. 바로 오늘날의 레고 블록의 효시다. 레고의 진화는 여기서 끝나지 않는다. 1958년 창업자가 작고한 뒤 회사를 물려받은 아들 고프레드는 새로운 블록을 선보였다. 레고 블록의 아래쪽에 동그란 형태의 튜브를 만들어 넣어 다른 레고 블록의 요철 부위와 더욱 튼튼하게 결합될 수 있게 했다.

레고 블록을 모방한 제품들이 우후죽순 생겨

레고의 강력한 경쟁상대로 '비디오 게임' 등이 등장했을 때 레고는 '개방'과 '공유'라는 시대 흐름에 따랐다

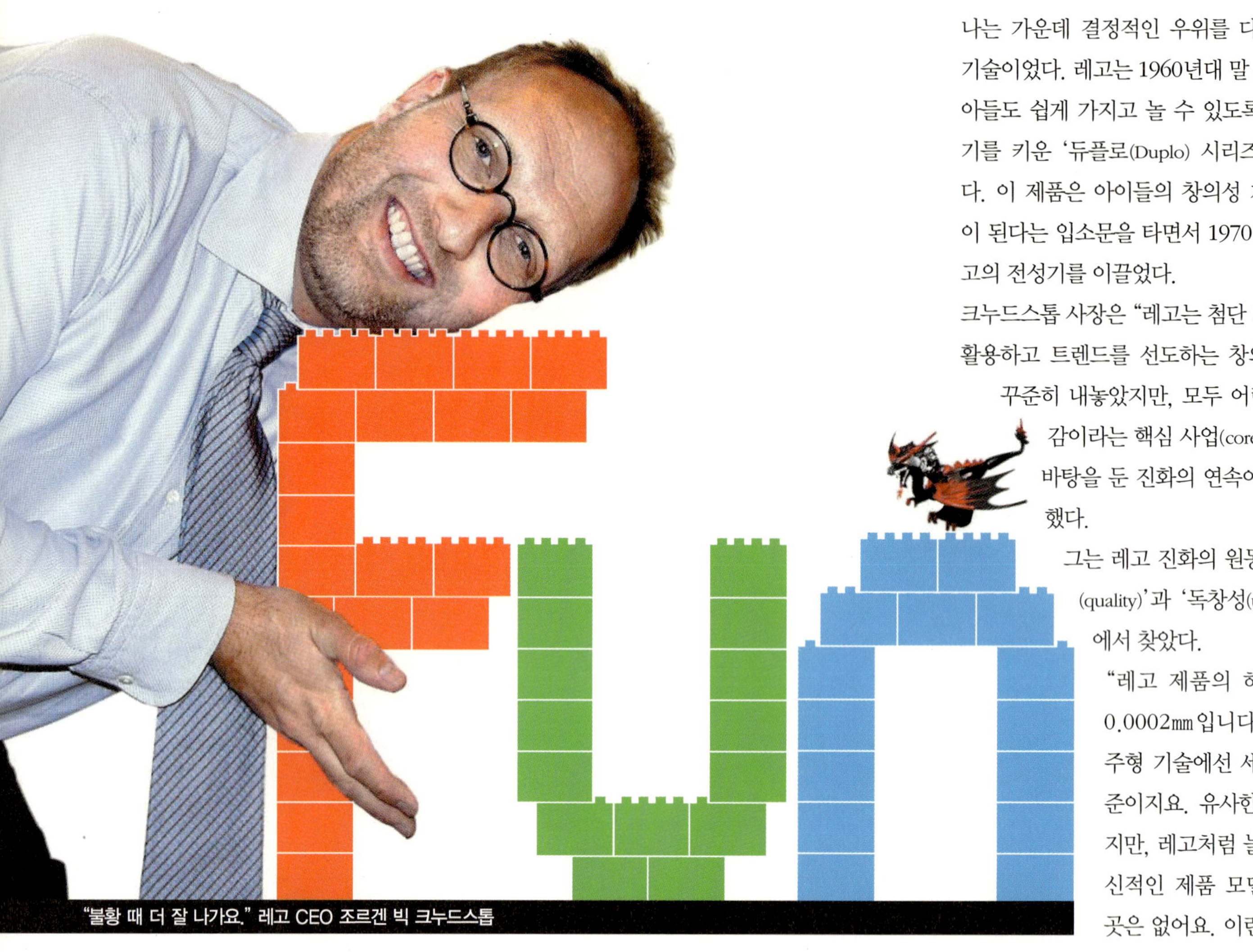

"불황 때 더 잘 나가요." 레고 CEO 조르겐 빅 크누드스톱

나는 가운데 결정적인 우위를 다질 수 있는 기술이었다. 레고는 1960년대 말 4세 이하 유아들도 쉽게 가지고 놀 수 있도록 블록의 크기를 키운 '듀플로(Duplo) 시리즈'를 선보였다. 이 제품은 아이들의 창의성 개발에 도움이 된다는 입소문을 타면서 1970~80년대 레고의 전성기를 이끌었다.

크누드스톱 사장은 "레고는 첨단 기술을 적극 활용하고 트렌드를 선도하는 창의적 제품을 꾸준히 내놓았지만, 모두 어린이용 장난감이라는 핵심 사업(core business)에 바탕을 둔 진화의 연속이었다"고 말했다.

그는 레고 진화의 원동력을 '품질(quality)'과 '독창성(uniqueness)'에서 찾았다.

"레고 제품의 허용 오차는 0.0002㎜입니다. 플라스틱 주형 기술에선 세계 최고 수준이지요. 유사한 제품은 많지만, 레고처럼 늘 새롭고 혁신적인 제품 모델을 내놓는 곳은 없어요. 이런 저력 때문

Who is

레고는 1932년 목수였던 올레 키르크 크리스티안센이 직원 10명을 데리고 덴마크의 소도시 빌룬트에 세운 회사로, 크리스티안센 가문이 대부분의 지분을 소유하고 있는 비상장 회사. 최대 주주이자 창업주 올레의 손자인 크엘드 키르크 크리스티안센의 재산은 21억 달러로 2009년 〈포천〉지 선정 갑부 리스트 318위에 올랐다. 레고는 현재 130여 개 국가에 진출해 있으며, 전체 직원 수는 약 5400명이다.

조르겐 빅 크누드스톱은 2001년 신사업 개발 담당 임원으로 레고에 첫발을 들였으며 2004년 말 CEO에 취임했다. 그는 레고에서 오너인 크리스티안센 가문 이외 사람으로 처음 CEO가 됐다.

당시 레고는 거액의 적자와 함께 회사 매각설이 나도는 흉흉한 상황이었다. 덴마크를 대표하는 기업 중 하나인데 미국의 장난감 회사 마텔(Mattel)로 팔릴지도 모른다는 소문이 나오면서 국가적인 이슈가 될 정도였다. MIT대 경제학 박사와 맥킨지 컨설턴트 출신인 크누드스톱은 크리스티안센 가문이 9회말 만루 위기에서 선택한 마지막 구원투수와도 같았다. 그는 취임 1년 만에 회사를 흑자로 전환시키며, 레고를 구해냈다. 하지만 그는 빌룬트에서 3500명의 직원 중 1000명을 감원하는 등 대대적인 구조조정을 했고, 지역 주민들로부터 큰 원성을 사기도 했다.

짧은 기간에 레고를 부활시킨 비법은 무엇인가요? ● "취임 후 곧장 생산현장으로 달려갔어요. 덴마크에는 '눈높이 경영(managing at eye level)'이라는 표현이 있습니다. 현장에서 엔지니어와 마케팅 담당자의 생생한 육성을 직접 들었습니다. 그 후 자산을 매각해 현금을 확보하고, 거래처를 안정화시키고, 생산비용을 줄였습니다. 또 많은 직원을 감원하는 아픔도 있었습니다."

특별한 방법은 아닌 것 같습니다. ● "아주 고전적인 전략이지요. 그런데 한 가지 달랐던 점은 있습니다. 저는 취임 직후 직원들

에 장난감이라는 전통적인 산업에서도 꾸준한 성과를 낼 수 있었다고 봅니다.”

가상공간에서 계속되는 레고의 진화

레고의 진화는 오늘도 계속되고 있다. 크누드스톱 사장은 “현실과 가상공간을 하나로 통합하는 새로운 형태의 게임을 준비 중”이라고 말했다. 2010년 출시 예정인 ‘레고 유니버스(Lego Universe)’ 라는 온라인 게임이 그것이다. 컴퓨터 화면에 레고로 된 캐릭터들이 등장해 레고 세상을 탐험하는 내용이다.

그는 “레고 유니버스 개발 과정에도 열혈 팬들이 참여하고 있어 저도 최종 상품이 정확히 어떤 형태가 될지 모르겠다”며 웃었다.

하지만 레고는 1990년대에도 유사한 게임 사업을 하다가 실패한 경험이 있다. 이번에는 성공할까?

“그때는 우리가 모든 걸 직접 하려고 했지만, 이번엔 좋은 파트너를 구하고 있어요. 우리가 잘할 수 있는 것만 하고, 못하는 건 다른 사람의 손을 빌릴 겁니다. 이것도 개방과 공유의 한 방법이라고 봅니다.” WeeklyBIZ

앞에서 공개적으로 이렇게 선언했습니다. ‘장밋빛 비전을 말하지 않겠다. 대신 당장 오늘 해야 할 행동 지침(action plan)만 말하겠다’고 말이죠. 과체중 환자에게 금방 영화배우 브래드 피트처럼 될 수 있다고 말하면 도움이 될까요? 저는 아니라고 봅니다. 오히려 회의감만 들게 해 의욕을 떨어뜨릴 수 있어요.”

장난감도 전통적인 산업이지요. 이런 업종은 공통적으로 새로운 경쟁자의 출현, 기존 고객층의 감소 같은 위기에 직면해 있습니다. 탈출구가 없을까요? ● “장난감 산업도 하락세인 것은 분명합니다. 그렇다고 개별 기업들이 모두 쇠퇴하는 건 아닙니다. 레고는 '블록으로 집 짓기'가 핵심 사업인데, 이런 활동은 사람들에게 거의 본능에 가깝습니다. 앞에 블록들을 갖다 주면 누구나 블록을 쌓기 시작합니다. 레고의 블록은 앞으로 100년 후에도 존재할 것입니다. 개별 기업들은 이처럼 어떤 상황에서도 생존할 수 있는 핵심 기술을 갖는 게 중요합니다.”

2008년 불황에도 불구하고 좋은 실적을 올린 비결은 무엇인가요? ● “몇 가지 이유가 있지만, 가장 중요한 것은 2000년대 초 미리 위기를 겪었다는 겁니다. '불경기 리허설'을 한 셈이지요.(웃음) 그리고 열혈 마니아를 가지고 있다는 점도 위기 상황에서 큰 도움이 됐습니다. 기업이 지속적으로 성공하려면 이런 팬들을 꼭 가지고 있어야 합니다.”

베르나르 베르베르

소설가, 《개미》《파피용》 저자

Bernard
Werber

"무시당할 것을
두려워하지 않았기 때문"

베르나르 베르베르는 한국에 70만 명의 팬클럽 회원이 있으며, 《개미》(1993) 《뇌》(2002) 《나무》(2003) 《파피용》(2007)은 한국에서만 각각 100만 부 이상 팔렸다. 그의 소설은 대부분 자신이 과학 기자로 일할 때 취재한 과학 연구 결과를 바탕으로 해 매우 사실적이다. 그는 '아프리카의 개미이야기'로 보도상을 받기도 했다.

그의 흥미진진한 스토리들이 탄생하는 산실은 파리 남서쪽 15구에 있는 아파트이다. 거실에는 커다란 개미 모형이, 복도에는 천재 과학자 아인슈타인의 사진이 걸린 자택에서 베르베르를 만났다.

상상력의 한계는 어디일까? 인간의 뇌는 과연 어떤 힘을 갖고 있을까? 프랑스 소설가 베르나르 베르베르는 소설 《뇌》에서 뺑소니 사고로 온몸이 마비된 환자가 유일하게 살아 움직이는 눈동자를 마우스인 양 움직여 인터넷을 검색하고 사람들과 대화하면서 결국 뇌의 숨겨진 힘을 찾아내는 과정을 그려냈다. 환자는 뇌의 힘만으로 다른 사람의 행동과 생각까지 좌우하게 됐다. 뇌만 살아있다면 인간은 무엇이든 해낼 수 있다. 베르베르는 뇌의 힘을 기발한 상상력으로 설명해낸 것이다.

소설 《뇌》에서는 전신마비인 주인공이 뇌의 힘으로 인터넷을 검색하고 세상에 참여합니다. 최근엔 뇌에 전극을 심어 그 전기신호로 기계와 컴퓨터를 조작하는 일도 가능해졌습니다. 그런 놀라운 일을 현실로 만드는 힘은 바로 상상력에서 비롯된다고 주장하시는데 상상력이 왜 그렇게 중요합니까? "천재 과학자 아인슈타인도 '상상이 지식보다 중요하다'고 말했습니다. 어떤 직업을 가진 사람이든 창조성 없는 개인의 정체성을 상실하게 마련입니다. 비즈니스의 출발점도 아이디어, 생각하는 데 있어요. 우리 모두 창조할 수 있는 겁니다. 우리 스스로 생각하는 것보다 훨씬 큰 창의적 능력을 갖고 있지요. 누구든 시도하면 됩니다. 누구나 자신만의 유일한 세계를 표현하는 것을 두려워하지 않아야 미래를 바라볼 수 있습니다."

《뇌》에서 말하고 싶었던 것은 무엇입니까? "우리를 움직이게 하는 것은 과연 무엇인가, 인간 행동의 심층적 원인은 무엇인가에 의문을 품고 소설을 썼지요. 인간의 뇌 사용 능력을 보면서 뇌의 역할, 그리고 그것을 최적화하는 방법은 무엇일까를 생각했습니다. 인간에게서 광기(狂氣)를 없애는 대신, 그 광기를 보다 창조적으로 승화시킬 방법이 없는가도 고민했습니다."

당신의 소설은 완전한 상상에 바탕을 두고 있습니까, 아니면 과학적 현실의 연장입니까? "둘 다입니다. 과학 기자로 일한 경험(그는 프랑스 시사주간지〈르 누벨 옵세르바퇴르(Le Nouvel Observateur)〉의 과학 담당 기자로 일했다)을 살려 과학계의 흐름을 놓치지 않고 따라가면서 배움을 계속해 왔어요. 이 과학적 현실을 상상으로 연장하기도 하고, 현실을 훨씬 뛰어넘어 무한한 상상의 나래를 펼치기도 하지요.
글을 쓸 때 저는 늘 독자들에게 기쁨을 주어야 한다는 생각을 합니다. 현실에 멈춰 서버리면 그럴 수가 없어요. 때로는 현실을 뛰어넘어야 합니다. 하지만 상상의 세계를 쓸 때도 현실 속에서 가능한 일처럼 실감나게 쓰려고 애쓰지요. 그러니까 완전히 현실에 기초한 글이 아니라 해도, 그럴 가능성을 제시하면서 설득력 있게 씁니다."

당신의 상상력의 원천은 어디에 있습니까? 프랑스 교육의 힘인가요? "프랑스 교육이 특별히 상상력을 키워주는 창의적 교육이라고는 생각하지 않습니다.
《80일간의 세계일주》《해저 2만리》를 쓴 쥘 베른(Jules Verne) 같은 예외가 있긴 하지만, 저처럼 미래 과학 소설을 쓰는 작가가 프랑스에는 그리 많지 않지요. 아주 최근에 프랑스에서도 창조성 개발을 위한 특수학교들이 신설됐습니다.
하지만 대체로 프랑스는 미래를 바라보기보다 과거를 되돌아보는 성향이 더 강하지요. 반면 저는 미래를 바라보면서 지구촌 이야기를 들려줍니다."

그렇다면 상상력을 키우는 당신만의 비결은 무엇입니까? "저는 학창시절에 암기과목은 잘 못하고, 창의력을 필요로 하는 과목은 우수했습니다. 대부분의 학교 공부는 암기를 중시합니다. 창의력을 키우려면 교사나 부모, 친구의 마음에 들지 않을까봐 염려하면서 스스로의 생각을 도중에 중단해 버리지 말아야 합니다. 중간에 포기하지 말고 끝까지 생각을 발전시켜 나가야 합니다. 독창적인 것을 선보이는 선구자들은 대부분 처음에는 주위에서 이해받지 못했습니다. 모차르트의 작품처럼 당대에는 새로운 것이 나중에 가면 결국 고전이 되고 말지요. 그러니 자신의 창조성을 믿어야 합니다."

우리의 상상력은 우리의 상상 이상이다

예전엔 기자였는데, 사실에 충실한 기자로 일하다 보면 상상력이 위축되지 않습니까? "기자 시절에도 오후에는 기사를 쓰고 오전에는 내 상상의 세계를 그리는 글을 쓰곤 했어요. 기자 생활을 통해 저는 현실이 확실한 것이 아님을 깨달았습니다. 시간이 지난 후 또 다른 현실을 발견하기 때문이지요. 현실이 이렇게 정확하지 않은데 상상에 한계를 그을 필요도 없다는 생각이었습니다. 기자 시절, 현실은 제게 감옥이었어요. 이 감옥을 넘어서는 꿈이 절실하게 필요했습니다. 과학자들은 우스꽝스럽게 보여질까봐 두려워 모든 걸 말하지 않지요. 저는 그들에게 두려움을 떨쳐 버리고, 가장 근원적인 얘기들을 숨김없이 말해 달라고 졸랐어요."

어린 시절에는 만화와 글쓰기에 심취했고, 대학에서는 법학과 저널리즘을 전공한 뒤 과학 기자가 됐습니다. 지금은 소설가이면서 영화 제작에도 뛰어들었습니다. 다양한 분야에 관심을 갖는 것은 타고난 성격인가요? "저를 움직이게 하는 모든 것은 글쓰기와 연관돼 있어요. 뭐든지 관심을 두고 집요하게 관찰하면서 글의 좋은 소재가 될 수 있을까 궁리하지요. 풍부하고 다양한 호기심은 타고나는 것이지만, 그 이후에는 끊임없이 정보와 지식을 습득하는 노력이 필요합니다. 저는 날마다 배웁니다. 뭔가 새로운 것을 얻지 않은 날에는 '시간을 잃어버렸다'고 여깁니다."

최근 기업인들 사이에 '창조 경영'이 화두가 되고 있습니다. 창의적인 기업 경영을 위해, 또 상상력을 키우는 데 도움이 되는 조언을 해 주시지요. "자신의 창의력을 믿는 사람과 그렇지 않은 사람 사이엔 나중에 큰 차이가 생깁니다. 위험을 감수하는 것을 두려워하지 말아야 합니다. 위험을 받아들일 줄 모르면 아무것도 할 수 없어요. 승리 자체보다는, 위험을 수용하는 것을 칭찬해야 합니다. 만약 실패했다 하더라도 '나는 노력했고, 그 점은 잘한 일'이라고 생각해야 해요. 위험을 감수하지 않고서는 성공할 수도 없지요. 제가 《개미》를 쓸 때 아무도 관심을 갖지 않았지만 그런 위험을 두려워하지 않았어요. 마찬가지 이유로 저는 영화 제작에도 뛰어들었습니다. 프랑스에서 큰 성공을 거두지는 못했지만, 언젠가는 사람들이 이 영화를 이해하게 될 것이라고 생각하고 끝까지 밀고 나갔죠."

> 이제 기업은 조화와 균형을 중시하는
> 새로운 경영 철학을 가져야 합니다.
> 경제도 '더, 더, 더'라는 성장 논리만으로는
> 이제 지탱할 수 없습니다.

책과 교육과 사랑에 미래 달렸다

한국에서 팬클럽 회원이 70만 명에 이릅니다. 한국에서 이처럼 인기 있는 이유는 무엇 때문이라고 생각합니까? "프랑스에서는 공상과학 장르가 앵글로색슨 문학이라고 생각하는 경향이 있는 반면, 한국에서는 이런 장르의 책이 잘 팔립니다. 프랑스 문단은 소수가 모든 걸 장악한 반면, 한국은 외국 작가들에게 똑같이 기회가 열려 있어요. 또 한국은 미래 지향적인 젊은 나라입니다. 많은 위험에 둘러 싸여 살면서 항상 그것을 넘어설 필요성을 느끼지요. 과거도 어려웠고, 현실도 어렵다는 사실은 미래를 바라보게 합니다. 그러니 프랑스보다 한국에서 미래라는 요소가 뿌리를 더 잘 내립니다."

흔히들 과학과 문학은 서로 멀리 떨어진 분야라고 생각합니다. 많은 문학 작품에서는 과학이 이룬 문명이 인간을 황폐화시킨다는 점을 다루는 반면, 당신은 문학을 통해 과학을 말해 왔습니다. 문학과 과학의 관계를 어떻게 보십니까? "과학 자체는 선(善)도, 악(惡)도 아닌 중립입니다. 사람이 어떻게 이용하느냐에 따라 선도 되고, 악도 되지요. 망치가 집 짓는 데 유용한 도구로 사용될 수도, 살인 도구로 사용될 수도 있는 것과 같은 이치입니다. 즉, 망치가 선과 악에 대한 책임이 있다고는 말할 수 없어요. 모든 것은 사람들의 의식 수준에 달려있지요. 전 세계적으로 의식 수준을 높이는 것이 매우 중요합니다."

의식 수준을 높이려면 어떻게 해야 합니까? "책과 교육과 사랑, 그것이 의식을 형성하는 주요인입니다. 사랑받지 못하고, 교육받지 못한 아이들이 거리에 내팽개쳐진 채 치안이 사라진 무법 지대에서 마약을 사고파는 삶으로 전락하기도 하고, 전쟁터에서 소년 병사가 되는 비극도 눈앞에 펼쳐지고 있지요. 그것은 전 지구 차원의 비극입니다. 소설 《파피용》(인류에 대해 환멸을 느낀 사람들이 거대 우주선 '파피용'을 만들어 또 다른 행성을 찾아 천 년의 여행을 떠난다는 내용)에서는 과학에 의해 구원 받는 인류를 얘기했습니다. 현실에서는 인구 증가로 환경 오염과 전쟁의 위험이 점점 증가하고 있지요. 지구 전체로 보면 의식 수준이 낮은 층의 출산율이 가장 높은데, 이런 환경에서 태어난 아이들이 참혹한 현실을 겪고 있어요. 모든 국가가 다 함께 인구 증가를 억제하고, 또 교육에 노력을 기울여야 합니다."

기업인들에게도 그런 높은 의식 수준과 새로운 도덕성이 요구됩니까? "그동안 기업은 돈을 버는 것, 그러니까 성장 지상주의를 추구해왔지만, 앞으로는 조화와 균형을 중시하는 새로운 경영 철학이 요구됩니다. 경제도 '더, 더, 더'라는 성장 논리만으로는 이제 지탱할 수가 없습니다. 자연은 조화와 균형을 내포하고 있습니다. 거기서 지혜를 얻을 수 있지요. 앞으로는 제품을 만들 때도 인간과 자연과의 균형, 사회의 균형 등을 생각해야 합니다."

그런 관점에서 가장 선구적인 기업인을 꼽는다면 누가 있을까요? "매킨토시를 개발한 애플의 스티브 잡스 회장을 예로 들고 싶습니다. 제가 지금 쓰고 있는 애플의 이 노트북 컴퓨터는 외관도 공격적이지 않고 친화적이며, 기능도 그렇습니다."

그 같은 경영인의 의식 전환이 필요한 이유는 무엇입니까? "성장은 스스로 자멸 요인을 내포하고 있어요. 마약과 비슷하죠. 성장을 추구하다 보면 필요 여부와 상관없이 계속적으로 성장만 원하게 되고 결국은 파괴적인 결과로 이어집니다. 가령 닭을 키워 돈을 벌겠다고 할 경우, 이윤에만 집착하다 보면 좁은 공간에 닭을 빼곡하게 집어넣게 됩니다. 그리고 인위적으로 불을 켰다 껐다 해서 하루가 순식간에 지나가는 것 같은 효과를 내면서 비정상적인 속도로 닭을 빨리 성장시켜서 시장에 내놓지요.

처음에는 기업의 매출액이 늘어나는 것 같지만, 나중에는 닭들이 예기치 못한 병에 걸려 감당하지 못할 상황에 직면해 모든 걸 잃고 맙니다. 결국 이윤만 높이려다가 모두에게 파괴적인 결과를 낳을 수밖에 없습니다. 조금 더 벌겠다는 욕심을 중단시키지 못하면 어느 시점에 이르러 한꺼번에 몽땅 잃어버릴 수도 있지요.

이런 관점에서 볼 때 상품도 친환경적으로, 윤리적 도의에 맞게 생산해야 합니다. 더 이상 과거의 구태의연한 자본주의 방식은 통하기 힘든 세상이 오고 있습니다." **WeeklyBIZ**

베르나르 베르베르는 1961년 툴루즈에서 태어나 법학과 저널리즘을 공부했다. 고등학교 때는 만화와 시나리오를 탐닉하면서 《만화 신문》을 발행하였고 대학 졸업 후에는 〈르 누벨 옵세르바퇴르〉에서 저널리스트로 활동하면서 과학 잡지에 개미에 관한 평론을 발표해 오다 드디어 1991년 120번에 가까운 개작을 거친 《개미》를 발표, 단숨에 주목받는 대작가로 떠올랐다.

일곱 살에 단편소설을 쓰기 시작해 열두 살 무렵부터 개미를 관찰했고, 그때부터 개미만 가지고 20여 년의 세월을 보냈다. 직접 집안에 개미집을 들여다 놓고 개미를 기르며 그들의 생태를 관찰한 것은 물론이고, 아프리카 마냥개미를 탐구하러 갔다가 개미떼의 공격을 받고 죽을 고비를 넘기기도 했다.

《상대적이며 절대적인 지식의 백과사전》은 개미들의 문명에서 영감을 받고 집필한 책으로 박물학과 형이상학, 공학과 마술, 수학과 신비 신학, 현대의 서사시와 고대의 의례가 어우러진 독특한 작품이다. 《뇌》에서는 연인의 품 안에서 황홀경을 경험한 표정으로 죽은 신경정신 의학자 '핀처' 박사의 사인을 추적하던 아름다운 여기자 '뤼크레스'와 전직 경찰 '이지도르'가 마약이나 섹스를 넘어서는 인간 쾌락의 절정, 그 비밀의 문을 향해 한발한발 접근해 들어간다.

《인간》은 프랑스에서 출간 직후 베스트셀러 1위를 차지하면서 이미 30만 부 이상 팔린 작품으로, 베르베르가 처음 시도한 희곡 스타일의 소설이다. 우주의 어느 행성의 유리 감옥에 갇힌 한 남자와 한 여자를 둘러싸고 펼쳐지는 경이와 서스펜스에 가득 찬 2인극으로, 인간의 기본적인 욕구나 관습들을 유머러스하게 성찰하고 있다. 베르베르는 끊임없이 '다르게 보고 다르게 생각하기'를 제시하며 인간의 삶과 사회, 체계 등에 관한 포괄적인 인간 탐구를 시도한다.

이외에도 천사들의 관점을 통해 무한히 높은 곳에서 인간을 관찰하고 있는 《천사들의 제국》, 허를 찌르는 반전으로 우리의 상식을 깨는 《나무》, 희망을 찾아 거대한 우주 범선을 타고 우주로 떠나는 14만 4000명의 이야기 《파피용》 등이 있다. 그의 작품들은 이미 30개 이상의 언어로 번역되었으며 1500만 부가 넘게 판매되었다. 베르베르는 톨스토이, 셰익스피어, 헤르만 헤세 등과 함께 한국인이 가장 좋아하는 외국 작가로 선정되기도 했다.

2009년 9월 방문한 베르나르의 교보문고 핸드프린팅

번트 슈미트
컬럼비아대 경영대학원 교수

Bernd H. Schmitt

도태 0순위 기업들의 공통점은? "따라하기를 벤치마킹으로 착각하고 답습한다, 수동적이고 변화에 공포를 느끼며 안전한 길만을 찾는다." 모두 그리스 신화에 나오는, 저주 받은 시지프스와 닮은 꼴이다. 혁신이란 이름의 몸부림도 고정관념 앞에선 힘없이 주저앉고 만다. 매일 같이 산을 향해 바위를 굴리는 시지프스형(型) 기업은 도처에 있다. 미국 컬럼비아대 경영대학원의 번트 슈미트 교수는 트로이 목마 하나로 오랜 전쟁을 단숨에 끝낸 오디세이처럼 시장(市場)을 확 뒤집으라고 말한다. 그는 이런 창조적이고 대담한 아이디어를 '큰 생각(Big Think)'이라고 표현한다.

시장을 확 뒤집고 싶습니다. 어떻게 해야 할까요?

"성우(聖牛)를 죽이세요"

"트로이 목마야말로 큰 생각을 가장 잘 보여주는 신화지요. 트로이를 정복하려 했던 아가멤논은 그리스의 훌륭한 장군이었지만, '작은 생각(small think)'의 한계 때문에 똑같은 전법(戰法)을 되풀이해 10년 동안 지루한 전쟁을 계속할 수밖에 없었지요. 결국 트로이를 함락시킨 장본인은 오디세이였습니다. 트로이에 선물로 바친다는 대형 목마에 아군을 몰래 싣고 가 하룻밤 만에 트로이를 손에 쥐었습니다. 제가 이 이야기를 좋아하는 이유는 비즈니스에서도 소비자들이 정말 좋아하는 창조적인 방법을 이용하면 상황을 완전히 바꿀 수 있기 때문입니다."

그는 리더들에게 말한다. 틀에 박힌 작은 생각들을 쓰레기통에 처박아 버리라고. 통념(通念)과 성역(聖域)을 깨라는 것이다. 그 예로 그가 자주 드는 비유가 힌두교에서 신성시하는 '성우(聖牛, sacred cow, 인도 힌두교에서 말하는 '신성한 소'에서 나온 말로 기업이나 조직에 절대로 반대할 수 없는 경영 신조나 조직 통념 또는 관행을 의미한다. 우화 〈벌거벗은 임금님〉처럼 아무도 비판하지 못하거나 나무라지 못하는 대상을 뜻함)'이다.

스티브 잡스가 아이팟으로 MP3 플레이어 시장을 하루아침에 석권한 것 역시 남들과 다르게 생각하는 걸 두려워하지 않았기 때문이라고 그는 해석한다. MP3를 처음 만든 것은 애플이 아니었다. 그러나 스티브 잡스는 냅스터(음악 다운로드 사이트)의 서비스 원리를 MP3 플레이어에 접목함으로써 음악산업 자체를 바꿔 놓았다. 즉 메이저 음반회사들을 설득해 그들의 음악을 애플의 온라인 음악 스토어인 '아이튠'을 통해 배급함으로써 엄청난 시너지 효과를 얻게 된 것이다. 슈미트 교수는 엄지손가락을 치켜들며 "이게 바로 큰 생각"이라고 했다. 제품의 편익만을 강조하는 기존 마케팅 전략에 반기(反旗)를 들고 '체험마케팅'이라는 새 장을 연 세계적인 권위자 번트 슈미트에게 '큰 생각'으로 가는 길을 물었다.

큰 생각을 키우기 위해서는 무엇이 필요합니까?

"사고(事故)를 칠 수 있는 배짱(guts), 그리고 호기심·흥미로 가득 찬 열정(passion), 좌절하지 않는 인내심(perseverance)이죠."

한국 사람 중에 이 세 가지를 갖춘 사람이 있습니까? "(기다렸다는 듯이) 가수 '비'를 꼽을 수 있죠. 비는 어려서부터 가난했고 어머니가 편찮았고 성장 과정이 순탄치 않았어요. 하지만 비는 어려움을 이겨내고 유명한 댄서가 되겠다고 다짐합니다. 그리고 비는 자기 꿈을 고집하며 실천에 옮겼습니다. 결국 뉴욕 공연에서 매진 사례를 이뤘지요. 큰 생각을 가진 사람을 기업이나 정부 같은 큰 조직에서만 찾을 수 있는 것은 아닙니다."

또 다른 요소는 무엇이 있을까요? "큰 생각을 하려면 창의성이 필요하죠. 그러려면 자신을 색다른 경험에 수없이 노출시켜야 합니다."

예를 들어, 유명 첼리스트 요요마(Yo-Yo-Ma)는 외교관 지망생이었다. 자기 계발을 하려면 동료들의 인생도 보고, 자신을 끝없이 다른 영역으로 이끌어내며 다양한 방향에 노출시켜야 한다. 슈미트 교수는 기업 역시 뭔가 아이디어를 짜내려면 전혀 엉뚱한 분야의 기업을 벤치마크하고, 전혀 연관성이 없어 보이는 것들을 연결시켜 보라고 조언한다.
이런 일화가 있다. 몇 년 전 슈미트 교수가 컨설팅을 해주던 아모레퍼시픽의 이해선 부사장(당시 전무)과 제주도 녹차 재배 농장을 가던 길이었다. 그는 느닷없이 "화장품에 녹차를 넣어보는 걸 생각한 적 있느냐"고 물었다. 이 부사장은 수첩에 메모를 했고, 뒤에 실제로 녹차 화장품을 내놓았다. 이 부사장은 "그의 시각은 항상 달랐고 그건 큰 아이디어로 연결되곤 했다"고 말했다.

한국을 50여 차례 방문한 그는 한국 경제에 대해서도 애정 어린 충고를 아끼지 않았다. 번트 슈미트 교수는 "한국 기업인과 공무원들을 만나보면 독창적이려고 하는 열의를 느낄 수 있다"고 말한다. 한국에서도 '큰 생각'을 통한 대(大) 변혁의 가능성은 충분히 열려 있는 셈이다.

슈미트 교수가 큰 생각의 세 가지 요소를 가졌다고 말한 가수 '비'

작은 생각 대신 큰 생각을 해야 한다는 것은 일견 당연한 것 같기도 한데요, 늘 강조하시는 이유는 무엇입니까? "기업이든 정부든 어느 조직에서든 큰 생각이 필요하지만, 현실은 정반대이기 때문입니다. 늘 작은 생각만 하지요. 예컨대 기업이나 정부는 동일한 프로세스를 반복하고 다른 기업을 따라가기 바쁩니다. 이래선 조직에 비전을 주지 못하죠. 틀에 박힌 생각을 벗어나는 방법을 제시하고 싶습니다."

작은 생각은 구체적으로 어떤 것을 말하나요? "작은 생각은 남들처럼 답습하고, 아주 안전한 길만 찾는 걸 말합니다. 위험을 피해 다니면서 현상 유지를 하려는 자세이지요."

큰 생각으로 성공한 기업의 예를 들어주시겠습니까? "생활용품업체인 도브(Dove)가 2004년에 펼친 '리얼 뷰티 캠페인'이 대표적인 케이스입니다. 대부분의 미용 관련 회사는 아름다운 피부를 가진 완벽한 여성들을 광고에 내세웁니다. 그러면서 이런 여자처럼 되기 위해 자기들 제품을 써야 한다는 메시지를 보내지요. 하지만 도브는 전혀 다른 방식, 즉 큰 생각을 보여 줍니다. '있는 그대로의 모습이 아름답다'는 리얼 뷰티 캠페인을 진행한 겁니다. 보통 사람들은 완벽한 피부도 아니고 완벽한 몸매도 아니며, 나이도 잡지 모델보다 많습니다. 그럼에도 불구하고 그 자체로 충분히 아름답다는 콘셉트로 출발했죠. 다음 단계로 도브는 어떤 광고도 하지 않고 '아름다움이란 무엇입니까'라는 웹사이트 설문을 전 세계적으로 실시했습니다. 다음 단계엔 광고 캠페인이 등장합니다. 여기에 나온 모델 중에는 97세 할머니도 있었지요."

저서에서 당신은 힌두교에서 신성시되는 성우(聖牛, sacred cow)를 죽이라는 표현을 여러 차례 했는데 무슨 의미입니까? "기업이 큰 생각을 하기 위해 가장 중요한 부분입니다. 통념을 깨라는 겁니다. 저는 기업들이 '성우 죽이기' 워크숍을 진행할 것을 제안합니다. 기업 내에 존재하는 성우를 모두 끄집어낸 다음 대안을 제시하면서 하나씩 줄여나가는 거죠. 세미나 형식으로 진행하면 조직원들은 성취감을 갖고 재미있게 참여합니다."

그렇다면 조직에서 '큰 생각을 하는 사람(big thinker)'은 어떤 사람들인가요? "사회가 어느 정도 발전하면 지속적으로 성장하기 위해 혁신적인 아이디어가 필요합니다. 얼마 전 홍콩에 가서 홍콩 정부의 싱크탱크(think tank)들을 만난 적이 있는데, 그들은 홍콩을 미래의 '창조 허브(creative hub)'로 만들겠다는 구상을 갖고 있더군요. 바로 이겁니다. 어느 국가나 조직, 기업을 창조적으로 개조하기 위해서는 최고 자리에 있는 사람이 큰 생각을 통해 혁신해야 합니다."

큰 생각을 하는 사람들의 역할이 중요하군요. "그렇지요. 그리스 신화에 나오는 시지프스가 되어서는 안 됩니다. 시지프스가 저주에 걸려 매일 산을 향해 바위를 굴려야 하는 것처럼 수많은 기업들은 아무 의미 없는 일만 반복합니다. 시중에 나온 똑같은 비즈니스 지침서를 읽으면서 똑같은 경영기법을 쓰는데 그래선 안 됩니다. 의류 브랜드 아베크롬비(Abercrombie & Fitch)의 경우 상당한 파격으로 성공한 케이스입니다. 이 의류업체는 조명을 어둡게 해 마치 클럽 같은 분위기를 만들지요. 직원들도 나이트클럽 직원처럼 꾸미고 나와 정말 색다르다는 느낌을 주었습니다."

당신의 말을 들어보면 루틴하게 돌아가는 일상적인 업무는 전혀 필요 없는 것처럼 들립니다. "그건 절대 아닙니다. 구글을 보세요. 구글은 일하는 시간의 절반은 '작은 생각'에 해당하는 일상적인 문제 해결에 사용하도록 합니다. 구글이 신선한 아이디어를 생산하도록 유도하는 시간은 30% 정도이지요. 나머지는 즐겁게 놀고, 취미생활을 하거나 영화를 보는 일에 사용하도록 합니다. 작은 생각이 전혀 없어져야 한다고 주장하는 것은 아닙니다."

편협한 생각이 큰 생각을 방해

큰 생각을 방해하는 요소들은 무엇일까요? "가장 큰 저해 요소는 '편협한 생각(narrow mindness)'입니다. 엔지니어 교육을 받은 사람이나 MBA 트레이닝을 받은 사람은 전문가일지는 모르지만, 대부분 배운 만큼만 생각하기 마련입니다."

MBA 말씀을 하셨는데 대학에선 큰 생각을 키워주지 못한다는 얘기인가요? "그렇습니다. 우선 대부분의 경영대학에서는 창의성과 큰 생각을 전혀 가르치지 못하고 있습니다. 교수들은 각자 회계, 마케팅, 재무를 개별적으로 가르치고 있을 뿐이지요.

그래서 학생들은 전문적인 지식은 많이 쌓을 수 있지만 모든 분야를 아우르는 코스를 밟을 수 없습니다. 또 강의 자료가 40년 전에 쓰여져 더 이상 실무에서 사용할 수 없는데도 학생들은 의문을 달지 않지요.

어떻게 보면 경영대학이란 곳이 기업과 비슷

하게 부서간 장벽과 이기주의에 길들여진 편협한 생각을 가진 학생을 배출하고 있었던 거지요. 다만 지금은 바뀌고 있다고 말하고 싶습니다."

어떻게 바뀌고 있다는 것인지 구체적으로 말씀해 주시지요. "제가 속해 있는 컬럼비아대를 예로 들어 설명해 보도록 하죠. 두 가지가 있어요. 첫 번째는 다양한 학문 분야를 아우르는 코스를 제공하는 것입니다. 제 강의를 예로 들자면 브랜드 관리 강의를 하면서 마케팅 요소도 다루고 동시에 회계, 재무도 가르칩니다. 여기에 사회학과 민속학적 요소까지 가미합니다. 즉 통합교육 코스(inter-disciplinary course)를 설계해서 학생들에게 좀 더 독창적인 생각

을 하도록 유도하는 거지요. 둘째, 우리 대학에서는 실제 비즈니스 케이스를 갖고 와서 비즈니스 실무자와 교수가 함께 강의하면서 학생들에게 문제 해결을 요구합니다."

한국 기업 가운데 큰 생각을 하는 기업을 꼽으라면 어디가 있을까요? "삼성을 들고 싶습니다. 삼성은 불과 10~15년 전만 해도 미국에서 아주 품질이 나쁜 브랜드 이미지를 갖고 있었습니다. 생산시설을 개보수하거나 식스시스마(불량률 최소화를 통한 품질 개선)를 시도해볼 수도 있었겠지만, 삼성은 대신 이목을 끄는 급진적인 조치를 취했습니다. 불량 핸드폰을 불태우는 등의 이벤트를 벌인 겁니다. 품질 문제를 해결한 삼성은 안주하지 않고 이어 디자인에

집중합니다. 아주 세련된 디자인을 선보인 삼성은 여기서 멈추지 않고 브랜드 가치 평가 작업을 지속해 창조 경영을 추구하고 있습니다. 삼성은 분명 큰 생각을 보여줬고 큰 생각을 가진 리더가 있다고 봅니다."

기계적인 식스시그마 대신 창조적인 큰 생각

당신은 식스시그마와 SWOT 분석(강점, 약점, 기회, 위협의 머리글자를 모아 만든 단어로 경영 전략을 수립하기 위한 분석 도구)**과 같은 전략 분석틀에 대해 부정적인 시각을 갖고 있는 듯합니다.** "그 얘기를 하기에 앞서 식스시그마와 비슷한 TQM(Total Quality Management)으로 상을 받은 리츠칼튼 호텔을 예로 들겠습니다. 이 호텔 직원들은 항상 저

에게 말을 할 때면 모든 문장에 '슈미트씨(Mr. Schmitt)'를 넣습니다. '체크인 하시겠습니까? 슈미트씨!' '주문하시겠습니까? 슈미트씨!' 저는 그게 정말 거슬립니다. 리츠칼튼은 서비스 매니지먼트 일환이라고 하지만 고객 입장에선 짜증날 뿐입니다. 대답할 때 전 '예(Yes)'가 아니라 '물론이죠(Certainly)'라고 할 수밖에 없지요. 반대로 W호텔을 봅시다. 이곳에선 훨씬 자유로움을 느낄 수 있어요. 직원이 지나가면서 '안녕하세요. 전 빌입니다. 기분은 어떠세요? 어느 나라에서 오셨지요?(Hi, I'm Bill. How are you? Where are you from?)'라고 하는데 그게 더 자연스러워요. 물론 그 곳에서도 표준화된 부분이 있지만 훨씬 자연스럽습니다. 특히나 서울의 W호텔 로비는 정말 '멋'이 있어요. 바로 호텔 로비에서부터 파티가 시작되지요. 로비에 DJ가 있어서 음악을 틀고 있기 때문입니다. 이런 게 바로 식스시스마와 창조성이 높은 큰 생각의 차이이지요. 그래서 식스시스마에 부정적이라고 물어보면 부정적이라고 대답하겠습니다."

큰 생각 전략을 갖기 위해 한국 기업은 어떻게 변해야 한다고 생각하십니까? 한국 기업에게 전할 메시지가 있다면…. "세 가지 수준의 변화가 있어야 합니다. 첫 번째는 국제적이어야 합니다. 제가 느끼기엔 한국은 여전히 국내에만 집중하고 있습니다. 중국이 세계 시장에 집중하고 있는 걸 보면 한국은 너무나 비교됩니다. 두 번째는 새로운 걸 시도했으면 합니다. 애플의 아이폰(iPhone)은 사람들의 라이프 스타일을 확 바꿔 놓은 혁신적인 제품이죠. 어떻게 하면 아이폰처럼 만들까 생각하지 마세요. 베끼려 하지 말고 혁신하려고 노력하세요. 끝으로는 서로에게 자신감을 불어 넣어주는 분위기입니다. 미국 사회에선 항상 '시도하라' '할 수 있다'고 격려해 주는데 이런 건 매우 고무적인 일이지요. 실패했다고 비난하지 말고 항상 격려해주세요.”

한국에 대해 몇 가지 더 질문하겠습니다. 한국은 지금 저성장에 빠져 5% 성장도 어렵다는 얘기가 나옵니다. 한국의 성장 동력은 어디에서 찾을 수 있다고 보시는지요. “이 문제는 통합적으로 봐야 합니다만, 저는 교육이 중요한 성장 동력이라고 생각합니다. 많은 것들이 교육에서 시작하기 때문이지요.

미국의 예를 들죠. 미국 학교는 독특한 교육 방법을 사용합니다. 7살인 내 아이를 통해 확인할 수 있습니다. 아이는 학교에서 허드슨강 관련 프로젝트를 통해 생태계도 배우고 자연도 배우고 생물도 배우지요. 미국 학교는 어릴 적부터 큰 사고의 기초인 독창적인 사고 방식을 폭넓게 가르칩니다. 정부가 주도하는 교육은 얼마든지 성장의 견인차 역할을 할 수 있습니다. 정부와 기업이 발맞춰 나가는 것도 중요합니다.

한국은 더 이상 중국과 저가(低價)경쟁을 할 수 없습니다. 모방만 하던 관행에서 벗어나 삼성 같은 세계적인 기업들이 더 많이 나오도록 해야 합니다.”

한국에선 모방이라고 하지 않고 돌려서 벤치마킹

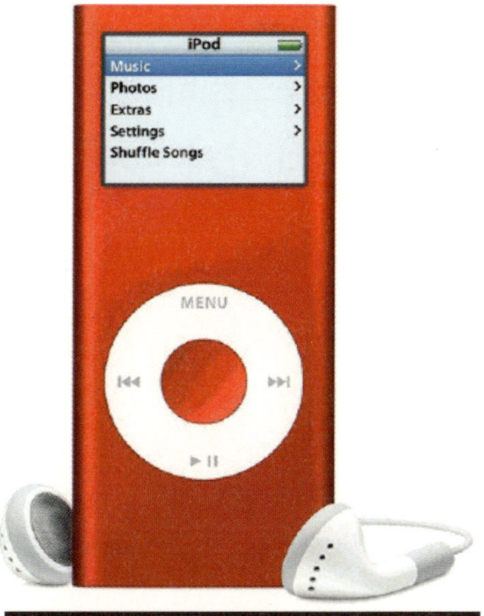

스티브 잡스가 아이팟으로 MP3 플레이어 시장을 석권할 수 있었던 것은 다르게 생각하는 걸 두려워하지 않았기 때문이다

이라고 부릅니다. “같은 산업 내에서 벤치마킹을 하는 것은 ‘따라 하는’ 것에 불과하지요. 다른 산업을 벤치마킹하는 게 진짜 벤치마킹입니다. 한국은 분명히 잘 할 수 있습니다. 한국 기업이나 정부를 상대로 얘기해보면 대부분 오디세이가 되고 싶어하지 시지프스가 되고 싶어하진 않았습니다. (웃음)”

최근 한국의 화두는 투자 유치입니다. 해외 자본이 한국에 잘 들어오지 않고 있습니다. 오히려 중국에 더 많은 투자가 진행되고 있어요. “그건

바로 중국 사회에서 미래를 느낄 수 있기 때문이죠. 상하이만 해도 시속 430km를 자랑하는 세계 최고 속도의 자기부상열차가 있고, 현대적인 시설의 메가 시티가 탄생하고 있습니다. 반대로 인천공항을 보시죠. 인천공항은 정말 멋진 공항임에 틀림없지요. 하지만 인천에서 서울 시내로 들어오는 게 왜 이리 힘든지. 인천에서부터 고속열차가 들어와서 인프라의 일부가 됐어야 했지요. 인프라를 구축할 당시 큰 생각으로 내다보지 못했기 때문입니다.”

IMD(스위스국제경영개발원) **발표 자료를 보면 한국은 기업가 정신이 45위, 국가 경쟁력 순위가 29위로 매우 낮습니다. 제 생각으론 더 높일 방안이 있을 것 같습니다만.** “제가 태어난 독일에서도 그런 점이 여러 차례 문제가 됐어요. 미국의 경우 아이디어만 하나 있으면 바로 사업을 시작할 수 있지만, 아이디어가 있어도 한국이나 독일은 창업하기가 너무 어렵지요. 많은 절차를 거쳐야 하기 때문입니다. 우선 기업가들에게 많은 기회를 줘야 합니다. 기업가 정신은 마음가짐과 태도, 개인 성격과도 연관돼 있어요. 그래서 기업가 정신은 경제적 이슈뿐 아니라 교육적 이슈라고도 할 수 있습니다. 기업가 정신의 태도나 마인드는 조기에 형성되는 것이기 때문에 대학보다 훨씬 이전에 학교에서 배워야 합니다.” WeeklyBIZ

잭디시 세스 &
하타무라 요타로
에모리대 경영대학원 교수 / 도쿄대 명예교수

Jagdish N. Sheth &
畑村洋太郎

누구에게나 실패는 찾아온다. 그런데 어떤 사람은 그 실패로 무너지고 어떤 사람은 그 실패를 교훈으로 삼아 새로운 기회를 움켜쥔다. 기업도 마찬가지다. 성공의 꼭대기에 오른 기업조차 언젠가 실패를 맛보기 마련이다. 그리고 때로는 회생 불가능한 나락으로 떨어진다.

어떤 기업들은 '약간의 독(毒)은 약(藥)이 된다'는 격언을 몸소 실천한다. 실패라는 독을 오히려 지렛대로 활용해 체질을 개선하는 약으로 쓰는 것이다. 실패는 어떻게 쓰느냐에 따라 기업의 생사를 가르는 양날의 칼과 같다.

실패를 성공으로 바꾸는 마법의 연금술은?
"내부의 적을 제압하라"

실패를 성공으로 바꾸는 마법의 연금술은 무엇인가? 위클리비즈는 이에 대한 해답을 얻기 위해 기업의 실패를 연구해 온 두 석학을 만났다. 잭디시 세스와 하타무라 요타로가 그 주인공이다. 두 사람은 기업의 실패에 대해 각각 다른 시선으로 연구해 왔다. 미국 마케팅 분야를 대표하는 석학 중 한 사람인 세스 교수는 한번 성공했던 기업이 급속한 내리막길을 걷는 원인을 분석했다. 반면 일본 최초로 '실패학(失敗學)'을 제창했던 하타무라 교수는 기업들이 실패라는 경험을 적극 활용해 성공으로 거듭나는 비결에 초점을 맞춰왔다. 실패학의 진수를 전하는 데 환상의 조합인 셈이다.

먼저 세스 교수의 이야기를 들어보자. 그는 저서 《배드 해빗》에서 좋은 기업이 병들어 가는 원인은 기업 외부가 아니라 내부에 있다고 역설한다. "기업이 탁월한 성과를 내면서 성장해 가면, 그 결과로 기업의 근본을 갉아먹는 '자기 파괴 습관'이 무의식 중에 생겨난다"는 것이다. 그는 자기 파괴 습관을 7가지로 정리했다. ①현실 부정 ②오만 ③타성 ④핵심역량에 대한 과도한 의존 ⑤눈앞의 경쟁만 보는 근시안 ⑥규모에 대한 집착 ⑦구성원들의 영역(silo) 의식이 그것이다. 그러면서 반문한다. "왜 당신은 자기 파괴 습관이 종말을 몰고 올 때까지 기다리나? 왜 당신은 폐암이 번질 때까지 담배를 끊지 않고 있었나?"

7가지 자기 파괴 습관 중 가장 심각한 요인은 무엇입니까? "가장 심각한 것은 물론 '오만'입니다. 1970년대 후반 미국 기술자들은 세계 최고의 기술이 모두 미국에 있다는 환상에 젖어 있었어요. MIT와 캘리포니아 주립대, 어바나 샴페인, 조지아텍…. 그리고 노벨상을 받은 수많은 교수들을 자랑했죠. 누구도 미국의 기술을 따라올 수 없다고 굳게 믿었지만, 실제로 그런 일이 일어났습니다. TV 산업, 시계 산업에서도 모두 그런 일이 일어났습니다. 오만은 성공했던 회사가 실패하는 원인을 만들어내는 근본 원인입니다."

그는 2009년 6월 파산 보호를 신청한 GM 이야기로 화제를 돌렸다.

"1980년대에 GM은 자사 직원을 일본에 보내서 토요타와 기술을 교류하게 한 적이 있습니다. 그때 그 직원은 토요타에서 큰 충격을 받았습니다. 토요타는 GM이 개발 중인 신기술에 대한 시험을 이미 모두 끝낸 상태였고, GM이 토요타와 같은 대수의 자동차를 만드는 데 두 배 이상의 노동력이 필요하다는 사실을 깨달았죠. 그러나 그가 미국에 돌아와 조사 결과를 발표하자 GM 경영진들은 '오류'라며 한마디로 무시했습니다."

이번엔 하타무라 요타로 교수의 말을 들어볼 차례. 한국능률협회컨설팅 초청으로 방한한 그는 "실패에 대한 우리의 잘못된 인식을 바꿔야 한다"고 말했다. "누구나 '성공'이라는 단어는 좋아하지만 '실패'를 인정하는 것은 매우 괴로워하죠. 하지만 실패는 훗날 소중한 자산이 될 수 있는 만큼 숨기기보다 적극 활용해야 합니다. 실패를 밑거름으로 해서 노력한 결과물이 바로 성공이기 때문입니다." 그는 《실패를 감추는 사람 실패를 살리는 사람》《실패학의 법칙》 등의 책을 썼다.

그럼 실패를 긍정적으로 받아들여야 하나요?
"그렇습니다. 단, 조건이 있습니다. '실패는 성공의 어머니'라는 격언이 있는데 저는 이 말이 잘못됐다고 생각합니다. 실패를 되풀이하더라도 '도전만 계속 하면 잘되지 않을까'라고 착각할 수 있기 때문이죠. 그런 말이 그 사람을 격려하거나 위로하는 데 좋을지는 모르지만, 실패한 사람이 무엇을 어떻게 해야 할지 생각하지 않으면 실패를 반복할 수밖에 없습니다. 실패의 원인과 과정을 깊이 있게 생각하지 않으면, '실패는 실패의 어머니'일 뿐입니다. 실패는 도전과 발전을 위해 그 원인을 분석하고 거기서 창조적인 아이디어를 도출해 낼 때 비로소 가치가 있는 것입니다."

미국 애틀랜타 에모리대 앞 사무실에서 만난 잭디시 세스 교수의 손은 크고 거칠었다. 인도 출신의 이 교수는 70대의 나이가 전혀 어울리지 않는 억센 힘으로 기자의 손을 잡고 흔들었다. "나이보다 무척 젊어 보이신다"고 인사를 건넸더니, 바로 "제가 마케팅을 전공해 리패키징(re-packaging)을 좀 알거든요"라며 호탕한 웃음을 터뜨렸다. 그와 마주앉은 1시간 20분은 수많은 기업들의 흥망성쇠(興亡盛衰)가 스쳐 지나가는 파노라마와도 같았다. 그는 풍부한 연륜과 경험으로, '한때 위대했던' 기업들이 어째서 치명적인 내리막길을 걷는지 사례를 통해 조목조목 짚어나갔다.

2007년에 GM의 회생이 어렵다고 보셨는데요, 사실 그렇게 됐죠. 당시 왜 그렇게 보셨습니까?
"저는 미국 자동차산업을 20년 넘게 연구했어요. 저는 이미 GM의 문제가 너무 뿌리가 깊었다고 봤습니다. GM의 실패는 70년대 후반부터 짚어봐야 해요. 1차 오일쇼크가 왔을 때 저는 GM과 포드에 '경쟁력 있는 소형차'를 만들라고 조언했는데 그들은 전혀 듣지 않았습니다."

왜요? "그들은 현실을 외면했어요. 기존 시장의 구조에 매달려서, 새로운 시장을 외면했습니다. 사실 당시 GM의 생산성으로는 소형차를 만들어서 이익을 낼 수가 없었어요. 큰 차를 만들어야만 이익을 낼 수 있었습니다. 이 사실을 바탕으로, GM은 '소형차로는 시장에서 이익을 낼 수 없다'는 논리의 비약을 했습니다. 그리고 세계 자동차업계 역사에서 가장 잘못된 결정을 내렸습니다."

실패의 원인과 과정에 대한 진지한 분석이 없으면 '실패는 실패의 어머니'일 뿐이다

미국 에모리대에서 만난 잭디시 세스 교수. 그와 마주앉은 1시간 20분은 수많은 기업의 흥망성쇠가 스쳐 지나가는 파노라마와 같았다

무슨 결정입니까? "판매망을 일본 자동차 회사들에 빌려주어 일본 소형차를 팔도록 한 것입니다. 시장을 갖다 준 거나 마찬가지였습니다."

왜 그런 결정을 내렸습니까? "GM 기술자들이 보기에 일본 차는 엉망이었어요. 디자인은 볼품없고, 오토 트랜스미션도 없고, 작은 차였습니다. 르노, 푸조, 영국 자동차 회사들도 실패한 미국 시장에서 이런 차를 판다고 했을 때 GM 기술자들은 코웃음을 쳤습니다.

'누가 그런 차를 사겠느냐'고들 했어요. 그러나 이 차들은 연비(燃費)가 무척 높다는 장점이 있었습니다. 그리고 일본 자동차 회사들은 미국을 국가 전체로 보고 접근하지 않고, 특정 지역시장을 집중 공략한 다음 확산시키는 전략을 썼습니다. 결과는 대성공이었죠."

GM처럼 한때 크게 성공했던 회사가 왜 병들어 갑니까? "인간의 평균 수명은 늘어나고 있지만, 아이러니하게도 기업의 평균수명은 줄어들고 있어요. 이는 기업이 탁월한 성과를 내

며 성장하면, 그 결과로 기업의 근본을 갉아먹는 '자기 파괴 습관'이 무의식중에 생겨나기 때문입니다. 가장 심각한 것은 '오만'입니다. 1980년대 GM의 CEO였던 로저 스미스(Roger Smith)는 필사적으로 회사를 변화시키려고 했어요. M&A를 시도하고, 운영상 군살을 제거하려 했습니다. 그러나 예전처럼 대형차를 만드는 생산 방식이 최고라고 생각했던 GM의 임직원들은 근본적인 변화를 외면했습니다. 그들은 소비자가 원하는 차를 만들지 않고, 정부가 연비 기준을 낮추도록 로

비를 하는 한편, 고객에게는 엄청난 리베이트와 무이자 할부를 밀어붙였습니다. 물론 레거시 코스트(legacy cost, 회사가 부담하는 직원과 퇴직자, 그 가족에 대한 연금 및 의료보험 부담)도 큰 짐이 됐지만, 그것만으로 GM의 몰락을 설명할 수는 없습니다.”

왜 성공한 기업에 '오만'이 나타납니까? “특별한 성취의 경험을 한 기업일수록 오만이 생기기 쉽습니다. 우연히 탁월한 성공을 거뒀을 때, 다윗이 골리앗을 쓰러뜨렸을 때, 어느 누구도 따라 하기 힘든 상품이나 서비스를 개발했을 때, 다른 회사보다 더 똑똑한 사람들이 모였을 때 오만이 일어납니다. 제로그래피(건식 복사방식)를 발명한 제록스가 대표적인 사례죠. 제로그래피는 1937년 가난에서 벗어나려 몸부림치던 체스터 칼튼(Chester Carlton)이 개발했습니다. 칼튼이 첫 번째 건식 복사기를 개발하는 데 12년이 걸렸지만, 일단 상용화되자 제록스는 복사기 판매에서 특허 기술을 통해 1960년대 내내 독점적인 지위를 누렸습니다. 그 결과 제록스라는 조직은 서로 단단히 묶이고, 완고해지고, 외부 사람들을 적대시하기 시작했습니다. 회사는 밖에서 온 아이디어(작은 복사기, 액체 토너, 간접 판매 등)건 내부에서 온 아이디어(개인용 컴퓨터 네트워크, 레이저 프린터)건 믿을 수 없을 정도로 맹목적으로 무시했습니다. 2000년 제록스는 5200명의 인원 감축과 6억 2500만 달러의 구조조정 특별 손실을 발표했습니다. 모든 사람들이 복사기가 프린터로 변한다는 사실을 알고 있었고, 제록스가 준비되지 않았다는 것도 알고 있었죠.”

말씀하신 대로 '오만'이 기업의 경쟁력을 정체시키는 사례도 있을 겁니다. 하지만 사실 자부심과 오만은 구별이 쉽지 않습니다. 어떻게 해야 전자가 후자로 바뀌는 것을 막을 수 있나요? “좋은 지적입니다. 만약 기업의 자부심이 운 좋은 성공에 기댄 것이라면, 혹은 당신의 펀더멘털 이상으로 다른 사람들에게 존경을 받는 데 기인한 것이라면, 그것은 오만입니다. 노

력과 경쟁력이 항상 동반돼야 합니다. 따라서 기업의 리더는 항상 조직원들의 오만을 경계해야 합니다. 최근 인도에서는 IT 산업이 급속하게 성장했죠. 그러면서 저는 인도의 IT기업들이 오만해지는 것을 느낍니다. 그들은 싼 인건비 덕분에 큰 연구 개발이나 기술 투자를 하지 않고 열매를 챙겼어요. 하지만 더 이상 그런 방식은 더 큰 글로벌 IT 기업이 되는 데 통하지 않습니다.
오만을 막기 위해 리더가 해야 할 일은 두 가지입니다. 하나는 사람들을 교육시키는 것입니다. 사람들에게 지속적으로 오만해질 위험

특별한 성취를 경험할수록 '자기 파괴'에 쉽게 빠진다

이 있다는 사실을 깨우쳐야 합니다. 자신이 왜 오만해질 위험이 있는지 지표를 제시해줘야 합니다. 리더는 혈압을 재듯이, 그 지표를 챙겨야 합니다. 그런 다음 그 측정 결과에 따라 처방을 해야 합니다. 어떤 부서에서 그런 오만이 특히 심한지, 측정한 뒤 모닝콜(wake-up call)을 하는 거죠. 의사가 환자에게 조언을 하는 것과 비슷합니다. '당신은 이런 이런 점이 위험합니다. 운동을 해야 하고, 다이어트를 해야 합니다. 약을 먹어야 합니다' 이런 이야기를 하는 겁니다. 이렇게 예방하는 작업이 오만으로 빚어진 결과를 나중에 바로잡는 것보다 물론 바람직합니다.”

오만을 비롯해 7가지 자기 파괴 습관을 지적하셨는데, 다른 자기 파괴 습관들은 왜 생깁니까? “기업이 커지면, 튼튼한 유전자를 가지고 있다는 자기만의 상상에 빠지게 됩니다. 그러면 타성에 빠지게 되죠. 특히 조직의 결정이 느려지면, 타성에 빠진 것은 아닌지 의심해 봐야 합니다. GM은 한때 자동차 콘셉트를 만들고 시장에 출시하기까지 60개월이 걸렸습니다. 혼다와 토요타는 36개월이 걸렸는데 말이죠. 또 만장일치를 중시하고, 위원회를 좋아하는 조직 문화도 타성을 의심할 만한 증상입니다.
핵심역량(core competence)에 지나치게 의존하는 경우도 문제입니다. 핵심역량에 의존하는 기업은 '우물 안 개구리'가 됩니다. 비전이 제한되고 다른 기회를 보지 못하게 됩니다. 이렇게 되면 핵심역량이 알라딘의 램프나 삼손의 머리카락처럼 힘의 원천이면서도 치명적인 약점이 됩니다. 브리태니커 백과사전의 예를 들어보죠. 한 때 경쟁이 거의 없이 독보적이었던 브리태니커는 디지털 시대가 도래했는데도 치명적인 오판을 했습니다. 자사의 CD롬 백과사전 사업 부문을 팔아버리고, 양장판 백과사전에 계속 집중하기로 한 거죠. 그 결과 1998년 브리태니커는 그들의 마지막 방문 판매원 70명을 해고하면서 결국 방문 판매를 중단하고 맙니다. 자사의 장점이었던 연구개발에 지나치게 의존한 사례도 있습니다. 제약회사인 엘리 릴리(Eli Lilly and Company)가 연구 개발에 집중해 순도 100%의 인슐린을 출시했지만, 순도가 낮은 기존 인슐린에 비해 가격이 너무 비싸 실패했습니다.”

한국의 정부나 기업인에게 자기 파괴에 이르지 않기 위한 조언을 하신다면? “두세 가지가 생각나네요. 첫째, '항상 우리는 스스로 변화해야 한다' 는 메시지를 지속적으로 던지세요. 또 하나는 조직이 평소와는 다른 방식으로, 창의적으로 생각할 수 있는 분위기를 만들어야 합니다. 세 번째는 고립되지 말아야 합니다. 관료나 기업인들은 물론, 일반인들까지도 외국으로 가서 빠르게 성장하는 경쟁자들

을 보고 배우도록 장려해야 합니다."

좋은 말씀 감사합니다. 하지만 실제로 사람을 변화시키는 것은 쉽지 않은 일입니다. 어떻게 그들을 변하게 만들 수 있습니까? "물론 변화에 대한 저항은 세계적으로 보편적인 것입니다. 아시아 회사들은 더 그렇죠. 크게 두 가지 이유 때문입니다. 80년대에 제가 한 연구입니다만, 하나는 '위험' 때문이고, 하나는 '습관' 때문입니다. 그래서 사람들을 변화하도록 만들려면 첫째는 위험을 줄여줘야 합니다. 당신이 변화하더라도 경제적인 여건, 사회적인 여건, 그리고 물리적인 안전에는 위협을 주지 않겠다는 보장을 해줘야 합니다. 두 번째는 습관을 깨줘야 합니다. 이는 인센티브와 벌칙, 교육의 3단계로 이루어 집니다. 금연을 생각해보세요. 금연을 하면 건강에 좋다는 것을 일깨워주고, 특정 건물에서 흡연을 하면 벌칙을 주고, 어려서부터 금연이 습관화되도록 교육을 하죠. 이런 작업이 기업이나 정부 조직에서 자연스럽게 이뤄져야 합니다.

하타무라 교수의 '실패를 기회로 바꾸는' 노하우

서울 여의도 한 호텔에서 만난 하타무라 요타로 도쿄대 명예교수는 인심 좋은 아저씨 같아 보였다. 희끗희끗한 머리에 고희(古稀)를 바라보는 나이인데도 넉넉한 체구와 웃음을 잃지 않는 모습이 기자와 격의 없는 대화를 이끌어 냈다. 그러나 차분하던 그의 말투는 '실패'라는 단어가 나올 때만큼은 달라졌다. 목소리 톤은 높아지고 발음은 더 또박또박해졌다.

실패학이란 무엇인가요? "실패학이란 우선 이 세상 사람이면 누구라도 다 실패를 한다는 것을 전제로 합니다. 인간이든, 조직이든 지금까지 해보지 않았던 것, 경험하지 못한 것에 도전하고 창조적인 일을 하다 보면 반드시 실패가 따를 수밖에 없기 때문입니다. 그렇기 때문에 '실패를 해선 안 된다', '실패가 나쁘다'고 생각해선 안 됩니다. 만약 실패가 싫다면 도전하지 않으면 됩니다. 하지만 그것은

발전하지 않겠다는 말과 같습니다. 그럼, 창조적인 일을 하고 발전하고 싶다면 어떻게 해야 할까요. 새로운 일을 도전하는 과정에서 벌어진 실패를 어떻게 극복하고 활용할 수 있는지 고민해야 합니다. 이런 실패에 대한 지식을 공유하고 연구하는 것이 실패학입니다."

당신은 실패에도 '좋은' 실패와 '나쁜' 실패가 있다고 했습니다. "부주의나 오판(誤判)으로 똑같은 실수를 연발하는 것은 절대 용서받을 수 없는 실패입니다. 하지만 새로운 일에 도전하고 성공과 발전을 위해 추진하는 과정에서 벌어진 실패는 용서할 수 있는 실패입니다. 그런 만큼 필요한 실패, 불필요한 실패를 구분하지 않고 당사자를 책망하거나 몰아붙이면 발전할 수가 없습니다."

아무리 좋은 실패라도 당사자에겐 고통과 비용이 따릅니다. 굳이 체험할 필요가 있나요? "실

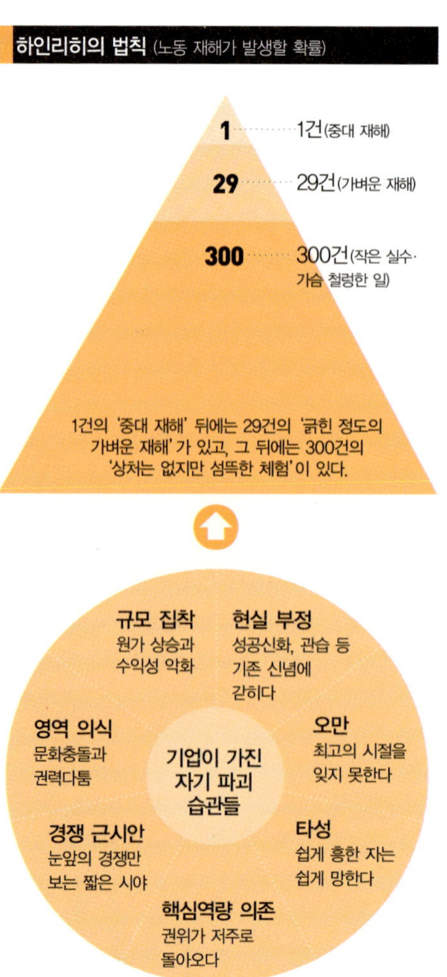

패를 하지 않고 성공할 수 있는 길은 분명히 있습니다. 이전에 있었던 성공 사례를 공부하고 모방하는 것이지요. 하지만 이런 방법은 매우 위험합니다. 예전에 성공한 사람과 똑같은 길을 가지 않거나 주위 환경이 조금만 바뀌어도 실패하기 십상이죠. 반면 자기 생각과 의지로 도전하고 실패하고 성공하게 된다면 예상치 못한 상황이 발생해도 살아남을 수 있습니다. 어떻게 보면 실패는 수업료라고 말할 수 있습니다. 대신 수업료를 낸 만큼 확실히 배워야죠. 모든 실패에는 귀중한 지식이 숨어 있습니다."

당신은 도쿄대에서 기계공학을 30년 넘게 가르쳐온 공학자입니다. 그런데 어떻게 실패학을 일본에 최초로 소개하고 후지쯔, 미쓰비시, 히다찌(Hitachi) 등 일본 대표 기업의 경영 현장에 접목시킬 수 있었습니까? "원래 제가 연구하고 싶었던 분야는 '창조학'이었습니다. 그런데 기계설계의 성공 사례를 말하면 재미없어하던 학생들이 실패 사례를 말하면 눈이 빛나더라고요. 여기서 착안해 창조적인 작업을 할 때 반드시 따라오는 실패를 연구하기 시작했습니다."

2008년에 세계적 투자은행이었던 리먼브러더스가 파산했습니다. 실패 이유는 무엇인가요? "실패학에는 '보고 싶지 않은 것은 보이지 않는다', '생산성 확대나 경제적 효율만 따지다 보면 시장 변화를 읽지 못한다'는 이론이 있습니다. 제가 볼 때는 리먼브러더스가 여기에 해당됩니다. 금융공학적인 기술을 이용해 더 많은 부(富)를 창출하는 데 치중한 나머지 '큰 위험이 발생할 수 있다'는 시장의 경고를 끊임없이 외면해 왔던 것이죠. 주위에서도 문제가 있다는 것을 알고 있으면서도 '당장 득(得)이 된다'는 이유로 지적도 제대로 하지 않았고요."

실패를 미연에 막을 수 있는 핵심 노하우를 몇 가지 꼽는다면요? "흔히 큰 사고가 일어나면 당사자는 '설마 이런 일이 일어날 줄 몰랐다'며 마치 불의의 사고인 것처럼 받아들이거나 변명합니다. 그러나 이것은 사실이 아닙니

다. 중대한 사고가 나기 전에는 반드시 어떤 징조가 있기 마련이죠. 예컨대 1건의 엄청난 대형 사고가 발생하기 전에는 29건의 가벼운 재해가 있었고, 또 그전에는 다른 300건의 작은 실수가 벌어졌다는 것입니다. 이를 '하인리히의 법칙'이라고 합니다. 가벼운 재해나 작은 실수가 생겼을 때 적절한 조치를 취한다면 치명적인 실패는 충분히 막을 수 있습니다. 이런 법칙을 입증할 만한 사례는 쉽게 찾을 수 있습니다. (실제로 2000년 일본에서 5명이 죽고 63명이 다친 도쿄의 지하철 히비야선(線) 탈선 사고의 경우 그전인 1992년 10월과 12월에도 비슷한 사고가 일어났다.) 실패를 줄이기 위해선 원인 규명과 책임 추궁을 나눠서 생각해야 합니다. 실패 당사자에 대한 처분이 결정되면 대개 문제가 해결된 것처럼 생각하는데, 그러면 실패가 반복될 수밖에 없습니다. 중요한 것은 원인 규명과 구체적인 대책을 세우는 것입니다. 마지막으로, 실패의 경험을 조직원 모두가 공유하는 게 중요합니다."

대부분의 기업은 아직도 실패를 쉬쉬하고 숨기는 게 현실. 하지만 일본 혼다자동차는 직원이 기술 개발에 실패해도 원인을 찾아내면 상(賞)을 주고 그 정보를 함께 공유하는 제도를 운영하고 있다.

실패를 성공의 계기로 반전시키기 위해선 어떤 노력이 필요하나요? "(하타무라 교수는 질문이 끝나기가 무섭게 자리에서 일어나 화이트보드 앞으로 다가갔다. 그리고선 계단식 피라미드 모형을 그리면서 설명을 시작했다.) 가장 중요한 것은 눈앞에 벌어진 현상만 보지 말고 근본적인 원인을 찾는 것입니다. 그림의 피라미드를 보면 맨 아래쪽에는 어떤 사고가 발생하거나 실패했을 때 이를 직접적으로 촉발한 3~4개의 상황, 예를 들어

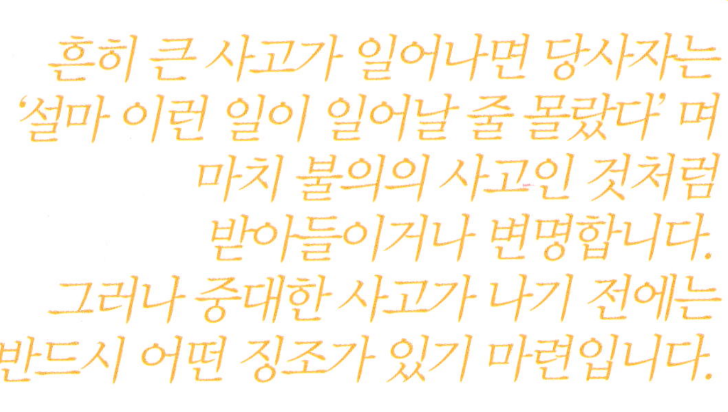

**하타무라 요타로 교수의
'실패에서 창조로 거듭나기 위한 핵심 노하우'**

1 실패를 직시하라. 그리고 잘못을 인정하라.
2 책임 추궁과 원인 규명은 확실히 구분하라.
3 실패를 스스럼없이 말할 수 있는 환경을 만들어라.
4 눈앞의 현상만 보지 말고 근본적인 원인을 찾아라.
5 실패 사례를 분석한 뒤 조직원들끼리 공유하라.
6 실패를 불러온 부서 간의 연결고리를 찾아라.
7 실패의 책임은 개인보다 조직이 안고 가야 한다.
8 치명적인 사고에 앞서 발생한 작은 실수에서 대책을 마련하라.
9 작업 매뉴얼화 등 지나친 경제성 추구는 금물이다.
10 인간의 심리와 사회는 항상 변한다. 시장의 흐름을 읽어라.

일본의 '실패학' 창시자, 하타무라 요타로 교수는 "실패는 모두가 겪는 것이기에 움츠러들지 말고 열심히 도전하라"고 말했다

직원의 부주의나 기계 오작동과 같은 것이 있습니다. 하지만 조금 더 깊이 들여다보면, 이런 사고를 가져올 수밖에 없는 2~3개의 중간적인 원인, 즉 허술한 정비나 직원 교육 같은 게 있습니다.

그리고 피라미드의 맨 위에는 언젠가는 실패를 일으킬 수밖에 없는 근본적인 이유가 있기 마련입니다. 즉 회사 내부에 만연된 나태한 경영 같은 것 말이죠. 2001년 일본 시즈오카현(縣)에서 발생한 항공 사고가 대표적인 예입니다. 당시 두 대의 항공기가 거의 충돌할 뻔한 사고가 발생해 승객과 승무원 42명이 중경상을 입었지요. 사고 원인으로 '훈련생이었던 관제관의 미숙'과 '기장의 판단 착오' 때문이라는 비난이 쏟아졌지만 근본적인 원인은 따로 있습니다. 하늘의 '긴자(銀座, 도쿄의 번화가)'라고 불릴 정도로 비행기 운항이 과밀 상태였던 상공(上空)을 그대로 방치해 둔 것이 문제입니다.

회사에서 일어나는 커다란 실패 역시 시스템이나 운영 자체에 문제가 있는 경우가 대부분입니다. 따라서 개인이 실패를 책임지는 것보다는 조직이 시스템을 통해 실패를 안아주는 문화가 정착돼야 합니다. 실패를 스스럼없이 고백할 수 있는 환경을 만드는 것 역시 실패에 대한 최상의 대책입니다.

교훈으로 삼을 만한 사례가 하나 있는데, 미쓰비시자동차는 각종 차량의 결함과 리콜 사실을 30년 동안 은폐해 오다 2000년에 발각돼 도산 위기에 몰린 적이 있습니다. 실패가 드러나면 끝이라는 근시안적 조직 보존 논리로 작은 실패를 숨기다가 조직 자체가 무너질 뻔한 것이죠."

정부 정책에도 실패학을 적용할 수 있을 것 같은데요. "물론입니다. 2009년에 있었던 일본 총선(總選)이 대표적 사례입니다. 이번 선거에서 자민당은 민주당에 크게 패하고 국민에게 버림을 받았습니다. 이유는 간단합니다. 자민당이 예산만 낭비하는 정책을 그대로 유지하는 것에 시민들의 불만이 폭발한 것이죠. 반면 민주당이 내걸었던 '꼭 필요한 곳에 예산을 쓰겠다'는 공약은 설득력을 얻었습니다. 하지만 자민당은 지난 50년간 집권하면서 이런 변화를 전혀 시도하지 않았습니다. 기득권 심리에 머물러 사회 흐름을 읽지 않은 것이죠."

본인에게도 실패는 많았나요? 가장 기억에 남는 실패라면? "(조금 당황한 듯한 표정을 짓더니 크게 웃으며) 오늘 인터뷰 중 가장 어려운 질문입니다. 실패일 수도 있고 성공일 수도 있는데, 저는 사실 '히다찌'의 엔지니어가 꿈이었습니다. 그런데 60살까지 교수로만 일하다 퇴직하려고 하니 '내 인생은 실패한 것 아닌가'라는 생각이 들더라고요. 젊었을 때 가졌던 꿈을 이루지 못했으니까 말입니다. 하지만 바로 그때, 제가 처음 내놓았던 '실패학'이 큰 인기를 끌면서 지금까지 열심히 연구하고 있습니다. 지금 제 모습을 보면 괜찮은 선택을 했다는 생각이 듭니다. 하하하." WeeklyBIZ

Who is

잭디시 세스는 미국 마케팅 학계를 대표하는 거두(巨頭) 중 한 명이다. 1938년 미얀마(당시 버마)에서 인도인 사업가의 아들로 태어난 그는 1960년대에 미국에 건너와 경영학을 40년 넘게 연구했다. 그가 소비자의 구매행동을 심리학을 활용해 분석해낸 하워드-세스 모델(Howard-Sheth model)은 지금도 경영학 교과서에 실려 있다. 그의 업적을 인정해 2004년에는 미국마케팅협회(American Marketing Association Foundation)가 경영학자에게 수여하는 가장 큰 영예인 '팔린상(Charles Coolidge Parlin Award)'을 수여하기도 했다. 그의 최근 연구 주제는 위대한 기업 중 상당수가 어째서 계속 성공을 유지하지 못하고 역사의 뒤안길로 사라지느냐는 것. 그는 1차 연구 결과를 2007년 《배드 해빗》이라는 책으로 펴냈다. 지금은 정부가 실패하는 원인에 대한 연구를 진행 중이다.

하타무라 요타로는 동경대 기계공학과와 미국 MIT 공대를 졸업했다. 동경대 대학원 공학연구과 교수를 지냈고, 나노테크놀러지 가공학, 지능화 가공학, 창조적 설계론 등을 가르쳤다. 현재 도쿄대 명예교수이자 하타무라 창조공학연구소를 운영하고 있고, 문부과학성 '실패지식활용연구회'의 실행위원회를 총괄하고 있다. 저서로 《실패를 감추는 사람 실패를 살리는 사람》《실제의 설계》《설계의 방법론》 등이 있으며, 일본기계학회 논문상과 공작기계기술진흥상 등을 수상했다.

Focus

7가지 '자기 파괴 습관' 때문에 성공에서 실패의 나락으로 떨어진 기업들

세스 교수는 인터뷰에서 '성공하는 기업의 7가지 자기 파괴 습관' 중에 '오만' '현실부정' '타성' '핵심역량 의존'을 주로 언급하면서 사례를 들었다. 그러나 다른 세 가지 자기 파괴 습관인 '경쟁 근시안', '규모 집착', '영역 의식' 역시 중요하다. 세스 교수는 자신의 책 《배드 해빗》을 통해 이 같은 사례를 정리해 놓았다.

예를 들면 미국 타이어 업계와 자동차 렌털 업계는 기존의 강자들이 눈앞의 경쟁자만 보다가 보이지 않던 도전자에 무너졌다. 미국 타이어 산업은 산업이 성숙되면서 한때 굿이어, 파이어스톤, BF굿리치의 3강 구도로 자리 잡았다. 이들은 원재료부터 제조, 유통까지 모두 통제하는 수직적인 통합을 완성하고 미국 타이어 시장을 거의 완벽하게 통제했다. 그러나 이들은 자신들의 힘을 과신해 새로 타이어 유통에 진입한 시어스를 무시하는 실수를 저질렀다. 타이어 기업들은 시어스의 타이어 소매시장 점유율이 25%까지 성장했는데도 현실을 무시하고 거래를 거부했다. 그러자 시어스는 유럽의 타이어 업체 미쉐린과 제휴해 저렴하면서도 질 좋은 자체 상표 타이어를 출시했다. 파이어스톤과 BF굿리치는 몰락했고, 일본 브리지스톤과 미쉐린에 매각됐다.

자동차 렌털 업체 허츠와 에이비스 역시 미처 신경 쓰지 못한 도전자 엔터프라이즈에 뒤처졌다. 에이비스는 여행객, 비즈니스 고객을 대상으로 1위 업체였던 허츠와 치열한 경쟁을 벌여왔다. 이들이 서로의 경쟁에 집착하는 동안, 신생 업체 엔터프라이즈는 고장이나 사고 등으로 부득이하게 잠시 차가 필요한 일반 고객들을 공략해 새로운 시장을 창출했다. 결국 승자는 엔터프라이즈였다. 2005년 엔터프라이즈는 60만 대 이상의 차량을 보유하며 허츠의 두 배 규모로 성장했다.

기업은 어떻게 이런 실패를 미리 막을 수 있을까? 세스 교수는 자기 파괴 습관이 형성되기 전 등장하는 '증상'들에 주목하라고 조언한다. 예를 들면 타성이 습관으로 자리 잡아가는 기업에는 결정을 서두르지 않는 증상이 나타난다. 또 의사 결정을 만장일치로 하는 '위원회 문화'도 생기고, 원가 구조도 나빠진다. 그런가 하면 현실 부정이 의심되는 기업에서는 '우리 회사는 다른 회사와는 다르다'는 생각, 자신이 발명하지 않은 제품을 인정할 수 없다는 생각(NIH 증후군)이 침투한다. 또 오만해지는 기업은 외부의 조언을 듣지 않고, 골목대장처럼 위협적인 행동을 보이며, 아첨을 좋아하는 증상을 보인다.

세스 교수는 이 같은 증상이 발견되면 조직에 즉각적인 조치가 필요하다고 지적한다. 예를 들면 오만이 의심되는 기업에서는 리더십 교육을 통해 외부 시각을 접목하고, 다양한 교육기관, 국가, 인종을 배경으로 한 인재를 채용해야 한다는 것. 기업이 자기 파괴 습관을 제거하지 않을 경우 어떤 결과가 초래되는지 구체적으로 이렇게 묘사했다.

"미국 워싱턴주 작은 도시인 스포캔에 있는 한 은행 지점에서 일어난 일이다. 이 지점은 거래를 마치고 주차 티켓을 받은 고객들에게는 주차비를 물리지 않지만, 그렇지 않으면 주차장을 나갈 때 60센트의 요금을 내야 한다. 이 은행의 한 고객은 단골인데도 당장 거래를 하지 않았다는 이유만으로 60센트를 내게 돼 기분이 상했다. 그는 직원에게 말이 통하지 않자 지점장에게 항의했고, 그럼에도 정책상의 문제라며 어쩔 수 없다는 답만 듣자 시애틀에 있는 본사에 전화를 걸었다. 그러자 본사의 여직원은 '그건 각 지점의 문제'라며 다시 떠넘겼다. 이 남자는 자신의 계좌에 있던 250만 달러의 돈을 모두 인출했다. 그리고 다시 본사에 전화를 걸었다. '자, 됐나요? 내가 방금 그 빌어먹을 거래를 마쳤으니 이제 내 60센트를 돌려주시오'"

로버트 치알디니

애리조나주립대 심리학과 교수

Robert B. Cialdini

로버트 치알디니 교수는 설득 분야의 세계 최고 전문가로 꼽힌다. 수십 년에 걸친 사회과학 분야의 연구결과와 자신의 실증적 연구를 결합해 저술한 책 《설득의 심리학》은 미국에서 100만 부가 넘게 팔렸다.

이 책은 25개국에 번역 출간됐고, 한국에서도 지난 96년 첫 출간된 이래 120만 부가 팔렸다. 이 책의 성공에 힘입어 국내에는 'OO의 심리학' 같은 제목을 단 책이 봇물처럼 쏟아지기도 했다.

최근 《설득의 심리학 2》라는 속편을 쓴 그는 코카콜라, IBM, 마이크로소프트 등 세계 유수의 기업과 각국 정부로부터 제품 마케팅의 조언과 정책 자문 요청을 받는다.

왜 부하직원들이 제 말을 안 들을까요?

"그들에게 먼저 의견을 구해봤나"

우리는 늘 다른 사람을 설득해야 하는 상황에 부딪힌다. "오늘 점심은 김치찌개를 먹자"처럼 동료를 설득하는 것에서부터 벤츠를 선호하는 고객에게 반드시 BMW를 팔아야 하는 자동차 세일즈맨의 중요한 임무까지 다양하다. 말 한마디로 단번에 사람들을 내 편으로 넘어오게 할 수 있다면 얼마나 좋을까.

저명 심리학자 로버트 치알디니 교수는 "설득은 마술이 아니라 과학"이라고 단언했다. '침대는 가구가 아니라 과학'이라는 광고는 본 적이 있지만, 설득이 과학이라는 말은 처음 들었다. 그는 '포스트잇(접착식 임시 메모지)'을 예로 들었다. "설문조사를 할 때 그냥 설문지를 주면 대상자의 36%만이 응합니다. 하지만 포스트잇에 '설문지 작성을 부탁해요'라는 말을 적어서 설문지에 붙여주면 정성껏 빈 칸을 채우는 사람이 75%로 증가했어요. 누군가를 설득하기 위해 메시지를 작성할 때 조금만 정성을 쏟아도 결과가 놀랄 만큼 달라진다는 것이죠." 그는 "다른 사람을 설득하는 능력을 타고 나는 사람은 드물다"면서 "원리를 깨치면 누구나 설득의 '달인(達人)'이 될 수 있다"고 말했다.

서울 워커힐 호텔에서 위클리비즈와 인터뷰를 가진 치알디니 교수는 이탈리아계(系) 답게 부리부리한 눈을 비롯해 이목구비가 뚜렷했다. 목소리는 또렷했고, 큰 소리로 자주 웃으며 상대방에게 호감을 줬다. 본격적인 인터뷰가 시작되기 전부터 벌써 설득을 당한 것일까. 그가 무슨 말을 하더라도 믿게 될 것 같은 느낌이 들었다.

첫인상이 밝고 힘차 보입니다. "사실은 로스앤젤레스에서 비행기를 타고 오늘 새벽 5시 반에 도착했어요. 호텔에서 잠깐 샤워하고 쉬다가 오전 10시 인터뷰에 맞춰 나온 길입니다. 우선 커피로 잠을 쫓고 있는데, 제가 정신이 있을 때 뭐든지 물어보세요.(웃음)"

심리학자는 다른 사람이 무슨 생각을 하는지 다 꿰뚫어보고 있을 것 같은데 실제로 그런가요?

"그런 건 아닙니다. 사실 저도 남에게 잘 속는 어수룩한 사람입니다. 미녀 판촉원의 유혹에 넘어가 생각지도 않았던 잡지를 정기구독한 적이 많았어요. 개인적인 경험 탓인지 언제부턴가 사람들의 행동을 자세히 관찰하게 됐죠. 어떻게, 왜 그렇게 움직이는지 사람들의 행동 패턴을 30년 이상 집중 분석, 연구했습니다. 설득 연구는 항상 저를 매혹시키는 주제입니다."

치알디니 교수는 사람들의 행동 패턴을 연구하기 위해 연구실을 벗어나 보험회사, 자동차 세일즈, 기부금 모금행사 같은 생활 현장을 직접 찾아다니는 것으로 유명하다. 식당에서 웨이터 경험을 하면서 팁을 많이 받는 방법에 대해 연구하기도 했다. 그래서 그의 주장은 실증적인 데이터를 수반하는 경우가 많다.

"계산서를 갖다 줄 때 손님에게 사탕을 한 개 얹어주면 그냥 계산서만 줬을 때보다 팁이 3.3%가량 많아집니다. 사탕을 두 개 주면 팁이 14.1%로 증가했어요. '이렇게 멋진 손님께는 사탕을 더 드려야겠군요'라고 말하면 팁이 더 많아집니다."

이런 사소한 점에만 관심을 쏟아도 매출을 더 올릴 수 있는데, 많은 식당은 그냥 문 옆에 사탕바구니만 두는 것으로 고객 서비스를 다 한 것으로 생각한다. 치알디니 교수의 시각에서 보면 "굴러들어온 돈을 발로 차버리는 격"이다.

부하 직원에게 먼저 의견을 물어라

요즘은 심리학이 경영학과도 많이 결합되고, 기업들이 광고나 마케팅 같은 비즈니스에 응용하는 경우가 많다. 치알디니 교수 역시 애리조나주립대 심리학과와 경영대학원에서 동시에 교수를 맡고 있다.

"비즈니스 세계는 인간 행동의 패턴을 이해하는 것이 중요하다는 걸 깨닫게 됐어요. 사람들을 가르치고 영향을 주는 과정에 관심을 기울이게 된 것이죠. 요즘 기업들은 고객뿐만 아니라 회사 직원들을 설득하는 데 관심이 많아요. 직원들을 어떻게 설득해 최상의

실생활에 밀접한 연구를 통해 설득의 원리를 분석한 그의 책 《설득의 심리학》은 한국과 미국에서 각각 100만 부 이상 팔렸다

비즈니스 협상에서 가장 중요한 건 신뢰입니다. 이것이 넘버원입니다. 돈이 모든 걸 결정하는 것이 아닙니다. 경쟁사가 더 나은 조건을 제시해도 신뢰를 지키기 위해 당신 회사와 계약을 맺을 수도 있습니다.

성과를 이끌어낼지 물어보는 기업이 더 많습니다.”

직장에서 상사가 부하를 설득하려면 어떻게 해야 할까요? “보스가 어떤 결정을 내리기 전에 부하 직원들에게 물어보고 아이디어를 들어야 합니다. 그리고 정직하게 얘기해야 합니다. ‘마지막 결정을 할 때 당신 의견이 선택되지 않을 수도 있다. 하지만 주의를 기울여 듣고, 의사 결정의 주요 요소로 활용할 것이

다. 이 결정에는 당신의 의견도 포함돼 있다’고 말입니다. 그러면 나중에 어떤 결정이 내려지더라도 직원은 상당한 동질성을 느끼고 그 결정에 큰 반발을 하지는 않을 것입니다.”

반대로 부하 직원이 상사에게 자신의 의견을 전달하는 효과적인 방법은 무엇입니까? “의견을 얘기할 때 자기 개인의 의견이 아니라 다른 직원들도 그렇게 생각한다고 말하는 것이 효과적입니다. 가치를 공유하는 것이죠. ‘내 제

안은 우리 그룹에서 동의한 것이다. 그래서 주의 깊게 들을 필요가 있다’고 하는 것이죠. 여러 사람의 의견을 합친 것이라고 하면 보스도 더 관심을 기울입니다. ‘첫째는, 둘째는’ ‘왜냐하면’ 등을 활용해 조리 있게 말하는 것도 중요합니다.”

평상시와 달리 정치나 경제가 어려울 때 사람들은 강력한 카리스마를 가진 지도자나 CEO가 나타나기를 바라지 않나요? “아주 좋은 질문

입니다. 위기상황에서는 불확실성이 증가합니다. 그럴 때는 사람들이 전문가의 카리스마적 리더십에 의존하게 되죠. 하지만 이런 상황에서도 훌륭한 리더는 이렇게 말합니다. '결정은 내가 한다. 책임도 내가 진다. 하지만 결정을 내리기 전에 당신들의 의견을 충분히 듣겠다'고요."

설득과 사기는 달라… 사기는 속이는 것이지만 설득은 윤리적

기업 간의 협상은 설득 프로세스의 하이라이트라고 봅니다. 상대 기업의 호감을 사서 협상을 성공으로 이끄는 도구는 어떤 것이 있을까요? "비즈니스 협상에서 가장 중요한 건 신뢰입니다. 이것이 넘버원입니다. 오늘 당신이 내게 호의를 베풀면 다음 번에는 내가 당신에게 보답하겠다는 식으로 신뢰를 쌓아야 합니다. 돈이 모든 걸 결정하는 것이 아닙니다. 경쟁사가 더 나은 조건을 제시해도 신뢰를 지키기 위해 당신 회사와 계약을 맺을 수도 있습니다."

잘 모르는 상대방과 협상을 할 때는 어떻게 신뢰를 주나요? "나와 상대방을 둘 다 잘 아는 사람이 나서 주면 좋습니다. 그의 경험을 통해 협상 파트너에게 내 이야기를 잘 해준다면 신뢰가 생기죠. 내가 믿는 사람에게서 좋은 얘기를 들을 때 호감이 증가합니다. 협상은 무미건조하게 이메일로 용건만 주고받는 과정이 아닙니다."

많은 회사들이 당신에게 조언을 구하고, 책도 베스트셀러가 됐습니다. 모두가 당신이 제시한 '설득의 원리'를 따른다면 협상이 잘 진행될 수 있을까요? 상대방이 우리 의도나 전략을 미리 간파하면 설득의 원리가 잘 안 먹힐 수도 있는 게 아닌가요? "좋은 질문입니다. 하지만 설득은 다른 사람을 속이는 것이 아닙니다. 그건 사기(trick)죠. 우리가 진행하는 설득 교육 과정에서는 '설득의 원리는 항상 윤리적으로 사용해야 한다'고 가르칩니다. 이틀짜리 프로그램을 마치면 설득의 6가지 법칙이 담긴

카드를 줍니다. 여기에도 항상 윤리적으로 대하라는 글이 적혀 있습니다. 주머니에 넣고 다니면서 항상 참조하라는 뜻입니다."

그 카드를 다른 사람도 갖고 있으면 어떻게 되나요? "협상 테이블에 앉으면 먼저 이 카드를 꺼내놓고 보면서 협상에 임하도록 합니다. 하버드 케네디스쿨에서 협상을 가르칠 때 일입니다. 한 사람이 이런 경험을 얘기했어요. 몇 년 전 중요한 기업 인수 협상을 시작할 때 책상에 이 카드를 꺼냈더니 상대방도 똑같은 카드를 꺼냈다고 합니다. 협상이 어떻게 됐냐고요? 최상의 결과가 나왔답니다. 서로 이 카드를 윤리적으로 이용해야 한다는 걸 알았기 때문에 진정한 신뢰 관계가 발생한 것이죠. 설득의 원리를 윤리적으로만 이용하면 평판이 쌓이고 신뢰가 생깁니다. 우리는 그걸로 명성을 얻었으니 확신해도 좋습니다."

너무 이상적인 설명이 아닌가요? 다른 사람을 속이는 데 쓸 수도 있지 않습니까? "물론, 그럴

수 있죠. 우리는 설득 교육 프로그램에서 먼저 참가자에게 질문합니다. '당신이 마지막으로 다른 사람을 속인 적이 언제인지 기억하느냐'고요. 그리고 '당신이 다시 그때로 돌아가면 똑같은 일을 할 것인가' 하고 말입니다. 그러면 모두가 '절대 다시는 그렇게 하지 않을 것'이라고 답합니다. 그런 식으로는 일시적인 성공을 할 수는 있지만, 장기적 관점에서는 절대 성공하지 못합니다. 그게 우리의 관점입니다. 경영은 항상 장기적으로 바라보고 하는 것입니다."

인터넷이 급속도로 발달한 요즘은 설득하는 사람이나 설득당하는 사람의 프로세스에 어떤 변화가 생겼나요? "인터넷은 더 많은 사람에게 접근할 수 있는 굉장한 도구입니다. 우리의 설득 메시지를 인터넷으로 내보내면 더 큰 영향을 줄 수 있어요. 하지만 대면(對面) 접촉과 비교하면 인터넷 접촉으로 잃는 것도 있습니다. 우선 얼굴을 직접 보지 않기 때문에 사람을 좋아하는 호감도가 감소합니다. 이메일로 협상이 오갈 때는 인간미가 느껴지지

"오바마를 만든 건 남다른 설득"

않아요(E-mail has no humanity). 스크린에 무미건조한 글자만 나올 뿐이죠. 이메일을 보낼 때라도 상대방의 취미나 학교, 고향, 자녀 등 개인 정보를 넣어서 얘기하면 협상 성공률이 훨씬 증가합니다."

"사람을 설득하는 것은 마법이 아니라 과학"

미국 대선 캠프에서 조언을 요청받은 적은 없나요? "미국에서는 없었지만, 2008년 초에 영국 노동당과 보수당 양쪽에서 조언을 구한 적이 있어요. 멀리 미국에 있는 전문가라서 더 희소성이 있었나 봅니다.(웃음) 환경 보호와 에너지 절감에 관한 정책을 마련하는 과정이었죠. 정부가 시민들을 환경 보호에 동참하게 하려면 무조건 돈을 많이 쓰는 것보다 사회적으로 바람직한 케이스를 많이 만들어서 홍보해야 한다고 조언했어요. 그래야 정부가 원하는 쪽으로 환경 이슈를 끌어갈 수 있죠. 에너지 문제가 특히 그렇습니다."

2008년 미국 대선에서 오바마와 매케인 후보의
선거 운동에서 차이점은 어떻게 보시나요? "오바마와 '다른 사람(the other guy)' 이요?(웃음) 이번 선거는 저도 주의 깊게 지켜봤습니다. 두 정당의 접근 방식은 근본적으로 다릅니다. 민주당은 다수의 선택이 실패할 가능성이 낮다는 '사회적 증거의 법칙'(포커스 참조)을 따랐습니다. 민주당은 풋볼 경기장에 오바마 후보를 등장시켰습니다. 무려 8만 명의 관중이 운집한 곳이었죠. 그러고는 '보시오. 이 사람이 여러분이 선택할 옳은 사람입니다'라고 주장했죠. 반면 베트남 참전용사인 매케인 후보는 '상호성의 법칙'에 따라 포로 시절 경험을 강조했습니다. '제가 국가를 위해 희생했기 때문에 여러분이 잘 살게 됐습니다. 명예로운 사람이 되고 싶다면 저를 선택해달라'고 유권자에게 부채(負債)의식을 불러일으켰죠.(앞장의 그래픽 참조) 이번 선거 결과는 국민이 어떤 사람의 설득에 더 이끌렸는지 보여준 겁니다."

한국 사회는 아직도 상대방을 설득하기보다는 자신의 주장만 내세우는 경향이 강합니다. 정치
권이나 기업에서 상대방과 대화할 때 꼭 익혀야 할 설득의 기술은 무엇이라고 생각하나요? "가장 중요한 것은 설득은 과학이라는 겁니다. 한국 정치인이나 경제인들은 최신 과학이 얘기하는 것을 들어야 합니다. 과거의 경험이나 성공담, 일화 등에 의존하지 말고, 50년간 학계가 연구해온 결과가 나와 있어요. 메시지를 보낼 때 사람을 긍정적으로 바꾸는 방법을 참조하세요. 사람을 성공으로 이끄는 것은 설득력입니다. 이것이 가장 유일하고 좋은 조언입니다."

아무리 세상이 글로벌화 됐다고 해도 국가나 민족에 따라 특성이 다른데, 당신이 분류한 설득의 6가지 법칙은 어느 나라에나 공통적으로 적용할 수 있다고 생각하는지요? "저는 그렇다고 생각합니다. 문화적 차이는 있지만, 설득의 6가지 법칙은 세계 공통(universal)입니다. 그렇기 때문에 제가 쓴 《설득의 심리학》이 25개국에서 출간될 수 있었겠죠. 문화가 달라도 인간 행동의 기본 원리는 같습니다. 다만 나라별로 약간의 변형이 있을 수 있죠." **WeeklyBIZ**

이메일로 협상이 오갈 때 상대방의 취미나 학교, 고향 등의 개인 정보를 넣어서 얘기하면 협상 성공률을 높일 수 있다

Who is

로버트 치알디니는 인성(人性)과 사회심리학 분야의 세계적 대가로 애리조나주립대 심리학과 및 경영대학원 마케팅학과 교수로 재직 중이다. 〈포천〉지는 그의 저서 《설득의 심리학》을 '가장 스마트한 75권의 비즈니스 서적'에 선정했다. 밀워키에 있는 이탈리아 이민 집안에서 태어나 위스콘신대, 노스캐롤라이나대를 거쳐 컬럼비아대에서 박사 학위를 받았다. 2003년에는 사회심리학 분야의 공로를 인정받아 '도널드 캠벨상'을 수상했다.

Focus

아무도 가르쳐 주지 않는 6가지 '설득의 기술'

치알디니 교수는 사람의 마음을 사로잡는 설득의 비결을 6가지 법칙으로 분류했다. 나라와 문화에 따라 약간의 변형은 있을 수 있지만, 그 바탕에 깔린 원리는 동일하게 적용된다고 그는 말했다. 치알디니 교수는 "이 법칙은 독립적으로도 작용하지만, 여러 법칙을 함께 사용할 경우 설득력이 훨씬 높아진다"고 설명했다.

① **상호성의 법칙** : 공짜 샘플을 받아본 상품은 실제로 사게 될 가능성이 높다. 도움을 받은 사람은 거기에 보답하려는 심리가 생긴다. 마치 빚진 것처럼 말이다. "당신이 제 입장이라도 저와 같이 하셨을 겁니다. 당신을 도와드릴 수 있어서 정말 기뻤어요"라고 말해주면 당신이 베푼 호의(好意)의 가치는 더 커진다. 하지만 도움을 요청할 때 "전에 도와줬으니, 이번에는 네가 갚을 차례야"라고 직접적으로 말하면 마이너스다. "일전에 내가 보내준 보고서가 좀 도움이 됐니?"라고 부드럽게 접근해야 한다.

② **일관성의 법칙** : 사람들은 자신이 선택한 상품과 서비스가 최고라고 믿고 싶어한다. 비행을 마친 뒤 승무원이 "선택할 항공사가 많은데도 저희 ○○항공을 이용해주셔서 감사합니다"라고 말하면 승객은 자신의 선택이 옳았다고 만족하게 된다. 자동차 구매계약서에 사인하기 직전에 세일즈맨이 "아, 제가 실수로 에어컨 가격을 빼먹었네요"라며 가격을 500달러 정도 추가한다고 해도 웬만한 사람은 구매 결정을 바꾸지 않는다. 기분이 약간 나쁘긴 해도 한번 선택한 것은 버리기 아깝다. 그동안 들인 시간과 노력 때문이다. "그래도 이 가격이면 잘 산 거야"라고 자기합리화를 한다.

③ **사회적 증거의 법칙** : 어떤 회사가 "우리 직원들은 한 달에 평균 3번 지각을 하는 것으로 조사됐으니, 출근 시간을 잘 지켜달라"고 공표한다고 치자. 한 달에 5번이나 10번 지각하는 사람들은 지각 횟수를 줄여야겠다고 생각한다. 이와 반대로 지각을 거의 하지 않던 사람은 "아, 3번 정도는 지각해도 괜찮구나"라고 생각해 오히려 출근 시간을 느슨하게 관리한다. 대부분의 경우에 다수의 행동은 올바르다고 인정되기 때문이다. 그래서 가장 많이 팔린 상품은 앞으로도 더 많이 팔릴 가능성이 높다.

④ **호감의 법칙** : 사람들은 자신과 연관이 있는 것에 끌린다. 태풍 피해를 당했던 지역은 다른 도시가 똑같은 일을 겪으면 구호품 기부를 더 많이 하게 된다. 동병상련의 심정이 통하는 것이다. 세일즈맨이 고객과 출신지나 학교가 같다는 걸 강조하면 호감도가 급격히 증가하는 것도 같은 이치다. 같은 동네에 살거나 자녀 나이만 같아도 이야기를 풀어가기가 훨씬 쉽다. 작은 단점을 먼저 솔직히 얘기해도 호감도를 높일 수 있다. "우린 좀 비싸요. 하지만 당신은 소중하잖아요"라는 화장품 회사 광고 문구가 좋은 예다. 단, '동종업계 최하위' 같은 치명적 단점을 털어놓는 것은 '자살골'이나 다름없다.

⑤ **권위의 법칙** : "우리 제품은 ○○협회가 선정한 최우수상을 받았습니다"라고 광고하는 것은 확실히 효과가 있다. 상을 준 기관이 유명할수록 제품의 신뢰도도 높아진다. 사람들은 큰 체구, 높은 직책, 우아한 옷차림에 약하다.

⑥ **희귀성의 법칙** : 홈쇼핑에서 "이제 마감시간이 3분밖에 남지 않았습니다", "남은 수량이 몇 개 없습니다"라고 고지(告知)하면 느긋하게 TV를 보던 시청자들의 마음이 갑자기 바빠진다. 전화 주문량은 늘 마감 직전에 급격히 증가한다. 한정 판매나 백화점 세일 마지막 날에 사람이 몰린다.

칩 히스

스탠퍼드대 경영학과 교수

Chip Heath

뇌리에 박히는 강력한 메시지를 어떻게 만들 수 있을까요?

"지식의 저주를 극복함으로써"

스탠퍼드대 경영학과 칩 히스 교수와 그의 동생 댄 히스(Dan Heath, 아스펜연구소 컨설턴트)는 '강력한 메시지 제조 비법'을 알아내기 위해 10여 년을 꼬박 사례 연구에 매달렸다. 이들은 성공한 슬로건, 연설, 광고, 인터뷰를 분석한 결과 6가지 공통점을 발견했다. 칩 히스 교수는 그 내용을 스탠퍼드대에서 '스티커 메시지 만드는 법'이란 강의로 가르치기 시작했다. 스티커처럼 뇌리에 착 달라붙는 메시지란 의미인데, 최고의 인기 강의로 자리잡았다. 그리고 그는 《스틱》이라는 책을 통해 비법을 공개했다.

이 책은 단번에 〈뉴욕타임스〉와 〈비즈니스위크〉 선정 베스트셀러에 올랐고, 아마존의 2007년 비즈니스북 랭킹 2위에 올랐다. 한국에서도 특별한 홍보 없이 기업 CEO나 임원, 마케터들 사이에 입소문으로 꾸준히 열렬한 독자층을 형성했다. 삼성경제연구소 선정, '2008 CEO 추천 도서 20선'에도 선정됐다.

위클리비즈가 칩 히스 교수를 스탠퍼드대 연구실에서 만났다. 그는 늘 싱글벙글 웃는 인상이었다. 1시간 30분 동안 인터뷰를 했지만 마치 20분처럼 느껴질 정도로 시간이 빨리 갔다. 그만큼 재미있는 인터뷰였다.

"문제는 경제야, 바보야."– 빌 클린턴

"10년 안에 사람을 달에 보내겠다." – JF 케네디

수많은 이야기가 지구상을 떠돌지만 이처럼 오랫동안 살아남는 것이 있고, 어떤 것은 소리도 없이 사라진다. 사람들 뇌리에 박힐 강력한 메시지를 남기는 것은 모든 정치인, 기업가, 교육자, 작가, 그리고 기자들의 꿈이다. 문제는 '어떻게?'이다.

뇌리에 착 달라붙는 메시지를 '스티커 메시지'라고 표현했는데 구체적으로 어떤 메시지를 말하나요? "직장인들이 회의를 통해 수많은 프레젠테이션을 하지만 회의가 끝난 뒤에 실제로 회사에 변화가 발생하는 경우가 얼마나 됩니까? 고객이나 직원들의 마음을 사로잡아 실제로 행동하게 만드는 메시지가 바로 스티커 메시지입니다."

스티커 메시지는 훈련을 통해 배울 수 있는 겁니까, 아니면 태어날 때부터 잘하는 사람이 따로 있습니까? "제 책이나 수업은 '천성(nature)'이 아니라 '훈련(nurture)'에 관한 책입니다. 클리닉에 다녀 병을 치료하듯이, 기본 원칙을 준수하고 연습하면 얼마든지 평범한 사람도 훌륭한 메시지를 만들 수 있다는 것이 제 생각입니다. 예를 들어 애플의 스티브 잡스를 봅시다. 그의 프레젠테이션은 모든 사람들이 흉내 내고 싶어할 만큼 완벽합니다. 그럼, 그는 천재일까요? 아니요. 그가 얼마나 치열하게 프레젠테이션 준비를 하는지 알면 놀라실 겁니다. 그는 중요한 연설을 하기 전에 연설을 하게 될 방에서 꼬박 3일을 준비합니다. 내가 아는 사람 중에 그만큼 연습하는 사람은 없습니다."

CEO들과 인터뷰를 하다 보면 너무 많은 메시지를 전달하려다가 정작 무엇이 핵심인지 혼란스러울 때가 있습니다. "맞아요. 너무 많이 알다 보니까 무엇을 말하고, 무엇은 그냥 무시해야 하는지 오히려 헷갈려 하는 거죠. 메시지를 단순하게 전달하는 것은 전문가일수록 가장 힘들어하는 부분입니다. 제 MBA 제자들에게 당부하는 것들 중 하나가 제발 이메일을 쓸 때 본론부터 먼저 말하라는 거죠. 특히 이메일 효율성 면에서 마이크로소프트의 기업 문화는 최악입니다. 거긴 하루에도 수천 개의 이메일이 왔다 갔다 하는데, 대부분 내용이 이리저리 오락가락하다가 본론은 중간이나 끝에 가서야 드러내죠. 그렇게 몸값 높은 인재들을 모셔놓고, 이메일을 끝까지 읽는 일에 시간을 낭비하게 만들다니. 미국 저널리즘 용어 중에 '핵심을 묻어 버린다(burying the lead)'는 표현이 있습니다. 가장 핵심 내용을 첫 문장이 아니라 중간쯤에 놓는 실수를 가리킵니다. 다행히 기자들은 첫 문단에서 '핵심(lead)'을 뽑는 데 도가 트인 사람들이죠."

많이 아는 사람의 말일수록 오히려 알아듣기 힘든 현상, 그게 바로 책에서 언급한 '지식의 저주(curse of knowledge)'인가요? "그렇습니다. 사실 제 책 전체가 '지식의 저주'를 극복하는 법이

라고 보셔도 됩니다. CEO처럼 한 산업의 최고 전문가라면 일반 사람들보다 세 걸음쯤 앞서서 얘기하는 경우가 많습니다. 그럼 상대방은 전혀 못 알아듣게 되죠. 이미 알고 있는 상태에서 다른 사람들이 '모르는 상태'를 상상하기가 어려운 거죠. 이게 바로 지식의 저주입니다. 예를 들어 어떤 CEO가 주주 총회나 사내 회의에서 '고객에게 최고의 가치를 전달하는 것이 우리의 목표'라고 말한다면, CEO 자신은 어떤 의미인지 알고 있을지 몰라도 듣는 사람은 도대체 무슨 의미인지 못 알아듣습니다."

칩 히스 교수는 도시 괴담(怪談)이나 자신의 경험, 한국에 대한 적절한 질문을 곁들여, 인터뷰가 끝난 후에도 그가 한 말들이 머릿속을 떠나지 않았다. 그는 사진 기자가 인터뷰 중간에 들어와서 촬영을 시작하자, 좋은 사진이 나올 수 있도록 손동작을 크게 하거나 표정을 과장하는 서비스를 선사하기도 했다.

그는 책의 상당 부분을 정치인들의 메시지에 할애하고 있다. 특히 빌 클린턴의 '문제는 경제야, 바보야(It's the economy, stupid.)' 슬로건과 JF 케네디의 '10년 안에 사람을 달에 보내겠다(Put a man on the moon and return him safely by the end of the decade.)'는 연설을 대표적인 스티커 메시지로 꼽았다.

버락 오바마 대통령의 메시지 전달력은 어떻습니까? "처음에 훌륭하게 시작했고, 지금은 더 훌륭해졌겠습니다. 어떤 이슈에 대해서 얘기하든 간결하고 구체적으로, 감성에 적절히 호소하는 능력을 갖췄습니다. 경선 초기 어느 토론회에서 그가 힐러리에 지고 나서 보인 반응이 아직도 기억납니다. 그는 '힐러리는 오늘 밤 아주 훌륭했다. 반면 나는 아직도 훌륭한 정치인이 아닌 것 같다. 하지만 나는 열심히 노력해 곧 훌륭한 정치인이 될 거다'라고 말했죠. 배우는 자세와 미래를 향한 긍정적인 자세가 모두 메시지에서 묻어나옵니다. 특히 그는 백인 어머니와 흑인 아버지라는 '자기만의 스토리'가 있으니 더할 나위 없지요."

오바마 메시지의 숙제는 '구체성'

JF 케네디의 '달' 연설처럼 오바마 정부에서 포착한 스티커 메시지는 없었나요? "아직까진요. '달' 연설은 아주 구체적인 메시지였어요. 수많은 이슈 중에서도 10년 안에 사람을 달로 보내겠다는 말을 통해, 과학과 경제, 사회의 발전을 가져오겠다는 목표를 설정했거든요. 하지만 아직 오바마 정부는 그 정도의 구체적인 목표를 설정하지는 않은 것 같아요. 예를 들어 2025년까지 석유 가격을 10분의 1로 줄이겠다든가 하는, 구체적이고 생생한 목표 설정은 여전히 오바마 정부의 숙제인 것 같아요."

그는 괴담이나 소문 같은 데서도 스티커 메시지의 노하우를 많이 배울 수 있다고 말한다. 말도 안 되는 황당한 이야기인데도 사람들 머릿속에 박혀서 오랫동안 전해지는 것은 그만큼 스토리의 접착성이 높기 때문이라는 것이다. 그는 스티커 메시지의 특징으로 6가지를 추출해 냈다.

6가지 중에서도 가장 중요한 게 있을까요? "제가 CEO들을 상대로 한 강연에서 드리는 조언이 있습니다. 6가지 원칙 중, 투자 대비 최고의 수익률을 올릴 수 있는 부분은 '구체성(concre-

칩 히스 교수가 제시한 스티커 메시지의 6가지 원칙

teness)' 이라고요. 한국에는 고속도로에서 귀신을 보는 괴담이 많다더군요. 그런 괴담에서 '○○노래', '물웅덩이', '○번 고속도로' 등 이야기에 구체성을 더하는 요소들이 들어가면 효과가 강렬해지죠.

미시간대에서 모의재판 실험을 한 적이 있습니다. 아이의 양육권을 두고 부모 사이에 벌이는 모의재판이었죠. 그때 엄마 쪽 변호사가 이런 말을 했습니다. '우리 아이는 매일 다스 베이더(영화 〈스타워즈〉 캐릭터) 커플 칫솔로 엄마와 함께 양치질을 합니다.' 바로 이 멘트 때문에 배심원들은 엄마의 손을 들어줍니다. 칫솔을 아들에게 사주고 밤마다 칫솔질 함께하는 모정이 가득한 엄마를 떠올리게 되니까요. 이게 바로 '구체성'의 힘이죠. 게다가 메시지를 구체적으로 만들다 보면, 자연스럽게 '스토리'나 '단순함' 등 나머지 요소들도 들어가게 마련이죠."

단순할 수 없다면 통할 수 없다

결국 오바마는 스티커 메시지의 6가지 비결 중 가장 중요한 '구체성'을 보완해야 한다고 히스 교수는 지적하고 있는 것이다.

스티커 메시지를 가장 성공적으로 구사한 CEO는 누가 있을까요? "전(前) 사우스웨스트 항공 회장인 허브 캘러허(Herb Kelleher)를 꼽을 수 있습니다. "그는 언제 어디서나 간단하고 일관된 메시지만 말했습니다. '우리는 무조건 저가(低價) 항공사' 라는 거죠. 한 기업의 CEO라면 강조하고 싶은 말이 얼마나 많겠습니까. 그래도 가차 없이 다른 것들은 포기하고, '저가 항공'에 최고 가치를 둔 거죠."

사우스웨스트 항공의 메시지로 어떤 변화가 있었나요? "직원, 하청업체, 고객 등 모든 관련된 사람들의 행동에 변화를 불러왔어요. 어느 날 마케팅업체 직원이 CEO에게 '고객 조사를 실시해보니, 우리 비행기에서는 음식을 안 줘서 배가 고프다는 답변이 많습니다. 치킨 샐러드를 제공하는 게 어떨까요?'라고 물었습니다. 그때 CEO의 질문은, '우리는 저가 항공

단순성 (simplicity)	무자비할 정도로 곁가지를 쳐내고, 중요한 것만을 남겨라. 사람들이 원하는 것은 요약이 아니다. 단순함＝핵심＋간결함 이다.
의외성 (unexpectedness)	사람들의 예상을 깨뜨려라. 직관에 반(反)하는 결론을 내세워라. 허를 찔러 긴장감을 높이고 이목을 집중시켜야 한다.
구체성 (concreteness)	메시지를 구체적이고 상세한 이미지로 가득 채워라. 우리의 뇌는 구체적인 정보를 기억하도록 만들어져 있다.
신뢰성 (credibility)	세부적 묘사와 통계, 그리고 자신이 겪은 최고의 경험을 메시지에 버무려라. 통계는 인간적이고 일상적인 언어로 풀어내면 더 효과적이다.
감성 (emotion)	상대방이 무언가를 느끼게 만들어야 한다. 특히 당신의 메시지가 그들이 각별히 여기는 무언가와 긴밀한 관계가 있음을 보여주는 것이 좋다.
스토리 (story)	메시지를 보다 일상적이고 생활에 가까운 형태로 만들어 보여 주어라. 청취자는 그 스토리의 상황이 닥치면 곧바로 그에 맞게 행동할 준비를 갖추게 된다.

6가지 원칙 SUCCES(s)의 특징

사야. 치킨 샐러드가 저가 항공사를 만드는 데 도움이 되나?' 였습니다. 그 이후로 모든 직원은 '비용 절감'이라는 원칙 아래에서 움직이게 됐죠. 이 항공사 스튜어디스들은 비행기 착륙 후 활주로에서 짐 꺼내는 작업이 지연되면, 직접 비행기에서 내려 고객들 짐을 내리는 일까지 합니다. 왜냐하면 조금이라도 연료 낭비를 줄여야 하기 때문이죠. 다른 항공사 스튜어디스들은 상상도 못할 일이죠."

그렇다고 사우스웨스트가 직원들을 착취하는 악덕회사인 것도 전혀 아니다. 이 항공사는 직원들을 '채용'한다는 말 대신 '입양'이란 단어를 사용할 정도로 가족적이며, 펀(fun) 경영 등 직장 내 '즐거운 문화'를 만드는 것으로도 유명하다.

'의외성' 사용엔 조심해야

'의외성'을 가장 잘 구사한 CEO는요? "애플의 스티브 잡스죠. 사람들은 예상치 못했던 것에 쇼크를 먹습니다. 스티브 잡스가 바로 이 '의외성'을 많이 이용합니다. 애플이 초경량, 최고 얇은 컴퓨터를 개발해 선보일 때, 그는 작은 퍼포먼스를 선보였죠. 스테이지에 서류 봉투를 배달시키고 그 봉투를 뜯은 다음 그 안에서 컴퓨터를 꺼냅니다. 와우. 사람들이 그 작은 서류 봉투에서 컴퓨터가 나올 것이라고 생각했겠습니까. 메시지에도 같은 원칙이 적용됩니다.

미국의 고급 백화점인 노드스트롬(Nordstrom)의 광고 문구는 '고객이 메이시(Macy's, 경쟁 백화점)에서 구입한 제품도 기쁜 마음으로 포장해 주는, 겨울에 고객이 쇼핑을 끝내기 직전 고객의 차를 데워 놓는, 타이어 체인을 팔지도 않지만 고객이 원하면 타이어 체인도 환불해 주는 노드스트롬'입니다. 고객들은 '이런 것까지 해줘?' 하며 놀라게 되죠."

하지만 '의외성'을 잘못 활용하면, 관심을 끌지 모르겠지만 실제 기업의 수익까지 높일 수 있을지 의문입니다. "사실 6가지 요소 중 가장 위험도가 높은 것이 '의외성'입니다. 마케터들이 고객의 관심을 끌기 위해 충격 요법을 많이 사용하지만, 정작 보는 사람들은 광고 자체는 기억해도 그 광고가 무엇에 대한 것이었는지 기억 못하는 경우가 있죠. 하지만 사우스웨스트 항공사 사장처럼 '웬, 치킨 샐러드? 고객들 배고픈 건 신경 쓰지 마'라고 말한 것은 의외성을 활용하되 회사의 최고 가치 또한 잘 전달하는 사례였습니다.

유머도 마찬가지입니다. 유머도 남발하면 오히려 메시지 전달을 방해하게 되지만 핵심 메시지 전달에 도움이 되는 유머를 적절히 섞는다면 스티커 메시지에 큰 공헌을 하는 셈이죠."

'스토리'를 제공한다는 요소 또한 중요한 것 같습니다. 스토리가 있으면 뭐든지 간단해지고, 구체적으로 되지 않습니까? "물론입니다. 이솝 우화가 2500년을 살아남아 지금까지도 우리에게 전해지는 이유가 그것입니다. '비겁한 변명으로 실패를 합리화하지 말라'는 메시지를 '신 포도와 여우 이야기'로 절묘하게 풀어내는 것을 보십시오.

문제는 모든 상황이 이야기로 풀어낼 수는 없다는 것입니다. 실리콘밸리의 벤처 사업가가 자기 제품을 설명할 때 매번 흥미로운 스토리를 갖고 있을 수 있습니까. 그럴 때는 다른 구체적인 사례를 든다거나 하는 방법으로 풀어나가야죠."

감성에 호소하라

'감성에 호소하라' 원칙을 잘 구사한 사례 하나만 들어주시죠. "제 MBA 수업을 듣는 한국 학생이 알려준 건데, 한국에는 아주 효과적인 아동 기부 프로그램이 있다더군요. 어려운 형편에 있는 아이를 따라다니며 다큐멘터리를 찍어 시청자들에게 휴대전화나 인터넷을 통해 성금을 보내게 하는 프로그램이죠. 와, 이거야말로 감성에 호소하는 훌륭한 메시지 전달법입니다. 마더 테레사가 언젠가 말했죠. '나는 대중(mass)을 구하기 위해 일하지 않는다. 하지만 한 사람을 위해서는 무엇이든 할 수 있다'라고요. NGO 단체가 '아프리카 가난을 퇴치하는 데 성금을 보냅시다'라고 하면 효과가 없지만, 어느 마을에 사는 실제 어린아이를 보여주면서 이 아이가 학교에 가도록 도와주자고 하면 성금이 쏟아지는 것과 마찬가지죠. 참, '감성에 호소하는' 방법 중에 많은 기업이

간과하는 부분이 있습니다. 바로 '정체성(identity)'에 호소하는 방법입니다. 예를 들어 마이크로소프트가 B2B로 개발한, 고성능의 프로그램이 있었습니다. 일반인이 아니라 웹 디자이너나 프로그래머 등 전문가들을 대상으로 판매하는 상품이었죠.

처음에 마이크로소프트의 광고 전략은 '경쟁사보다 우리 제품 기능이 더 많다'는 것을 강조하는 것이었습니다. 차트에 자신들이 가진 기능들을 쭉 나열하고, 이에 비해 경쟁사는 이것도 없고 저것도 없다는 식의 광고를 내보냈죠. 별 반응이 나올 리 있나요. 너무나 지루한데…. 그때 이 회사의 어느 똑똑한 마케터가 나와서 '타깃 그룹의 정체성'에 주목하자고 설득하기 시작했죠. 그는 제품의 타깃 그룹이 대부분 '창의적인' 일을 하는 사람이라는 데 주목하고, 이들을 예술 작품이 전시된 갤러리로 초대해 '우리 제품은 당신들처럼 창의적인 사람들만이 이해할 수 있다'고 마케팅

스토리가 있으면 메시지가 강력해진다. 초콜릿과 사탕 모두 발렌타인데이, 화이트데이 스토리가 있기 때문에 더 잘 팔린다

을 했죠. 마이크로소프트가 진행한 B2B 마케팅 중 최고로 흥행이 잘됐어요.”

사람의 감성에는 ‘공포’, ‘질투’, ‘슬픔’, ‘기쁨’ 처럼 여러 가지 종류가 있습니다. 만약 이 중에서 가장 효과적인 감정이 있다면 무엇일까요? “사실 지금 그 질문이 바로 제가 쓰고 있는 다음 책의 주제입니다. 요즘 같은 불경기에서는 부정적인 감정을 이용해 메시지 전달을 하려는 CEO들이 많습니다. ‘만약 직원들이 임금 삭감에 동의하지 않는 경우, 회사를 팔아버리겠다’고 협박하는 식이죠.

하지만 여러 조사에서 나타났듯이 이런 ‘공포’는 오히려 부작용만 낳습니다. 예를 들어 담배 공익 광고에서 시꺼먼 간을 보여주면서 ‘담배를 계속 피우면 당신 간도 이렇게 된다’고 협박하면, 보는 사람은 정말로 담배를 끊던가 아니면 다시는 그 광고를 보지 않게 됩니다. 대부분이 광고를 보지 않죠.

반면 성공적인 담배 공익 광고 중에 10대 청소년들이 나와서 담배 회사 앞에 1800개의 모래주머니를 쌓은 뒤, 확성기로 ‘당신들이 만드는 담배로 인해 매일 1800명이 죽고 있다’고 소리치는 장면이 있습니다. 이 광고는 시청자에게 여러 감정 중에도 ‘분노’와 함께 ‘프라이드(pride)’도 심어줍니다. ‘내 친구들을 구해야겠다’는 정의감 같은 것이죠.”

당신은 스티커 메시지의 전문가인데, 당신의 수업은 얼마나 착착 달라붙나요? “하하하. 항상 노력하고 있습니다. 제 모든 수업이 스티커 수업인 것은 아니지만요. 하지만 책에 써놓은 6가지 원칙에 입각해 메시지를 전달하려고 합니다. 재미있고 상세한 스토리를 들려주고, 생생한 이미지를 떠올릴 수 있도록 구체적인 디테일을 생각하는 것이 제가 수업 전에 준비하는 작업들이죠.”

인터뷰가 끝나고 기자는 그의 책에 사인을 부탁했다. 그는 “앞으로 당신의 아이디어가 스티커처럼 착착 잘 달라붙길.(May your ideas stick.)”이라고 써 주었다. _{WeeklyBIZ}

스티커 메시지 클리닉

- **증상** : 아무도 내 말에 주목하지 않는다. → **치료법** : 사람들의 추측을 깨뜨려라. 만약 다음 주 목요일 A고등학교의 모든 교직원이 교수법 세미나에 참석한다는 내용의 기사를 쓴다면 ‘다음 주 목요일 A학교는 휴교’라는 내용을 첫머리에 뽑아라.

- **증상** : 내가 설명을 할 때 사람들이 고개를 끄덕이지만 막상 행동은 하지 않는다. → **치료법** : 메시지를 더욱 단순하게 만들고, 구체적인 언어를 사용하라. 디즈니랜드에서는 ‘직원은 배우다’라는 간결한 메시지를 직원에게 던진다. 그러면 직원은 무대 위 배우처럼 업무에 적극적이고 절제된 행동을 한다.

- **증상** : 당신의 말에 사사건건 의문점을 제기한다. → **치료법** : 통계와 사실의 나열을 피하고 의미심장한 예시를 들려 주어라. 출장 뷔페 계약을 따내려고 한다면, 지금껏 얼마나 많은 파티를 치렀는지 숫자를 보여주기보다는 당신이 예전에 백악관 출장 뷔페를 했던 사실을 앞세우는 게 효과적이다.

- **증상** : 사람들이 너무 냉담하다. → **치료법** : 고무적인 내용이 담긴 스토리를 구체적으로 들려 주어라. 마더 테레사를 상기하라. 테레사는 “나는 대중을 구하기 위해 일하지 않는다. 하지만 한 사람을 위해서는 무엇이든 할 수 있다”고 말한다. 사람들은 추상적인 대중보다 특정한 개개인을 더 중요하게 생각한다.

칩 히스는 스탠퍼드대에서 심리학 박사학위를 받았고, 현재 스탠퍼드대 경영대학원 조직행정론 교수로 있다. 10여 년 동안 전 세계의 속담과 전설(傳說), 선거 구호 등을 분석, 사람의 기억에 오랫동안 남는 메시지들의 특성을 6개의 원칙으로 정리했다.

현재 마이크로소프트와 나이키 등 기업뿐 아니라 카피라이터, 마케팅 전문가, 작가 등을 대상으로 ‘스티커 메시지 만드는 법’에 대해 컨설팅하고 있다. 《스틱》의 공동 저자인 그의 동생 댄 히스는 리더십 양성기관인 ‘아스펜 인스티튜트’에서 컨설턴트로 재직 중이다.

칩 히스 교수가 스탠퍼드대 자신의 연구실에서 ‘스티커 메시지’의 비결을 설명하고 있다. 늘 웃는 인상인 그는 카메라를 들이대자 “사진이 잘 나왔으면 좋겠다”며 치아를 드러내고 더 활짝 웃었다

존 마에다
로드아일랜드 디자인 스쿨(RISD) 총장

John
Maeda

창조성이란 무엇인가?

"변신에 완전히 열려 있는 것"

"카메라는 깜찍하게 작은데, 종이로 된 설명서가 훨씬 더 무겁다면…, 그건 뭔가 잘못된 일이라고 보는 사람."

"독창성과 예술성의 잡종 교배야말로, 기술 수준이 평평해진 이 시대의 가장 강력한 신무기라고 믿는 사람."

흰색 라운드 티에 남색 캐주얼 재킷을 걸친 그는 "스스로를 간단히 규정해보라"는 질문에, 유난히 가느다란 손가락으로 안경을 밀어 올리면서 이런 표현을 내놓았다.

미국 최고의 미술대학으로 꼽히는 로드아일랜드 디자인 스쿨의 존 마에다 총장은 '기술의 혁명적 발전'이라는 현 상황을 분석의 공통분모로 깔고 있었다.

"기술 발전이 '과도한 복잡함'으로 도지면서 정작 인간이 압도당하게 됐으므로 '단순함'의 중요성이 부각되고 있다"는 게 전자(前者)에 대한 보충 해설이다. "기술 발전이 광범위하게 공유(共有)되는 현 상황에서는 예술가나 디자이너의 도발적, 격정적 독창성을 혼합시켜야 비로소 탁월한 경쟁력을 갖는다"는 게 후자(後者)에 대한 부연 설명이다.

존 마에다와의 인터뷰는 마치 '위클리비즈 포럼' 같았다. 디자인 거장의 입에서는 말콤 글래드웰(Malcomn Glad-well), 댄 애리얼리(Dan Ariely), 다니엘 핑크(Daniel Pink) 등 그동안 위클리비즈 커버스토리를 장식했던 쟁쟁한 젊은 석학들의 이름이 차례로 쏟아져 나왔다. (각각 288쪽, 74쪽, 204쪽 참조)

그는 먼저 "말콤 글래드웰이 《아웃라이어》에서 말하는 '1만 시간의 훈련'을 거친 후 또 다른 저서 《블링크》의 순간적 직관 능력이 생길 때, 비로소 내가 말하는 '단순화'도 가능해진다"고 진단했다. 《상식 밖의 경제학》을 쓴 댄 애리얼리 교수와는 "친한 친구"라는 그는 "애리얼리 교수가 심리학과 경영학을 두루 공부한 이후 경험과 학문의 '잡종 교배'를 통해 행동경제학의 탁월한 새 지평을 열고 있다"고 평가했다. "감성의 '우뇌(右腦)시대'가 열린다"는 미래학자 다니엘 핑크의 예언은, "예술가적 창조성이 21세기 승부의 최대 관건"이라는 자신의 분석과 정확히 궤를 같이한다는 게 그의 평가였다.

당신이 말하는 '단순함'이란 어떤 의미입니까?

"제가 단순함의 미덕에 주목한 건 4~5년 전쯤입니다. MIT에서 공부하고 교수를 하면서 그 많은 컴퓨터 하드웨어와 소프트웨어를 사용하던 저에게 친구가 물었죠. '너 저거 다 사용할 수 있니?' 제 대답은 '노(No)'였습니다. '넌 MIT의 최고 전문가잖아?' '그래도 몰라. 나도 컴퓨터 고장 나서 파일을 날린 적이 있어.' '아니 너도 그래?' 깜짝 놀라는 친구를 보며 저는 새삼 느꼈습니다. 기술이 진보할수록, 진보한 기술이 모든 인간에게 힘들고 고된 '일'을 만들어낸다는 사실을요."

단순함이 왜 중요한지 좀 더 자세히 설명해 주시죠. "사람이 진보시킨 기술이 오히려 사람을 불편하게 만드는 역설(逆說)이 어디서 왔을까요. 기술이 발전할수록 통제가 어려워지기 때문입니다. 왜 통제가 어려워질까요. '단순함을 상실하기' 때문입니다. 그래서 제가 단순함의 미덕을 이야기한 겁니다. 오늘날 구글, 필립스와 통신회사 등 수많은 일류 기업들이 단순함의 기준을 고민하고 있습니다. '무어의 법칙(Moore's Law)'이란 게 있지요. 마이크로칩의 밀도는 약 1년 반마다 2배로 늘어난다는 겁니다.

문제는 인간은 '무어의 법칙'에 따라 움직이지 않는다는 점입니다. 마치 비행기가 힘차게

얼마나 아픈지 잘 모르는 것과 비슷하지요. 이런 거대한 양과 빛의 속도가 오늘날 우리의 세계를 지배하고 경영하지만, 인간은 감(感)을 잡고 따라갈 수 없습니다. 그래서 '단순함'을 통해 인간의 눈높이로 기술을 조절하는 지혜가 필요합니다."

그럼 이런 시대에 '단순함'만으로 대처할 수 있는 겁니까? "물론 그렇지 않습니다. (이 대목에서 그는 테이블에 놓여 있던 기자의 질문지 종이를 가져가더니 뒷면을 펴고는 X축과 Y축을 그리며 설명을 이어갔다.) Y축을 디지털 기술이라고 하고, X축을 창조성·예술성·디자인이라고 해봅시다. (우측 하단 그래픽 참조) 20년 전에는 거의 모든

어 신입생들도 이제 미디어랩의 컴퓨터보다 스크린도 더 선명하고 더 빠른 컴퓨터를 갖고 있지요.(웃음) 이러자 태생적으로 민첩할 수밖에 없는 기업들은 창조적 혁신을 논하기 시작했습니다. 즉 ④번으로 가는 길을 찾기 시작한 거죠.

P&G가 디자인에 초점을 맞추기 시작한 게 좋은 예입니다. 비슷한 시기에 예술과 디자인 스쿨들도 우수한 성능의 컴퓨터를 작업에 도입하게 됐습니다. ②에서 ④로 움직인 거죠. 학계도 늦게나마 ④로의 이동을 모색하기 시작했습니다."

④의 영역이 새 시대의

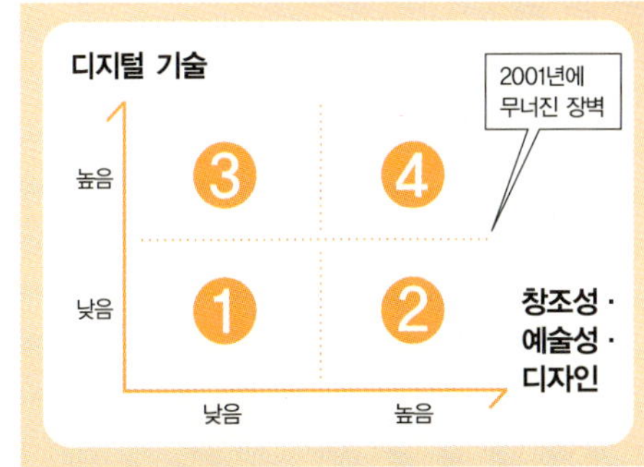

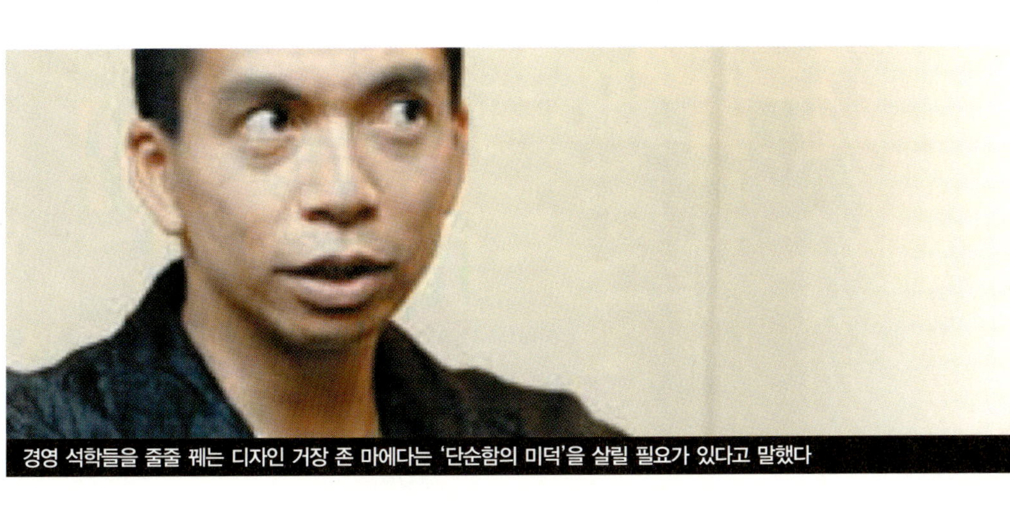

경영 석학들을 줄줄 꿰는 디자인 거장 존 마에다는 '단순함의 미덕'을 살릴 필요가 있다고 말했다

이륙하는데 사람은 이를 따르지 못하고 '잠깐만, 거기 서 있어' 하며 매달리는 형국이지요. 이런 일은 곳곳에서 자주 일어납니다."

세계적 경제 위기도 금융 공학의 '과도한 복잡함'으로부터 초래됐다는 지적이 있는데, 비슷한 맥락인가요? "음…. 금융과 경제의 정보량이 너무 많고 너무 복잡해진 것도 중요한 이유였을 것입니다. 그러나 더 큰 문제는 '스피드'입니다. 수십억 달러가 순식간에 사라지고 이동하는 일은 예전에는 있을 수 없었죠. 금융 공학과 기술 발전으로 요사이는 그런 일이 순식간에 일어납니다. 금융이 전개되는 속도가 너무 빠르다 보니 인간이 그 심각성을 느끼지 못했던 것 같습니다. 고통이 일정 시간 지속되면 확실히 느끼지만, '아' 하는 한순간에 끝나면

기업들이 컴퓨터도 관련 기술도 없고 창조성도 없었죠. 즉 기업은 ①의 영역에 있었습니다. ②영역에는 유수한 예술·디자인 스쿨이 있었습니다. 하지만 이들도 컴퓨터나 기술은 없었죠. 좋은 컴퓨터는 다 학계에 있었습니다. ③의 영역에는 MIT가 있었습니다. 2000년 즈음까지만 해도 MIT 미디어랩은 세계 최고의 컴퓨터를 가장 많이 갖고 있는 것으로 유명했습니다. MIT의 우월한 경쟁력이었죠. 기업에 '이거 봐, 우리는 너희보다 컴퓨터가 많아' 할 수 있었던 것입니다.

그런데 2001년쯤에 변화가 시작됐습니다. ①·②와 ③·④ 사이를 막고 있던 장벽이 기술의 혁명적 발전 덕분에, 베를린 장벽처럼 한순간에 허물어졌습니다. 기업들이 MIT보다 더 많은 컴퓨터를 갖게 된 것입니다. 심지

존 마에다 총장이 그린 '기술과 창조성의 발전축'

새 공간이 된 것인가요? "그렇죠. 저는 ④의 영역을 '포스트 디지털 르네상스(Post Digital Renaissance)'라고 부릅니다."

어쩌면 그가 말하듯, 정보 기술의 괴리가 줄고 기술 수준이 평평해지면서 창조성과 예술성으로 승부처가 옮겨오는 이 시대는 문예의

부흥, 곧 '르네상스'라는 표현에 가장 적절하게 담기는 것일지 모른다.

"저는 필립스, 구글, 샤넬, 까르띠에나 북미에서의 삼성 등 수많은 다양한 기업들의 컨설팅을 해주었던 경험과 네트워크를 바탕으로, '④번 영역으로 빨리 이동하라'는 신호를 적절하게 보내줄 수 있었습니다. 더구나 창조성에 관해 전설적인 이 RISD의 총장이 된 것은 저에게 더 좋은 환경이 됐습니다."

당신이 강조하는 창조성, 예술가와 디자이너의 도발적 독창성이란 과연 무엇입니까? "많은 기업들이 그저 크레용으로 그림 그리고, 고무공을 주물럭거리고, 카펫을 깔면 창조적이 된다고 생각하는 것 같습니다. 그러나 절대 그런게 아닙니다. 창조성의 지식 기반도 그리 간단한 게 아닙니다. 그것도 연습과 훈련의 결과입니다. 저는 예술가와 디자이너들이 어떤 방식으로 사고(思考)하는지, 창조적인 디자인·예술 스쿨이 어떻게 훈련하는지를 기업들이 잘 알아야 한다고 생각합니다. 그것이야말로 비즈니스에 꼭 도입해야 하는 '새로운 기술'이지요."

그게 무엇입니까? 좀 더 자세히 말해 주시죠. "예술가와 디자이너들은 훈련 과정에서 동료로부터의 비평을 즐겨 듣습니다. 또 스스로 끊임없

> '창조적 리더십'은 당근을 중시하고 다층적이며, '아마도(*maybe*)'와 같은 모호함을 인정합니다. 또 현실적인 판단인지 따지고 예술가처럼 생각하며, 실수로부터 배우는 것을 즐기고 무제한적 비판을 허용합니다.

존 마에다 총장은 "기술은 똑같아진다. 미래는 결국 예술적 독창성에서 판가름난다"고 말했다

이 '왜?' '왜?' 라는 질문을 던지지요. 그에 따라 매 순간 스스로의 마음을 바꾸는 것을 서슴지 않습니다. 그들은 변신(變身)에 완전히 열려 있는 것입니다.

예술의 목적은 아름다움이 아닙니다. 예술은 어떤 특정 주제에 관해 극단적으로 몰입하고 이해한 후, 또 그걸 그런 몰입으로 표현해내는 것입니다. 예술가는 연필, 그림, 진흙, 나무든 혹은 컴퓨터든 필요한 수단을 사용하고 경험과 열정을 쏟아 부어 그걸 표현합니다. 반면, 과학과 기술은 논리와 규칙에 근거해 '흑백'으로 갈라져, 단 하나의 정답만을 가르치려 합니다.

예술은 다양한 톤의 '회색' 전망과 해석에 마음을 열라고 합니다. 우리는 지금 극단적으로 복잡한 세계, 카오스(chaos)에 살고 있으므로, 사회의 '회색성'을 편안하게 받아들일 준비가 되어 있어야 합니다. 이게 우리가 예술가적 기질에서 배우는 것입니다."

그는 이어 '권위적 리더십'과 대비되는 '창조적 리더십'에 대해 이야기를 시작했다. 그가 말하는 '권위적 리더십'은 "채찍 중시, 위계질서 중시, 단선적, '예스 혹은 노'의 명쾌함 중시, 옳은 판단인지 따지기, 장군(將軍)처럼 생각하기, 실수 회피, 제한된 피드백만의 허용"으로 대표된다.

반면 '창조적 리더십'은 "당근 중시, 네트워크 중시, 다층적, '아마도(maybe)'와 같은 모호함 인정, 현실적 판단인지 따지기, 예술가처럼 생각하기, 실수로부터의 학습 환영, 무제한적 비판 허용" 등으로 상징된다는 게 그의 분석이다.

창조성과 예술가적 기질만 중요한 겁니까? "물론 아닙니다. 이런 창조적이고 예술가적 사고방식이 매우 강력한 무기이며, 이런 '신무기'를 잡종 교배시켜야만 포스트 디지털 르네상스 시대에는 진정한 성공을 거둘 수 있다는 얘기입니다. 이는 아무리 강조해도 지나치지 않습니다.

〈타임〉지 2009년 4월 20일자에 실린 비즈니스 기사에 최근 위기에서 새롭게 각광받는 5명의 인터넷 기반 사업가들이 소개됐는데, 그 중에 2명이 RISD 출신이었습니다. 아주 유명한 지적 재산권 변호사 중에도 디자인을 전공한 사람이 있지요."

위클리비즈가 잘 쓰는 표현인데, 이런 '무기의 장착'이 중요한 겁니까? "정확한 표현입니다.(웃음) 예술가적 기질과 독창성을 장착하고 나서 당신은 더 뛰어난 변호사, 더 뛰어난 기업 CEO가 될 수 있습니다.

새로운 경제, 카오스의 경제는 창조적 리더를 원하고 있습니다."

한국 독자에게 해주고 싶은 조언은? "한국은 세계에서 최고급의 정보 기술 환경과 최고급의 사용자들이 넘쳐나는 엄청난 곳입니다. 그걸 의외로 한국인들 자신은 제대로 모르는 것 같더군요.

한국의 검색 엔진 '네이버'가 매우 좋은 사례이지요. 네이버는 늘 야후에 앞서 혁신을 이끌고 있습니다.

하지만 미국인은 아무도 네이버를 모르니, 야후는 네이버를 따라 합니다.(웃음) 이렇듯 한국에는 최첨단 디지털 환경과 열정이 있다는 것을 한국인들 스스로 제대로 평가하고 인식하고 개발해야 합니다.

또 하나. 제 인생에는 수많은 멘토(mentor)가 있었습니다. 그 중에 제가 가장 좋아하고 영감을 받은 멘토들은 '그건 내가 잘 모르겠는데, 너는 아니?'라고 제게 되묻는 현인(賢人)들이었습니다. 모르는 것을 모른다고 말할 줄 아는 데에서 진정한 지혜와 독창성이 시작됩니다." WeeklyBIZ

존 마에다 총장이 손가락을 머리에 대면서 "우뇌의 감성이나 예술가적 독창성 같은 강력한 무기를 제대로 장착하느냐 여부가 '포스트 디지털 르네상스' 시대의 중요한 승부처"라고 말하고 있다

레스터 브라운
지구정책연구소(Earth Policy Institute) 소장

Lester R. Brown

지구 환경이 이 지경이 된 이유는 무엇입니까?

"시장 가격이 '진실'을 담고 있지 않기 때문"

전 세계 환경 정책의 대부로 불리는 레스터 브라운 소장의 말은 열면 곧 세계 각국 언론의 헤드라인을 장식한다. 그는 이 시대 가장 권위 있는 환경사상가 겸 운동가 중 한 사람으로, 환경 문제를 범(汎) 지구 차원의 논의의 장으로 끌어냈다는 평가를 받고 있다.

그는 1974년 세계적인 환경연구소인 월드위치(World Watch)를 설립해 전 세계에 환경 이슈를 본격적으로 제안해 왔으며, 이곳에서 매년 펴내는 지구환경보고서는 전 세계 오피니언 리더들의 필독서로 자리매김했다.

지금 세계는 그가 수십 년간 예언해 오던 어두운 미래와 섬뜩할 정도로 닮아가고 있다. 세계적인 에너지·원자재 난으로 전 세계 물가가 치솟고 있다. 또 영국의 두 배만 한 넓이의 북극 얼음이 단 일주일 만에 사라지고, 중국의 황사가 이제 한국뿐 아니라 미국 서부에까지 영향을 미친다. 중국 내륙에서 사육되는 3억 마리의 양, 염소가 목초를 닥치는 대로 먹어 치우며 사막화를 앞당기고 있다. 이처럼 환경 문제가 글로벌 자본주의 체제의 지속 가능성 자체를 위협함에 따라 그의 날카로운 비판은 날로 설득력이 높아지고 있다.

지금 지구 환경이 얼마나 심각한 겁니까? "지구 환경에 관한 한 지금은 전시(戰時) 상황이나 다름없습니다. 석유 등 화석 연료를 근간으로 하는 현재의 경제 체제가 예상했던 것보다 훨씬 빨리 지구 환경을 지탱 못할 지경으로 몰아가고 있습니다. 각종 석유 제품이나 양고기의 시장 가격에는 지구온난화나 사막화 등 간접적인 비용이 반영돼 있지 않다는 얘깁니다. 유류세도 전 세계적으로 올려야 합니다. 휘발유 관련 세금을 지속적으로 올려 과수요를 막는 한편 대체 에너지 개발을 유도해야 합니다. 또 물품마다 환경세(탄소세)도 매겨야 합니다."

그 엄청난 세금 부담은 어떻게 하고, 서민들은 어떻게 살란 말입니까? "세금을 늘리자는 얘기를 하는 게 아닙니다. 전면적인 세제 개편을 한다면 소비자의 세금 부담이 늘어나지 않게 할 수 있습니다. 예를 들어 환경세를 신설하되 소득세를 줄이는 것이 대안이 될 수 있습니다. 얼마 전 미국인 대상 설문조사 결과, 응답자의 3분의 2가 조세 체제를 환경세 위주로 바꾸자는 의견에 동의했습니다. 현재의 자본주의 체제는 미국의 몰락한 에너지 재벌 '엔론'에 비유할 수 있습니다.

엔론은 2001년 미국 내에서 7번째로 가치 있는 기업으로 선정될 정도로 잘 나갔습니다. 불행히도 회계감사관들이 엔론을 꼼꼼하게 들여다보면서 이 회사가 몇몇 비용을 장부에 기재하지 않았다는 사실을 발견했지요. 이 비용들이 포함되자 엔론은 무가치한 회사가 되고 말았습니다. 한때 주당 90달러까지 나갔던 주가는 갑자기 1달러 이하로 폭락했고, 엔론은 파산했습니다.

현재의 경제 체제는 꼭 계산해야 할 비용을 장부에 기재하지 않는다는 점에서 엔론과 비슷합니다."

'플랜 A'를 버리고 '플랜 B'를 선택하라

브라운 소장은 환경 파괴, 화석 연료 사용으로 대변되는 현재의 경제 체제를 '플랜 A'라고 지칭하면서 이를 하루 빨리 '플랜 B'로 바꾸어야 한다고 주장한다. 플랜 B는 풍력, 태양력 등 재생 가능한 에너지를 기반으로 하는 경제 시스템을 말한다. 그의 현 경제 체제 진단은 가혹하지만, 향후 전망은 비관적이지만은 않다.

그는 "이미 전 세계적으로 플랜 B가 활발히 추진되고 있다"면서 "최근 플랜 B를 뒷받침하는 산업으로 글로벌 자본이 이동하는 것은 희망적"이라고 말했다.

실제로 요즘 월스트리트와 실리콘밸리에서는 발 빠르게 풍력, 태양열 등 대체 에너지 쪽으로 자본이 이동하고 있다. 요즘 실리콘밸리 벤처캐피털들은 '닷컴' 대신 '그린 테크(대체 에너지 기술)' 기업가를 찾아다닌다. 골드만삭스는 2006년 한 해 동안 대체 에너지 분야에 15억 달러를 쏟아 부었으며 더 늘릴 예정이다. IT 업계의 거물이 직접 대체 에너지 사업에 뛰어들기도 한다. 소프트웨어 기업 SAP의 사장을 지낸 샤이 아가시(Shai Agassi)는 2008년 들어 이스라엘과 합작으로 전기 자동차 상용화 사업에 뛰어들었다.

태양광, 풍력, 바이오. 친환경 대체 에너지를 대표하는 세 분야에 대해서 어떻게 생각하십니까? "풍력을 가장 높게 평가합니다. 아무리 사용해도 고갈되지 않을 뿐만 아니라 산업적으로도 괄목할 만한 성장을 보이고 있기 때문입니다."

화석 연료에 기반한 지금의 문명은 붕괴할 것이다

최근 곡물을 자동차 연료로 전환하는 바이오 에너지 산업이 급성장하는 데 대해 어떻게 생각하십니까? "한 마디로 재앙입니다. 지난 2년간 옥수수 값은 약 두 배, 밀 값은 거의 세 배로 뛰었습니다.

사람이 먹을 농산물이 바이오 에너지 생산을 위해 에탄올 증류 공장으로 들어가고 있기 때문입니다. 2007년 미국에서 생산된 곡물의 20%가 에탄올 증류 공장으로 들어가 바이오 에너지로 쓰였는데, 앞으로 30%대까지 올라갈 것입니다."

바이오 에너지는 화석 연료의 대안이 될 수 없습니까? "결코 대안이 될 수 없습니다. 무엇보다 비효율적이기 때문입니다. 제가 가장 걱정하는 것은 사회 불안과 정치 불안을 초래한다는 것입니다. 브라질, 러시아 등 전통적인 농업 수출국들이 곡물 수출을 차단하면 곡물을 구하지 못하는 국가들은 정치 불안을 겪어야 합니다. 아프리카에서는 지금보다 많은 기근이 생길 것입니다."

현재 미국 정부는 바이오 에탄올 산업에 대해 보조금을 지급하고 있다. 그는 이를 가리켜 "미국 납세자들이 자신들의 세금으로 충당한 보조금 때문에 식료품 가격 급등으로 고생하는 것은 한 마디로 아이러니"라고 꼬집었다.

당신은 1990년대 중반부터 '중국발(發) 식량위기'를 언급해 왔습니다. 중국 경제 발전으로 인해 가장 먼저 위협으로 대두될 문제는 무엇이라고 생각하십니까? "단연코 물 부족입니다. 중국 북쪽 지방에선 밀 재배 농부들이 지하 300m가 넘는 깊이에서 펌프로 물을 끌어올리고 있습니다. 물론 물 부족은 식량 생산 감소로 이어집니다. 중국의 밀 수확은 1997년 최고점에 달한 뒤 2007년까지 약 15%가 줄어들었어요. 중국의 경제모델을 위협하는 것은 물뿐만이 아닙니다. 블랙홀처럼 빨아들이는 중국의 원자재 소비도 위협 요인 중의 하납니다. 만약 중국이 매년 8%씩 성장한다면 오는 2030년이면 1인당 국민소득이 지금의 미국 수준에 도달하며, 매일 9800만 배럴의 석유가 필요할 것으로 보입니다. 이는 현재 전 세계 석유 사용량 8500만 배럴을 능가하는 규모입니다. 2030년 중국의 종이 소비량도 현재 전 세계 소비량의 두 배가 될 것으로 전망합니다. 그만큼의 벌목(伐木)이 불가피하다는 얘기지요. 그뿐 아닙니다. 현재의 미국처럼 2030년 중국에 4명당 3대꼴로 자가용이 보급된다면 중국에만 모두 11억 대의 자가용이 굴러다닌다는 계산이 나옵니다."

유류세 더 올리고 물품마다 환경세(탄소세) 매겨야

지구온난화 문제와 관련하여 이산화탄소(CO_2) 저감 수단으로 탄소세와 '탄소 배출권 거래제'* 두 가지가 중점적으로 논의되고 있습니다. 탄소 배출권 거래제는 교토의정서*에도 언급되어 있고, 이미 유럽 등지에서는 거래시장이 형성되어 있습니다. 둘 중 어떤 방법이 효과적이라고 보십니까? "대부분의 경제학자들이 조세 구조를 바꿔서 '시장 실패'*를 보완하자는 의견을 내놓고 있습니다. 소득세를 내리는 대신, 상품별로

	2030년 중국 소비 추정치	2008년 전 세계 소비량
곡물	14억 7300만 t	20억 7700만 t
고기	1억 9900만 t	2억 6800만 t
석유(일일 기준)	9800만 배럴	8500만 배럴
석탄(석유환산, 톤)	21억 3200만 t	30억 8000만 t
철강	6억 1900만 t	12억 4400만 t
종이	3억 300만 t	1억 6700만 t

※중국이 매년 8%씩 성장한다고 가정하여 소비를 추정한 것임
자료 : 지구정책연구소(www.earth-policy.org)

2030년 중국의 원자재 소비량 추정치와 2008년 전 세계 소비량 비교

세계 에너지산업 분야별 연평균 성장률

단위 : % , 2000~2006년
자료 : 지구정책연구소

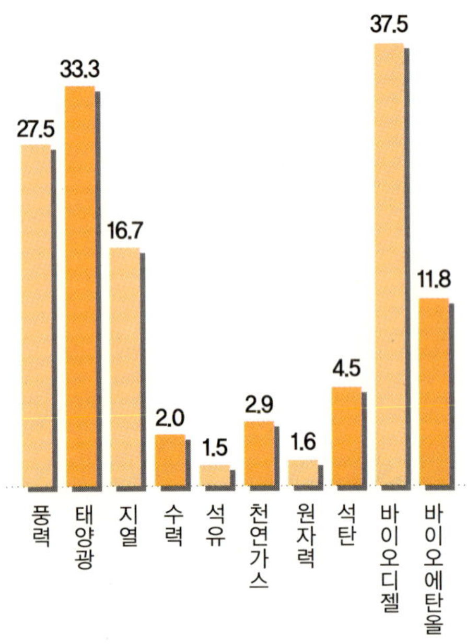

*탄소 배출권 거래제(carbon emission trading), 1997년 교토의정서에 의하여 탄생된 제도이다. 국가나 기업이 주어진 온실가스 배출량 허용치에 미치지 못하면 탄소를 배출할 수 있는 권리를 매도할 수 있고, 반대로 허용치를 넘어서면 부족한 배출 권리를 매수해야 한다. 이 같은 권리를 매매하는 탄소배출권 거래소도 있다.

*교토의정서(Kyoto Protocol), 기후 변화 협약의 구체적 이행 방안으로 선진국의 온실가스 감축 목표치를 규정한 것으로 '교토 프로토콜'이라고도 한다. 1997년 12월 일본 교토에서 개최된 기후 변화 협약 제3차 당사국 총회에서 채택됐다. 의무 이행 대상국은 호주, 캐나다, 미국, 일본, 유럽연합 회원국 등 총 38개국. 각국은 2008~2012년 온실가스 총 배출량을 1990년 수준보다 평균 5.2% 감축해야 한다. 한국은 개발도상국으로 분류돼 의무 대상국에서 제외됐으며, 미국은 자국 산업 보호를 위해 2001년 3월 탈퇴했다.

*시장 실패(market failure), 시장 메커니즘으로는 효율적인 자원 분배가 이뤄질 수 없는 경우를 말한다. 이를테면 많은 오염 물질을 배출하는 정유 공장은 대기오염이나 지구온난화 등 사회적 비용을 발생시키는데도 불구하고 정유 가격에는 이 같은 비용이 포함되지 않아 사회적으로 적정한 수준 이상의 소비를 초래할 수 있다. 시장 실패를 교정하기 위해 정부가 세금 등으로 개입할 수도 있다.

오염물질 발생 정도에 따라 탄소세를 매기자
는 얘기입니다. 모든 경제 구성원들이 동참한
다는 점에서 효율적인 방법입니다.
기업가들은 탄소 배출권 거래제를 더 좋아하
는 것 같습니다. 기업 활동을 그 시장에 맞춰
꾸려갈 수 있다고 생각해서입니다. 저는 '조세
체제를 바꾸자(restructuring taxes)'는 경제학
자들 생각에 동의합니다. 하지만 현실적으로
는 두 가지 방법을 함께 적용해 가면서 시장
실패를 줄이는 것이 최선이라고 생각합니다."

실제로 유럽 국가들을 중심으로 탄소세(환경
세)를 부과하는 대신 소득세를 감면하는 내용
의 세제 개편을 추진하고 있다. 벨기에, 덴마
크, 핀란드, 독일, 이탈리아, 영국 등이다. 유
럽연합은 2006년 말 항공기 승객에 대해 탄
소세를 부과할 방침이라며 법률안 초안을 공
개했다.

바이오 에너지는 화석 연료의
대안이 될 수 없습니다.
전통적인 농업 수출국들이
곡물 수출을 차단하면 곡물을
구하지 못하는 국가들은
정치 불안을 겪어야 합니다.

조세 수입의 50%를 환경 관련 세금
으로 충당하자는 논의도 제기되
고 있다. 한국에서도 학계를 중
심으로 '환경세 인상 및 소득세
감면'을 포함한 '녹색조세 개
혁(green tax reform)' 필요성
이 논의되고 있다. 2007년말
한덕수 당시 국무총리는 기
후변화대책위원회를 개최,
"일부 선진국처럼 탄소세
를 도입하는 것을 검토
중"이라고 말했다.
브라운 소장은 각종 강연

**휘발유세는 오히려 인상해야 합니다.
지금의 휘발유세는 지구온난화 등의
간접 비용을 고려하지 않은 것입니다.
시장 가격에 진실을 담아야 합니다.**

에서 미국 휘발유 가격이 너무 싸다고 지적해
왔다.

그는 지금의 휘발유 가격에는 석유를 사용함
으로써 발생하는 대기 오염, 산성비, 지구온난
화 등에 대한 비용이 반영돼 있지 않다고 주장
한다. 그는 휘발유 가격을 지금의 5배로 올려
야 한다는 주장까지 하고 있다. 시장이 잘못된
'신호'를 보내는 바람에 석유 소비가 많아지
고 석유 문화에 안주하고 있다는 진단이다.

**한국은 휘발유세가 세계적으로 가장 높은 나라입
니다. 최근 휘발유세를 조금 내렸지만 여전히 높
습니다. 당신이라면 국민들을 어떻게 설득하겠습
니까?** "휘발유세는 오히려 인상해야 합니다.
우리는 현재 시장에서 가격이 형성된 것을 보
고 그 물건의 가치라고 평가하는데, 실은 지
구온난화 등 간접 비용은 고려하지 않은 것입
니다. 현재의 자본주의 체제는 시장 실패를
겪고 있는 셈입니다. 누가 이 비용을 부담합
니까. 인위적으로 가격을 바꾸자는 얘기가 아
닙니다. 시장 가격이 진실을 담아야 한다는
얘깁니다."

드카도 나올 예정이다. 전기로도 통근 정도는 충분히 가능하고 집 근처 수퍼마켓에서 장을 볼 수도 있다.

브라운 소장은 2010년쯤 토요타와 GM에서 이러한 차가 나올 것으로 전망했다. 그는 플러그인 하이브리드카와 싼 전기를 공급할 수 있는 풍력 발전이 결합할 경우, 연료비를 휘발유로 환산하면 갤런당 1달러 미만(현재 미국은 3달러를 조금 웃도는 수준)인 자동차가 나올 수 있을 것으로 내다봤다.

글로벌 투자자금이 대체 에너지 산업으로 이동하고 있는데 현황이 어떤가요? "정말 빠르게 바뀌고 있습니다. 석유로 향하던 돈이 풍력 발전 등 대체 에너지 쪽으로 흘러가고 있습니다. 미국의 텍사스주를 봅시다. 미국의 석유산업을 이끌어온 주인데, 지금은 풍력 발전을 선도하고 있습니다. 릭 페리(Rick Perry) 주지사는 풍력 개발자와 전력 수요자를 이어주고 있습니다. 현재 풍력으로 2만 3000 메가와트의 발전 능력을 보유하고 있습니다. 석탄 발전소 23개에 해당합니다. 한국의 경우 조수 간만 차이를 이용한 조력 발전을 추진하고 있습니다."(한국은 조력 발전소를 안산과 인천 등 서해안 주변에 짓고 있다.)

그러나 전 세계에서 대체 에너지 개발이 활발한 곳은 미국이 아니라 유럽이다. 덴마크는 발전량 중 20%를 풍력으로 충당한다. 독일은 풍력 의존도가 7% 정도이지만, 북부의 3개 주는 30%가 넘는다.

현재 세계에서 석유 에너지를 가장 많이 쓰는 국가가 미국입니다. 유럽에 비해 '플랜 B'에 대한 준비가 소홀한 것 같습니다. "맞습니다. 그러나 바뀌고 있습니다. 워싱턴의 정치력 부재에도 불구하고 미국 도시는 급변하고 있습니다. 아널드 슈왈제네거(Arnold Schwarzenegger) 캘리포니아 주지사와 릭 페리 텍사스 주지사, 찰리 크리스트(Charlie Crist) 플로리다 주지사 등이 태양열 등 대체 에너지 확산에 노력하고 있습니다.

석탄발전소를 예로 들자면 미국의 캘리포니아, 텍사스, 플로리다, 캔사스, 미네소타주는 석탄발전소 건설을 제한하거나 건설 허가를 아예 내주지 않습니다.

2007년 초 미국의 에너지부가 신규 석탄발전소 151개 건설 계획을 발표했는데 2008년 현재 이중 59개는 주 정부 승인이 나지 않아 조용히 포기했고, 48건은 각 주의 환경운동가와 소송을 벌이고 있습니다. 나머지 3분의 1은 아직 승인을 얻은 단계가 아니어서 이러지도 저러지도 못하고 있지요. 이 추세대로 간다면 남아있는 석탄발전소가 모두 사라지게 될 날이 올 것입니다. 월스트리트에서도 석탄발전소 건설에 대해 투자를 꺼릴 정도지요. 이는 아주 중요한 변화입니다."

당신의 플랜 B를 후원하는 사람들이 많습니까? "그렇습니다. 일례로 테드 터너(Ted Turner) CNN 창업자는 《플랜 B》를 읽은 뒤 3600권을 대량 주문해서 전 세계 오피니언 리더들에게 선물로 일독을 권했습니다. 여기엔 대기업 CEO, 국회의원, 전 세계 672명의 부자, 대학 총장들이 포함돼 있습니다. 이처럼 선물용으로 책을 대규모로 구입한 사람이 세계적으로 1500명입니다."

브라운 소장이 진단한 대한민국 환경

서울은 도심으로 이어지는 두 곳의 터널에 혼잡 통행료를 부과하고 있습니다. 영국은 훨씬 더 강력한 도심 통행 억제 정책을 쓰고 있습니다. 이러한 정책이 서울을 비롯한 대도시에 필요하다고 생각하십니까? "전 세계 주요 도시들의 교통 시스템 자체가 변하고 있습니다. 일례로 런던은 2003년부터 시내로 들어가는 길목에 5파운드 통행 요금을 받았습니다. 그랬더니 도심 통행량이 40% 줄어들었지요. 2005년부터는 8파운드로 올렸습니다. 걷은 통행료는 런던 시내 버스 시스템을 확충하는 데 쓰고 있어요. 프랑스 파리는 자전거 사용을 촉진하는 정책을 펴고 있지요. 파리 전역에 현재 1400여 개에 달하는 자전거 대여점이 생겼는데, 자전거

석유 위기를 대체 에너지 산업의 발전이 어느 정도 메울까요? "우리는 자동차 연료를 완전히 새로운 것으로 대체하는 과정에 있습니다. 굉장한 잠재력을 지니고 있는 분야이기도 하고요. 지난 10여 년간 발전해 온 과학기술 덕분입니다. 대표적인 두 가지는 하이브리드카(hybrid car)와 진일보한 풍력 발전입니다."

하이브리드카는 전 세계, 특히 미국에서 인기를 모으고 있다. 대표적인 것이 토요타의 프리우스(Prius)이다. 이 차는 출발이나 가속시 전기 배터리의 도움을 받아 연료를 크게 아낄 수 있다. 여기에 더해 가정에서 배터리를 재충전할 수 있는 '플러그인(plug in)' 하이브리

가 2만 6000여 대에 이릅니다."

중국으로부터 한국으로 넘어 오는 황사 문제가 날로 심각해지고 있습니다. 한국 등 주변 국가들은 중국 당국이 적절하게 대처하지 못한다고 지적하고 있습니다. "중국 황사는 한국뿐 아니라 미국에까지 불어오고 있습니다. 1978년 중국이 경제 개발로 선회하면서 벌어진 일입니다. 중국 정부는 가축 생산을 개인의 자유 의지에 맡겼습니다.

그 결과 중국의 가축 수는 기하급수적으로 늘었습니다. 2008년 미국에서 9700만 두의 소가 사육되고 있는 반면, 중국은 1억 1500만 두에 이릅니다. 양과 염소로 따지면 더욱 심각해집니다. 미국이 900만 두인데, 중국은 3억 6600만 두를 키웁니다.

특히 축산 산지인 중국 서부와 북부 지방의 가축들이 목초를 먹어 치우며 땅을 황폐하게 만들었습니다. 가축 수를 조절할 수 있는 중국 당국의 힘이 사라진 거지요."

그만큼 중국 황사문제 해결이 쉽지 않다는 얘

2008년 6월 9일 환경재단 기후변화센터 초청으로 한국을 방문한 브라운 소장의 모습

기이다. 그는 자신의 저서 《플랜 B》에서 "사막화를 막기 위해서 전 세계 인구와 가축 수를 줄이고, 물 사용료를 올려 물 남용을 줄이는 등 전반적인 체제 변혁이 필요하다"고 주장했다.

2007년 한국의 대선 당시 이명박 대통령의 핵심 공약의 하나가 대운하 건설이고, 이에 대한 찬반 논란이 매우 뜨거웠습니다. 운하가 21세기에 환경 친화적인 물류 수단이 될 수 있다고 보십니까? "미국도 과거에 운하를 건설한 적이 있습니다. 물론 쓸모가 있었던 적도 있고요. 미시시피 운하의 경우 상류 쪽에서 생산한 대두 등 곡물 자원을 전 세계 시장으로 수출하는 경로로 이용되기도 했습니다.

하지만 제가 우려하는 것은 운하 같은 대규모 사업의 효율성입니다. 자본은 보다 큰 이익을 얻을 수 있는 분야에 쓰여야 합니다. 지금 상황을 보면 대체 에너지나 에너지 효율성을 높이는 산업에서 이익이 큽니다. 그런 곳에 투자해야 한국의 국가 경쟁력이 올라가는 것 아닌가요?" WeeklyBIZ

지구온난화의 결과 중 하나로 빙하가 급속도로 녹고 있다

**녹색 예언가가
말하는
잿빛 시나리오**

후세의 역사가들은 역사를 유가(油價)에 따라 '고유가(APO, after peak oil)' 시대와 '고유가 전(BPO, before peak oil)' 시대로 구분할 것이라고 브라운 소장은 전망한다. 석유 자원이 고갈되는 전환점이 온다면 그 충격이 그만큼 크다는 것이다. 그는 "언제가 될지 모르지만 전환점은 어느 순간 반드시 찾아온다"고 했다. 그렇게 된다면 그동안 값싼 석유 값에 의존해 성장해 온 항공, 쇼핑, 교외 문화 등의 분야가 가장 큰 타격을 입을 것이라고 그는 경고한다.

"교외 지역에 사는 사람들이 고유가로 타격 입을 것"

브라운 소장에게 "주거지역 중 고유가 시대에 가장 먼저 타격 받을 곳이 어디냐"고 묻자 그는 "대도시 주변 교외(郊外) 지역"이라고 답했다. 교외 주택 단지에 사는 사람들은 직장이나 상점으로부터 격리돼 있고, 빵 한 덩어리를 사기 위해서도 자동차를 이용할 수밖에 없다. 그러나 세계 석유 위기가 심화되면 앞다투어 교외에서 벗어나려는 사태가 빚어질 것이고, 교외 주택의 재산 가치 역시 떨어지게 될 것이라고 브라운 소장은 전망했다. 월마트 등 교외의 대형 할인점과 쇼핑몰들 역시 타격이 불가피하다고 했다. 유럽보다는 미국의 타격이 클 수 있다. 미국인의 88%가 차를 타고 직장에 출근하기 때문이다.

"저렴한 항공 여객 시대 끝났다"

승객이든 화물이든 항공 수송은 제트 연료 값 상승으로 타격이 불가피하다고 브라운 소장은 전망한다. 항공산업은 연료가 운영비의 가장 큰 부분을 차지한다. 항공업계는 항공 여객 수송이 향후 10년간 매년 5%씩 증가할 것으로 예상하고 있지만, 그럴 가능성은 희박해 보인다고 브라운 소장은 주장한다. 비행기 운임이 치솟을 것이기 때문이다.

"지역 주변 농산물 소비가 늘 것"

석유 값이 오르면 식품 운송비도 올라간다. 신선한 과일과 야채를 항공기로 원거리 수송하는 데에 비용이 많이 든다. 따라서 거주지 인근 지역에서 제철에 생산된 식품을 더 많이 소비하게 될 것이고, 식단도 이에 맞춰 바뀌게 될 것이다.

"소고기 대신 닭"

사람들의 단백질 섭취 원(源)도 고유가 시대로 접어들면 바뀔 것이라고 브라운 소장은 전망한다. 이미 방목이 어려워지고 원양 활어(活魚) 자원이 고갈됨에 따라 동물성 단백질 소비가 기존의 소·활어 등으로부터 닭 등 가금류와 양식 어종으로 옮겨가고 있다는 것이다. 곡물을 단백질로 바꾸는 효율은 동물마다 상당히 다르다. 축사에서 키우는 소 1kg을 생산해 내기 위해서는 7kg의 곡물이 필요하다. 돼지는 3kg 정도가 든다. 반면 닭 1kg을 생산하려면 2kg 정도, 메기 등 양식 수산물은 2kg 미만의 곡물이 든다. 이에 따라 1999~2006년 전 세계 소 생산량은 매년 평균 1% 미만의 성장세를 보였던 반면, 돼지는 2.6%, 닭 등 가금류는 5% 안팎의 성장세를 보였다.

"한국으로 치면 82m²(25평) 정도 크기의 아파트였어요. 부부 둘이 사는데 방 두 개에 거실 하나였죠. 섭씨 30도를 훨씬 웃도는 날씨였는데도 에어컨은 물론이고 선풍기도 없었어요. 손님이 온다니 양복은 입고 있었지만 구두 대신 운동화를 신고 있었습니다. 걷기에 편하다고 하더군요." 최 열 환경재단 대표는 2007년 여름 미국 워싱턴DC에 있는 레스터 브라운 소장의 자택을 방문했을 때의 느낌을 잊을 수 없다고 했다. 전 세계 환경 문제에 막강한 영향력을 가진 학자의 집치곤 너무 소박해서였다.

김현진 서울과학종합대학원 교수는 브라운 소장에 대해 "환경에 관해서 전 세계 지존(至尊) 중 한 명이라고 보면 된다"고 말했다. 〈워싱턴포스트〉는 그에 대해 '세계에서 가장 영향력 있는 사상가(thinker) 중 한 사람'이란 수식어를 달았다.

"그가 상황을 너무 과장한다"거나 "자신만의 독특한 이론 체계는 없고 이를 종합하는 데 재주가 있다"는 평가도 있다. 하지만 "전세계 오피니언 리더들에게 환경을 이슈화시키고 전달하는 과정에 그만 한 인물이 없다"는 평가에는 이견이 없다. 그는 그동안 50권이 넘는 책을 저술했으며, 40개 언어로 번역돼 출판됐다.

그는 뉴저지에 위치한 럿거스(Rutgers)대 시절 토마토 농장을 경영한 적이 있으며, 뒤에 메릴랜드대와 하버드대에서 각각 농업경제학과 공공정책학으로 석사 학위를 받았다. 1974년 록펠러 재단의 도움을 받아 월드워치(World Watch) 연구소를 설립했으며, 이어 2001년 지구정책연구소를 세웠다. 2008년 2월 환경재단 주도로 출범한 기후변화센터의 해외 이사로도 등록돼 있다. 그가 가장 좋아하는 이동 수단은 자전거다. 2000년 한국을 방문했을 때 서울 시청 앞 프라자호텔에 묵었는데, "시청 앞을 내다보니 자전거를 한 대도 구경할 수 없어 실망했다"고 말했다고 한다.

댄 애리얼리

듀크대 경제학과 교수

Dan Ariely

혈전 방지약을 먹어야 되는 걸 알지만 잘 안 됩니다. 왜 그럴까요?

"먼 미래를 생각하면 뇌의 전원이 꺼지기 때문"

42세(2009년 현재)의 이 젊고 신선한 경제학자에 지금 미국이 열광하고 있다.

그가 2008년 처녀작 저서를 내자, 아마존이 '2008년 경제·경영 올해의 책 1위'로, 〈비즈니스위크〉가 '2008년 베스트 비즈니스 북'으로 꼽았다. 노벨경제학상 수상자들이 앞다퉈 "눈부신 통찰력으로 가득 찬", "정말로 독창적"인 책이라고 찬사를 보냈고, 〈뉴욕타임스〉는 "획기적이고 혁명적인 책"이라고 평했다. 스스로는 〈포천〉지가 최근 선정한 '당신이 꼭 알아야 할 신진 경영 대가(大家, guru) 10인'에 이름을 올렸다. 미국 금융 위기를 일찍 예언한 것으로 유명한 누리엘 루비니 교수 등과 함께 말이다. 화제의 주인공은 바로 《상식 밖의 경제학》을 쓴 듀크대의 댄 애리얼리 교수.

사람이 '예측 가능하게 비합리적'이라고 주장하는 이 단 한 권의 책으로, 그는 '경제학계의 코페르니쿠스'가 될 것이라는 기대감까지 낳고 있다. 마치 천동설을 반박하고 지동설의 씨를 뿌리듯이, 경제학의 대전제에 관한 근본적 회의감을 논리적이고 참신하고 설득력 있게 제기하고 있기 때문이다.

그의 책을 들자마자 한숨에 다 읽고, 읽자마자 단숨에 팬이 된 기자는 그에게 "인터뷰하자"는 이메일을 보냈다. 참신하게도, 그는 답장 이메일을 보내는 대신 기자의 휴대전화로 직접 연락을 했다. "200만 부나 발행하는 한국의 1등 신문이 나를 인터뷰하겠다면, 내가 비합리적일 정도로 열렬하게 환영하는 게 합리적이지요. 한국을 만나고 싶습니다. 어서 오세요."

이 떠오르는 '스타 교수'는 매우 겸손하고 친절했다. 그는 기자의 나이를 듣고 환한 웃음을 짓더니 "우리는 동년배 친구"라며 어깨를 감쌌다.

지나가는 동료 교수들과는 일일이 웃으면서 인사를 나눴고 인터뷰 내내 쉬운 설명을 위해 혼신의 힘을 다하는 기색이 역력했다. 18세 때 전신의 70%를 덮친 3도 화상은 지금도 그의 오른편 얼굴과 두 손에 약한 흔적을 남기고 있었지만, 그의 열정과 심장은 옛 화마(火魔)보다 훨씬 뜨겁고 치열했다.

<u>**당신 이론의 핵심을 스스로 정리해주시지요.**</u> "정통경제학은 늘 사람이 합리적이라고 가정하지요. 절대 그렇지 않고, 사람은 매우 비합리적이며, 약하고, 자주 틀린다는 것이 일단 제 이론의 시작입니다."

그 정도의 주장은 새로운 게 아니지 않습니까?
"맞습니다. 하지만 문제는 그저 '사람이 비합리적일 때도 있다'는 주장만으로는, 기존의 정통경제학 틀을 벗어날 수 없다는 겁니다. '때때로 비합리적이라 해도 어쩌겠느냐? 그러려니 하고, 결국 인간은 합리적이라는 전제하에서 경제이론이나 정책을 펼 수밖에 없지 않느냐'고 반론할 수 있으니까요. 그런데 제 주장은 여기서 한발 더 나아갑니다. 사람의 행동을 찬찬히 연구하고 실험하고 검증해 보면, 놀랍게도 사람은, 이 책 제목처럼 '예측 가능하게 비합리적'이라는 겁니다. 비합리성에 패턴과 일관성이 있어서 충분히 예측할 수 있다는 뜻이죠. 따라서 그런 '일관된 비합리성'에 터잡아 새로운 이론과 전략과 지혜를 창출해낼 수 있다는 겁니다."

애리얼리 교수의 이론은 '행동경제학(Behavioral Economics)'의 범주에 들어간다. 경제학에 심리학을 수혈한 이 접근법은 경제 주체의 복잡한 심리와 행동을 집중적으로 파고든다. 기존 경제학이 '경제 주체는 늘 합리적으로, 효용과 행복을 최대화시키는 방향으로 선택하고 결정한다'든가, '경제 주체는 그저 더 많은 돈이나 더 맛있는 음식에 더 행복해한다'는 식으로 단순하게 가정하는 타성에 도전장을 던지는 것이다. 2002년 노벨경제학상을 심리학자인 대니얼 카너먼(Daniel Kahneman) 교수가 받는 등, 최근 경제학의 주요 흐름 중 하나로 자리잡았다.

예를 들어서, 풀어서 말씀해주시죠. "당신이 노후 연금에 가입하지 않는다고 칩시다. 기존의 정통경제학은 '당신이 연금에 들어 돈을 붓는 비용과 나중에 연금 타는 편익을 분석한 결과 비용이 더 크다고 판단해서 가입하지 않은 것'이라고 설명하지요.
그러나 저는 '당신이 장기 미래에 대해 비용편익 분석을 제대로 못하기 때문에, 연금에 가입하는 편이 훨씬 좋은 일이고 합리적인 일임에도 불구하고 안타깝게도 가입을 하지 않는다'고 설명합니다."

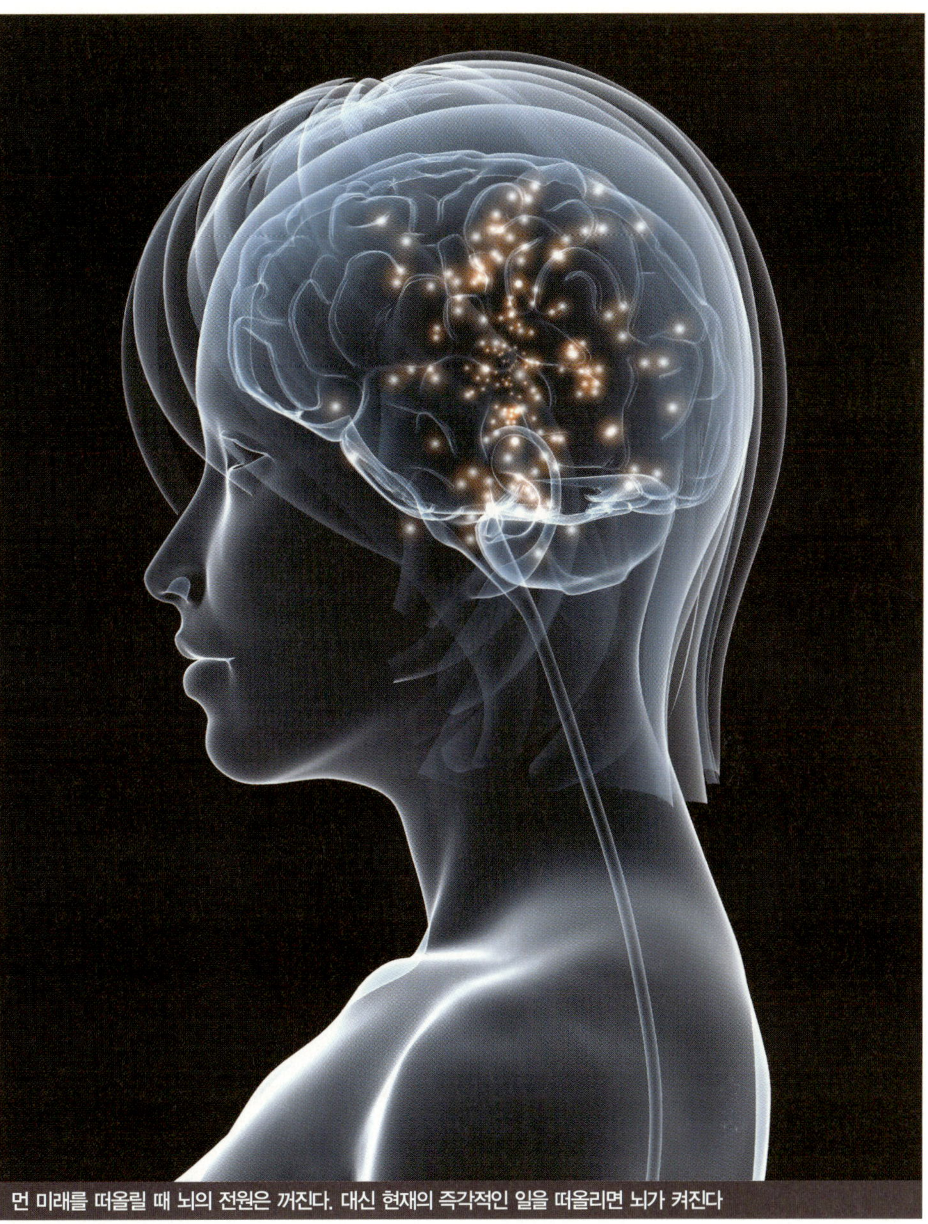

먼 미래를 떠올릴 때 뇌의 전원은 꺼진다. 대신 현재의 즉각적인 일을 떠올리면 뇌가 켜진다

그건 제가 어리석기 때문인가요? "아닙니다. 그걸 특정인이 어리석기 때문이라고 치부해 버리는 게 정통경제학의 습관이고 실수입니다. 그러면서 여전히 '대부분의 사람은 합리적'이란 가정을 밀어붙이는 것이죠.
이건 당신이 어리석기 때문이 아닙니다. 매우 많은 사람들이 이런 '비합리적인 선택'을 합니다. 왜냐? 사람의 뇌가 그렇게 설정돼 있는 겁니다. 제가 연구한 결과 사람은 미래, 특히 먼 미래를 떠올릴 경우 뇌의 전원이 꺼지도록 진화 과정을 거친 것 같습니다. 대신 현재의 즉각적인 일을 떠올리면 뇌가 켜지는 것이죠. 대부분의 사람들 뇌가 이렇게 돼 있다면, 정부가 나서서 개인들이 제대로 판단을 내리지 못하는 미래의 일에 대해서는 강제로, 혹은 단기적인 인센티브로 지혜로운 판단을 하도록 이끌어내자는 게 저의 제언입니다. 다른 예를 들어볼까요?
예를 들어 뇌졸중 가능성이 있는 사람의 경우, 혈전(血栓) 방지약을 먹으면 장기적으로 발병을 막는 데 큰 효과가 있습니다. 그런데 미국인의 경우 정기적으로 이 약을 복용하는 비율이 믿을 수 없을 정도로 낮습니다. 약값은 물론 비싼 게 아니죠. 약을 내일 먹는 귀찮음이라는 비용과, 예방이라는 편익을 비교해서 안 먹는 걸까요? 절대 그렇지 않지요. 이 경우는 약 먹는 게 절대적으로 합리적이고 좋은 일입니다. 다만 먼 미래를 내다보는 뇌가 꺼졌기 때문에 이런 일이 생기는 겁니다. 그런 사람들을 대상으로 실험을 해봤어요. 혈전 방지약이 든 박스와 컴퓨터를 연결해서, 박스를 매일 제때 열면 복권이 한 장씩 지급되는 실험입니다. 심지어 박스를 안 여는 사람을 위해 '엊그제 귀하가 박스를 열지 않아서 놓친 복권이 오늘 당첨됐다'는, 약 올리는 통보도 보내봤죠. 어떻게 됐을까요? 사람들은 매우 흥분해서 뜨거운 반응을 보였습니다. 약 복용률은 97%까지 치솟았지요."

가벼운 치환(置換) 하나로 꺼진 뇌를 켜준 셈이네요. "정확히 그렇습니다. 매우 좋지만 뇌가 잘 못 느끼는 미래의 일을, 뇌가 느낄 수 있는 현재의 약간 좋은 일로만 교체해도, 사람들에게 극적인 동기 부여가 되는 겁니다."

화제를 바꿔서, 사람 사는 데는 '시장 규칙'이 적용되는 분야도 있고 '사회 규범'이 적용되는 분야도 있다는 이론이 기억에 남습니다. "하하, 고맙습니다. 이스라엘의 한 탁아소 사례가 아주 인상적이지요. 탁아소에 맡긴 아이를 부모들이 늦게 데리러 오는 경우가 많아서 부모에게 벌금을 매겼습니다. 어떻게 됐을까요?"

경제학적으로 따진다면야, 늦게 데리러 오는 부모의 수가 줄어들어야죠. "맞습니다. 그런데 문제는 오히려 늦게 데리러 오는 부모가 늘었다는 겁니다. 예전에는 '교사에게 죄송하다'는 '사회 규범'의 영향을 받은 탓에 대개 최선을 다해 이른 시각에 아이들을 데리러 왔던 거죠. 그런데 벌금을 내라고 하니까 이제는 '돈 내면 되겠네' 하는 '시장 규칙'이 작동을 시작하면서 당당하게 늦게 오게 된 겁니다. 그런데 가장 흥미로운 일은, '괜히 벌금제를 도입했다'고 후회한 탁아소가 몇 주 뒤 벌금을 없애면서 일어났습니다. 벌금을 없앴더니, 늦게 데리러 오는 부모가 이젠 더 늘어난 거죠. 부모들이 '이제는 돈도 안 내? 그럼 더 잘됐네' 하고 판단하기 시작한 겁니다. 결론은 첫째, 사람을 움직이는 힘은 사회 규범도 있고, 시장 규칙도 있으며, 둘은 서로 다

르다는 겁니다. 둘째, 사회 규범보다 시장 규칙의 번식력이 더 크다는 거죠. 그래서 사회 규범이 적용되던 분야도 시장 규칙에 한 번 노출되고 나면 사회 규범은 힘을 잃고 만다는 겁니다."

그 이외에도 저서나 논문에 보면 인간의 비합리적 선택과 결정을 보여주는 실험이나 분석이 많은데 '대표작'을 좀 소개해주시지요. "우선 잡지 구독 사례가 흥미롭지요?(오른쪽의 표 참조) 사람이 얼마나 '미끼'에 잘 현혹되는지 아주

드라마틱하게 보여주지요. 똑똑한 것으로는 어디서도 빠지지 않을 MIT 경영대학원생들이 이렇게 미혹당하니까요.

비슷한 예로 얼굴을 갖고 한 실험도 '사람이 얼마나 비교에 약한가'를 잘 보여줍니다. (영어 저서를 펴서 보여주면서) 바로 이 부분에 나오죠. 이를테면, 브래드 피트와 조지 클루니 사진을 보여주며 '누가 멋있느냐'고 물어보면 응답률이 대체로 50 대 50으로 나옵니다. 그런데 브래드 피트 사진을 포토샵으로 약간 일그러뜨려서 새 사진을 만든 다음에 '일그러진 피트 사진'과 '정상적 피트 사진'과 '정상적 클루니 사진'을 보여주면, '정상적 피트

> 당신은 스스로 평가하는 것보다 훨씬 자주 틀리고 실수합니다. 물건을 살 때나, 사람을 뽑을 때나 그렇습니다. 그러니 끊임없이 스스로의 선택과 결정을 실험하고 검증해야 합니다.

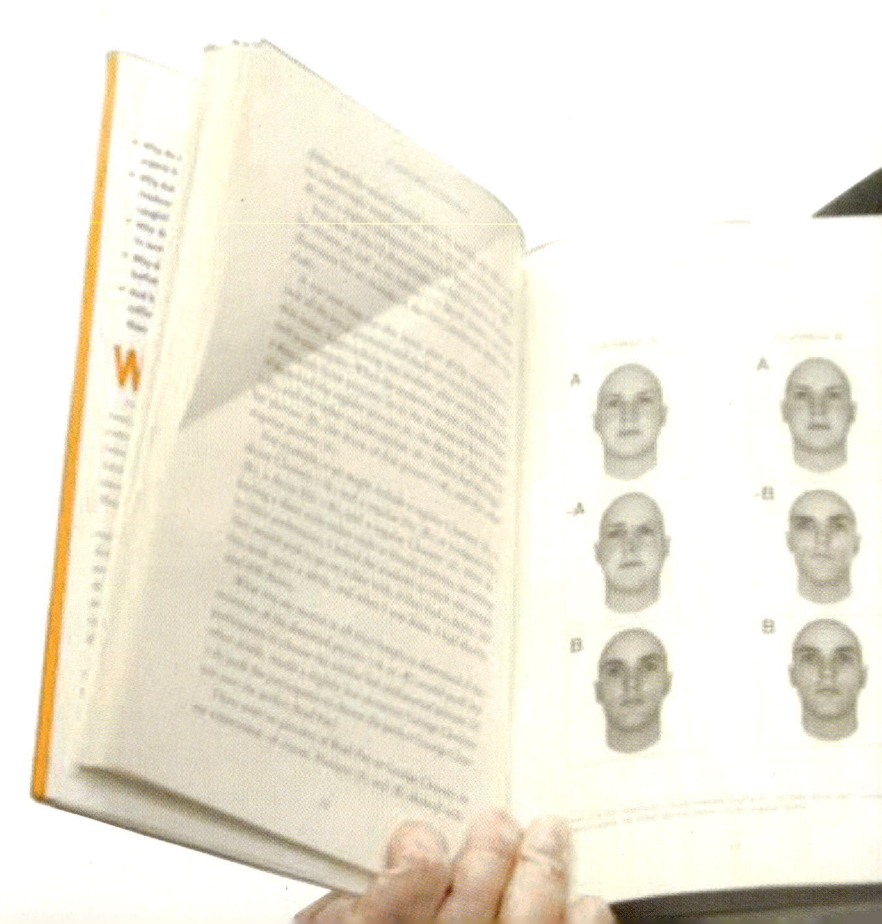

사진'이 멋있다고 고르는 비율이 76%로 급등합니다. 왜냐? 부지불식간에 사람들은 일그러진 피트와 비교되는 피트 사진이, 비교 대상이 따로 없는 클루니 사진보다 더 멋있어 보이는 겁니다."

이런 비합리성의 사례에서 우리가 배울 점은 무엇일까요? "기업은 마케팅에 활용할 수 있겠죠. 그보다는 소비자에게나, CEO에게나 이런 충고를 하고 싶습니다. '당신은 스스로 평

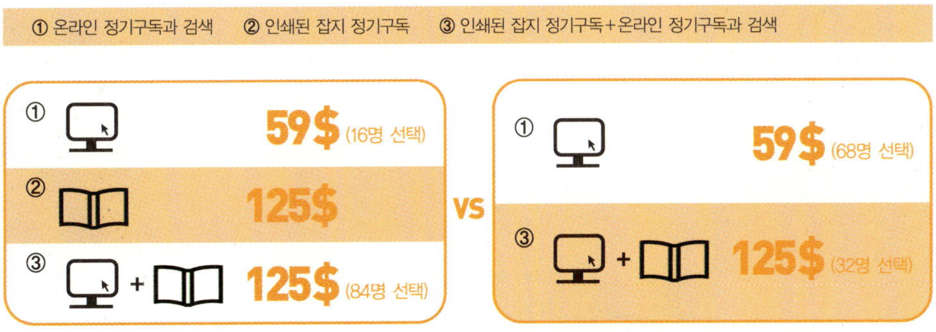

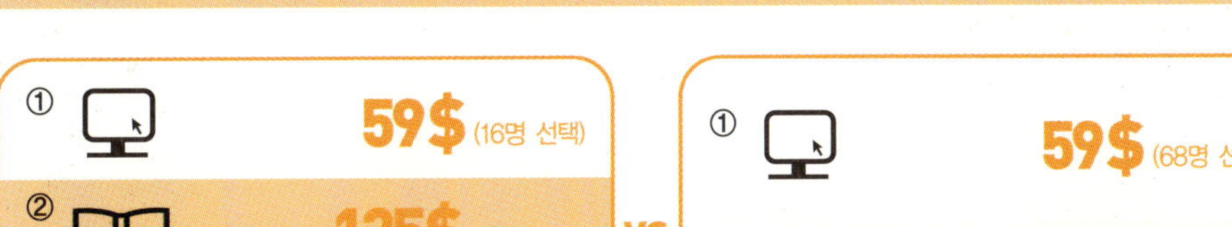

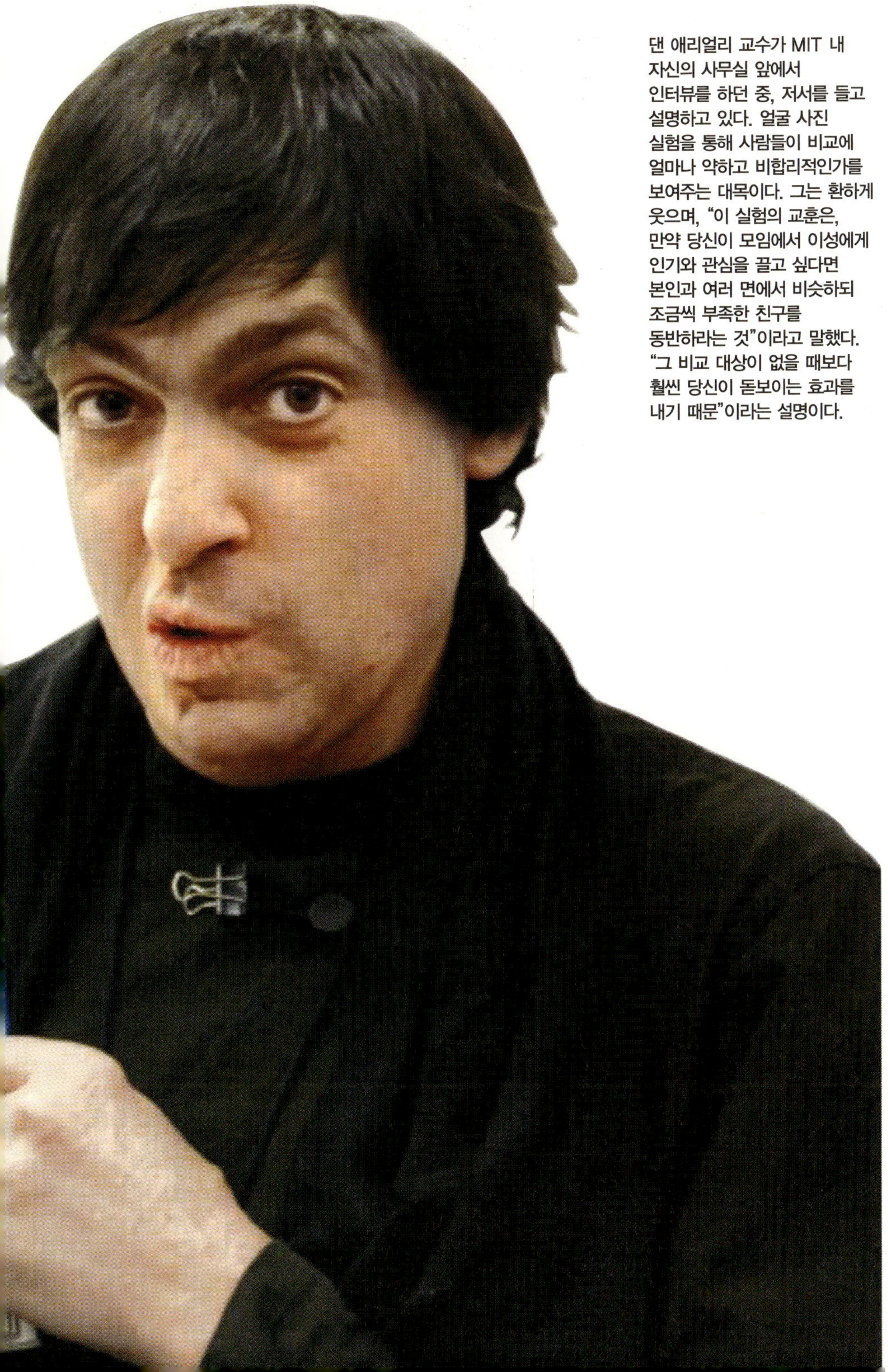

댄 애리얼리 교수가 MIT 내 자신의 사무실 앞에서 인터뷰를 하던 중, 저서를 들고 설명하고 있다. 얼굴 사진 실험을 통해 사람들이 비교에 얼마나 약하고 비합리적인가를 보여주는 대목이다. 그는 환하게 웃으며, "이 실험의 교훈은, 만약 당신이 모임에서 이성에게 인기와 관심을 끌고 싶다면 본인과 여러 면에서 비슷하되 조금씩 부족한 친구를 동반하라는 것"이라고 말했다. "그 비교 대상이 없을 때보다 훨씬 당신이 돋보이는 효과를 내기 때문"이라는 설명이다.

가하는 것보다 훨씬 자주 틀리고 실수한다. 물건을 살 때나, 사람을 뽑을 때나 그렇다. 그러니 끊임없이 스스로의 선택과 결정을 실험하고 검증해야 한다. 또 실수는 되새겨서 반복하지 않아야 한다' 이렇게 말이죠.

예를 들어 면접을 통해 30분 만에 사람을 판단해 입사여부를 결정하는 CEO에게는 '당신의 직관에 어긋나는 인재를 한번 뽑아보라'고 충고하고 싶습니다. 그래야 자신의 직관이 맞는지, 틀린지, 어떻게 고쳐야 하는지 실험해볼 수 있으니까요."

그는 이 대목에서 최근 사례를 거론했다. "정부에게도 충고가 가능합니다. 예를 들어 요사이 미국은 많은 구제 금융과 경기 부양 정책을 펴고 있습니다. 2008년 4월쯤에도 미국 국민 거의 모두에게 약 600달러씩의 세금을 환급했었지요. 정통경제학에 사로잡힌 정책 당국자들은 어떤 형식으로 세금을 환급해도 그 효과는 같다고 믿습니다. 하지만 인간의 비합리성을 떠올린다면, 그 효과는 지급 방식에 따라 분명히 달라질 수 있지요.

얼마나 좋은 기회입니까? 이런 대대적 환급을 해줄 때 어떤 사람들이나 어떤 지역에서는 현금으로, 어떤 곳에서는 수표로, 어떤 곳에서는 선불카드로, 어떤 곳에서는 '정부의 돈을 마음껏 사용하세요'라는 로고를 붙인 카드를 주는 겁니다. 이렇게 다양한 방식으로 환급을 한 이후 각각의 방법이 얼마나 효과면에서 다른지 관찰한다면, 세금 환급의 효과를 극대화시키는 정책에 대한 좋은 분석

경제 주체는 의외로 비합리적이다. 시장만 믿고 맡기면 안 된다

자료가 될 텐데 말이죠."

"시장이 잘하는 것과 시장이 제대로 못하는 것을 확실하게 구분하는 시대가 올 것"

이제 자유 시장 시스템은 한계를 보인 것인가요? 당신의 이론으로 지금의 경제 위기를 해석한다면 어떻게 됩니까? "자유 시장에 맡기면 모든 것이 최적으로 배분되고 훌륭한 결과를 낳는다는 믿음은 이제 버려야 합니다. 자유 시장 경제가 다 나쁜 것은 아니지만 이제 그 한계가 확인된 것은 분명합니다.

그린스펀(전 FRB 의장)이 의회 증언을 통해 '나는 모든 게 합리적이라고 생각했는데 그렇지 않았다'라고 말한 것이 매우 상징적입니다. 경제 주체의 결정이 비합리적이라고 주장하면 늘 부딪치는 반론은 '똑똑하지 않은 사람들이 참여하고 돈이 적게 걸린, 몇 차례만 반복되는 상황에서만 결정이 비합리적일 수 있다'는 식입니다. 하지만 이번 위기를 보면 '가장 똑똑한 사람들이 모였고 엄청난 돈이 걸려있고 매우 반복적으로 결정이 이뤄진' 증시와 금융 시장에서 이런 일이 벌어졌습니다. 왜 그럴까요?

첫째, 시장에 엄청난 비합리가 있었고, 자유 시장 신봉자들이 기대하듯 이 비합리들이 상쇄되는 게 아니라 서로 상승 작용을 통해 재앙으로 불어났습니다. 대표적인 예가 주택 대출이었어요. 시장론자들이 기대하기로는, 시장에서 징벌과 포상이 잘 작동한다면, 사람들은 자신에게 꼭 맞는 적절 대출량을 계산해 파산을 피할 것 같았습니다. 그러나 실제 상황에서는 징벌이 있든 없든 무관하게, 사람들은 자신에게 적절한 주택 대출량을 전혀 계산하지 못했습니다. 그들이 나쁜 사람이어서가 아니라, 그들은 할 줄 모르기 때문이지요. 모든 경제 주체가 합리적으로 계산하고 행동하리라고 믿는 것 자체가 난센스입니다. 리스크는 인식되지 않았고 사람들은 양떼처럼 몰려다녔습니다. 그 결과는 무엇이었습니까. 파국이었죠."

그는 이 대목부터 목소리의 톤을 높이기 시작했다.

"둘째, 파생상품이나 금융 공학으로 점점 시장이 복잡해지면, 점점 혼탁해지는 화면으로 스포츠 경기를 보는 것처럼 일반인은 보고 듣고 판단하기 힘들어집니다. 전문가들이나 겨우 아는 정도이지요. 이럴 때 전문가들은 어떻게 할까요? 엄청난 '이해 상충'에 놓인 전문가들은, 자연스럽게 자기에게 편한 방향으로 속이게 됩니다. 여기서도 전문가들이 악하기 때문이 아니라, 시스템이 그렇게 만든다고 봐야 합니다.

예를 들어 미국 의료 체제를 보세요. 병원 수익의 70%가 응급실에서 발생하는데 응급실에 온 의료 소비자는 다 죽어가면서 왔으니 도저히 합리적인 판단을 할 수가 없습니다. 결국 전문가인 의사에게 전적으로 맡기게 됩니다. 그래서 의사는 '환자에게 좋은가' 하는 기준보다는 '병원이 돈을 많이 버는가' 하는 기준으로 처방을 내리는 경우가 많아지는 겁니다. 미국 금융 시장에서 이런 일이 발생했고 재앙으로 번진 겁니다."

그렇다고 자유 시장을 포기할 수는 없지 않습니까? 시장을 버린 사회주의의 실패야 너무 확연하고요, 또 다른 길이 있습니까? "제 판단으로는 이 위기가 지나고 나면, 그 생생한 교훈과 행동경제학적 분석을 종합해서 '시장이 잘하는 것과 시장이 제대로 못하는 것'을 확실하게 구분하는 시대가 올 것으로 봅니다.

'뭐든지 시장에 맡기면 된다'는 믿음은 끝난 것이고 그런 영역에 따른 역할 분담이 시장경제의 새로운 미래로 등장할 수밖에 없다는 겁니다.

물론 시장 시스템은 원론적으로 훌륭합니다. 다만, 필요 조건이 갖춰진 경우에 그렇습니다. 참여자들이 가치 평가를 잘하고 다른 모든 주체들을 정확하게 파악하고, 정보도 균등하게 공유되고 이해 상충도 없어야 합니다. 이는 현실적으로는 매우 강력하고 어려운 조건이지요. 이런 영역은 시장에 맡기는 게 합리적이지요. 하지만 이런 필요 조건을 충족시키지 못하는 영역, 복잡하고 감정적이고 까다로운 결정을 해야 하는 영역에서는 자유 시장에 맡기면 금방 비효율이 발생합니다. 미국의 금융 시장이 그랬고 미국 의료 시스템이 그렇지요."

그럼 정부가 개입해야 한다는 겁니까? "불가피하지만 그런 영역에서는 정부가 나서야 한다고 봅니다. 단, 지혜롭고 공정하고 합리적인 정부라는 전제하에서 말이죠."

그 전제도 너무 어려운 것 아닌가요? "그렇지요.(웃음) 하지만 이제는 옛날처럼 '아무리 시장이 나빠도 정부보다는 무조건 낫다'라고 말할 수는 없습니다. 확실합니다."

"상실된 신뢰감의 치유가 필요"

미국 정부는 지금의 위기에 잘 대응하고 있는 건가요? "저는 미국 정부가 큰 것을 하나 놓치고 있다고 봅니다. 바로 '상실된 신뢰감의 치유'입니다. 이런 게임을 예로 들지요. 당신에게 10달러를 준 후, 그 돈을 당신이 모르는 A에게 넘겨 주면 그 돈이 5배로 불어난다고 합시다. 당신은 그를 믿고 돈을 넘겼는데 A가 50달러를 나누지 않고 도망갔다면 어떻겠습니까? 배신감을 느끼겠지요?

그 다음에 제가 또 당신에게 '나에게 10달러를 주면, 내가 A에게서 50달러를 빼앗겠다. 단, 그 돈은 내가 가질 거고 당신에게 주지는 않는다'라고 제안한다면 어떻겠어요?

전통적인 합리적 가정이라면 '내가 10달러를 또 없애느니 그냥 그 제안을 받아들이지 않겠다'고 하겠지만 사람들은 대체로 이 제안을 받아들입니다. 보복을 하겠다는 심리는 매우 격동적인 동기 부여입니다. 행동경제학 관점에서 볼 때, 또 이런 보복은 합리적이기까지 합니다.

지금 미국의 시민들은 월스트리트가 50달러를 들고 도망갔다는 배신감에 치를 떨고 있습니다. 50달러뿐입니까? 퇴직 연금과 전 재산과 집을 빼앗긴 겁니다. 그렇다면 정부는 국민들의 이런 신뢰감 상실, 배신감 증폭을 슬기롭게 진정시키면서 정책을 펴야 하는데 지금 그런 배려가 거의 보이지 않습니다.

미국 당국의 화법은 국민들을 오히려 화나게 하고 있습니다. '어차피 뺏긴 돈은 뺏긴 돈이다. 이제 당신 세금으로 월가를 돕겠다. 그게 당신에게도 남는 장사다' 이렇게만 이야기하면, 사람들의 화를 돋우고 보복 심리를 자극할 뿐입니다."

다음 스케줄 때문에 인터뷰를 마치는 그의 얼굴에서는 "할 말이 아직 더 남았다"는 아쉬움이 배어났다. 그의 저서에 서명을 부탁하자 그는 "언제나 '공짜 점심'을 잘 찾아보라"고 적어주었다. 점심을 잘 얻어먹고 다니란 뜻은 아니었다. 정통 경제학자들은 "경제 주체가 합리적으로 움직이고 시장이 효율적으로 작동하므로 '공짜 점심'이란 없다"라고 주장한다. 애리얼리 교수는 "천만의 말씀, 경제 주체는 비합리적이고 그래서 시장은 비효율적으로 작동하므로 아직 '공짜 점심'의 여지는 많다"고 주장한다. "그런 '공짜 점심'을 잘 찾아서 수정해 나가야 진정으로 최적의 시장, 가장 행복한 경제 주체로 거듭날 수 있다"라고 그는 말을 맺었다. WeeklyBIZ

Who is

댄 애리얼리는 미국 듀크대 교수로서 경제학과, 경영대학원, 신경과학과, 의대 등에 두루 적을 두고 있다. MIT 미디어랩과 경영대학원 방문 교수이기도 하다. 2008년 10월까지만 해도 MIT 정교수 겸 듀크대 방문 교수였지만, 사회과학과 의학 관련 연구를 하는 데 듀크대가 더 적절해 직위를 맞바꿨다. 참신하고 탄탄한 이론을 통해, 미국을 대표하는 소장 경제·경영학자로 떠오르고 있다.

뉴욕 컬럼비아대 병원에서 태어났으며, 3세 때 이스라엘로 옮겨가 그곳에서 성장했다. 18세 때 마그네슘이 폭발하는 사고로 온몸의 70%에 3도 화상을 입고 오랜 기간 병원에 입원했다. 이 당시 병상에서 간호사, 의사, 환자들의 행동을 면밀하게 관찰하며, '의외로 비합리적인 경우가 많은 사람들의 행동'에 관심을 두기 시작했다. 텔아비브대를 졸업한 후 노스캐롤라이나대에서 인지심리학 박사 학위를, 듀크대에서 경영학 박사 학위를 받았다.

"사람들에게는 비합리성의 패턴이 있어서 그 비합리성을 예측할 수 있다"는 주장을, 매력적이고 기발한 실험들과 함께 내놓아서 미국 경제·경영학계의 뜨거운 관심을 받고 있다. 그는 "이런 창(窓)을 통해 현실을 가장 정확하고 일관되게 담아낼 수 있다"고 주장한다.

한스-게오르크 호이젤

경제학자, 신경마케팅 분야 최고 권위자

Hans-Georg Hausel

한스-게오르크 호이젤 박사는 신경마케팅 분야의 세계적 대가이다. 그의 이론의 핵심은 "소비자의 구매 결정은 거의 언제나 뇌에서 무의식적으로, 감정적으로 내려진다"는 것이다. 따라서 마케팅이 성공하려면 소비자의 뇌 속을 들여다봐야 한다는 것이다. 그는 이 개념을 토대로 2004년 《뇌, 욕망의 비밀을 풀다》라는 책을 발간, 마케팅 이론서의 베스트셀러 작가가 됐다.

위클리비즈가 독일 뮌헨에 있는 사무실에서 호이젤 박사를 만났다. 그는 기자가 "한국의 포털사이트 서평 코너에서 당신 책이 한국 독자들로부터 10점 만점에 9.46점이나 받았다"라고 전해주자, "정말인가요?"하고 여러 번 되묻더니, 기분 좋은 표정으로 인터뷰에 응했다.

수억 원을 쏟아 부은 소비자 조사가 신통치 않은 이유는?

"소비자를 이성적 존재로 보기 때문"

인간은 과연 극도로 합리적인가? 이 질문은 경제학과 경영학에 걸쳐 더없이 중요하다. 그 대답이 '예스'라면? 즉 '인간이 아인슈타인처럼 사고하고 IBM 컴퓨터처럼 기억하며, 간디처럼 의지력을 발휘한다면?' 일은 간단하다. 그런 '호모 이코노미쿠스(경제적 인간)'에게 선택을 맡기면 시장은 행복한 최적점을 찾아 균형을 이룰 것이기 때문이다. 기업 CEO들도 마케팅 전문가에게 비싼 연봉을 줄 필요가 없다. 싸고 품질 좋은 물건만 만들어 공급하면, 극도로 현명한 소비자들이 알아서 구매할 테니 말이다.

하지만 인간은 그렇게 '아인슈타인+컴퓨터+간디'의 행동 주체가 아니라는 사실을, 경제학과 마케팅 연구는 심리학의 수혈(輸血)을 통해 지속적으로 발견하고 있다. 사실 인간이 합리적이라면 최근 같은 글로벌 금융 위기도 애당초 발생하지 않았을 것이다. 이런 연구 흐름의 대표적 산물이 행동경제학(Behavioral Economics)이다.

행동경제학적 접근을 마케팅과 구매욕 분석에 중점을 두고 더 치열하게 발전시킨 것이 신경마케팅 이론이다(최정규 경북대 경제학과 교수). 신경마케팅(Neuromarketing)이란 뇌 과학과 마케팅을 결합한 신종 학문으로, 소비자의 구매와 소비 행태를 뇌(腦) 과학과 신경심리학으로 풀어내는 것이다. 세계 주요 기업들이 경제 위기에 따른 극심한 판매 부진으로 골머리를 앓으면서, 마케팅 기법의 '대안'으로 주목받고 있는 최첨단 이론이기도 하다.

당신이 책에서 지적했던 기존 마케팅 개념의 오류 중 가장 중요한 것을 꼽아주시겠습니까? "첫 번째로 폐기해야 할 개념은 소비자를 '이성적 존재'로 간주하는 것입니다. 제 연구에 따르면, 모든 소비자는 감정에 지배되는 존재입니다. 둘째, 모든 소비자를 성향이 같은 단일 개체로 보는 것입니다. 소비자는 매우 다양한 감정을 가진 존재입니다. 그런데도 기업들은 마케팅 리서치를 한다면서 소비자 마음속을 제대로 들여다보지도 않고 있더군요."

뇌(腦)가 같은 양의 근육보다 22배나 많은 에너지를 필요로 하며, 따라서 뇌는 가능하면 에너지를 절약하려고 노력한다고 하셨죠? "그렇습니다. 사람의 두뇌 활동은 많은 에너지와 시간을 필요로 합니다.

예를 들어 어떤 사람이 정글에서 호랑이와 맞닥뜨렸다고 칩시다. 그 사람이 과연 호랑이 가죽의 노란색과 검은색 줄무늬와 다른 특징들을 반영해서 '호랑이'라는 종합 판단을 내린 다음, 어떻게 대응할지 다시 판단을 할까요? 아닙니다. 실제 인간은 호랑이를 보는 즉시 뇌의 공포감 기제가 작동해 돌아서 도망가지요.

우리 뇌는 진화 과정에서 가능한 많은 정보를 '자동 모드'로 저장합니다. 에너지를 불필요하게 낭비하지 않는 것이 유기체에 이익이 되니까요.

소비자들의 막연한 예감, 직관에 따른 구매 결정 등은 모두 뇌의 자동 모드와 깊이 관련이 있습니다."

브랜드가 고객의 뇌 사용을 줄여준다고 보십니까? "그렇습니다. 뇌에는 브랜드에 관한 두 개의 메커니즘이 존재합니다. 첫째, 인지도 높은 브랜드를 대할 때는 따로 생각할 필요 없이 '자동 모드'로 전환되는 메커니즘입니다. 둘째, 브랜드에 대한 긍정적 감정에 관한 메커니즘입니다. 예를 들어, 새 상품을 봤을 땐 뇌의 학습을 담당하는 안와전두피질(眼窩前頭皮質)이 활성화되지만, 폴크스바겐처럼 오래된 브랜드는 뇌의 깊숙한 부분, 즉 편도(扁桃)라는 뇌 부위에 저장됩니다. 강력한 브랜드를 구축하려면 뇌의 깊숙한 부분인 감정 영역에 자리를 잡아야 합니다."

여성과 남성의 뇌는 어떻게 다릅니까? 마케팅도 달라져야 하나요? "남성과 여성의 뇌는 호르몬과 해부학적 측면에서 300여 가지나 차이점을 갖고 있습니다. 여성의 뇌는 더 많은 에스트로겐을 갖고 있고, 이는 상호 교감적 사고, 직관적 사고, 감정적 느낌을 증가시켜 더 감정적인 삶을 살게 합니다. 그래서 여성은 건강 제품이나 소설, 예술품 등 환상을 자극하는 상품에 잘 반응합니다.

반면 남성의 뇌는 테스토스테론의 지배를 더 많이 받으므로 지배적, 분석적인 기능이 활성화됩니다. 그래서 스포츠, 포르셰(스포츠카), 컴퓨터와 같은 제품에 관심을 갖게 만듭니다. 디자인 측면에서 보면 남성은 사각형 모양의 직선적이고 실용적인 형태를 선호하는 반면, 여성은 부드럽고 따뜻한 형태를 좋아합니다. 오스트리아의 생수업체 푀스라우어(voslauer)는 용기를 부드러운 곡선 형태로 바꾸는 것만으로 여성 고객 시장점유율을 획기적으로 올렸습니다."

그의 뇌(腦)는 그리 크지 않았다. 190㎝쯤 되는 장신에 머리가 작아 9등신은 돼 보였다. 그를 만난 곳은 뮌헨 중앙역으로부터 걸어서 10분 거리, 시내 중심가에 위치한 그의 회사의 1평 남짓한 회의실. 호이젤 박사는 자신의 연구를 토대로 기업에 신경마케팅 컨설팅을 해 주는 회사를 운영하고 있다. 책에 실린 사진에서 본 근엄하고 날카로운 인상과 달리, 그는 무척 친절하고 쾌활한 시골 아저씨 같았다. 질문에 답을 하다 적절한 영어 단어가 안 떠오를 땐, "잠시만 기다려달라"며 밖으로 나가 직원들에게 '자문'을 구한 뒤 다시 대답을 이어갔다. 그는 뇌와 관련된 전문 의학 용어를 설명할 땐, 기자가 못 알아들을까 염려해 칠판에 매직펜으로 직접 써가며 자상하게 설명했다. 기자와 만나기 5분 전 모 자동차 회사에 '미래의 자동차'와 관련한 컨설팅을 했다는 그에게는 인터뷰 도중에도 여러 차례 컨설팅을 위한 전화가 걸려왔다. 인터뷰가 끝나면 프랑크푸르트 상공회의소가 매달 선정하는 '독일의 현인(賢人)'에 뽑혀 강연 출장을 떠날 예정이라고 했다.

당신은 인간의 결정을 좌우하는 것은 감정이라고 하고, 뇌 속에 자아가 아예 존재하지 않는다고까지 주장합니다. 감정의 범위를 너무 넓게 잡은 것 아닌가요? (웃음) 1980년대 이후 뇌 연구가 괄목할 만한 성과를 내면서 인간의 결정은 모두 감정적이라는 점이 입증되고 있습니다. 우리의 개인 생활이나 기업 활동의 목적은 모두 감정과 깊이 관련돼 있습니다. 신경정보학자들의 연구 결과에 따르면, 눈은 초당 1000만 비트, 귀는 100만 비트, 후각은 10만 비트의 정보를 뇌에 전달하는데, 이 중 사람이 의식하는 정보는 0.0004%(40비트)에 불과합니다.

결국 상품 구매를 결정하는 것은 뇌 깊숙이 자리 잡은 감정의 영역이며, 의식은 구매 결정이 이뤄지고 난 뒤 그것을 합리화하는 기능만 합니다."

뇌 속엔 인간의 삶을 지배하는 3가지 거대한 감정시스템, 즉 '빅3'가 있다고 하셨는데요. "우리 두뇌에서 가장 막강한 힘을 행사하는 감정시스템은 '균형시스템'입니다. 이 시스템은 안전함을 추구하고, 위험을 회피하게 만듭니다. 두 번째 시스템은 '지배시스템'입니다. 이 시스템은 경쟁자를 축출해 자신이 보다 우월한 존재로 부각되고 싶어하는 감정을 관장합니다. 회사 내에서 승진을 위해 경쟁하게 만들며 승리감과 섹스 욕구를 충족시키려고 하죠. 세 번째 시스템은 '자극시스템'이라 불리는데 즐거움과 짜릿함, 새로운 경험을 추구하는 행위와 관련된 것입니다."

투자자들이 돈과 관련된 결정을 내릴 때 취하는 태도를 연구한 결과, 역시 세 가지 거대한 감정 시스템의 협력을 통해 모든 결정이 이뤄지며, 그 과정에서 '이성'은 전혀 찾아볼 수 없었다고 했습니다. 최근 글로벌 금융위기도 이런 맥락에서 설명할 수 있을까요? "물론입니다. 두뇌 속의 지배시스템은 돈과 권력을 소유하려는 욕망을 갖게 합니다. 또 자극시스템은 더 많은 스릴을 느끼고자 하는 욕망을 자극합니다. 즉 뇌의 지배시스템과 자극시스템이 서로 협력해 인간으로 하여금 더 많은 것을 소유하고자 하는 욕망을 부추깁니다."

균형시스템은 상대적으로 작동이 잘 안 되고요? "그렇죠. 투자 결정을 할 때 위험과 안전이 긴장 상태에 돌입하는데, 주가가 오르면 낙관적이 되어서 위험을 과소평가하게 됩니다. 반면 주가가 떨어지면 균형시스템이 작동해 근심과 걱정을 하게 되지요. 따라서 경제 호황과 불황이란 사이클은 지배 시스템과 자극 시스템, 균형시스템 사이를 순환하는 감정시스템으로 설명할 수 있습니다."

불교는 인간의 감정과 변덕이 모든 고통을 낳는

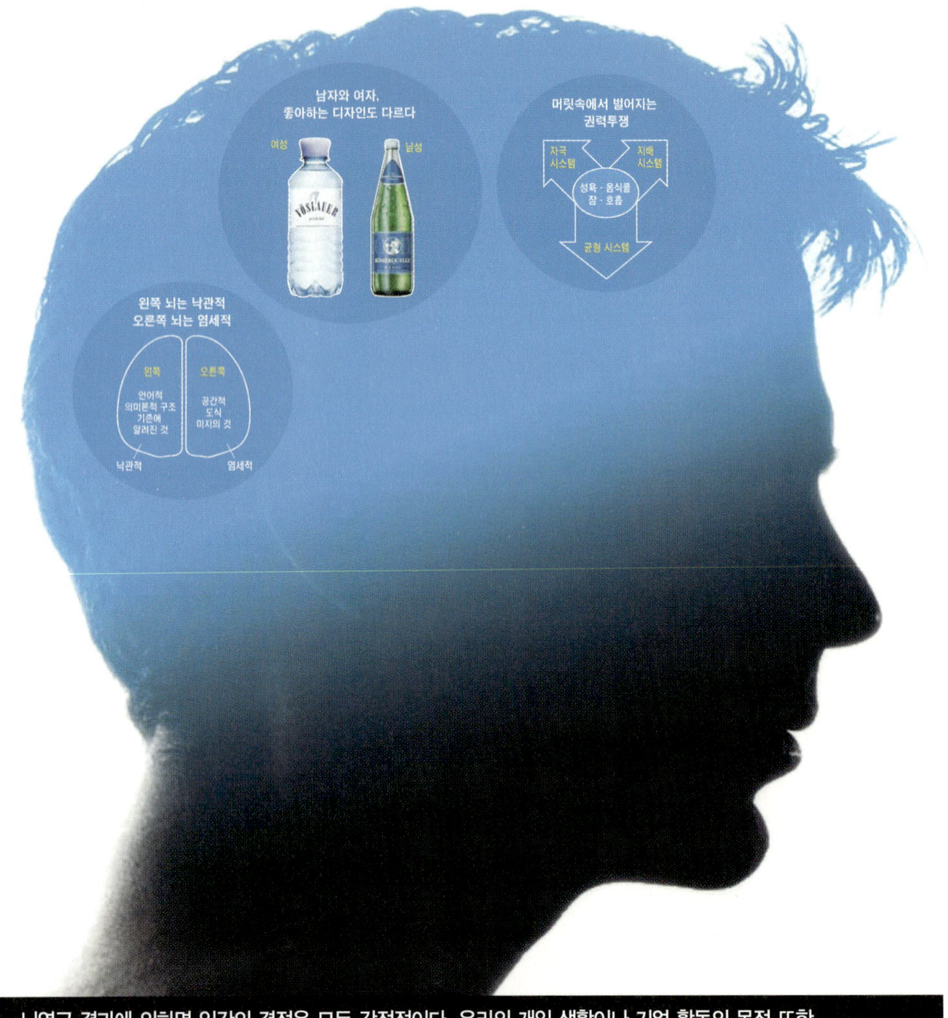

뇌연구 결과에 의하면 인간의 결정은 모두 감정적이다. 우리의 개인 생활이나 기업 활동의 목적 또한 모두 감정과 깊이 관련돼 있다

다고 봅니다. 따라서 이런 인간의 본성을 깊이 성찰함으로써 고통에서 벗어날 수 있다고 합니다. 이런 종교적 노력조차 감정의 영역으로 설명할 수 있을까요? "독일의 철학자 쇼펜하우어의 책을 읽은 적이 있습니다. 그는 불교에 대해 지대한 관심을 갖고 연구도 많이 했습니다. 그는 인생은 고통으로 가득 차 있다고 하면서 인간의 존재 목적에 대해 많은 사유를 했지만, 궁극적으로 비관론자였습니다. 제 이론으로 보면, 그는 균형시스템 중 근심이나 불안과 관련이 있는 부정적인 감정 부분을 지나치게 강조한 것으로 볼 수 있습니다. 불교는 부정적 감정을 해탈을 통해 극복하는 것으로, 심리학적으로 풀이하자면 고통을 극대화한 뒤 이를 초월함으로써 고통을 극복하는 과정으로 볼 수 있습니다."

'좌뇌=합리적, 우뇌=감정적'이라는 견해는 잘못

위클리비즈가 인터뷰한 다니엘 핑크, 리처드 왓슨 등의 미래학자들은 감성, 창의, 종합의 능력을 맡는 우뇌(右腦)가 앞으로 좌뇌(左腦)보다 중요해질 것이라고 말했습니다. 어떻게 보시나요? (204쪽 참조) "저는 그 의견에 50%만 찬성합니다. 제가 보기엔 뇌의 모든 부분이 감성적입니다. 다만 좌뇌는 테스토스테론(남성호르몬)이 더 많이 있어 좀 더 낙관적인 반면, 우뇌는 에스트로겐(여성호르몬)이 많이 분포해 마음을 여리게 만들고 근심, 걱정을 만들어 냅니다. 좌뇌가 좀 더 분석적이고 우뇌가 좀 더 교감적이라는 점에서는 두 사람 의견에 동의하지만, 사람들이 어떤 결정을 내릴 때 양쪽 두뇌를 모두 사용하는 것은 분명합니다. 감정과 이성은 서로 대립되는 개념이 아닙니다."

강력한 브랜드가 되려면 반복 노출을 통해 소비자의 뇌 깊숙한 부분에 저장시켜야 된다고 했습니다. 하지만 중소기업이나 신생 기업은 많은 광고비를 지출하기 어렵습니다. 어떤 대안이 있을까요? "바로 그래서 뇌의 특성에 대한 연구가 필요합니다. 중소기업이라도 인터넷이나 블로그 등을 통해 강력한 브랜드 구축이 가

능합니다. 꼭 고전적인 텔레비전 광고에 매달릴 필요는 없습니다."

당신이 강조하는 브랜드 전략에 가장 부합하는 모범 사례는 무엇인가요? "가장 오래되고 고전적인 브랜드로는 코카콜라를 들 수 있겠고, 최근의 브랜드로는 구글을 꼽을 수 있을 것입니다. 구글의 경우 소비자와의 접촉도 면에서 타의 추종을 불허합니다."

당신이 새로운 마케팅 개념으로 강조하는 '큐 매니지먼트(Cue management)'란 개념을 설명해 주시지요. "큐 매니지먼트란 소비자들이 브랜드를 감정적으로 느낄 수 있도록 하는 판매 전략을 말합니다. 소리와 냄새, 촉감 등 고객의 오감(五感)을 자극하는 광고 표현의 기법이라고 볼 수 있죠. (테이블 위에 놓인 생수병을 들면서) 이 생수병 하나엔 병의 형태, 색상, 상표에 적용된 상징물, 생수의 발원지와 효용을 설명한 내용 등 수많은 신호가 담겨 있습니다. 소비자들은 생수를 구입할 때 이 신호들을 다 의식하지 못하지만, 우리의 뇌에는 생수 제품이 보내는 신호가 다 입력됩니다. 큐 매니지먼트가 의미하는 것은 이런 신호를 소비자의 뇌 깊숙한 부분으로 보내 구매 욕구를 자극하는 것입니다. 소비자의 감정이 제품에 반응하도록 제품 디자인, 색상, 메시지 등을 주도면밀하게 선택하는 것입니다. 자동차 회사가 핸들이나 버튼의 감촉에 신경

을 쓴다든가(촉각), 화장지 회사가 제품에 향수를 살짝 뿌린다든가(후각), 맥주회사가 마개를 딸 때 나는 소리를 중시한다든가(청각) 하는 행위는 모두 큐 매니지먼트 영역에 속합니다. 이런 메커니즘을 '다중(多重) 감각 매니지먼트(multi sensoring management)'라고 부릅니다.

감각 체계에 이런 신호가 전달되면 소비자의 의식은 미처 알아차리지 못하지만, 뇌가 먼저 반응해 구매 결정 과정에 막대한 영향력을 행사합니다."

고객이 매장에서 방향을 결정할 때 68%가 오른쪽 길을 선택한다는 내용은 무척 재미있었습니다. 그렇다면 영국이나 일본의 좌측통행은 인간의 본성을 거스르는 것인가요? "(손을 가로저으며) 아닙니다. 소비자들이 매장에서 오른쪽으로 움직이는 이유는 좌뇌가 운동을 조절하는 기능을 담당하고 있는데, 좌뇌는 또한 우리 신체의 오른쪽 부분을 관장하기 때문입니다 (반대로 우뇌는 신체의 왼쪽 부분을 관장한다). 새로 매장을 열 때 이런 점을 감안해 고객의 동선을 설계해야 합니다. 하지만 그렇다고 해서 영국이나 일본 시스템이 인간 본성에 반하는 것이라고 보긴 어려울 것 같습니다. 소비자의 99%가 오른쪽 길을 선택한다면 뇌의 영향이 절대적이라고 보겠지만, 평균(50%)보다 18% 정도 더 높은 것은 '버릇'이라고 생각하는 것이 더 합리적입니다."

남성과 여성의 뇌는 호르몬과 해부학적 측면에서 300여 가지나 차이점이 있다

진열대를 꾸밀 때 가장 주의해야 할 점을 꼽는다면? "우선 소비자의 주의를 환기시키는 방법을 써야 합니다. 흔히 볼 수 없는 장면을 등장시켜 소비자의 뇌를 긴장시키는 것입니다. (그는 책에서 방법의 하나로 가격표를 모두 빨간색으로 바꿔 뇌의 '사냥 모듈'을 자극하는 기법을 소개했다.) 우리의 뇌는 낯선 환경을 접했을 때 가설(假說)을 만들어내며 더 많은 관심을 가집니다. 또 진열해야 할 아이템은 많은데 공간이 크지 않다면, 진열 상품을 단순화하는 게 좋습니다. 우리 두뇌는 좁은 공간에 너무 많은 상품이 진열돼 있으면 복잡하다고 느끼면서 작업하기를 거부하니까요."

당신 이론에 따르면, '모험가'나 '실행가'로 분류되는 사람 중에 사회적으로 성공한 고소득자가 많습니다. 이런 사람들의 구매 의욕을 자극하려면 어떻게 해야 하나요? "저는 실행가(권력욕과 지위욕이 강한 사람)들이 가장 많은 영향력을 가지고 있고 부자들이라고 생각합니다. 실행가들은 지위를 얻기를 원하며 자신의 성공을 과시하려고 합니다. 이를 위해 그들은 비싼 제품, 고급차 등을 선호합니다. 따라서 그들에게 고가의 럭셔리 제품을 구매함으로써 성공을 과시할 수 있다는 것을 주지시키면 됩니다. '세상에서 가장 우수한 사람들만이 이 고가 제품을 소유하고 있다, 세계에서 가장 성공한 500가구만이 이 제품을 구매했다'는 식의 판매 기법을 쓰면 틀림없이 통합니다."

당신 이론을 기업의 소비자 공략이 아닌, 소비자의 대응 쪽으로도 활용할 수 있나요? "저는 기업뿐 아니라 소비자를 위한 목적으로도 책을 썼습니다. 저는 소비자들이 무의식적인 결정에 보다 더 많은 주의를 기울여야 한다고 생각합니다. 왜냐하면 강력한 브랜드는 사람들이 생각하는 것보다 훨씬 더 강력해서 소비자에게 영향을 미치기 때문입니다.

길거리에서 당신의 구매 결정에 브랜드의 영향을 받는가라고 물어보면 대부분의 소비자는 아니라고 대답하면서 자신의 의지로 결정한다고 대답합니다. 하지만 이것은 진실이 아닙니다. 제가 소비자에게 하고 싶은 충고는 당신이 늘 소비하는 브랜드의 메시지를 너무 믿지 말라는 것입니다."

당신의 이론은 '상사에게 잘 보이는 법' 등 처세술에 적용해도 될 것 같은데요. 직장인을 위한 조언을 좀 주시지요. "우선 당신이 어떤 타입의 사람인지 잘 알아야 합니다. 만약 당신이 실행가 타입이라면 당신은 주위 사람들로부터 '독단적이다'라는 평을 들을 위험이 많습니다. 또 만약 당신이 '조화론자(감정시스템에서 결합과 보살핌 모드가 강한 사람)'라면 리더십과 지도력이 취약하다는 평을 들을 수 있는 만큼 이런 쪽의 이미지 관리에 더 신경을 써야 합니다. 두 번째로 중요한 포인트는 누구라고 하면 어떤 이미지가 떠오르도록 자신만의 브랜드를 구축하는 것입니다. 상사와 대화를 나눌 때 추상적 표현을 삼가고, 웃음 띤 얼굴과 적절한 보디랭귀지를 구사하는 것도 필요합니다. 인간의 언어는 만들어진 지 20만 년밖에 안되지만, 보디랭귀지는 그보다 훨씬 역사가 길어 뇌에 각인되기 쉽기 때문입니다. 또 한

Focus 1

눈여겨봐야 할 실험 결과 신경마케팅 분야의 세계적 전문가인 한스-게오르크 호이젤 박사는 본인 이론의 이해를 돕기 위해 다음과 같은 실험을 소개한다.

사례1 블라인드 테스트(눈을 가리고 시음해 더 좋은 상품을 고르게 하는 실험)에선 펩시가 이기는데, 실제 판매 현장에선 왜 코카가 압도할까? 2003년 코카콜라는 실험 대상자들의 뇌 활동을 선명하게 보여주는 자기공명영상장치(MRI)를 이용해 그 비밀을 파헤쳤다. 블라인드 테스트에서는 실험 대상자들의 뇌 스캔 사진이 비슷했다. 즉 콜라의 맛만 보고는 양쪽 모두 동일한 뇌 영역(전두엽)이 활성화됐다. 하지만 콜라 상표를 보여주고 뇌 스캔을 하자 양쪽의 뇌 영상이 완전히 달라졌다. 코카콜라를 마신 사람은 전두엽 외에 중뇌와 대뇌까지 활성화됐지만, 펩시를 마신 사람의 중뇌와 대뇌는 평온했다. 코카콜라는 단순한 맛 외에 브랜드 이미지라는 경쟁 요소를 갖고 있었다는 분석이다.

사례2 갈증을 느끼는 실험 대상자를 상대로 음료수를 사는 데 얼마를 지불할 용의가 있는지 물었다. 두 그룹으로 나눠 한쪽은 50분의 1초 간격으로 화가 난 얼굴 사진을 보여준 반면, 다른 쪽엔 웃는 얼굴 사진을 보여주었다. 사진 노출 시간이 너무 짧아 아무도 얼굴 사진을 인지하지 못했다. 하지만 1분 뒤 두 그룹의 답은 확연히 달랐다. 화가 난 얼굴을 본 그룹은 평균 10센트를, 웃는 얼굴을 본 그룹은 38센트를 지불할 용의가 있다고 답했다. 부정적 이미지의 사진은 스트레스를 준 반면, 웃는 사진은 즐거움을 줘 '기부 욕구'를 자극했기 때문이다.

사례3 재료와 품질이 똑같은 화장지가 있다. 일부 화장지엔 사람의 후각이 거의 알아차릴 수 없을 정도로 향기를 살짝 가미한 반면, 나머지는 그냥 그대로 둔 채 실험 대상자들로 하여금 화장지를 선택하게 했다. 놀랍게도 실험 대상자의 65%가 향수를 뿌린 화장지를 선택했다. 실험 대상자 중 두 화장지의 차이점을 인지한 사람은 5%에 불과했다.

결론 이런 실험 결과들을 해석할 열쇠는 바로 뇌(腦)의 비밀에 있다고 그는 진단한다. 그래서 마케팅의 핵심은 뇌에서 시작해 뇌에서 끝난다는 분석이다.

국 문화에선 어떨지 모르지만, 서양에선 대화를 나눌 때 가벼운 신체 접촉(터치)이 가능한데, 가벼운 터치를 적절히 섞어 상대방에게 친근감을 주는 방법도 좋을 것 같군요.”

현대자동차가 고객이 차량 구입 후 1년 내에 실직할 경우 구매 차량을 되사주는 마케팅으로 미국에서 성공을 거뒀습니다. 이 성공 사례를 당신의 마케팅 이론으로 설명할 수 있을까요? “유감스럽게도, 그 사례는 처음 듣는 얘기입니다. 하지만 모든 소비자가 불안해하는 지금과 같은 불황기에 적합한 마케팅 전략이라고 생각합니다. 현대자동차의 마케팅 전략은 두 개의 감정시스템, 즉 균형시스템(보살핌)과 자극시스템(새로운 서비스)을 잘 조화시킨 것으로 보이네요. 미국에서 얼마나 많은 소비자가 반응을 보였는지 모르지만 이런 판매 전략은 신경마케팅 관점에서 매우 훌륭하다고 생각합니다.” WeeklyBIZ┃

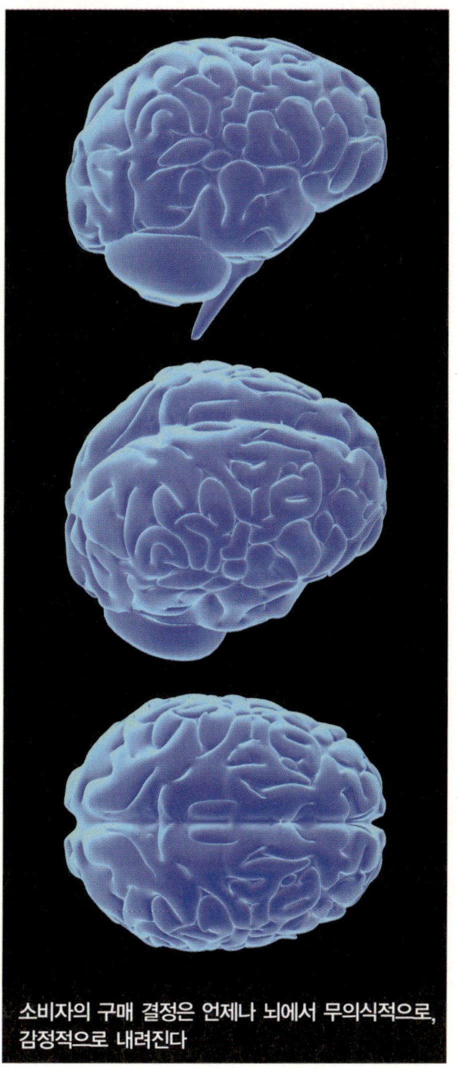

소비자의 구매 결정은 언제나 뇌에서 무의식적으로, 감정적으로 내려진다

행동경제학이란 무엇인가

사례1 무인도에 표류하던 물리학자와 화학자, 경제학자 앞에 파도를 타고 캔 수프 하나가 떠밀려왔다. 물리학자는 “돌멩이로 쳐서 캔을 따자”고 했고, 화학자는 “불을 지펴서 가열하자”고 했다. 경제학자는? “음, 여기 캔 따개가 있다고 가정해봅시다….” 그날 밤 경제학자는 수프를 먹었다고 ‘가정’하고 잠을 자야 했다.

사례2 새 학기 첫날, 뜨거운 향학열에 불타는 학생들에게 교수는 “세 편의 페이퍼를 제출받아 이번 학기 학점을 매긴다”고 말한다. 교실은 세 곳. 학생들은 세 교실 모두 균질(均質)하다. 다만 마감 방식은 교실마다 다르게 내건다.(세 교실 모두 페이퍼를 일찍 낸다고 보너스 점수는 없다.)

– A교실(완전한 자율과 선택): “마감일이 따로 없다. 학기 마지막 날까지, 여러분 학생들이 자유롭고 지혜롭게 선택해서 제출하라.”
– B교실(자율적 제한): “각자 마감일 서약서를 자율적으로 정해서 적어 내라. ‘1번 페이퍼는 O주차에, 2번 페이퍼는 O주차에, 3번 페이퍼는 O주차에 낸다’고 써내면 된다. 물론 페이퍼 세개를 몽땅 몰아서 학기 마지막 날에 제출하겠다고 서약서를 써내도 된다. 단 일단 서약한 마감일보다 늦게 내면 약간의 감점을 줄 수 있다.”
– C교실(완전한 간섭과 제한): “세 페이퍼의 마감일은 각각 4주차, 8주차, 12주차이다. 늦으면 감점한다. 여러분에게 선택의 여지는 없다.”

세 교실의 평균 학점은 어떻게 나왔을까? 예상 외로 (혹은 예상대로) 선택의 여지가 가장 넓었던 A교실 점수는 최악이었다. ‘완전한 간섭’으로 선택의 여지가 가장 좁았던 C교실 점수가 최고였다. B교실 학점은 중간이었다. 학생들의 행복감 순서도 비슷했다. ‘완전한 간섭’을 당했건만, C교실 학생들은 숙제가 밀리지 않아 평화로웠다. 완전한 자율과 선택이 주어진 A교실 학생들은 막판에 몰아치기 숙제를 하느라 고생에 찌들었다. B교실은 자율적 제한 덕분에 중간이었다. 인간은 자율과 선택이 주어지면 바보가 되는 것일까?

• ‘합리적 인간’이라는 경제학의 성역이 무너지다

‘사례1’은 1970년 노벨경제학상 수상자 폴 새뮤얼슨(Paul Samuelson)의 유명한 유머다. 원만한 이론 전개를 위해, 분석하기 까다로운 영역은 ‘일단 이렇다고 치고…’ 하는 식으로 ‘가정’하고 넘어가기 좋아하는 경제학의 특성을 꼬집은 것이다. 전통경제학이 내세우는 가장 중요한 가정은 바로 경제 주체인 인간에 관한 것이다. 즉 ‘아인슈타인처럼 사고하고, IBM 컴퓨터처럼 뛰어나게 기억하며, 간디처럼 의지력을 발휘하는 존재’처럼 인간을 가정해온 것이다(《넛지》, 리처드 탈러·캐스 선스타인 지음).

하지만 현실의 인간은 우리 모두가 너무나 잘 알듯이 결코 그렇지 않다. 경제학도 그것을 모른 것은 아니다. 다만 자연과학이 때로 ‘진공(眞空) 속의 실험’을 통해 실제에 적용될 유익한 이론을 발전시키듯이, ‘진공 속의 인간’을 통해 현실에 활용할 경제학 이론을 진화시키려 했을 뿐이다. 경제학의 다른 가정들이 도전받는 와중에서도 마지막까지 의문 제기가 금기시됐던 성역이 바로 ‘합리적 인간’의 전제였다. 하지만 문제는 ‘그래도 인간이 대세적, 총체적으로는 합리적일 것’이라고 본 기대와 전제가 균열하면서 발생했다. 인간은 예상보다 훨씬 더 빈번하고, 더 현격

하고, 더 일관적으로 합리성의 틀을 벗어난다는 목격과 분석이 쏟아진 것이다. 영국 경제학자 슈마허(E. F. Schumacher)는 이 상황을 "빼어난 구두 수선공이 되려면 이제 구두를 잘 만드는 지식만으로는 부족하며 발에 관한 지식이 필요하다"고 비유했다. 여기서 '발'은 물론 인간을 뜻한다. 행동경제학에서 한발 더 나아가, 뇌의 활동을 분석해 인간의 의사 결정을 이해하겠다는 연구 분야가 신경경제학이다. 호이젤 박사의 신경마케팅은 이 신경경제학의 맥락에서 마케팅을 파고든 연구이다.

• 인간은 특정한 패턴으로 비합리적이다

'사례2'는 요사이 미국에서 각광받는 신예 행동경제학자 댄 애리얼리 교수가 동료 교수들과 함께 실제로 행한 실험 내용이다. 위 클리비즈가 인터뷰했던 바로 그 학자다.(74쪽 참조) 이 실험은 간단하지만, 행동경제학이 전하려는 여러 메시지를 담고 있다. 사실 이 실험 결과가 그리 새삼스럽지는 않다. 하지만 선택할 여지가 넓어질수록 인간은 더 높은 행복감과 성취를 일궈갈 것이라는 경제학의 굳은 믿음과는 확연히 어긋난다. 어떻게 된 걸까?

우선 인간은 먼 미래를 판단할 때와 가까운 미래를 판단할 때 그 기준이 일치하지 않는, '중요한 비합리'를 저지른다는 게 행동경제학의 분석이다. 이 실험에서처럼 숙제 마감에 대해 자율성이 주어지면, 슬기롭고 합리적으로 최적점을 찾아 만족과 학점을 극대화할 것이라는 게 일반적 경제학의 기대이다. 하지만 실제로 학생들은 가까운 미래의 '숙제 미루기'라는 작은 달콤함과 먼 미래의 '숙제 몰아치기'라는 큰 고통 및 감점을 제대로 비교하는 데 처참하게 실패하는 것이다.

특히 이런 '학생의 실패'는 한 두번에 그치지 않는다. 우리 대부분이 늘 그렇듯이 그렇게 고통스럽게 후회를 하고도 방학 숙제는 또 밀리고, 시험 공부는 또 벼락치기가 되니까…학생만 그런 게 아니라, 인간이란 무릇 그렇다. 인간의 지속적인 합리성 이탈은 '가까운 미래로의 몰입' 이외에도 '손실에 대한 과도한 회피', '소유품과 현상 유지에 대한 과잉 집착', '첫인상에 따른 어이없는 오판', '고정관념에 턱없이 휘둘리는 인상(印象)' 등에서도 두루 나타난다. 그래서 댄 애리얼리 교수와 도모노 노리오 교수는 "인간이 비합리적이긴 하지만, 그 비합리성에 일정한 경향이 있어서 예측 가능하다"고 말한다. 그렇기 때문에 인간의 비합리성도 이론적 분석의 대상에 오를 수 있는 것이다.

그러면 정부가 빅 브라더처럼 간섭하고 독재하라는 걸까? 그건 아니다. 이 실험에서도 '스스로 제출 기한을 정해보는' 약간의 자율적 제한을 통해 학점과 행복감이 늘어났듯이, 인간은 미세한 자극과 유도(誘導)만 주어지면 훨씬 더 지혜로운 선택으로 옮겨 탈 줄 안다는 것이 행동경제학의 믿음이다. 리처드 탈러 교수는 이 통찰을 '넛지(nudge, 팔꿈치로 옆구리를 슬쩍 찌르기)'라는 멋진 단어를 통해 선명하게 표현해낸다. 리처드 탈러 교수는 이를 또한 '자유주의적 개입주의(libertarian paternalism)'라고 부른다. '넛지'의 중요성을 강조하면서도 시장과 개인에 터잡은 자유주의를 포기하지는 않겠다는 고민의 발로다.

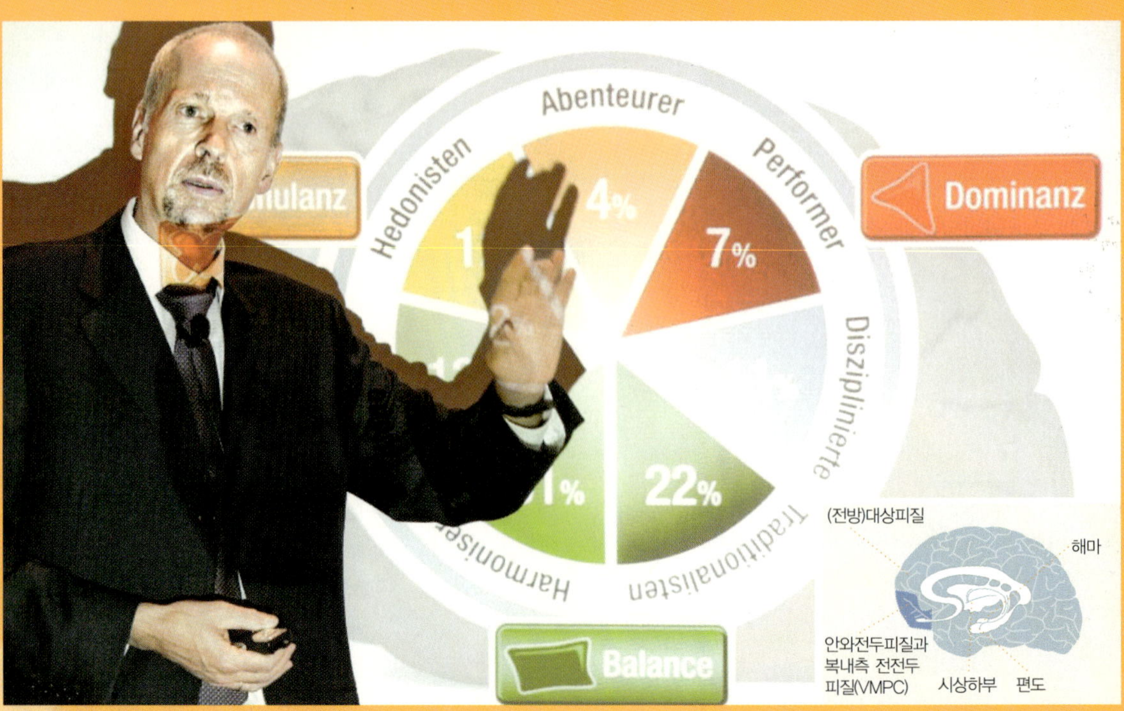

호이젤 박사가 한 강연회에서 뇌과학과 마케팅을 결합한 자신의 '신경마케팅' 이론에 대해 설명하고 있다

• 인간은 생각을 한다, 그것도 제각각 비합리적으로

그렇다면 행동경제학이 주는 교훈은 무엇일까? 우선 마케팅학은 가장 뜨겁게 행동경제학을 흡수하고 있다. 이를테면 '인간은 지속적으로 고정관념에 턱없이 휘둘린다'는 행동경제학의 분석은 '강렬한 브랜드의 중요성'으로 변주(變奏)된다. 심지어 강렬한 브랜드가 뇌의 어느 부분을 활성화시키는가 하는 진단까지 내놓는다.

정책·캠페인 담당자들도 유익한 조언을 얻을 수 있다. 예를 들어 유권자에게 단지 "내일 투표할 거냐"라고 묻는 것만으로도 실제 투표율을 높일 수 있다. 또 인간이 손실에 더 과민반응하는 속성도 '넛지' 식으로 응용할 수 있다. '당신이 에너지를 절약하면 연간 350달러를 벌 수 있다'는 캠페인을 '당신이 에너지를 절약하지 않으면 연간 350달러를 잃게 된다'고 살짝 바꾸면, 그 내용은 사실상 똑같아도 효과는 커지는 것이다. '이혼 숙려(熟慮)제'도 이런 넛지의 사례로 볼 수 있다. '이혼처럼 중대한 사안에 대해서는 인간은 충분히 숙고하게 마련이므로 한두 달 더 생각한다고 판단이 바뀔 리 없다'는 반론이 있었지만, 현실은 역시 인간이 그렇게 합리적이지 않음을, 그래서 '숙려제의 넛지' 덕분에 흥분에 휘말린 속단을 바꾸는 경우가 적지 않음을 보여준다.

행동경제학은 미국발 금융위기에서 촉발된 글로벌 경제난과 함께 더욱 눈길을 끌고 있다. 많은 경제 주체들의 비합리성이 얽히고 부풀어 오르면서 이 위기의 원인을 제공했다는 분석이 설득력을 얻고 있기 때문이다. 그래서 이 위기가 지난 후 정부의 역할과 개인의 영역 사이에 새로운 경계선을 긋는 과정에서 행동경제학은 중요한 분석틀로 작용할 전망이다. 노벨 물리학상 수상자인 머리 겔만(Gell-Mann)은 다음과 같은 어록을 남겼다. "입자(粒子)들이 모두 생각을 할 수 있다면, 물리학이 얼마나 어려워질까?" 물리학의 '입자'가 바로 경제학에서는 '인간'이다. 그들은 '생각'을 한다. 그것도 저마다 다르고 자주 비합리적으로….

• 행동경제학이 보여주는 '놀라운 비합리' 사례들

국내에 소개된 대표적 행동경제학 저서로는 리처드 탈러의 《넛지》, 댄 애리얼리의 《상식 밖의 경제학》, 도모노 노리오의 《행동경제학》을 들 수 있다. 《넛지》와 《상식 밖의 경제학》은 2008년 미국에서 출간돼 격찬을 받았다. 2007년 국내에 출간된 《행동경제학》은 이 분야의 국내 첫 입문서이다. 이 세 권의 책에는 인간의 비합리성을 보여주는, 인상적 실험과 관찰 사례가 넘쳐난다.

사례1 똑똑한 대학생들을 와인 경매장에 불러 두 가지를 해보라고 실험을 해봤다. "첫째, 당신의 주민번호 끝 두 자리를 일단 종이에 적어라. 끝자리가 23이면 23달러 식으로…. 그리고 그 가격에 이 와인을 살 것인지 아닌지 종이에 적어라. 둘째, 당신이 이 와인에 지불할 용의가 있는 최고 가격을 적어봐라." 두 질문은 전혀 별개의 것이다. 더구나 첫 번째 질문의 주민번호 끝 두 자리는 이 학생의 개성·능력·감성과는 아무 상관 관계가 없는, 그야말로 무작위 숫자일 뿐이다. 하지만 놀라운 결과가 나왔다. 주민번호 끝 두 자리가 '80~99'인 학생들이 지불할 용의가 있다고 써낸 가격의 평균은 56달러인 반면, 끝 두 자리가 '1~20'인 학생들이 써낸 가격의 평균은 16달러에 불과했다. 도대체 왜? 첫 번째 질문한 주민번호 끝 두 자리가 뇌에 각인되는 바람에, 독립된 두 번째 질문에 답을 할 때도 앵커(anchor) 역할을 했기 때문이다. 새끼 거위가 태어난 직후 처음 눈에 들어온 동물을 (그것이 인간이라도) 따라다니듯이 말이다. 일단 처음 머리에 들어온 숫자가, 피할 수 없는 기준이 될 정도로 사람의 뇌와 심리는 불완전한 것이다. 그래서 어느 나라에서든, 경험이 풍부하고 똑똑한 판사들마저도 늘 검사의 구형량에 선고 형량이 휘둘리게 마련이다.

사례2 "린다는 31세의 싱글 여성으로, 매우 총명하고 솔직하며 철학을 전공했다. 그녀는 학생 시절 인종차별과 사회정의에 깊은 관심을 가졌으며, 핵 반대 시위에 참여했다." 그런 그녀가 지금 뭘 할지 사람들에게 물어보라. 여러 보기 중 '은행원'과 '여성 인권에 적극 참여하는 은행원'이 있을 때, 사람들은 후자를 훨씬 더 많이 고른다. 명백한 논리적 오류다. 당연히 후자보다는 전자(그냥 '은행원')가 더 넓은 개념이므로, 확률도 높을 수밖에 없다. 이는 뭔가 그럴듯해 보이는 게 있으면 '묻지도 따지지도 않고' 거의 자동적으로 끌리고 마는 인간의 비합리적 기제 때문이다.

사례3 이런 질문을 사람들에게 해봤다. "정책 J를 고르면 '실업률 10%, 물가상승률 12%', 정책 K를 고르면 '실업률 5%, 물가상승률 17%'가 된다. 어느 정책이 좋은가?" 응답률을 조사해 보니 J가 36%, K가 64%로 나왔다. 그런데 질문을 살짝 바꿔봤다. "정책 J를 고르면 '고용률 90%, 물가상승률 12%', 정책 K를 고르면 '고용률 95%, 물가상승률 17%'가 된다. 어느 정책이 좋은가?" 이번엔 응답률이 J 54%, K 46%가 나왔다. 두 질문은 표현만 다를 뿐 완전히 똑같은 내용이지만, 응답률 순위는 반대로 바뀌었다.

'질문1'에서는 실업률이 10% → 5%로 격감하는 것처럼 보이니, 정책 K가 매력적으로 보였다. '질문2'에서는 고용률이 95% → 90%로 큰 변화가 없어 보이니, 물가가 덜 오르는 정책 J가 상대적으로 돋보인 것이다. 사람은 이렇게 프레임에 따라 휘둘린다.

피터 셍게
MIT 슬론 경영대학원 교수

Peter Senge

엔론(Enron)이 실패한 진짜 이유는? 토요타자동차에 대한 벤치마킹은 왜 성공을 거두지 못하는가? 시화호(湖) 수질오염은 어떤 이유로 더욱 악화되는 길을 걸었을까? 이 세 가지 서로 다른 질문을, '세기의 전략가' 피터 셍게 교수에게 던지면, 분명한 답이 돌아온다. "시스템적 사고의 부족!" '세기의 전략가'로 불리는 지식경영이론가 셍게 교수는 21세기형 기업문화의 하나로 공부하는 조직(learning organization)을 강조한 인물이다.
1990년대 초반 그가 발표한 《제5경영》은 세계적인 학습조직 돌풍을 일으켰다. 1999년 그는 《비즈니스스트래티지저널(Journal of Business Strategy)》이 선정한 '지난 100년간 경영 전략에 있어서 가장 영향력 있는 인물' 중 한 명으로 꼽혔다. 《하버드비즈니스리뷰》는 그의 책 《제5경영》을 지난 75년간 경영학 분야에서 가장 독창적인 책 가운데 한 권으로 선정했다.

아이큐 130인 사람들을 모았는데, 왜 전체 아이큐는 60일까요?

"통제가 지나치면 눈치 보는 게 당연"

"엔론이 회계 부정 때문에 망했다고요? 엔론이 망한 건 결국 시스템적 사고를 키우는 직원 '교육'이 부족했기 때문입니다." 피터 셍게 교수는 단기적인 성과만을 강조하며 직원들을 벼랑 끝으로 몰아넣는 조직 문화가 결국 엔론을 '죽였다'고 진단했다. "시스템적인 사고를 할 수 없는 조직의 구성원들은 항상 단기적 성과를 높이려는 유혹에 노출돼 있습니다. 결국, 합법이건 불법이건, 수단과 방법을 가리지 않게 되는 거죠."

그가 말하는 시스템적 사고는 문제를 단선적인 조각으로 분해해 이해하거나, 즉자적 반응을 보이는 사고의 반대편에 있다. 조각들이 서로 미치는 영향과 관계, 이것이 다시 발전하는 과정을 통합적으로 이해하는 사고방식이다.

그는 토요타를 예로 들었다. "수많은 기업들이 토요타에 몰려가 JIT(Just In Time)시스템, 품질관리 시스템을 보고 난 후 이와 비슷한 시스템을 도입했어요. 하지만 정작 실적은 그만큼 못 냈죠. 결국 뭐가 문제였을까요? 토요타를 강하게 만드는 조각들만 봤지, 그 조각들이 어떻게 하나를 이루는지는 파악하지 못했기 때문이지요." 우리나라 청와대도 '혁신사례'로 그의 학습이론을 공부하면서, "시화호 개발사업을 추진하면서 수질오염문제가 발생하자 근본적으로 오염문제를 해결하기보다는 수질오염 자체만 감소시키는 즉각적인 문제해결 방식을 선택해서 실패했다"고 반성한 바 있다. 해수를 유입시키고 오염된 물을 시화호 밖으로 방류하는 방법을 선택함으로써 외해(外海)의 오염을 가중시키는 결과를 초래한 단선적이고 근시안적 정책실패의 대표적 사례라는 것이다.

'조직원들의 학습을 통해 조직을 변화시킬 수 있다'는 당신의 이론을 직접 실천에 옮겨 무언가 배움에 몰두한 CEO들이 많았나요? "글쎄요. 저는 개인적으로 CEO들보다 일반 직원들의 교육이 더 중요하다고 생각합니다. CEO는 어차피 회사에 몇 년밖에 있을 사람들 아닙니까? 기업의 미래는 결국 그 아래 사람들에 의해 결정되는 거예요. 학습을 통해 조직을 변화시킨다는 건 사실 몇 세기가 걸릴지도 모르는 장기적인 작업이지요."

그렇다면 어떻게 기업이 진보하고 있다는 것을 알 수 있을까요? 장기적인 변화는 자칫 감지하기 어려울 수 있는데요. "변화를 감지하는 것보다 실질적으로 변화하는 게 중요합니다. 그렇게 하기 위해서는 일단 배움이 중요하다는 사실을 끊임없이 조직원들에게 상기시켜야 합니다. 직원들 전체가 계속해서 배우고, 배울 수 있는 환경을 마련해야 하죠. 직원들 사이에서 자연스럽게 '요새 뭐 공부해?', '난 이걸 하고 있어'란 대화가 오가는 수준까지 돼야 합니다. 말은 쉽지만 그만큼 실행에 옮기긴 어려운 일이죠.

한번 생각해보세요. 당신 조직에서 이러한 일들이 벌어지고 있나요? 미래가 불확실성으로 가득 찬 오늘날, 뭔가를 배우지 않으면 심각한 위기(big trouble)에 빠진다는 위기감이 중요합니다."

학습의 일환으로 한국에선 '벤치마킹' 열풍이 불기도 했는데, 정작 당신은 벤치마킹을 지지하지 않는 것 같습니다. "물론, 선진 기업에 직접 찾아가 무엇을 잘하고 있는지 보는 건 문제가 없습니다. 하지만 결정적인 건 실행(implementation)이에요. 모방한다고 학습이 되는 건

결코 아닙니다. 조직을 개인에 빗대 생각해보면, 쉽게 이해가 갈 거예요. 당신이 육상 선수라면, 세계 최고의 기록을 보유하고 있는 선수의 경기를 '본다'고 해서 당장 1등을 할 수 있을까요? 절대 아니죠. 물론, 기술이나 뭐 그런 것들을 배울 수는 있지만, 부질 없는 일일 가능성이 커요.

중요한 것은 자신에게 맞는 기술을 스스로 찾아내는 것입니다. 벤치마킹이 당신의 마음과 눈을 열어준다는 의미에선 훌륭합니다. 하지만 이젠 질문을 '그들은 어떻게 저렇게 할 수 있지?'에서 '우리는 무엇을 해야 하지?'로 바꿔야 합니다."

그 예로 토요타 사례를 제시하셨는데요. "수많은 기업 사람들이 토요타에 몰려가 JIT(Just In Time) 시스템, 품질관리 시스템을 보고 난 후 이와 비슷한 시스템을 도입했어요. 하지만, 정작 실적은 그만큼 못 냈죠. 결국 뭐가 문제였을까요? 토요타를 강하게 만드는 조각들만 봤지, 그 조각들이 어떻게 하나를 이루는지는 파악하지 못했기 때문이에요.

서양 의학의 상황과도 비슷하죠. 심장전문의, 폐전문의, 심지어는 발이 아플 때 찾아가는

의사까지 있지만, 시스템 전체를 종합적으로 보는 의사는 없어요. 물론, 오늘날 평균 수명이 늘어나기는 했지만, 정작 사람들이 모두 획기적으로 건강해졌다고는 할 수 없을 것 같아요. 우리는 부분적인 문제만을 해결하는 수많은 종류의 약들에 의존하고 있죠."

직원들의 가슴을 두드리는 환경 만들어야

그렇다면 자연스러운 배움의 환경이 조성돼 있는 기업을 꼽는다면? "제가 소개하고 싶은 사례는 인텔의 아시아 지역 플랜트 제조부문 책임자에 관한 얘기입니다. 그는 진정한 다문화조직(multi-cultural organization)을 만드는 데 기여했습니다. 직원 하나하나의 특성을 존중했기 때문에 가능한 일이었어요.

그가 일하던 공장엔 필리핀, 말레이시아, 중국 등 다양한 문화적 배경을 가진 사람들이 한데 섞여 있었습니다."

직원들이 다양한 문화적 배경을 갖는 경우에는 어떠한 학습을 장려하는 게 좋을까요? "진정한 다국적 기업이 되길 원하나요? 이럴 경우 가장 중요한 건 직원들의 기술 관련 학습보다는

시스템적 사고는 조각들이 서로 미치는 영향과 관계, 이것이 다시 발전하는 과정을 통합적으로 이해하는 방식이다

는 '조직원들이 극심한 스트레스를 받는 환경을 그러려니 하고 받아 들였었다'고 고백했습니다."

그렇게 생각하던 사람이 심장마비를 겪은 후엔 어떻게 했나요? "다행히 3~4주 뒤에 일터로 돌아온 그는 개인의 지능이 아닌, 조직의 지능을 높이는 작업에 착수했어요. 사실, 리더의 역할은 각각의 직원들이 가진 재능과 지식을 효율적으로 한데 모으는 것이지 그들이 무작정 일을 더 열심히 하도록 만드는 게 아닙니다. 똑똑한 사람들이 일을 많이 하도록 하는 게 결코 중요한 문제가 아닌 거죠.

지금 제가 말하는 건 일주일에 60시간 일해도 조금 일했다고 말하는 환경이에요. 무작정 70~80시간씩 일하는 사람들이 있는 기업들을 말하는 겁니다. 한마디로 '미친 짓'이죠. 그가 돌아와서 가장 먼저 한 게 뭔지 아세요? (그는 돌연 질문을 던지더니, 잠시 뜸을 들이고 이야기를 이어 나갔다.) 그가 한 일은 바로 두려움에 의한 경영(management by fear)을 없애는 일이었어요.

이렇게 해서 당초 계획보다 5~6개월 앞당겨서 일을 끝낼 수 있었죠. 반도체를 만드는 일을 빨리 끝냈으니, 역사적인 일이었죠. 이로 인해 인텔 전체는 수십억 달러를 아낄 수 있었습니다. 또 반도체를 빨리 만들어야 컴퓨

상대적으로 직원들의 가슴 속에 민감하게 (sensitive) 자리잡고 있는 부분을 집중적으로 교육해야 합니다. 일단, 다른 문화권 사람들과 함께 일할 수 있도록 하는 학습이 중요해요. 감성적이고 정서적인 모델을 구축하는 게 중요해진 거죠.

각각의 직원들은 세상을 다른 시각으로 보고 있습니다. 이들이 문화적으로 충돌할 경우 '저 사람이 틀린 게 아니라 다르기 때문에 저렇게 얘기할 수 있겠구나'라고 생각할 수 있는 능력을 길러주는 게 중요해요."

감성적이고 정서적인 직장 환경을 구축하는 것도 중요하지 않습니까? 이런 환경을 성공적으로 구축한 사례가 있나요? "인텔의 훌륭한 한 반도체사업부문 책임자가 한때 뉴멕시코의 플랜트 매니저로 부임한 적이 있었습니다. 이곳에서 그는 심장 마비로 쓰러졌죠. 그때 그는 깨달았다고 해요. 자신이 만든 환경이 얼마나 사람들을 극한에 몰아넣고, 스트레스를 받게 하고, 걱정 덩어리들을 양산하고 있는지…. 그는 '당시 우리가 일하는 곳에 일주일에 몇 번씩 구급차가 왔다'고 회상했어요. 그

터 제작도 빨리 할 수 있으니, 엄청난 부가가
치를 이끌어 내는 일을 해 낸 거죠."

두려움에 의한 경영이란 무엇을 말하는 건가요?
"물론 저도 통제가 기업에 중요한 역할을 한
다는 걸 압니다. 만약 복잡한 반도체를 만든
다면? 당연히 제품의 질과 기술의 진보 혁신
의 과정을 조직적으로 통제하는 게 중요하겠
죠. 하지만 이게 능사는 아닙니다. 만약 통제
를 너무 강조한 나머지, 사람들이 실수하기
를 두려워하고 서로 눈치 보는 환경을 조성
한다면, 문제가 생기죠. 이렇게 되면 당신은
통제엔 성공할지 몰라도 더 큰 것을 잃을 수
있습니다."

**하지만, 그렇다고 해서 계획과 통제를 늦추면,
자칫 조직에 큰 혼란이 올 수도 있을 텐데요.**
"글쎄요. 제가 보기에 아무도 도발(provoke)
하지 않는 조직은 가장 위험한 조직입니다.
깊은 곳에 문제점이 있는데도, 자칫 계속 문
제를 썩힐 수도 있으니까요. 건강한 조직은
서로 속을 터놓고 얘기하기 때문에 문제를
실시간으로 파악하고, 이를 해결할 수 있습
니다. '내가 이런 말을 해서 일자리를 잃으면
어떻게 하지?', '이 얘기를 했는데 누군가 나
를 비웃으면?' 이라는 걱정들로 가득 찬 조직
은 희망이 없는 조직이죠. 겉으로는 아주 잘
통제가 되는 것처럼 보이기 때문에 CEO를
흐뭇하게 만들 수도 있지만, 수면 아래엔 문
제점들이 그득할 겁니다."

**두려움으로 경영되는 조직의 특성이 가장 극명
하게 드러나는 예가 있다면?** "한 하버드대 교
수는 이러한 조직을 '방어적 사고(defensive
reasoning)'에 의해 억압된 조직이라고 표현했
어요. 이런 조직 속에선 모든 사람들이 항상
다른 사람에게 '내가 그 문제에 대한 답을 갖
고 있다'는 확신을 주기 위해 노력하죠. 그렇
기 때문에 어떤 상황 속에서도 자신감에 찬
모습만을 보이기 위해 분투해요. 뿐만 아니

라 자기 자신이나 다른 사람을 '부끄럽게 만
드는' 이슈들을 제기하는 것을 매우 꺼리기
도 합니다. 한마디로 정작 중요한 이슈긴 하
지만 어렵거나 당황스러운 주제에 대해 얘기
하는 것을 피하죠. 그래서 아이큐 130인 구
성원들을 모아도 결국 전체 아이큐는 60인
조직이 되는 겁니다."

**그렇다면 이러한 현상을 만드는 가장 결정적인
원인은 뭘까요?** "대부분의 조직들이 극도로
정치적이기 때문입니다. 우리는 모두 조직
속에서 자신이 존재하는 이유와, 이에 따른
조건(term)을 갖고 있죠. 그래서 한 조직에서
도 늘 '편을 가르는' 데 익숙합니다. '나는 연
구, 너는 제조, 그는 판매, 그녀는 재무 부문
에 있어' 하고 끊임없이 사람들을 가르죠."

**그렇다면, 조직 전체적인 팀워크를 강화하기 위
해선 어떻게 해야 할까요?** "자기 부서만의 이
익을 앞세우는 사람들로 이뤄진 팀은 진정한
의미의 팀이 아니에요. 같이 모여 있기만 하
지 실질적으로 함께 일은 안 하는 거죠. 그들
은 그저 자신이 맡고 있는 부문의 이익과 성
과를 위해, 또 자신들의 조건을 보호하기 위
해 일해요. 그렇기 때문에 공통점을 찾지 못
하고 점점 멀어지는 겁니다. 정말 훌륭한 팀
을 만들기 위해선, 같이 머리를 맞대고, 함께
살아남기 위해 노력한다는 정신을 심어줘야
해요. 굉장히 어려운 일이죠."

**만약 이에 실패했을 때는 어떤 결과가 뒤따를까
요?** "생각해 보세요. 만약, 마케팅 부서가
'홀로' 너무 잘 했다고 가정해 봅시다. 주문
량과 판매량이 갑자기 많아져 제조부서에서
도저히 물량을 댈 수가 없는 상태로 갈 수도
있겠죠. 그렇게 되면 소비자들의 손 안에 물
건을 빨리 쥐어주지 못해 기업에 대한 신뢰
가 무너집니다. 그렇다면, 결국 안 좋은 이미
지를 불식시키기 위해 훗날 마케팅에 더 많
은 비용을 써야 할 겁니다. 결국 이러한 악순
환 구조가 반복되는 거죠. 이게 바로 사람들

직원 전체가 계속 뭔가를 배우지 않으면 조직은
심각한 위기에 빠진다

이 부서 간의 상호 협조에 대해 생각하지 않는 전형적인 예입니다.”

부서간의 님비(NIMBY) 현상이라고 말해도 될까요? “그렇죠. 이런 분위기 속에선 어떠한 문제가 생기면, 직원들이 ‘아! 그건 저들의 문제야. 우리와는 무관한 문제라 다행이야’라고 생각할 겁니다. 이러면 결국 그 어떠한 문제에 대해서도 뿌리까지 파고드는 해결책을 가질 수 없을 겁니다. 이런 조직은 특정부문에 대해서만 잘 아는 전문가밖에 키우지 못해요. 많은 분야를 아우르는 통합적인 전문가가 나올 수 없겠죠.”

그렇다면, 모든 사람들이 비전을 공유하는(shared vision) 환경을 조성하려면 어떻게 해야 할까요? “당연히, 서로 믿는 환경을 만드는 게 중요해요. 두려움 없이 서로 말할 수 있는…. 너무 쉬운 말이긴 하지만 막상 실천하려면 어렵겠죠. 물론 두려움은 없어야 하겠지만, 조직 내에 창조적 긴장(creative tension)의 기류가 끊임없이 흐르도록 해야 합니다. 조직에 이런 분위기가 자연스레 흐르도록 하려면, ‘게릴라 미팅’이 효과적일 겁니다.

‘게릴라 미팅’이요? “돌연 일터에 나타나 직원들과 소규모 팀을 짜서 끊임없이 의견과 아이디어를 교환할 수 있는 문화를 만드는 겁니다. 이렇게 하면, 은연중에 직원들이 머릿속에 담아 뒀던 반짝거리는 아이디어들을 ‘발견’할 수도 있겠죠. 또 직원들이 실질적으로 조직에 대해 주인 정신을 가지게 할 수 있겠죠. 창조적 비전(creative vision)은 이렇게 탄생하는 겁니다.

당신이 뭔가 말하고 싶을 때 모든 직원들을 한데 모아 놓고 긴장된 엄숙한 분위기 속에서 연설을 한다면, 직원들이 고개는 끄덕일 수 있지만 진정으로 당신의 말에 공감하기는 힘듭니다. 정말이에요. 항상 기억하세요. 연설보다는 대화가 중요합니다. 일방적인 연설에서 벗어나 공감할 수 있는 대화의 시간을 가지세요.” WeeklyBIZ

Who is

피터 셍게는 2008년 〈월스트리트저널〉에서 ‘세계에서 가장 영향력 있는 경영 구루 20인’으로 선정되었고, 〈패스트컴퍼니〉에서는 2009년 ‘비즈니스에서 가장 창의적인 인물 35위’로 뽑힌 비즈니스 전략가이다.

〈비즈니스스트래티지저널〉에서도 ‘지난 100년간 경영 전략에 가장 영향력을 끼친 24인’으로 추천되었다. 〈파이낸셜타임스〉는 그의 책 《제5경영》을 ‘가장 훌륭한 다섯 권의 경제 서적’으로 뽑으며 극찬했고, 〈하버드비즈니스리뷰〉는 ‘지난 75년 동안 출간된 경영 서적 중 가장 독창적인 경영 서적’으로 선정했으며, 〈보스턴글로브〉는 ‘경영의 고전’으로 추천했다.

그는 MIT 슬론 경영대학원 교수이자 조직학습학회 창립 회장이며, 《피터 셍게의 그린 경영》《학습조직의 5가지 수련》《배우는 학교(Schools that Learn)》《미래, 살아있는 시스템》 등 수많은 베스트셀러를 저술하였다. 스탠퍼드대 엔지니어링에서 학사학위를 받았고, 사회시스템 모델링에서 석사학위, MIT 경영대학원에서 박사학위를 받았다.

학습을 통해 조직을 변화시킨다는 건 몇 세기가 걸릴 수도 있는 장기적인 작업이다

**피터 셍게의
'제5경영' 이란?**

1990년 출간된 《제5경영》은 셍게의 철학이 집약된 '학습조직론의 경전'으로 불린다. 그는 서구식 구조 조정에 대한 의문에서 출발한다. 《제5경영》에 따르면 전통적인 경영혁신법에 기반한 '리스트럭처링(restructuring)'과 '다운사이징(downsizing)'은 미래를 보지 못하는 지극히 단기적인 비효과적인 처방에 불과하다. 반면 학습조직의 구성원들은 조직 변화의 중심이 된다. 변화에 대해 역동적으로 상호작용을 하며 서로의 학습의욕과 능력을 증진시키는 능동적 유기체로 거듭나는 것이다.

셍게는 학습조직을 만들어 나가기 위한 구체적인 과정으로 5가지 훈련방법을 제시한다. 그중 핵심은 '시스템 사고(system thinking)'다. 시스템 사고는 기존의 단선적이고 평면적인 문제해결 방식 대신 조직을 전체적인 유기체로 파악해 종합적으로 대처하려는 구성원 개개인의 사고방식을 말한다. 마치 구름이 모여들고 하늘이 검게 변하고 바람이 불어 나뭇가지가 흔들리는 현상이 자연의 개별적인 현상인 것 같지만 시스템 사고의 관점에서 관찰하게 되면 곧 비가 올 것이라는 예측을 가능하게 한다.

셍게는 지속가능한 경영과 창조 경영을 수행하기 위해서는 시스템 사고 이외에 다음과 같은 네 가지 사항을 수행해야 한다고 강조한다.

첫째는 명확한 비전과 집중력을 바탕으로 현실을 객관적으로 파악하고자 하는 '개인적 숙련(personal mastery)'을 실천해 나가는 것이다. 개인적 숙련은 조직 전체가 학습조직으로 발전하는 데 필요한 가장 중요한 초석이다. 개인적 숙련이 제대로 이루어질 수 있는 지원 시스템이 갖추어져 있지 않은 조직에서 가장 흔히 나타나는 현상이 조직 구성원이 꿈을 이루려는 목표를 단념하고 단순 노동자로 전락하는 과정이다. 입사 초기 총명하고 에너지가 충만하며 회사에 의미 있는 변화를 일으켜 보겠노라고 결심한 초년병들이 30대만 되어도 조직에 대한 충성심이나 패기를 찾아볼 수 없는 이유가 바로 개인적 숙련을 할 수 있는 기회가 전무하기 때문이다.

둘째는 사물에 대한 종합적 인식을 강조하는 '정신 모델(mental model)'의 확립이다. 정신 모델은 개인이 사물과 현상을 이해하는 데 필요한 가장 근본적인 가정(assumptions)과 가치체계를 의미한다. 사회과학 특히 리더십 분야에서 흔히 이야기하는 것 중의 하나가 객관적인 실체보다는 개인이 실체를 어떻게 이해하느냐가 더 의미 있다는 것이다. 그래서 리더의 가장 중요한 역할 중 하나는 부하들이 사물을 긍정적이고 본질적인 관점에서 볼 수 있도록 카메라의 렌즈와 같은 역할을 수행하는 것이다.

셋째는 조직의 목표와 가치에 대한 인식을 공유하는 '비전의 공유(shared vision)'이다. 공유된 비전이야말로 시대를 대표하는 위대한 기업이 가지고 있는 가장 중요한 특징이라 할 수 있다. 많은 기업에서 보면, 리더들의 비전은 있지만 '공유된 비전'이 조직에 존재하지 않는 경우가 많다. CEO가 연설할 때만 외치는 개인적인 비전, 사무실의 한쪽 벽을 차지하고 있는 죽은 비전은 기업 발전에 오히려 장애요소가 될 수도 있다.

마지막으로 대화를 통한 '팀 학습(team learning)'의 실천이다. 통제(control)와 효율(efficiency)로 수행되는 현대 기업 경영에서 가장 큰 부작용은 구성원들이 가지고 있는 창의적인 잠재역량이 최대한 발휘되지 못한다는 점이다. 팀 학습이 효과적으로 된다면 상상할 수 없는 창의적인 아이디어와 결과를 도출할 수 있다. 이를 위해서는 모든 가정과 편견을 제거한 상태에서 진심으로 같이 생각해나가는 대화가 필수적이다.

'통제와 효율의 경영'은
구성원들의 창의적 잠재
역량을 발현시키지 못한다

이브 도즈
인시아드(INSEAD) 교수

도즈 교수는 위클리비즈와의 단독 인터뷰에서 "지금처럼 불확실하고 변화의 속도가 빠른 상황에서 기업들이 핵심역량에만 집중하다 보면 망하기 십상"이라고 말했다. 도즈 교수와 위클리비즈와의 만남은 이번이 두 번째다. 넉넉한 체구에 날카로운 눈매를 가진 도즈 교수는 그동안 해멀의 말에 귀 기울여 온 경영자라면 가슴이 철렁 내려앉았을 법한 말을 막힘 없이 쏟아냈다.

핵심역량에만 집중하면 망한다구요?

"빠르게 달리는 자동차는 앞만 보기 마련"

"게리 해멀(Gary Hamel)의 핵심역량 이론은 이 시대에 맞지 않습니다."
게리 해멀이 누구인가? 기업이 성공하려면 경쟁사와 차별되는 핵심역량(core competence)에 집중해야 한다는 이론으로 2008년 〈월스트리트저널〉 선정 10대 비즈니스 구루(guru) 중 1위에 오른 경영 석학 아닌가? 그런 해멀의 이론을 썩은 무 자르듯 한마디로 반박한 사람은 인시아드의 이브 도즈 교수. 기업 혁신과 글로벌 전략 분야에서 유럽 최고의 경영 석학으로 꼽히는 인물이다. 해멀과 도즈 두 사람은 가까운 친구이다. 1998년 《협력의 강점(Alliance Advantage)》이라는 책을 함께 썼고, 서로의 책에 추천사를 써주기도 한다. 하지만 친구의 이론을 비판하는 데 도즈 교수는 망설임이 없었다.

게리 해멀이 왜 틀렸습니까? 그가 이 자리에 있으면 매우 섭섭할 것 같습니다. "허허, 그런가요. 해멀의 핵심역량 이론은 1990년대 혼다나 캐논 같은 일본 회사를 대상으로 해서 만든 이론입니다. 당시 일본 기업들은 명확하고 방향이 확실한 전략을 세우고, 거기에 집중해 큰 성공을 거두었지요. 그때 일본 기업들은 미국 자동차회사, 독일 카메라 메이커처럼 경쟁 상대가 분명했고, 그들보다 나은 기술을 개발하면 됐습니다. 하지만 지금은 상황이 전혀 다르지요. 기술의 연속성도 없고, 경쟁 상대가 누구인지도 모릅니다. 음반산업에서 애플이 소니뮤직을 이길 것이라고 누가 상상이나 했었나요? 특정 분야(핵심역량)에서 큰 성공을 거두면 다른 분야에 둔감해집니다. 마치 빠른 속도로 자동차를 몰다 보면, 시야가 좁아지고 앞만 보게 되는 것과 같습니다. 그러다 옆에서 굴러 들어오는 장애물을 피하지 못하게 되지요."

하지만 큰 성공을 위해서는 핵심역량에 집중해야 하지 않습니까? "맞는 말입니다. 그게 딜레마지요. 문제는 성공한 기업은 자신의 핵심 비즈니스에 대해 너무 잘 알고, 익숙해진다는 점입니다. 다른 분야에 대해서는 관심이 없어지고, 정보도 없어요. 간혹 '이웃집은 어떤가'하고 나갔다가도 낯선 상황에 움찔하며 금세 익숙한 자신의 공간으로 돌아오지요. 주주들도 핵심 비즈니스에서 돈을 벌어다 주는 경영진에 불만을 제기하지 않을 겁니다. 결국 모든 결정은 핵심 비즈니스 내에서 이루어지고, 혁신이 끼어들 틈은 사라지게 되는 거지요."

요즘 같은 불황일수록 기업들은 생존을 위해 더욱 핵심역량에 매달리는데요. "그렇습니다. 물론 불황에는 단기적으로 핵심역량에 집중할 수밖에 없어요. 하지만 그게 전부가 돼서는 안 됩니다. 미래의 성장도 함께 고민해야 합니다. 그렇지 않으면 승자가 되는 순간 내리막을 걷게 되는, '승리의 저주(the curse of success)'에 빠지게 됩니다. 간혹 이런 문제를 식스시그마

나 서비스 개선 같은 '운영 개선(operation improvement)'을 통해 풀려고 합니다. 하지만 이런 활동은 단기적으로는 성과가 나겠지만, 장기적으로는 별 도움이 안 돼요. 오히려 핵심 고객에 종속돼, 새로운 고객을 발굴하지 못하는 부작용이 발생할 수 있습니다."

그렇다면 승리의 저주를 피하는 방법은 없을까? 도즈 교수는 '전략적 민첩성(strategic agility)'을 해법으로 제시한다. 빠르게 변하는 상황에 맞춰 전략을 수정하며 끊임없이 혁신을 추구하는 것을 의미하는 그의 조어(造語)이다.
"폭풍우가 치는 바다를 건넌다고 합시다. 무작정 처음 결정한 항로로만 가다가는 파도에 휩쓸려 난파할 가능성이 큽니다. 바람과 파도의 흐름을 읽으며 수시로 방향을 바꾸어야 목적지에 도착할 수 있겠죠."
그는 다양한 변수를 고려하고 상대방의 반응을 예측하며 정확한 시나리오를 만드는 전통적인 전략 수립으로는 변화의 속도를 따라잡을 수 없다고 부연했다.

어떻게 하면 전략적 민첩성을 갖출 수 있나요? "전략적 민첩성을 구성하는 요소는 크게 3가지입니다. 첫째 '전략적 감수성(strategic sensitivity)'입니다. 변화무쌍한 트렌드를 신속하게 인식하고, 이를 현장에 활용하는 것이지요. 둘째 '집단적 몰입(collective commitments)'입니다. 기업 구성원들이 공통의 목적을 향해 함께 열정적으로 일해야 한다는 거지요. 마지막으로 '자원 유동성(resource fluidity)'입니다. 자본이나 인재 같은 기업의 자원을 필요에 따라 신속하게 재배치할 수 있어야 합니다. '승리의 저주'에 빠진 기업은 핵심 사업부가 자원을 독점하기 쉽지요."

세 가지 중 전략적 감수성 확보가 가장 어려워 보입니다. 트렌드를 감지하는 후각이 뛰어난 천재를 영입해야 하나요? "그렇지 않습니다. 몇 가지 팁을 알려 드리지요. 우선 CEO들이 '보

핵심역량에만 집중하는 것은 스스로를 가두는 것과 같다

'유럽 최고의 경영 석학' 인시아드 이브 도즈 교수

고' 같은 일상 업무에서 벗어나 외부 전문가들을 자주 만나야 합니다.

그리고 생각하는 시간을 확보해야 합니다. 업무 시간 중 3분의 1은 창밖을 보면서 외부의 변화를 어떻게 활용할지 고민하는 데 사용하라고 조언하고 싶어요.

두 번째는 CEO들이 임원들과 논쟁(debate)이 아닌 대화(dialogue)를 해야 한다는 겁니다. 미리 결론을 정하지 말고, 왜 그런 생각을 하게 됐는지, 그 고민의 과정을 공유해야 합니다. 마지막으로 의사 결정 과정에 보다 많은 구성원들을 참여시킬 필요가 있어요. 다양한 의견이 교차하면서 예민한 감각이 살아나게 되는 겁니다."

<u>전략적 민첩성에서는 스피드가 생명입니다. 그런데 집단적 몰입이나 집단 토론은 신속한 의사 결정에 방해가 되지 않을까요?</u> "아주 실용적인 질문입니다. 문제는 방법이지요. 회사 리더들이 모여 토론할 때 명확한 주제가 없으면 결정이 지연될 것입니다. 하지만 주제를 명확히 하고, 열린 자세를 가지고 있으면 토론을 충분히 효율적으로 할 수 있어요. 한 가지 덧붙이자면, 집단 토론은 한국의 대기업처럼 사업이 다각화된 기업보다 노키아나 인텔처럼 특정 사업 분야에 집중하는 회사에 더 맞습니다."

<u>전략적 민첩성을 갖춘 기업의 예를 들어주시죠. 2008년에 낸 책 《신속 전략 게임》에서 많이 언급하고 있는 노키아입니까?</u> "좀 민감한 질문인

핵심역량에 집중하는 전략의 부작용

전략	결과	부작용
핵심사업의 명확한 비전 제시	핵심사업 외에는 모두 무시	편협한 시야
핵심사업을 최대한 활용	모든 업무를 핵심사업의 틀로 분석	핵심 이외 사업에 대한 소홀
지속적인 운영 개선 활동에만 집중	단기적 내부 성과 지향	근시안적 전략
매우 전문화된 지식	매번 동일한 전문가들이 의사 결정	혁신가가 아닌 전문가 경영
노련한 리더의 장기 집권	미래 기회에 대한 무감각	혁신에 대한 무관심
강력한 힘을 가진 사업부 출현	핵심사업부 관리자가 자원을 독식	자원 분배의 왜곡
핵심고객 및 파트너와 긴밀한 협력	고객 및 파트너에 속박돼 전략적 자율성 제한	대안을 거부하고 동일 고객 및 파트너와만 거래

데…. 솔직히 말하면 노키아가 작은 화학제품 제조회사에서 휴대전화 단말기 제조업체로 변신할 때는 전략적 민첩성을 발휘했다고 봅니다. 다른 기업들이 휴대전화를 소수 사람들이 사업적 목적으로 사용하는 제품이라고 생각할 때, 노키아는 패션 제품으로 되는 트렌드를 재빨리 읽어 냈지요. 하지만 단말기 제조 이후를 잘 준비하고 있는지는 좀 더 지켜봐야 합니다.

노키아보다는 IBM이 가장 성공한 모델입니다. 컴퓨터 하드웨어를 만드는 회사에서 인터넷 서비스 기업으로 변신에 성공했습니다. 그 과정에서 외부 조직과의 협업을 활발히 했고, 지역 전문가를 불러 현지의 정보와 기술 트렌드를 탐구했지요.”

한국 기업들의 전략적 민첩성은 어떻게 평가하십니까? “간단히 말하면 노키아와 비슷한 상황입니다. 삼성이나 LG는 한국 내에서 강한 경쟁력을 가지고 있고, 품질도 뛰어납니다. 저의 자녀도 한국 휴대전화를 좋아해요. 하지만 글로벌 시장에서의 경쟁력은 좀 더 검증받아야 합니다. 글로벌 시장에서 지속적으로 히트 상품을 낼 수 있느냐, 또 자신의 독창적인 경영 모델을 만드느냐 하는 문제가 남아 있습니다. 외부에서 더 많은 자극을 받아, 더 강해져야 합니다.”

요즘 경제 위기 상황에서 기업들이 주목해야 할 트렌드는 무엇인가요? 전략적 감수성을 발휘해서 좀 알려주시죠. “최근 받은 질문 중 가장 어렵네요. 그걸 알면 저는 이미 부자가 됐을 겁니다.(웃음) 관심 있게 지켜보는 것이 있기는 합니다. 소비 성향에 대해 세밀하게 관찰하고 있어요. 가끔씩 이번 위기가 언제까지 지속될 것인지 자문해 봅니다.

그 답을 얻을 수 있는 것이 바로 소비 성향입니다. 예를 들면 프랑스 자동차 회사인 르노가 로간(Logan)이라는 5000유로(약 850만 원)짜리 저가(低價) 소형차를 루마니아에서 생산하고 있습니다. 원래 이란, 이집트, 인도, 인도네시아, 파키스탄, 브라질 등 개발도상국을 겨냥한 것인데, 지금은 독일에서 가장 많이 팔리고 있어요.

독일에는 이미 BMW나 벤츠 같은 차들이 있습니다. 독일 국민이 경제 위기 때문에 잠시 저가 상품으로 소비 성향을 바꾼 것인지, 아니면 이런 소비 행태가 지속될지가 중요합니다. 만약 소비 성향이 완전히 바뀐 것이라면, 소비 규모가 줄면서 위기도 쉽게 끝나지 않을 것이고, 기업들도 완전히 전략을 새로 짜야 할 것입니다.” WeeklyBIZ

‘승리의 저주’ 딜레마에 빠지지 않으려면 전략적 민첩성이 필요하다.

Who is

이브 도즈는 기업 혁신과 글로벌 전략 분야의 최고 석학으로 현재 유럽 최고 경영대학원 인시아드의 팀켄(Timken)석좌교수이며 전략경영 교수이자, 헬싱키 경제대학 객원교수이기도 하다. 그는 하버드 경영대학원, 스탠퍼드 경영대학원, 도쿄 아오야마 가쿠인대에서도 가르쳤고, 다국적 기업의 전략과 조직에 대해 폭넓게 연구하고 저술하였다.

저서로는 프라할라드 공저 《멀티내셔널 미션(The Multinational Mission)》, 호세 산토스 및 피터 윌리엄슨 공저 《세계화에서 메타내셔널로(From Global to Metanational)》 등이 있다.

그는 여러 대기업에 새로운 성장 기회 개발과 경영혁신 프로그램 설계 및 실행에 대해서 자문을 제공하고 있으며 2008년 7월부터 국제경영 분야의 세계 최고학회로 세계 3300명의 학자들이 가입한 AIB(Academy of International Business)의 회장을 맡고 있다.

위클리비즈와 두 번째 인터뷰를 한 이브 도즈 교수

지미 웨일스
위키피디아 창립자

Jimmy Wales

세계적 과학전문지 〈네이처(Nature)〉는 지난 2005년 '과학 용어에 대한 정확도에서 위키피디아와 브리태니커 사이에 차이가 없다'고 발표했다.

위키피디아의 힘의 원천은 무엇일까? 그 정답은 'edit(편집하기)'란 단어 하나에 있다. 전 세계 누구라도 'edit' 버튼만 누르면 위키피디아에 글을 올리고 수정할 수 있다.

얼굴 없는 네티즌들의 협업(協業)이 글로벌 지식 지도를 바꾸리라고는 누구도 예상하지 못했다. 현재 아무 보상도 바라지 않고 위키피디아에 글을 올리는 네티즌이 693만 명에 이른다.

이들의 힘으로 영어판 위키피디아에 실린 용어 설명이 230만 개를 돌파했다. 1년 반 만에 두 배가 늘어났다. 브리태니커의 10배가 넘는다.

왜 사람들이 위키피디아에 열광할까요?

"협업이 가능하기 때문"

미국 샌프란시스코 스틸만 스트리트(Stillman Street). 세계적인 온라인 백과사전 위키피디아(Wikipedia)의 본부를 찾아갔다. 육중한 철문을 열고 약 330㎡(약 100평) 넓이의 단층 건물에 들어서니 사무실인지 창고인지 구분이 가지 않는 공간이 나타났다. 상근 직원은 15명에 불과하단다. 과연 이곳이 연간 6억 8400만 명의 네티즌이 방문하는 인터넷 사이트를 운영하는 곳이 맞나? 기자를 안내한 마케팅 담당 제리 월시는 "예전엔 인쇄소였다"고 설명해 줬다. 인터넷 백과사전의 본부가 구(舊) 미디어를 상징하는 인쇄소 터에 들어섰다니….

응접실에 앉아 있었더니 방금 회의를 마쳤다는 지미 웨일스가 들어왔다. 위키피디아의 창립자이다. 젊은 나이에 '인터넷 박애주의의 사도', '디지털 복음주의자'란 거창한 별명을 가진 인물이다. 인디애나대에서 금융 전공으로 박사 과정을 마친 뒤 선물·옵션 트레이딩으로 30대 초반 큰돈을 벌었다. 부인과 온 가족이 평생을 편안하게 살 수 있는 돈이었다. 그리고 그는 닷컴 붐에 뛰어들었다. '온라인의 플레이보이'가 되겠다며 남성 포털 사이트인 보미스(Bomis)를 운영해 꽤 인기를 끌었다.

그가 다음으로 도전한 것은 누구나 글을 올릴 수 있는 참여형 온라인 백과사전 프로젝트였다. 그게 바로 2001년에 설립한 위키피디아다. 위키(wiki)는 하와이어로 '빨리'란 뜻이다. 결국 위키피디아는 '빠른 백과사전'인 셈이다. 그런데 그는 50만 달러의 사재(私財)를 털어서 만든 위키피디아를 2003년 공익재단(위키피디아재단) 소유로 귀속시킴으로써 다른 사업가들과는 전혀 다른 인생을 걷기 시작한다. 그는 위키피디아 일로는 한 푼의 월급도 받지 않는다. 순수 자원봉사자인 셈이다. 그는 7명으로 구성된 위키피디아 재단 이사 중 한 명이다. 위키피디아는 광고를 전혀 받지 않고, 오직 기부금을 통해 운영하고 있다. 그는 왜 돈도 안 되는 일에 그토록 매달리고 있을까?

당신의 꿈은 인터넷 재벌입니까? 아니면 세상을 움직이는 사상가? "(피식 웃으며) 그런 단어를 생각해 본 적은 없어요. 다만 '흥미롭고(interesting)' '재미있는(fun)' 일을 해왔을 뿐입니다. 제가 벌인 일이 인터넷에서 사람들의 관심을 끌었고, 참여를 이끌어냈다는 점에서 운이 좋았다고도 할 수 있죠."

지식을 개방한 인터넷 혁명의 상징 위키피디아. www.wikipedia.org

이 대답을 시작으로 그는 인터뷰 내내 'fun'이란 단어를 여러 차례 사용했다. 그는 온라인 백과사전 사업을 처음에 시작한 것도 네 살 때부터 장난감 대신 백과사전인 월드북이나 브리태니커를 뒤적이며 놀던 기억 때문이었다고 여러 인터뷰에서 말했다. 그는 트레이더로 일하던 때 역시 '재미있고 쿨(fun and cool)' 했던 시기로 기억하고 있었다. 재미로 말하자면 위키피디아는 그에게 엄청난 선물임에 틀림없다. 위키피디아는 늘 화제를 몰고 다니기 때문이다.

2007년 말엔 이런 일이 있었다. 아이슬란드의 한 고교생이 미국 백악관에 전화를 걸었다. "내가 올라퓌르 라그나르 그림손 아이슬란드 대통령인데, 부시 대통령과 조용히 만나고 싶다"고 했다. 물론 장난이었다. 그런데 백악관이 속아 넘어갔다. 백악관이 신원 확인을 위해 그림손 대통령의 출생일자와 부모 신원, 취임한 날짜 등 많은 질문을 던졌는데, 고교생 아틀라손이 그 자리에서 위키피디아

를 뒤져 답을 맞혔기 때문이다. 며칠 뒤 아틀라손의 장난은 들통이 났지만 위키피디아는 그 덕에 더 유명해졌다.

당신은 그럼 무엇으로 돈을 법니까? "위키피디아와는 별도로 영리 목적의 인터넷 회사(여행, 책 등 생활 정보 사이트)를 운영하고 있습니다. 또 각종 강연이나 콘퍼런스에 참가해 돈을 받습니다."
한국 최초의 우주인 이소연씨가 우주에 머물던 2008년 4월 19일, 영문 위키피디아에서 이소연(Yi So-yeon) 씨를 설명하는 첫 마디는 이랬다. "이 글은 지금 우주에 있는 인물을 설명하고 있습니다(This article documents a person who is currently in space)." 인터넷 백과사전의 가장 큰 장점 중 하나가 위력을 발휘하는 순간이었다. 즉 언제든지 새로 쓰고 고칠 수 있다는 점이다.

"우리는 브리태니커와는 달리 인터넷에서 사

용자들이 잘못된 정보를 발견한 즉시 고칠 수 있습니다. 이를테면 동해(East Sea) 표기법 논란이 생기면 위키피디아는 실시간으로 관련 정보를 제공할 수 있지만, 브리태니커는 그러질 못합니다."
위키피디아 창립자이자 위키피디아 재단 이사장인 지미 웨일스는 "전통적인 백과사전 모델이 한계에 부닥친 것"이라고 말했다.

왜 사람들은 위키피디아에 열광할까요? "커뮤니티 내에서 협업(collaboration)이 가능하기 때문입니다. 그전엔 아무도 이것에 대한 믿음이 없었던 때지요."

어떤 이들은 위키피디아의 성공을 두고 집단 지성(collective intelligence)이 전문가 지성(expert intelligence)을 이겼다고 하는데요. "그 점에는 동의하지 않습니다. 집단 지성이란 마치 대중들이 모여서 무언가를 이루었다는 점을 떠올리게 합니다. 그러나 위키피디아 생성 과정을

보면, 전문가의 역할이 큽니다. 예를 들어 수학에 관한 개념을 설명하는 내용이라면 그 개념을 잘 이해하는 수학 전문가가 글의 얼개를 만들 뿐 아니라 세부적인 설명까지 모두 채워 넣습니다. 나머지 수많은 편집자들은 사소한 표현만 고칠 뿐이죠. 그래서 저는 집단 지성보다는 커뮤니티에서의 협업이란 말을 좋아합니다."

위키피디아는
브리태니커와는 달리
인터넷에서 사용자들이
잘못된 정보를
발견한 즉시
고칠 수 있습니다.

엉터리 정보 어떻게 걸러낼까

위키피디아에 대해 일반인들이 갖는 가장 큰 궁금증 하나는 누군가 악의적인 의도를 갖고 엉터리 정보를 올리면 어떻게 되느냐는 것이다. 이에 대해 위키피디아는 이성적인 다른 많은 사용자들이 곧바로 바로잡을 것이기 때문에 문제가 없다고 한다. 그럼에도 불구하고 사고는 이어지고 있다.

대표적으로 〈USA 투데이〉의 전 편집장인 존 사이겐탈러(John Seigenthaler)가 JF 케네디와 로버트 케네디 암살과 연관이 있다는 익명의 잘못된 기사가 2005년에 넉 달 동안이나 위키피디아에 게재된 일도 있다. 〈뉴욕타임스〉는 이 일을 계기로 기자들이 위키피디아를 취재 정보의 소스로 삼는 것을 내부적으로 금지시켰다.

엉터리 정보를 어떻게 걸러내나요? "예를 들어 우리에겐 '위키피디아 스캐너'란 소프트웨어가 있습니다. 특정한 주제를 지속적으로 편집하는 기관이나 개인을 추적하는 것입니다. 이

내 사전에 '절대 지식'이란 없다. 논쟁이 있는 사전을 만든 지미 웨일스

런 의심스런 사용자를 찾아내면 요주의 대상(watch list)으로 분류해 어떤 글을 올리는지 늘 살피게 됩니다."

이 소프트웨어는 미국의 유명한 해커인 버질 그리피스(Virgil Griffith)가 2007년 8월에 개발했다. 이 프로그램의 힘으로 CIA 직원이 이란 대통령과 관련된 기사에 악의적인 표현을 입력한 사실이 드러나기도 했다.

돈이 많이 들겠군요. "좀 들지요. 하지만 위키피디아는 자발적 참여자들이 스스로 인터넷 반달리즘(vandalism, 다른 문화나 종교 예술 등에 대한 무지로 그것들을 파괴하는 행위)을 추방할 수 있다는 데서 출발합니다. 소프트웨어가 도움이 될 수는 있겠지만, 결국 커뮤니티 구성원들이 해결해야 할 문제입니다.
분명한 것은 일부 비이성적인 사람들이 있지만, 대부분의 위키피디아 참여자들은 이성적이라는 사실입니다."

만약 위키피디아에 나오는 의약품 정보를 보고 복용하다 사고가 난다면 누구 책임입니까? "위키피디아는 사용자들이 만든 커뮤니티입니다. 따라서 절대 진리는 아닙니다. 우리는 미리 고지를 하고 있기 때문에 법률적 책임을 지지 않습니다. 위키피디아만 그런 게 아니라 대부분의 인터넷 서비스 회사들의 공통점입니다. 특히 법률, 의료와 같은 전문분야는 해당 전문가들에게 문의하는 것이 좋습니다."

위키피디아에 실린 잘못된 정보로 누군가 명예가 훼손됐더라도 위키피디아는 명예 훼손에 대한 법적 책임을 면할 가능성이 많다. 미국의 '연방 통신 품위법(Communications Decency Act)'은 콘텐츠를 스스로 생산하지 않는 인터넷서비스제공자(ISP)가 면책 받을 있는 여지를 두고 있다.
〈뉴욕타임스 닷컴(NYtimes.com)〉이나 〈CNN 닷컴(CNN.com)〉과 같은 언론 매체와 달리 위키피디아는 콘텐츠를 스스로 생산하지 않기 때문이다.

이해 집단의 압력… 중립을 지켜라

로비도 많이 들어올 것 같은데요. "그렇습니다. 한국과 일본 사이에 독도냐, 다케시마냐 명칭을 놓고 갈등이 있죠. 이 문제로 한때 양쪽 국민 모두가 제게 이메일을 보냈습니다. 물론 한국판과 일본판 위키피디아에는 각각 독도와 다케시마로 다르게 실리고 있죠. 하지만 아무래도 영어판 위키피디아가 중요하다고 생각했던 것 같습니다."

아연실색할 일이지만 영어 위키피디아에서 독도의 명칭은 'Dokdo(독도)'가 아니라 'Liancourt Rocks(리앙쿠르 암초, 1849년 프랑스 포경선 리앙쿠르 호가 독도를 발견하고 지은 이름)'로 돼있다. Dokdo(독도)나 Takeshima(다케시마)를 입력해도 'Liancourt Rocks'로 자동 연결된다. 2007년 5월 위키피디아가 투표를 통해 독도 명칭을 결정짓는다는 소식이 알려지면서, 한국 네티즌들이 위키피디아로 몰려갔다. 그러나 '영어 위키피디아를 50차례 이상 편집하지 않았거나, 신규 가입한 지 한 달이 지나지 않은 사람들의 투표는 무효화한다'는 규정 때문에 한국 네티즌들의 시도는 물거품이 됐다. 웨일스는 독도 문제 외에도 외교적인 문제로 골머리를 앓는 경우가 적지 않다고 했다.
"한 번은 리투아니아 국회의장이 절 찾아온 적이 있습니다. 그는 리투아니아판과 폴란드판 위키피디아가 각각 1920년 폴란드-리투아니아 전쟁을 설명한 글을 뽑아 인쇄해 왔습니다. 이 신사는 왜 이렇게 언어에 따라 서술해 놓은 내용이 다르냐고 따졌습니다. 각기 해당 국가의 시각으로 묘사돼 있었기 때문입니다. 물론 저를 포함한 많은 미국인들은 이

전쟁이 있었다는 사실도 모르고 있습니다. 그런데 영어 위키피디아를 무대로 폴란드인과 리투아니아인 사이에 논쟁이 벌어집니다. 그럴 때는 영어 위키피디아가 중립적 역할을 합니다. 국제 회의처럼 양쪽 입장을 반영하는 거지요."
웨일스의 말대로 이제 영문판 위키피디아는 '글로벌 영어 권력'을 상징한다. 250개 언어로 위키피디아 커뮤니티가 각기 운영되고 있지만, 영어판 위키피디아는 그 핵심이고 백미(白眉)다. 모든 국제 회담이 영어로 진행되듯, 논란을 빚는 주제도 영어판에서 정리되는 식이다.

정치나 종교와 관련된 주제도 자주 논란을 불러일으키는 것 같습니다. "재미있는 예를 들까요. 폴란드에 큰 도시가 있습니다. 폴란드 사람들은 '그단스크'라고 하고, 독일 사람들은 '단치히'라고 부릅니다.
이 문제로 위키피디아에서 엄청난 논란이 벌어졌습니다. 두 나라 사람들이 위키피디아로 몰려와 자신들의 입장대로 편집하려고 했죠. 이럴 때 위키피디아는 중립적이어야 합니다. 당시 위키피디아 관리자는 이 문서에 대해 일종의 '잠금 장치'를 걸어놨습니다. 함부로 글을 고칠 수 없도록 한 거지요. 편집을 둘러싼 다툼을 못하도록 하는 방법입니다. 대신 사용자들은 토론방에서 그들의 의견을 개진할 수 있습니다."

위키피디아는 버락 오바마 대통령이나 마이클 잭슨 등 유명 인사에 관한 내용은 대개 잠금 장치를 걸어두고 있다.

웹 2.0시대, 브리태니커 백과사전은 위기의 시대

참여·개방·공유를 뜻하는 웹2.0은 위키피디아와 딱 들어맞는 것 같습니다. 웹2.0은 어떤 방향으로 발전할 것으로 봅니까? "위키피디아와 같은 웹사이트를 통해 이미 웹2.0이 실현되고 있습니다.
앞으로 이 같은 추세는 더욱 확대될 것이며,

몇 년 뒤 이 분야에서 새로운 혁신이 나올 겁니다. 동영상을 예로 들겠습니다. 지금도 유튜브 같은 곳에서 사용자들이 동영상을 공유합니다. 대부분 개인들의 올린 단순하고 재미있는 작품이나 토픽들입니다.

그런데 이런 커뮤니티가 발전한다면 더 큰 프로젝트를 벌일 수 있을 겁니다. 전통적인 다큐멘터리나 영화 같은 것도 공동으로 만들 수 있다는 얘깁니다.

그 단계에선 지금보다 더 큰 공익을 실현할 수 있다고 봅니다. 위키피디아가 백과사전으로 성공을 거둔 것처럼 다른 모든 종류의 '위키 콘텐츠'가 얼마든지 가능합니다."

웹2.0이란 단어가 하나의 유행으로 끝날 것이라고 지적하는 사람도 있던데요. "웹2.0이란 단어 자체가 다른 말로 대체될지 모릅니다. 같은 말을 쓰면 사람들도 지루하게 될 테니까요.(웃음)

하지만 협업의 힘은 지금 실현되고 있고, 앞으로 더욱 발전할 겁니다."

위키피디아 때문에 전통적인 백과사전이 위기에 처했다고 하는데 어떻게 생각하십니까? "사실 대부분의 나라에서 전통적인 오프라인 백과사전은 잘 팔리지 않고 있습니다. 그런데 그건 반드시 위키피디아 때문만은 아닙니다. 예를 들어 마이크로소프트 같은 IT기업에서 CD 형태의 각종 백과사전을 아주 싸게 공급하고 있습니다. 브리태니커도 이 때문에 어려움을 겪었고요. 오래된 기업일수록 새로운 기술 변화에 적응하는 일이 힘든 것입니다."

1500명 편집자들 자원봉사, 수입은 기부금

위키피디아 재단은 2007년 8월부터 2008년 7월까지의 1년간 460만 달러를 예산으로 책정해 놓았다. 절반 정도가 컴퓨터 서버 유지비다. 온라인을 통한 기금 모금 운동을 통해 전 세계에서 4만 5000명이 연평균 33달러씩 기부했지만, 1년 예산의 3분의 1밖에 안 됐다. 그 공백을 거액의 기부자들이 메운다.

"최근 3년간 300만 달러를 제공하겠다고 나선 기부자(알프레드 슬론 재단)가 있었습니다. 또 다른 기부자(미 벤처계의 큰손 코스라 부부)는 50만 달러를 약속했습니다."

일부에선 위키피디아가 간단한 텍스트 광고만 받아도 연간 수십억 달러의 수익을 얻을 것으로 보고 있다. 그래서 웨일스가 현실과 타협할 것인가는 늘 관심의 초점이다. 그러나 웨일스는 비영리로 운영한다는 고집을 꺾지 않고 있다.

많은 사람들이 위키피디아가 영리(營利) 목적으로 바뀔 것이라고 전망하기도 합니다. "위키피디아 재단이 존재하는 한 그럴 리 없습니다. 위키피디아가 영리 목적으로 바뀌는 순간 사용자들은 위키피디아를 떠날 겁니다. 위키피디아는 많은 사람들이 모여 사회적으로 가치 있는 일을 하자는 공감대에서 만들어졌습니다."

웨일스는 2007년 〈타임〉지와의 인터뷰에서 "사람들은 사회적으로 의미 있는 일을 하는 과정에서 재미를 느낀다"고 말했다. 돈을 받

연 6억 8000만 명 네티즌이 찾는 온라인 백과사전을 무료로 개방한 이 남자는 말한다. "그저 재미(fun)로 일해왔을 뿐"

지 않고 자발적으로 양질의 위키피디아 콘텐츠를 채우는 일은 농구장에서 즐겁게 운동을 하며 땀을 쏟는 것과 다를 게 없다는 것이다. 1시간 여에 걸친 인터뷰가 끝날 쯤 웨일스는 500㎖ 생수병에 남은 물을 입에 대고 모두 들이켰다. 그는 곧이어 옆방에서 열리는 본부 이사회 모임에 참석할 예정이라고 했다. 그가 일어서기 전에 마지막 질문을 던졌다.

<u>**중립을 표방하는 위키피디아의 운영 원칙이 언론과 비슷하다는 느낌을 받았습니다.**</u> "(웃음) 그렇습니다. 콘텐츠 관리만 놓고 보면 중립적인 글쓰기를 해야 하는 저널리즘과 비슷합니다. 어떤 사람들은 합리적이고 선의(good will)를 가지고 말하는데, 어떤 사람들은 그렇질 않습니다. (잘 선별해야 한다는 의미)"

기자는 동지 의식을 느끼며 그와 작별의 악수를 나눴다. 그는 "콘퍼런스가 있어 제주도에 간 적이 있지만 호텔에만 머물렀다"면서 "조만간 꼭 한국에 가겠다"며 아쉬움과 함께 기대감에 차서 말했다. **WeeklyBIZ**

Focus

한국어 위키피디아는 안 통한다?

인터넷 강국으로 불리는 한국이지만, 위키피디아는 한국에서 고전하는 모습이 뚜렷하다.

한국어 위키피디아(ko.wikipedia.org)는 '위키백과'라는 이름으로 불리는데, 2008년 7월 23일 현재 5만 9857개의 표제어만 담고 있고, 사이트 등록자는 3만 2600명에 불과하다. 영어판의 각각 40분의 1과 190분의 1에 불과하다. 일본어판에 비해서도 크게 뒤진다. 일본어 표제어 수는 48만 5000개로 독일어(73만8000개), 프랑스어(64만 8000개)와 어깨를 나란히 한다. 지미 웨일스도 한국에서 위키피디아가 고전하는 상황을 자세히 알고 있고, 대응 방안을 고심하고 있었다.

한국에서 위키피디아가 널리 확산되지 않는 이유는 무엇인가요?

"매우 흥미로운 질문입니다. 우리도 많은 논의를 해봤습니다. 첫 번째는 이미 인터넷 사용에 익숙해진 한국인들은 이제 휴대폰을 이용한 인터넷 서비스로 많이 넘어가고 있습니다. 그런데 위키피디아는 웹사이트 기반이어서 휴대폰에 적용시키기가 어려운 점이 있습니다. 또 한 가지 이유는 유사한 기능을 가진 웹사이트가 있기 때문입니다."

네이버의 지식검색 말씀인가요?

기자가 지식검색은 정보의 부정확성 때문에 비판을 받고 있다고 하자, 그는 고개를 끄덕였다.

"마지막으로 한국은 다른 나라보다 앞서 인터넷이 확산됐기 때문에 위키피디아 모델이 소개돼도 그다지 열광적인 반응이 없었다고 봅니다. 반면 다른 나라의 경우 위키피디아가 소개됐을 때는 대부분 인터넷 사용 초기였고, 그래서 반응도 뜨거웠죠. 한 두 명이 위키피디아에 열광하면 바로 10명의 열광자를 만들고 이들은 또 100명의 사용자를 끌어들이는 식의 확산 과정을 거쳤습니다. 하지만 한국에서도 사용자 수가 늘고 있다고 들었습니다. 인터넷 인구가 많기로 유명한 한국에서도 반드시 위키피디아 이용을 늘릴 겁니다."

그런데, 한국에서 위키피디아가 부진한 다른 이유로는 전문직 종사자들이 지식의 기부 활동에 소극적이고, 사회 전반의 전문화 수준이 낮으며, 협업 문화가 성숙되지 않았다는 점 등이 거론되고 있다.

숫자로 본 위키피디아

※2008년 4월 22일 기준

234만 개 ········ 표제어(영어 기준)

693만**8599**명 ········ 등록자 수
(이중 7만 5000명은 활발히 글을 올리고 있음)

1500명 ········ 편집 관리자 (자원봉사자)

250개 ········ 한국어 등 언어별 위키피디아 운영

15명 ········ 본부 직원

알렉사닷컴(www.alexa.com)의 웹사이트 순위

※2009년 12월 11일 현재

❶ 구글닷컴(www.google.com)
❷ 페이스북(www.facebook.com)
❸ 야후닷컴(www.yahoo.com)
❹ 유튜브(www.youtube.com)
❺ 윈도 라이브(www.live.com)
❻ 위키피디아(www.wikipedia.org)
❼ 블로거닷컴(www.blogger.com)
❽ 바이두닷컴(www.baidu.com)
❾ MSN(www.msn.com)
❿ 야후재팬(www.yahoo.co.jp)

위키피디아 이용자의 국가별 비중

단위 : %

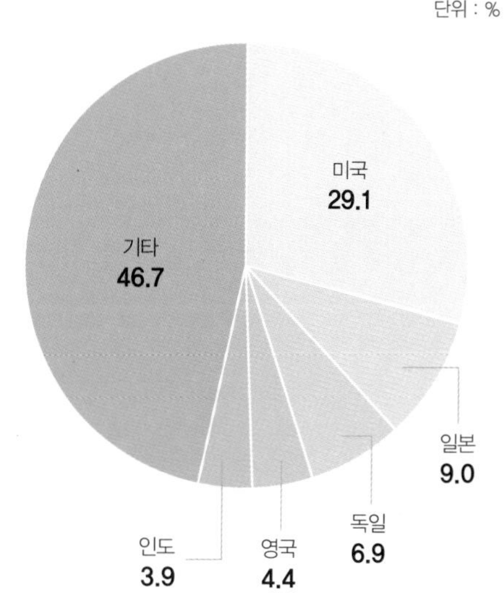

제임스 챔피

페로시스템 컨설팅(Perot Systems' consulting practice) 대표

James Champy

적자생존의 법칙이 지배하는 비즈니스 생태계. 제임스 챔피는 경쟁자를 앞도할 정도로 아웃스마트(outsmart)해야만 살아남는다고 말한다. 위클리비즈는 보스턴의 '페로시스템' 본사에서 그를 만나 아웃스마트한 기업의 노하우를 물었다. 제임스 챔피는 현장에서 답을 찾는 스타일답게 다양한 실전 경험과 케이스로 무장되어 있었고 어떤 질문에도 즉시 실전형 답변을 내놓았다.

'아웃스마트' 해지기 위해
대기업이 맨 먼저 해야 할 일은 무엇입니까?

"본부의 크기를 줄이는 일"

평범한 가정주부 셰리 슈멜저는 구멍이 숭숭 뚫린 앙증맞은 신발 '크록스(Crocs)'의 열혈 마니아였다. 2005년 어느 날, 그녀의 눈에 여기저기 굴러다니는 아이들의 크록스 신발이 띄었다. 그녀는 별생각 없이 크록스 신발 구멍에 단추나 나비매듭 같은 자잘한 물건들을 끼워보았다. 아이들은 무척 좋아했다. 갖가지 액세서리로 장식한 크록스를 신은 아이들이 학교에 갔더니 학교 친구들이 너도나도 갖고 싶어했다. 내친김에 셰리와 남편 리치는 집 지하실에서 본격적으로 장식품을 만들기 시작했다. 크록스용 액세서리 생산 업체인 '지비츠(Jibbitz)'의 탄생이었다. 2006년 10월 지비츠는 크록스에 현금 1000만 달러에 인수됐고, 리치와 셰리 부부는 크록스의 자회사가 된 지비츠의 사장과 디자인 책임자를 맡게 됐다.

《아웃스마트》에는 이 같은 초고속 성장기업들의 스토리와 교훈이 생생하게 펼쳐져 있다. 이 책의 저자 제임스 챔피 대표는 사례의 기업을 추리기 위해 최근 3년간 매년 15% 이상 성장한 1000개 이상의 기업을 조사했다. 그 중 단지 운이 좋거나 유행을 잘 타서 성공한 기업이 아니라, 아주 독특하고 개성 있는 전략으로 성공한 '작지만 창의적인' 기업 8개를 집중 분석했다.

'작지만 창의적인' 8개 기업에 공통점이 있습니까? "두 가지 공통점이 있습니다. 첫째, 기존의 방식을 완전히 뒤집고, 새로운 성공 공식을 제시한 것이죠. 현재의 방식을 바꾸지 않고도 따라할 수 있는 공식을 제시한 기업은 하나도 없습니다. 지비츠의 경우 다른 기업의 성공을 내 사업으로 끌어들이는 전략을 제시했죠. 초고속 성장기업들은 현재 자신의 위치를 파악하고, 도달하고자 하는 목표를 정한 뒤, 어떻게 도달할지 방법을 찾으라는 피터 드러커의 단순한 조언에 충실했습니다. 둘째, 미래에 대해 탐구함으로써 남들보다 한발 앞서 '충족되지 않은 소비자의 요구'를 발견한 것입니다."

챔피는 2008년 작고한 마이클 해머(Michael Hammer)와 함께 리엔지니어링(Business Process Reengineering) 이론의 창안자로 꼽힌다. 1990년대 세계 경영계를 풍미한 이 이론은 기업의 비즈니스 프로세스를 백지에서 재검토해 가장 효율적으로 재설계하라는 주장을 담고 있는데, 1993년 챔피와 해머가 공저한 《리엔지니어링 기업혁명》은 그 바이블로 손꼽힌다. 300만 권 이상 팔린 이 책의 이론을 바탕으로 델컴퓨터, P&G, 포드자동차 등 미국 기업이 부활한 것으로 평가됐

크록스 신발 구멍에 끼워져 있는 나비와 꽃 모양의 액세서리들이 지비츠 제품이다

고 전사적자원관리(ERP), 공급사슬관리(SCM) 등 최신 경영이론도 여기에 뿌리를 두고 있다. 챔피는 '리엔지니어링' 이론은 1990년대 초 처음 발표했을 때보다 오히려 지금 더 유효하다고 말했다.

"이번 경제 위기는 제 이론을 더욱 강화시키고 있습니다. 저는 늘 디플레이션 시대로 들어가는 게 불가피하다고 생각해왔습니다. 왜냐하면 기업들이 갈수록 더 적은 비용으로 더 많이 생산하고 있기 때문입니다.

기업들은 갈수록 더욱 효율적으로 운영하기 위해 끊임없이 비용을 줄여야 합니다. 하지만, 이번 경기침체가 증명하고 있듯이 단지 비용을 줄이는 것으로 성공할 순 없어요.

그와 동시에 더 많은 가치를 제공하지 않으면 안 됩니다. 즉 기업들은 더 적은(less) 것으로 더 많은(more) 것을 만드는 법, 바로 '레스 모어(less more)의 법칙'을 배워야 합니다. 리엔지니어링 이론이 20년 전보다 지금 더 필요한 이유는, '레스 모

어'에 가장 효과적인 수단이기 때문입니다."

그는 세계 경기가 본격 회복되려면 앞으로 3~5년은 더 걸릴 것이라고 내다봤다. "1년 내에 끝날 상황이 아닙니다. 경제학자는 아니지만, 제가 그렇게 믿는 것은 기업들이 이미 이번 경제 위기 이전에 너무 많은 생산능력을 구축했기 때문입니다."

하지만 그는 이런 어려운 때에도 기회는 반드시 있다고 강조했다. "저의 책 《아웃스마트》에 나오는 기업들은 여전히 성장하고 있습니다. 소비자들에게 가치를 안겨주는 제품을 만들고 있기 때문입니다." 그러면서 그는 스마트팩(SmartPak, 말에게 먹일 약과 영양제를 배송하는 회사)이란 기업의 사례를 설명하기 시작했다.

승마가 취미인 '베키 마이나드'라는 여성이

'아웃스마트' 한 기업 8곳의 비밀: 기존 방식 뒤엎어 새 성공 공식을 만들고 남보다 한발 앞서 고객의 숨은 욕구를 찾는다

1999년 말을 구입했다. 말은 영양 상태가 나빴고, 심한 눈병을 앓고 있었다. 수의사는 약과 영양보조제를 복용하면 병이 나을 것이라고 했다. 하지만 상태는 호전되지 않았다. 알고 보니 마구간 관리자 한 명이 돌봐야 하는 말이 너무 많아 필요한 약을 정확히 주지 못하고 있었던 것이다. 먹이를 줄 때마다 저마다 다른 약이 든 100가지도 넘는 통을 열어서 정확한 양을 꺼내야 하기에 착오가 많이 생기고, 보관하는 약이 변질되는 일도 잦았다.

마이나드는 약국에서 약을 날짜별로 포장해

마 전 통화했더니 매출이 7000만 달러로 늘었다고 하더군요. 이렇게 사람들이 필요로 하는 제품과 서비스를 찾아내야 합니다. 사람들은 값이 싼 제품이 아니라 가치를 주는 제품을 구입하니까요.”

요즘 같은 시기에 기업은 어떤 식으로 리엔지니어링을 적용할 수 있습니까? “다시 말하지만 지금은 리엔지니어링을 적용하기에 매우 좋은 시기입니다. 기업의 운영 방법을 근본적으로 바꾸는 비즈니스 행동이 리엔지니어링

지만, 다운사이징을 하는 것보다 훨씬 현명한 접근법입니다.”

리엔지니어링과 다운사이징(downsizing)의 개념은 혼동되곤 합니다. 정확히 구별한다면? “사람들이 흔히 두 개념을 혼동하는데, 우리가 처음 리엔지니어링 이론을 만들 때부터 그랬어요. 리엔지니어링은 기업에서 일이 수행되는 방법을 변화시키고, 프로세스의 관점에서 일을 다시 디자인하는 것입니다. 근본적으로 일의 성격에 대해 다시 생각하는 거죠. 이렇게 하면 같은 인력을 가지고 어떻게 더 효율적으로 일할 수 있는지 재발견하게 됩니다. 인력이 줄어드는 것은 리엔지니어링의 부산물일 뿐입니다. 리엔지니어링은 어려운 일입니다. 사람 수천 명을 자르는 것이 프로세스를 리엔지니어링하는 것보다 훨씬 쉬운 일입니다.”

리엔지니어링을 성공시키려면 가장 중요한 게 무엇인가요? “리더십입니다. 특히 변화의 필요성에 대한 CEO의 욕구(appetite)가 중요합니다. 톱다운(top-down) 관점에서 변화를 밀고 나가는 게 중요합니다. 경영진의 의지가 강하지 못한 기업에서는 리엔지니어링이 일어나지 않습니다. 토요타에선 리엔지니어링이 매일 일어납니다. 기업 문화와 경영진이 이를 뒷받침하고 있죠.”

주는 데서 힌트를 얻어 ‘스마트팩’이란 회사를 창업했다. 말 목장에서 약과 영양보조제를 인터넷으로 주문하면 1일 복용량을 개별 포장해 정기적으로 발송하는 시스템이다. 이제 마구간 관리자는 정해진 시간에 말의 이름이 써 있는, 배달된 통을 열기만 하면 된다.

“복잡한 문제를 단순하게 바꾼 비즈니스로 큰 성공을 거둔 셈이죠. 제가 《아웃스마트》를 쓰던 2006년만 해도 ‘스마트팩’은 4000만 달러의 매출을 올리고 있었습니다. 그런데 제가 얼

입니다. 그런데 경기 침체기엔 기업의 운영을 근본적으로 바꾸자고 설득하기가 상대적으로 쉽습니다. 5년 전에는 GM의 운영 방식을 근본적으로 바꿔야 한다고 설득하기 어려웠지만, 지금은 가능합니다.

비용을 줄이기 위해서는 두 가지 방법이 있어요. 첫째, 직원을 해고해서 비용을 줄일 수 있습니다. 하지만 그러면 종종 필요 인력이 모자라는 경우가 생깁니다. 두 번째 방법은 리엔지니어링을 하는 것입니다. 리엔지니어링을 해도 결국 더 적은 인원을 보유하게 되

《아웃스마트》에서 155년 전통의 권총 제조업체인 ‘스미스 앤 웨슨’의 최고경영자가 ‘두려움과 비전’을 이용해 어려움에 빠진 회사를 구했다고 분석했는데, 이 두 가지 조합이 리엔지니어링에도 적용될 수 있을까요? “그렇습니다. 두려움과 비전의 조합은 사람들을 변화시킵니다. 리엔지니어링을 톱다운 방식으로 적용할 때 바로 두려움과 비전의 조합이 추진력으로 작동하지요. 내 사업이 더 이상 경쟁력이 없어 실패할지 모른다는 두려움, 그리고 경쟁자가 나보다 더 잘하고 있다는 두려움을 느낄 때 비로소 변화할 수 있습니다.

하지만 두려움만으로는 충분치 않습니다. 어떻게 회사를 차별화되게 운영할지 비전이 있어야 합니다. 《아웃스마트》에 등장하는 기업들은 모두 근본적으로 새로운 방법으로 운영되는 회사들입니다.”

대기업들은 관료주의적 충과
칸막이를 없애야 합니다.
저는 대기업들에 먼저
본부의 크기를 줄이라고
조언하겠습니다.
관료주의적 구조는
아무 가치도 없고 오히려
진보를 가로막습니다.

《아웃스마트》에서 사례로 거론된 기업들은 한결같이 규모가 작습니다. 대기업들은 이런 작은 기업들의 경험으로부터 어떤 교훈을 얻을 수 있을까요? “거대 기업의 경영자는 회사가 소기업처럼 운영되려면 어떻게 해야 하는지 심각하게 고민해야 합니다. 예를 들어 사람들이 자신들의 업무 프로세스를 재설계하는 데 더욱 적극적으로 참여할 수 있도록 해야 합니다. 권총 제조 업체인 ‘스미스 앤 웨슨’의 생산 현장을 방문해보면, 직원들이 자신의 일을 재설계하는 데 매우 적극적으로 참여하는 것을 볼 수 있습니다.

또 대기업들은 관료주의적 층과 칸막이를 없애야 합니다. 관료주의적 구조는 아무 가치도 없고, 오히려 진보를 가로막습니다.

저는 대기업들에 먼저 본부의 크기를 줄이라고 조언하겠습니다. 이 사람들이 비즈니스에 어떤 가치를 보태는지 물어야 합니다. 어떤 가치도 보태지 못하는 프로세스와 사람들을 제거하고 나면, 대기업이라고 하더라도 비즈니스 부문이 소기업처럼 운영되기 시작할 것입니다.

대기업 가운데 근본적인 변화를 일으킨 기업

찰스 다윈을 존경한다는 제임스 챔피 대표는 ‘아이디어를 발전시키는 데 몇 년이나 걸린다. 작은 기회를 무시하면 안 된다’고 조언했다

은 제가 아는 한 IBM이 유일합니다. IBM은 하드웨어 기업으로 출발했지만, 소프트웨어 기업으로 근본적으로 변신했어요."

요즘 글로벌 기업들이 성장 엔진을 찾기 위해 골몰하고 있습니다. 성장하려면 어떻게 해야 하나요? "성장 엔진을 찾으려면 먼저 자신이 갖고 있는 비즈니스 능력을 들여다봐야 합니다. 이해하지 못하는 비즈니스로 진출해서는 안 됩니다.

《아웃스마트》에 등장하는 기업들은 모두 자신이 이해할 수 있는 시장과 비즈니스에 머물렀다는 공통점이 있습니다. 4~5년 전만 하더라도 많은 대기업들이 성장 엔진을 찾는다면서 자신들이 이해하지 못하는 시장과 비즈니스에 진출하느라 돈을 낭비했죠. 지금은 그럴 여유가 없습니다.

그런데도, 지금도 적지 않은 기업들이 자신들이 모르는 비즈니스로 들어가는 우를 범하고 있습니다. 제게도 매주 새로운 아이디어라며 들고 오는 사람들이 많습니다. 하지만 아이디어는 참신할지 몰라도 시장은 아직 준비되어 있지 않은 경우가 많아요.

성장 엔진을 구하는 대기업들이 갖고 있는 또 다른 문제점은 작은 기회들을 무시하는 것입니다. 《아웃스마트》에 등장하는 기업들은 모두 작은 기회를 잘 활용했습니다. 자신이 이해하고 있는 분야의 새로운 아이디어를 발전시켜 시장에서 의미 있는 규모로 키우려면 몇 년이 걸립니다. 하지만 대기업들은 처음 시도해본 뒤 1~2년 뒤에도 여전히 시장이 크지 않은 걸 보고 그동안 해온 노력과 아이디어를 버립니다. 성장 엔진을 구한다면서 정확히 반대되는 일을 하는 것이죠. 성장 엔진이라는 개념 자체가 처음엔 작게 시작할 수밖에 없는 것 아닌가요?"

Focus 1

리엔지니어링이란

'비즈니스 프로세스 리엔지니어링(Business Process Reengineering)'을 줄여 이르는 말. 영어 이니셜을 따서 'BPR', 혹은 우리말로 '업무 재설계'로 부르기도 한다.

기업의 생산·판매 시스템은 아담 스미스 류의 분업(分業)이 기본인데, 이에 따른 지나친 세분화로 업무의 흐름, 즉 프로세스에 비효율이 발생하고, 불필요한 비용이 발생한다는 비판이 제기됐다. 리엔지니어링은 이런 문제점을 해결하기 위해 업무 프로세스를 백지상태에서 재점검하고, 정보기술을 활용해 기능별로 분화된 공정을 통합시키고, 조직도 재편된 프로세스에 따라 재구성하자는 발상이다. 이 이론은 발표 직후 기업들 사이에서 선풍적인 인기를 끌었고, 1993년에는 〈포천〉 500대 기업 중 65%가 이를 도입하거나 도입할 계획이 있는 것으로 조사될 정도였다.

맥도날드의 사례를 보자. 예컨대 하와이 호놀룰루에 있는 맥도날드의 드라이브 스루 코너에서 차에 탄 채 마이크에 대고 주문하면 스피커를 통해 응대하는 사람은 점포 안에 있는 직원이 아니다. 태평양 건너 캘리포니아에 있는 콜센터 직원이 주문을 접수해 다시 바다 너머 하와이 맥도날드의 주방으로 송신하고, 주방에서는 햄버거를 만들어 대기하고 있는 고객에게 전달한다. 언뜻 비상식적이고 비효율적으로 보이지만 기발하고 혁신적인 아이디어가 깔려 있다.

드라이브 스루 코너에서 주문을 마친 차가 이동하기까지 대기 시간은 10~20초이다. 가게 입장에서는 낭비(loss time)인데, 점포 하나로 보면 미미하지만 여러 점포를 합치면 큰 규모이다. 이것을 콜센터로 집중시키면 대기 시간이 없어져 인건비를 줄일 수 있다. 또 드라이브 스루 코너를 이용하는 고객들은 히스패닉이 많아 부정확한 영어 발음으로 생겨나는 잘못된 주문도 골칫거리였는데, 콜센터 직원을 히스패닉으로 채용해서 이 문제도 해소했다. 이는 업무를 표준화하고 집중화해서 효율성을 높이는 혁신기법인 비즈니스 프로세스 리엔지니어링의 전형적인 사례다. 그러나 많은 기업들이 리엔지니어링을 내세워 인원 감축에 나섰고, 산업 현장을 비인간적으로 만든다는 비판이 제기되기도 했다.

하지만 위험을 감수한다는 것은 모르는 분야로 들어가는 것 아닌가요? 혁신을 꾀하고 새로운 성장 엔진을 발견하기 위해서는 위험을 생각해야 하지 않을까요? "맞습니다. 하지만 제가 말하는 것은 뭔가 남보다 좀 더 잘 아는 분야를 발전시키라는 얘기입니다. 가령 구글이 에너지 분야에 진출하기를 원한다고 했는데, 구글이 에너지에 대해 무엇을 알까요? 가끔 돈이 많으면 기업들이 멍청한 일을 하곤 합니다."

한국 기업가의 강점은 무엇인가요? "한국 기업가를 만날 때마다 놀라운 것은 미국 기업가들이 갖고 있는 특성 가운데 좋은 점들을 많이 갖고 있다는 것입니다. 규율을 갖추고, 이익을 내려고 밀어붙이며, 배우고 혁신하려는 욕구가 일본이나 중국 기업가들보다 훨씬 앞섭니다. 또 성장하려는 의지가 누구보다도 강합니다."

반대로 약점은 무엇입니까? "아직 과거의 격식에 사로잡혀 있는 것입니다. 미국에선 늘 과거의 격식을 벗어 던지려고 노력하지만, 한국 기업가들은 그렇지 못합니다.

예를 들면 비즈니스에서 갖춰야 하는 형식 같은 것입니다. 반드시 나쁜 것은 아니지만, 이런 형식을 갖추려면 반드시 간접비용이 들기 마련이죠.

리엔지니어링을 하려면 사고가 자유로워야 합니다. 리엔지니어링은 깨끗한 종이에 새로 그리는 작업이니까요. 기존 프로세스가 어떻게 돌아가는지 끄집어낸 뒤에는 이를 한쪽으로 밀어놓고 새로운 그림을 그려야 합니다."

경제 침체로 일자리가 줄어 젊은이들이 고통을 받고 있습니다. 조언을 한다면? "일자리를 구하지 못하기 때문에 두려움을 느끼기 쉽습니다. 하지만 기존의 기업들이 많이 죽었기 때문에 새로운 기회가 널려 있습니다.

가령 은행을 예로 들 수 있는데, 완전히 다른 개념의 은행을 세울 수도 있을 것입니다. 만일 제가 다시 젊어진다면 은행을 세워서 비즈니스를 시작해 보겠어요." WeeklyBIZ

'아웃스마트' 성공 사례

적자생존의 법칙이 지배하는 비즈니스 생태계. 제임스 챔피는 경쟁자를 압도할 정도로 아웃스마트 해야만 살아남는다고 말한다. 제임스 챔피가 《아웃스마트》에서 제시한 다른 사례들을 살펴보자.

❶ 경쟁자들이 보지 못하는 시장을 찾아라

연예기획사들은 결혼 축하 공연 같은 소규모 공연 제안에 무관심했다. 계약을 성사시켜 봤자 수입이 적기 때문이다. 하지만 한 연예기획사 임원이었던 파노스 파네이는 달리 생각했다. 생활고에 시달리는 거리의 뮤지션이 많은데, 이들을 결혼 축하나 파티 같은 소규모 공연 수요와 연결시키면 어떨까? 2001년 '소닉 비즈(Sonic Bids)'라는 공연 사이트를 개설한 파네이는 뮤지션으로부터 연회비 50~100달러를 받는 대신, 그들의 음악 샘플과 이력서를 온라인에 올려줬다.

❷ 시장의 거품 속에서 기회를 만들어라

릭 크리거는 아픈 아들을 데리고 응급실에 갔다가 하염없이 기다려야 했던 분통 터지는 경험을 하고는 한 가지 아이디어를 떠올렸다. 비염이나, 인후염, 알레르기처럼 굳이 의사의 진료가 필요 없는 간단한 질병을 전문 간호사가 치료해주는 진료소가 있으면 좋겠다는 생각이었다. 이 아이디어를 바탕으로 최초의 간이 진료소 '미닛클리닉(minute clinic)'이 탄생했다.

❸ 비즈니스의 기준 틀을 바꾸어보라

'셔터플라이(Shutterfly)'는 평범한 온라인 사진인화 업체였다. 유사한 사이트가 우후죽순 생겨나고, 2000년대 초 불황으로 경영 상황이 좋지 않았다. 그러나 하버드 MBA 출신의 제프리 하우젠볼드가 CEO가 되면서 변신이 시작됐다. 그는 셔터플라이를 고객들이 자신의 사진을 올려 회원들과 공유하는 커뮤니티로 변신시켰고, 200만 회원을 확보했다.

❹ 혼란 속에서 질서를 만들어내라

미국 소비자들은 냉장고나 텔레비전, 세탁기 등 전자제품의 부품을 교환하려고 할 때 여기저기에 연락해야 했고, 오랫동안 기다리는 경우가 많았다. 모든 제조업체가 저마다 부품 목록을 다른 방법으로 작성하고 있다는 데 근본적인 문제가 있었다. 이에 착안한 '파트서치(Part search)'란 회사는 수년간에 걸친 작업 끝에 560개 브랜드의 800만 가지 부품과 액세서리를 일목요연하게 하나의 목록으로 정리하고 규격화했다.

굳고 녹슨 조직을 '아웃스마트' 한 조직으로 변화시켜라

ism 변하지 않는 철학

112p
잭 트라우트
《마케팅 불변의 법칙》《포지셔닝》 공저자,
트라우트앤드파트너 대표

118p
테리 켈리
W. L. 고어 & 어소시에이츠 CEO

124p
왕중추
《디테일의 힘》 저자,
베이징대 부설 디테일경영연구소 소장

130p
로자베스 모스 캔터
하버드대 경영대학원 교수

134p
제프 킨들러
미국 화이자제약 회장

140p
아리고 베르니
몰스킨 사장

146p
헤르만 지몬
《하든 챔피언》 저자, 경영학자

152p
이브 카르셀
루이비통 회장 겸 CEO

160p

채드 홀리데이
듀폰 회장

164p

찰스 G. 코크
코크 인더스트리즈 회장

168p

레이프 요한손
볼보그룹 회장

174p

미우치아 프라다
패션디자이너, 프라다 오너

180p

우치다 쓰네지
캐논 본사 사장

184p

칼스턴 비야그
그런포스 그룹 CEO

188p

이나모리 가즈오
교세라그룹 명예회장

196p

웬델 윅스
코닝 회장

잭 트라우트

《마케팅 불변의 법칙》《포지셔닝》 공저자,
트라우트앤드파트너(Trout & Partners) 대표

Jack Trout

세계 경쟁에서 살아남는 방법 한 가지만 말해 주십시오.

"차별화,
이게 정수고 이게 전부"

'포지셔닝(positioning)'이란 개념을 경영에 도입한 것으로 유명한 잭 트라우트 대표가 〈매일경제〉 주최 '세계지식포럼 2008' 참석차 한국을 찾았다. 위클리비즈는 그의 열변을, 단독·공동 인터뷰와 강연을 통해 3시간 동안 경청했다. 그는 '더없이 치열해진 세계 경쟁에서 어떻게 해야 살아남고 앞서가는가'를 놓고 미국과 세계와 한국 사례를 넘나들면서 거침없이 의견을 쏟아냈다.

"저는 잔인할 정도로 솔직합니다(I am brutally honest)." 한국 관련 질문에 대해 '독설'을 토하던 이 마케팅의 세계적 거장(巨匠)은, 스스로 좀 미안했는지 웃으면서 잠시 화제를 돌렸다.

"스리랑카의 국가 컨설팅을 맡은 적이 있었습니다. 그때 '나라 이름부터 바꿔라. 스리랑카라니… 터무니 없고(terrible), 엉망(mess)이다. 옛 이름 실론을 다시 쓰라'고 충고한 적도 있을 정도예요."

실제로 잭 트라우트는 냉혹하리만큼 직설적이고 때로는 시니컬하게 말을 뿜어냈다. 웃는 얼굴과 경쾌한 조크가 버무려지긴 했지만, 좌고우면(左顧右眄) 없는 그의 화법은 표현하고 싶은 목표를 향해 쾌속으로 내달렸다. 그의 화법은 그가 강조하는 마케팅 기법을 닮아 있었다.

당신 주장의 요체(要諦)를, 늘 당신이 하는 충고처럼 간결하게 정리해주시죠. "매우 매우 간단합니다. (자신의 이마 양쪽을 두 검지로 깊게 누르면서) 고객의 뇌리에서, 고객의 마음속에서 어떻게 '차별화'할 것인가? 이게 정수(精髓)고, 이게 전부입니다. 고객의 마음속은 전쟁터입니다. 이 전쟁터에서 차별화하지 못하면 패배합니다. 그게 '포지셔닝(positioning)'입니다. 기업이든 제품이든 정당이든 국가든 똑같아요. 제품이나 브랜드 아이디어가 '못'이라면 차별화 마케팅은 '망치'입니다.

못이 아무리 좋아도 고객의 마음에 망치로 밀어넣지 못하면 아무 소용없죠. 마음속에, 뇌리에 파고들려면 메시지를 날카롭게 갈아야 합니다. 날카로우려면 애매하거나 불필요한 것은 빼고 단순해야 합니다. 차별화해야 합니다. 안타깝게도, 지금은 차별화하지 못하면 경쟁자에게 바로 밀려나는 시대입니다. 더욱 안타깝게도, 한번 밀려나면 그 자리로 돌아가는 것은 거의 불가능해요."

당신이 말하는 '단순화'는 어떤 뜻입니까? "사람은 누구나 여러 특성과 개성의 혼합체입니다. 하지만 그 사람을 독특하고 두드러지게 만드는 것은 결국 딱 하나의 특성이에요. 아인슈타인 하면 '지성(知性)'이고, 마릴린 먼로 하면 '섹시함'이죠. 제품도 똑같습니다. 제품도 여러 특성의 혼합물이지만 그 제품을 독특하고 두드러지게 만드는 것은 결국 딱 하나의 특성입니다. 자동차로 예를 들자면 볼보는 '안전', 페라리는 '속도', 토요타는 '신뢰', 메르세데스벤츠는 '엔지니어링' 하는 식이죠. 한국의 기아는 현재로서는 '비싸지 않다'는 특성이 가장 먼저 떠오릅니다."

당신이 평가하는 최고의 차별화 슬로건은? "음…. 제가 가장 좋아하는 최고의 마케팅, 최고의 슬로건은 BMW의 'Ultimate Driving Machine (궁극의 자동차)'입니다. 명쾌하고 강렬하죠. 그리고 더 중요한 것은 이 슬로건을 25년 동안이나 바꾸지 않고 일관되게 유지해 왔다는 점입니다. 제가 본 최고의 브랜드 관리입니다. 요건은 명쾌한 메시지와 일관성, 이렇게 두 가지입니다."

드라마나 스토리를 창출하라

어떻게 차별화해야 합니까? "기업이 활용할 수 있는 차별화 방법으로는 1등 이미지, 개척자 이미지, 최신 이미지, 리더십 이미지, 전통과 유산(遺産) 이미지 등을 들 수 있습니다. 예를 들어 구글이나 스타벅스는 그 분야를 개척했다는 이미지로 성공을 거두었습니다. '구글(Google)'은 검색한다는 뜻의 동사로도 쓰일 정도입니다. 이렇듯 1등 혹은 개척자 이미지는 차별화로 활용하기에 매우 좋습니다."

1등이라도 1등임을 내세우기 싫어하는 경우라면 어떻게 하나요? "1등이라면 '넘버원'을 강조하는 편이 낫습니다. 1등이라는 걸 굳이 앞세우기 싫다면, '이 사회의 리더이다', '리더이므로 남들보다 뭔가를 더 해내게 된다'는 맥락으로 리더십을 강조하면 됩니다. 리더십은 우산 같은 것이거든요. 리더십이야말로 브랜드

명쾌한 메시지와 일관성은 브랜드 관리에서 가장 중요한 원칙이다

에 신뢰를 구축하는 최고의 지름길이지요. 또 리더십은 어떻게 그 리더의 자리까지 올랐는지 스토리를 풀어낼 수 있는 좋은 플랫폼입니다."

1등이나 선구자가 마케팅하기 쉽다는 건 너무 당연하지 않나요? "1등이 아니라고, 선구자나 개척자가 아니라고 실망할 필요는 없어요. 이를테면 '최신'이라는 이미지도 잘 이용하면 차별화 효과가 큽니다. 미국에서 '애드빌(Advil)'은 아스피린 등 기존 제품보다 '진전된(advanced) 진통제'라는 이미지, 옛 약이 아니라 최근에 개발된 약품이란 이미지를 통해 진통제 시장에서 3위보다 훨씬 앞선 '의미 있는 2위'로 올라섰습니다."

1등도 아니고, 최신도 아니라면? "제품이 만들어지는 과정이나 소재, 전통이나 유산 등을 잘 활용해서 차별화된 드라마나 스토리 혹은 이미지를 창출하는 것도 효과가 있습니다. 일본의 소니는 '트리니트론(Trinitron, 1968년 소니가 개발한 새로운 브라운관 방식)'이란 걸 내세워 텔레비전 제품을 성공적으로 마케팅 했습니다. 소비자들은 '와, 소니는 트리니트론을 쓴대' 하고 환호하면서 앞다투어 소니 제품을 샀어요. 트리니트론이 소니 텔레비전 제조 과정의 스토리 혹은 심벌이 된 셈이지만 트리니트론이란 복잡한 물건이 도대체 뭔지 정말로 아는 소비자는 거의 없었습니다.

스페인의 올리브 오일 마케팅도 좋은 예입니다. 스페인은 세계에서 올리브 오일을 가장 많이 생산하지만 이런 사실은 묻힌 채 이탈리아 제품이 국제적으로 가장 많이 알려져 있었어요. 이미지상으로는 이탈리아 올리브 오일이 1등이었던 셈입니다.

1등도, 최신도 아닌 스페인이 취할 전략은 '드라마화(化)'였습니다. 일단 스페인을 '세계의 1위 올리브 오일 생산국'이라고 포지셔닝을 하고, '2000년 전 로마(이탈리아)는 우리(스페인)의 가장 큰 고객이었습니다. 지금도 그들은 여전히 그렇습니다'는 식으로 스토리를 만들어간 것입니다. 이 전략은 주효해 스페

'포지셔닝' 이론의 주창자 잭 트라우트가 '차별화'의 중요성을 강조하고 있다

인은 이제 올리브 오일의 1위 생산국 이미지를 되찾았습니다.”

중소기업이 글로벌 마케팅에 성공하려면 어떻게 해야 할까요? “포지셔닝을 새롭게 한 성공 사례가 있습니다. ‘컴퓨데이터(Compudator)’란 회사는 아르헨티나의 바코드 리더기 전문 회사였어요. 대표적인 제품의 이름은 ‘멀티스캔(multiscan)’이었죠. 제가 어떻게 했을까요? 회사명 ‘컴퓨데이터’를 버리고 제품명인 ‘멀티스캔’으로 회사 이름을 바꾸게 했어요. ‘혹시 미국에 지사가 있느냐’고 물었더니 마이애미(Miami)에 한 곳 있다고 하기에 그곳을 본사로 바꾸게 했습니다. 컴퓨터에 강한 나라는 미국이기 때문입니다.

사장의 이름도 아예 미국식으로 개명시켰어요. 이렇게 되니 사장 명함이 확 바뀌었어요. 아르헨티나에 본사를 둔 ‘컴퓨데이터’란 회사의 남미식 이름을 가진 사장에서 미국에 본사를 두고 명쾌한 전달력을 지닌 ‘멀티스캔’이란 회사의 미국식 이름을 가진 사장으로…. 어떤 결과가 나왔을까요? 이 회사 매출은 10배로 늘었고 55개국에 수출하게 됐습니다.”

한국 재벌은 특화 브랜드 검토하길

삼성과 LG는 한국의 대표적 글로벌 브랜드인데, 어떻게 보십니까? “미국의 많은 사람들은 삼성과 LG가 일본 브랜드라고 생각합니다. 그런데 한국의 국가 이미지 포지셔닝이 어정쩡하고 북한과 겹쳐지는 상황에서는 차라리 일본 브랜드로 오해받는 편이 낫습니다. 일본은 전자제품에 강하다는 이미지가 있으니까요. 그리고 LG가 ‘Life is Good’이라고 광고하던데 그게 무슨 메시지인지 잘 모르겠어요. 더구나 금융 위기 때문에 요사이 인생은 그리 좋지만은 않은데….(웃음)”

당신은 삼성의 브랜드 이미지가 혼란스럽다고 지적했던데요. “그렇습니다. 삼성은 텔레비전과 휴대전화에서 모두 세계 최고를 지향합니다. 하지만 ‘노키아’ 하면 휴대전화가 떠오르고, ‘소니’ 하면 텔레비전이 떠오르는 반면 삼성은 초점이 없습니다. 그래서 삼성이 휴대전화를 아무리 훌륭하게 만들더라도 노키아를 앞서기에는 힘겨워 보입니다. 저는 한국의 재벌들이 부문별로 특화된 몇 개의 브랜드로 나누는 것을 검토하라고 권하고 싶습니다.”

현대자동차가 2008년에 ‘제네시스’라는 고급 승용차를 새로 출시했는데, 렉서스와 비교되는

차별화 방법 중에서 1등 혹은 개척자 이미지가 가장 활용하기 좋습니다. 구글이나 스타벅스 모두 그 분야를 개척했다는 이미지로 성공을 거두었습니다.

잭 트라우트는 삼성은 텔레비전과 휴대전화 시장에서 강자이지만 브랜드 초점이 없다고 지적했다

제품이나 브랜드 아이디어가 '못'이라면 차별화 마케팅은 '망치'에 비유할 수 있다

경우가 많았습니다. "현대자동차는 물론 미국 시장에서 매우 높은 경쟁력을 갖고 있습니다. 하지만 제네시스는 바로 현대자동차 마케팅의 한계를 보여줍니다. 제네시스와 렉서스는 브랜드 관리 측면에서 완전히 다릅니다. 토요타는 렉서스라는 브랜드를 완벽하게 분리시켰습니다. 10마일 거리 안에서는 토요타 딜러와 렉서스 딜러가 겹치지 않게 할 정도로 세심하게 관리했어요. 그래서 사람들은 렉서스가 토요타에서 튀어나왔다는 이미지를 갖지 않습니다. 하지만 현대자동차는 제네시스라는 브랜드를 분리하지 않았습니다. 제네시스를 누구에게 가서 사지요? 현대자동차 딜러입니다. 그러니 제네시스에서는 새로운 '고급'이미지가 절대 나올 수 없는 것입니다."

현대자동차의 미국 시장 컨설팅을 맡는다면 어떻게 충고하겠습니까? "음, 현 상황에서 저는 'More Car for the Money'를 내세우는 전략을 추천하겠습니다."

결국 '싼 차'란 뜻 아닌가요? "비슷한 의미이긴 하지만…, 가격에 비해서 성능이 좋은 차란 뜻입니다. 그리고 이 전략이 요즘과 같은 불황에서는 현대자동차에 좋은 기회를 제공할 수 있어요. 렉서스를 사려면 엄청난 돈을 지불해야 하지만 제네시스라는 우수한 성능에는 그렇게 많은 돈을 내지 않아도 된다는 뜻입니다. '팬시 마케팅'보다는 '밸류 마케팅'을 선택하란 의미인데 이는 현대자동차가 써야 하고, 또 쓸 수밖에 없는 전략입니다. 제네시스가 렉서스와는 다르다는 것 때문이기도 하지만 지금은 세계적인 불황이기 때문이기도 합니다. 현대자동차에는 오히려 유리한 환경일 수도 있어요. 불황이 깊어지면서 이제 소비자는 지갑을 잘 열지 않게 됩니다. 현명하게 돈을 쓴다는 생각이 들어야 지갑을 엽니다. 자동차뿐 아니라 여러 시장에서 가치를 엄격하게 따지는 새로운 게임이 시작되는 것입니다. 당분간 이런 새로운 게임은 지속될 것입니다." **WeeklyBIZ**

잭 트라우트는 세계 최고의 마케팅 전략가 중 한 사람으로 꼽힌다. 1980년 친구이자 동업자인 알 리스(Al Ries)와 함께 저술한 《마케팅 불변의 법칙》과 《포지셔닝》은 '마케팅 분야의 바이블'로 평가 받고 있다. GE의 광고부서에서 사회생활을 시작했고, 타이어 회사 '유니로열(Uniroyal)' 광고 책임자를 역임했다. 이후 알 리스와 함께 광고 마케팅 회사를 세워 26년간 함께 경영했다. 그는 《마케팅 전쟁》《단순함의 원리》《호스 센스》 등의 베스트셀러를 잇따라 내놓았다.

그가 대표로 있는 '트라우트앤드파트너'는 미국 코네티컷에 본사가 있고, 13개국에 지사를 두고 있다. IBM, AT&T, 제록스, 에릭슨, 메릴린치, P&G, 휴렛팩커드 등이 그의 고객사이다.

Focus

트라우트는 한국의 국가 이미지를 어떻게 보나

트라우트 대표는 특히 한국의 국가 이미지와 관련된 문답에서 직설적인 표현을 서슴지 않았다. 한국에 대한 깊은 천착 끝에 나온 분석으로는 보이지 않았지만, '한국은 명쾌한 포지셔닝이 없다'는 그의 솔직한 평가는 귀담아 들을 필요가 있었다.

한국이란 국가의 포지셔닝은 어떤가요? ● "음… 한국 경제가 성공을 거둔 것은 알고 있지만…, 한국은 명쾌한 포지셔닝이 없다는 게 문제입니다. 미국에서 '코리아(Korea)' 하면 북한이 떠오르죠. 그 다음 '남한인가, 북한인가?'하는 질문을 던지게 되고요. 북한은 대단히 복잡하고 거대한 이슈입니다. 더구나 한국은 중국과 일본이란 거물 사이에서 차별화해야 하니 힘들죠. 중국 하면 '세계의 작업장(workshop)', 일본 하면 '전자와 자동차의 왕'이란 이미지가 떠오르지만 한국은 강력한 느낌이 없습니다. 미국은 '컴퓨터'와 '비행기'가, 독일은 '엔지니어링'과 '맥주'가, 스위스는 '은행'과 '시계'가, 프랑스는 '와인'과 '향수'가, 이탈리아는 '디자인'과 '의류'가 바로 연결되잖아요?"

한국의 상징 문구인 '다이내믹 코리아(Dynamic Korea)'나 '코리아 스파클링(Korea Sparkling)'은 어떤 느낌을 주나요? ● "일단 못 들어봤어요. 관광 차원에선 잘 모르겠지만, 비즈니스 맥락에선 두 아이디어 모두 좋지 않습니다. 의미가 전달되지 않는 슬로건이지요. 스파클링? 다이내믹? 무슨 뜻인지 명쾌하지 않아요. 중국도, 일본도 다이내믹한데, 어떻게 차별화할 겁니까? 스파클링은 다이내믹보다 더 와 닿지 않아요."

거금을 들여 외국의 유명한 전문가들에게 받아낸 브랜드인데요. ● "돈 낭비한 것 같네요. 오늘 새벽 한국에 도착해 보니 스파클링(여기서는 '별 등이 반짝거리거나 빛난다'는 뜻) 하지 않고, 안개만 자욱하던데요.(웃음)"

한국은 또 '동아시아의 관문(gateway)'을 목표로 삼고 있습니다만, 어떻게 생각하십니까? ● "어리석은(silly) 아이디어입니다. 몇몇 나라들이 관문을 목표로 내걸지만 큰 효과를 보는 경우가 없어요. 브뤼셀도 그렇고 암스테르담도 그렇고…. 중국 가려면 중국 가는 거고, 일본 가려면 일본 가는 거지, 불가피한 상황이 아니라면 관문이라고 일부러 가지 않습니다. 관문 전략은 성공할 수 없어요."

잭 트라우트는 한국은 경제로 큰 성공을 거뒀지만 강력한 느낌이 없다고 진단했다

테리 켈리

W. L. 고어 & 어소시에이츠
(W. L. Gore and Associates) CEO

11년 연속 '일하고 싶은 기업' 최상위권에 오른 이 회사의 정식 명칭은 'W. L. Gore and Associates'. 직역하자면 '고어와 동료들'이다.

실제로 이 회사의 조직은 상사나 부하가 없는 완전 수평 조직이어서, 모두가 '동료(associate)'로 불린다. 거의 모든 직원의 명함에는 이름 밑에 'Associate'라는 직함만 씌어 있다.

2005년 이 회사 CEO가 된 켈리 대표도 법률적 필요 때문에 회사 바깥에서 CEO로서 회사를 대표할 뿐, 회사 내에서는 '동료'로 불린다.

이런 조직이 제대로 굴러갈까? 굴러는 가더라도 과연 성과를 낼 수는 있을까?

직위도, 보스도, 지시도 없는 회사가 어떻게 굴러갑니까?

"창조와 혁신이 필요한 조직은 박스에 갇히면 끝"

솔직히 말하면, 그 유명한 게리 해멀(Gary Hamel) 교수의 설명에 고개를 갸우뚱했었다. 〈월스트리트저널〉이 '세계적 경영 대가 중에서도 넘버원'으로 뽑았다는 그가 '혁신에도 급(級)이 있다'며 다음과 같이 제시한 설명 말이다. "가장 밑바닥은 운영 혁신(operation innovation)이고, 그 위는 제품 혁신(최첨단 제품 개발), 그 위는 비즈니스 혁신(인맥 구축 사이트처럼 전혀 다른 차원의 비즈니스 구상), 그 위는 업계 구조 혁신(아이팟처럼 업계 전체를 뒤집는 혁신)입니다." 여기까지는 고개를 끄덕였다. 그런데 마지막으로 그는 혁신 사다리의 꼭대기에는 '관리 혁신(management innovation)'이 있다는 게 아닌가? 직원들의 시간 활용, 의사 결정 구조, 조직 구성 등 사람 관리와 관련된 혁신 말이다. 아니 기껏 사람 관리를 혁신한다는 게 도대체 얼마나 대단하길래, 새로운 비즈니스를 창출해내거나 업계를 뒤집어놓는 혁신보다도 더 윗자리를 차지한단 말인가? 해멀 교수는 이 '관리 혁신'을 실증해내는 대표적 기업으로 'W. L. 고어 & 어소시에이츠'(고어사社)를 꼽았다. 특수 등산복 소재로 흔히 쓰이는 고어 텍스(Goretex)의 제조사로 유명한 회사다. 궁금증을 풀어줄 열쇠는 이 회사에 있을 것 같았다.

테리 켈리 CEO를 인터뷰하러 미국 델라웨어주로 날아갔다. 뉴어크(Newark)시 본사 인근의 전시관 건물에서 만난 49세(2009년 현재)인 켈리 대표는, 180cm 가까운 장신과 금발과 활달한 웃음이 인상적이었다. 손을 잡는 악력이 웬만한 남자보다 강했고, 1시간 여의 인터뷰 동안 9번 폭소를 터뜨렸으며, 말의 속도가 빨랐다. '대화를 많이 하기 위해서 말이 빠르다'는 게 그녀의 설명이었다.

이 회사에는 없는 게 그렇게 많다는데 무엇이 없습니까? "직위도, 서열도, 권위도, 보스도, 관리자도, 피고용인도, 표준화된 고정 업무도, 지시도 없습니다. 참, 직원 수 200명이 넘는 큰 공장도 없네요. 너무 큰 공장, 너무 큰 조직에서는 우리 회사가 추구하는 개인과 대화 존중의 문화가 실현되기 어렵기 때문에 의도적으로 규모를 조절하지요."

이런 독특한 형태의 조직은 왜 생겼나요? "모든 게 '카풀(car pool)' 덕분이지요.(웃음) 우리 회사 창립자인 빌 고어(Bill Gore)는 듀폰에 다니던 화학 기술자였는데, 대기업의 권위주의와 상하관계 때문에 창의성이 꽃피지 못한다고 생각하고 있었습니다.

1957년쯤 빌은 '사람들이 명령의 사슬에 구애받지 않고 자유롭게 대화를 나누는 유일한 순간은 동료들끼리 카풀을 할 때'란 사실을 발견했어요. 상사와 부하라 하더라도 동료 차에 합승해서 출퇴근할 때는 조직과 관계를 떠나 창의적이고 생산적인 대화를 하고, 새로운 에너지와 헌신과 아이디어도 넘쳐나더라는 겁니다. 또는 회사가 위기에 처해서 '태스크 포스(task force)'를 가동시킬 때에도 비슷하게, 쓸데없는 규칙과 관계에서 벗어나 의미 있는 논의와 진전을 하더라는 겁니다.

빌은 '왜 카풀을 해야만, 혹은 위기가 닥쳐야만 자유롭고 생산적인 대화를 할까' 하는 의문을 '직급과 직함과 상하관계를 집어던지면 매

일매일 대화와 에너지와 헌신이 흐르는 조직이 될 수 있다'는 대안(代案)으로 발전시킨 겁니다."

빌 고어는 약 50년 전인 1958년, 이 대안을 실천으로 옮겼다. 승진을 앞두고 있던 그는 듀폰에 사표를 던지고 나와 부인 비에브 고어와 함께 고어사를 설립했다.

그는 당시 유명한 경영학자 맥그리거의 'Y이론'에 대한 믿음을 바탕으로 이런 독특한 조직을 만들었다. 맥그리거의 'Y이론'이란 한마디로 '성선설'이다. 인간은 오락이나 휴식뿐 아니라 자존(自尊)과 헌신에 대해서도 본성적으로 욕구가 있으므로, 자발적으로 일할 마음을 갖게 하면 능력의 극대화가 가능하다는 분석이다.

반면 그의 'X이론'은 인간은 선천적으로 일을 싫어하므로, 기업의 목표 달성을 위해서는 통제와 명령과 상벌이 필요하다는 논리이다. W. L. 고어

& 어소시에이츠는 미국에서 'Y이론'이 가장 극적으로 꽃을 피운 기업으로 꼽힌다.

<hr>

보스도 조직도 없는 회사

정말 보스가 없고 조직이 없나요? 믿어지지 않는데요. "정말 없습니다. 표준화된 고정 업무도 없어요. 모든 동료들은 프로젝트 기반으로, 그때그때 팀을 만들어 일하죠. 좋은 아이디어가 생긴 동료가 제안하고, 이에 동조하는 동료들과 팀을 만듭니다. 굳이 말하자면 팀 전체가 보스인 셈이죠."

이를테면 CFO(최고재무책임자)나 CTO(최고기술책임자)는 필요하지 않나요? "우리는 그런 직함을 부여하면 그 사람을 상자 안에 가두게 된다고 생각합니다. 그 직함이 그 사람의 능력에 불필요한 한계를 지우고, 또 불가피하게 권위나 통제를 불러일으킨다고 봅니다. 물론 CFO의 역할은 필요하지요. 그래서 우리 회사에는 대신 '재무적 성공에 집중적으로 헌신하는 동

료'가 있을 뿐입니다.(웃음) 말장난이 아닙니다. 이 동료는 결코 재무 조직을 통제하지 않는다는 점에서 다른 회사와 차이가 있지요. 이 동료도 개인을 기반으로, 우리 회사 문화에 맞게 일하는 겁니다."

유토피아 같군요. 그런 경영이 비효율적이지 않나요? "물론 우리가 매우 조화롭게, 부드럽게 일을 한다고 말하면 그건 거짓말이죠. 동료들의 관점과 생각이 처음에는 매우 다르기 때문입니다. 그래서 역동적인 팀 회의를 보면, 심지어 아이디어를 놓고 싸우는 것처럼 보이기도 하죠.(웃음) 밖에서 보면 매우 비효율적인 것처럼 보일 수도 있습니다. 실제로 결정에 이르는 데 시간이 더 오래 걸립니다.
그러나 궁극적으로 따져보면, 이 시스템이 훨씬 더 효율적이고 훨씬 더 창조적입니다. 더 많은 상호 이해와 컨센서스를 통해 진정한 하나의 팀으로 뭉치고 나면, 훨씬 더 많이 헌신하고 훨씬 빨리 움직입니다.
만약 창조와 혁신이 그다지 필요하지 않은 분야의 기업이라면, 그런 계량된 효율성을 따지

라고 말하겠습니다. 하지만 창조와 혁신이 필요한 조직이라면, 우리의 문화가 절대적으로 맞습니다."

직원들이 오히려 전문성을 키우지 못할 것 같은데요. "틀렸습니다. 바로 그 점이 많은 기업들이 오해하는 부분입니다. 이것은 우리 회사의 약점이 아니라 대표적인 장점입니다. 다른 기업들은 업무가 너무 엄격하게 분리돼 있어서, 전문성을 키우는 게 아니라 거기에 함몰됩니다. 우리는 유연한 팀을 기반으로 일하니까, 신선한 아이디어가 나옵니다. 최고의 혁신은 어디서 나온다고 생각하세요?"

글쎄요…. "최고의 혁신은, 그리고 가장 가치 있는 혁신은 '다른 관점'과 '독특한 시각'에서 나옵니다. 다양한 시각으로 구성된 팀이 적극적으로 도전하는 과정에서 혁신과 창조가 나옵니다.
예를 들어 우리의 의료사업 부문에서도 의료 전문 지식을 갖고 있는 동료보다는, 관련 지식이 없는 동료들로부터 깜짝 놀랄 만한 아이

직함을 부여해 그 사람을 상자 안에 가두면 신선한 아이디어, 최고의 혁신은 기대할 수 없다

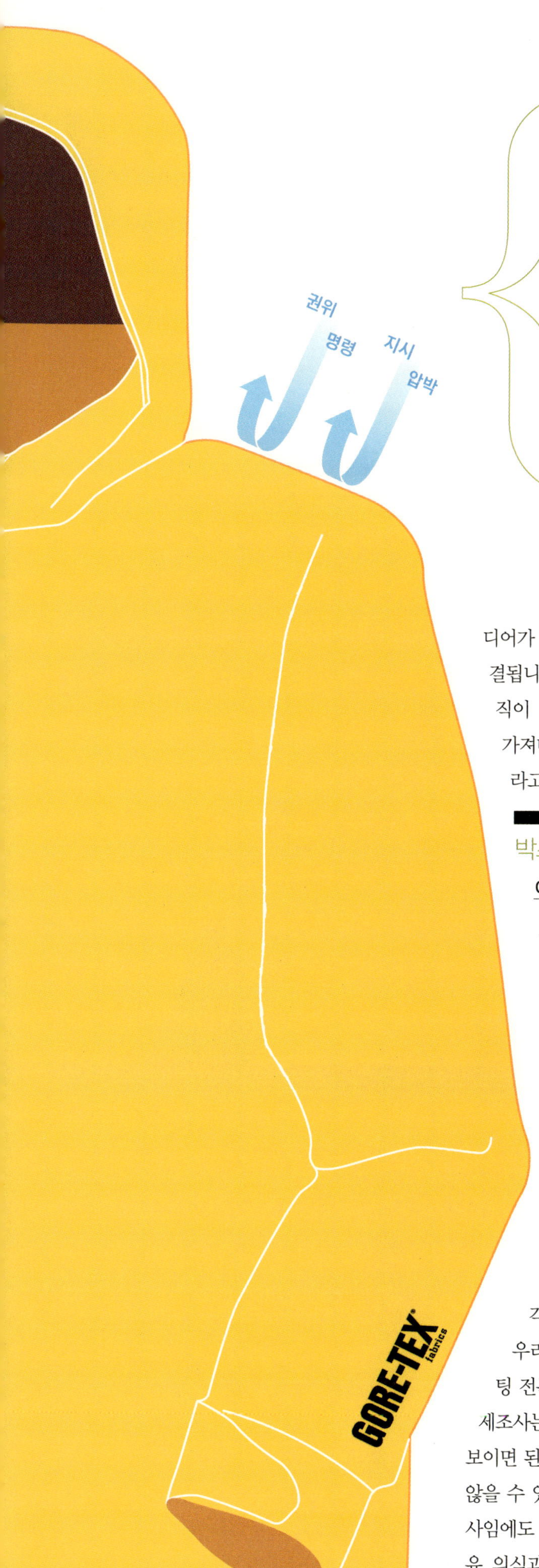

> 가장 가치있는 혁신은 '다른 관점'과 '독특한 시각'에서 나옵니다. 다양한 시각으로 구성된 팀이 적극적으로 도전하는 과정에서 혁신과 창조가 나옵니다.

디어가 훨씬 많이 나오고 큰 수익으로 연결됩니다. 저는 우리와 같은 환경과 조직이 훨씬 많은 아이디어와 에너지를 가져다 주며 비즈니스 성공의 핵심이라고 확신합니다."

박스에 갇히면 모든 게 끝

이번에 처음 알았는데, 유명한 '인텔 인사이드(Intel Inside, 세계 최고 반도체 제조사인 인텔이 컴퓨터에 자신의 반도체가 내장됐음을 표시해 브랜드를 키운 마케팅)' **란 전략이 사실은 고어 텍스를 흉내낸 것이라면서요?** "조사 잘하셨네요.(웃음) 인텔이 따라 한 거 맞아요. 시기적으로 봐도 우리가 의류 소재인 '고어 텍스'를 브랜드화했던 전략이 훨씬 앞서지요. 그런데 바로 여기서도 '비전문가의 신선한 시각'이 기여를 한 겁니다.

우리 회사 창립자인 빌 고어는 마케팅 전문가가 아니었지요. 그래서 '원료 제조사는 그저 납품받는 회사에게만 잘 보이면 된다'는 당시의 고정관념에 빠지지 않을 수 있었던 겁니다. 덕분에 원료 제조사임에도 불구하고 최종 생산품에 대한 소유 의식과 책임을 분담하겠다고 나서는,

창조적이고 성공적인 브랜드 전략을 세울 수 있었지요.

다시 한 번 강조하지만 박스에 갇히면 모든 게 끝입니다. 우리 조직은 처음부터 지금까지 모든 면에서 박스에 갇히지 않으려고 노력해 왔습니다."

게리 해멀 교수는 '상자 속에 갇힌 '꿀벌'들이 아니라, 놀라운 혁신을 이루는 '게릴라'들이 충만하도록 만들어야 최고로 효율적인 조직이 된다'고 충고했는데, 고어는 한참 전부터 이를 실행에 옮겨오고 있었던 셈이다.

가장 좋은 인센티브는 '인정'

가장 좋은 인센티브나 동기 부여는 뭐라고 생각하십니까? "저는 단순한 돈, 그 이상이라고 생각해요. 많은 사람들은 자신의 의견이 진지하게 받아들여지고 자신이 가치 있는 기여를 하고 있으며, 동료들이 그것을 인정해준다는 사실에서 크게 보상받습니다.

또한 우리의 보상 시스템도 독특합니다. 우리는 동료들의 평가로 연봉을 결정합니다. 전통적 기업들은 주로 한두 명의 상관이 실질적으로 연봉을 결정하지요. 슬프게도 상관들은 직원이 얼마나 많은 기여를 했고 어떤 역할을 했는지 모르는 경우가 대부분입니다. 우리 회사는 CEO인 저조차도 동료들의 회의를 거쳐

W. L. 고어 & 어소시에이츠는 CEO의 연봉도 동료들의 회의를 통해 결정한다

보수가 결정됩니다.

또 우리는 훌륭한 발명과 혁신을 내놓는 엔지니어들을 특별하게 대우합니다. 많은 기업에서 성공에 이르는 거의 유일한 길은 관리자가 되어 많은 인원을 거느리는 것이지만, 우리 회사는 발명과 혁신에 기여한 사람들도 매우 높이 보상합니다. 연공서열이나 직함이나 관리자가 따로 없으니까요."

실제로 고어의 연봉은 업계 최고 수준보다는 업계 평균 수준에 더 가까운 것으로 알려져 있다. 하지만 이 회사는 〈포천〉이 선정하는 '가장 일하고 싶은 100대 기업'에서 1998년부터 11년 연속 2~15위의 상위권을 차지했다. 그녀가 2005년 CEO로 선정된 것도 수십 명의 주요 직원 설문을 통해서였다.

마지막으로, 한국 시장에 대해 어떻게 생각하시나요? "한국의 날씨는 고어 텍스를 위해 더없이 훌륭합니다. 여름에 매우 덥고 겨울에 매우 춥고….(웃음) 한국의 소비자들은 가치와 품질, 브랜드와 기능을 매우 균형적으로 평가해주는, 매력적인 소비자들인 것 같아요. 그리고 특히 우리는 한국의 뛰어난 인재들을 기다리고 있습니다. 우리 회사의 분위기는 한국인의 기질과 잘 맞는다고 봅니다. 제가 이렇게 인터뷰를 하는 이유 중의 하나도 한국의 탁월한 인재들이 우리 회사에 와서 동료로서 꿈을 나누기를 바라기 때문입니다."

켈리 대표와의 인터뷰를 마치고 나니, 궁금증은 풀리고 있었다. 결국 다른 혁신은 혁신의 '결과물'들이었지만, '관리 혁신'이란 혁신을 끊임없이 뿜어낼 수 있는 '원천 기술 탑재'의 다른 표현이었다. 당연히 혁신의 최고봉은 관리 혁신이 될 수밖에 없었다. **WeeklyBIZ**

W. L. 고어 & 어소시에이츠는 최고급 등산복 등에 쓰이는 특수 원단인 '고어 텍스(Gore-tex)'로 유명하다. 1958년 미국 델라웨어 주에서 빌 고어 부부에 의해 설립됐다. 미국, 유럽과 아시아·태평양 지역 등 전 세계 45개 지역에 회사가 있으며, 8000여 명의 직원이 근무하고 있다.

이 회사가 만드는 고어 텍스는 물방울의 2만분의 1, 수증기 분자의 700배인 구멍이 촘촘하게 뚫려 있어, 외부의 빗물은 차단하고 내부의 땀을 배출하는 원단으로 유명하다.

잘 알려진 섬유 사업 외에도, 이 회사 기술 경쟁력의 핵심인 'e-PTFE'라는 소재를 이용해 연료 전지와 기타줄·통신장비와이어·인공혈관·케이블을 생산하며 의료와 전자, 우주사업에도 참여하고 있다. 1969년 처음 달에 간 아폴로 11호에도 고어의 케이블이 사용됐다.

소재 제조 기업이지만, 'Gore-Tex: Guaranteed to Keep You Dry'란 꼬리표를 옷에 달도록 하는 마케팅으로 브랜드를 널리 알렸고, 이는 1990년대에 인텔의 'Intel Inside' 전략으로 응용됐다는 분석이다.

《포천》이 매년 초 선정하는 '가장 일하고 싶은 100대 기업'에서 11년 연속 상위권에 오르는 등, 미국에서 선정되는 모든 '일하고 싶은 기업 리스트'에서 한 번도 빠지지 않은 회사란 기록을 갖고 있다. 영국, 독일, 스페인, 프랑스, 스웨덴에서도 일하고 싶은 기업에 올랐다. 미국의 경영 전문가나 언론이 꼽는 '가장 혁신적인 기업'에도 단골로 거론된다. 2004년 이후 매년 8~13%의 안정적인 매출 성장세를 보이고 있으며, 2007년에 24억 달러의 매출을 올렸다.

**게리 해멀이 꼽은
'관리 혁신 기업'
공통점**

게리 해멀 교수는 자신의 저서 《경영의 미래》에서 관리 혁신(management innovation)의 모범 기업으로 세 곳을 꼽았다. 고어를 비롯, 미국의 유기농 식품점 체인 홀푸드마켓(Whole Foods Market), 세계 최대 인터넷회사 구글이 그것이다. 해멀 교수는 또 "고어나 구글보다 더 급진적 회사"라며 브라질의 제조업체 셈코(Semco)도 간단히 소개하고 있다.

홀푸드마켓은 판매대의 직원들이 어떤 물건을 구매할 것인지를 직접 결정한다. 팀 단위로 일하며, 동료들이 신규 고용이나 해고에 대해 재량권을 갖는다. 이렇게 재량과 정보를 충분히 제공함으로써, 직원들의 열정을 성공적으로 이끌어내 '완벽한 음식, 완벽한 직원, 완벽한 지구'라는 회사 목표를 향해 달려갈 수 있다는 평가다.

구글은 '대학원 같은 회사', '분권화된 수평 조직', '작고 자율적인 팀', '직원들의 자율 보장', '급여 차등화' 등을 통해 관료주의를 없애고 누구든 아이디어를 실행에 옮길 수 있도록 지원한다.

브라질의 셈코는 더 특이하다. CEO 리카르도 셈러는 '우리 회사 직원이 정확히 몇 명인지 모른다'고 말한다. 본사의 본부 조직을 아예 해체했기 때문이다. 《셈코 스토리》란 책으로도 유명한 이 회사는 직원들이 스스로 일하는 시간을 결정하고 심지어 월급도 스스로 결정한다. 동료들을 납득시킬 수만 있다면 직원들이 여행도 마음껏 다닐 수 있다. 이런 별난 관리 시스템을 통해 이 회사는 2007년까지 연평균 40%의 성장세를 이어갔다.

'이런 회사들의 공통점은 자유분방한 분위기에서 마지막 직원 한 명의 아이디어까지 모두 뽑아내 활용한다는 점'이라는 게 해멀 교수의 진단이다.

테리 켈리는 인터뷰 내내 빠른 템포로 말을 하며 자주 큰 웃음을 터뜨렸다.
그녀는 2005년 직원 설문에 의해 CEO로 선정됐다.
그녀는 대학 졸업 직후 이 회사에 입사해 25년간 일해왔다

왕중추
《디테일의 힘》 저자, 베이징대 부설 디테일경영연구소
(精細化管理研究中心) 소장

'대충대충'과 '적당주의'가 지배해온 한국에서 왕중추 소장의 '디테일 경영론'에 귀를 기울이는 경영자가 많다.

이웅열 코오롱그룹 회장은 왕중추 소장이 쓴 《디테일의 힘》을 대량 구매해 직원들에게 나눠주면서 '영업이든 관리든 빈틈없는 일 처리가 중요하다'고 했고, 장세주 동국제강 회장도 2008년에 신입사원 94명 전원에게 이 책을 선물했다. 권영수 LG디스플레이 사장은 이 책에 대해 '지위가 올라가다 보면 큰 그림을 본다는 미명 아래 자꾸 작은 것을 놓치기 시작하는데, 그러면 매사에 정성이 없어져 결국은 큰 그림마저 놓치게 된다'는 소감을 밝혔다.

사소해 보이는 세심함이 개인과 기업의 성패를 좌우한다고 설파하는 왕중추 소장. 위클리비즈는 현재 베이징(北京)대 부설 디테일경영연구소 수석컨설턴트(연구소장 겸)로 일하고 있는 그를 베이징에서 만났다. 그는 한국 언론과 갖는 인터뷰는 이번이 처음이라고 했다. 스포츠형으로 짧게 깎은 머리와 형형한 눈빛에서 강인함이 느껴졌다.

숲을 봐야 할까요, 나무를 봐야 할까요?

"100−1=0, 1이 100을 망치기도"

어느 기업의 신입사원 채용 면접 장소에 종이뭉치가 떨어져 있었다. 아무도 그걸 치우려고 하지 않았는데, 오직 한 지원자만이 바닥에서 주워서 휴지통에 버렸다. 그 종이엔 '우리 회사에 입사한 것을 축하합니다'라고 적혀 있었다. 몇 년 후, 종이뭉치를 주웠던 그 사람은 이 회사의 CEO가 됐다.

대만 최대 갑부였던 고(故) 왕융칭(王永慶) 포모사그룹 회장은 16세의 나이에 쌀 가게를 열었다. 이미 인근에 30개의 쌀 가게가 있었고, 그의 가게는 외진 골목에 있어 경쟁이 되지 않았다. 하지만 그는 두 동생을 동원해 쌀에 섞인 이물질을 골라낸 뒤에 팔고, 노인 고객에게는 집으로 직접 쌀을 배달해 주는 서비스로 큰 성공을 거뒀다.

중국의 저명한 경영 컨설턴트이자 베스트셀러 작가인 왕중추 소장이 쓴 《디테일의 힘》에는 이런 사례들이 가득하다. 디테일의 성공 신화 사례집이라 할 만하다. 중국에서만 360만 부가 팔린 이 책으로 왕중추 소장은 일약 중국의 명사가 됐다. 그는 중국의 대학, 기업, 관공서 등에 500여 차례의 강연을 나갔고, 선양(瀋陽), 다칭(大慶) 같은 도시는 이 책을 공무원과 시민의 필독서로 지정했다. 우리나라에서도 2006년 삼성경제연구소가 뽑은 '올해의 10대 경영서적'에 올랐다.

'작은 일에 충실하라'는 평범한 말이 이렇게 큰 화제가 된 이유는 무엇일까요? "큰 성공을 이루기 위한 열쇠는 디테일(중국어로는 시제細節)에 있습니다. 이 세상에 큰일을 할 수 있는 사람은 소수입니다. 대부분은 자잘하면서 단순한 일을 반복하며 살아가죠. 그것이 생활이고 일입니다. 지금 같은 치열한 경쟁 시대에는 웅대한 지략을 품은 전략가보다는 작고 평범한 일도 꼼꼼하게 처리하는 관리자가 필요하다고 봅니다."

디테일 문제를 집요하게 파고들게 된 이유는 무엇인지요? "중국 사람들은 일을 대충대충 하는 경우가 많아요. 예전에 같이 일했던 비서는 제가 가져오라는 서류를 한 번도 제대로 가져온 적이 없었습니다. 부하 직원이 적당히 한 일이 잘못 돼 제가 다시 고치느라 시간을 허비한 적도 한두 번이 아닙니다.

어떤 회사에서는 중요한 협상 내용이 담긴 팩스를 보내야 하는데, 실수로 단축번호를 잘못 눌러 경쟁업체에 정보를 고스란히 갖다 바친 적도 있었어요. 그로 인한 손실은 그 직원의 몇 년치 연봉보다 더 컸죠. 이래서는 도저히 안 되겠다는 생각에 디테일에 관한 책을 여러 권 쓰고 강연도 하게 됐습니다. 유능한 사원과 무능한 사원, 초일류 기업과 아닌 기업, 선진국과 후진국의 차이는 모두 디테일에서 비롯됩니다. '대충대충 적당히'는 절대 안 됩니다."

무조건 일만 열심히 할 것이 아니라 우선 전략과 방향을 제대로 잡은 다음에 움직여야 하지 않나요? "원대한 전략도 결국 세세한 디테일에서 시작됩니다. 혁신적인 기업으로 유명한, 중국 최대의 전자회사 하이얼그룹의 장루이민(張瑞敏) 회장도 '혁신은 기업의 모든 디테일한 부분에서 나온다'고 강조합니다. 저는 '닭 잡을 때도 소 잡는 칼을 쓰라'고 합니다. 그만큼 정성을 기울여야 한다는 말이죠. 사람들의 태도와 정신을 바꾸는 것이 제일 중요합니다. 처음에는 불편해도 스스로에게 강제하고 단계적으로 반복 훈련을 하면 습관이 됩니다. 습관은 한 번 들이기는 어렵지만 나중에는 자연스럽고 편안해지죠. 개인뿐 아니라 조직이나 기관도 이런 식으로 변해야 합니다."

디테일을 구체적으로 어떻게 정의할 수 있을까요? "디테일이란 어떤 일의 중심이나 기초가 되는 부분을 말합니다. 단순한 잡일과는 다릅니다. 여기 책상 위에 있는 연필꽂이를 예로 들면 색상, 모양, 재료 등이 다 디테일에 속합니다. 제품을 만들 때 반드시 신경을 써야 하는 핵심 부분인 것이죠.

하지만 이 제품을 어떤 종이로 싸서 무슨 박스에 넣느냐는 것은 간단한 잡일에 해당한다고 볼 수 있습니다. 핵심 제품에 영향을 주는 것이 아니기 때문입니다. 물론 아주 귀중한 물건을 포장할 때는 포장재료도 디테일이 될 수 있지요.

예전에 한 방송사 기자와 인터뷰를 한 적이 있는데, 2시간 동안 이야기를 하다가 갑자기 기자가 마이크를 켜놓지 않은 사실을 발견했어요. 가장 기본적인 디테일을 소홀히 했기 때문에 벌어진 일이죠."

디테일을 중시하자는 그의 어쩌면 평범한 목소리에 중국인들이 열광하는 이유는 무엇일까? 그만큼 중국인들 스스로 전통적으로 디테일에 약하다는 사실을 스스로 잘 알기 때문일 것이다.

중국인의 성격을 잘 보여주는 민담 중에 '차부둬(差不多, 원래 차이가 크지 않다는 뜻인데 대충 그럭저럭 되다는 의미로 흔히 쓰임) 선생' 이라는 얘기가 있다. 차부둬 선생이 병이 나서 왕(汪)씨

**21세기는 '디테일의 시대'
작은 일을 잘해야 큰일을 잘한다**

성을 가진 의사를 찾아가야 하는데, 이름이 비슷한 수의사 왕(王) 선생을 찾아갔다가 제대로 치료를 못 받고 죽었다는 우스갯소리다. 그는 죽으면서도 자기가 뭘 잘못 했는지 인정하지 않고 '대충 비슷하잖아(差不多)'라고 우겼다고 한다.

'대충대충, 적당히'
'좋은 게 좋은 것'이라는
사고방식은 망하는 지름길

그러나 왕중추 소장은 '대장부는 사소한 일에 신경 쓰지 않는다'는 식의 중국인의 전통적인 사고방식을 신랄히 비판했다. 1%만 어긋나도 전체 일을 망칠 수 있다는 것이다.

"하이얼그룹의 장루이민 회장은 이렇게 말한 적이 있습니다. 일본인 직원에게 하루에 책상을 6번씩 닦으라면 그대로 하는데, 중국인 직원은 처음 이틀간은 6번 닦고 다음 날부터는 5번, 4번으로 차츰 횟수가 줄어든다고요. 중국산 제품이 해외에서 비싼 값에 팔리지 못하는 것은 다 이런 디테일이 부족하기 때문입니다."

저우언라이(周恩來) 전 총리가 가장 싫어하는 말도 '대충'과 '적당히'였다고 그는 전했다. 저우언라이 전 총리는 국빈 만찬이 있을 때 자신은 먼저 국수로 간단히 배를 채운 뒤 손님을 맞았다고 한다. 실제 연회에 나가서는 먹는 시늉만 하면서 손님이 식사를 잘 하는지 정성껏 챙기기 위해서였다.

독일과 일본을 디테일에 강한 나라로 꼽는데, 그 비결은 무엇이라고 생각하시나요? "다른 나라의 문화적 배경은 잘 모릅니다. 하지만 중국이 디테일에 약한 이유는 잘 압니다. 중국은 큰 것만 중시하고 작은 건 가볍게 여기는 문화가 오래도록 전해져 왔습니다. 역사상 많은 철학자, 사상가, 문학가, 예술가가 있었지만 위대한 과학자나 수학자는 별로 없어요. 옛날 문헌을 뒤져봐도 숫자는 거의 등장하지 않아요. 중국의 옛 의학서적을 보면 약재를 얼마나 섞을지 정확한 숫자가 없습니다. 맥박도 '1분당 몇 번'이 아니라 '거미줄처럼 약하다'는 식으로 비유합니다. 이렇게 하면 정확한 기술 전수가 안 됩니다. 오랜 세월에 걸쳐 감(感)으로 익혀야 하는데, 실수할 경우도 많죠."

중국도 현대에 들어와서는 달라지지 않았나요? "중국은 지난 100년간 두 차례의 큰 문화혁명을 겪었습니다. 1919년 5·4 운동 때는 학생들이 중국의 고유 문화를 전면 부정하고 '공자를 버리자(批孔)'고 외쳤습니다. 사실 모든 문화는 장단점이 있는 건데, 무엇이 틀리고 맞는지 기준이 없고 무조건 비판만 횡행했어요. 1966년 문화대혁명 때도 비슷한 일이 일어났죠. 타격이 컸습니다. 이런 상황에서는 디테일을 살필 여유가 없었죠."

그래도 중국 경제는 비약적으로 발전하지 않았습니까? "중국은 약 30년 전 개혁개방 정책을 시작한 뒤 경제가 급속히 성장했어요. 그런 시기에는 사소한 일에 신경 쓰지 않아도 매년 10% 이상 성장이 가능했죠.
하지만 지금은 다릅니다. 이제는 그런 고도성장을 기대하기 어려워요. 디테일이 성패를 가르는 시대입니다. 강한 것, 큰 것만 강조하면 시장과 고객이 요구하는 기준에 다다를 수가 없어요."

일본 기업은 어떤 면에서 디테일이 강한가요? "몇 년 전 상하이에서 신설한 내부순환도로에 안전 문제로 1톤 이상 화물차가 못 다니게 했습니다. 그 도로가 개통된 지 한 달 만에 일본 업체가 0.9톤짜리 화물차를 내놓고 팔기 시작했습니다. 철저한 사전조사와 적시에 제품을 내놓는 기술력이 결합된 것이죠.
'경영의 신'으로 추앙받는 마쓰시타전기 창업주 마쓰시타 고노스케(松下幸之助) 회장은 생전에 늘 '어떤 사소한 부분도 놓치지 말라'고 얘기했지요."

디테일이 성패를 가른다. 별것 아닌 일을 무시하다 전체를 무너뜨릴 수 있다

왕중추 소장은 사전에 질문지를 주지 않았는데도 '첫째', '둘째', '셋째' 식으로 항상 조리 있게 답변했다. 답변에는 군더더기 설명이나 복잡한 논리는 없었다. 실제 기업에서 발생한 사례들이 가장 좋은 논거(論據)였다.

영업사원으로 일한 첫날부터 10여 년간 하루도 빠짐없이 매일 일기를 썼다고 들었습니다. "개인적인 일기는 아니고, 일종의 영업일지 같은 겁니다. 누가 시켜서 한 건 아니고요. 오늘 한 일을 정리하고, 내일 할 일을 미리 준비하기 위해 쓰기 시작했죠. 그러다 보니 개인적으로 디테일을 중시하는 습관이 들었어요. 그날그날 정리를 잘 해 두면, 나중에 어떤 일이 왜 생겼는지 원인을 찾기가 쉬워요. 그런 노력 덕분인지 영업실적이 좋아서 화학업체 사장까지 승진했었죠."

잔소리가 너무 심하면 직원들이 싫어하지 않을까요? "중국은 이제 공업화의 초기 단계에 와 있습니다. 한국의 1960~1970년대와 비슷합니다. 1978년에야 공업화가 제대로 시작됐으니 서방보다 100년, 한국보다도 수십 년이 늦은 셈이죠. 그런데 지금 중국 기업의 직원들은 너무 자유롭습니다. 엄격함이 없는 게 오히려 문제지요. 세계 어느 나라도 군대의 신병(新兵) 교육은 엄격합니다.

중국은 현재로서는 디테일을 더 강조할 필요가 있습니다. 중국 문화는 우수한 점이 많지만, 공업화에는 잘 맞지 않는 면이 있습니다. 한국 문화에도 일부 그런 면이 있는 것 같습니다. 주부 10명이 김치를 담그면 그 맛이 다 다르다고 하던데, 그와 비슷한 거죠."

과거 농업 시대는 디테일을 잘 몰라도 가능했다는 말씀인가요? "상대적으로 큰 문제가 안 됐다는 겁니다. 농사를 지을 때는 24절기만 잘 지키면 됐어요. 모를 얼마 간격으로 몇 개나 심을지는 적당히 감(感)으로 할 수 있었죠. 하지만 공업화 시대는 다릅니다. 모내기와 달리 훨씬 치밀함을 요구하는 디테일 경제의 시대입니다. 그것이 기업의 가장 중요한 경쟁방식이 됐습니다. 예를 들어 의류업체 폴로(Polo)는 바느질을 할 때 1인치에 반드시 여덟 땀을 따도록 합니다. 정보화 시대는 하나만 틀려도 전체가 망할 수 있습니다."

진짜 위대함은
사소한 일에서
드러납니다.

면접 시험장에 떨어져
있던 휴지를 주워 치웠던
그 청년은 몇년 후
CEO가 되었다

요즘 경영자들은 창의성과 혁신을 강조하는 추세입니다. 디테일을 지나치게 강조하면 창의성을 억압하지 않을까요? "아주 좋은 질문입니다. 모든 일에는 정도(程度)가 있어요. 작고 사소한 부분까지 모두 완벽한 사람은 이 세상에 없습니다. 모든 고객을 만족시키기도 불가능하죠. 하지만 디테일은 태도에 관련된 문제입니다. 일을 잘 해내고 싶은 욕구, 완벽함을 추구하는 마음이 있어야 합니다. 작고 사소한 걸 무시하면 만회할 수 없는 심각한 타격을 입을 수 있습니다. 천리 둑도 작은 개미구멍 때문에 무너집니다."

왕 소장은 중국 시장에서 대대적인 인기를 끌고 있는 KFC에 도전장을 냈던 현지 패스트푸드 업체 룽화지(榮華鷄)를 예로 들었다. 1990년대에 이 업체는 'KFC가 가는 곳에는 우리도 간다'는 캐치프레이즈를 내걸고 중국 사람의 입맛에 맞는 메뉴를 개발하고 호기롭게 덤벼들었다. 이 회사는 초기에 반짝 실적을 올리기도 했지만, 6년 만에 수도인 베이징에서 사업을 접고 지방으로 철수하는 신세가 됐다. KFC는 양념 배합비율, 고기와 야채 써는 순서, 조리시간, 청소 순서까지 엄격한 규정을 만들어 직원을 교육하는 반면, 룽화지는 치킨에 뚜껑도 덮어놓지 않고 고객이 보는 앞에서 파리채로 파리를 잡았으니 경쟁이 될 리가 없었던 것이다.

한국 기업에 한마디

왕중추 소장은 '한국은 중국보다 디테일이 훨씬 강한 나라'라고 평가했다. 하지만 일본과 비교하면 한국 기업도 여전히 개선해야 할 점이 많다고 지적했다.

한국 기업에 대한 조언을 한다면 어떤 말을 전해주시겠습니까? "한국은 공업화가 중국보다 빨랐고, 기업 임직원이나 CEO의 자질이 중국보다 높은 편입니다. 중국 기업이 배워야 할 점이 많지요. 하지만 한국 기업은 일본 기업을 더 많이 배워야 한다고 봅니다.
한국이 요즘 미국만 따라가는 경향이 있는데 주의해야 합니다. 제조업이 나라의 기반인데, 금융산업만 강조하면 안 됩니다. 또한 사람을 쓰는 법, 사람을 판단하는 법은 중국 고대 철학에서 배울 점이 있습니다. 이 부분은 중국이 미국보다 앞선 측면이 있습니다."

디테일을 강화하는 비결이 있나요? "만리장성은 하루아침에 쌓을 수 있는 것이 아닙니다. 장기간 반복 훈련을 해야 사람의 태도를 바꿀 수 있습니다. 오른손잡이라도 꾸준히 왼손으로 필기하고 밥을 먹으면 우뇌가 발달하는 것과 마찬가지죠.
사고 자체를 바꾸기는 힘들어도 행동을 바꾸는 것은 가능합니다. 이렇게 해서 시간이 오래 지나면 사고도 변할 수 있습니다."

가정생활에서도 디테일을 따지십니까? "제가 뭘 먹을지, 뭘 입을지는 아내가 다 정해줍니다. 간혹 음식이 맛이 없어도 저는 절대로 말을 안 합니다. 그래서 집에서는 싸울 일이 없어요.(웃음) 하지만 도덕이나 중요한 습관에 대해서는 원칙을 지킵니다. 회사원인 큰딸에게는 '다른 사람과 교류할 때 지켜야 할 36가지 원칙'이라는 글을 전해줬어요."

그는 '큰딸이 오늘 아침에 보낸 것'이라며 휴대폰 문자 메시지를 보여줬다. 메시지에는 '회사 사람들이 왕중추의 딸이라며 큰 기대를 거는 게 부담스럽지만, 내가 자신감을 가지면 이런 걱정은 사라질 것'이라고 나와 있었다. 부전여전(父傳女傳)이라고나 할까.

착안대국, 착수소국
(着眼大局, 着手小局)

왕 소장은 실증적인 사례 연구라는 '팩트(fact)'를 통해 다수의 지지를 이끌어냈다. 그의 책이나 강연에는 항상 세계 유명 기업의 성공과 실패 사례가 빽빽하게 들어간다.

"제 책은 기업 현장에서 일어나는 실제 사례를 위주로 작성한 것입니다. 거창한 경영이론이나 통일된 개념 같은 건 없습니다. 그 대신 제가 현장에서 직접 보고 들은 사례가 생생하게 실려 있습니다. 중국 31개 성(省) 가운데 시짱(西藏, 티베트자치구)만 빼고는 모두 다녀왔습니다. 해외의 경우 주요 연구대상인 일본을 자주 방문하는 편입니다. 토요타에 관한 책만 수십 권을 읽기도 했습니다."

'위대한 전략도 세세한 디테일에서 시작된다'는 왕중추 소장의 말에 중국 기업과 정부, 13억 인구가 귀를 기울이고 있다. 2시간에 걸친 인터뷰를 마치면서 가슴이 답답해졌다. 거대한 스케일의 중국, 디테일에 강한 일본 사이에 끼어있는 우리나라의 장래가 걱정됐기 때문이다. 중국이 스케일에 디테일까지 더한다면 우리는 과연 무엇으로 경쟁할 것인가? 그동안 우리는 너무 대범하게 살아온 것이 아닐까?
바둑 격언 중에 '착안대국, 착수소국(着眼大局, 着手小局)'이란 게 있다. 대국적으로 생각하고 멀리 보는 것도 중요하지만, 실행할 때는 한 수 한 수 집중해 세세한 부분까지 놓치지 말아야 한다는 것이다. 바로 지금 우리에게 필요한 덕목이 아닐까 한다. WeeklyBIZ

Who is

왕중추 소장은 중국 장시(江西)성 주장(九江) 출신으로 사범대학을 나와 약 7년 동안 고향에서 중학교 국어 교사와 공무원 생활을 했다.

1992년 덩샤오핑(鄧小平)이 광둥성(廣東省) 일대를 돌며 개혁개방 정책을 강조한 남순강화(南巡講話)를 접하고 감명을 받아 기업에 투신했다. 선전의 기업체 영업직 말단사원으로 시작해 IT회사 임원, 화학회사 사장을 역임하면서 디테일의 중요성을 깨달았다.

칭화(淸華)대 경영대학원에서 MBA 학위를 받은 뒤 학내 벤처기업을 운영하기도 했다. 베이징대 부설 디테일경영연구소를 설립, 경영 컨설팅과 강연을 통해 중국 기업과 국민들의 의식 개혁을 설파하고 있다.

디테일 경영에 관한 책은 현재 6권까지 나왔다. 중국에서는 한꺼번에 9만 부를 주문해 전 직원에게 읽힌 대기업도 있다.

로자베스 모스 캔터

하버드대 경영대학원 교수

Rosabeth Moss Kanter

로자베스 모스 캔터 교수는 '기업 분석의 대모'로 불린다. 2001년 영국 일간지 〈더 타임스(The Times)〉가 선정한 '세계에서 가장 영향력 있는 50인의 여성' 중 한 명이며 경영 교육 분야의 선도자로서 주요 기업과 정부에서 자문위원으로도 활동하고 있다. 또한 세계경제포럼의 특별위원이기도 한다.

그녀는 피터 드러커, 톰 피터스, 오마에 겐이치 등과 함께 세계 5대 경영 컨설턴트로 평가받고 있다. 이런 그녀가 IBM, P&G, 시멕스(Cemex), 시스코(Cisco), 방코 레알(Banco Real) 등 거대 기업들이 마치 작은 벤처기업처럼 날쌔고 유연할 수 있다고 주장하고 있다.

공룡을 날쌔게 만드는 방법은?

"가슴을 울렁이게 하는 큰 비전을 공유하는 것"

하버드대 경영대학원의 로자베스 모스 캔터 교수의 하루는 잠시도 쉴 틈이 없어 보였다. 기자가 약속 시간보다 10분 전에 연구실에 도착하자, 그녀는 '학생과 면담 중이니 정각에 시작하자'며 양해를 구했다. 큰 눈에 쩌렁쩌렁한 목소리. 첫인상에서 강한 카리스마가 느껴졌다. 10분 후 문이 열리고 '들어오라'는 신호가 떨어졌다. 기자에게 주어진 시간은 딱 40분. "자, 무엇에 대해 얘기해 볼까요." 그녀는 긴 속눈썹을 깜박이며 만면에 웃음을 지었다.

캔터 교수는 2년 동안 전 세계 350개 선도 기업 경영진을 일일이 만나 인터뷰한 뒤, 2008년 1월 전문 경영학술지인 〈하버드비즈니스리뷰〉에 '변화하고 있는 거인(transforming giant)'이란 논문을 실었다. 그녀의 글은 이렇게 시작한다. '대기업은 굼뜨고, 유연하지 못하고, 관료적이라고? 세상이 변했다. 거인(巨人)도 날쌔고 유연할 수 있다.'

캔터 교수가 IBM과 같은 거대 기업의 특징을 뽑아보니 아주 독특한 공통점이 나타났다. 서로 상반될 것 같은 두 가지 목표들 사이에서 절묘한 균형을 이루고 있었던 것이다. 즉 한편으로 글로벌화하면서도 다른 한편으로 로컬화하고, 표준화하면서도 혁신적이며, 보편성을 띠면서도 다양성을 중시했다. 여기에 그치지 않는다. 수익 창출과 사회 공헌을 함께 실현하고, 사람이나 문화, 책임감 같은 '소프트(soft)' 자산과 함께 기술이나 제품 혁신 같은 '하드(hard)' 자산도 함께 가꾼다.

<u>언뜻 불가능해 보이는 이 같은 미션을 달성할 수 있는 묘약은 무엇입니까?</u> "회사 전체가 보다 큰 가치, 가슴을 울렁이게 하는 큰 비전을 공유하는 것입니다. '이윤 극대화'라는 좁은 시야에서 벗어나 '전체 사회 선(善, good)의 극대화'를 추구하는 것이 좋은 예입니다. 모든 직원이 보다 큰 가치를 공유하게 되면 일선에서 어떤 문제에 부딪혀도, 본사로부터 아무리 떨어진 곳에서 일하더라도 자발적으로 문제 해결을 주도하게 됩니다."

'좋은 가치'는 모든 기업이 추구하기 마련입니다. 구체적으로 어떻게 자신의 가치를 다른 기업과 차별화할 수 있습니까? "정말 좋은 질문입니다. 모든 기업들이 '우리는 더 좋은 세상을 만들고 싶어'라고 얘기하겠죠. 하지만 대부분 실제 행동은 그렇지 않습니다. 왜냐하면 '좋은' 것을 넘어서는 구체적인 원칙과 임무를 밝히지 않기 때문입니다.

예를 들어 볼까요? 남미의 '방코 레알' 은행은 몇 년 전에 사명(使命, mission statement)을 바꿨습니다. 과거의 사명은 '고객에게 서비스하는' 이었지만 지금은 '사회에 서비스하는' 입니다. 물론 사명만 바꾼다고 다 해결되는 것은 아닙니다. 모든 의사 결정과 직원들이 일하는 방식에 이런 가치가 속속 배어 들어가야 합니다.

어제 수업 시간에 두 가지 기업 사례를 비교했습니다. 한 기업은 봉사 활동 같은 것을 열심히 해서 CSR(corporate social responsibility, 기업의 사회 책임) 점수가 매우 높고 여러 기관에서 상도 많이 받은 기업입니다. 하지만 그 기업은 정작 감동을 주지는 못했어요. 그 기업의 제품이나 영업 방식은 다른 기업과 크게 다르지 않았죠.

하지만 P&G는 세계에서 가장 존경 받는 기업 상위에 항상 오르며 감동을 전달합니다. P&G가 학교 급식을 주고 기부를 많이 해서 그런 것이 아닙니다. 직원들에게 동기를 부여하는 방식, 지역민들에게 교육 서비스를 제공하는 방식 등이 P&G라는 이름 아래에서 모두 일관성을 가졌기 때문입니다.

기발한 사명이나 마케팅 전략은 금방 경쟁사가 베낄 수 있습니다. 하지만 기업 전체에 스며들어 있는 '문화'는 쉽게 베낄 수 없는 것입니다."

어떤 기업들이 인재를 끌어들이나요? 인재는 기업의 어떤 면에 반합니까? "두둑한 월급 봉투도 유인 중 하나가 되겠죠. MBA 학생들 중에 졸업 후에 학자금 대출을 갚아야 하는 경우도 많으니까요. 하지만, 요즘 인재들에게는 무엇보다 '영향력(impact)'이 중요합니다. '나로 인

350여 개 선도 기업의 공통점을 조사해보니, '보다 큰 가치, 가슴 뭉클한 비전'을 공유하고 있었다

기자가 방문한 날 캔터 교수가
"몰골이 엉망이니 사진은 다음에 찍자"고 해서
뒤에 다시 찍었다

부분의 평상적인 일은 쉽게 처리되도록 '표준화'하는 것이 옳아요. 업무 과정을 간단하게 함으로써 오히려 창의적으로 생각할 시간을 벌어주는 셈이지요.

예를 들면 멕시코계의 다국적 시멘트 회사인 시멕스의 파이프는 전 세계 어디를 가든지 색상이 같아요. 천연가스를 운송하는 파이프는 파란색, 공기를 수송하는 파이프는 흰색으로 통일시키면 매니저들이 바뀔 때마다 기본 구조를 파악하느라 힘 뺄 일이 없습니다."

민간 기업들이 요즘은 정부의 역할까지 일부 나누고 있습니다. 이것도 '변화하는 거인'의 사례에 속할까요? "물론입니다. 요즘 기업들은 정부와 '파트너십'을 구축하고 있어요. 공공의 선(善)을 확산시키기 위해서죠. 아이러니하죠? 표독스럽게 자기 이익만을 추구할 것 같았던 대기업이 사회 공헌에 앞장서다니요.

예를 들어 IBM은 최근에 이집트 정부에 '문화 유적과 역사 정보를 3D 이미지로 디지털화해서 후손에게 생생하게 전달하자'고 프로젝트를 건의해 성공적으로 마무리했어요. IBM은 '문화 유산 보존'이라는 정부의 역할을 일부 수행했죠. 그러면서도 이 프로젝트를 '사이버 투어'와 연결시켜 수익도 내고요.

또 양주업체인 디아지오(Diageo)는 아프리카에서 성행하고 있는 저가 맥주가 '시각 장애'와 같은 심각한 질병을 유발한다는 것을 알고 이를 막기 위해 정부와 함께 캠페인을 벌였어요. 또 불법으로 유통되는 맥주를 적발해 세금을 매기고 정부의 통제를 받도록 했죠."

당신이 말하는 트렌드는 빌 게이츠가 말하는 '창의적인 자본주의(creative capitalism)'와 어떤 차이가 있나요? "누구나 신조어를 만들어 낼 수 있어요. 중요한 것은 그 단어들이 담고 있

해 세상이 변한다'는 보람을 느끼고 싶어합니다. 또 아무나 하기 힘든 일에 '도전'하는 일도 즐기죠.

제가 가르치는 MBA 학생들도 공통적으로 입에 올리는 말이 바로 '영향력'입니다. 아주 멋진 말이죠. 요즘 똑똑한 학생들은 상사가 일방적으로 일을 주문하면 금방 싫증을 내고 직장을 떠납니다. 하지만 팀 단위로 움직이면서 자신이 팀장의 역할, 리더의 역할을 하면 월급이 좀 작더라도 열정적으로 일하죠.

베이비부머(babyboomer) 세대도 비슷합니다. 1960년대 적극적인 사회참여 활동을 한 뒤 사회에 진출해 성공한 그들은 '이상'과 함께 '현실 감각' 또한 갖추고 있습니다. 어느 정도 생활을 유지하면서도 사회에 기여하는 직업을 원해요."

거인이 날쌔기까지 하다는 말은 매우 모순적으로 들립니다. "우리는 매우 흥미로운 세기를 살고 있어요. 서로 상반되는 듯한 가치들이 오히려 공존하는 시대예요. 이를테면 '표준화(standardization)'가 오히려 우리를 자유롭게 하는 시대죠. 굉장한 열정을 필요로 하지 않는, 대

모든 직원이 보다 큰 가치를 공유하게 되면 어떤 문제에 부딪혀도 자발적으로 문제 해결을 주도한다

는 아이디어죠. 기업이 수익을 창출해 내는 것뿐 아니라 시장에 책임을 다하고, 사람들이 가치 있다고 생각하는 제품과 서비스를 만들어 낸다는 것이 변화하고 있는 자본주의의 참 모습입니다. 저는 이를 '가치에 기반한 자본주의(values based capitalism)' 라고 부릅니다."

얼마나 많은 기업들이 '가치에 기반한 자본주의'에 동참하고 있습니까? "아직은 충분치는 않아요. 더 많은 기업들이 동참하길 바라요. 특징이 있다면 많은 신흥시장의 기업들이 이 트렌드에 앞장서고 있다는 점이에요. 멕시코, 인도, 이집트 등에서 훌륭한 기업들을 볼 수 있습니다. 마치 1980년대와 1990년대 초반에 일본 기업의 경영 방식이 선진국에 일대의 변화를 몰고 온 것처럼 말입니다."

당신이 말하는 '가치에 기반한 자본주의'와 요즘

유행하는 'CSR'도 언뜻 비슷하게 들립니다. 어떤 차이가 있습니까? "CSR은 제가 짚은 트렌드에 비하면 작은 줄기에 불과해요. 제가 연구했던 기업들은 어떤 공통의 가치를 공유하고 있어요. 이 가치는 기업의 전 사업부에 모두 스며들어 있죠. 이 가치는 기업을 운영하는 방식 그 자체예요. 따로 떼어 낼 수 있는 사회공헌 프로그램이 아니라는 말이죠."

이런 전략이 마케팅에도 도움이 되나요? "어떤 면에서는 도움이 되죠. 하지만 다시 얘기하지만, 우리는 지금 마케팅 차원을 논하고 있는 게 아니에요.

이 가치는 혁신을 불러일으키는 근본 동력이에요. 어떤 제품을 내놓을지 결정하고, 어떤 협력업체와 함께 일하며, 어떻게 소비자들에게 접근할 것인지에 대한 판단을 제공하는 기준입니다. 단순히 소비자들에게 자사 제품을 사도록 유도하는 그런 마케팅 전략과는 근본적으로 다릅니다." _{WeeklyBIZ}

> 요즘 인재들에게는 무엇보다 '영향력(impact)'이 중요합니다. '나로 인해 세상이 변한다'는 보람을 느끼고 싶어합니다. 또 아무나 하기 힘든 일에 '도전'하는 일을 즐깁니다.

제프 킨들러

미국 화이자제약(Pfizer) 회장

아무리 바빠도 매일 거르지 않는 일은 무엇입니까?

"왼쪽 주머니속 동전 10개를 오른쪽으로 옮기는 일"

Jeff Kindler

"나는 그를 위기관리자(crisis manager)라고 부른다. 그는 최고 팀원들을 위기 상황에서 똑바로 가도록 이끄는 일류 (crackerjack) 리더다." (잭 웰치, GE 전 회장)

"그는 내가 본 그 누구보다 '현실적인(down-to-earth)' 리더다. 그는 냉정한 상황 파악을 위해 항상 듣고, 또 듣는다." (제임스 캔탈루포, 맥도날드 전 회장)

그의 전직 보스들은 그를 이렇게 평가했다. 2006년 7월 28일, 세계 최대 제약회사 화이자제약을 이끌게 된 제프 킨들러 회장. 그의 뒤엔 '리스크(risk) 관리 리더', '경청(傾聽)형 리더'와 같은 수식어들이 늘 따라 다닌다.

미국발 금융 위기가 세계를 덮치고 있는 이때 세계 최고의 '리스크 전문' CEO의 머릿속엔 어떤 대응책이 있을지 위클리비즈가 만나봤다.

제프 킨들러 그가 회장 자리에 오를 2006년 당시 화이자제약은 내리막길에 서 있었다. 전 회장인 매킨넬(Hank Mckinnell)이 퇴직금으로만 8300만 달러를 챙길 것이란 사실에 주주들은 분노했고, 주가도 4년 전에 비해 40% 떨어진 상태였다. 회사 밖에선 글로벌 다국적 제약사들과 토종 제약사들 간에 복제약(generic medicine) 특허 침해 소송이 갈수록 치열해졌다. 한편 글로벌 제약회사들의 제품 특허가 만료되면서 '저가(低價) 약(藥)'에 대한 수요가 높아지고 있었다. 여기에 이스라엘과 인도에 뿌리를 둔 신흥 제약 기업들이 정부의 강력한 지원에 힘입어 세계 시장을 두드리고 있었다.

화이자제약 입장에선 리스크 관리 능력을 갖춘 리더가 절실하던 때였다. 스탠리 이킨베리 (Stanleg Ikenberry) 일리노이주립대 전 총장이자 현 화이자제약 이사회 대표는 그를 회장으로 선임한 이유로 '킨들러는 위기의 순간 재빠르게 의사 결정 시간을 줄이고 조용히 사람들의 실행 능력을 강화할 수 있는 비전을 갖춘 리더이기 때문'이라고 했다.

최근의 금융 위기를 어떤 리더십으로 돌파하고 있습니까? "기본에 충실하라는 원칙을 지키고 있습니다. 또 '시장'의 목소리에 항상 귀를 열어 놓습니다. 어려울 때든 좋을 때든 소비자들의 목소리만큼 확실한 지표가 없어요. 리더는 어려운 때일수록 최대한 소비자들과 가깝게 있는 사람들의 이야기를 듣고, 또 들어야 합니다. 여기에 해답이 있어요."

왼쪽 주머니속 '동전 10개'의 마법

그의 대답은 불확실성이 높아질수록 회사 외부 접점에 서 있는 내부 구성원들, 다시 말하면 '바운더리 스패너(boundary spanner)'들의 말을 적극적으로 귀담아 들어야 한다는 것이다. 이들은 리더에게 고객들의 소비 패턴 변화, 새로운 트렌드를 전하는 '현장의 전사(戰士)'들이다. 제프 킨들러 회장은 틈만 나면 듣는다고 했다.

그는 매일 10개의 1센트 동전을 왼쪽 바지 주머니에 넣고 집을 나선다. 한 명의 직원과 대화하고 그의 고민이나 이야기를 충분히 들어주었다는 생각이 들면, 왼쪽 주머니에 있던 동전 하나를 오른쪽 주머니로 옮긴다. 매일 하루를 보낸 후 왼쪽에 있는 10개의 동전이 모두 오른쪽 주머니로 옮겨가면, 스스로 자신에게 '100점'이라는 점수를 준다고 했다.

그는 "바쁜 일정을 소화하면서도 매일 나에게 이런 숙제를 내는 이유는 CEO로서 무엇보다 가장 중요한 게 직원들과의 대화라고 생각하기 때문"이라고 했다.

인터뷰 내내 그는 '사람'이라는 단어를 유난히 많이 썼다. 위기를 돌파하는 것도 기업의 미래를 이끌어 가는 것도 모두 사람의 몫이라고 했다. 그는 "나의 역할은 오로지 적합한 사람을 적합한 자리에 '잡아 놓는(holding)' 것"이라고 강조했다.

최근 미국발 금융 위기의 여파로 기업들의 시름이 깊어지고 있습니다. 화이자제약은 어떤 대비책을 세워두고 계신가요? "전통적으로 자동차나 IT산업에 비해 제약업계는 R&D에 투자를 많이 하는 편입니다. 지난 7년간 글로벌 제약회사들은 매출액의 평균 18%를 R&D 비용으로 썼습니다.

제약업계 입장에선 시장에 약을 출시하는 과정 자체가 리스크(risk) 덩어리인데, 경기 불황까지 겹친 상황이죠. 이럴 때 저는 기본을 중시합니다."

'기본'이요? 구체적으로 어떤 말씀이신지요? "가장 중요한 것은 어려운 때일수록 기업의 '존재의 의미'를 되새기는 겁니다. 기업은 어려운 때일수록 '우리가 왜 존재하는지, 도대체 우리가 세상을 위해 뭘 하고 있는지' 끊임없이 되새겨야 합니다. 그게 없으면 생존이 불가능하죠. 예를 들어 우리의 경우엔 윤리경영을 통해 '더 건강한 세계를 만든다'는 게 존재의 이유죠. 존재 이유가 분명해야 조직원들 사이에 위기를 돌파해야겠다는 강한 모멘텀(momentum)이 생깁니다."

어려울 땐 조직을 쪼개고, 또 쪼개라

흥미로운 지적인데요. 그럼 기업이 존재 이유를 찾은 후엔 어떻게 해야 하나요? "그 다음으로는 당연히 자산구조를 잘 짜야 합니다. 우선 제품 구성(포트폴리오)부터 고민해야지요. 이를 위해 외부적 변수도 고려하고, 단기 수익과 장기 수익을 최대화하기 위한 전략도 짜야지요. 마른 수건을 짜고 또 짜듯이 비용을 축소하고 비용구조를 유연하게도 해야겠지요. 그리고 비밀 하나. 경영조직(operating units)을 가능한 한 작게 만들려고 노력합니다. 이렇게 되면 기존의 인력을 갖고도 혁신 과정을 강화할 수 있습니다."

'작은 경영조직'이 위기에 도움이 되는지요? "작

제프 킨들러 회장은 매일 1센트 동전 10개를 넣고 다니면서 내부 구성원들의 목소리에 귀를 기울인다

최고의 '위기관리 CEO' 제프 킨들러 미국 화이자제약 회장

웰치 GE 전 회장이 강조한 것은 '대기업이라고 해도 그 안엔 작은 기업의 DNA가 있어야 한다'는 것이었습니다. 큰 조직일수록 위기가 왔을 때 유연성 있게 대처하지 못하고 그냥 서 있는 경우가 많습니다.

위기 상황에 가장 중요한 것은 늘 '접점'에 있는 사람들입니다. 소비자들과 매일 만나고 부딪치는 사람들의 애기만큼 정확히 경기 상황을 읽어내는 지표도 드뭅니다. 글로벌 기업 입장에선 접점에 있는 사람들의 보고가 가장 중요한 지표죠. 최대한 팀 단위를 잘게 쪼개 그들로 하여금 스스로 시장을 읽고 상황에 적절히 대응하게 하는 것입니다."

그 안에서 리더의 역할은 어떤 것인가요? "예를 들어 서울에서 무슨 사건이 벌어졌다고 가정해봅시다. 나는 뉴욕에 있지만 내가 서울의 상황을 알 수 있는 방법은 결국 '듣는 것'을 통하는 수밖에 없습니다. 내가 보는 보고서는 서울의 상황을 극히 제한적으로 알 수 있을 뿐입니다. 따라서 가장 최전선에 서 있는 사람들의 생생한 이야기를 듣고 재구성한 다음 나아갈 방향을 정해야 합니다."

그는 2006년 7월 회장으로 선임된 뒤 전 세계 화이자 직원들에게 단체 이메일을 보냈다. 제목은 '우리는 '강력한 기업'에서 한 발짝 더 나아간다'였다. 그는 여기에 '나는 조직 안팎에서 겪는 도전을 허물없이 얘기해줄 사람이 필요하다'고 썼다.

귀가 둘이고 입이 하나인 이유

당신이 보는 21세기의 인재상은 뭔가요? "화이자제약의 임무는 '보다 건강한 세상을 위해 나아가는 것'입니다. 이 목표를 이루기 위해 가장 중요한 것은 세계 최고 수준의 인재를 키우는 것이고, 화이자제약의 최고 자산은 '사람'입니다.

우리가 인재를 채용할 때 가장 중점을 두는 부분은 혁신적인 약을 생산하는 힘들고 긴 과정을 얼마나 잘 버틸 수 있는가 하는 것입니다. 특히 어려운 상황일수록 더 치고 나갈 수 있는 자신감과 능력을 가진 인재들을 좋아합니다. 그리고 항상 새로운 영역의 인재를 찾기 위해 골몰합니다.”

화이자제약은 끊임없이 새로운 ‘자리’를 만들어내고 있다. 최근엔 ‘임상시험 전문 요원(CRA, clinical research associate)’ 이라는 새로운 직업 군을 만들어 업계에 CRA 채용 바람을 일으키기도 했다.

당신이 개인적으로 가장 중요하게 생각하는 인재의 조건은 무엇인가요? “‘정직함’입니다. 리더는 상황을 자신의 주관 없이 최대한 적나라하게 보고할 수 있는 스태프가 필요합니다. 이를 위해서는 리더가 스태프를 신뢰할 수 있어야 합니다. 물론 일의 능력이나 전문성 역시 중요하겠지만, 기본적으로 리더가 알아야 할 일들을 여과 없이 보고해 주는 게 가장 중요하다고 봅니다.”

당신에게 ‘경청형 리더’라는 수식어가 붙는 이유를 알겠습니다. 이 점이 최대 제약회사의 리더 자리에 오를 수 있었던 원동력이었다는 생각이 드네요. “저는 항상 ‘하나님이 인간에게 귀 두 개와 입 하나를 준 이유가 반드시 있다’는 말을 떠올립니다. 우리는 말하는 두 배 이상을 들어야 합니다. 솔직히 바쁘게 돌아가는 일터에선 와글와글 떠드느라 듣는 게 힘이 들 때가 있습니다.(웃음) 하지만 리더가 좋은 결정을 내리기 위해선 동료들과 조언자들이 어떤 말을 하는지 듣는 것보다 중요한 것은 없습니다. 화이자제약에선 내부 구성원들 간의 커뮤니케이션에 가장 큰 신경을 씁니다. 이때의 커뮤니케이션은 반드시 양방향이어야만 합니다.”

경청형 리더십이 오늘날 같은 경제 위기에는 어떤 좋은 점이 있을까요? “세계 곳곳에서 일어나는 경제 위기들과 수많은 정보를 스태프들과 허심탄회하게 얘기하다 보면, 어디로 가야 할지 방향이 잡힙니다. 따로 태스크포스팀을 가동하지 않고도, 상황 보고를 듣다 보면 어떤 지역에서 어떤 계획을 수립해야 할지, 단초를 잡게 되는 경우가 많습니다.
현재의 경제 위기는 힘든 상황입니다. 하지만 기업을 경영하다 보면 이런 일들은 늘 일어나기 마련입니다. 위기에서든 안정적인 상황에서든, 리더는 항상 같은 마음을 갖고 상황을 헤쳐 나가야 한다고 생각해요. 그만큼 많이 듣고 많이 생각하는 리더십이 중요합니다.”

혁신은 지적재산권이 보장될 때만 이뤄진다

화이자제약은 세계에서 가장 R&D 투자를 많이 하는 기업이기도 하다. 2006년 유럽연합(EU) 집행위원회 보고서에 따르면 화이자제약의 R&D 투자는 58억 유로(약 9조 8000억 원, 2008년 10월 15일 환율 기준)에 달해 포드자동차와 마이크로소프트를 제치고 1위를 차지했다.

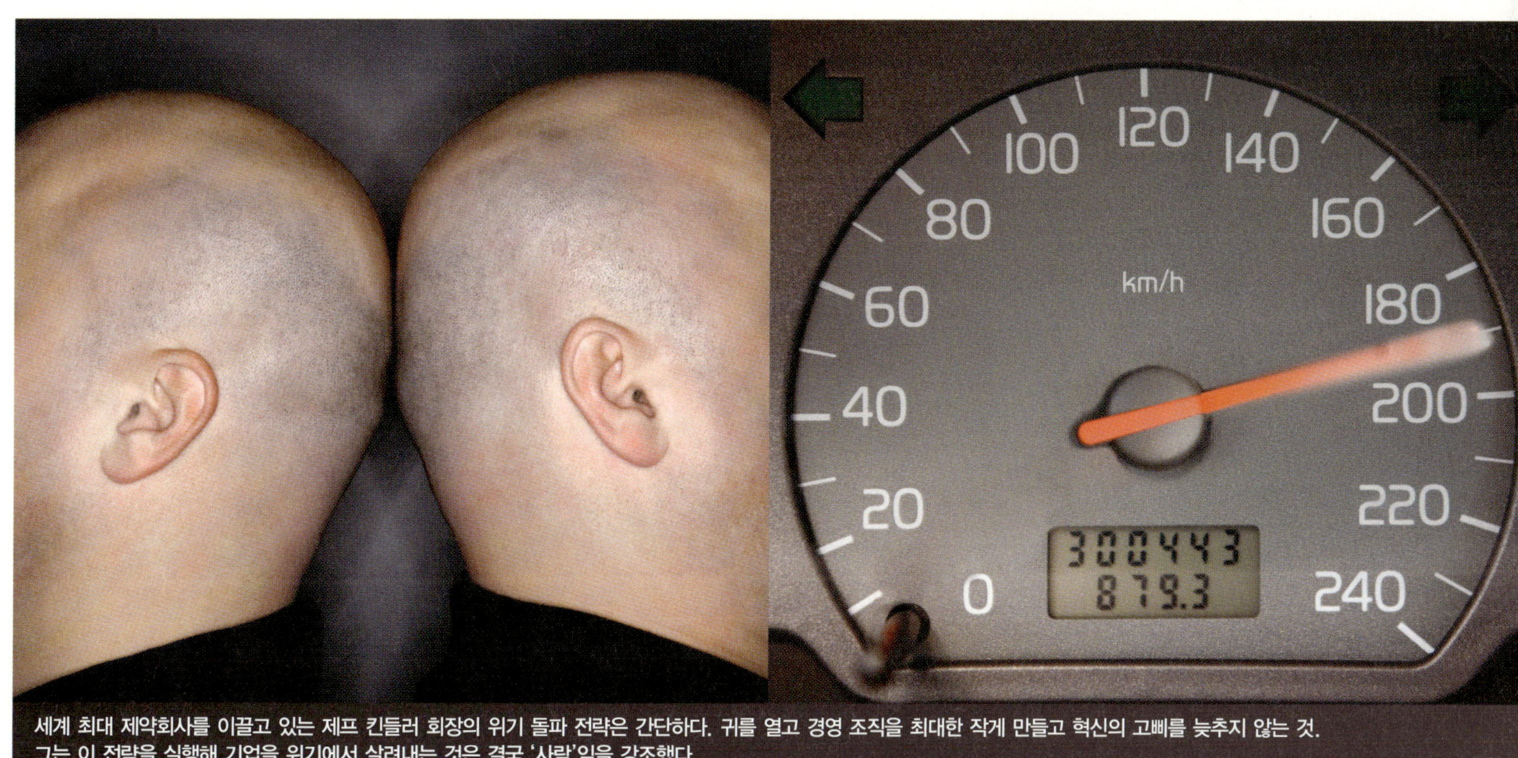

세계 최대 제약회사를 이끌고 있는 제프 킨들러 회장의 위기 돌파 전략은 간단하다. 귀를 열고 경영 조직을 최대한 작게 만들고 혁신의 고삐를 늦추지 않는 것. 그는 이 전략을 실행해 기업을 위기에서 살려내는 것은 결국 ‘사람’임을 강조했다

화이자제약은 한국에서도 활발히 R&D 투자를 하고 있다.

2007년 6월, 오는 2012년까지 한국에 총 3000억 원을 투자하기로 보건복지부와 양해각서를 체결했다. 지금껏 한국이 유치한 외국인 R&D 투자 중 최대 규모다. 투자 내용은 글로벌 임상시험, 전략적 제휴 모색, R&D 전문가 양성, R&D 연구활동에 대한 기술력 전수 및 정보 공유로 돼 있다.

여전히 제약업계에선 지적재산권 보호 논란이 한창입니다. 신약 개발을 위해 수십억 달러를 쏟아 붓는 제약업계의 특성상 리스크를 어떻게 관리하시나요? "저는 지적재산권의 보호가 곧 혁신의 원천이라고 생각합니다. 우리가 끊임없이 투자하고, 과학자들을 고용하고 새로운 약의 개발에 몰두할 수 있는 것은 지적재산권을 보호할 수 있을 때에만 가능합니다.

이러한 발명은 위험하고, 또 매우 비싼 값을 치릅니다. 수년간 수천만 달러를 들여 연구해도 하나의 약이 환자들의 손에 도달하기까지 확률은 아주 낮습니다."

화이자제약의 제품 중 가장 유명한 것 중 하나가 비아그라(Viagra)이다. 인터넷 구글 검색창에 비아그라를 넣으면 무려 7600만 건의 문서가 뜬다. 이 약이 탄생해 미국 식품의약국(FDA)의 판매 승인을 받아 시장에 나오기 시작한 것이 10년이 넘었는데도 말이다. 실명(失明)과 사망 등 치명적인 부작용이 보고되기도 했지만 비아그라는 지난 10년 동안 120개국 3500만 명에게 처방됐다.

최근 가짜 비아그라 등 가짜 약들에 대한 우려의 목소리도 많은데요. "그렇습니다. 아시아를 비롯한 세계 곳곳에서 가짜 비아그라들이 나돌고 있는데, 이게 우리 입장에선 가장 골칫거리입니다.

가짜 의약품산업 규모는 이제 수십억 달러의 비즈니스가 되고 있는 실정이에요. 많은 사람들의 관심을 받는 길이고, 비즈니스 매력이 있는 분야라는 징표이기 때문이죠."

결국 가짜 약 이슈는 어떻게 돌파할 수 있을까요? "우리 이름이 적힌 약이지만 가짜 약 안에는 어떤 것이 들어있을지 모르기 때문에 끔찍합니다. 기업 입장에서 지적재산권을 보호받지 못한다는 것은 곧 수년간의 투자와 땀에 대한 인센티브(incentive)가 없어지는 꼴이 됩니다. '불확실성'으로 장기적인 계획이 수립될 수 없기 때문이죠.

이렇게 되면 기업이 혁신에 투자할 필요가 없어진다는 뜻입니다. R&D는 반드시 보상이 필요합니다. 다시 말해서 지적재산권은 곧 혁신적인 약을 개발할 수 있는 기반(foundation)이 되는 셈입니다. 우리가 위험을 무릅쓰고 각종 소송들에 이토록 신경을 쓰고 있는 이유입니다."

한국화이자제약은 2008년 4월 비아그라의 위조 방지를 위해 포장에 있는 회사 로고 홀로그램을 정면에서 볼 때는 파란색으로 보이지만 45도 비스듬히 눕히면 보라색으로 변하도록 변경했다.

신약 개발을 할 때 리스크는 어떻게 감수하시는지? "현재 1만 종(種)의 약이 있는데, 시간과

화이자제약은 신약개발 리스크에 금융 위기가 겹쳐도 R&D를 줄이지 않는다. 제약업계의 성공 조건은 혁신이기 때문이다

돈과 노력이 필요합니다. 많은 주주들이 성공을 놓고 도박하는 셈입니다. 주주들의 투자를 유도하려면 주주들이 책임져야 할 리스크에 대한 보상(배당)이 균형을 맞춰야 합니다. 리스크가 크면 클수록 비용도 커지고 보상도 따라서 커져야 합니다."

한국 제약업계 역시 글로벌화 되어 가고 있지만 아직까지 화이자제약과 같은 다국적 기업에는 못 미치는 수준입니다. "한국 기업들은 좀 더 긴 호흡을 가져야 합니다. 단기적인 전망에만 매달리는 것은 위험할 수 있어요. 장기적인 관점에서 직원들과 기업의 잠재력을 믿어야 하죠.

지금 당장의 어려움보다는 우리가 지금 해야 할 일을 하지 않았을 때 10년 뒤 겪을 수 있는 어려움이 더 무섭다는 사실을 알아야 합니다. 우리는 현재 경제 위기 상황에서도 R&D를 줄이지 않겠다고 결정했습니다. 우리에겐 위기보다 기회가 더 많이 보이기 때문이죠. 예를 들어 한국 보건복지가족부가 인구 고령화에 대한 전쟁을 선포했다고 들었는데, 현대 의학이 발달하면서 고령으로 인한 질병이 증가하고 있습니다. 제약회사로서 할 일이 많다는 뜻이죠. 또 하나, 혁신을 늦추면 안 됩니다. 제약업계의 성공 조건은 혁신입니다. 혁신은 '기적'을 일으키기 위해 아주 중요한 요소입니다. 하루라도 똑같이 있지 않고 개선하는 것입니다. 정부와 기업 간의 균형 잡힌 시스템(well balanced system)을 만들기 위해서도 혁신이 필요합니다."

킨들러 회장은 '한국을 아시아 R&D의 교두보로 삼겠다'는 의지를 분명히 했다. 국내 유수의 대학과 임상시험 전문가 양성을 위한 임상시험교육센터를 설립하기로 한 데 이어 국내 4개 대학병원을 '핵심 임상 연구기관' 으로 선정하기 위한 양해각서(MOU)를 맺었다. 한국의 기초 기술력 수준을 높게 인정한 것으로 풀이된다. WeeklyBIZ

Who is

제프 킨들러 회장은 변호사 출신으로 GE 부사장과 맥도날드 계열사의 CEO를 거치며 특유의 리스크 관리 능력을 발휘했다. 특히 잭 웰치 전 회장은 '문제 상황' 이 발생하면 2분에 한 번꼴로 그의 방문을 두드릴 정도로 그를 신임했다.

1994년, GE가 다이아몬드 가공업체 드비어스(De Beers)와 담합, 세계시장에서 공업용 다이아몬드 가격을 조작했다는 내용의 소송이 제기됐다. 태스크포스 팀장을 맡은 그는 검찰 측에서 제시한 증거와 증언에 조목조목 반박했고, 6주 뒤 판사는 검찰 측 주장을 기각했다. GE로선 엄청난 승리였고, 그는 41세의 나이에 부사장 자리에 올랐다. 또 청소년 저임금 논란으로 코너에 몰린 맥도날드로 자리를 옮긴 후엔 저소득층을 위한 '무료 법률 서비스'를 개발하는 등 이미지 업그레이드 전략을 지휘했다.

2007년 한 해 480억 달러 매출을 기록한 세계 최대 제약기업 화이자제약이, 제약업계 경험이라곤 4년 동안 화이자제약에서 선임 부사장과 총괄 고문으로 활동한 게 전부인 그를 수장으로 선택한 것도 이런 이유에서다. 5년간 화이자제약을 이끌어온 온 행크 매킨넬을 이을 차기 회장으로 그의 이름을 발표했을 때 업계는 깜짝 놀랐다. 그는 유력한 회장 후보였던 30년 토박이 임원들을 밀어내고 자리에 올랐다. 과학자, 연구원, 마케팅 책임자가 아닌 법률가 출신 회장은 처음이었다. 주주들이 150년 화이자 제약 역사에 '변화'를 선포한 것이다.

화이자제약은 독일계 미국인인 찰스 화이자 형제가 1849년 미국 뉴욕에 설립한 회사로 2007년 현재 484억 달러의 매출에 순이익 81억 달러, R&D 비용만 81억 달러를 사용하고 있다. 페니실린 대량생산, 항생제인 테라마이신 개발로 세계적인 기업 반열에 올랐으며 전 세계 주요 질환시장 매출 1위 기록, 의약품 14개를 보유하고 있다. 한국에는 1969년에 진출해 2009년 40주년을 맞았다.

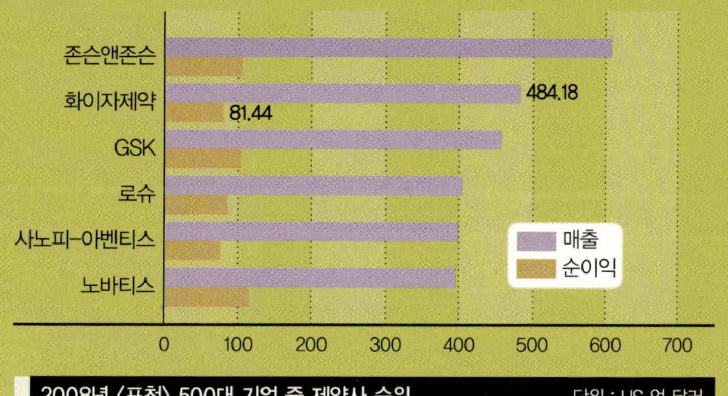

2008년 〈포천〉 500대 기업 중 제약사 순위 　단위 : US 억 달러

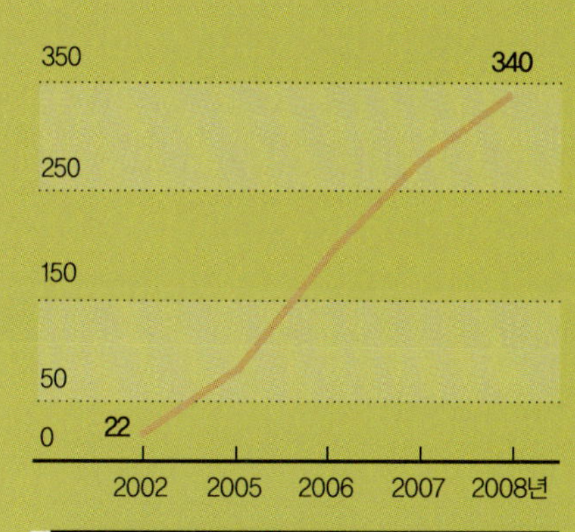

화이자제약의 국내 R&D 투자현황 단위:억 원

아리고 베르니

몰스킨(Moleskine) 사장

Arrigo Berni

전설의 브랜드를 만드는 비결은 무엇인가요?

"낭만적인 기승전결을 만들어라"

이 회사의 성공은 시대를 넘나드는 하나의 이야기다. '설마 그런 일이 있을까' 싶지만, 막상 듣고 나면 작은 탄성을 지르게 되는 그런 이야기. 그러고 보니 수첩과 노트북, 다이어리를 만드는 이 회사의 슬로건 자체가 '전설적인 노트북(The Legendary Notebook)'이다. 이 회사의 이름은 '몰스킨'이다.

200페이지 남짓한, 얼핏 봐서는 특별할 것도 없는 수첩 하나가 보통 1만 원대. '뭔가 더 있어 보인다' 싶은 수첩은 2만 원대를 훌쩍 넘는다. 언뜻 보면 일반 수첩과 다를 바가 없다. 검은 커버에 미색 속지로 된 지극히 단순한 디자인. 몰스킨이라는 이름은 '두더지 가죽(mole skin)'이란 말과 발음이 같지만, 이름과는 달리 평범한 천에 기름을 먹여(방수포) 커버를 씌운다. 속지를 단단하게 박음질해 페이지를 열면 자연스럽게 펼쳐지고, 수첩을 묶는 고무줄이 겉면에 달린 정도가 약간 특이하다고 할까? 그런데도 이 수첩을 사는 사람들이 있다. 그것도 열광하면서 산다. 이 회사가 세계 각국에 판매하는 수첩이 연간 1000만 개가 넘는다. 2004년에 비해 판매량이 3배 이상으로 늘었다.

홍성태 한양대 경영학과 교수는 몰스킨의 성공을 '스토리텔링 마케팅, 디자인 마케팅, 온라인 마케팅이 종합세트로 어우러진 산물'이라고 평가한다. 몰스킨의 성공 과정에는 '옛날 옛적에'로 시작되는 동화들처럼, 낭만적인 '기승전결'이 있다.

몰스킨은 원래 1800년대 이후 프랑스 파리의 문구 공방(工房)들에서 만들던 검고 단순한 수첩의 통칭으로 고흐, 헤밍웨이, 피카소 같은 문인과 예술가들의 사랑을 받았지만(기), 1980년대 중반 저가품의 공세와 디지털화 때문에 사라졌다(승). 그러던 중 우연히 이탈리아의 두 사업가가 몰스킨을 둘러싼 역사와 이야기들에 주목해 몰스킨 수첩을 부활시키고(전), 전 세계 수첩 시장에 강력한 브랜드를 구축한다(결).

이 '전설의 노트북'의 비밀을 캐기 위해 이탈리아 밀라노 몰스킨 본사 사무실에서 아리고 베르니 사장을 만났다.

세계적인 경영 컨설턴트 케빈 로버츠(Kerin Roberts)가 만든 브랜드 커뮤니티 사이트 '러브마크(www.lovemarks.com)'는 몰스킨을 이른바 '러브마크 브랜드(광적인 사랑과 존경을 함께 받는 브랜드)' 랭킹 5위에 올려놓고 있다.

한 웹사이트는 몰스킨의 성공을 두고 '브랜드 고고학(brand archeology)'이라고 이름 붙였다. 수명이 다해버린 브랜드의 역사와 전통을 발굴해 내고 이를 마케팅에 활용함으로써 브랜드의 정체성을 분명히 하고 브랜드 가치와 신뢰도를 높였다는 것이다.

요컨대 몰스킨은 요즘 전 세계 경영계에 광풍(狂風)처럼 몰아치고 있는 '이야기 마케팅'과 '입소문 마케팅'의 교과서와도 같은 회사다.

몰스킨 전설(傳說)의 비결은 무엇입니까? "(아리고 베르니 사장은 서가에서 책을 한 권 꺼냈는데 《창조적 계층의 부상(The rise of creative class)》이라는 책이 있었다.) 이 책에서 말한 내용이 바로 몰스킨 성공의 첫 번째 비결입니다."

즉 그의 말은 "몰스킨의 창업자들은 창조적 계층이라는 새로운 소비자 그룹의 등장을 예견했다"는 의미다.

"1995년 이탈리아의 두 사업가가 몰스킨의 전신인 모도앤모도(Modo&Modo)를 설립해 사라졌던 몰스킨 수첩을 다시 내놓기 시작했을 때, 그들은 사회의 변화 트렌드에 대해 비전이 있었어요. 그들은 당시 세계적으로 급속히 성장하는 한 계층에 주목했습니다. 바로 창조적인 활동에 종사하는 그룹이죠. 지식 노동자라고도 하죠. 사실 그들 스스로 그런 그룹에 속해 있었고, 그 덕분에 그들은 꿰뚫어 볼 수 있었죠. 앞으로 이런 활동에 종사하는 사람이 점점 늘어날 것이라고요."

그렇다면 두 번째 비결은 무엇입니까? "브랜드에 기능적 가치를 넘어서는 새로운 가치를 찾아낸 것입니다. 요즘 소비자들은 사실 물건을 사는 것이 아닙니다. 물건 이상을 사죠. 바로 '경험(experience)'을 사는 것입니다. 물론 실체가 있는 물건을 사긴 하지만, 그것은 만질 수 있고 물리적인 니즈를 해소하기 위해서만은 아니에요. 만질 수 없고, 감정적이고, 지위나 정체성에 연관된 니즈를 해결하기 위한 것입니다. 매슬로우의 욕구단계설처럼요. 우리 아이들의 세대에서는 더욱더 그런 방향으로

나갈 것입니다. 1995년에 다시 출시된 몰스킨 수첩은 기능적인 면에서는 검은 표지와 하얀 속지가 있는, 예전과 똑같은 물건이었어요. 하지만 시장에는 전혀 다른 방식으로 도입됐습니다."

어떻게요? "사실 바로 그게 그들의 천재적인 면이었다고 생각해요. 모도앤모도 창업자들은 이 수첩을 보면서 '이건 수첩이 아니야. 아직 글자가 쓰이지 않은 책(unwritten book)이야'라는 콘셉트를 생각해 냈습니다. 즉 그들은 이 수첩을 창조적인 일을 하는 사람들이 스스로를 표현하는 플랫폼으로 인식한 겁니다."

베르니 사장은 베네통의 마케팅담당 부사장과 불가리의 미국법인 수석부사장, 테스토니(Testoni)의 CEO 등 쟁쟁한 명품(名品) 기업의 경영을 섭렵했다. 그러나 이 베테랑 CEO는 프로필만 보고 예상했던 권위와는 거리가 멀었다. 그는 기자의 손을 잡더니 마치 들뜬 아이처럼 자신의 사무실 구석구석으로 안내하며 자랑했다.

사무실 곳곳에는 파블로 피카소와 세계적 여행 작가 브루스 채트윈(Bruce Chatwin) 등 몰스킨 마니아 고객들의 사진이 걸려 있었다. "굉장하죠? 저도 몰스킨 수첩의 열렬한 팬이었습니다. 그래서 2006년 CEO 제의를 선뜻

수락했죠." 그는 사진을 가리키며 몰스킨의 역사를 거슬러 올라가기 시작했다.

몰스킨은 원래 특정 회사 제품의 상표는 아니었다. 프랑스 파리의 여러 문구 공방들에서 만들던 검고 단순한 모양의 수첩과 노트북의 통칭이었다. 그러나 수첩시장의 경쟁이 심화되고 디지털화가 진행되면서 몰스킨 수첩은 점차 사라져 갔고, 1985년 이후에는 시장에서 구하기 어려워졌다.

하지만 1995년 마리오 바루치와 프란체스코 프란체스키의 열정으로 몰스킨은 다시 빛을 보게 된다. 두 사람은 모도앤모도라는 회사를 설립한 뒤 과거 몰스킨 수첩을 생산했던 공방을 수소문해 제품을 재현해냈다.

모도앤모도는 원래 여행용품을 취급하는 회사였고, 몰스킨 수첩은 여러 여행 상품 중 하나였을 뿐이다. 그러나 1년이 지나자 여행자들이 이 노트북을 아주 좋아한다는 것을 확인했고, 2~3년 뒤부터는 오로지 몰스킨만 취급하게 됐다. 그리고 1997년에는 몰스킨을 상표로 등록했다.

두 사람이 '아직 글자가 쓰여지지 않은 책(un-written book)'이라는 콘셉트를 들고 나왔다고 했는데, 그것은 캐치프레이즈나 슬로건이었습니까? "(목소리를 높이며) 아뇨, 아녜요. 마케팅은 그렇게 간단하지 않습니다. 좀 더 복잡합니

피카소의 대형 사진 앞에서 몰스킨 직원들이 일하고 있다. 몰스킨 사무실에는 피카소를 비롯한 유명 몰스킨 마니아들의 사진이 곳곳에 있다

명품 수첩 몰스킨에게 '디지털 시대'라는 말은 무색하다. 스토리텔링 마케팅에 힘입어 이 회사의 수첩 판매량은 2004년에 비해 3배 이상으로 늘어났다. 사진은 아리고 베르니 사장과 몰스킨의 제품들

> 몰스킨 수첩은 창조적인 일을 하는 사람들이,
> 자신들의 창조성을 적어내는 '쓰여지지 않은 책'입니다.
> 중요한 것은 '이건 단순한 수첩이 아닙니다'라고
> 말로만 떠든 것이 아니라 실제로 그렇게 '행동했다'는 것입니다.

다. 만일 당신이 소비자들에게 가서 다짜고짜 이렇게 말해 보세요. '이건 수첩이 아닙니다. 아직 쓰여지지 않은 책입니다. 멋있죠? 그러니까 이걸 사세요.' 그런다고 소비자들이 사겠어요? '글쎄, 좀 있어 보자' 이렇게 말하겠죠. 즉 이런 말입니다. 만약 당신이 진짜 브랜드를 만들어내려고 한다면, 그래서 물건의 기능적인 가치를 넘어서는 새로운 가치를 창출해내려고 한다면 당신 스스로가 브랜드 콘셉트에 대해 명확한 인식을 갖는 게 커뮤니케이션의 방법보다 더 중요합니다.

예를 들어보죠. 어떤 수첩은 당신이 메모를 할 수 있도록 도와줍니다. 약속을 잡을 수 있도록 하고, 이벤트를 기록합니다. 그래서 '플래너'나 '다이어리'라고 이름 붙입니다. 그리고 그것을 판매한다고 합시다. 이런 브랜드는 '성과 기반 브랜드(performance based brand)'입니다. 이런 브랜드는 '이 제품이 존재하는 이유는 이러 저러한 기능적인 수요를 충족시키기 위해서입니다'라고 설명합니다. 브랜드가 기능을 중심으로 의미를 담아 포지셔닝하는 겁니다.

하지만 몰스킨은 전혀 포지셔닝이 다릅니다. 몰스킨이라는 브랜드는 '저는 메모를 할 수 있습니다. 스케줄을 기록할 수도 있습니다. 그러니까 사 주세요'라는 약속을 담고 있지 않아요. 그보다 많은 것을 담고 있습니다. '몰스킨 수첩은 창조적인 일을 하는 사람들이, 자신들의 창조성을 적어내는, 쓰여지지 않은 책이다.' 몰스킨을 되살려낸 두 사업가는 이렇게 생각했던 것이죠. 사람들이 스스로를 표현하는 플랫폼으로 인식한 겁니다. 중요한 것은 그들이 '이건 단순한 수첩이 아닙니다'라고 말로만 떠든 것이 아니라 실제로 그렇게 '행동했다(behave)'는 것입니다."

우린 마케팅 하지 않는다. 몰스킨답게 행동할 뿐

'행동'이라…. 그렇다면 '쓰여지지 않은 책'이라는 브랜드 콘셉트를 소비자들에게 어떻게 전달했나요? "먼저 '어디에서 판매할 것인가'에서부터 차별화했어요. 만약 우리가 단순히 메

모를 하는 제품이 아니라 우리의 감정과 사고, 창의성을 표현할 제품을 판매한다면 소비자는 어디서 그 물건을 사려고 할까요? 바로 서점이죠.

두 사업가는 그래서 이 제품이 수첩임에도 불구하고 서점에 공급했습니다. 실제로 몰스킨 수첩에는 일반 도서처럼 국제표준도서번호(ISBN)가 부여됩니다. 한국에도 주로 대형 서점을 통해 팔리고 있습니다. 그리고 운도 좋았습니다. 그 당시 서점들은 책 매출이 정체돼 어려움을 겪고 있었습니다. 서점은 보통의 책과 다른 제품을 판매할 수 있다면 환영이었습니다. 몰스킨은 이어서 디자인숍에도 진출했습니다.

매장 디스플레이에도 신경을 썼습니다. 예컨대 몰스킨을 애용했던 유명 인사들, 즉 피카소나 헤밍웨이, 채트윈 같은 지적이고 예술적인 인사들의 사진을 매장에 내걸었습니다. 몰스킨이 오랜 예술적·지적 전통의 산물임을 알리는 거죠. 다만 요란한 홍보 활동 대신 매장의 설치물로만 커뮤니케이션을 제한했습니다.”

그런 활동만으로 사람들에게 몰스킨의 가치를 느끼도록 만들 수 있었나요? “그랬어요. 소비자 스스로 브랜드의 가치를 인식해갔습니다. 음, 사실 소비자에게 브랜드 가치를 느끼도록 인위적으로 ‘마케팅’할 수는 없습니다. 그러니까, 제 말은 브랜드는 사람과 같다는 것이죠. 우리가 사람을 평가하는 방법을 생각해보세요. 그들의 말에 귀를 기울이나요? 물론 그것도 중요하겠지만, 결국은 그들이 하는 ‘행동’을 보게 되죠. (그는 ‘행동’이란 말을 정말 좋아하는 것 같았다.) 따라서 가치를 정말로 사람들에게 느끼게 해주려면 제가 그 브랜드의 성격에 맞게 스스로 ‘행동’해야 합니다. 사람과 마찬가지죠. 제가 세련된 사람이 되고 싶다고 칩시다. 그리고 친구들에게 말합니다. ‘봐, 내가 얼마나 세련됐는데.’(웃음) 그건 오히려 역효과를 낼 뿐이죠. 다른 사람들이 자신을 진정으로 인정하게 하려면 경쟁자보다 더 나은 브랜드답게 행동으로 보여주는

게 우선입니다.

예를 들면 지금도 저희는 세계 곳곳에서 전시회를 엽니다. 실제로 몰스킨이 ‘쓰여지지 않은 책’이라는 걸 보여주기 위해서입니다. 현대의 헤밍웨이나 피카소로 불릴 만한 창조적인 예술가와 사상가들이 실제로 몰스킨 수첩에 적어 넣은 창의적인 글과 그림을 전시하는 거죠.

2006년부터는 ‘우회(DETOUR)’라는 주제로 전 세계에 순회 전시되고 있습니다. 이런 게

몰스킨의 성공 과정에는 ‘옛날 옛적에’로 시작되는 동화들처럼, 낭만적인 ‘기승전결’이 있다

몰스킨다운 행동이라고 생각합니다. 또 저희는 심미적인 부문에서 몰스킨의 정체성을 유지하려 노력합니다. 예를 들면 몰스킨 수첩은 딱딱한 커버를 쓰는데, 촉감이 아주 독특해요. 이런 세부적인 촉감과 외형을 관리하고 유지하려면 직원 개개인의 역량이 매우 중요합니다. 몰스킨 직원들은 이런 방면의 전문가들이고, 핵심적인 경쟁력을 가지고 있습니다.”

몰스킨의 소비자 중에는 할리 데이비슨의

‘호그족’ 못지않게 광(狂) 팬이 많다. 국내에도 번역된 책 《시티즌 마케터》에 따르면 몰스킨을 세계에 알린 주인공 역시 플리커(flickr.com) 같은 웹 2.0 사이트를 이용하는 온라인상의 자발적인 팬 블로거들이었다. 이들은 지금도 몰스킨의 제품과 매장, 행사를 열성적으로 취재하며 관련 콘텐츠를 지속적으로 인터넷에 올리고 있다.

미국 컬럼비아대 경영대학원의 번트 슈미트 교수는 그의 책 《빅씽크 전략》에서 ‘몰스킨은 구매자에게 ‘당신은 창조적 인간이고, 창조적 공동체의 일부’라는 메시지를 준다’고 말했다. 실제로 몰스킨 수첩은 영화나 드라마에서 창조적인 일에 종사하는 인물을 묘사하는 소품으로 종종 등장한다. 〈다빈치 코드〉의 고고학자 톰 행크스, 〈악마는 프라다를 입는다〉의 패션잡지사 편집장 비서 앤 해서웨이, 〈내셔널 트레져〉의 고고학자 니콜라스 케이지가 영화 속에서 꺼내는 수첩이 모두 몰스킨이다.

이야기 마케팅의 성공과 함께 몰스킨은 고속 성장을 거듭했다. 2008년 매출은 3970만 유로(약 700억 원)에 달해 4년 만에 4배 이상으로 늘었다. 원래 4개로 시작한 제품 종류가 지금은 220개에 이른다. 일반 수첩에 이어 다이어리와 시티 노트북(주요 도시별 지도가 담긴 시리즈 수첩)도 판매하기 시작했다.

2006년 모도앤모도의 창업자들은 프랑스 금융회사인 소시에테 제네랄에 기업을 매각했다. 매각대금은 6000만 유로(약 1000억 원)였다. 이때 회사 이름이 모도앤모도에서 몰스킨 SRL로 바뀌었고, 아리고 베르니가 CEO로 영입됐다.

디지털 시대인데, 앞으로도 종이 수첩으로 고속 성장이 가능할까요? “저희는 계속 성장할 여지가 많다고 생각합니다. 아시겠지만, 계속 세계화가 진행되고 있습니다. 창조적인 활동에 종사하는 인구는 점점 늘어날 것이고, 이들은 자신의 아이덴티티를 표현하고 싶어합니다. 몰스킨은 그런 사람들의 플랫폼으로서 계속 기능할 겁니다.

참 특이하죠. 요즘 같은 인터넷 세상에 수첩처럼 디지털적이지 않은 필기도구를 찾을 수 있나요? 하지만 교육 수준이 높은 사람들일수록, 창조적인 인터넷과 디지털 테크놀러지를 매우 많이 사용하는 사람일수록 오히려 이런 기본적인 필기도구를 좋아하는 경향이 있습니다. 디지털 세상에서 아날로그적인 삶을 함께 사는 거죠. 이들에게 두 가지 삶은 서로 충돌하지 않습니다.”

진심은 통한다. 스스로 소비자의 일부가 되라

‘브랜드로서 행동한다’는 말은 한국의 기업에도 도움이 될 것 같습니다. 한국에도 ‘이야기 마케팅’이 유행인데, 조언을 부탁합니다. “제가 누구에게 조언을 할 처지에 있는지는 모르겠습니다. 하지만 몰스킨에서 하나 배운 것은 ‘진심(truthfulness)은 통한다’는 것이에요. 당신이 누구인지에 대해 스스로 계속 진솔할 수 있다면 단명(短命)하는 브랜드와 차별화하는 큰 포인트가 됩니다.

물론 시장 조사나 전략에 따라 브랜드를 단기적으로 마케팅하는 방법도 있습니다. 그런 방법 자체를 무시하지는 않아요. 저도 다국적 기업들에서 근무하며 그런 방법을 익혔습니다. 하지만 그런 것은 장기적인 성공을 위한 펀더멘털을 제공하지는 못해요.

그 대신에 우리는 스스로를 들여다보고, 진정으로 중요한 것이 무엇인지를 끊임없이 질문했습니다. 그리고 우리에게 중요한 것은 우리 제품의 주된 고객인 창조적인 소비자들에게 진심으로 다가가는 것이라고 결론을 내렸습니다.”

소비자와 진심을 통하는 비결은 무엇입니까? “제일 좋은 것은 스스로 그 소비자의 일부가 되는 것입니다. 중요한 것은 모도앤모도의 창업자들 스스로가 ‘창조적인 직업에 종사하는 소비자’의 일부였다는 사실이에요. 그들 스스로 꾸준히 여행을 다니고, 글을 썼고, 결국 같은 생각을 가진 소비자들에게 믿음을 줄 수 있었습니다.

오늘날의 소비자들은 똑똑합니다. 더구나 창조적인 직업에 종사하는 소비자들은 말이죠. 만약 당신이 돈만 벌기 위해 사업과 마케팅을 벌인다면 그들은 당신이 하는 일이 마케팅 활동이라는 걸 단번에 꿰뚫어 볼 거예요. 그리고 ‘하하’ 하고 비웃을 겁니다.

아마도 큰 조직은 이런 게 쉽지 않을지 모르겠지만, 회사 스스로의 조직을 바라보고 문화를 바라보는 것이 중요합니다. 예를 들어 직원들이 어떤 가치를 믿고 있는지 파악해야 합니다. 실제로 우리는 해외의 파트너를 찾을 때에도 이런 문화나 열정을 중요시합니다. 그러나 이렇게 사업에서 진정성을 중시하는 것이 쉬운 일은 아닙니다. 무엇보다 ‘노(No)’라고 말해야 하는 때가 많아요. 예를 들어 당신의 사업 목적에 맞지 않는 고객이 큰 돈을 들고 찾아온다고 생각해보세요. 단순히 돈을 벌기 위해서라면 못할 리가 없겠지만,

몰스킨은 피카소, 헤밍웨이, 고흐 같은 창조적 인사들의 사용 경험을 적절하게 홍보해 브랜드에 ‘이야기’를 부여했다

정말 성공을 바란다면 '우리가 할 일이 아닙니다' 라고 말할 수 있어야 합니다."

불가리(Bulgari)나 테스토니 같은 많은 다국적 명품 기업 경영진을 거쳤는데, 비교적 작은 규모의 회사로 옮겼습니다. 이유가 있으신지요? "저는 브랜드를 경영하는 것을 좋아해요. 저 스스로도 몰스킨을 브랜드로서 매우 좋아했습니다. 이 브랜드는 단순한 상품 브랜드보다 훨씬 많은 것을 품고 있어요. 아주 재미있다고 생각했습니다. 브랜드는 사람들의 심리적인 수수께끼를 건드려요.

브랜드에 대해 많은 정의가 있지만, 제가 좋아하는 것은 '브랜드는 정신적인 대상(mental object)'이라는 겁니다. 자동차라는 제품은 분명 실질적인 대상이죠. 하지만 피아트나 토요타라는 브랜드는 실질적인 대상이 아닙니다. 마음속에만 존재하죠. 그런데도 매우 강력합니다. 실제로 존재하는 제품보다도 강력해요. 또 하나는 제가 사실상의 창업자가 될

수 있었기 때문입니다. 2006년 소시에테 제네랄이 이 회사를 인수한 뒤 창업자들은 곧 회사를 떠났어요. 저 스스로 회사에 팀을 짜고, 회사의 방향을 정할 수 있었습니다. 테스토니나 불가리도 좋지만 이렇게 흥분되는 일을 하기는 어렵죠."

앞으로의 계획은요? "해외 진출을 계속할 겁니다. 할 일이 많다고 생각해요. 그리고 이 브랜드를 활용해 다른 영역에서 재미있는 제품을 내놓을 수 없을까 하는 것도 생각하고 있습니다."

예를 들어 어떤 것인가요? "지금은 말할 수 없어요. 아마도 12~20개월 내에 답이 나올 것 같습니다." WeeklyBIZ

세계적인 디자이너 카림 라시드(Karim Rashid)와 그가 스케치를 메모해 놓은 몰스킨 수첩

Focus

몰스킨의 성공 비결

수첩 업체 몰스킨이 감성적으로 팬들과 훌륭하게 소통한 비결은 무엇일까? 무엇보다 스토리와 브랜드를 절묘하게 엮은 점이 꼽힌다. 하지만 그와 함께 꼽히는 것이 몰스킨의 보이지 않는 제품 디자인과 기획력이다. 마영범 소갤러리 대표는 "최근 디자인의 영역은 외형에만 머무르지 않고 창조적인 소비자들이 민감하게 여기는 '보이지 않는 가치'로 영역을 넓히고 있는데, 몰스킨은 그 대표적인 사례"라고 말했다.

예를 들어 몰스킨 수첩의 첫 장에는 분실한 수첩을 찾아줄 때 사례금을 직접 주인이 기입할 수 있도록 돼 있다. 자신의 수첩 가치를 스스로 매길 수 있도록 한 것이다. 또 몰스킨 수첩은 일반 수첩과 달리 '품질 관리번호'가 부여돼 있어 하자가 있을 때 정품 확인 후 새 제품으로 교환이 가능하다. 이런 감성적인 작은 '배려'가 제품의 가치를 높여준다는 설명이다.

창조적인 소비자를 잡은 또 다른 힘으로는 '오리지널리티(originality)'가 꼽힌다. 단순한 디자인을 지닌 수첩이지만, 퍼스트 무버(first mover)였던 점이 몰스킨에 큰 힘이 됐다는 것이다. 몰스킨 이후 유사한 디자인의 수첩이 많이 나왔지만, 몰스킨이 가진 오리지널리티를 누구도 뛰어넘지 못했다. 김신 월간디자인 편집장은 "사실 몰스킨의 디자인은 이미 유행이 지난 기능주의적이고 모더니즘적인 디자인이지만, 100년이 넘게 같은 디자인이 고수되면서 누구나 몰스킨의 정체성을 인식하게 됐다"며 "샤넬의 단순한 누빔 바느질이 오리지널리티를 획득하면서 헤아릴 수 없는 가치를 지니게 된 것과 유사한 사례"라고 말했다.

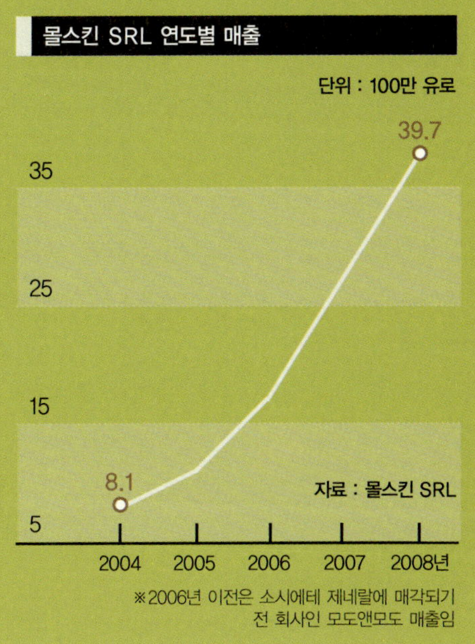

헤르만 지몬

《히든 챔피언》 저자, 경영학자

Hermann Simon

강력한 경쟁자가 있습니다. 도전할까요 아니면 피할까요?

"작지만 강한 기업, 강소(强小)기업이 돼라"

헤르만 지몬 박사는 지난 20년 동안 전 세계의 히든 챔피언 기업 2000여 개를 조사, 그들의 성공 비결을 분석했다. 그는 매출액이 30억 달러 이하이지만 세계시장에서 3위권 이내, 또는 해당 대륙에서 1위인 기업, 그러면서도 대중에게는 별로 알려지지 않은 기업을 히든 챔피언으로 정의했다.

2005년을 기준으로 히든 챔피언 기업들의 평균 매출액은 4억 3000만 달러. 〈포천〉 500대 기업 중 가장 규모가 작은 기업의 30분의 1 수준에 불과하다. 그런데도 지난 10년간 연평균 매출 성장률은 8.8%, 세전 투자수익률(ROI)은 13.6%에 이른다. 2006년 〈포천〉 500대 기업의 세전 투자수익률 5~6%와 비교해도 엄청난 차이다.

15개 언어로 번역된 베스트셀러 《히든 챔피언》의 저자 지몬 박사를 독일 본(Bonn)에 있는 그의 사무실에서 만났다. 그가 설립한 컨설팅회사 '지몬-쿠허 & 파트너스'의 입구에는 세계 각국에 번역 소개된 그의 저서들이 벽 한 면에 가득 진열돼 있었다.

쾨니히&바우어, 반출, 갤러거, 게리츠…. 이런 기업들을 알고 있는가? 처음 들어본 이름이라는 사람이 태반일 것이다. 하지만 사실은 저마다 자기 분야에서 세계 선두를 달리는 회사들이다. 각각 화폐 인쇄기, 쇼핑카트, 목장에서 사용되는 전기 울타리, 극장에서 쓰이는 무대장치 제조업체이다.

이들의 공통점은 기업 규모는 작지만, 틈새시장을 집요하게 파고들어 세계 최강자 자리에 올랐고, 오늘도 지칠 줄 모르는 성장을 거듭하고 있다는 점이다.

세계화 시대의 진정한 승자는 이처럼 눈에 띄지 않고 이름 없이 숨어 있는 1등들, 이른바 '히든 챔피언(hidden champions)'이라고 독일의 경영학자 헤르만 지몬 박사는 주장한다.

목에 힘주고 다닐 만도 한데, 히든 챔피언들은 숨어 있습니다. 왜 그럴습니까? "첫째는 자연적인 이유인데, 대개 소비자에게 잘 드러나지 않는 제품을 생산하기 때문입니다. 히든 챔피언의 69.1%가 일반 소비재가 아니라 기업에서 주로 사용하는 산업재 생산에 종사하거든요. 둘째는 의도적으로 회사를 알리는 것을 꺼리는 기업도 많습니다. 제 책 《히든 챔피언》에 언급되는 것조차 원하지 않는 기업들도 있어요. 이들은 좋은 제품을 만드는 데만 집중하고 싶어하죠. 오직 고객만이 진정한 가치를 알아주는 것입니다."

많은 경영학자들이 세계적으로 유명한 대기업들을 분석합니다. 그런데 숨어있는 1등 기업들에게 주목하게 된 이유는 무엇입니까? "세계에서 수출을 가장 많이 하는 나라가 어느 나라인 줄 아세요? 독일입니다. 뜻밖이죠? 그것도 2002년 이후 줄곧 말입니다. 그 뒤를 미국과 중국, 일본이 잇고 있죠. 독일 수출이 세계 1위인 이유는 단 하나, 중소기업이 엄청나게 강하기 때문입니다. 독일의 중소기업은 약 1000개의

세척기로 집중하는 전략을 구사했어요. 지극히 좁은 틈새시장을 개척, 이 분야에서 시장 지배력을 높인 것이죠.

작은 회사일수록 연구개발비도 빠듯하죠. 집중적으로 투자해야 혁신을 통해 세계 최고의 기술을 보유할 수 있어요. 그리고 제품 판매는 좁은 내수시장에 안주하지 않고, 세계화를 통해 시장을 적극적으로 넓혀가는 전략을 구사합니다."

그는 독일인답게 190㎝의 큰 키에, 나이를 압도하는 건장한 체격이 인상적이었다. 검은색 가구로 단조롭게 꾸며진 사무실에서 2시간가량 인터뷰하는 동안 그는 마치 강의하듯 종이에 정확한 기업 이름을 써내려 가면서 히든 챔피언의 중요성과 성공 비결을 역설했다.

히든 챔피언의 특징 중 하나는 '좁지만 넓다'는 점이다. 즉 틈새시장을 파고들어 하나에만 집중적으로 투자한 다음 전 세계에 제품을 수출하는 글로벌 전략을 구사한다

시장에서 세계를 지배하고 있습니다. 제 연구는 세계화의 최대 수혜자가 독일이라는 사실에서부터 출발했습니다."

히든 챔피언들의 성공 비결을 단 한마디로 압축한다면요? "한 단어로는 힘들고, 두 단어로 압축하겠습니다. 바로 집중(focus)과 세계화(globalization) 전략입니다.

히든 챔피언들은 세계 시장을 주도하겠다는 야심찬 목표를 분명하게 내걸고, 시장을 좁게 정의내립니다. 가령 '빈터할터 가스트로놈(Winterhalter Gastronom)'이라는 식기 세척기 회사는 호텔과 레스토랑에서 사용하는 식기

좁은 틈새시장을 찾으라는 것은, 강력한 경쟁자가 있으면 거기에 도전하지 말고 경쟁을 피하라는 뜻인가요? "시장점유율이 60~70%나 되는 시장 지배적 기업이 있다면 그 기업에 도전하는 것보다는 새로운 틈새를 찾는 것이 더 현명한 전략이에요.

가령 오토바이 헬멧 분야에서는 한국의 홍진HJC가 세계적인 경쟁력을 자랑합니다. 그러자 포크(Poc)라는 스웨덴 회사는 홍진HJC와 경쟁하는 대신, 스키 헬멧이라는 틈새시장을 개척해 현재 이 분야에서 1위를 달리고 있어요. 시장을 새롭게 정의하면서 틈새시장을 개척해야 하죠."

지몬 박사를 만난 본은 구(舊)서독의 수도였다. 하지만 통일 독일의 수도가 된 베를린처럼 크고 웅장한 도시가 아니다. 도심 한복판의 광장조차 그리 인파가 북적이지 않는 조용하고 한가로운 곳이었다.

기차역에서 내려 지몬-쿠허 & 파트너스 사무실까지 걸어가는 동안 산책하듯 주택가와 공원을 지났다. 마냥 평화롭기만 했다. '히든 챔피언' 기업의 3분의 2가 지방에 본사를 두고 있다고 하니 아마 이와 비슷한 풍경일 것이다. 이런 곳에서 묵묵히 실력을 키워 세계 최강으로 우뚝선 히든 챔피언들. 그들의 숨은 저력이 새삼 피부에 와 닿았다.

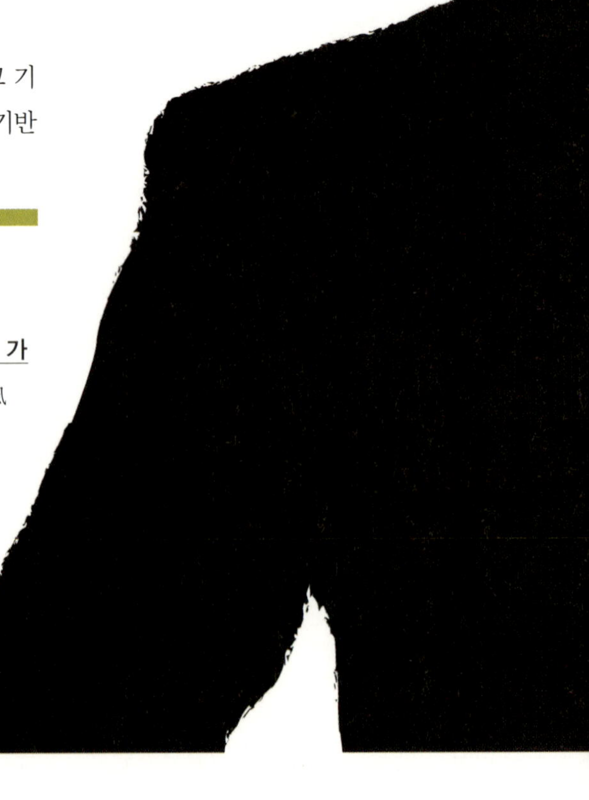

전 세계적으로 히든 챔피언 기업들은 어떻게 분포돼 있나요? "2000여 개의 히든 챔피언 중 3분의 2가 독일과 오스트리아와 스위스 같은 독일어권에 있습니다. 또 미국에 300여 개, 일본에 100개, 중국에 25~30개 안팎이 있는 것으로 파악됐습니다. 한국에도 25개 정도가 있고요. 같은 유럽이지만 프랑스나 스페인에는 매우 적은 반면 북유럽이나 이탈리아 북부 지방에 많이 포진해 있어요."

왜 독일어권에 히든 챔피언들이 그렇게 많나요? 인근 프랑스에는 거의 없는데요. "프랑스는 중앙집권적인 국가가 일찍 형성된 반면 독일은 오랫동안 군소(群小) 국가들이 난립했었어요. 결국 독일 기업들은 매우 작은 내수시장을 무대로 활동해야 했는데, 그걸로는 모자라 일찍부터 해외의 더 큰 시장으로 눈을 돌리게 됐죠. 여기에 독일의 기술지향적인 전통도 히든 챔피언을 양산하는 기반이 됐습니다. 가령 독일의 '크노프(Knopf)'라는 단추 회사는 25만 종이나 되는 단추를 만들어냅니다. 독일에는 상상하기 힘들 정도로 전문화된 분야에 몰두하는 회사들이 많습니다.

다시 말해 세계화에 일찍 눈뜬 것, 그리고 기술지향적인 전통이 독일 히든 챔피언의 기반이 된 것이죠."

새로운 히든 챔피언은 태양열, 풍력 분야에서 많이 탄생할 것

그 동안 조사한 많은 히든 챔피언 기업 중에 가장 인상적인 기업 하나를 꼽는다면? '풍력(風力) 발전 분야에서 독일 1위 기업이고, 세계 2~3위를 다투는 '에네르콘(Enercon)'이라는 회사가 있습니다. 1984년에 설립된 이 회사는 풍력 터빈과 관련한 전 세계 특허의 40% 이상을 소유하고, 이 분야 기술을 선도합니다. 그래서 제품 가격이 경쟁사보다 20% 가량 비싼데도 10년 만에 매출을 2억 유로에서 20억 유로로 10배 키울 수 있었어요."

앞으로 10년간 어떤 분야에서 새로운 히든 챔피언이 많이 등장할까요? "태양열, 풍력 등 에너지 분야가 향후 10년간 가장 혁신적으로 도약할 것입니다. 인터넷이나 IT 분야는 이에 비하면 훨씬 좁은 분야라고 할 수 있어요."

당신은 1996년에 《히든 챔피언》이라는 저서를 냈습니다. 2008년에 새로 낸 《히든 챔피언》은 개정 증보판 격인데, 10년 전에 비해 히든 챔피언들은 어떻게 달라졌나요? "모든 측면에서 세계화가 크게 진전됐다는 점이 가장 큰 차이겠죠. 이제 히든 챔피언 기업의 고용의 상당 부분이 해외에서 이뤄집니다. 또 모든 프로세스가 국제화됐어요. 히든 챔피언들의 시장 지배력도 한층 높아졌어요. 가장 강력한 경쟁자와 비교한 상대적 시장점유율이 10년 전에는 1.56배이던 것이 지금은 2.34배로 격차가 더 벌어졌어요. 그만큼 세계화에 잘 적응해 왔다는 뜻입니다."

세계화 물결 속에 경영권 승계의 딜레마

실패한 히든 챔피언들도 있지 않나요? "물론이죠. 10년 전에 선정한 히든 챔피언 457개 가운데 약 10%가 시장에서 사라졌어요. 1년에 1% 정도 도태된 셈이죠. 하지만 독일 주식시장에 상장된 기업들 가운데 37%가 사라졌다는 사실에 비교하면 히든 챔피언은 놀라운 생존 능력을 갖고 있는 셈입니다."

사라진 히든 챔피언들의 실패 원인은 무엇인가요? "첫째는 기술의 변화로 인해 도태된 경우입니다.

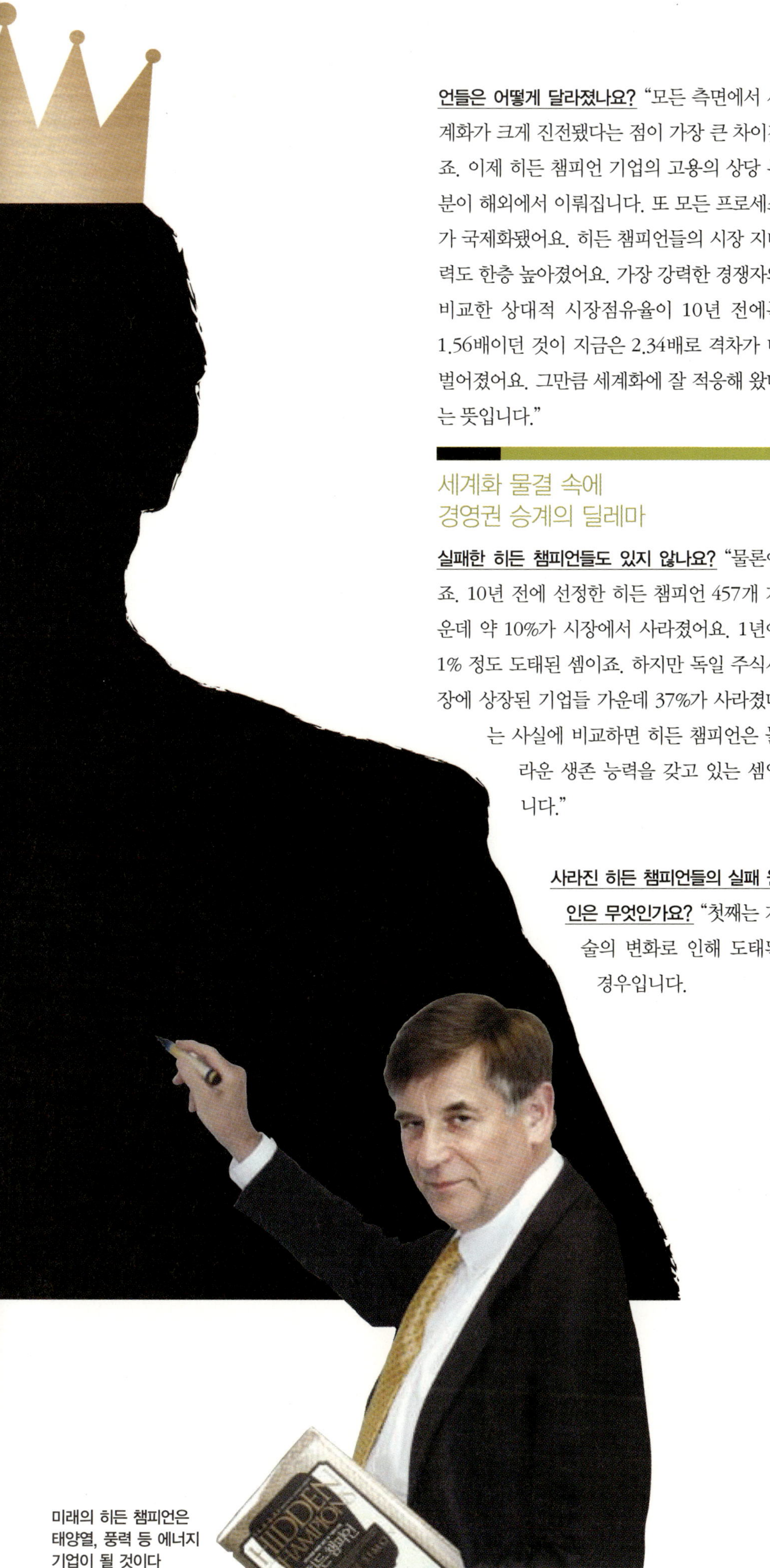

미래의 히든 챔피언은 태양열, 풍력 등 에너지 기업이 될 것이다

예를 들어 '레플렉타(Reflecta)'라는 환등기 생산업체는 디지털 시대를 맞아 살아남지 못했어요. 둘째는 경영권 상속문제 때문입니다."

치열한 글로벌 경쟁에서도 살아남은 히든 챔피언들이 내부의 경영권 상속문제 때문에 좌초한단 말인가요? "히든 챔피언의 3분의 2는 가족기업입니다. 이들이 지속적으로 성공을 거두는 가장 큰 이유는 두려움 없이 집중적으로 목표를 향해 매진하는 리더십이 있었기 때문입니다. 히든 챔피언의 창업자들에게는 일이 곧 삶이요, 기업과 자신을 동일시하면서 인생 전체를 겁니다. 하지만 후계자 선정이 가장 큰 도전이요, 결정적인 약점으로 드러나곤 합니다. 한 조사에 의하면 가족 기업가의 90%가 아들이나 딸 등 가족이 회사를 이어가기를 원한다고 했습니다.

그러나 이런 바람과는 반대로 가족이 경영하는 히든 챔피언은 1995년의 62.3%에서 2005년에는 51.8%로 오히려 줄었어요.

세계화로 인해 경영 환경이 점점 복잡해지면서 경영의 전문화가 요구되는 때에는 회사를 누가 소유하느냐보다 누가 경영하느냐가 훨씬 중요합니다. 아들이나 딸이 당연히 경영을 이어갈 것으로 기대해서는 안 됩니다."

강한 경쟁자의 견제를 오히려 즐기라

세계적으로 경기가 냉각되고 있습니다. 히든 챔피언 기업들의 불황 극복 전략은 무엇인가요? "히든 챔피언들은 60~70%의 시장 지배력을 갖습니다. 따라서 이들의 제품을 대체할 경쟁 제품이 마땅히 없어 경기 침체기에도 영향을 덜 받죠.

또 시장이 세계화돼 있어 미국 시장에서는 부진할지 몰라도 스웨덴이나 중국, 두바이 등 다른 지역에서는 새롭게 시장을 개척할 수 있습니다. 세계화 자체가 위험 분산 효과를 발휘하는 것입니다."

히든 챔피언처럼 시장을 좁게 정의하고, 그 속에서 60~70%의 높은 시장 지배력을 가지라는 얘기는 사실상 독점에 가까운 구조를 구축하라는

독일 출신의 세계적 경영학자인 헤르만 지몬 박사는 "기업 규모는 작아도 전문 분야에서 압도적 시장지배력을 자랑하는 강소(强小) 기업들이 세계화 시대의 진정한 승리자"라고 강조했다

뜻 아닌가요? 하지만 일단 그 위치에 오른 뒤에는 경쟁 압력이 줄어들면서 오히려 경쟁력을 상실할 우려가 있지 않을까요? "그래서 적절한 견제가 필요합니다. 높은 시장 지배력을 유지하되 기술적으로 도전해오는 강한 경쟁자가 있는 시장이 바람직합니다. 하지만 단지 가격을 낮춰서 도전해오는 회사는 좋은 경쟁자가 못 됩니다."

10년 후 《히든 챔피언》을 다시 펴낸다면 어떤 변화가 있을 것으로 예상하시는지요? "지금의 히든 챔피언 중 상당수는 기업 규모가 더 커져 빅 챔피언이 돼 있을 것입니다. 그리고 세계화가 더 진전돼, 예컨대 독일 회사로만 머물러 있지 않고 유럽과 아시아를 잇는 유로시안 기업으로 바뀌어 있을 것입니다. 고용의 세계화도 더 진전돼 다양한 국적을 가진 직원, 경영진으로 구성원이 다국적화 되어 있을 것입니다."

한국 중소기업, 어려워도 세계 시장 직접 두드려야

한국 경제는 대기업 의존도가 높습니다. 독일처럼 독립적인 중소기업이 성장해 히든 챔피언이 되기 힘든 환경 아닌가요? "독일에 '알디(ALDI)'라는 대형 할인점이 있어요. 납품업체의 90% 가량

Focus 1

가장 인상적인 히든 챔피언은

지몬 박사가 가장 인상적인 히든 챔피언 기업으로 꼽은 독일의 에네르콘(Enercon)은 풍력(風力) 에너지 시장의 '메르세데스 벤츠'로 불린다. 1984년 설립된 풍력 발전기 제조 회사로, 전세계 풍력 발전기 특허의 40%를 소유하고 있다. 특히 회전 속도가 빠르고, 고장이 적게 나며, 마모 위험도 적은 무(無)기어 발전 설비를 개발했다. 지멘스와 같은 대기업도 에네르콘의 라이선스를 얻어 발전기를 생산한다.

연 매출액은 30억 유로에 달하고 직원 수는 1만 명. 이 회사는 우수한 품질을 유지하기 위해 75% 이상의 부품을 자체 생산한다. 운반도 회사 소유 선박으로 직접 한다. 판매 제품에 대해서는 12년간 점검, 수리 및 모든 돌발 사태를 책임지고 해결해주는 보증 제도를 운영한다.

지몬 박사는 한국에도 25개 가량의 히든 챔피언 기업이 있다고 밝혔다. 대표적인 회사가 오토바이 헬멧 세계시장 점유율 1위(점유율 약 20%)인 홍진HJC다. 경기도 용인에 본사를 둔 이 회사는 1974년부터 30년 이상 헬멧 제조에 매달리고 있다. 1986년 HJC라는 자체 브랜드로 미국 시장에 진출, 6년 만에 일본의 쟁쟁한 경쟁사들을 제치고 북미(北美) 시장 1위를 차지한 이후 줄곧 선두 자리를 유지하고 있다. 매출의 97%가 미국, 유럽을 비롯한 해외에서 발생한다.

홍완기 홍진HJC 회장은 "연구하지 않는 기업은 살아남을 수 없다"며 매출액의 10%를 R&D에 쏟아 붓는다. 국내 중소기업이 평균적으로 매출액의 1% 가량을 연구개발에 투자하는 것과 비교하면 월등히 높은 수치다.

이 그 유통업체 하나에만 납품하던 처지였어요. 하지만 납품업체들은 점점 새로운 시장을 개척하면서 알디에 대한 의존도를 줄여나갔어요. 독일에 비하면 한국 중소기업의 여건이 독립하기에 어려울 수도 있을 것입니다. 하지만 그래도 국내 대기업에만 의존하지 않고 세계시장에 직접 접근하는 길을 적극적으로 뚫어야 합니다."

히든 챔피언을 많이 길러내기 위해 정부는 어떤 정책을 펴야 하나요? "독일에서도 정치인들은 립 서비스를 많이 합니다. 하지만 '히든 챔피언을 더 많이 만들어내기 위해 우리가 무얼 할까'라고 정치인들이 물을 때마다 저는 '제발 아무것도 하지 말고, 기업들에게 자유를 주라'고 대답하곤 합니다."

한국 경제는 일본과 중국 사이에서 샌드위치 신세가 되고 있습니다. 한국 기업들에 충고한다면? "한국 경제의 미래는 중간 규모 이하의 기업들에 달려 있습니다. 어렵더라도 용기를 갖고 히든 챔피언의 성공 전략인 집중과 세계화를 거울 삼아 경쟁력을 키우고 세계 시장에 끊임없이 문을 두드리기 바랍니다." WeeklyBIZ

지몬 박사는 한국 중소기업 또한 대기업에 의존하지 말고 세계 시장에 적극 뛰어들라고 조언했다

히든 챔피언들의 성공 비결

지몬 박사는 히든 챔피언 기업의 첫째 성공 비결로 '집중(focus)'을 꼽았다. 대기업처럼 모든 분야에 진출하기보다는 자신들이 가장 잘할 수 있는 일에 온 힘을 쏟는다는 뜻이다. 다시 말해 '넓이'가 아니라 '깊이'를 추구한다는 의미다.

업소용 식기 세척기 업체인 '빈터할터 가스트로놈'이 대표적인 사례다. 이 회사는 학교, 병원, 기업 구내식당, 군대 같은 시장을 포기했다. 그 대신 '호텔과 레스토랑에서 사용하는 유리잔과 그릇을 깨끗이 씻어주는 서비스 업자'로 자신을 정의하고 여기에 맞게 전략을 완전히 새로 짰다. 특히 식기 세척기에만 머물지 않고 호텔과 레스토랑의 세척시설에 적합한 물 공급장치와 세척제까지 개발, 이 분야의 토털 솔루션을 구축했다.

어떤 히든 챔피언 기업은 시장을 스스로 만들어 100% 가까운 점유율을 차지하기도 한다. 예를 들어 독일의 PWM은 전기로 작동되는 가격 표지판을 만드는데, 독일의 거의 모든 주유소가 이 제품을 쓰고 있다. 소시지 껍질의 끝부분을 고정시키는 클립 및 관련 기계 제조사 폴리 클립, 경주용 말만 전문적으로 사육하는 '쇼케뮐레'도 비슷한 사례다.

집중화 전략이 '계란을 한 바구니에 넣는' 위험성을 갖고 있다는 지적도 있다. 그러나 지몬 박사는 "정말 잘하는 것에 집중한다면 늘 시장을 주의 깊게 관찰하고 대비하는 이점이 있다"며 "다각화 전략보다 덜 위험할 수 있다"고 지적했다.

히든 챔피언의 둘째 핵심 전략인 '세계화(globalization)'는 틈새시장이 가진 한계를 극복할 수 있게 만들어준다. 다시 말해 좁은 시장을 넓게 만든다. 그래서 히든 챔피언 기업들은 다른 어느 기업보다 세계화에 적극적이다. 히든 챔피언의 74.4%는 회사 창립과 동시에 수출을 시작했고, 33.9%는 창립과 동시에 외국에 지사를 둔 것으로 조사됐다. 히든 챔피언은 해외에 진출할 때 제휴보다는 혼자 힘으로 진입하는 걸 선호하는 경향이 강하다.

Who is

헤르만 지몬 박사는 '유럽의 피터 드러커'로 불리는, 독일에서 가장 영향력 있는 경영 석학 중 한 사람이다. 전략, 마케팅 및 가격결정 분야의 권위자로 손꼽힌다. 1979년 독일 본 대에서 경영학 박사학위를 받은 뒤 1995년까지 빌레펠트대와 마인츠대에서 마케팅 및 경영학과 교수를 지냈다.

1985년에 컨설팅 회사인 지몬-쿠허 & 파트너스를 설립해 대표를 맡고 있으며, 지난 10년간 매년 21%의 성장을 거듭해 2007년 현재 직원 403명, 매출 8000만 유로의 회사로 키웠다. 알리안츠, 아우디, BASF 등 독일 유수의 대기업과 글로벌 기업들이 고객이며 11개국에 13개의 해외 사무실을 두고 있다.

《이익 창조의 기술》《가격경쟁 전략》 등 30여 권의 책을 펴냈다. 1996년에 낸 《히든 챔피언》은 출간과 동시에 각국의 경영학 분야 베스트셀러에 올랐고, 경영학의 본고장 미국에서도 호평을 받았다.

이브 카르셀
루이비통(Louis Vuitton) 회장 겸 CEO

Yves
Carcelle

루이비통 재고는 어떻게 처분하나요?

"세일 안 하고 모두 폐기"

고가(高價)전략과 고(高)성장은 현대기업의 패러독스. 이 모순을 루이비통만큼 절묘하게 소화해내는 글로벌 기업도 드물다. 만약 두 마리 토끼를 모두 잡아낸 이유를 천부적인 브랜드 파워에서 찾으려고 한다면 틀렸다. 비밀의 열쇠는 이 기업을 지난 18년 동안 이끌어 온, 이브 카르셀 회장 겸 CEO가 쥐고 있다.

그의 재임기간에 루이비통의 매출과 순이익은 약 5배로 올랐고, 사치스럽지만 따분한 이미지의 루이비통 브랜드는 라이벌 회사들이 좇는 '명품의 척도'가 됐다. 위클리비즈가 이브 카르셀 회장을 만났을 때 그의 옷과 시계, 구두는 모두 루이비통 제품이었다. 그러나 그의 경영철학을 파고들수록, 실용성으로 무장한 비즈니스맨의 모습이 드러났다. 그는 '토요타'의 경영방식을 벤치마킹하고, 유행을 따라 일본의 팝 아티스트를 고용했다. 그의 판매방침에 '세일'은 없다. 아웃소싱이 없는 유일한 명품업체, 품질에 대한 비타협이 그의 경영철학이다.

프랑스어, 영어, 스페인어를 유창하게 구사하고, 독일어와 이탈리아어로도 소통이 가능한 그를 놓고 일부 서구 언론은 '카멜레온'이라는 표현을 쓴다. 비즈니스상 합리성이 필요하면 미국인이 되고, 남성의 매력이 필요하면 이탈리아인으로 변신하며, 자존심(ego)이 요구되면 프랑스인이 된다는 것이다. 그는 대학졸업 후 글로벌 생활용품회사에서 목욕 타월과 살충제를 팔았다. 이제 그는 세계 최고의 명품을 판다.

여성들이 엄지와 검지를 들어 L자와 V자를 만들면, '패션 은어(隱語)'가 된다. 바로 '명품'을 상징하는 코드가 된, 루이비통의 이니셜이다.

루이비통은 여성들뿐 아니라 모든 기업들의 로망이다. 핸드백 하나에 100만 원을 호가하지만 전 세계 여성들은 마치 필수품처럼 구매대열에 뛰어들고 있고, 153년의 역사를 가졌어도, 매년 변신을 거듭해 나이를 먹지 않는 신생 브랜드처럼 빛난다.

매출, 시가총액, 브랜드 가치 등 어떤 기준으로 따져도, 전 세계 명품업계(luxury goods) 1위다. 루이비통의 브랜드 가치는 226억 달러(《파이낸셜타임스》 발표. 2007년). 루이비통보다 8배 가량 매출이 많은 삼성전자 브랜드 가치의 거의 두 배에 이른다.

왜 세계인들은 루이비통을 비롯한 명품에 열광하나요? "명품은 '욕망'이죠. 사람들은 부(富)가 허락하는 한, '가졌다는 것' 그 감성을 누리고 싶어해요. 그런데 최근 더 많은 사람들이 부유해지고, 더 건강하게 오래 살면서 명품 수요가 크게 증가하고 있습니다. 신흥 국가들의 등장과 중산층들의 구매력 강화죠. 특히 이들은 루이비통을 사랑해요. 돈이 좀 부족한 사회 초년생일 땐 동전 지갑이나 키홀더부터 시작합니다. 그리고 돈을 벌고 나이가 들면서 가방, 신발, 옷 등으로 옮겨 갑니다. 우리 제품은 주인과 함께 정말 멋지게 나이가 들거든요."

루이비통이 매년 전 세계에서 벌어들이는 돈이 수십조 원에 달합니다. 그만큼 제품이 많이 팔린다는 건데, 과다한 공급으로 인해 명품이 갖는 특유의 '희소성'이라는 가치가 희석되는 것 아닌가요? "그게 바로 명품 업계의 '모순(paradox)' 이에요. 두 자릿수 성장을 계속 하면서도 명품의 가치를 계속 유지하는 것, 두 마리 토끼를 같이 잡는 형국이죠. 실제로 예전에 명품에 접근하기 힘든 중산층들이 부를 축적하면서 명품에 더 가까이 가게 됐어요. 하지만 제가 제일 싫어하는 말 중의 하나가 바로 '명품의 민주화(democratization)'입니다. 그 표현의 이면에는 '질이 떨어진다' '값이 싸다'라는 말이 숨어있거든요. 저희 제품은 절대 그렇지 않습니다. 지금까지 그 흔한 세일 한번 하지 않았거든요. 지금 하는 얘기를 듣고 다소 놀랄지도 모르는데요…. 다른 명품 업체들은 그해에 남은 물량은 세일을 해서 처분하지만 우리는 그냥 폐기 처분해 버립니다. 그냥 모조리 없애버리죠."

예외는 없었습니까? "물론, 직원 세일은 있습니다. 직원들에게 자사 제품을 입고, 신고, 걸칠 기회를 주는 거죠. 그 외엔 예외가 없습니다. 제가 얼마 전에 스위스에 갔는데요, 구찌(Gucci) 시계가 20프랑(약 1만 5000원)에 팔리더라고요. 아니, 웬일입니까. 그러면서도 '명품'이라고 주장할 겁니까.

고객들이 마음먹고 수천 달러짜리 가방을 샀는데, 3주 후에 20% 세일이라는 푯말을 발견했다면 기분이 어떻겠습니까. 우리가 2000년대 들어 가방이나 지갑 같은 가죽 제품에서 시계, 보석, 기성복 등으로 영역을 확장하자 경쟁업체들은 '세일을 안하곤 못 버티겠지'라고 장담했습니다. 가죽 제품이야 수십 년씩 오래 가니까 고객들이 비싼 가격을 감수하지만, 옷은 그보다 수명이 훨씬 짧으니까 세일을 해야 겨우 구매하는 사람들이 많기 때문이죠. 하지만 우린 원칙을 고수했습니다. 우리에게 '타협'이란 없습니다. 가격은 가격일 뿐입니다. 타협하지 않는 것이 계속 성장할 수 있는 유일한 길입니다."

루이비통은 153년에 걸쳐 명품의 상징으로 떠올랐는데….세월을 꿰뚫는 비결이 뭡니까? "똑같은 질문을 동종업계 CEO들로부터 많이 받습니다. 도대체 '루이비통의 기적(miracle)'이 뭐냐'는 거죠. 루이비통이 153년 동안 고집스럽게 지켜온 몇 가지 원칙이 있습니다. 첫째는 중앙에서 매장을 100% 통제하고 관리한다는 원칙입니다. 전 세계 어느 루이비통 매장을 가더라도 본사에서 훈련을 받은 순수 우리 직원들로부터 서비스를 받을 수 있습니다. 우리는 다른 명품 업체들처럼 중간 업체와 라이선스 계약을 맺고 제품을 유통시키지 않아요. 저는 우리와 비슷한 전략을 가진 샤넬(Chanel)을 존경합니다만, 최근 선글라스를 출시하면서 라이선스 계약을 맺고 말더군요. 하지만 우리는 다릅니다. 아웃소싱이 없는 유일한 명품 업체가 된 거죠."

공장 기술자들도 모두 루이비통에서 직접 훈련시킨다고 알고 있는데요. "맞습니다. 기술자들 모두 적게는 수개월, 많게는 수년씩 루이비통 선임 기술자들로부터 직접 훈련을 받습니다. 바로 루이비통 성공의 두 번째 비결이죠. 한 땀 한 땀을 중요시하는 장인 정신이에요."

그는 루이비통 시계를 찬 오른팔을 흔들어 보이며 웃었다. 그의 양복이나 넥타이, 구두 모두 루이비통 제품이었다.

공장은 대부분 어디에 위치해 있습니까? "17개 공장 중 미국 캘리포니아를 제외하고는 모두 유럽에 있어요. 그 중 절반 이상이 프랑스에 있고 나머지는 스위스, 스페인, 이탈리아 등에 분포돼 있습니다."

중국으로 공장을 옮길 생각은 없으십니까? "제 대답은 '노(No)'입니다. 사실 비슷한 제안을 매번 받습니다. 값싼 중국으로 공장을 옮기라는 제안이요. 하지만 공장은 가능한 한 파리 본사에서 가까울수록 좋습니다. 그만큼 관리가 더

'명품의 명품' 루이비통의 CEO 이브 카르셀, 성공의 DNA를 말하다

치밀할 수 있고요. 가끔은 저의 이런 경영 철학이 주주의 이익과 상충할 때도 있지만, 원칙에 위배될 때는 과감하게 저항해야 합니다.”

그 많은 제품 생산을 수작업으로 감당할 수 있나요? “전 세계 매장에서 ‘물량이 달린다. 제발 물건을 좀 보내달라’고 난리입니다. 예선보다 공급 물량이 많긴 하지만, 그보다 수요가 더 급증했거든요. 그때마다 ‘미안, 미안, 물건을 더 생산해 낼 수가 없어’라고 대답하고 있어요. 우리는 기술자들에게 얼마나 많은 제품을 만들어 냈는지에 대해선 묻지 않습니다. 생산 수량과 월급은 전혀 관계 없습니다. 얼마나 완벽한 물건을 만들어 내는지를 따집니다.”

루이비통이 속한 LVMH(루이비통 모에 에네시, Louis Vuitton Moet Henessy) 그룹의 2006년 매출은 약 18조 8000억 원에 달한다. LVMH는 루이비통 이외에 셀린느(Celine), 지방시(Givenchy), 펜디(Fendi), 겐조(Kenzo) 등 패션 브랜드와 디오르(Dior), 게를랑(Guerlain) 등 화장품, 모에샹동(Moet Chandon) 같은 주류 회사 등을 거느리고 있지만, 매출액의 약 40%, 순이익의 약 80%가 루이비통에서 나오는 것으로 알려졌다.

토요타에서 생산성을 배우다

2007년에 루이비통이 일본 자동차회사인 토요타의 생산 방식을 도입했다고 해서, 화제가 됐었는데요. 루이비통이 ‘품질’과 ‘희소성’ 대신, ‘대량

생산'을 선택했다는 비아냥도 있었지요. "그건 오해입니다. 토요타 방식이 곧 대량생산을 말하는 것은 아니고, 더욱이 '장인정신'과의 작별을 뜻하는 것은 전혀 아닙니다. 어떤 사람들은 어떻게 명품 업체가 자동차 제조업에서 생산 방식을 배워 오냐고 하는 분들이 있는데, 오히려 덕분에 루이비통은 우수한 품질과 생산성을 동시에 이뤘어요."

무엇을 배워 오셨나요? "린 생산방식*이라는 겁니다. 예를 들어, 한 생산 라인에 8~12명 정도로 구성된 소규모 팀이 투입됩니다. 이들은 각각 가죽 자르기, 바느질, 색감 입히기 등을 담당하죠. 그리고 각 근로자는 자신의 작업 이전의 상태를 평가합니다.
문제가 발견되면 '여기, 문제가 발견됐다'고 소리치고 즉시 긴급 회의를 신청합니다. 그러면 다들 모여서 어디서 문제가 발생했는지를 찾아내죠. 기술자들이 기계처럼 맡은 일만 하는 것이 아니라, 스스로 제조 과정에 적극적으로 참여합니다."

그런 방식이라면 품질은 향상이 될 것 같은데, 생산성은 어떻게 높아지나요? "린 생산방식을 통하면 오류 제품을 중간 단계에서 잡아낼 수 있죠. 다시 말해, 잘못된 제품을 끝까지 만드는 데 투입되는 시간을 아낄 수 있습니다. 이런 방식이 익숙해지면 오류를 잡아내고 이를 수정하는 데 걸리는 시간도 점점 빨라지죠. 당연히 불량품도 크게 줄어듭니다. 불량품을 생산해서 항의를 받을 바에야 아예 물량을 적게 공급하는 게 나아요."

명품 제조와 자동차 제조 과정은 다를 텐데, 토요타 생산방식을 그대로 주입시켜도 문제가 없나요? "루이비통은 순전히 장인들에 의해 만들어집니다. 하지만 생산의 효율성이라는 측면에서는 어차피 마찬가지입니다. 우리 공장의 총괄본부장 자리에 토요타 출신을 앉힌

것도 같은 맥락이고요. 토요타 방식의 핵심은 제품을 만들기 시작해서, 시장에 선보일 때까지의 시간을 획기적으로 줄일 수 있다는 것입니다."

저스트 인 타임 시스템*을 말씀하시는 건가요? "네. 그날 시작한 작업은 재고를 쌓지 않고 바로 당일에 끝낼 수 있죠. 소규모 팀이 작업을 하니, 각 기술자가 담당하는 일은 한 가지가 아니라 여러 가지가 됩니다. 그러다 보면 작업의 전체 흐름이 보이고 가방 하나를 완성시키기 위해 유연성을 발휘하게 되죠. 이론상으론 오늘 주문한 고객의 물품이 다음날 배달될 수 있습니다."

루이비통의 '품질'에 대한 집착은 파리 본사 건물 지하에 위치한 '제품 실험실'로 대변된다. 일명 '최첨단 고문실'이라 불리는 이 실

<hr>

*린 생산방식(lean production), 컨베이어 벨트의 분업 형태와 달리 소수의 숙련공들이 한 조가 돼 제품을 완성하는 방식이다. 라인당 투입되는 인력이 줄어드는 대신 한 사람이 담당하는 일은 여러 가지로 늘어난다. 한 팀이 제품의 총생산 과정을 책임지므로 공정과 공정 사이에 쌓이는 재고가 거의 없고 불량품이 줄어드는 등 생산 과정이 슬림하다고 해서 '린(lean, 마른)'이라는 표현이 붙었다.

*저스트 인 타임(Just In Time, 보통 JIT) 시스템, 필요한 때 필요한 만큼만 납품해 내는 적시(適時) 생산 시스템을 의미한다. 생산에 필요한 원자재와 인력을 제때 공급해 '당일발주-당일생산-당일배송'을 실현시키자는 목적이다. JIT 시스템을 통하면 재고품이 획기적으로 줄어, 관련 물류비나 인건비 등 총비용도 줄어든다.

험실에서는 3~4kg짜리 돌멩이를 채운 루이비통 가방을 4일 동안 바닥으로 내동댕이치고, 로봇 방망이로 가죽을 수십 시간 동안 두드린다. 내구성을 알아보기 위한 실험이다. 또 변색 여부를 확인하기 위해 자외선을 집중적으로 쬐게 하고, 지퍼의 견고함을 살펴보기 위해 5000번 이상 지퍼를 열었다 닫았다 한다.

'두려움 없이 변화하라' 신선한 디자이너들 영입

루이비통은 어두운 갈색에 L과 V 로고가 들어가 있는 '모노그램 캔버스'로 유명합니다. 그런데 최근 들어 대변신을 하는 것 같아요. 가방에 낙서 같은 그라피티(graffiti)나 앙증맞은 빨간 체리 문양까지 그려 넣은 걸 보면요. "보통 루이비통하면, 떠올리는 문양이 바로 모노그램 캔버스인데, 이것은 우리의 정체성이고 핵심 'DNA'입니다. 1896년 처음, 모노그램 캔버스가 등장한 이후부터 100년이 흐른 지금까지도 우리 제품의 뿌리는 모두 모노그램 캔버스에 있어요. 우리는 마크 제이콥스*와 무라카미 다카시* 등 창조적인 디자이너들을 통해 모노그램을 끊임없이 '재해석(reinterpretation)'하고 있습니다. 앞으로 100년이 지나도 모노그램 캔버스 자체는 바뀌지 않을 거예요."

그렇다면 변신을 시도해야겠다고 마음먹은 시점은 언제고, 왜 그랬습니까? "모노그램 탄생 100주년을 기리는 행사를 가졌던 1996년의 어느 날이었어요. LVMH의 베르나르 아르노(Bernard Arnault)회장이 이렇게 말하더군요. '내가 곰곰이 생각해 봤는데, 우리, 이제 클 때가 된 것 같아.' 기존의 '여행 가방'이라는 좁은 영역에서 좀 더 젊고 다양한 영역으로 확장하자는 뜻이었죠. 조금은 위험할 수 있지만, 그 말을 들으니 아주 흥분이 되더군요. 그래서 제가 대답했죠. '아르노, 나는 준비가 됐어요'라고. 그래서 만난 것이 디자이너 마크 제이콥스였어요. 저는 그에게 전화를 걸어 '마크, 내가 당장 뉴욕으로 가도 될까'라고 물었고 한걸

음에 달려가 그를 만났죠. 사실 반신반의했어요. 마크 제이콥스 하면, 아주 톡톡 튀는 이미지기 때문에 루이비통과 잘 조화가 될까 하는 의심도 있긴 했죠."

기자가 귀를 쫑긋 세우며 의자를 당겨 가까이 앉자, 그는 장난스럽게 웃으면서 "아, 혹시 우리가 넥타이를 매고 사무실에서 만났다고 생각하는 건 아니겠죠?"라고 물었다.

"그냥 우리는 저녁 식사 자리에서 자연스럽게 얘기했어요. 나는 루이비통의 혁신을 원한다고 전달했고, 그는 이것을 이해했어요. 그리고 무엇을 그린 종이를 나에게 건네더군요. 큼지막한 루이비통 로고를 사용한 새로운 디자인이었어요. 신선한 활력이 확 느껴졌어요. 저는 '앗! 이거다'라는 직감이 들었고, 즉시 그에게 '빨리 먹어. 갈 데가 있어'라고 했죠. 그리고 디자인실로 전화를 걸어 모두 집합시킨 뒤 제품을 만들기 시작했어요."

제이콥스 이후에도 무라카미 다카시가 디자인한 파격적인 제품들이 '없어서 못 팔 정도'로 인기를 끌었는데, 찬반 양론은 있었죠? '품격이 떨어진다'는 주장과 '참신하다'는 반응이요. "우리는 단순히 장난친 게 아니에요. 9·11 테러가 있은 직후, 세계는 우울증에 걸려 있었고 여행 수요도 크게 줄어 들었어요. 명품 구매는 여행 과정에서 발생하는 경우가 많기 때문에 우리에겐 타격이었죠. 우울증도 털어내고 다시 파이팅하는 의미에서 즐거움을 불러올 수 있는 파격적인 제품을 만들어 보기로 했어요. 그때 제이콥스의 추천으로 만난 것이 무라카미 다카시였어요. 그는 가방에 알록달록한 색깔을 녹여 낸 '멀티컬러(2003년)'를 만들었고, 그 후에 빨간 체리가 모노그램에 곁들여진 가방이 나왔죠. 아주 멋졌어요."

짝퉁과의 전쟁

짝퉁과 관련된 카르셀의 일화는 많다. 그는 최근 방콕에서 열린 매장 오프닝 파티에서 가짜 루이비통 가방을 메고 나타난 프랑스 대사

관 직원을 그 자리에서 크게 야단친 적이 있고, 여행을 다닐 때마다 비행기 안 짐칸을 관찰하고 다니며 가짜 루이비통 제품이 발견되면 "이건 범죄 행위"라고 경고를 하고 다닌다.

당신은 정말 '짝퉁'을 싫어하겠군요. 특히 루이비통은 짝퉁업자들이 가장 많이 베끼는 상품인데요. "사실 창업자 루이비통은 위조 방지를 위해 일부러, 이니셜인 'LV'를 트레이드 마크 등록했습니다. 그런데 지금은 L자와 V자가 오히려 짝퉁업자들의 도용 대상이 되고 말았으니 아이러니가 아닐 수 없어요. 짝퉁은 돈세탁이나, 어린이 노동 착취, 마약 등과 같은 명백한 범죄 행위입니다. 우리는 그래서 무관용 원칙(zero tolerance)을 고수하고 있어요. 각 나라의 정치인들을 만나 로비도 하고 다닙니다. 단지 루이비통만을 위한 노력은 아닙니다. 지하 경제를 없애기 위한 공공적인 성격을 띱니다."

지금은 어느 나라가 가장 심합니까? "한국의 이태원도 빼 놓을 순 없겠죠. 하지만 요즘 '전 세계의 공장'이라 불리는 중국에서 가짜 상품들이 많이 유통됩니다. 중국 유통 당국은 문제의 심각성을 이해하고 짝퉁에 대해 철퇴를 가할 의지를 갖고 있습니다만, 너무 큰 나라다 보니까 통제가 잘 안되나 봅니다."

방법이 있나요? "저희는 소송도 불사하고, 할 수 있는 법적 조치는 다 합니다. 하지만 가장 효과적인 방법은 루이비통 매장을 최대한 많이 여는 것입니다. 그래서 더 많은 사람들이 진품을 보고 가짜와의 근본적인 차이를 알 수 있도록 말입니다. 한번 진품의 맛을 본 사람은 중독되기 때문에 다시는 짝퉁으로 돌아갈 수가 없어요."

하지만 여전히 명품 매장은 보통 사람들이 자연스럽게 문을 열고 들어가기엔 좀 불편한 생각이 듭니다. 짝퉁을 사는 심리의 일부분도 '친숙함', '거리낌 없다'는 느낌이 작용하지 않을까요? "사실이에요. 그래서 우리는 백화점에도 매

장을 심어 놓고 있어요. 단독 빌딩 매장보다는 그래도 쇼핑하다가 잠깐 들르기에 덜 위협적이니까요. 백화점 매장과 빌딩 매장을 적절히 배치시키는 전략이죠."

한국 여성들이요? 우와~ 너무 세련됐어요

한국 시장에서 명품 수요가 엄청납니다. 국내 명품 시장 중 30% 정도를 루이비통이 차지한다는 통계가 있습니다. 루이비통에 한국 시장은 얼마나 큰 시장이죠? "말이 필요 없을 정도로 중요한 시장이에요. 일단 한국 여성들의 옷차림을 보세요. 우와, 헤어스타일 하며 구두, 옷…. 오늘 직원들과 점심 먹으면서도 격찬을 했습니다. 심지어 홍콩 여성들보다도 더 세련된 것 같아요. 이 업계에 있다 보면 느낌이 확 오거든요. 이 시장에서 명품이 클 수 있는지 없는지. 한국은 단연 그런 시장입니다."

18년 동안 경영을 하면서 위기는 없었나요? 9.11 테러 이후 여행 수요가 급감했을 땐요? "9·11 테러보다는 1991년의 걸프 전쟁이 더 극적이었어요. 회사 중역들이 모두 모여 뭔가 대책을 세워야 한다고 머리를 모았어요. 정말 무서웠다고요. 저는 그때 임원들을 향해 이렇게 말했어요. '내가 만약 항공사를 운영한다면, 이 상황에서 비행기 몇 대를 쉬게 하겠지. 지금도 마찬가지야.' 그리곤 한 달에 한 주 정도 꼴로 공장을 멈춰 세웠어요. 하지만 다행히

원칙은 고집스럽게 지킨다. 타협은 없다

*마크 제이콥스(Marc Jacobs)
루이비통의 수석 디자이너(artistic director)이자 자체 브랜드를 갖고 있는 스타 디자이너다. 1998년 루이비통에 합류해 150년 된 전통의 벽을 깨면서도 최고급 브랜드 이미지를 부각시키는 역할을 맡았다. LV 전통 문양에 스포티즘을 가미시키는 등 루이비통을 성공적으로 변신시켰다는 평을 듣고 있다.

*무라카미 다카시(Murakami Dakasi)
일본의 세계적인 팝 아티스트. 그는 2002년 이후 루이비통의 전통적이던 모노그램 백을 알록달록한 색으로 꾸미거나 익살스러운 빨간 체리나 만화 캐릭터를 그려 넣는 등, 일명 '무라카미 백'으로 세계 패션 시장에 이름을 떨쳤다.

여행 수요는 곧 회복됐어요."

강성노조 '프랑스식 기업문화'에 반격

드디어 파리에서 일요일에도 매장 문을 열 수 있게 됐죠? "골치가 아팠습니다. 생각해 보세요. 파리 유동 인구의 80%가 외국인입니다. 이 사람들은 잠깐 머물다 가기 때문에 일요일에 쇼핑할 수밖에 없어요. 어떤 바보가 이런 기회를 두 눈 뜨고 놓칩니까. 그래서 2006년에 정치인들을 엄청 만나고 다니면서 설득을 했죠. 그 결과 2006년에 겨우 일요일 영업 허가권을 받아냈는데, 이번엔 노조에서 딴죽을 걸었어요."

원칙적으로 프랑스 파리에서 일요일 영업은 불법이다. 다만 관광객들이 많이 찾는 파리 시내의 식당이나 박물관 등 문화 시설은 일요일 영업 특별 허가를 내주고 있다. 루이비통은 샹젤리제 매장 건물 옥상에 미술관을 만들어, 2006년 4월에 영업 특별 허가를 받아낸 바 있다.

프랑스 노조는 강성으로 알고 있는데, 어떻게 이기셨습니까? "법대로 했습니다. 노조는 '미술관이 눈속임에 불과하기 때문에 루이비통 일요일 영업은 불법'이라고 행정법원에 소송을 제기해 불법 판결을 받아냈고, 우리는 이에 불복해 항소를 했죠. 2007년 7월에서야 항소심 재판에서 우리가 이겼다는 통보를 받았어요. 정말 기뻤어요. 프랑스식 보수주의에 변혁을 가져오는 사건이 될 것이라고 믿습니다."

루이비통 본사를 방문한 현대카드 정태영 사장은 이렇게 말한 적이 있다. "패션업체, 그것도 프랑스 기업이라고 해서 사실 굉장히 화려하고 여유롭게 일할 줄 알았는데, 완전히 충격이었어요. 한국 기업들보다도 훨씬 일을 더 열심히 해요. 카르셀 사장은 매일 아침 6시 15분에 출근할 정도입니다."

왜 그렇게 일찍 출근하세요? "프랑스 기업들은 휴가도 많이 가고, 근무 시간도 비교적 적은

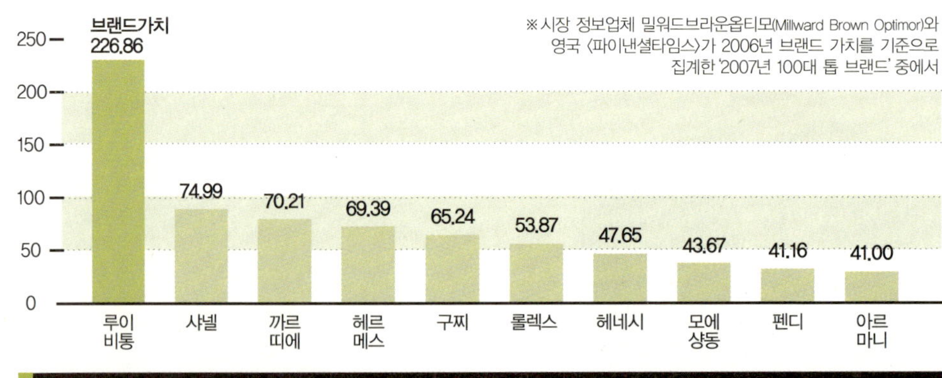

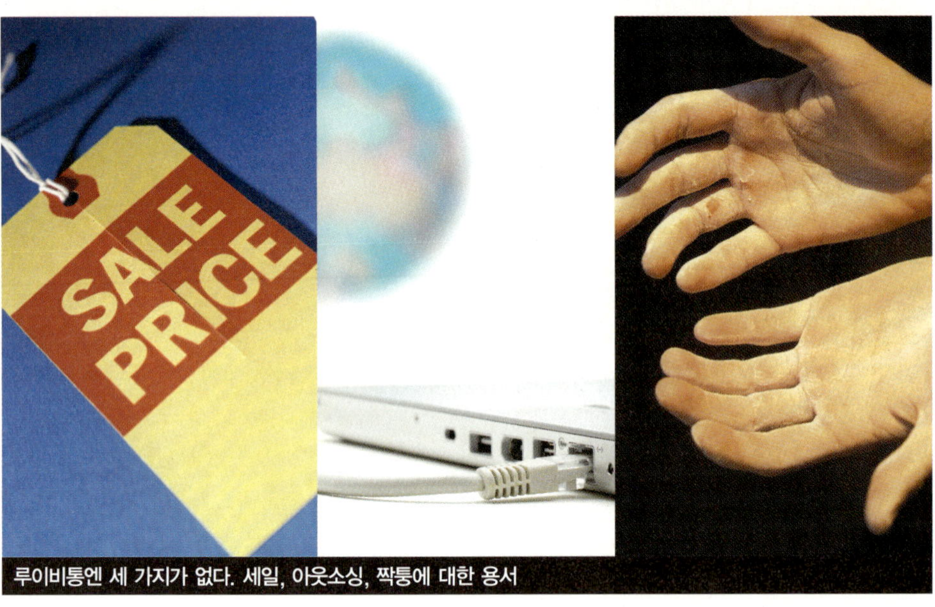

루이비통엔 세 가지가 없다. 세일, 아웃소싱, 짝퉁에 대한 용서

것으로 알려져 있는데요.(웃음) 그렇지 않습니다. 정말 모두 치열하게 일하거든요. 저는 보통 직원들보다 좀 일찍 출근하는 편이긴 하죠. 벌써 8년째 이러고 있습니다. 새벽 1~2시간이 제겐 아주 소중한 시간이에요. 이메일 답장도 쓰고, 책도 읽고, 스케줄도 생각하고 여러 일을 합니다."

세계 최대 명품 업체 경영자는 어떤 제품을 좋아할지 문득 궁금해졌다. 수십 년 동안 '완벽한 품질'만을 주장해온 그의 눈에 쏙 드는 브랜드가 있다면 어떤 것일까.

루이비통 이외에 좋아하는 브랜드가 어떤 게 있나요? "그야 당연히 루이비통이 저의 넘버원 제품이죠. 하지만 그 외의 것을 골라야 한다면…. 디올옴므(Dior Homme)의 실루엣이 정말로 멋지죠. 정말로 슬림하게 잘 떨어졌거

든요. 남자들에게 살 빼기를 강요하는 라인이에요.(웃음) 주말엔 디올의 청바지를 즐겨 입습니다. 또 신발 중에는 벨루티(Berluti)를 좋아합니다."

그는 프랑스 최고의 이공계 대학인 '에콜 폴리테크닉(cole polytechniq)'을 졸업한 '공대생'이지만, 그 이후 방향을 180도 바꿔 패션업계에 뛰어든 특이한 이력을 갖고 있다.

왜 '공대'에서 '패션업'으로 방향 전환을 하셨나요? "제 수학 실력으로는 아인슈타인도 될 수 없고, 노벨상도 못 탈 것 같더라고요.(웃음) 그래서 졸업하고 난 뒤 영업맨이 됐죠. 생활용품 회사에서 살충제도 팔고, 목욕 타월도 팔러 다녔어요. '파는 법을 안다'는 것은 위대한 것이었어요. 어차피 이 세상에서 팔 수 없는 물건은 없으니까요." WeeklyBIZ

루이비통의 마케팅 비밀

명품 브랜드와 상류 사회는 떼려야 뗄 수 없는 관계다. 이젠 브랜드 이름이 돼 버린 루이비통이 1852년 프랑스 황후 유제니(Eugenie)를 비롯한 귀족들을 위해 여행 가방을 만들었듯, 21세기의 명품 기업 루이비통도 자본주의의 귀족인 '부유층'을 위한 제품을 만든다. 이들의 구체적인 마케팅 전략은 무엇일까?

• 현대 블랙카드 회원들만 위한 파티에 가보니…

카르셀 회장은 방한 이튿날, 현대카드의 연회비 100만 원짜리 VIP 카드인 '블랙카드' 회원 50여 명을 초청해 1시간 가량 루이비통에 대한 강연을 하고 질의응답 시간을 가졌다. 이 행사에 초청된 회원들은 컨설팅 회사 대표부터 기업 CEO, 대학 교수, 변호사까지 다양했다. 분 단위의 스케줄로 움직이는, 세계 최대 명품 기업 회장이 직접 1시간 가량을 할애할 정도로 이들 50여 명이 한국 사회에서 갖는 영향력과 구매력이 막강하다는 뜻도 된다.

이날 밤 9시, 루이비통은 압구정 현대백화점 매장을 두 배로 늘리는 것을 기념해 성대한 오프닝 파티를 열었다. 서울 청담동의 한 바를 통째로 빌린 뒤 루이비통 VIP 고객은 물론 블랙카드 회원, 연예인, 디자이너 등 모두 700여 명을 초청했다. 이브 카르셀 회장을 이들 틈에서 발견했다. 그는 편한 셔츠 차림으로 파티 참가자들과 대화하며 즐기는 모습이었다. 그날 파티는 새벽까지 이어졌다.

다음날 루이비통은 새 단장한 현대백화점 매장을 고객들에게 공개하기 전, VIP 회원들만을 위한 '프라이빗 쇼핑' 행사를 열었다. 입장 카드를 미리 받은 사람들만 매장 안에 들어 갈 수 있었으며, 초청 고객들은 직원과 일대일로 상품 설명을 받는 서비스와 열쇠 고리 등 선물도 제공 받았다.

• 일부러 희귀 제품을 만든다

명품 업체들은 더 비싼, 더 희귀한 제품을 만드는 마케팅 전략을 쓰기도 한다. 예를 들어 루이비통은 뉴욕 5번가 매장에서만 구입이 가능한 5550달러짜리 가방을 출시하는 '일부러 애태우는 전략(play hard to get)'을 쓰기도 한다. 또 팝 아티스트, 무라카미의 만화 캐릭터 등을 그려 넣은 '무라카미 백'을 한정 생산해, 전 세계 고객들을 모두 몇 달씩 대기자 명단 위에 이름을 올려 놓고 기다리게 하기도 했다. 사람들에게 선망의 대상으로 남아 있기 위한 인위적인 품귀 현상인 셈이다.

루이비통은 여기서 한발 더 나아가 100% 자신만을 위한 '맞춤형' 주문 서비스도 제공한다. 세계 유일의 제품을 갖고 싶어하는 고객들의 심리를 자극하는 마케팅이다. 이를 위해 본사 내에 아예 '스페셜 오더' 부서를 따로 두고 각 고객이 원하는 특성이나 디자인을 반영한 제품을 만들어 낸다. 이 부서에는 시계에 이니셜을 새겨 달라든지 맞춤형 옷을 주문하는 등의 요구가 전 세계에서 쇄도한다.

2006년 루이비통의 홍콩 '랜드마크 센트럴 스토어' 오프닝 행사에서 영화배우 이영애와 이브 카르셀 회장이 테이프 커팅식을 하고 있다

명품 시장의 규모는 얼마나 될까

전 세계 명품 브랜드 시장은 2006년 기준 약 1500억 달러(140조 원) 상당. 이는 미국 컨설팅 회사인 텔시 그룹이 추정한 수치로, 2000년 이후 명품 시장은 전년 대비 약 8%씩 증가하고 있다고 분석했다.

세계 최대 명품 그룹인 LVMH의 2007년 1분기 매출액은 2006년 같은 기간에 비해 13% 증가했고, 까르띠에와 몽블랑 등 브랜드가 속한 리치몬드 기업은 16% 정도 늘었다. 이 같은 성장세의 배경에는 중국, 인도, 러시아 등 신흥국가의 왕성한 명품 소비 욕구가 자리잡고 있다. 특히 중국은 명품의 블랙홀이라고 할 만큼 빠른 속도로 성장해 이미 세계 3위권의 명품 시장으로 올라섰다. 중국 바로 다음은 러시아다. 부유층 대상의 전람회를 개최하는 '밀리어네어 전시회'의 엘레나 쿠도조바 이사는 "러시아는 최고만 원하고, 최고는 곧 가장 비싼 것을 원한다"고 말했다.

전 세계 중산층의 구매력이 증가하고 있는 것도 명품 시장을 키우는 역할을 하고 있다. 보스턴컨설팅 자료에 따르면 과거 명품의 주요 소비자는 상위 2%에 국한됐지만, 지금은 명품 소비량의 약 70%가 중상류층에서 나온다. 명품컨설팅 그룹 인터코퍼레이트의 아만도 브랑치는 "2000년 이전만 해도 명품 사업은 경기에 따라 매출 변동성이 컸지만 세계 경제 성장의 축이 다각화되면서 매출이 꾸준히 증가하며 사업 위험성이 크게 줄어들고 있다"고 말했다.

채드 홀리데이
듀폰(DuPont) 회장

Chad
Holiday

위기 탈출 노하우를 알려주십시오.

"현장으로 직접 가서
현실을 파악하라"

듀폰은 오랜 역사만큼이나 많은 기록을 갖고 있다. 미국 경제전문지 〈포천〉이 1955년 '500대 기업'을 선정하기 시작한 이래 듀폰은 한 번도 이름을 거르지 않았다.

고유가와 미국 경제 침체로 세계 기업들이 잔뜩 움츠린 2008년 들어서도 1분기 9%, 2분기엔 12% 성장했다. 더욱 놀라운 것은 전체 매출 294억 달러(약 32조 원)의 36%를 출시된 지 5년 이하의 신제품에서 벌어들였다는 사실. 값으로 따져보면 팔리는 제품 셋 중 하나는 연구소에서 갓 구워 낸 제품이라는 얘기다. 신제품이 도입되는 한편 오래된 제품은 생산을 중단한다. 그래서 지금의 듀폰은 화약도 나일론과 같은 의류용 섬유도 생산하지 않는다.

듀폰은 200년이 넘은 회사다. 과거에 성공했던 방식대로 그대로 가고 싶은 관성이 분명 있을 것이다. 그런데 어떻게 늘 새로워질 수 있을까? 미국 델라웨어주 월밍턴시 본사에서 만난 채드 홀리데이 듀폰 회장의 대답은 마치 선문답 같았다.

약 70년 전 세계 최초로 나일론 스타킹과 칫솔을 만들어 팔았던 회사는?

1802년 미국의 프랑스 자본 유치 1호로 설립됐으며, 초기엔 화약(火藥) 생산에 특화해 한때 미군(美軍)에 가장 많은 화약을 공급했던 회사는?

정답은 듀폰이다. 세계 4위(2007년 매출액 기준)의 종합화학 회사로 지금은 인조 대리석에서 방탄조끼 소재, 건축 단열재, 수영장 살균제, 제초제에 이르기까지 무려 1800여 개의 제품을 생산한다.

지금 세계의 많은 기업들이 고유가 충격에 휘청거리고 있지만, 비즈니스에서 산전수전 다 겪은 듀폰의 홀리데이 회장의 말은 의표를 찔렀다. "고유가는 많은 기회를 제공하고 있다"는 것이었다. "위기와 기회는 동전의 양면과 같은 것입니다. 많은 기업들이 위기만 보지만, 우리는 위기와 기회를 같이 봅니다. 그리고 기회를 이용합니다."

어떻게 듀폰은 고여 있지 않고 늘 새롭습니까?

"경영자로서 가장 힘든 일은 새로운 상품과 기술, 시장을 위해 언제 변화를 일으켜야 할지를 알아내는 것입니다. 너무 오랫동안 붙들고 있으면 썩고, 너무 빨리 점프하면 떨어지죠. 결국 자신이 원하는 것보다 조금 먼저 내려놓고, 자신이 생각하는 것보다 조금 빨리 점프해야 합니다. 위기 때까지 기다리면 늦습니다."

늘 탄탄대로를 걸었을 것 같은 듀폰의 기업 다큐멘터리를 2001년으로 돌려보면 전혀 다른 화면이 나온다. 나일론 등 기존 제품의 매출이 정체하면서, 2001년 이 회사의 매출은 전년 대비 35억 달러나 감소했다. 무려 13%나 매출이 줄어든 것이다. 오래된 기업 특유의 굼뜬 속성은 변화에 저항했다.

홀리데이 회장의 개혁은 이때부터 시작됐다. 1998년 CEO에 오른 데 이어 이듬해 이사회 의장을 겸임하게 된 그가 2001년 개혁을 추진하면서 내세운 슬로건은 '시장 주도의 과학(market-driven science)'이었다.

"R&D는 항상 시장의 필요에 입각해야 하며, 연구소에만 갇혀 있어서는 안 된다는 의미입니다."

그는 연구실에 앉아있던 과학자와 엔지니어에게 여권과 가방을 안긴 뒤 등을 떠밀어 고객과 시장을 만나도록 했다. 14만 명에 이르는 직원은 6만 명으로 감축했다. 거꾸러지던 듀폰의 성장 곡선은 이때부터 다시 고개를 들었다. 그가 회장에 취임한 후 병충해와 가뭄에 견디는 종자(種子)나 바이오 연료가 듀폰의 새로운 성장 동력으로 부상했고, 듀폰은 화학기업에서 종합과학 기업으로 변신했다는 평가를 받고 있다.

위기보다 기회를 더 많이 보고 있는 것 아닌가요? "우리로서는 기회가 더 많습니다. 예를 들어 우리가 방탄조끼에 쓰는 물질로 개발한 케블라(Kevlar)는 기존 소재보다 훨씬 가벼운데, 강합니다. 이것을 타이어와 자동차 등에 사용하면 에너지 절약 시대에 유용하겠죠."

듀폰이 생산하는 제품은 시대에 따라 변했지만, 과학은 늘 성장의 밑천이었다. 듀폰에는 이공계 박사만 5000여 명이 있고, 이들 중 상당수는 미국 동부의 명문대 출신이다. 고위 경영진의 90%가 이공계 출신이다. 2007년 미국에서 출원한 특허건수가 2000여 개이고, 획득한 특허건수가 597개에 이른다.

2008년 2월 〈월스트리트 저널〉에 따르면, 과학적 능력, 연구 집중도, 혁신 주기 등에 있어서 듀폰은 화학업계의 최선두 주자로 조사됐다.

이번에 만난 듀폰 임직원들은 누구나 시장과 속도를 얘기했다. 우마 차우리(Uma Chowdhry) 연구개발 담당 수석부사장은 "우리는 강박적일 만큼 차별화에 집중한다. 그렇지 않으면 경쟁자들이 금방 베껴서 따라오기 때문"이라고 말했다. "마누라와 자식 빼고 다 바꾸라"는 이건희 회장의 한 마디가 삼성이 크게 바뀌는 전기가 됐다면, 듀폰에게는 "R&D가 연구소에 갇혀 있어서는 안 되고 시장(市場)으로 가야 한다"는 2001년에 홀리데이 회장이 한 선언이 바로 그랬다. 1998년 CEO 자리에 오른 그는 200년 성공 신화에 안주하고 있었던 듀폰 경영에 대대적인 개혁을 시도했다. 연구소는 개혁의 1순위였다. 그는 듀폰의 상징과도 같았던 의류용 섬유 부문을 매각했고 농업과 안전보호용 소재, 바이오연료 등을 신성장동력으로 육성했다. 또 탄소가스 배출을 줄이는 친환경 경영을 펴면서 공해 기업의 오명을 벗고 지속가능한 성장의 기반을 닦았다.

그는 미국 테네시대 산업공학과를 졸업한 뒤 22살 때인 1970년 여름 듀폰에 인턴으로 입

듀폰 혁명 신조 :
오래 붙들면 썩는다.
너무 빨리 점프하면
추락한다

사해 지금까지 38년간 근무하고 있다. 온갖 세월의 풍파를 이겨온 듀폰의 산 증인이지만, 그는 2001년 9·11 테러 직후 가장 위기감을 느꼈다고 했다. "앞으로 무엇을 해야 하는지 알 수 없었고, 우리 직원들의 안전마저 염려됐습니다. 매우 어려운 순간이었죠." 그해 미국은 IT 버블이 꺼지면서 경기침체에 들어가고 있었고, 듀폰은 마이너스 성장의 수렁에 빠졌다.

당신의 위기 탈출 노하우는 무엇입니까? "'패닉에 빠지지 마라.' 혼란의 순간이 닥칠 때 제가 직원들에게 가장 많이 하는 말입니다. 그리고 위기가 발생했을 때 리더는 현장으로 직접 가서 현실을 파악해야 합니다. 2005년 허리케인 카트리나 참사가 발생했을 때도 그랬습니다. 바로 미시시피로 내려가 회의실에서 실종된 직원의 이름을 불러가며 피해상황

을 직접 확인했죠. 당시 65명이 행방불명이 됐는데, 다행히 나중에 모두 무사히 돌아왔어요."

매출이 13% 급감한 2001년 위기상황에서도 그가 가장 먼저 찾은 것은 바로 현장, 즉 시장(市場)이었다. 시장에 나간 그는 바뀌지 않으면 죽는다는 절박한 위기감을 느꼈고, "시장으로 가자"는 말을 개혁의 슬로건으로 내걸었다.

변화의 신호는 밖에 있다

시장에서 무엇을 느꼈습니까? "듀폰의 제품들은 그럭저럭 팔리고는 있었지만, 더 이상 듀폰만의 독특한 가치를 소비자들에게 전달하지 못하고 있었어요. 또 듀폰이 지나치게 과학과 기술에만 집중하다 보니 시장을 소홀히 했다는 것도 새삼 느꼈어요."

당시 듀폰은 200번째 생일을 맞을 즈음이었다. 그러나 듀폰의 경영진은 100년 후에 올 300번째 생일을 생각한다면 지금이 바로 변화를 일으켜야 할 때라고 판단했다.

변화해야 할 순간을 알아 볼 수 있는 요령을 알

려주십시오. "토요타의 한 박사가 똑같은 질문을 한 적이 있어요. 토요타가 너무 오랫동안 자동차를 만든 반면, 새로운 것을 만들지 못하고 있다는 것이죠. 저는 '외부의 시각에서 많이 바라봐야 한다'고 대답했어요. 해답은 내부보다는 외부에 있어요. 고객이 요구하는 것이 무엇인가, 경쟁자들이 무엇을 하고 있는가. 내부의 시각보다 외부의 시각에서 해답을 찾아야 합니다. 왜냐하면 일반적으로 기업 내부는 변화를 원하지 않기 때문입니다. 내부에서는 보통 우리는 이 제품을 더 길게 끌고 갈 수 있고, 시장이 더 좋아질 것이라고 얘기합니다."

변화를 주도할 때, 가장 힘든 일은? "직원들이 받는 충격입니다. 세 가지 종류의 충격이 있어요. 하나는 그렇게 나쁘지 않은 것인데, 직원들이 새로운 기술을 배워야 한다는 겁니다. 둘째, 어떤 사람들은 재배치되어야 합니다. 여기보다는 다른 곳에서 그들의 일을 원하기 때문입니다.
셋째, 어떤 사람들은 떠나야 합니다. 그들의 기술을 필요로 하는 곳이 없기 때문입니다. 세 가지 모두 다 힘들지만, 그 중에서도 마지막이 가장 힘들죠."

그는 듀폰에서 38년간 일하는 동안 가장 힘들었던 일로 의류용 섬유 부문을 2004년에 매각했던 일을 꼽았다.

한국의 CEO들은 당신이 결정을 내린 그 순간에 관심이 많을 것 같습니다. 당시 판단의 근거가 된 것은 무엇이었나요? "당시 여러 태스크포스 팀을 만들어 회사의 주요 사업 부문을 원점에서부터 재검토하게 했고, 6개월 뒤 회사가 어떤 일을 시작하고, 어떤 일을 그만둬야 하는지 대안을 제시하도록 했습니다. 섬유 부문을 매각한 것도 이 팀들이 제안했던 것입니다."

홀리데이 회장이 보는 '다른 세계'

홀리데이 회장은 푸근한 인상이었지만, 말수는 많지 않았다. 기자가 질문을 하면 한참을 생각한 뒤 한 단어 한 단어 정확히 대답했고, 꼭 필요한 말만 골라서 한다는 느낌이었다.

듀폰은 1800개가 넘는 제품을 생산하고 있습니다. 선택과 집중의 관점에서 볼 때 너무 많은 것 아닌가요? "우리에겐 늘 새로운 제품과 퇴장하는 제품이 있습니다. 현재 듀폰 매출의 36%는 개발한 지 5년 이하의 신제품입니다. 오래된 제품, 시장에서 외면받는 제품은 생산을 중단합니다. 계속 새로운 것을 더하기만 하는 게 아니라, 선택해서 덜어내는 거죠."

기업이 효율을 지나치게 강조하다 보면 성장을 위한 창의성이 희생당하곤 하는데, 어떻게 이 두 가지 목표를 조화시키고 있는지요? "(홀리데이 회장은 노트에 그림을 그리기 시작했다. 삼각축의 정점엔 계획plan, 왼쪽 밑변엔 선도lead, 오른쪽 밑변엔 관리manage라고 적어 넣었다.) 이 세 가지는 서로 연결되어 있어요. 생산성을 높이도록 관리해야 하고, 직원들을 이끌고 희망을 불어넣어 늘 성장하도록 해야 하며, 이를 위한 탄탄한 계획이 있어야 합니다. 이 세 가지는 반드시 함께 하는 것입니다. 생산성 향상만 추구하거나, 성장만 좇는 식으로 이 가운데 한두 가지만 하면 곤경에 처하게 됩니다."

서브프라임과 고유가 등으로 CEO들은 힘든 순간을 보내고 있습니다. 앞날이 잘 안 보인다고들 합니다. "저는 매우 다른 세계를 보고 있습니다. 에너지 효율을 추구하고, 매우 다른 방식으로 환경을 생각하는 세계 말입니다. 우리 제품 중 어떤 것이 성공하고, 더 잘 팔릴지 정확히 알지는 못하지만, 저는 그 방향만은 알고 있습니다. 더 지속 가능한 환경을 생각하는 세계(green world)로 나아갈 것입니다."

듀폰은 주요 창립기념일 때 타임캡슐(후세에 남길 자료를 넣어 지하 등에 묻어 두기 위한 용기)을 묻는 것이 전통이다. 회사와 관련된 각종 기록과 주요 제품을 담는다. 2002년 창립 200주년 기념일 때도 그랬다. 당시 그는 150주년 기념일 때 묻었던 타임캡슐을 파보았다.

50년 전 타임캡슐을 열었을 때 놀랄만 한 게 있었나요? "한 가지 있습니다. 나무로 된 상자를 열었을 때 손으로 쓴 메모가 나왔어요. 어떤 직원이 '50년 뒤에 누가 이걸 열어 보겠는가'라고 쓴 메모였어요. 그런데 그 직원이 아직도 회사를 다니고 있어요. 타임캡슐을 묻는 것은 그 때까지 회사가 존재해야 한다는 철학적인 의미를 담고 있습니다. 듀폰이 300회 기념일까지 계속 남아있어서 누군가가 타임캡슐을 파보았으면 좋겠습니다." _{WeeklyBIZ}

Focus

듀폰은 어떻게 신제품을 개발하나

듀폰은 아마도 지구상에서 가장 신제품을 많이 개발하는 회사 중 하나일 것이다. 그만큼 연구 개발도 체계적으로 진행된다.

듀폰에서 성장 전략을 물으면 누구나 '듀폰 R&D 파이프라인'이란 제목의 차트를 꺼내 든다. 연구 개발 단계를 4단계로 체계화한 것이다. 즉 ①아이디어 생성 단계(6~10년) ②실현 가능성 시험 단계(4~6년) ③제품 개발 단계(2~4년) ④초기 상업화 단계(0~2년)이다. 이 타임 스케줄에 따라 신제품이 착착 연구소에서 빠져 나와 시장으로 이동하는 것이다.

예컨대 옥수수에서 추출한 신소재 '소로나'는 초기 상업화 단계에 있다. 부드럽고 때가 잘 안타 카펫과 양복 등에 이용되는 소재이다. 또 친(親)환경 연료 '바이오 부탄올'은 제품 개발 단계로 분류된다. 고농축해서 휘발유와 혼합해 연료로 사용할 수 있는 것이 특징이다. 사탕수수, 옥수수, 밀 등을 원료로 이용하는 일부 제품이 출시됐다. 본격적인 상업화를 위해 연료효율을 더 높이고 목초·짚단 같은 농업 부산물까지 활용하는 연구 개발작업이 한창 진행 중이다.

연구 개발의 마지막 단계인 '초기 상업화'에 성공한 신제품의 수는 2004년 774개에서 2007년엔 1201개로 늘었다.

Who is

듀폰은 1802년 프랑스인 엘리테르 듀폰이 미국에 설립한 회사로 인조대리석, 방탄조끼용 소재, 건축 단열재, 자동차 도료, 산업용 코팅재료, 농산물 종자(種子), 농약, 반도체 소재 등을 생산하는 회사다. 합성섬유 나일론과 합성고무 네오프렌을 세계 최초 개발한 회사로 직원수 6만 명에 매출 294억 달러(2007년 기준)을 기록하고 있다.

찰스 G. 코크
코크 인더스트리즈(Koch Industries) 회장

P&G나 MS보다 매출액이 많은데, 왜 비상장을 고집하십니까?

"단기 수익의 압박을 받지 않고 장기적인 안목의 투자가 가능하기 때문"

세계에서 가장 큰 비상장(非上場) 기업은 어디일까. 〈포천〉이 매년 발표하는 비상장 기업 순위에 따르면 일반인에게 낯선 이름인 '코크 인더스트리즈'가 단연 1위다. 이 회사는 석유, 임업, 화학 등 에너지 사업을 비롯한 다양한 분야의 자회사들을 거느리고 있는 재벌 그룹이다. 2007년 그룹 매출액은 98조 원으로, 역시 비상장인 세계적인 곡물 메이저 '카길(Cargill)'을 제쳤다. 전 세계 60여 개국에 직원은 8만여 명에 이른다. 상장 기업 위주로 짜인 〈포천〉 100대 기업과 비교한다면 16위에 해당한다. 매출액이 P&G나 마이크로소프트(MS), 델, 휴렛팩커드를 크게 앞선다.

이 그룹의 찰스 G. 코크 회장의 재산은 17조 원에 이르며 2008년 〈포브스〉 선정 미국 부호 9위에 올라있다. 아버지로부터 가업을 물려받았지만 1967년 이래로 회사 규모를 2000배 이상 키웠다. 하지만 그는 '은둔의 경영자'로 불리며 종종 논란의 중심에 서곤 한다. 그토록 기업을 크게 키웠음에도 기업을 공개해 주식을 증시에 상장하는 데 대해 매우 부정적이기 때문이다.

상장 기업과 비상장 기업 중 어느 쪽의 성과가 좋을까? 이 문제는 오랜 기간 경영학계의 뜨거운 이슈 중 하나였다. 세계 최대 비상장 기업인 코크 인더스트리즈의 찰스 G. 코크 회장은 비상장 기업을 대변하는 인물이라 할 수 있다. 무려 98조 원 매출 규모의 기업인데도 비상장을 고수해 왔기 때문이다.
위클리비즈가 코크 회장에게 직접 비상장 기업의 철학에 대해 물었다.

기업 공개를 하지 않는 특별한 이유가 있습니까?

"비상장 기업은 상장 기업들과 달리 분기 실적과 같은 단기 목표의 압박을 받지 않기 때문입니다. 비상장 기업이기 때문에 단기 수익이 줄어들더라도 장기적인 안목으로 투자를 할 수 있었고, 지금까지 수백억 달러를 들여 성공적인 M&A를 이어나갈 수 있었습니다. 그리고 그렇게 만든 수익의 90%를 투자하는 데 사용합니다."

실제로 코크 사(社)의 성장은 끊임없는 M&A 를 통해 이뤄졌다. 현재의 주력 사업군인 원유 정제 사업과 임산물 가공업은 모두 M&A의 결과였다.

수익의 90%를 투자에 사용하신다구요? "우리 는 오랜 세월 동안 탁월한 수익을 창출하는 거 대 기업을 만들자는 꿈을 가지고 있습니다. 이 런 비전이 있었기에 우리는 가장 큰 기회, 즉 우리 회사에 수익의 대부분을 재투자해온 것 입니다. 단기간에 더 많은 배당을 받고자 하는 마음을 기꺼이 포기한 것이죠. 그래서 우리는 2003년 이래 320억 달러 이상을 M&A와 투 자에 쓸 수 있었습니다."

그럼 상장 기업의 약점은 뭐라고 보십니까? "상 장 기업은 증권 애널리스트들을 만족시키기 위해 분기마다 단기 이익 목표를 달성해야 하 는 엄청난 압박을 받습니다. 어떤 회사가 분 기 예상 실적에 단 1페니라도 미달했다면 주 식은 곤두박질치고 맙니다. 이러한 압박과 경영권을 사고 파는 사모(私募) 펀드 시장 때문에 상장 기업은 장기적 성과를 위한 투자가 어렵고, 결국 단기 이익을 보호 하기 위해 장기적 성과를 희생시킬 수밖에 없 는 것입니다."

그러나 비상장 기업의 경우도 그 나름의 여러 문제점이 지적돼 왔다. 대표적인 비판으로는 오너가 잘못 경영할 경우 견제할 장치가 없다 는 것이다.

자체적으로 엄격한
경영 감독의 원칙 제시

비상장 기업에 대해 충분한 감독이 이루어질 수 있을까요? 코크는 어떻게 실수를 관리하고 잘못 된 의사 결정을 피하고 있습니까? "비상장 기업 의 경우도 충분한 경영 감독이 이루어질 수 있 습니다. 코크는 우리 스스로 기대한 성과를 달 성하고 있는지, 그리고 직원들이 회사가 마련 한 원칙에 따라 행동하고 있는지 점검하는 엄 격한 점검 시스템을 운영하고 있습니다."

다섯 가지 요소 즉 비전, 미덕과 재능, 지식 프로세스, 의사결정 권한, 인센티브가 긴밀하게 상호작용을 일으키면서 시장 중심 경영의 힘이 나타난다

코크 회장은 비상장 기업으로서 상장 기업 못 지않은 규율을 유지하는 노하우를 자신의 저 서 《성공의 과학(The science of success)》에 '시 장 중심 경영'이라는 이름으로 자세히 소개하 고 있다. 이 책은 원래 신입사원 교육용으로 만들었다고 한다. 코크 회장은 이 원리대로만 따르면 잘못된 의사 결정을 줄일 수 있다고 강조한다. 책을 읽다 보면 마치 경영 시스템 이 톱니바퀴처럼 맞물려 돌아가는 듯한 느낌 을 받게 된다.

'시장 중심 경영'을 한마디로 설명한다면? "시장 중심 경영은 다섯 가지 요소들 즉 비전, 미덕 과 재능, 지식 프로세스, 의사결정 권한, 인센 티브를 통해 나타납니다. 이 다섯 가지 요소 들이 긴밀하게 상호작용을 일으키면서 시장 중심 경영의 힘이 나타납니다."

시장 중심 경영의 첫 번째 요소인 비전(vision) 과 관련, 그는 "효과적인 사업 비전은 가치 창 조로 시작해서 가치 창조로 끝난다"고 말했 다. 이때 가치 창조란 자원이 다른 곳에 쓰였 을 경우보다 더 큰 가치를 창출해 내는 것을 말하며, 이에 실패한 기업은 사회적으로 인간 의 삶을 윤택하게 하기는커녕 오히려 큰 피해 를 준다고 그는 강조한다.

그는 가치 창조를 위해서는 기업이 끊임없이 슘페터(Joesph Schumpeter)적인 혁신을 하지 않으면 안 된다고 했다. 이와 관련해 그는 "만 일 자신의 비즈니스를 남이 더 잘할 수 있다 고 판단되면 매각하는 데 주저하지 않아야 한 다"고 말했다. 실제로 코크 사는 그동안 인수 한 회사 못지않게 다른 기업에 매각한 회사도 적지 않다. 원유 집하 사업(원유를 채굴한 뒤 정 제 공장으로 모으는 일)을 포기한 것이 대표적이 다. 부가가치가 높은 원유 정제 사업으로 옮기 면서 원유 집하 사업을 버렸다. 곡물 유통과 육류 가공에도 손댔다가 포기했다. 이밖에 피 자 반죽, 가축 사료, 광물 채굴, 트럭 운송 등 포기한 사업 부문이 51개나 된다.

"기업은 자산이나 회사 전체를 언제 팔 것인

세계 최대 비상장 기업 '코크 인더스트리즈'를 이끄는 찰스 G. 코크 회장

가를 판단하는 것이 매우 중요합니다. 일반적으로 어떤 자산이 나보다 다른 사람에게 더 큰 가치가 있다면 팔아야 합니다. 사는 쪽이 해당 사업과 보완적인 사업을 하고 있거나, 더욱 잘 활용할 수 있는 능력이 있을 때가 바로 그때라고 할 수 있습니다. 우리가 매각한 많은 사업들은 우리의 실패작이 아니라 단지 비즈니스 라이프사이클에서 더 이상 우리의 핵심역량이 되지 못하거나 성장 기반이 되지 않는 지점에 도달했기 때문에 매각한 것입니다."

2005년 미국 최대 임산물 가공회사 조지아 퍼시픽(Georgia-Pacfic)을 210억 달러에 인수하셨는데 인수한 이유는 무엇입니까? "조지아 퍼시픽은 창립 이래 가장 큰 인수였습니다. 코크와 조지아 퍼시픽의 관계는 2004년으로 거슬러 올라갑니다. 당시 우리는 조지아 퍼시픽의 펄프 공장 2개를 인수했습니다. 우리는 그 회사에 대해 더 많은 것을 알게 되면서 우리의 핵심역량이 그들의 비즈니스인 임업과 소비자 제품 분야에서 탁월한 가치를 창출할 수 있다는 결론을 내렸습니다."

그는 직원에 대해서는 특히 성실(integrity)과 순응(compliance)을 강조한다. 그는 직원들의 재능(talent)을 성실에 앞서 강조하지 않는다. 그는 "지금까지 경험을 통해 보았을 때, 성실과 순응이 결여된 직원이 재능이 없는 직원보다 결과적으로 기업에 더 큰 손해를 끼쳤다"고 말했다.

그는 전 직원이 회사의 비전과 시장 중심 경영의 원칙을 완벽하게 공유해야 한다고 강조했다. "기업이 생존할 수 있는 유일한 길은, 올바른 원칙에 입각한 행동을 통해 가치를 창출하는 것뿐이라고 믿고 있습니다." 그는 "모든 직원이 모든 규정을 100%의 시간에 걸쳐 100% 준수한다는 것이 우리의 목표"라면서 이를 '1만%의 법칙'으로 부른다고 전했다.

"몇 년 전 우리 회사의 생산공장 중 한 곳의 감독관이 정부의 요구 사항이 비능률적이라는 이유로 지킬 가치가 없다고 주장하고 나섰습니다. 우리는 그런 행동이 결과적으로 회사에 큰 손해를 끼칠 것이라고 예상하고 그를 즉각 해고했습니다."

코크의 직원 평가 시스템은 전 직원을 A, B, C 세 등급으로 나눈다는 점에서 잭 웰치와 비슷하다. C등급 직원에 대해서는 개선할 기회를 주되, 그래도 성과의 개선이 없으면 내보낸다는 점도 비슷하다. 그러나 웰치는 상위 20%, 중간 70%, 하위 10%로 나눈 반면, 코크는 상위 15%, 중간 15~50%, 하위 35~70%로 나누어 하위 등급이 더 두터운 것이 특징이다. 그만큼 엄격하다는 의미도 될 것이다.

세 개의 등급은 어떻게 구분하며, 각각에 맞는 인사 관리는 어떻게 합니까? "A등급 직원의 경우 회사에 상당한 경쟁 우위를 가져다줍니다. B등급은 적어도 주요 경쟁사 직원과 비슷한 수준에 있는 직원을 말합니다.

반면 C등급은 우리의 경쟁력을 오히려 저해합니다. 우리는 C등급 직원에 대해서는 훈련과 개발, 멘토링 또는 업무 전환 등을 통해 성과를 개선시킵니다. 그러나 이러한 노력에도

B등급 수준까지 나아지지 않는 직원은 내보
냅니다. 그럼으로써 관리자는 자신의 시간을
A등급 직원을 충분히 개발시키고 지도하고
보상하며, B등급 직원이 A등급이 될 수 있도
록 지도하는 데 쓸 수 있습니다.”

코크 회장은 C등급 직원 중 A·B등급으로 올
라가는 직원이 어느 정도 되는지 수치는 밝히
지 않았다. 코크 회장은 “측정할 필요성이 있
는 것은 반드시 측정해야 한다”는 과학적 경영
의 신봉자이지만, 작은 이익을 좇다가 큰 기회
를 놓친다든지 하는 우를 피해야 한다고 늘 강
조한다. 그는 특히 직원들이 위험을 두려워하
는 태도를 갖게 해서는 안 된다고 말했다. 또
“신중한 위험 감수는 적극 장려돼야 합니다.
이를 위해서는 기회를 포기함으로써 놓친 이
익이 모험적인 사업의 실패로 생기는 손실과
같다고 봐야 합니다”라고 덧붙였다.

그는 어떤 직원이 기회를 놓친 경우 그에 따른
기회비용을 직원 평가 보고서에 포함시켜 다
른 직원들도 알 수 있게 해야 한다고 했다. 그
는 또한 직원들을 평가할 때 장기적인 이익 창
출과 사내 문화에 대한 기여도에 중점을 두기
보다 오직 현재 이익 창출에 대한 공헌도만을
따진다면 직원들을 엉뚱한 방향으로 인도하
는 셈이라고 경고했다. 코크 회장은 정부 규제
에 대해 매우 비판적인 시각을 갖고 있는 경영
인 중 한 사람이다.

“시장 원칙에 입각한 규제에 대해서는 적극
지지합니다. 하지만 규제는 건전한 과학에 근
거한 기준을 수립해야 하고 일관되게 적용돼
야 합니다. 정부가 권리를 보호하고 지켜주는
중요한 역할을 할 수도 있지만, 한편으로 지
나친 간섭은 경제적 자유를 침해합니다. 규제
에 쏟아 부은 미국 연방정부의 지출은 1960
년대 이래로 10배나 증가했으며, 규정을 준수
하기 위해 경제가 부담하는 비용은 매년 1조
달러가 넘습니다. 진정한 부(富)의 창출을 위
해 사용되어야 할 시간과 자원을 크게 낭비하
고 있는 것입니다.”

상장 기업과 비상장 기업 중 어느 쪽이 성과가 좋을까

상장 기업과 비상장 기업, 또 전문경영 체제와 소유경영 체제 중에서는
어느 쪽이 우월할까?

이런 문제들에 대한 여러 연구들이 나오고 있지만, 이런 비교 작업을
할 때 복잡한 현상을 너무 쉽게 유형화해서 판단하는 우를 경계해야 한
다. 전문경영 체제와 소유경영 체제에 대한 비교 연구는 1990년대 초반
부터 본격적으로 이뤄져 왔다. 그런데, 두 체제 중 어느 한쪽이 우월하
다고 주장하는 대다수의 논문들에는 반드시 특수한 조건들이 전제로 깔
려 있다. 예를 들어 기업의 크기, 산업의 특성, 경영자의 능력, 의사결정
권한의 위임 정도 등과 같은 다양한 요인들을 전제로 한 상태에서 내려
진 결론일 경우가 많다.

상장 기업과 비상장 기업의 경영 성과를 비교하는 것 역시 성급한 결론
은 금물이다. 무엇보다 기업의 경영 성과를 결정할 때 기업의 상장 여
부가 가장 중요한 요인이 아닌 경우가 많기 때문이다. 일반적으로 기업
을 공개하는 가장 큰 이유 중의 하나는 기업 경영에 필요한 자금을 조
달하는 것이다. 따라서 기업 성장에 필요한 자금을 주식을 공개적으로
발행해서 조달하는 편이 그렇지 않은 경우보다 경영 성과가 높다거나
혹은 낮다고 일반화하는 것은 상당히 위험한 발상이다.

우리에게는 삼성전자와 같은 상장 기업이 높은 성과를 내는 것이 친숙
하지만, 비상장 기업이면서도 아주 높은 성과를 내고 있는 기업도 적지
않다. 대표적 기업으로는 미국의 ‘카길’이 있다. 이 회사 주식의 85%
정도를 창업주의 자손들이 보유하고 있지만, 카길의 경영 성과가 나쁘
다고 평가하는 사람들은 많지 않다.

기업 경영 시스템에 대한 이분법적 논리의 위험성은 소유경영과 전문경
영 체제를 비교하거나 상장 기업과 비상장 기업의 경영 성과를 비교하
는 대다수 논문들의 설명력이 20~30% 정도에 머무르고 있다는 사실
이 잘 보여주고 있다. 경영전략 연구자들이 흔히 쓰는 표현 중에 “같은
전략이라고 해서 항상 동일한 성과를 낼 수는 없다(Strategy does not
travel).”라는 것이 있다. 상장 기업과 비상장 기업의 경영 성과를 비교하
는 작업 역시 세심한 주의가 필요하며, 성급한 유형화를 경계해야 한다.

찰스 G. 코크 회장은 네덜란드계 미국 이민의 후손으로 4형제 중 차남
으로 태어났다. MIT에서 기계공학과 화학공학으로 각각 석사학위를 받
은 뒤 컨설팅회사인 아서 D. 리틀에서 2년간 근무했다. 그는 아버지 프
레드 코크가 1940년에 창업한 코크 인더스트리즈의 경영권을 32세이
던 1967년에 물려받았다. 당시 주력 사업은 원유 유통과 정제였는데,
코크 회장이 활발한 M&A를 통해 사업 영역을 다방면으로 확대했다.

그는 코크 인더스트리즈 주식의 40%를 소유하고 있으며, 자신의 생전
에 주식을 상장하는 일은 없을 것이라고 말해 왔다. 그는 미국 워싱턴
의 보수주의 싱크탱크인 카토(CATO)연구소 설립을 지원하는 등 자유시
장 경제와 관련된 연구를 지원하고 있다. 동생 데이비드 코크는 코크
인더스트리즈의 지분 일부를 소유하면서 수석 부사장을 맡고 있는데,
1980년 미국 자유당 부통령 후보로 나서기도 했다.

레이프 요한손

볼보그룹(Volvo group) 회장

Leif Johansson

볼보의 심장인 '승용차 사업'을 왜 포기하셨습니까?

"더 큰 시장과 가능성이 있는 사업에 집중하기 위해"

"스웨덴 자동차 산업의 전통, 그리고 스웨덴의 자존심을 팔았다!"

스웨덴의 국민 기업 볼보가 1999년 그룹의 상징과도 같았던 승용차 사업(Volvo Car Corp.)을 미국 포드에 매각하자, 스웨덴인들은 경악을 금치 못했다.

그룹의 '심장'을 도려내는 대수술을 감행한 사람은 레이프 요한손 회장. 1997년 부임한 그는 볼보 본사가 있는 예테보리에서 나고, 자라고, 대학을 졸업하고, 심지어 10대 때 볼보 생산라인에서 '기름밥'을 먹기도 했다. 승용차 부문은 볼보그룹 매출의 절반을 차지하던 주력 사업이고, 볼보는 럭셔리 브랜드의 대표격 아닌가?

그러나 요한손 회장은 승용차를 팔았지만, 트럭 등 그룹의 새 핵심사업 분야의 세계적 업체들을 마치 쇼핑하듯 계속 사들이고, 해외 생산기지를 확충했다. '선택과 집중' 전략이었다. 그는 기업 M&A의 살아 있는 교과서라 할 만큼 수많은 M&A를 진두 지휘했다. 그가 사들인 기업이나 사업 부문이 15개를 넘는다. 2001년 미국의 르노(Renault)트럭과 미국의 맥(Mack)트럭을 인수해 유럽 최대, 세계 제2의 트럭메이커로 도약했다. 또 삼성중공업 건설기계 부문을 비롯해, 닛산디젤, 중국 최대 휠로더(wheel louder, 굴착된 토사와 골재, 파쇄암 등을 운반기계에 싣는 중장비) 업체인 링공(Lingong), 미국 잉거솔랜드(Ingersoll Rand)의 도로정비 사업 부문이 모두 그의 쇼핑 대상이 됐다.

2007년 말 스웨덴 제2의 도시 예테보리 시내에서 승용차로 30분 이상 떨어진 한적한 교외에 자리잡은 볼보그룹 본사에서 요한손 회장을 만났을 때, 그는 단호했다. "시장에서 이길 수 있는 분야에 집중해야 한다"는 것이다.

승용차 사업을 포기한 이유에 대해 그는 "더 발전 가능성이 높은 사업에 집중하기 위해서 내린 결정이었다"면서 "지금 다시 그 당시로 돌아간다고 해도 똑같이 결정했을 것"이라고 잘라 말했다. 요한손 회장은 화려함 대신 실속을 택했다. 포화 상태의 승용차 시장에서 세계 23위 자리를 포기하는 대신, 화려하지 않은 트럭과 건설중장비, 버스 등 고성장 사업에 집중하는 길을 택했다.

스웨덴의 또 다른 승용차 메이커였던 사브(Saab)까지 GM에 팔리지 않았습니까? 스웨덴의 두 자동차 브랜드가 모두 미국으로 넘어갔는데 국민들의 자존심이 상처를 입은 것 아닙니까? "볼보와 사브는 스웨덴의 영원한 자산(asset)이 돼야 한다고 보는 것, 혹은 스웨덴의 국익에만 도움을 줘야 한다고 보는 것은 국수주의적 관점입니다. 스웨덴에는 여전히 훌륭한 두 개의 자동차 브랜드가 있고, 둘 다 모두 큰 자동차 그룹에 속해 잘 운영되고 있다는 게 중요합니다."

요한손 회장은 1999년 승용차 사업 매각 직후 가진 한 인터뷰에서 "새벽 두 시면 잠에서 깨어 엄청난 긴장감에 시달린다"고 토로했다. 하지만 당시 그는 이어 말했다. "그렇지만 불을 밝히고, 10년 뒤를 생각하면 '현실(fact)'이 보입니다. 우리는 지금 승용차 산업에서 세계 23위에 불과하고, 시장은 엄청난 경쟁에 접어들고 있습니다."

승용차 부문 매각 뒤 그는 엄청난 역풍에 시달렸다. 승용차 부문 이익률이 저조하고 장기 전망도 밝지 않다던 그의 말과는 달리 포드로 팔린 볼보자동차의 그해(1999년) 영업이익이 시장에서 예상하던 10억 달러를 훨씬 뛰어넘어 39억 달러에 달했다. 비난 여론이 들끓었다. 요한손의 예언은 2000년이 되어서야 현실로 나타났다. 볼보자동차의 영업이익이 5억 달러대로 떨어졌으며 그 뒤엔 2003년까지 1억 달러 내외로 추락했다.

반면 뼈를 깎는 대수술을 겪은 볼보그룹은 날로 성장하고 있다. 2000년 136억 달러였던 그룹 매출이 2006년 377억 달러로 2.8배, 영업이익은 7억 달러에서 30억 달러로 4.3배 성장했다. 무엇보다 트럭과 건설중장비에서 세계 최고 수준의 경쟁력을 자랑하게 됐다.

그룹의 '심장'을 잘라내고, 화려하지 않은 중후장대(重厚長大) 사업에 집중하는 대수술을 10년째 집도한 명의(名醫) 요한손. 그의 답변은 부드러웠지만, 한 치의 망설임 없이 분명했고, 냉정

했다. 그는 M&A를 통해 얻는 가장 중요한 자산은 '사람'이라고 했다. 그 분야에서 존경받는 기업을 인수하고, 그 기업의 이사진을 유지하는 것도 그런 이유이고, 그것이 볼보의 브랜드 가치를 유지할 수 있는 비법이라고도 했다.

볼보그룹 회장으로 10년 이상 일하고 있는데 그동안 그룹의 핵심인 승용차 부문까지 매각하는 등 실로 많은 일이 있었습니다. 되돌아보면 어떻습니까? "실로 흥분되는 기간이었죠. 볼보 내부뿐 아니라 전 세계적으로 정말 많은 변화가 있었습니다. 동유럽, 중국, 인도 등 새로운 시장이 많이 생겨났고, 엄청난 규모의 M&A가 있었죠. 볼보 역시 그 물결 속에서 구조조정을 하고 체질 개선을 이룬 겁니다. 10년을 돌이켜 보면 글로벌 시장에서 경쟁력을 갖춘 기업으로서 자리를 잡아온 과정이었고, 자랑스럽게 생각합니다."

그룹의 상징적인 사업을 매각할 때 상당한 고통이 따랐을 텐데요. 어떻게 그런 결정을 할 수 있었습니까? "자동차로 유명해진 브랜드가 자동차 부문을 매각한 사례는 우리 말고도 또 있

습니다. 롤스로이스도 비슷한 사례죠. 물론 승용차 사업부문을 판다는 것은 정서적으로는 매우 어려운 결정이었습니다. 생사를 같이 해온 많은 동료들과도 헤어져야 했고…. 그러나 전략적으로는 비교적 쉽게 판단할 수 있었습니다. 우리가 승용차 시장에서 시장을 리드하기에는 규모가 너무 작았습니다. 승용차를 포기하고, 트럭, 건설기계, 트럭, 버스 등 승용차 이외의 부문에 집중해야 한다는 것이 이성적으로 올바른 판단이었습니다."

후회는 없습니까? "전혀! 사람들이 뭐라 말하든 세계는 변하고 있고, 좀더 전략적으로 바뀌어야 합니다. 세계 시장은 새로운 경쟁자들에게 연이어 열리고 있고, 기업들은 글로벌 경쟁이 가능한 규모를 달성해야 합니다. 다시 그 시점으로 돌아간다고 해도 그렇게 결정했을 겁니다."

최근 5년간 그룹 전체 매출이 약 70% 성장한 반면, 영업 이익은 이보다 훨씬 큰 10배 가까운 성장을 이뤘는데 이유가 무엇입니까? "비단 지

볼보그룹은 '심장'을 과감히 잘라내고, 화려하지 않은 중후장대(重厚長大) 사업에 집중했다

난 5년뿐 아니라 그 이전부터 이뤄온 그룹 구조 변화부터 살펴봐야 합니다. 그 동안 우리는 매우 큰 M&A를 이뤄왔습니다. 르노트럭, 맥트럭, 한국의 삼성중공업 건설중장비 부문, 최근엔 일본의 트럭메이커인 닛산디젤과 미국 잉거솔랜드의 도로정비 사업부문 등…. 우리는 우리 그룹이 전략적으로 집중해야 할 사업으로 통합하기 위해 우리 기업을 팔고, 외부 기업을 인수하면서, 우리가 생산하는 제품에서 큰 시너지 효과를 낼 수 있는 구조를 만든 겁니다. 개별 시장에서의 점유율도 높일 수 있도록 했습니다. 매출보다 이익 증가가 훨씬 큰 것은 우리의 장기 전략과 M&A, 그리고 시장 장악력 확대 등이 모두 성과를 거두게 됐음을 증명하는 것입니다."

볼보가 집중하고 있는 트럭·건설기계 등의 사업 전망은 계속 좋은 쪽입니까? "사업 전망도 중요하지만 우리 내부의 경쟁력을 강화하는 게 더 중요합니다. 트럭, 버스, 건설기계, 엔진 등 볼보그룹의 핵심사업은 경쟁력을 유지해 나갈 수 있을 만큼 충분한 규모를 확보했고, 모두 각 분야 세계 1, 2, 3위에 듭니다. 상품 경쟁력 향상을 통해 유기적 성장(organic growth, M&A를 제외한 성장)을 잘 할 수 있는 구조를 갖췄고, 앞으로도 계속해서 기업 M&A를 활발하게 해 나갈 것입니다.

지역적인 확대를 위해, 예를 들어 인도나 중국 시장에서 기업 인수를 계속할 것이고, 우리가 부족한 부문의 확대와 보강을 위해서도 인수를 계속할 것입니다. 예를 들어 2007년 초 미국 잉거솔랜드의 도로정비 부문을 인수해 우리가 지금까지 전혀 보유하지 못했던 도로 건설기계 사업에 진출했죠.

르노트럭, 닛산디젤을 인수한 것은 우리가 취약했던 중형트럭 부문으로 우리의 영역을 확대시켰다는 의미가 큽니다. 제품 생산 폭을 넓히고 지역적으로도 확대해 매년 10% 이상의 성장을 이룩하는 게 우리 그룹의 핵심 목표입니다."

잉거솔랜드는 도로 정비·건설기계 부문을 매각한

후 밥캣(Bobcat) 브랜드의 소형 건설 중장비 부문도 시장에 내놨습니다. 결국 한국의 두산이 다른 2개 부문까지 합쳐 49억 달러에 인수했는데 볼보는 관심이 없었던 겁니까? "밥캣은 우리의 기존 제품영역과 겹치는 부분이 많다고 생각했습니다. 그리고 49억 달러는 너무 비쌌습니다."

두산그룹은 49억 달러는 부채가 하나도 없는 상태의 인수 가격이기 때문에 결코 비싼 게 아니라고 말합니다. "그 기업을 그 가격에 인수할 필요가 있느냐 없느냐 하는 판단의 기준은 기업마다 다를 수밖에 없습니다."

M&A할 회사를 존중하고 이사진을 갈아치우지 마라

볼보그룹은 지금까지 수많은 M&A를 통해 성장해 왔는데도 볼보 브랜드의 고급스러운 가치를 계속 유지해 왔습니다. 비결이 뭡니까? "우리는 오로지 그 영역에서 충분히 존경을 받는 기업을 인수한다는 원칙을 가지고 있습니다. 그래서 우리는 기업 인수를 통해 시장점유율이나 생산 제품을 늘리는 데 그치지 않고 같이 일하면서 미래의 볼보그룹을 더 훌륭하게 만들 수 있는 '좋은 사람'을 수혈할 수 있습니다."

그것 이외에 M&A에서 꼭 지키는 원칙이 있습니까? "우리는 우리가 이전에 전혀 해보지 않았던, 모르는 분야에는 접근하지 않고, 우리 내부에 이미 전문가가 있는 사업을 인수합니다. 또 하나는 지역적 확산이라는 목적을 중시한다는 것입니다. 예를 들어 중국의 링공은 우리가 이미 만들고 있고 내용을 잘 알고 있는 휠로더 생산업체인데다, 고급 제품을 원치 않는 중국 시장 공략을 위해 꼭 필요한 회사라고 판단해 인수했습니다."

미래에 사고 싶은 기업 리스트를 늘 준비해두고 있습니까? "물론이죠. 우리는 그런 리스트를 '미래 대비 시나리오(what if scenario)'라고 부릅니다. 그 시나리오는 미래에 어떤 기업이 시장에 나왔을 때 어떻게 대처해야 하는지를 미리 준비하는 것입니다. 그러나 그 리스트는

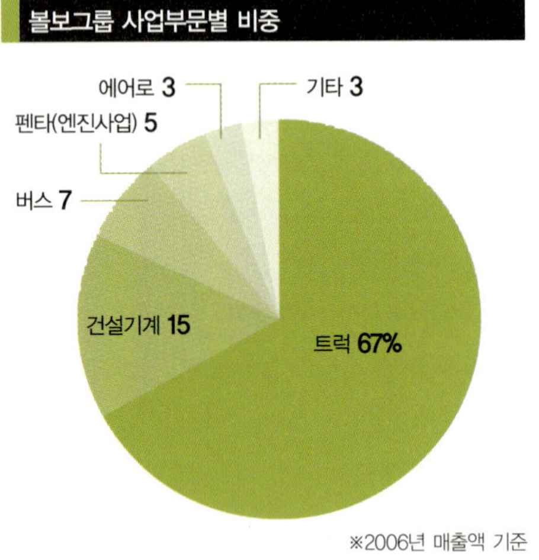

오로지 제 마음 속에만 있습니다.(웃음)"

얼마나 많은 회사들이 그 리스트에 있는지를 물어도 될까요? "절대 안 됩니다. 기업 M&A를 통해 얻은 중요한 교훈 중 하나는 '생각하고 있는 M&A를 계약 전엔 절대 말해서는 안 된다' 입니다."

볼보만의 M&A 성공 비법이 있다면 어떤 것입니까? "비법을 말하기 전에 우선 인수하는 회사를 존중하고 좋아해야 합니다. 그 다음에 사람과 매니지먼트, 그리고 구조를 갖춰야 한다고 생각합니다. 그리고 우리가 그 M&A를 통해 무엇을 하려고 하는지를 명확하게 설정해야 합니다. 보통 착각하는 것 중 하나가 새 회사를 인수하면 이사회 멤버를 완전히 새로 구성해야 한다고 생각하는데 그건 아니에요. 예전

이사진을 유지하는 것이 기업 철학을 이어가는 데 더 좋을 수 있습니다.

그리고 일정표(time line)를 정확하게 짜야 합니다. 만약 사려는 회사의 가치와 우리의 인수 활동, 그리고 일정표가 잘 맞아 떨어져 매력적으로 보이면 우리는 그 회사를 인수합니다. 그게 매력적이지 않으면 인수하지 않습니다.

제가 강조하는 것은 M&A를 일과성 '이벤트'로 생각해서는 안 된다는 겁니다. 미디어가 보도하는 이벤트는 며칠, 길어야 1년 이상 가지 못하지만, M&A의 당사자 회사는 평생을 함께 하는 겁니다. 장기적인 비전을 봐야 한다는 거죠. 명확한 목적을 정하고, 해야 할 일의 목록(activity list)을 만들고, 타임 테이블을 잘 만들어 이들을 제대로 결합시키는 것! 그게 비결이라면 비결입니다."

회장 재임 기간 중 M&A는 모두 성공했다고 보십니까? "아닙니다. 특히 버스 사업 쪽에서 우리가 기대한 대로 되지 않은 게 좀 있습니다. 잘못된 판단을 했다면 곧바로 그 잘못된 것을 바로 잡아야 하는데 버스 사업의 경우, M&A

를 하려는 시점의 판단이 제대로 들어맞지 않았습니다. 버스 사업은 우리의 다른 사업 영역과 달리 집중의 시너지가 부족하고 너무 단편적으로 여기저기 퍼져 있습니다. 시너지를 높여야 하는 M&A 전략이 제대로 작동하지 못했던 것이죠."

돌이켜 볼 때 최고의 M&A는 무엇이었습니까? "삼성중공업의 건설중장비 부문 인수입니다. 지금 굴착기 부문에서 세계 최고의 경쟁력을 갖고 있는 건 그 때문입니다. 맥트럭, 르노트럭도 성공적이었고, 닛산디젤 인수도 좋은 시너지를 낼 것으로 보입니다. 매출 1, 2위 부문의 대형 M&A가 모두 성공적이었다는 게 다행스런 일입니다."

최악은 어느 것이었습니까? "버스 사업에서 북아메리카의 '노바(Nova)'라는 버스 회사를 인수한 것은 그다지 성공적이지 못했습니다. 지금은 상당히 좋아졌지만 처음 6~7년은 매우 어려웠죠. 다행인 것은 '노바'가 그리 큰 회사가 아니었다는 점입니다. (웃음)"

그런 실패는 주로 어떤 이유 때문에 일어납니까? "여러 이유가 있겠지만 노바의 경우는 시장 전망을 제대로 못했기 때문이었습니다. 버스 시장은 트럭이나 건설중장비와 달리 별로 성장하지 못했어요."

트럭, 건설중장비, 버스 등은 고속 성장하는 신흥 시장과 연관이 큽니다. 승용차 부문을 정리한 것은 이런 사업 부문에 비해 승용차의 성장 속도가 늦을 수밖에 없다고 판단했기 때문이었나요? "트럭이나 중장비산업이 이머징마켓(emerging market)에서 수요가 많고 성장 속도가 빠른 것은 사실입니다. 하지만 승용차 부문 매각 당시 승용차가 이보다 덜할 것이라고 정확하게 판단한 것은 아닙니다. 나는 승용차를 좋아하고 더 이상 그 사업을 계속할 수 없다는 것이 아쉬웠지만, 우리의 사업 구조가 승용차 사업을 계속 하기에 적당치 않다고 판단한 거죠.(웃음) 세계 승용차 시장의 경쟁은 격화될 수밖에 없어 규모의 경제를 확보해야 하는데, 볼보는 승용차시장 23위에 불과한 현실을 직시해야 했습니다. (승용차를 팔고) 트럭·중장비 부문에 집

볼보그룹을 부활시킨 'M&A 승부사' 레이프 요한손

중하면 그룹의 사업구조가 장기적인 성장을 이끌어 낼 수 있을 것이라고 판단했습니다."

인구 900만에 불과한 스웨덴이 전 세계 180여 개국을 무대로 활동하는 볼보, 이케아(IKEA) 같은 세계적인 기업을 키워낼 수 있었던 힘은 무엇이라 보십니까? "스웨덴은 매우 매우 작은 시장입니다. 우리 매출의 단지 5% 이하만을 국내 시장에서 거둬들일 뿐입니다. 게다가 스웨덴은 임금도 높고, 생산비용 역시 결코 적게 드는 나라가 아닙니다. 작은 내수시장에 비용도 높다면 선택할 수 있는 길은 단 하나, 기술을 기반으로 해외시장을 개척하는 것뿐입니다. 그래서 우리는 기술적인 면에서 경쟁할 때 가장 큰 힘을 발휘할 수 있도록 강해져야 했습니다. 볼보의 경우 우리가 뭘 해야 하는지 정확한 전략을 세우고, '스웨덴에 있는 수출기업'이 아니라 글로벌 경쟁력을 갖춘 사업구조를 만들기 위해 노력했습니다. 그리고 우리는 직원들을 개별적으로 존중하면서 열정과 정열을 발휘할 수 있도록 문서화시켜 배려했습니다. 볼보그룹의 직원은 어때야 하고, 리더는 어떻게 행동해야 하는지를 '볼보 웨이'라는 문서로 명확히 해뒀습니다."

'개별적으로 존중한다'는 것은 말이 쉽지 구체적으로 느껴지지 않습니다. 특히 M&A를 했을 때 두 기업 간에는 큰 문화적 차이가 있을 텐데 이를 어떻게 극복합니까? "두 기업이 합칠 경우 문화에 차이가 큰 것은 당연히 사실입니다. 그런데 이를 극복하고 성공한 경우를 보면 차이를 인정하고, 너무 많이 바꾸려 하지 않았기 때문에 성공할 수 있었던 경우가 많아요. 프랑스인에게 덜 프랑스적으로 돼야 한다, 미국인에게 미국인답지 않게, 한국인에게 좀 덜 한국인답게 행동하라 식으로 말해서는

레이프 요한손 회장은 M&A를 통해 얻는 가장 중요한 자산은 '사람'이라고 말했다

안되죠. 문화간 차이점보다는 공통점에 더 집중할 때 높은 생산력을 얻어낼 수 있어요. 우리는 성과나 실적을 정확히 숫자를 매겨 관리합니다. 정확한 데이터가 존재한다면 문화적 차이는 별 의미가 없어지죠."

한국인들은 때때로 휴가도 없이, 밤 새워 일하지만, 충분한 여유를 가지고 가정 생활도 제대로 챙기는 유럽 회사들에 뒤지는 분야가 많습니다. 이런 것을 두고 한국인들은 '우리가 뭔가 잘못하고 있는 것 아닌가' 하는 자괴감을 가질 때도 있습니다. 한국인들의 일하는 방식에 뭔가 문제가 있다는 생각을 하신 적은 없습니까? "저는 한국의 기술, 그리고 열심히 일하는 사람들로부터 감명을 받았습니다. 1970년대 말에 처음 한국에 갔었는데 그때와 비교하면 엄청난 발전을 했죠. 한국인들은 일하는 것에 비해 발전이 느리다고 생각할지 모르지만, 되돌아보면 사실 엄청난 속도였습니다. 그러나 일과 생활은 균형을 이뤄야 하고, 균형을 이루면서 속도를 낼 수 있는 게 중요합니다. 무조건 일만 무리해서 열심히 한다고 좋은 성과가 나오는 것은 아니겠죠."

볼보그룹은 각 부문의 본사를 경쟁력 있는 해외에 두는 경영시스템을 도입했습니다. 장단점이 있을 텐데 그런 시스템이 잘 작동하고 있나요? "글로벌 시장에 다가서는 좀더 효과적인 방법은 시장 가까이에 본부를 두는 것입니다. 그래서 굴착기 부문은 한국에 헤드쿼터를 뒀고, 벨기에, 프랑스, 미국 등에도 중요 부문별 본사를 배치했죠. 리더십 그룹도 다양성을 갖는다면 글로벌 기업으로서 좀더 효과적이고 빠르게 경영할 수 있다고 생각했어요. 단적인 예로, 볼보그룹의 이사진은 6개 국적의 사람들로 구성돼 있습니다."

볼보그룹은 '품질(quality)', '안전(safety)', '환경(environment)'을 기업의 핵심 가치로 삼고 있습니다. 그런데 사실 '환경'은 기업에는 기본적으로 비용으로 작용하는 것 아닌가요? "품질과 안전은 1927년 볼보가 창업될 때부터 정해진 것이

고, 환경은 1970년대 초에 추가됐습니다. 우리는 기업문화나 전략, 핵심 가치를 잘 바꾸지 않는 전통을 가지고 있습니다. 저는 환경이 비용이라고 생각하지 않습니다. 환경은 기업에게 이익을 창출해주는 생산품일 수도 있습니다. 기업이 투자할 때 환경문제가 법적으로 걸리지 않는 쪽에만 신경을 쓴다면 환경은 비용이 되겠지만, 새로운 세대의 생산품을 개발하는 데 투자하면 오히려 매출에서 더 좋은 성과를 얻을 수 있습니다.

우리는 새로운 제품을 개발하면서 법적인 요건을 충족시키는 것뿐 아니라 고객들이 흔쾌히 좀더 높은 가격을 지불할 수 있을 만큼 뛰어난 환경친화적 제품을 개발하는 것을 목표로 삼습니다."

오너가 아닌 전문 경영인으로서 10년이라는 짧지 않은 기간 동안 볼보그룹을 이끌어 올 수 있었던 비결이 무엇인지 궁금합니다. "비결이요?(웃음) 저는 매일 아침 훌륭하고 뛰어난 재능을 가진 동료들을 만납니다. 그들과 함께 오늘날의 글로벌 그룹을 만들었고, 비결이라면 바로 그들과 함께 할 수 있었던 것 아닐까요."

차기 CEO를 키워내기 위한 프로그램은 있습니까? "준비돼 있습니다. 차세대 CEO를 키우기 위한 전략도 있고, 관찰하는 시스템도 있습니다. 우리가 이뤄야 할 목표가 무엇인지를 명확히 한 후 3년 내지 10년짜리 프로젝트를 맡기고, 성과를 평가하고, 전략적인 판단에 따라 CEO를 키우는 것이죠."

한국에서는 오너 경영인이 대를 이어가며 직접 경영하는 게 부당하다는 의견도 적지 않습니다. 오너가 직접 경영하는 체제를 어떻게 생각하십니까? "한국에서는 오너 경영인, 전문 경영인에 대한 논쟁이 있지만, 스웨덴에는 오히려 지나치게 많은 세금을 부과하는 바람에 오너가 회사를 대기업으로 키우려는 의지마저 꺾어버리는 것 아니냐는 논쟁이 있습니다. 어느 쪽이든 핵심은 효율성입니다. 어떤 경영 체제가 효율적인지는 성과로 말해야 한다고 생각합니다."

볼보그룹의 지주회사는 AB볼보이다. 그러나 AB볼보는 프랑스 르노자동차의 트럭 부문을 M&A하면서 르노그룹 측에 상당 부분의 지분을 제공해, 볼보그룹의 단일 주주로는 르노가 21.8%를 보유한 최대주주다. 그러나 AMF 펜션 & 펀즈(Pension and Funds, 3.9%), 스위드뱅크 로버 펀즈(Swedbank Robur Funds, 2.9%) 등 스웨덴계 금융회사와 펀드들이 나머지 지분을 분산 소유하고 있어 어느 한쪽이 독주하기 어려운 구조로 돼 있다.

한국 기업에게 해주고 싶은 말씀은 없습니까? "한국 기업의 활동을 보며 매우 큰 감명을 받았다는 것 이외에는…. 볼보를 이끄는 것도 버거운데요.(웃음)" WeeklyBIZ

Who is

레이프 요한손 회장은 열정과 냉정함을 동시에 갖춘 경영자다. 인맥이나 인간적 유대에 얽매이지 않고 얼음처럼 차가운 결정을 내린다. 그리고 한 번 결심한 일은 강철처럼 밀어붙인다.

1951년 예테보리에서 태어난 그는 10대 때 볼보자동차 생산라인에서 일한 경험이 있고, 26세에 역시 예테보리에 있는 샬머(Charlmers) 공대에서 공학 석사학위를 받았다. 가구업체인 포싯(Facit)의 사무기기사업 부서장과 사장을 거쳤고, 1984년부터 1997년까지 스웨덴 최대 재벌 발렌베리(Wallenburgs) 가문 소유인 일렉트로룩스(Electrolux, 유럽 최대 가전업체)의 부사장, 사장, 회장을 지냈다. 기술자 출신인 그의 아버지 레나트 요한손 역시 발렌베리 가문 산하 기업에서 최고경영자로 일했다.

볼보그룹 M&A약사

▲ **1997년**
- 레이프 요한손, 볼보그룹 CEO로 부임
- 볼보건설기계, 캐나다의 모터 그레이더 생산업체 '챔피언 로드 머시너리' 인수

▲ **1998년**
- 볼보건설기계, 한국의 삼성중공업 건설기계부문 인수, '볼보건설기계코리아'로 사명 변경
- 농기계 부문 자회사 '메칼락'의 다목적기계 생산부문 매각

▲ **1999년**
- 볼보자동차를 포드에 매각, 승용차 사업에서 철수
- 볼보에어로, 보잉과 제휴해 '제트서포트'사 인수
- '스카니아' 주식 20% 매입
- 미국 버스업체 '블루버드' 인수

▲ **2000년**
- 볼보에어로, 트럭 부품생산 부문을 핀베드에 매각
- 볼보버스, 상하이자동차와 중국에 새 버스기업 설립 합의
- 미쓰비시 푸소 트럭·버스 지분 인수

▲ **2001년**
- 르노 트럭 및 미국의 맥트럭 인수
- 볼보건설기계, 미국 업라이트사로부터 텔레스코픽 핸들러의 개발·생산권 인수
- 볼보건설기계, 텍스트론의 자회사인 옴니큅의 스키드 로더사업 부문 인수

▲ **2002년**
- 볼보건설기계, 폴란드와 중국 상하이에 생산 시설 설립

▲ **2003년**
- 빌리아의 트럭 및 건설기계 생산부문 인수

▲ **2004년**
- 북미 버스생산업체 '프레보스'의 나머지 50% 지분 인수
- 르노트럭, 중국 둥펑모터스와 중국 내 트럭·부품 합작회사 설립 양해각서 체결

▲ **2006년**
- 닛산디젤 지분 13% 인수, 최대 주주로 등극
- 볼보버스, 인도 자이코 오토모빌스와 인도 내 버스 차체 생산 합작회사 설립

▲ **2007년**
- 볼보건설기계, 중국 최대 휠로더 메이커 '링공' 인수
- 볼보건설기계, 미국 잉거솔랜드의 도로정비 사업부문 인수
- 닛산디젤 인수

악마는 진짜 무슨 옷을 입나요?

"(0.5초의 망설임도 없이) 새로움이죠"

미우치아 프라다!

이 유명하디 유명한 '디자인계의 여제(女帝)'를 만나러 가면, '악마'가 앉아 있을 줄 알았다. 영화 〈악마는 프라다를 입는다〉의 편집장 메릴 스트립 같은, '도도'와 '괴팍'과 '깐깐'이 온 몸을 휘감아 도는 여인 말이다.

무엇보다 '프라다(Prada)'를 제목으로 삼은 그 영화의 잔영이 뇌리를 맴돌았고, 여기에 그녀가 내건 '사진 기자 동행 불가', '50분 시간 엄수' 등의 까다로운 인터뷰 조건이 억측의 개연성을 높였다. 그래도 웬만해서는 긴 인터뷰나 무대 등장을 고사하는 이 신비의 여인이 위클리비즈와 50분 인터뷰를 허락해준 게 어딘가? 2009년 4월, 서울 경희궁에 차려진, 프라다의 복합 문화 프로젝트 공간 '트랜스포머' 행사장의 조그마한 인터뷰 룸에 약속 시각보다 10분 먼저 도착해 그녀를 기다렸다. 예정된 시각에 초로(初老)의 여인이 입장했다.

애당초의 예상은 여지없이 틀렸다. 귀고리 이외에는 장신구 하나 없이 소박한 옷차림으로 자리를 잡은 이 '여제'는 소탈하고 털털하고 겸손했다. 프라다를 오늘날 세계 최정상 브랜드로 키운 이 오너 3세 디자이너는, 요약하자면 "새로운 것을, 각자 스스로의 정수(精髓, core)로부터 뽑아내고 발전시키라"는 메시지를 누차 강조했다.

대화가 이어질수록 '소탈'과 '디테일'과 '새로운 것에의 도전'과 '각자 정수에의 기반'이라는 메시지가 각기 큰 원을 그려나갔다. 그리고 그 궤적이 겹치는 교집합에 그녀가 거둔 큰 성취의 비밀이 묻혀 있다는 확신이 밀려왔다.

디자인을 할 때 무엇을 가장 중요하게 생각하십니까? "(0.5초의 망설임도 없이) 새로움이죠. 언제나 새로운 것에 도전하려고 노력합니다."

새로움에 중독된 디자이너

미우치아는 '패션의 괴짜'로도 통한다. 여성들은 누구나 잘 아는 '나일론백의 대박'이 대표적인 사례다. 정치학을 공부한 그녀는 가족의 사업을 '자의 반 타의 반'으로 물려받은 후, 1985년 낙하산에 쓰이는 나일론을 소재로 삼아 만든 실용적 토트백(윗 부분이 벌어져 있는 핸드백), 흔히 말하는 '나일론백'으로 큰 성공을 거둔다. 최상의 가죽이나 천연 섬유만이 '근엄한 명품'의 재료가 될 수 있다는 통념을 여지없이 깨뜨린 것이다. 그녀는 전통과 미래, 실용과 아름다움을 적절하게 버무리면서 명품의 타성에 반기(反旗)를 들어 성공 시대를 이어갔다.

도대체 그런 독특한 시도의 영감(靈感)은 어디서 어떻게 얻습니까? 이를테면 여행, 영화, 독서, 쇼, 대화… 뭐 그런 건가요? "그 모든 것입니다. 한마디로 정리해 답할 수 없고, 그때그때 달라요. 매우 많은 쇼와 많은 컬렉션을 보고 또 많은 것을 접하는데, 그런 것이 다 혼합돼 영감을 얻습니다."

그러면 에피소드를 들 수 있나요? 가족이라든지, 이웃이라든지, 동료라든지, 어떤 특별한 사람이나 특별한 포인트로부터 영감을 얻는 경우가 없나요? "저는 그렇게 순간적으로 영감을 받는 식으로 일을 하지 않아요. 그래서 특별한 에피소드가 없어요.(웃음) 예를 들어, 패션쇼 같은 일에 며칠씩 몰두하고 있다 보면, 내가 뭘 하고 있는지도 모를 때가 있어요. 그저 그 작업과 내 자신이 서로 소통(疏通)하는 겁니다. 저는 특히 흥미로운 소재를 개발하는 데서 작업의 실마리를 찾습니다. 제가 맘에 드는 소재를 고르면 일이 쉬워지지요. 차근차근 쌓아가는 연속적 과정 속에서 어떤 그림에 도달하게 되면 주제를 부여합니다. 결국 그렇게 도달한 결과물을 보는데, 내 스스로에게도 좀 어색하게 느껴진다면, 그게 바로 '새로움'을 창조하는 순간입니다. 어리석게 들릴지 모르겠지만, 이게 매우 중요합니다."

새로움은 당신 안에 있다

이렇게 묻지요. 당신처럼 최고의 디자이너, 최고의 패션 리더가 되고 싶은 사람에게 충고를 주신다면? "아주 많아요. 공부하고, 공부하고, 공부하세요.(웃음) 자유롭게 읽고 보고 배우세요. 뭐든지 읽고, 세계를 보고, 예술과 패션을 배우세요. 그리고 뭔가 새로운 것을, 당신 스스로의 정수(core)에서 나오는 그 무엇을 소망하

새로움은 당신 안에 있다. 뭐든 읽고 공부하고 배워라

세요. 그러기 위해 당신 스스로에 대해서도 공부하세요. 당신의 개성과 재능이 뭔지 잘 따져보세요. 그리고 이 모든 걸 잘 혼합하세요. 가장 어려운 것은 당신 자신의 사고, 당신 스스로의 정수에서 나오는 것을 따라가는 겁니다. 아마 이 조언은 패션이나 디자인뿐 아니라 모든 분야에 일반적으로 적용될 겁니다.(웃음)"

당신은 많이 읽나요? "예. 신문도 읽고 책도 읽습니다. 많이 읽습니다."

그녀의 설파(說破)는 놀랍게도, '세계적 경영 사상가' 말콤 글래드웰(Malcolm Gladwell)의 지론과 맥이 닿는다. 글래드웰은 위클리비즈와의 인터뷰(288쪽 참조)에서 《아웃라이어》를 설명하며 "창의성과 창조성은 '1만 시간의 몰입'으로부터 얻어진다"고 지적했다. 황상민 연세대 교수는 "글래드웰이 말하는 '1만 시간'은 단순한 시간 축적량보다는 마니아처럼 철저하게 빠져드는 상태의 지속이 더 중요하다"고 설명한다. 그런 지속적 몰입이 있어야 마치 《티핑포인트》(글래드웰의 또 다른 저서)를 거치듯이 능력의 폭발적 업그레이드가 가능하다는 분석이다.

당신 개인과 프라다의 성공 비결을 한 마디로 요약해주시죠. "하하, 어려운 질문이에요. 딱 떨어지는 답은 없어요. 타고난 재능도 있어야 하고, 일에 대한 호감과 열정과 고집과 성실성이 있어야 한다고 생각합니다. 궁극적으로 당신이 무엇을 추구하는지 비전과 아이디어가 있어야 합니다."

당신은 패션계에서도 다양한 시도를 하는 것으로 유명한데, 실패에 대한 두려움은 없나요? "물론 두려움이 있습니다. 하지만, 두려움이 저를 멈추게 하지는 않습니다. 그런 새로움이 없다면 제가 없는 것이라고 생각합니다. 저는 이렇게 태어난 것 같아요. 물론 시작할 때는 두렵지만, 시간이 흘러 제 시도를 사람들이 좋아한다는 것을 알고 나면 두려움이 없어지지요. 사실 제가 뭔가 새로운 것을 시도하려고 하면 저보다 회사가 더 두려워하고 공포에 질립니다.(웃음)"

예술과 비즈니스를 연결시키지 않는다

'브랜드'란 과연 무엇인가요? "저는 브랜드란 말은 즐겨 쓰지 않아요. 브랜드란 글쎄요, 저희가 하는 일과 정신과 개성을 표현하는 그 무엇 아닐까요? 저희가 추구하는 새로움의 방향

이 브랜드 아닐까요? 요즘과 같이 세계화 시대에 흔들림 없이 변화를 추구하면서도 핵심을 향해 나가는 것, 그것이 브랜드라고 생각합니다. 저희 브랜드는 '다양성과 변화'로 인해 유명해진 것일 겁니다. 프라다의 경우 제 남편이 사업을 주로 하고 디자인은 제가 맡습니다. 그래서 브랜드와 핵심에 관한 추구에서 혼선이 없습니다. 그런 면에서 저희는 행운이라고 생각합니다."

프라다는 한국에서의 트랜스포머처럼 문화 시설을 세계 각국에 짓고 있습니다. 대중을 향한 본격적 공략 마케팅인가요? "프라다의 역사를 잘 모르면 그렇게 보실 수도 있을 것 같아요. (이 질문에 그녀는 약간 흥분하는 듯했다.) 우리는 거의 20년 전부터 남모르게 다양한 예술을 지원해왔어요. 예술 작품이나 영화, 책 출간 등을 지원해왔던 활동이 사람들의 관심을 끌기 위한 것처럼 보이는 게 싫었어요.

저는 예술과 비즈니스를 연결 짓는 것을 좋아하지 않아요. 그래서 아무도 모르게 한 것이지요. 그런데 약 10년 전부터 예술과 건축, 예술과 패션을 융합하는 게 대세가 됐습니다. 저희의 활동과 우연히 맞아떨어진 것이지요. 그래서 더 이상 대중에게 비밀로 할 필요가 없다고 판단해 자연스럽게 우리의 활동을 공개하게 된 것입니다. 그러자 다른 기업들도 저희를 따라 예술을 지원하기 시작했어요. 그들은 우리와는 달리 그러한 활동들을 마케팅 수단으로 활용하더군요."

이쯤에서 기자가 "잘 알겠다"고 하면서 다른 질문으로 넘어가려 하자, 그녀는 "조금 더 답하겠다"며 말을 이었다.

"그런 활동을 보면서 저는 매우 화가 났습니다. 저는 예술에 대한 순수한 열정으로 지원해왔기 때문이지요. 서울에서 하는 트랜스포머 행사도 이런 오랜 전통의 연장 선상에서 하는 겁니다. 마케팅 수단이 아닙니다. 때로는 오히려 회사가 하기 싫다고 해도, 저 개인의 열정으로 이런 예술 활동을 지원하고 있어요. 결국 그 질문에 대한 저의 대답은 '정반대'라는 겁니다.(웃음)"

파티장 칵테일 잔의 수위까지 챙기는 '디테일의 여왕'

일반에게는 잘 알려지지 않았지만, 그녀는 세밀한 '디테일 챙기기'로 프라다 내부에서 유명하다. 프라다 전 제품의 작은 디자인 하나까지도 그녀의 통제권 밖에 놓인 것이 없다고 한다. 심지어 작은 파티가 열려도 그녀는 '칵테일이 잔의 어느 수위(水位)까지 담기도록 할 것인가' 하는 세부 지침까지 챙긴다. 그녀의 이런 지침이 이제는 프라다 파티의 매뉴얼이 됐을 정도이다. 이번에 한국에서 열린 트랜스포머 개막 행사에서도 그녀는 1500여 명의 하객 명단과 주요 인사 프로필을 일일이 확인한 것은 물론, 행사에 참여하는 통역사, 운전기사, 청소 담당자의 유니폼까지도 미리 치수를 받아 본사에서 만들어왔다.

프라다 코리아의 이주은 부장은 "미우치아의 디테일 챙기기는 이제 프라다 전체의 문화로 자리 잡았고, 제품과 업무 과정의 작은 실수도 없애는 강점으로 발전했다"고 말했다.

그런 점에서 미우치아 프라다는 중국의 경영 컨설턴트 왕중추의 저서 《디테일의 힘》을 연상시킨다.(왕중추와의 인터뷰는 124쪽 참조) 왕중추는 "사소한 하나가 삐끗해 결국 전체가 무너진다"는 주장으로 중국과 한국에서 큰 반향을 불러일으켰다.

당신이 생각하는 최강의 경쟁자는 누구입니까? "(웃음) 말하지 않을래요.(웃음) 거의 없어요."

그래도 한국의 독자들은 궁금해할 텐데요. "경쟁자는 모두이자 또 아무도 없어요. 경쟁자가 있기는 하겠지만, 우리는 매우 구체적이고 우리는 특별한 철학이 있기 때문에 우리 갈 길을 갈 뿐입니다."

프라다는 초고가도 아니고, 중저가 명품도 아니어서, 가격 정책이나 브랜드 아이덴티티가 명쾌하지 않다는 지적도 있습니다. 어떻게 생각하십니까? "물론 아주 비싼 가격에 그저 10명, 100명만 누리는 제품을 만들 수도 있겠지요. 하지만 전 달라요. 명품이면서도 다양한 사람과 다양한 국가에서 향유되기를 저는 희망합니다. 다양한 사람들과 다양한 국가에서 접근 가능한 제품을 만들고 싶어요.

저희는 아름답고 품질이 탁월한 제품을 만들어서 너무 비싼 가격이 아닌, 적절한 가격에 제공한다는 원칙을 갖고 있습니다. 사람들은 저희에게 '좀더 가격을 올려 매겨도 될 텐데, 너무 정직하다'고까지 말하기도 하지만, 우리는 그런 철학을 유지하려고 합니다. 아마도 그래서 우리는 (우리가 벌 수 있는 돈보다) 덜 벌고 있는지도 모르죠. 어쨌든, 그렇게 수익만을

2009년 3월 이탈리아 밀라노에서 '패션 주간'을 맞아 열린 한 파티에 참석한 미우치아 프라다

위해 가격을 높이 매긴다든가, 또 낮춘다든가 하는 정책을 취하지 않습니다.

초고가 제품이라는 이미지를 통해 비싼 가격으로 매출액을 올린다든지, 또 그런 초고가 제품을 어느 정도 판매한 뒤에는 중저가 제품을 내놓아서 매출을 높인다든지 하는 식으로 (소비자를 상대로) 가격 정책을 펴는 것은 옳지 않다고 봅니다."

영화 〈악마는 프라다를 입는다〉는 마케팅에 도움이 됐나요? "예, 결국 도움이 된 것 같아요.(웃음) 사실 처음에 영화의 도입부를 보고는, 이상한 영화, 나쁜 영화가 아닌가 굉장히 걱정을 했어요. 하지만 끝까지 보고 나니 좋은 영화더군요."

당신이 론칭한 또 다른 브랜드, '미우미우(miu miu)'와 오리지널 '프라다'의 가장 큰 차이는 뭔가요? "미우미우는 언제나 저 자신입니다. 프라다에서는 허락되지 않는 것, 그러니까 너무 전위적이고 독특하고 개념적인 시도가 미우미우에는 담겨 있지요. 프라다는 전통이 너무 깊어서 내가 하고 싶은 것을 다 담지 못할 때가 있거든요. 미우미우는 기본적으로 재미와 본능을 더 담고, 심각함은 덜 담고 있지요."

아시아 고객만의 특성이나 한국 고객만의 특성이 있나요? "요사이 제가 국가별로 소비자들이 어떻게 다른지 연구해보고 있습니다. 잠정적 결론은 국가별로 그렇게 큰 차이는 없는 것 같다는 것입니다.

특히 2008년만 해도, 경제 위기가 오기 전만 해도 뉴욕과 밀라노와 도쿄와 서울의 인기 상품은 거의 똑같았어요. 그런데 경제 위기가 닥쳐오니까 차이점이 나타나기 시작하더군요. 미국인은 더 미국인처럼, 독일인은 더 독일인처럼, 이탈리아인은 더 이탈리아인처럼, 아시아인은 더 아시아인처럼…. 위기가 오니까 국가별로 개성이 발현되고 있어요."

한국인의 특성은 뭔가요? "뚜렷한 것은 한국 여성들은 좀더 클

래식하고 여성적인 것 같아요. 더 섬세하고 여성적 컬러를 더 좋아하고요."

아시아에 짝퉁 제품이 많은데, 어떻게 생각하십니까? "하~ (한숨을 내쉰 뒤) 어쨌든 누군가 모방한다는 것은 그 제품이 흥미롭다는 것이지요?(웃음) 물론, 가짜 모방 제품은 불법입니다."

프라다 옷은 소화하기 어렵다고 합니다. 세련되게 입는 법을 추천해준다면? "(크게 웃으며) 이 질문은 대답하기 불가능하지요. 사람마다 각자 다르고, 스스로를 표현하는 방식이 다르니까요. 새로운 것과 실험적 도전에 대한 호기심이 많다면, 그런 도전을 즐길 수 있을 겁니다. 그런 실험에 대한 호기심이 없다면 안정적으로 입게 될 거고요.

옷 잘 입는 지혜는 다른 사람의 충고에서가 아니라, 스스로에 대해 잘 아는 것에서 오는 것입니다. 자신에 대한 용기(勇氣), 자신의 선호(選好)에 달린 겁니다. 당신이 생각하는 것과 당신이 입는 것은 조화를 이루게 마련입니다. 당신이 누구고 당신이 뭘 원하는지 모르는 상황에서 그저 우아하게 옷을 입고만 싶다면? 그러면 해답이 안 나옵니다. 옷 입기에 대한 타인의 충고를 따르는 것은 위험할 수도 있습니다."

실수를 하더라도 '내가 저지른 실수'를 하라

자기 자신을 파악하고, 내부의 충고를 들으라는 것이지요? "저는 제 인생에 두 번 실수한 것 같아요. 다른 사람의 충고를 들었을 때 실수를 했어요. 그래서 저는 실수를 하더라도, '자신이 내린 결정으로 인한 실수'를 하라고 권하고 싶어요. 저는 자유에 대한 큰 믿음이 있어요. 스스로가 선택한 끝에 생긴 실수는 괜찮아요. 하지만 남의 말을 듣다 범하는 실수는 재앙과도 같아요.

가장 중요한 결정을 할 때는 당신이 갖고 있는 최상의 마음가짐(best mind)과 최고의 지혜(best brain)로, 자유롭게 결정하세요. 다른 사

람의 비판은 신경 쓰지 말고 말이죠. 비슷한 맥락에서, 옷을 입을 때에도 스스로의 목소리를 듣는 법을 연마하라고 충고하고 싶어요. 그러니까, 패션 잡지도 열심히 읽고 영화도 열심히 보고 또 보면서…."

당신의 열정은 어디서 옵니까? "모든 일에 대한 호기심, 새로운 것에 대한 도전에서 옵니다. 나는 예술도 좋아하지만 다른 분야도 좋아하지요. 예술계와 패션계와 그 외 많은 분야의 뛰어난 사람들과의 교류에서도 열정을 얻습니다."

큰 실패는 없었나요? "한번도 큰 위기는 없었어요. 저는 운이 좋아요. 또 저는 낙관적입니다. 특히 선택을 할 때 매우 낙관적이려고 노력합니다."

서울과 한국에 대해 어떤 인상을 갖고 있나요? "물론 한국을 좋아하니까 이 행사를 서울에서 합니다.(웃음) 한국은 새로움에 활짝 열려 있다는 점이 매우 인상적입니다."

마지막으로 한국에 대해 한 말씀? "서울을 좋아합니다. 산과 같은 자연과 전통과 현대가 잘 어울린 도시입니다. 현대성과 앤티크가 절묘하게 잘 어울린 도시입니다. 저는 한국 영화도 좋아합니다."

그녀는 "킴키둑"이라고 발음하면서 "김기덕 감독의 영화를 몇 편 봤고, 좋아한다"고 말했다. 인터뷰를 끝내며 기자는 "오늘 아침에 처에게 '오늘 미우치아 프라다와 인터뷰한다'고 하자 믿지 않더라. 독자들도 그럴 테니 당신을 만났다는 증거가 필요하다"고 말했다. 그녀는 소녀처럼 5초 동안 웃더니 흔쾌히 기자와 사진을 찍었다.

이어서 기자의 5살배기 아들을 위한 '덕담(德談) 동영상'을 찍어줄 수 있느냐고 부탁하자, 그녀는 역시 주저하지 않고 촬영에 응하며 한국 어린이들을 향해 "자유롭거라(Be free)"라고 외쳤다.

인터뷰 시간은 이미 1시간 3분째에 접어들고 있었다. '사전 엄포'와 달리, 사진도 찍고 인터뷰 시간도 예정을 훌쩍 넘기는 '디자인 여

제(女帝)'의 소탈하고 열린 매력은 인터뷰 룸을 가득 메우고 있었다. WeeklyBIZ

프라다(PRADA)관련 통계

4 브랜드 수
(프라다, 미우미우, 처치스, 카슈)

78
프라다 제품 진출 국가 수

211
직영매장 수

2,000,000
연간 가죽 사용량(㎡)

1,661,000,000
매출(2007년, 유로)

※2008년 1월말 기준. 자료 : 프라다

'프라다'는 1913년 마리오 프라다가 이탈리아 밀라노에 설립했으며, 그 손녀인 미우치아 프라다와 남편 파트리치오 베르텔리가 경영에 참여한 이후 세계 최정상의 브랜드로 도약했다.

평범하지만 세련된, 미니멀리즘(minimalism)의 대표적 브랜드라는 평이다. 영화 〈악마는 프라다를 입는다〉가 나왔을 정도로, 2000년대를 가장 잘 표현하는 브랜드로 꼽힌다.

창업자 마리오 프라다는 가족 중 여성이 회사 일을 맡는 것을 막았다. 하지만 1950년대 중반 그가 사망한 뒤 그의 아들이 사업에 관심을 두지 않자 그의 며느리가 대신 회사를 맡아 20년 가까이 경영한다.

미우치아 프라다(오른쪽)와 기자

프라다의 '오너'이자 '상징'이자 '수석디자이너'인 미우치아 프라다는 1949년 이탈리아 밀라노에서 태어났다. 대학에서는 정치학을 공부했지만, 할아버지에 이어 어머니가 운영하던 가죽 사업을 물려받아 '프라다 신화'의 주인공으로 변신했다.

2005~2006년 〈타임〉지는 그녀를 '절제된 럭셔리의 여왕'이라는 평가와 함께 '세계에 가장 영향력 있는 100인'에 선정했다. 1994년에는 오스카 패션상을 받았다.

늘 남과 다르게, 자유롭게 생각하는 그녀의 사고가 '핸드백이 꼭 가죽일 필요는 없다'는 발상을 낳았고, 소위 '나일론 백'으로 불리는 신소재 가방 개발로 이어져 완전히 새로운 패션 트렌드를 창출했다는 평을 듣는다. 독특한 소재와 지적인 분위기로 실용적이면서도 고급스럽고, 거창하지 않지만 우아한 브랜드 이미지를 구축했다는 분석이다. LG 프라다폰(휴대전화), 현대 제네시스 프라다(자동차), 프라다 트랜스포머(2009년 서울에서 진행되는 복합문화 프로젝트) 등을 통해 한국과의 인연을 이어가고 있다.

어떻게 '아날로그 강자'에서 '디지털 강자'로 변신할 수 있었습니까?

"혁신은 타이밍"

"전 숨겨놓은 자식이 아닙니다." 폭소가 터졌다. "창업주의 후손이 아니냐?"는 질문에 대한 우치다 쓰네지 사장의 대답이었다.

세계 1위의 디지털 카메라 제조업체인 '캐논'은 1937년 의사 출신 미타라이 다케시(御手洗毅)와 기술자였던 우치다 사부로(內田三郎) 등이 공동으로 설립한 회사다. 미타라이 후지오(士士夫) 현 회장이 창업자 미타라이의 조카이므로, 우치다 사장 역시 공동 창업자인 우치다의 후손이려니 생각하고 물은 것이다. "제가 캐논에 입사했을 때 창업자 우치다 사부로의 아들이 있었습니다. 같은 '우치다' 씨(氏)라서 오해를 종종 받았습니다만, 저는 창업 가문과 전혀 관계가 없지요. 숨겨놓은 자식도 아닙니다."

기업 지배구조에 대한 질문은 뒤로 미루고 기자는 급진적 변화의 물살을 겪고 있는 산업군에 있으면서 어떻게 그렇게 성공적으로 시장을 지배할 수 있는지 단도직입적으로 물었다.

아날로그의 세계에서 비슷한 위치에 있던 독일의 필름 회사 아그파는 문을 닫았고, 캐논과 함께 일본의 3대 광학 카메라 메이커로 꼽히던 미놀타는 소니에 인수됐다. 세계 최초로 디지털 카메라를 개발한 미국 코닥조차 주력 사업이던 필름 분야가 축소될 것을 우려해 사업 전환을 미루다 고전한다는 지적을 받는다. 그런데 아날로그 세계에 있던 캐논은 현재 디지털 카메라 분야의 세계 1위 기업이다. 매출 46조 5000억 원(2007년), 전세계 직원 13만 명의 세계 최고 광학·전자기기 회사.

동종의 다른 기업은 두손 두발 들 때 캐논은 무엇을 생각하고 어떻게 움직였을까. 기업의 비즈니스 성격 자체를 바꾼다는 게 가능할까. 한 분야에서 오랫동안 강자로 있던 기업이라면 과거 성공에서 배운 노하우와 관성이 있을 텐데, 어떻게 이 모든 것을 뒤로하고 변신할 수 있었을까.

위클리비즈는 극적인 변화의 실마리를 찾기 위해 캐논 본사의 우치다 쓰네지 사장과 첫 단독 인터뷰를 가졌다.

어떻게 '아날로그 강자'에서 '디지털 강자'로 극적인 변신을 할 수 있었습니까? "어떤 기업이든 자신의 가장 강한 분야, 가장 잘 나가는 분야를 근본적으로 바꿔야 할 때 결단을 내리는 것이 매우 힘들지요. 우리가 아날로그에서 디지털 카메라로 변신할 때도 그랬습니다. 하지만 우리는 타이밍을 잘 잡았습니다. 너무 빠르지도, 너무 늦지도 않게. 처음 디지털 카메라가 나왔을 때는 저화소(低畵素)였기 때문에 우리 스스로 카메라로 인정할 수 없는 수준이었지요. 당시 미타라이 사장의 지도력으로 우리의 카메라 기술과 디지털 기술을 총결집시키는 노력을 했습니다. 고객의 기대에 최소한으로 부응할 수 있는 카메라를 내놓은 것이 2000년 '익시(IXY, 캐논 디지털카메라의 소형 기종으로 한국 모델명은 IXUS)'였지요. 디지털 카메라 붐이 형성되기 직전보다 1년 앞서도 안 됐고, 1년 늦으면 더 안 됐을 테고. 아슬아슬한 타이밍, 하지만 최적의 타이밍이었지요. 우리는 시대의 물결에 아주 부드럽게 올라탔습니다."

기업 지배구조에 대한 우치다 사장의 견해는 완고했다. '창업 가문의 회장이 있는데 이럴 수 있나' 싶을 정도였다.

미타라이 회장은 창업자의 조카입니다. 그래서 한국에선 캐논을 '동족(同族)회사(가족이 대를 이어 경영하는 기업을 뜻하는 일본 용어)'로 보는 시각도 있습니다. "완벽한 난센스입니다. 제가 평사원일 때는 미타라이 회장이 회사에 있다는 것조차 몰랐습니다. 1986년 미국에 갔을 때 미타라이 회장이 당시 미국 법인의 사장을 하고 있어 처음 만났습니다만, 그 때도 그가 창업주의 친척이란 사실을 몰랐습니다.

우리 회사엔 누가 누구의 친척이고 누가 누구의 아들이라는 이야기도 돌지 않습니다. 전혀. 중요한 건 실력이지요."

나쁜 의미로 말씀 드린 것은 아닙니다. 일본의 경우 동족회사의 수익성이 전문 경영인이 지배한 회사보다 높다는 조사 결과도 있습니다. "다른 회사의 사례를 보면, 동족회사를 좋은 이미지로 떠올리기 힘들지요. 기업 통치가 견고하다는 장점도 있지만, (동족경영이) 오랜 기간 이어지면 아무래도 좋은 점보다 나쁜 점이 더 나타나게 마련입니다.

일본 상장 기업과 일류기업 중에도 3대, 4대 이어진 기업은 드뭅니다. 마쓰시타도 (기업을) 상속해서 잘된 것이 아닙니다. 창업자의 의지가 이어지기 때문입니다. 창업자 혈족이 경영권을 잇느냐, 아니냐가 아니라 철학과 이념을 얼마나 확고히 가져가는가가 미래를 결정할 뿐이지요."

깊이를 키우면서 지평(地平)을 넓힌다

일본 언론은 미타라이 시대를 '집중의 시대', 우치다 시대는 '확대의 시대'로 규정하고 있습니다. 동의하십니까? "새 사장이 왔다고 갑자기 전혀 새로운 것을 시작할 수는 없겠지요. 지금까지 우리는 내부 합리화를 진행해왔습니다. 사업은 분야별로 잘 진행해왔지만 각각의 사업 내용을 보면 아직 할 일이 가득하지요. 사업을 나름대로 발전시키면, 상당한 수

준까지 가면 확대가 필요합니다. 물론 '건전한 확대'겠지요."

지금이 확대가 필요한 시기라고 보십니까? "지금까지를 캐논 역사의 전반(前半)이라고 본다면, 전반의 일은 '우리 영역'에서 기초를 완벽하게 다지는 것이었지요. 앞으로 목표는 기업의 영속적인 발전입니다. 캐논은 지금이 건전한 확대가 필요한 시점입니다. 건전한 확대를 통한 영속적인 발전은 기업의 사회적 책임이기도 합니다."

확대의 방향도 말씀하신 '우리 영역'의 연장 선상인 듯합니다. "캐논은 발전 전략으로 '크로스 미디어 이미징(cross media imaging)'이란 개념을 내세우고 있습니다. (그는 그래프를 보여주며 설명하기 시작했다.) 캐논의 기업 이념, 캐논의 비전, 그 이념과 비전을 실현하는 캐논의 사업 내용이지요. 그런데 개발, 생산, 판매 모두 '이미징(화상화, 畵像化)'과 관련이 있습니다. 여기엔 안 나와 있지만 반도체 노광(露光)장치(실리콘 웨이퍼 위에 회로를 그려 넣는 장치로, 캐논이 세계시장의 32%를 차지하고 있다.)도 이미징 장치입니다. 캐논은 창립부터 (이미징의 기본 장치인) 카

메라를 확대하면서 발전한 회사지요. 현재 캐논 영상기기의 기술을 가일층 연계(連繫)하면서 보다 고차원의 제품을 제공해 마음을 풍요하게 하고 생활의 부가가치를 높이는 것. 세계 기업 중에 캐논이 이 목표에 가장 근접하지 않았나 생각합니다.

캐논이 지향하는 확대란, 결국 기존 사업의 '심화(深化)'인 듯합니다. "각 사업이 각 분야에서 '세계 최고'를 향해 매진하는 것이 우리가 지향하는 확대겠지요. 하지만 세상은 달리 변해가니까 지평을 넓혀야 합니다. 그 중 하나가 '의료 이미징' 분야입니다. 더욱 연구 개발을 해야 하는 분야이지요. 의료 이미징이란 수술을 한다든가 하는 것이 아니라 그 앞 단계에서 병을 예방하는 것입니다. (캐논은 X-선 촬영기, 안과 기기처럼 인체를 촬영해 병을 발견하거나 예방하는 제품도 생산 판매하고 있다.) 건강과 안전(安全)이란 영역에 캐논의 새로운 확대 여지가 있지 않나 생각합니다."

왜 내제화(內製化)인가?

**2007년 캐논은 히다찌, 마쓰시타와 함께 액정디스플레이(LCD) 투자를 발표했습니다. 수많은 기

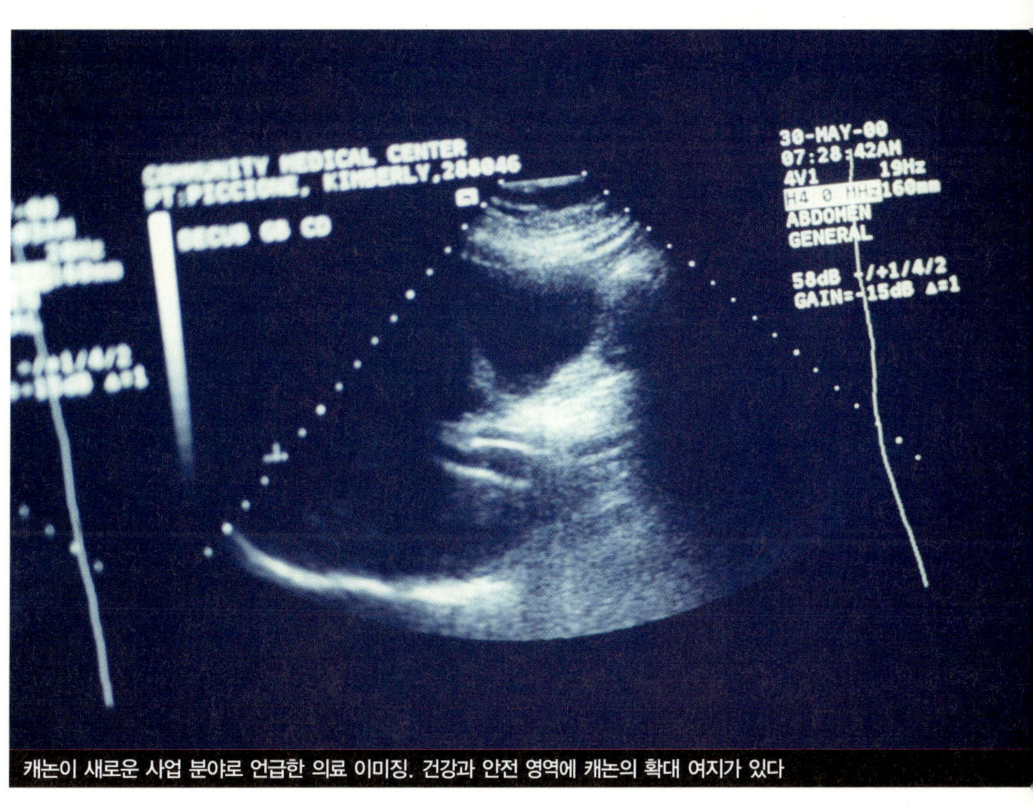

캐논이 새로운 사업 분야로 언급한 의료 이미징. 건강과 안전 영역에 캐논의 확대 여지가 있다

변화를 '순간 포착'한 남자, 우치다 쓰네지 캐논 사장

업이 이미 뛰어든 분야 아닙니까? "진출한 목적이 전혀 다르다고 할까요. 소형 LCD는 캐논의 거의 모든 제품이 사용하고 있습니다. 장기적인 측면에서 제품의 고기능화를 위해선 LCD 기술을 확보하는 것이 중요합니다. 우리는 히다찌의 기술을 높이 평가하고 있습니다. 캐논에게 필요한 최고의 기술이 아닐까 합니다. 우리가 추진하고 있는 '내제화(內製化, 안에서 만든다는 뜻)'의 일환으로 우리가 못 가진 기술을 보유한 다른 회사와 협력을 하는 것입니다."

우치다 사장이 말한 '내제화'는 지금 캐논의 전략을 이해하는 중요한 키워드 중 하나이다. 핵심 기술을 스스로 가져야 한다는 의미로, 캐논의 활발한 일본 국내 투자(카메라 공장 신설과 LCD패널 공동 진출)로 연결되고 있다. 우치다 사장은 현 시점을 "핵심 기술의 시대"라고 정의했다. 그리고 "디지털 제품의 핵심 기술은 일본에서 개발돼 일본 국내에 있기 때문에 해외에 투자해 거점을 만든다는 것은 메리트가 없다"고 단정했다. 기술 수준의 평준화로 투자가 해외로 나가던 1990년대와 달리, 지금은 국가의 배타적 기술력이 기업을 발전시키는 시대란 뜻이다. 1970~80년대 일본에선 이를 '기술 민족주의'라고 표현했다.

내제화는 제조 거점의 국내 U턴과 연결되고 있습니다. "우리가 추구하는 내제화는 첫째 핵심 기술을 확립하는 것, 둘째 내제화를 통해 공장의 자동화를 추진하는 것, 셋째 자동화를 통해 일본 국내의 단순 노동력 부족 문제를 해결하는 것, 넷째 설비를 가일층 합리화하는 목적입니다. 그렇다고 내제화가 곧 '국내 회귀'는 아닙니다. 세계적인 관점에서 타이밍에 따라 해외로 진출해야 하는 때가 있습니다. 하지만 지금은 역시 핵심 기술이 경쟁력의 원천인 시대이지요. 캐논의 모든 제품에 들어가는 부품은 역시 우리의 손이 닿는 곳에서, 우리가 컨트롤할 수 있는 영역에서 만드는 것이 좋지 않나 하고 다시 깨닫게 된 것입니다. 그래서 제조 부문을 (국내에 있는) R&D 부문 가까이에 두는 것입니다."

2008년에 발표한 규슈 지역의 나가사키(長崎) 신공장 건설 계획도 같은 맥락이군요. "그렇습니다. 나가사키를 수요가 늘고 있는 일안(一眼, single-lens reflex) 카메라의 제조 거점으로 만드는 것이 목표입니다."

캐논이 대표적이지만, 일본은 유난히 현장 기술이 강한 듯합니다. "일본인들은 동질성이 강하지요. 기업에 대한 귀속 의식, 새로운 목적을 향해갈 때의 단결력, 나카마(仲間, 동료, 패거리) 의식이 아주 강합니다. 나쁜 측면도 있지만, 이런 의식이 기업 현장에서 모두 평등한 입장에서 이야기를 나누는 문화를 형성했지요. 캐논도 마찬가지입니다. 작은 '마치코바(町工場, 동네 공장)'에서 70년 동안 이런저런 시대를 거쳐왔지만, 기술 노하우의 전승(傳承)만큼은 확실히 했어요. 인사, 교육, 채용 등 여러 제도를 일본의 풍토에 가장 맞는 형태로 확립해 기업 문화를 만들었지요. 캐논의 현장에는 가족주의, 건강제일주의와 같은 인간성에 기초한 기업 풍토가 있습니다. 창업자가 의사라서 직원의 건강을 가장 중요하게 생각했지요. 이런 문화가 환영 받는 것은 일본만이 아닙니다. 캐논 해외 공장도 그 나라에서 똑같이 환영 받고 있지요. 제 경험으로도, 캐논엔 심술이 고약한 사람이 별로 없었습니다.(웃음)"

캐논 현장의 '셀(cell) 방식'(Focus 참조)도 인간 존중의 관점에서 해석할 수 있을 듯합니다. "네, 그렇습니다."

캐논은 가족주의와 실력주의를 양립시킨 회사로 높은 평가를 받습니다. 어떻게 가능했습니까? "지금 일본 기업 가운데 '연두(年頭) 방침(한 해의 경영계획)'을 사장이 모든 사업장을 돌면서 설명하는 기업이 얼마나 될까요? 모든 거점을 도는 데 1개월이 걸립니다. 경영자의 비전과 전략을 커뮤니케이션을 통해 현장의 사원과 공유하는 것이지요. 캐논은 오랜 기간 이런 노력을 해왔습니다. 한 달에 한 번씩 부장급이 본사에 모여 회의를 열고 기업의 현황을 얘기합니다. 그리고 각자 현장에 가서 이날 회의의 이야기를 사원들에게 전하지요. 끊임없이 대화를 하면 이노베이션도, 새로운 기업 문화도 가능하지요."

소니와 마쓰시타, 지금은 경쟁 상대 아니다

디지털 시장에서 소니, 마쓰시타와 같은 전자업체가 경쟁자로 부상하고 있지요. "일안(一眼)은 고객들의 '고다와리(특정한 것에 대한 마니아적 집착을 나타내는 일본어)'가 아주 강한 분야입니다. 특히 렌즈는 역사가 없으면 따라잡기가 힘든 법이지요."

경쟁 상대로 보지 않으시는군요? "마쓰시타가 일안 분야에 진입함으로써 아주 재미있는 싸움이 전개될 듯합니다. 마쓰시타는 원래 카메라에 큰 흥미를 가진 기업이었어요. 스트로보(카메라 플래시)를 만들던 웨스트전기('파나소닉 포토라이팅'으로 사명 변경)도 마쓰시타의 자회사였지요. 세상에서 이곳 한 곳밖에 없을 정도였습니다. 마쓰시타가 정말로 진지하게 싸움을 시작하면 미래엔 강자가 될 수 있을 것입니다."

소니는 어떻게 생각합니까? "원래 미놀타였지요. (소니는 2006년 코니카미놀타가 포기한 카메라 사업을 인수했다.) 미놀타는 캐논, 니콘과 함께 일안 카메라의 3형제로 불렸습니다. 미놀타의 장점과 소니의 기술이 접목되면 미래엔 만만치 않은 존재가 될지 모르지요. 하지만 지금은 아닙니다. (웃음)" **WeeklyBIZ**

캐논이 도입한 '셀' 생산 방식은?

혁신 기업으로서의 캐논의 성가(聲價)를 세계적으로 알린 결정적 계기 중 하나가 바로 '셀(cell, 세포) 생산 방식'의 도입이다.

일반적인 공장은 수십 명의 직원이 천천히 움직이는 벨트 컨베이어를 따라 길게 늘어선 채 자신이 맡은 단순 작업만 반복한다. 부품 준비하는 사람, 나사 죄는 사람, 제품 성능을 검사하는 사람이 모두 따로 있어야 한다. 하지만 셀 방식을 도입한 공장에선 소수의 숙련공이 전체 공정을 처음부터 끝까지 다 수행한다. 다양한 제품을 각기 다른 셀에서 생산할 수 있어 다품종 소량 생산에 적합하고, 외부 환경에 대응해 생산 시스템을 탄력적으로 변경할 수 있다는 장점이 있다.

캐논은 1998년 일본 나가하마 공장을 셀 방식으로 전환한 것을 시작으로 2003년에는 전세계 모든 공장에 셀 방식을 도입해 총 20㎞의 벨트 컨베이어를 철거했다. 그 결과 2000년 65일이던 평균 재고 일수가 2005년 47일로 감소했고, 작업자의 숙련도가 향상되면서 1만 개의 부품으로 구성된 복사기를 혼자서 조립하는 '명장'이 탄생했다.

삼성전자, LG전자 등도 캐논을 벤치마킹해 공장을 셀 방식으로 운영하고 있다. 삼성전자는 헝가리 TV공장에 셀 방식을 도입, 운영 중이다.

캐논 직원들이 셀 방식으로 구성된 생산라인에서 프린터를 조립하고 있다. 셀 방식은 컨베이어 벨트 방식과 달리 소수의 작업자가 팀을 이뤄 완제품을 만들어내는 구조를 갖고 있다

캐논은 일본 도쿄에 본사를 둔 세계적인 광학·전자기기 메이커로 1937년 설립됐다. 광학 카메라 제조회사로 출발했으며, 지금은 디지털 카메라, 잉크젯 및 레이저 프린터, 복사기, 반도체 제조장비, 의료장비 등을 생산한다.

2007년 매출 4조 4813억 엔(약 46조 5000억 원)에 순이익 4883억 엔(약 5조 원)을 기록했다. 2007년까지 8년 연속으로 사상 최대 실적을 경신하고 있다. 주력인 카메라, 복사기, 프린터 부문의 영업이익률은 20%에 육박할 정도로 수익성이 높다. 전세계 직원 숫자는 13만 명.

대다수 일본 기업들이 중국이나 동남아로 생산기지를 이전하는 것과 반대로 캐논은 2000년대 이후 주요 해외 공장을 일본으로 회귀시키는 전략을 통해 우수한 품질을 유지하고 기술 유출을 방지하고 있다.

사시(社是)는 '공생(共生)'. 90년대 구조조정 시기에도 잉여 인력을 해고하지 않고 다른 부서로 전환배치 하면서 종신고용제도를 유지하고 있다. 2006년 미타라이 회장이 일본의 전경련 격인 게이단렌(經團聯) 회장을 맡은 뒤로 우치다 사장이 경영을 총괄하고 있다. 캐논이란 회사 이름은 독실한 불교 신자였던 창업주가 '관음보살(觀音菩薩)'에서 따왔다. '관음(觀音)'의 일본식 발음을 따 '콰논(KWANON)'이라고 지은 것. 하지만 외국인들에게는 발음하기 어려워 상표를 등록할 때는 '캐논(Canon)'으로 신청했다.

칼스턴 비야그

그런포스 그룹(Grundfos group) CEO

Carsten
Bjerg

63년 연속 매출 성장의 비결은 무엇입니까?

"올해만큼만 하자?
절대 사절"

1945년 베어링브로의 한 농가 창고에서 시작한 그런포스는 창업 이래 단 한번도 매출이 감소한 적이 없다. 63년 연속 성장! 게다가 30년 이상 자본시장에 손을 벌린 적 없는 '자립 금융'을 자랑한다. 펌프 제조로 2007년 매출은 약 3조 5000억 원(168억 크로네).

이 신화적 회사의 CEO 칼스턴 비야그를 위클리비즈가 만났다. 그는 1997년 기술담당 임원으로 입사한 뒤 작년 창업자인 고(故) 폴 듀 옌슨과 2세 닐스 옌슨에 이어 3대 CEO이자 첫 전문경영인 출신 수장에 올랐다.

기자가 그의 집무실에서 인터뷰를 시작하기 전 창 밖으로 자전거가 한가로이 지나다니는 북구(北歐)의 오후 풍경이 눈에 들어왔다. 명품 가구로 유명한 빨간색 아르네 야콥슨 의자만 아니었다면, 회의용 탁자와 책상이 전부인 그의 집무실은 한국의 중소기업 사장의 집무실만큼 소박했다.

시종 진지한 표정으로 인터뷰에 응한 그는 그런포스의 성공비결을 "사람이 곧 회사"라는 말로 요약했다.

아르키메데스가 최초의 펌프를 만든 지 2000여 년이 지났고 펌프는 이제 인류 생존의 필수품이 됐다.

그 펌프를 세계에서 제일 많이, 잘 만드는 기업은 아르키메데스의 후예도, 제조업 강국 독일이나 일본의 기업도 아니다. 덴마크의 수도 코펜하겐에서 서쪽으로 330km 떨어진 유틀란드 반도의 소도시 베어링브로(Bjerringbro). 인구 7000명의 목가풍 마을에 있는 그런포스(Grundfos)가 장본인이다.

영국 버킹엄궁, 중국 인민대회당과 베이징 올림픽 주경기장, 러시아 볼쇼이극장, 우리나라의 63빌딩, 도곡동 타워팰리스, 청계천과 서울시청의 분수도 이 회사의 펌프가 돌린다. 칼스턴 비야그, 그런포스 그룹 CEO를 덴마크 본사에서 만났다.

창업 이후 63년 연속 매출 성장을 기록한 비결은 무엇입니까? "결과에 대해 결코 만족하지 않으려 노력한 것이 비결일 것입니다. 우리는 항상 '뭘 더 잘 할 수 있을까'를 자문합니다. 좋은 성과가 나오면 물론 자축합니다. 그러나 우리는 곧 '자, 이제 좀 더 잘할 방법은 없을까' 하고 토의를 시작합니다. '올해만큼만 하자'는 생각은 절대 사절입니다. 10%가 됐든 8%가 됐든 아니면 12%가 됐든 오직 성장만을 목표로 합니다. 또 회사가 성장하려면 직원들에게 더 강한 동기를 부여하고 일하는 것을 더욱 재미있게 만들어야 합니다."

어떻게 직원들을 재미있게 하고 동기를 부여합니까? 금전적 보상인가요? "직원들이 공정한 급여를 받을 수 있도록 한다는 점에선 다른 회사와 별다를 것은 없죠.

그러나 우리는 직원들을 흥분시킬 정도의 도전적인 과제를 제시함으로써 조직에 동기를 부여하려고 노력합니다. 저는 직원들이 단지 돈 몇 푼을 벌어 집으로 돌아가 그것을 쓰는 재미로 회사에 나오는 것을 바라지 않습니다. 그런포스를 다닌다는 게 도전의식을 불러 일으키고 재미있어야 합니다."

북구의 기업들은 매우 보수적인 문화를 가졌다고들 하는데 '펀(fun)'이니 '도전' 같은 이야기를 들으니 흥미롭군요. "덴마크의 기업, 혹은 사회문화는 사회민주주의의 전형이라고 알려져 있습니다. 그런 인상을 가질 수 있다는 점을 이해합니다. 하지만 북구의 사회민주주의를 그 내면까지 제대로 이해하기는 쉽지 않죠. 덴마크 기업에 가보세요. 매우 경쟁적인 분위

기, 회사를 발전시키고자 하는 강한 의지를 볼 수 있습니다. 회사에 대한 높은 충성심, 공동의 목표를 위해 헌신하는 모습도 목격할 것입니다. 이는 사민주의 방식의 긍정적인 측면입니다. 우리는 고용주와 고용자간에 이해관계에 큰 차이가 없고, 서로 싸우느라 시간과 노력을 소모하지 않습니다. 보다 좋은 결과를 위해 공동의 노력을 다합니다. 덴마크 기업들이 보수적이라는 견해에 반드시 동의하지는 않습니다."

직원이 자산? 직원이 곧 회사!

그런포스도 직원을 대량 해고한 적이 있나요? "있습니다. 우리의 문화가 해고를 하는 것을 금지하는 것은 아니니까요. 해고를 해야 할 필요가 있을 때 경영진은 남은 노동자들을 위해 이를 실행할 책임이 있습니다. 다행스럽게도 지난 5년간 그런 불행한 순간을 맞지 않았습니다. 이는 우리가 성장을 강조하는 이유이기도 합니다."

직원들과 어떻게 커뮤니케이션을 합니까? 그리고 좋은 리더를 기르기 위해 어떤 노력을 하시나요? "정말 어려운 일입니다. 직원들과 목표와 가치를 공유하는 것이 CEO의 가장 중요한 일입니다. 우리는 회의를 활용합니다. 지난 주에 열린 세계 지사장 회의가 바로 그런 예입니다. 반년에 한 번씩 열리는 이 회의에서 우리는 계획, 전략, 야망을 공유합니다.

좋은 리더를 기르기 위해 우리는 교육에 우선순위를 둡니다. 2000년에 우리는 스위스 경영대학원인 IMD와 손 잡고 사내 교육기관인 '폴 듀 옌슨 아카데미'를 열었습니다. 전 세계 지사의 직원들을 이곳으로 불러서, 실무 교육은 물론 회사의 가치와 방향, 회사를 이끌어가는 방식을 교육합니다. 이는 미래에 대한 중요한 투자이기도 합니다.

많은 경영자들은 '직원들이 회사의 가장 중요한 자산'이라고 말합니다. 저는 이렇게 말하겠어요. '아뇨, 틀렸어요. 직원들이 바로 회사예요. 자산이 아니라 그들이 바로 회사라고요.' 바로 그렇기 때문에 우리는 직원들에게 투자를 하고, 그들의 지식을 늘리고 서로의 이해 수준을 높이고 그들과 소통하고 우리의 가치를 공유하려고 하는 것입니다. 모든 직원들이 우리가 가야 할 바를 확신해야 합니다."

그런포스는 54개국에 지사가 있다. 그런데 창업자인 폴 듀 옌슨(Poul Due Jensen)의 손자가 지사장으로 있는 싱가포르를 제외하고는 모

직원들은 회사의 가장 중요한 자산이 아니다. 직원은 회사 그 자체다

두 현지인이다. 한국도 이강호 사장이 19년째 대표이사를 맡고 있다. 1992년 충북 음성공장 준공식 때 2대 회장인 닐스 옌슨(Niels Jensen)은 한국식 고사에 동참, 돼지머리 고사상에 술잔과 현금을 올렸다.

지사장이 모두 현지인인데, 그런포스 고유의 기업 문화와 전략, 철학을 이해시키거나 서로를 이해하는 데 어려움은 없습니까? "글로벌 기업의 CEO들은 한편으로는 같은 가치를 공유하는 회사를 만들어야 하고 다른 한편으로는 그 나라 고유의 문화와 차이를 존중해야 하는 숙제를 안고 있습니다. 이 둘을 어떻게 조화시키느냐가 관건이죠. 이 일은 영원한 답이 없습니다. 우리는 현지인에게 과감하게 맡깁니다. 한국지사는 한국인이, 중국지사는 중국인이 경영하도록 합니다. 그래야 지역 고유의 문화와 차이를 존중할 수 있습니다. 대신 국경을 초월한 토론와 회의를 통해 우리의 가치를 공유합니다. 우리는 고객의 요구를 해결하는 일개 기업이라는 사실을 잊지 않습니다. 고객의 요구는 현지의 고유한 문화에 영향을 많이 받기 마련이고, 바로 그래서 현지 문화를 존중해야만 합니다."

펌프 한 우물만 판 '펌프 제왕'

그런포스의 창업자인 폴 듀 옌슨(1977년 작고)은 원래 배관 기술자였다. 1945년 한 농부의 부탁을 받고 펌프를 만든 것을 계기로 그런포스를 창업했다. 그런포스는 영어의 'Ground flow'에 해당하는 덴마크 말.

그런포스는 펌프 한 우물만 파서 세계 1위에 올랐다. 급수나 냉난방에 사용되는 펌프에서부터 첨단 산업용 제품까지 400여 가지 제품을 만든다. 연간 생산량은 1600만 대.

영국 버킹엄궁, 중국 인민대회당과 베이징 올림픽 주경기장, 러시아 볼쇼이극장, 2006년 독일 월드컵 주경기장, 2004년 아테네 올림픽 주경기장에서 이 회사의 펌프가 작동하고 있다. 한국에서는 63빌딩, 도곡동 타워팰리스, 삼성동 아이파크, 강남의 파이낸스센터(옛 스타타워) 등 최근 10년 동안 건설된 30층 이상 빌딩 90%가 그런포스 펌프를 쓰고 있다. 청계천과 서울시청의 분수도 그런포스 펌프가 돌린다.

미국 주택시장의 거품이 꺼지면서 건설수요가 줄어들 것으로 보입니다. 향후 펌프시장을 어떻게 전망하십니까? "단기적으로는 건설산업이 위축되겠죠. 하지만 그런 상태가 향후 20년간 계속 되지는 않을 겁니다. 세계 경제는 엄청나게 성장할 것이고, 지구 환경을 보호하면서 이뤄지는 '지속 가능한 성장'과 관련한 수요가 높아질 것입니다. 그 과정에서 그런포스는 성장의 기회를 찾을 것입니다. 우리는 지금 세계 1위의 펌프 메이커이지만, 세계시장 점유율은 고작 8%에 불과합니다. 아직 할 일이 많습니다."

CEO로서 어떻게 혼자만의 시간을 확보하고 그때 어떤 일을 하십니까? "일만 해서는 좋은 결과를 낼 수 없다는 것은 분명합니다. 미래에 대해 생각할 시간을 확보하는 것은 매우 중요합니다. 똑같은 일만 생각해서는 좋은 일을 할 수 없죠. 제가 늘 그런포스만 생각하고 있다면 저는 제대로 일을 하지 않고 있는 것입니다. 리더는 오래 일한다는 것을 자랑해서는 안 됩니다. 그건 결코 자랑할 만한 일이 아닙니다. 저는 가족과 함께 시간을 보내고 집안 일에 우선 순위를 둡니다. 틈만 나면 운동도 하고요. 본사에는 약 5000명이 일하고 있는데 매주 700명 정도가 체육관을 찾습니다. 저 역시 오늘 오후 체육관에 갈 것입니다. 거기서 다양한 직위의 사람들을 만날 것입니다. 옷을 갈아입고 체육관에 가면 당신이 CEO든 전화 교환원이든, 혹은 영업사원이든 모두 똑같은 모습이 됩니다. 전 그런 식의 만남을 즐깁니다."

덴마크 경제의 경제력 : 교육과 노동시장의 유연성

한국에 대한 조언을 부탁드립니다. "덴마크와 비교해 여러 방면에서 더 뛰어난 성취를 이룬 한국에 대해 뭔가를 조언한다는 것은 매우 어려운 일입니다. 대신 '덴마크 모델(Danish Model)'에 대해 말씀드리는 것으로 충고를 갈음할까 합니다.

덴마크의 인구는 550만 명, 면적은 다른 나라에 비하면 아주 작은 편입니다. (고작 한국의 경상도 크기다.) 그러나 1인당 GDP가 4만 6000달러(한국의 2배를 훨씬 넘는다.), 레고, 칼스버그, 머

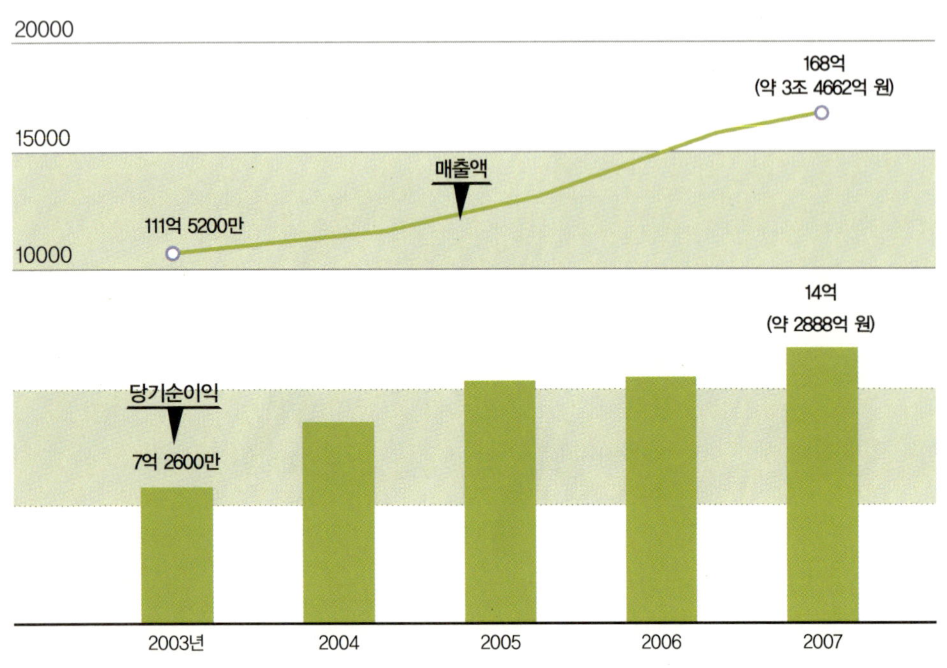

스크(세계 최대 해운사), 뱅앤올룹슨, 노보 노르디스크(제약사) 등 세계적 기업들이 모두 덴마크 기업입니다.

제가 꼽는 비결은 두 가지입니다. '교육'과 '노동시장의 유연성'입니다. 덴마크 사회는 개인을 존중하고, 그 개인들이 각자 사회에 공헌할 최선의 길을 찾는 과정을 존중하는 전통이 있습니다. 그런 전통은 경쟁력을 높이는 일, 그와 관련된 학습을 사회의 최우선 과제로 만들었습니다. 교육 훈련에 대한 지대한 관심, CEO에서 단순 작업을 하는 노동자까지 각자의 역할에 대한 존중과 평가가 덴마크 모델의 핵심 요소입니다.

또 노동시장의 효율성도 빠뜨릴 수 없습니다. 덴마크 시스템을 이해하지 못하는 사람들은 흔히 고용과 해고가 수시로 일어나는 살벌한 현실을 지적합니다. 그러나 실제로는 이는 매우 유연하고 역동적인 시스템이어서 덴마크 사람 그 누구도, 예컨대 노조도 바꾸려 하지 않습니다. 노동자가 너무 많다는 것을 알고도 해고할 수 없는 시스템이라면 어떤 고용주라도 노동자를 고용할 때 주저할 것입니다."

이 말을 제대로 이해하려면 '플렉시큐리티(flexicurity, flexible과 security의 합성어)'로 불리는 덴마크 노동시장의 특성을 알아야 한다. 덴마크 기업들은 어제 고용한 노동자를 내일 해고할 수도 있다.

하지만 이 같은 유연성은 충분한 실업 급여, 단기간에 일자리를 제공하는 강력한 사회 안전망에 의해 뒷받침된다. 유연성과 안정성의 조합 덕분에, 1년간 전체 덴마크 노동자 중 5분의 1이 일자리를 잃지만 즉시 새 직업을 구한다.

영국의 〈이코노미스트〉는 덴마크의 플렉시큐리티를 "다른 나라들이 가장 수입하고 싶지만 도저히 베낄 수 없는 시스템"이라고 말한다. 플렉시큐리티는 장장 100년에 걸친 덴마크 노사간 대타협의 산물이기 때문이다. WeeklyBIZ

그런포스에게 목표는 오직 '성장'이다. 그러기 위해서는 직원들에게 더 강한 동기를 부여하고 일하는 것을 더 재미있게 만들어야 한다

이나모리 가즈오

교세라그룹(Kyocera group) 명예회장

稲盛和夫

리더십의 핵심은 무엇입니까?

"모두가 잘 돼야 한다는 자비심"

이나모리 가즈오 교세라그룹 명예회장. 일본의 이 원로 경영인이 마침내 인터뷰를 승낙했을 때 기자는 마음이 들떴다. 마쓰시타 고노스케, 혼다 소이치로와 함께 일본에서 가장 존경받는 3대 기업가로 꼽히며, '살아 있는 경영의 신(神)'으로까지 불리는 사람이 바로 그다.

그는 27세때 맨손으로 사업에 뛰어들어 세계적인 전자부품회사인 교세라와 일본의 SK텔레콤 격인 민간 이동통신업체 KDDI 두 대기업을 창업했다. 두 그룹을 합치면 종업원 7만 6000여 명에 매출이 4조 4000억 엔(약 58조 원)을 넘는다.

그는 일에 관한 한 양보가 없었던 집념의 경영인이다. 그는 기술 개발을 위해 20년간 새벽 서너 시경에야 사무실을 떠나 '미스터 a.m.(오전)'이란 별명이 붙었다. '아메바 경영'으로 대표되는 이나모리식 조직 관리는 관리에 강하다는 토요타나 삼성이 벤치마킹할 정도로 지독하고 무시무시하기까지 하다. 아메바 경영이란 회사 전체를 20명 이하의 소규모 조직으로 쪼개 독립 채산제로 운영하는 것이다. 그리고 매일 결산을 해서 다음날에는 모두 공개된다. 실적이 떨어진 부문은 문을 닫아야 한다.

그의 사상의 토대는 불교에 있다. 그는 1997년 경영 일선에서 물러난 뒤 머리를 깎고 불가(佛家)에 입문해 세계 경영계에 큰 화제가 되기도 했다. 그는 다이와(大和)라는 법명을 받고 탁발 수행까지 했지만, 이듬해 "개인의 철학 추구는 잠시 늦추고 국가의 일에 비중을 두고 싶다"면서 속계로 되돌아왔다.

특히 지금 이 시점에서 그를 만나는 의미가 남다르다. 글로벌 금융위기로 자본주의 윤리 자체가 도마 위에 오른 요즘, "땀 흘려 번 돈만이 진짜 이익"이며 "일은 생활의 수단이 아니라 영혼을 닦기 위한 수양의 장"이라는 그의 동양적 경영 철학에 무게가 실리고 있다.

그는 이윤 추구와 주주 중심주의, 성과주의를 바탕으로 한 서구식 자본주의의 대척점에 서 있는 인물이다. 그는 기업은 단순히 돈을 버는 이상의 '레종 데트르(불어로 존재 이유란 뜻으로 그가 즐겨 쓰는 표현이다)'를 가져야 한다고 주장한다.

그는 "경영의 베이스엔 거래처, 직원, 고객 모두를 사랑해 모두가 잘 돼야 한다는 자비(慈悲)의 마음이 깔려 있어야 한다"고 했다.

경영 모임 '세이와주쿠'에서 후배 기업인들에게 가르치는 것은 무엇입니까? "경영자 중에서 경영이 무엇인지 잘 모르는 사람이 많습니다. 예를 들어 경영이란 것은 아무리 작은 식당을 하고, 야채를 팔아도 모두 부기(簿記)나 회계가 필요합니다. 그런데 부기나 회계를 모르는 사람이 태반이에요. 얼핏 보면 이익이 나는 것처럼 보여도 알고 보니까 번 돈이 바로 원재료비로 둔갑하기도 하고 설비투자로 들어가기도 합니다. 그래서 아무리 열심히 일해도 수익이 안 남는다, 자금이 모자란다, 이렇게 돼버리기 쉽습니다. 따라서 우선 부기, 회계부터 배우고, 혼자서 안 된다면 회계사에게 맡겨서라도 확실히 하는 것이 첫 번째입니다."

<u>**두 번째는 무엇입니까?**</u> "경영자는 어떻게든 이익을 내려 하고, 또 반드시 이익을 내야 하지만, 이익을 추구하는 데도 길이 있다는 것을 일러줍니다. 나 혼자 많이 벌면 좋겠다는 자기애(自己愛)만으로 돈을 벌면, 오래가지 못합니다. 거래처와 직원을 포함해 모든 사람을 행복하게 해준다는, 더 큰 사랑이 필요합니다. 그래야 오래갑니다. 또한 경영자는 철학이 있어야 합니다. 돈으로 사람을 움직이기보다는 마음 깊은 곳에서 불타오르는 동기를 부여해야 하는데, 그것을 위해서는 정말 인격밖에 없습니다."

이나모리 명예회장은 질문을 하면 눈을 꾹 감고 듣곤 했다. 처음엔 노령에 피곤해서 그런 줄 알았는데, 그게 아니었다. 한국에서 온 외국인 기자가 하는 질문 내용을 빠뜨리지 않고 듣고, 답을 생각하기 위해 그런 것이었다.

직원, 거래처, 고객 모두가
잘 되길 바라라

약육강식과 정글의 법칙이 통용되는 혹독한 환경 속에서 당장 살아남아야 하는데, 모든 사람을 행복하게 해준다는 것은 너무 한가한 말 같기도 합니다. "결코 느긋한 이야기를 하는 것이 아닙니다. 자본주의에서 기업을 경영하려면 경쟁이 아주 치열하고, 매우 어려운 환경에 처하기 마련입니다. 특히 요즘 같은 때 경영은 매우 힘든 일이니까 자신의 회사 경영을 잘하기 위해서는 누구에게도 지지 않을 정도로 필사적으로 일하지 않으면 안 됩니다. 지금의 일을 곁눈질 않고, 자는 동안에도, 죽을 정도로 일하지 않으면 안 됩니다. 저는 그 길밖에는 없다고 생각합니다.

하지만 이와 동시에 불교에서 가르치는 자비(慈悲)라고 하는, 남에 대한 배려가 바탕에 있어야 한다는 것입니다. (그는 1시간 30분간의 인터뷰 동안 '자비'라는 말을 다섯 번도 넘게 썼다.) 자신의 일을 사랑함과 동시에 거래처, 직원, 고객 모두를 사랑해 모두가 잘 돼야 한다는 그런 기분을 베이스로 열심히 일해야 합니다.

흔히 자본주의를 약육강식이라고들 하지만, 사실은 그게 아니라 적자생존이 더 올바른 표현이 아닌가 싶습니다. 자연을 보더라도 사실 약육강식이란 것은 의외로 흔하지 않습니다. 다만 환경에 맞는 것만 살아남고, 그렇지 못하면 멸망하는 것입니다. 그래서 길가의 한 포기 풀과 한 그루 나무까지도 살아남으려고 안간힘을 씁니다. 가뭄이 와도 비가 올 때까지 견뎌 보자면서 필사적으로 노력합니다. 그렇게 노력하지 않으면 바로 말라붙어서 시들어 버립니다. 인간처럼 '좀 더 편히 살자', '좀 더 호강을 누리자' 이래서는 살아남을 수 없는 것입니다.

다시 말해 적자생존이란 의미에서 열심히 일하는 것만이 유일한 길인데, 다만 일할 때의 마음은 자비와 배려가 바탕에 있어야 한다는 것입니다. 이것이야말로 제가 불교에서 배운 훌륭한 교훈이라고 생각합니다."

그는 '이타(利他)'의 경영 이념을 정립했지만, 그가 창업할 때부터 그런 생각을 갖고 있었던 것은 아니다. 그가 이런 생각을 갖게 된 결정적인 계기가 있었다. 그가 1959년 교세라의 전신인 교토세라믹을 설립하고 3년이 지난 어느 날이었다. 고졸사원 11명이 혈서를 들고 그에게 찾아와 임금 인상과 장래 보장을 요구했다. 그는 요구를 그대로 받아들일 수 없었다. 이제 막 걸음마를 시작한 마당에 지키지도 못할 약속을 할 수 없었기 때문이다. 그는 직원들을 집으로 데려가 "나를 믿고 따라와 달라. 자네들을 배반한다면 그때는 나를 죽여도 좋다"고 사흘 밤낮으로 설득했다. 그래서 그 문제는 해결했지만, 그는 그때 큰 짐을 짊어진 것 같았다. 회사를 차렸다는 이유만으로

직원들의 생활을 책임져야만 했기 때문이다. 제 가족도 제대로 돌보지 못하는 처지였는데 말이다.

그는 회사란 직원과 사회에 무거운 책임을 져야 하는 것임을 깨달았다. 그는 몇 주간의 고민 끝에 '회사는 내 기술을 세상에 알리는 무대'라는 생각을 미련 없이 버리고 '전 직원의 행복을 추구하고, 인류 사회의 발전에 공헌한다'는 경영 이념을 정했다.

미국발 금융 위기로 미국식 경영에 대한 비판이 확산되고 있습니다. 미국식 경영의 문제가 무엇이었다고 생각하십니까? "원래는 미국도 부지런히 무언가 물건을 만드는 데 힘을 쏟았던 걸로 알고 있습니다만, 지난 10년 동안엔 금융에 특화해 머리를 쓰고 돈을 굴려서 큰 이익을 얻고자 했습니다.

극단적으로 말하면 노력을 하지 않고 큰 이익을 얻으려 했습니다. 금융공학을 통해 금융 신상품, 파생상품을 만들었고, 이것을 넓게 운용하고 레버리지를 이용해 원금의 몇십 배에 이르는 막대한 이익을 올리려 했습니다.

그렇게 해서 한번 돈을 버니 점점 더 돈을 벌려고 하고, 욕망은 더욱 커져 갔지요. 힘을 들이지 않고 큰 이익을 얻으려는 것은 사람으로서는 당연한 일일지도 모르지만, 그것이 극단적으로 발전돼 세계적인 문제가 되고 만 것입니다."

자본주의의 실패라는 의견도 있습니다만… "물론 그렇게도 말할 수 있겠죠. 자본주의라는 것은 인간의 욕망을 원동력으로 발전했습니다. 우리가 쌓아 올린 근대문명도 그렇고요. 좀 더 풍요로워지고 부자가 되고 싶다는 인간의 욕망이 새로운 기술과 새로운 물건을 만들어 근대 물질문명을 이뤘습니다. 자본주의의 좋은 점이라고 할 수 있겠죠.

그런데 그것이 너무 지나쳐 계속 더 편리한 것을 추구했던 인류의 '업(業)'이 이번 위기를 낳은 것입니다. 그런 의미에선 자본주의 그 자체가 문제였다고 할 수 있을 것입니다. 하지만 지금 와서 자본주의 그 자체를 부정한다고 해서, 현실적으로 공산주의로 바꿀 수도 없고, 다른 시스템을 생각할 수도 없습니다.

결국 자본주의를 해나가되 그 과정에서 인간의 자세, 마음, 이것을 어떻게 바꿔나갈 것인가가 중요합니다. 거기에도 분명히 절도(節度)란 것이 있을 것입니다.

자본주의의 지나친 면에 대해서는 법률이나 규칙을 바꾸는 것도 각국 정부가 생각하고 있는 것으로 압니다. 이것도 어느 정도 효과는 있겠죠. 하지만 가장 중요한 것은 인간의 마음입니다. 인간이 많은 돈을 벌려고 하는 욕망이 있는 한, 아무리 규칙이 있어도 부족합니다. 같은 일이 끊임없이 반복될 수 있습니다. 사자도 배가 부르면 더 이상 먹이를 사냥하지 않습니다. CEO를 비롯해 모든 인간은 이와 같이 자연의 절도를 본받아야 합니다."

'자기애' 강한 리더가 이끄는 조직은 불행한 조직

대기업 CEO나 임원의 거액 연봉에 대한 비판이 확산되고 있습니다. 하지만 그들의 높은 연봉은 그들의 능력에 대한 시장의 평가라는 의견도 있습니다. "확실히 회사가 큰 이익을 냈다면 리더인 CEO와 일부 고위 임원들의 역할이 컸

회사가 큰 이익을 냈다고 CEO들이 엄청난 연봉을 받는 건 폭력적인 독재자, 전제군주나 할 일이다

을 것이므로 그만한 돈을 받을 가치가 있다고 생각할 수 있을 것입니다.

특히 금융계에선 극히 소수의 사람이 머리를 써서 거액의 돈을 운용함으로써 거액의 이익을 버니까요. 예를 들어 불과 100명이 수 조 엔을 굴려 수천억 엔을 법니다. 그래서 1000억 엔을 벌었다면 그 1할인 100억 엔을 받아도 이상한 일은 아니지 않은가 생각할 수 있을 것입니다. 그래도 900억 엔이 남으니까요. 제조업체에도 그런 생각이 확산됐습니다. 교

교세라와 KDDI라는,
일본을 대표하는
두 대기업을 창업한
이나모리 가즈오 명예회장

세라는 연간 수천억 엔 정도를 벌지만, 전 세계 6만 명의 직원이 벌어들인 것이죠. 그러나 그런 이익이 나면 '가장 높은 자리에 있는 내가 1할 정도는 떼도 되지 않나' 생각해서 제조업체에서도 거액의 돈, 즉 일반 직원의 수십에서 수백 배의 월급을 받는 것이 당연한 것처럼 되어버렸어요.

그러나 과거 봉건주의나 전제주의 시대의 독재국가라면 몰라도 민주주의라면서 이런 일이 생기는 것은 정말 이상한 일이라고 생각합니다. 과거엔 왕이 나라를 다스리고, 나라를 자신의 것으로 생각했으니 그런 일이 있을 수 있었겠죠. 하지만, 민주주의가 되어 모두가 평등하고, 모두를 위해서라고 말하면서도 사고방식은 과거 봉건주의 시대처럼 폭력적인 독재자, 전제군주가 하던 짓과 거의 같은 일들을 지금 다시 시작했어요.

이처럼 자본주의, 자유시장경제가 사회에 거대한 격차를 만들어 낸 것은 사회의 변화를 수렴하는 의미가 있다 하더라도 매우 이상한 일이라고 생각합니다. 인간과 CEO의 끝없는 욕망이 확산돼 지금 이런 문제를 일으킨 것입니다.

석가모니의 말에 '만족을 안다'는 게 있는데, 이런 겸손한 마음, 그리고 절도(節度)를 아는 마음이 지금 리더들에게 요구됩니다. 위에 선 사람, 즉 리더라는 것은 자기 희생을 보이지 않으면 안 됩니다. 자기애(自己愛)가 강한 사람이 리더가 돼서는 안 됩니다. 자기애가 강한 사람이 리더가 된 조직은 불행한 조직이라고 할 수밖에 없습니다."

직원들에 대한 성과급에 대해서도 반대하시는 것으로 알고 있습니다. 그 이유는 무엇입니까?
"물론 실적이 좋은 직원에게 상여금을 많이 주면 인센티브가 되겠죠. 그러나 문제는 항상 실적이 좋을 수만은 없다는 것입니다. 실적이 좋아 월급이 오를 때는 좋지만, 노력을 했는데도 실적이 떨어지면 어떻게 하나요?

월급이 올라 그에 맞게 생활해 왔는데, 실적이 나빠 갑자기 월급을 반으로 줄인다면 사람으로서 견디기 힘들 것입니다. 늦은 밤까지 열심히 일했는데도 경기가 나쁘다거나 시장이 좋지 않아 실적을 올릴 수 없다면 속상하겠죠.

그리고 성과급 때문에 직원들 사이에 격차가 생기면 팀워크에도 문제가 생길 수 있습니다. 인간은 감정의 동물입니다. 감정을 도외시한 성과주의는 좋지 않습니다.

다만 열심히 노력한 사람은 표창해서 명예를 줍니다. 또 개인의 월급을 갑자기 크게 올려 주지는 못해도 전체적으로 회사의 실적이 좋아지면 자신의 상여금도 올라갑니다. 다시 말해 성과주의가 개인에게 귀속되는 것이 아니고 모두가 열심히 해서 모두에게 귀속되는 것입니다. 자비의 마음이 바탕에 있지 않으면 이해하기 어렵겠지만…."

열심히 일한 사람에게 표창하는 정도로 보상이 될까요? 그것으론 부족하다고 생각해 돈을 많이 주는 다른 회사로 옮겨가지 않을까요? "물론 그런 사람도 있을 수 있겠죠. 다행히 우리 회사엔 그런 사람이 적습니다. 또한 저희도 회사에 이바지한 사람에게는 승진을 시켜준다든지, 조금이라도 다른 사람보다 후한 대우를 하고 있습니다.

무엇보다 중요한 것은 자비의 마음입니다. 자기애가 아닙니다. 주위의 사람과 성과를 나누는 기쁨, 이것이야말로 질(質)이 다른 기쁨이고, 아름다운 기쁨입니다."

노사관계의 해법, 자비와 이해

경기 불황의 영향으로 전 세계적으로 구조조정의 바람이 일었습니다. 어려운 기업 환경 속에서 감원 없이 살아남을 수 있는 방법은 없을까요?
"불경기가 되면 매출이 줄고 적자가 되기 마련입니다. 매출은 줄어드는데도 고정비는 그대로이면 적자를 보게 되죠. 그리고 고정비 중에서 가장 큰 비중을 차지하는 것이 인건비입니다. 그래서 일반적으로 경기가 나빠지면 기업에선 구조조정에 나서기 마련입니다.

그러나 저는 직원도 행복하게 한다는 것이 기업의 목적이므로 어려울 때도 고용을 유지해

왔습니다. 교세라는 이를 위해 불황이 오래 이어지더라도 고용을 유지할 수 있게 늘 대비를 해왔습니다. 형편이 좋을 때 호강하고 돈을 다 써버리지는 않고 내부 유보를 하고 있는 것입니다.

지금 자본주의 사회에서는 이런 일이 환영받지 못하고 있습니다. 기업은 주주의 것이니 돈을 벌면 바로 주주에게 배당을 줘야 한다는 것이죠. 하지만 기업은 주주의 것만이 아닙니다. 한번 입사한 사람이 회사를 신뢰하면서 안심하고 일할 수 있는 자리를 마련해 줘야 합니다.”

말씀하신 것처럼 기업은 주주의 것만은 아니고 직원이나 거래처, 소비자 등 폭넓은 이해관계자를 위해 존재한다는 생각이 확산되고 있습니다. 이렇게 기업이 너무 많은 것을 생각해야 한다는 것은 부담스럽지 않을까요? “주주만 잘해주는 것에서 벗어나 보다 넓게 모든 사람을 행복하게 하는 것인데, 결코 어렵지 않습니다. 결국은 기업이 번 이익을 어떻게 배분하느냐의 문제입니다. 이익을 주주뿐만 아니라 여러 사람에게 나누면 되는 것입니다.”

한국에서는 일본의 1960년대처럼 극심한 노사 분규가 종종 발생하고 있습니다. 어떻게 해야 노사 화합이 가능할까요? “자본주의하의 경영은 개인주의적 사고로 흐르기 쉽습니다. 가능하면 직원을 싸게 부리면서 돈을 많이 벌어 경영자가 많은 이익을 차지하려는 것이죠. 일본도 그랬습니다.

그래서 공산주의가 말하는 것처럼 ‘착취당하고 있다’는 사상이 생겨났죠. 저는 그렇기 때문에 더욱 기업이 경영자만 아니라 직원의 이익을 감안해야 한다고 말하는 것입니다.

경영자가 자비의 마음을 가지는 게 중요합니다. 이게 바탕에 있어야 경영자가 노조의 이해를 받아 노사 관계가 호전될 수 있는 것입니다. 한편 노조 사람들도 투쟁할 때 이런 것을 생각해 봐야 합니다. 즉 닭이 달걀을 많이 낳아야 하는데, 닭을 때리고만 있는 것이 아닌가 말입니다. ‘노사가 같이 닭을 키우자, 그

래서 훌륭한 달걀을 많이 낳게 하자’ 이런 생각을 가져야 합니다.”

많은 중소기업인들이 늘 이야기하는 공통적인 고민은 훌륭한 인재를 확보하기 어렵다는 것입니다. 좋은 방법이 없을까요? “중소기업에 인재가 오지 않는 가장 큰 이유는 중소기업 사장 본인 자신이 우수한 인재가 아니기 때문입니다. 자신보다 우수한 인재는 오려고 하지 않을 것입니다.

결국 중소기업 시절에는 역시 중소기업에 맞는 인재밖에 모을 수 없는 법입니다. 그런데 우수한 인재를 모으지 않으면 회사가 잘 되지 않느냐 하면 그건 아닙니다. 중소기업에 맞는 인재라도 사장이 그들과 하나가 되어 같이 공부하면서 그들을 우수한 인재로 바꿔 나가지 않으면 안 됩니다. 중소기업을 대기업으로 발전시킨 경영자들이 모두 우수한 인재들이 있어서 대기업이 되었나 하면 그건 아닙니다.”

사람에는 세 가지 종류가 있다고 하셨습니다. 즉 스스로 잘 타는 자연성(自燃性), 불에 가까이 대면 타는 가연성(可燃性), 그리고 불에 가까이 대도 타지 않는 불연성(不燃性)이 그것입니다. 어떻게 하면 가연성이나 불연성인 직원을 자연성으로 바꿀 수 있을까요? “저는 불연성인 사람은 상대로 하지 않습니다. 적어도 정열을 갖고

말하면 동조해 주는 가연성의 사람 이상은 돼야 합니다.

예를 들어 내가 회사를 경영해 이런 훌륭한 회사로 만들고 싶고, 직원도 행복하게 해주고 싶다는 목표와 계획을 열정을 갖고 직원에게 이야기하면 ‘아 사장님이 그런 생각이라면 나도…’ 하는 생각이 드는 사람이 돼야 합니다. 그렇게 이야기해도 ‘사장님이 말해도 그렇게 잘 되지는 않을 거야’ 하는, 차갑고 정열이 없는 사람은 포기해도 그만이라고 생각합니다. 물론 내가 그런 말을 하지 않아도 스스로 불타고, 스스로 계획을 세워 개척해 나가는 자연성이 가장 좋겠습니다만….

결국 스스로 하려는 의욕이 나고 강한 의지를 갖게끔, 직원을 교육하는 것이 가장 중요합니다.”

기업에 자연성(自燃性) 직원은 얼마나 될까요? 예를 들어 10% 정도라든지…. (모두 웃음) “글쎄요. 10% 정도만 돼도 아주 잘된 경우가 아닐까 하는데요.”

훌륭한 직원으로 키우고 싶다면 엄하게 가르치라고 하셨습니다. 그 이유는? “불교에 대선(大善)과 소선(小善)이란 말이 있습니다. 대선(大善), 즉 큰 선(善)은 비정(非情)에 가깝지만, 소선(小善), 즉 작은 선(善)은 대악(大惡)을 낳습니다. 회사에서 직원들에게 ‘오냐 오냐’만 하면 불황기처럼 어려움이 닥칠 때 이겨내지 못하

이나모리 가즈오 명예회장이 자신의 경영 철학을 전수하기 위해 만든 경영 모임 ‘세이와주쿠’에서 기업인들에게 조언을 해주고 있다

는 사람이 되고 맙니다. 어떻게 설명하면 좋을까…. (잠시 고민하더니) 예를 들어 자식이 너무 귀여워서 고생시키지 않고 '오냐 오냐'만 하면 아이는 잘못된 사람이 될 수 있습니다. 필요할 때 엄하게 꾸지람을 하지 않으면 인내력도 없고 노력할 줄도 모르는 사람이 되고 맙니다. 이것이야말로 작은 선이 큰 악을 만든 것이죠.

그러나 자식을 키우는 다른 방법도 있습니다. 즉 잘못된 것은 잘못됐다고 엄하게 꾸짖고 반드시 고치게 하는 것입니다. 이것은 비정(非情)하고 차갑게 보일 정도지만, 자식을 훌륭한 사람으로 만드는 큰 선을 위해서는 꼭 필요한 것입니다. 내가 항상 직원을 소중히 한다는 것은 응석을 다 받아주겠다는 의미는 아닙니다."

1970년대에 태양광 발전 사업에 일찌감치 진출해 계속 적자를 보다가 최근에야 흑자를 보기 시작한 것으로 알고 있습니다. 어려움 속에서도

사업을 포기하지 않고 지속한 이유는 무엇입니까? "1970년대 오일쇼크 때 저는 에너지 문제가 장차 인류에게 커다란 문제가 될 것이라 생각했습니다. 석유나 석탄 이런 화석연료가 언젠가 없어질 것이라고 생각했죠. 따라서 고갈되지 않고 재생 가능한 새로운 에너지를 개발하지 않으면 위험하다는 생각이 세상에 확산됐고, 저도 그 중 한 사람이었습니다. 그때부터 세계적으로 몇 개 회사가 이런 에너지를 개발하기 시작했어요. 그 뒤 고생을 했는데, 그러면서도 앞날에 꼭 필요할 것이란 확신이 있었어요."

그래도 어려움이 닥치면 포기하기 쉬운데, 그런 확신은 어디서 나옵니까? 30년이란 먼 미래의 일이 보이십니까? "으음…. 한 번도 생각해 본 적이 없었던 질문인데. (그는 한참 눈을 감고 고민하더니 다시 입을 열었다.) 하늘의 계시라고밖에 설명할 길이 없네요. 30년 전 하늘에서 떨어진 계시가 있었다고 생각합니다. 계속 필사

적으로 생각하다 보면 열립니다. 제게는 종종 그런 계시가 있었던 것 같습니다."

다소 엉뚱하게 느껴질 수 있는 답변인데, 그 의미를 알기 위해서는 약간의 배경 지식이 필요하다. 기술자 출신인 이나모리 명예회장은 오랫동안 연구 개발에 몰두하는 과정에서 이 우주 어딘가에 '지혜의 창고'와 같은 장소가 있다는 것을 믿게 됐다. 무언가를 절실히 바라고 미치광이처럼 몰두하다 보면 그 지혜의 창고로부터 섬광처럼 창조적인 아이디어가 찾아오곤 했다는 것이다. 그는 교토상을 제정해 세계적인 연구자들에게 시상하고 있는데, 그들 역시 그런 경험을 공통적으로 했다는 것을 알게 됐다.

많은 기업이 새로운 성장 동력을 찾는 데 부심하고 있습니다. 그런데, 사업 다각화에는 관련 사업에 진출하는 것과, 전혀 다른 사업에 진출하는 두 가지 방법이 있습니다. 교세라의 경우 재

결정 보석이나 의료용 세라믹재료, 절삭공구, 태양열 전지는 전자(前者)의 예가 되겠습니다만, KDDI의 경우는 후자(後者)에 해당합니다. 사업 다각화에 대한 철학을 말씀해 주십시오. "우선 자신이 지금 속해 있는 분야에서 창의력을 키워야 합니다. 저는 매일 똑같은 일을 하더라도 더 좋은 방법이 없을까 늘 고민하라고 이야기합니다. 하루에 하나씩만 더 낫게, 더 잘하게 노력하면 1년만 지나면 큰 변화를 이룰 수 있습니다. 획기적인 신제품을 낼 수도 있습니다. 자신의 전문 분야 외에 손을 대는 것은 어느 정도 힘이 붙기 전에는 자제해야 한다고 생각합니다. 그러나 상당한 힘이 축적된다면 다른 분야에 진출해도 무방하겠죠. 새로운 일에 도전할 때는 안심하고 돌아갈 수 있는 성(城)부터 쌓아야 합니다."

그는 '씨 없는 수박'으로 유명한 우장춘 박사의 넷째 딸과 결혼한 일로도 유명하다. 부인을 어떻게 만나게 됐는지 물어봤다.

"대학을 졸업하고 교토의 한 중소기업에 입사해 연구실에서 화인세라믹스 연구를 담당하고 있었을 때입니다. 집사람은 저보다 2년 늦게 입사해 연구실 일을 도와주고 있었죠. 그때 저는 기숙사에서 생활했는데, 연구에 몰두하면서부터는 연구실에서 밥을 지어먹기 시작했습니다. 바쁠 때는 식사를 거르기 일쑤였죠. 그랬더니 집사람이 가엾다고 봤는지 도시락을 갖다 줬어요. 기쁘게 먹었죠."

그렇다면 사랑을 먼저 표현한 것은 사모님이셨군요? "그건 아닙니다. 사랑이 있어서가 아니라, 너무 불쌍해서 도시락을 갖다 준 것이었겠죠.(웃음) 지금도 그렇지만요." **WeeklyBIZ**

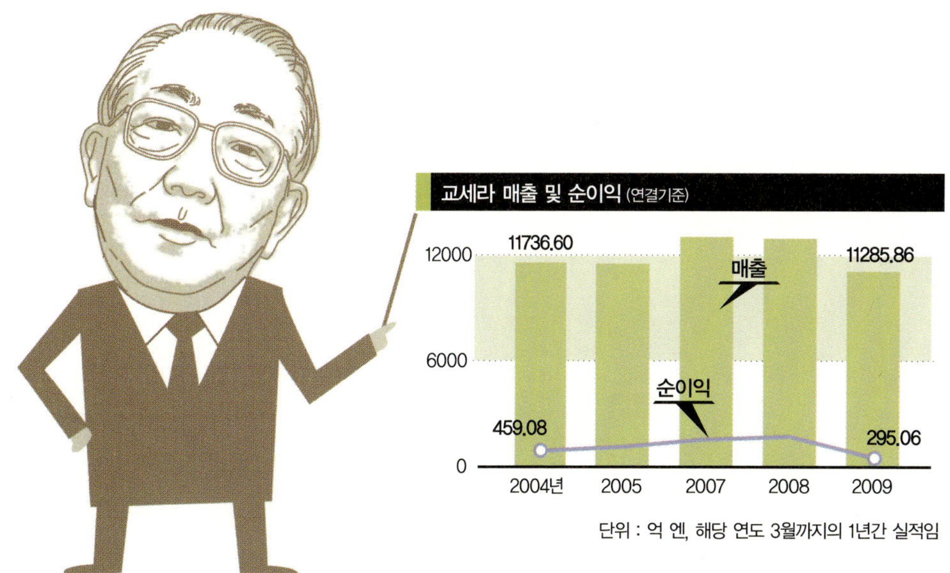

Who is

2007년 일본스미토모(住友)생명보험은 전국의 기업체 사장 2만 6000여 명에게 가장 이상적인 경영자가 누구인가 물었다. 고인이 된 마쓰시타 고노스케와 혼다 소이치로가 각각 1, 2위에 올랐고, 3위가 바로 이나모리 가즈오 명예회장이었다. 현존 인물 중에선 일본에서 가장 존경받는 경영자인 것이다.

하지만 그의 청춘 시절은 좌절의 연속이었다. 중학교 입시에서부터 낙방의 고배를 마셨고, 결핵에 걸렸다 간신히 나았다. 대학 시험은 1지망에 불합격했고, 고향의 대학을 졸업했지만 취업 시험에 번번이 낙방했다. 은사의 추천으로 중소기업에 입사는 했는데, 그 회사는 내일 당장 문을 닫는다고 해도 이상할 것이 없을 만큼 다 쓰러져 가는 회사였다. 그는 인생 역전의 비결을 "마음을 바꿔먹은 데서 출발했다"고 했다. '어떻게 해도 방법이 없다면 차라리 180도 마음을 바꾸어 일에 정성을 들이고 필사적으로 연구해 보자'는 마음을 먹게 됐습니다. 그 후부터 연구실에서 먹고 자는 날이 더 많을 정도로 필사적으로 실험에 열중했습니다. 그때 누적시킨 기술과 실적은 훗날 교세라를 일으키는 밑바탕이 되었습니다."

그는 27세 때인 1959년 300만 엔을 빌려 목조 창고에서 교세라의 전신인 교토세라믹을 세운다. 교세라는 세라믹을 소재로 한 전자부품의 제조·판매를 전문으로 하는데, 세계 대형 전자메이커 중에서 교세라와 거래하지 않는 곳이 드물 정도이다. 휴대전화와 태양광 발전시스템도 만들며 주부들에게는 세라믹 칼로 유명하다. 이나모리 명예회장은 공대 출신이지만, 경영 관리로도 명성을 쌓았다. '아메바 경영'으로 대표되는 분산형 조직과 투명하고 과학적인 회계 시스템이 그것이다.

윤종용 삼성전자 고문은 "재고 관리나 현금흐름은 교세라처럼 훌륭한 회사가 드물다"고 말하곤 했다. 이나모리 명예회장은 1984년 미지의 분야인 통신시장에 진출, DDI(현 KDDI의 전신)를 창업해 공룡기업 NTT에 맞서는 일생일대의 도박을 벌이고 나섰고, 결국 성공한다. 그는 사재(私財) 200억 엔을 출연, 일본의 노벨상으로 비유되는 '교토상'을 만들어 시상하고 있다.

그는 "회사는 세습해서는 안 된다"면서 65세이던 1997년 회장직에서 물러났다. 2005년엔 교세라 이사직을 사임하면서 받은 퇴직금 6억 엔을 모두 대학에 기부했다. 1983년 그의 경영철학을 전수하기 위해 세이와주쿠(盛和塾)가 설립됐는데, 회원이 5000명에 이른다.

웬델 윅스

코닝(Corning) 회장

Wendell P. Weeks

엄청난 실패의 경험으로부터 배운 것은 무엇입니까?

"고객의 비즈니스 모델, 그 고객의 고객의 비즈니스 모델까지도 이해해야"

코닝은 2000년 기업가치가 1200억 달러(주식 시가총액)에 달했다. 1990년대 말 IT 붐을 타고 통신용 광섬유(optical fiber) 사업에 진출한 것이 대박을 터뜨린 것이다. 당시 광섬유부문 책임자였던 웬델 윅스는 코닝의 영웅이었다.

그러나 IT 거품이 꺼지기 시작했다. 월드콤(World Com), 글로벌크로싱(Global Crossing) 등 거래 업체가 줄도산하면서 코닝도 급전직하했다. 2001년에는 적자만 55억 달러가 넘었다. 한때 주당 113달러까지 치솟았던 주가는 2002년 1달러10센트까지 폭락했다. 웬델 윅스는 어떻게 됐을까? 다른 회사 같았으면 목이 열 개라도 모자랐을 것이다. 그러나 코닝의 창업자인 제임스 R. 호튼 당시 코닝 회장은 윅스에게 책임을 묻기는커녕, 사장 자리를 내주며 회사를 살려 보라고 맡긴다. 이것이 2002년의 일이다. 윅스가 입사 3년 차 햇병아리 시절 하버드대 경영대학원에 진학한다고 했을 때 "돌아오겠다는 약속만 하면 된다"며 흔쾌히 학비를 대줬던 사람도 호튼 전 회장이었다.

윅스는 낭떠러지에서 '마법'을 부렸다. 2005년 코닝은 4년 만에 흑자를 내며 부활에 성공했다. 코닝이 1988년부터 개발에 공을 들여온 LCD 기판 유리가 세계적인 LCD TV 붐을 타고 불티나게 팔리기 시작한 것이다. 묘하게도 1988년 코닝의 LCD 부문 시장 개발 책임자를 맡았던 사람도 윅스였다. 윅스 회장의 스토리는 기업 경영에서 사람에 대한 신뢰와 애정이 어떤 기적을 낳을 수 있는지를 잘 보여준다.

그렇다면 당시의 판단 중 무엇이 가장 잘못된 것이었습니까? "사실 고객사가 수십억 달러를 들고 와 제품을 산다고 하는데 '노(No)' 라 말 하기는 매우 어렵습니다. 그러나 과거로 돌아 갈 수 있다면 당연히 고객의 비즈니스 모델을 좀더 철저히 연구하고 우리 투자 속도를 늦췄 겠죠. 더구나 당시는 빚이 보유자금보다 많았 습니다. 지금은 부채를 모두 갚을 수 있을 만 큼의 현금을 가지고 있고, 그래야 합니다. 현재의 비즈니스에서 돈을 벌어 새로운 투자 를 가능하게 하는 선순환 구조를 만들어야 합 니다."

코닝은 세상에 없던 제품을 만들고, 그에 따라 시장까지 새롭게 만드는 하이테크 기업으로 유 명합니다. 그런 분야에서 위험에 대해 지나치게 민감하게 대응하는 것도 문제 아닙니까? "균형 의 문제입니다. 우리는 위험을 감수하면서 꾸 준히 혁신하는 전통을 가지고 있습니다. 그 전통은 결코 바뀌지 않을 것이고, 신기술에 대한 투자를 계속할 것입니다. 지금도 광학기술을 활용해 새로운 시장을 개 척하고 있고, 환경기술 분야에도 꾸준히 투자 하고 있습니다. 그러나 돈을 빌려서까지 지나 친 위험을 지겠다고 나서는 것은 문제가 있다 는 것입니다."

직원 절반 줄였어도 R&D는 줄이지 않아

2002년 위기 당시 사장 겸 최고운영책임자(COO) 가 됐을 때 심정이 어땠습니까? 회사를 살릴 것 으로 확신했습니까? "어려웠지만 일어설 수 있다고 믿었습니다. 사실 코닝의 150년 역사 에 위기는 많았습니다. 그때마다 위기를 이 겨낸 힘은 헌신적인 직원들이 전 세계에 있 다는 것이었습니다. 우리는 사람의 힘을 믿 습니다. 우리는 우리의 매출 규모에 비해 훨 씬 '작은 회사(small company)'처럼 경영합니 다. 전 세계 대부분의 직원들이 최고경영진 을 알고 있고, 저도 모든 직원을 알고 있습니 다. 그들을 알면 그들의 능력을 알 수 있고, 그들이 현실을 직시하고 제대로 역할을 해주

결정이 정당하고 가치를 지켰다면 실패해도 괜찮다는 게 코닝의 기업 문화다

'실패의 성공학'의
표본, 미국 코닝
CEO 웬델 윅스

스플레이, 클린 디젤(디젤엔진 배기가스 정화장치) 기술, FTTH(Fiber To The Home, 초고속광통신) 기술 부문에는 계속 투자했습니다. 당시 판단이 옳았다는 것이 지금 증명되고 있습니다."

결국 4만 5000명 직원 중 2만 명을 내보냈죠. "당시 국내·외 10개 사업장이 문을 닫았으니 어쩔 수 없는 상황이었습니다. 그렇게 많은 코닝 패밀리를 떠나 보내야 했던 것은 지금까지 제 기억에 가장 힘든 일로 남아있습니다. 그러나 회사가 회복되면서 상당수 직원들이 돌아왔고, 아직도 많은 사람에게서 돌아오고자 한다는 편지를 받고 있습니다. 원하는 모두를 다시 데려올 수 있도록 노력할 겁니다."

고객의 고객의 비즈니스 모델까지 이해하고 투자

직원들을 내보내면서 어떤 교훈을 얻었습니까? "우리 비즈니스 모델을 이해하는 것뿐 아니라 고객의 비즈니스 모델, 그리고 그 고객의 고객의 비즈니스 모델까지도 제대로 이해해야 한다는 점이었습니다. 그리고 사업에서는 늘 손익계산서를 염두에 둬야 한다는 것을,

면 성공할 것이라 믿을 수 있는 거죠. 몇 년 후 회사의 이익이나 성공은 당초 예상을 훨씬 뛰어넘었습니다."(그는 2005년에 사장 겸 CEO, 2006년에는 회장 겸 CEO로 승진했다.)

당시 무엇부터 다시 시작했습니까? "간단한 계획으로부터 시작했습니다. 종이 한 장에 무엇을 해야 하는지 모든 계획을 분명히 담아 모든 직원과 공유했습니다. 재무적 건전성을 확보하기 위해 규모를 줄였습니다. 그러나 R&D 쪽은 줄이지 않았습니다. 규모를 줄이면서도, 우리의 가치를 만들어가는 투자는 계속한 것이죠."

구조조정 내용을 좀더 구체적으로 말씀해 주시죠. "전 세계 4개의 광통신 제조시설을 한 개로 줄이고 포토닉스 쪽의 큰 사업을 거의 팔거나 다른 사업자에게 양도했습니다. 그러나 디

또 우리 직원들이 얼마나 훌륭한가 하는 점을 다시 한 번 깨닫게 됐죠.”

'고객의 고객의 비즈니스 모델'까지 염두에 두고 는 장사를 못하게 되지 않을까요? “예를 들어 디스플레이 패널 제조업체(LCD패널을 만드는 삼성전자나 LG필립스LCD 같은 회사를 뜻함)의 비즈니스 모델과 수익성을 이해하고, 나아가 TV세트 메이커(LCD패널을 채용해 TV를 만드는 삼성전자나 LG전자 같은 회사를 뜻함)의 비즈니스 모델과 수익성, 그리고 소매상의 비즈니스 모델과 수익성까지 총체적으로 이해해야 한다는 뜻입니다.”

그렇다면 예를 들어 LCD 패널 제조업체가 더 큰 패널을 만들기 위해 그에 맞는 기판 유리를 개발하자고 해도 시장이 좋지 않다면 투자하지 않겠다는 말씀이십니까? “우리는 최종 시장 (end market)에 대한 우리의 일관된 전망에 기초해 투자를 결정합니다.
최근 LCD 10세대(Gen 10) 기판유리 투자를 결정했지만 이 결정을 하기 위해서는 65인치

TV시장이 충분히 커질 것이라는 확신이 있어야 했어요. 이에 대한 믿음이 없었다면 패널 메이커의 의견만으로 우리가 투자할 수는 없겠죠. 물론 그럴 때는 고객과 당연히 긴장 (tension)이 있을 수밖에 없지만, 이왕 갖게 될 긴장이라면 나중보다는 초기에 갖는 게 낫습니다.”

고객 기업이 '코닝이 안 한다면 다른 경쟁업체에 맡기겠다'고 한다면 어떻게 하실 건가요? “몇 년 전 실제 그런 경우가 있었습니다. LCD TV시장에 큰 투자가 이뤄지고 있을 때 그런 요구가 있었고, 우리는 다른 판단을 하고 있었습니다. 그래서 '정 그렇다면 제품 대금을 선(先)지불해 달라'고 요구했습니다. 결국 우리의 판단이 맞았고, LCD 6세대와 7세대로 확장해 나가야 할 때 우리는 충분한 자금 여력을 가질 수 있었습니다.”

기술력 있는 코닝 같은 회사에서나 그렇게 할 수 있는 것 아닐까요? “맞아요. 그런 접근을 할 수 있으려면 당연히 세계 최고이어야 하죠.

그러니 혁신은 멈출 수 없고, 그게 우리의 핵심 경쟁력이죠.”

사실 당신은 몇 년 전 경영 위기에서 자유롭지 못한 입장이었습니다. 싫든 좋든 광통신 사업을 진두지휘했고, 그 사업 때문에 회사가 위기에 처했으니까요. 그런데도 코닝 오너인 호튼 회장이 2002년 COO로 지명했고, 직원들로부터도 지지를 받았습니다. 비결이 뭡니까? “(웃음) 글쎄요. 제 생각으로는 제가 코닝의 가치를 알고 있다는 믿음 때문 아니었을까요.
대부분의 회사들은 위험이 닥치면 우리의 문화가 잘못된 것 아닌가, 우리의 접근 방법이 잘못된 것 아닌가 하고 비판적으로 돌이켜보지만, 우리는 우리의 핵심 가치가 살아 있는지에 더 많은 비중을 뒀습니다. 그래서 근본적인 뜯어고침(fundamental change)이 아닌 작은 개선(correction)을 통해 '좀더 나은 우리(better version of us)'를 만드는 게 옳다는 판단을 한 것입니다.”

말처럼 쉬운 일은 아니죠. 좀더 구체적으로 말씀

자사의 비즈니스 모델을 이해하는 것을 넘어 고객의 비즈니스 모델, 그리고 그 고객의 고객의 비즈니스 모델까지도 이해해야 한다

단기적인 성공이 아닌 높은 수준의 목표에 대한 의지가 있으면 어떤 위기에서도 투자를 계속할 수 있다

상당히 미국적이지 않은 방식으로 들립니다. 실패가 언제까지 용서됩니까? 직원에 대한 평가도 그렇게 관용적인가요? "사람이야말로 손익보다 훨씬 중요한 존재입니다. 성과를 내기 위해서는 직원들을 잘 알아야 합니다. 우리는 모든 공장 및 사무실의 직원들을 만나고 알아가는 데 많은 시간을 투자합니다. 단지 업무적인 면뿐 아니라 그들의 라이프사이클을 포함한 모든 것과 조화를 이루게 하기 위해서입니다."

기업인은 어느 정도까지 미래를 내다봐야 하나요? "코닝은 지난 150여 년을 살아온 것처럼 또 다른 150년 역사를 만들어 가고 있습니다. 다음 분기의 실적에만 집중해 성과를 평가하는 것은 충분치 않습니다.

현재의 코닝이 투자하는 사업이 꽃을 피우는 것은 저도 볼 수 없을 겁니다. 제 후임자가 볼 것이고, 그들이 혜택을 누리겠죠. 우리는 현재만 책임지는 게 아니라 미래를 책임져야 합니다. 우리가 독창적인 가치를 지니고 있다면 그런 문화 때문에 가능한 것이죠. 단지 가장 높은 주가를 유지하겠다는 생각만 해서는 안됩니다."

10~15년 동안 돈을 벌지 못하는 장기 프로젝트에 투자하는 것은 너무 위험한 듯싶은데요. "많은 사람들이 우리가 매우 인내력이 있다고 하지만 사실 우리는 참을성이 없는 편입니다. 얼마나 기술적인 진보를 이루고 있는가, 우리가 이끌어 내고 있는 기술에 대해 믿음을 가지고 있는 고객(기업)이 있는가 하는 질문들을 계속해서 던지고 빠른 개선을 위해 밀어붙이고(push) 있습니다.

물론 우리는 고객의 요구를 충족시킬 수 있는가 하는 문제에 단기적인 재정적 성과보다 더 높은 가치를 둡니다. 그런 점에서는 인내력이 있다고 할 수 있겠죠. 하지만 만약 진전을 이루지 못하고 다음 단계로 넘어가지 못하면, 우리는 매우 참을성이 없어집니다."

해 주셨으면 합니다. "혁신하면서 성장할 때 많은 리스크를 감당할 수밖에 없습니다. 특히 우리는 항상 세상에 없는 일, 항상 '처음' 하는 일을 하게 되죠. 예를 들어 지금 LCD 기판 유리 제작에 사용되는 퓨전 공법은 사실 처음에는 자동차 앞 유리를 만들기 위해 개발됐고, 공장까지 지었죠.

그런데 자동차 앞 유리용으로는 한 장도 팔지 못했어요.

당장 그 사업부문의 문을 닫아야 할 상황이었지만 좋은 경험을 가진 직원들을 다른 곳에 배치해놓고 기술 개발을 멈추지 않은 결과 현재 LCD쪽 사업을 세계 최고 경쟁력을 갖도록 만들었죠."

2001년 위기 때 적자가 55억 달러가 났는데도 투자를 어떻게 계속할 수 있었습니까? "많은 사람들이 그러한 질문을 하는데 전 항상 두 가지로 답합니다.

첫째, 회사와 비즈니스 모델, 그리고 사람에 대한 확신, 우리는 성공할 것이라는 확신이 필요합니다. 둘째로 높은 수준의 목표를 유지한다는 것입니다. 단지 단기적인 성공을 바라보는 것이 아닙니다. 우리는 55억 달러 적자가 난 절체절명의 위기에서도 6억 달러가 넘는 사상 최대의 투자를 했습니다. 바로 높은 수준의 목표를 지켜내려고 했기 때문입니다."

오너도 아니면서 이토록 오랫동안 경영자의 자리에 있고, 특히 엄청난 실패에도 불구하고 더 높은 자리로 올라갔다는 데 대해 한국 경영자들이 많이 질투할 것 같습니다. 요즘 한국에선 흔하지 않은 일입니다. "(웃음) 미국에서도 흔하지 않죠. 그렇게 된 이유는 확실히 모르겠습니다. 이렇게 생각해보죠. 앞서 '거품'이었다고 말했던 광통신 거품 때의 이익은 7억~8억 달러 수준이었지만 2007년은 20억 달러가 넘는 수익이 예상됩니다.

제가 왜 이 자리에 있게 됐는지 정확히 모르겠지만 결과는 성공적이었고 그게 코닝의 힘입니다. 매우 독특한 회사죠. 그러나 한 가지 언급하고 싶은 것은, 만약 빠르게 문제가 해결되지 않았다면 현재의 이 자리에 있을지는 확실하지 않다는 것이죠. 코닝은 한 명의 리더가 이끌어 가는 게 아니라 팀으로 운영되는 조직입니다. 대부분 경영진은 20년이 넘는 기간 동안 코닝에서 근무했고, 그런 팀이 함께 이끌어 왔습니다."

지금 주력인 LCD산업 쪽도 언제까지 호황을 누릴지 모릅니다. 지금 준비하고 있는 미래 성장동력은 무엇입니까? 그리고 어떻게 결정합니까? "단기적으로는 가장 큰 것 중 하나는 클린 디젤 사업입니다. 전체적으로 아직까지는 기술 개발 투자와 공장 건설로 손실을 보고 있지만 세상을 위해 옳은 일이라고 생각합니다. 우리가 숨 쉬는 공기를 깨끗하게 하는 가치 있는 일이기 때문이죠. 그리고 상당 부분 이익을 낼 것입니다. 성장 동력을 제대로 확보하고 찾아내는 일이 우리가 해야 할 가장 중요한 일이죠. 우리는 큰 실수도 했고 큰 성공도 있었습니다. 거기서 얻은 지혜가 소중합니다."

코닝은 한국에서 많은 사업을 하고 있습니다. 클린 디젤이나 광통신 쪽 사업을 담당하는 한국코닝은 단독 투자법인이지만, 핵심제품인 LCD 기판유리를 생산하는 삼성코닝정밀유리는 삼성그룹과 50대 50 합작입니다. 합작을 하는 이유는 무엇인가요. "코닝은 오랜 합작 경영의 역사를 가지고 있습니다. 60년 이상 합작을 계속하고 있는 다우코닝이 합작 경영에 대한 우리의 생각을 설명하는 적절한 예입니다. 코닝이 연구소에서 실리콘을 개발했어요. 이 실리콘의 가장 우수한 특성을 활용해 어떻게 적용할 것인지, 화학업계의 전문가가 필요했죠. 그 모든 문제를 우리가 직접 하는 게 나을지, 아니면 화학업계와 합작하는 게 나을지 전략적 판단이 필요했고, 우리는 후자를 택한 겁니다. 그리고 성공을 거뒀죠. 삼성과 코닝의 합작도 코닝이 잘하는 것과 삼성이 잘하는 것을 결합한 것입니다.

우리는 비단 합작법인이 아니더라도 한국 고객들과 협력해서 사업을 많이 합니다. 환경기술 사업부문(클린 디젤)의 경우는 또 다른 혁신 기업인 현대자동차 같은 기업들과 함께 일하고 있습니다." WeeklyBIZ

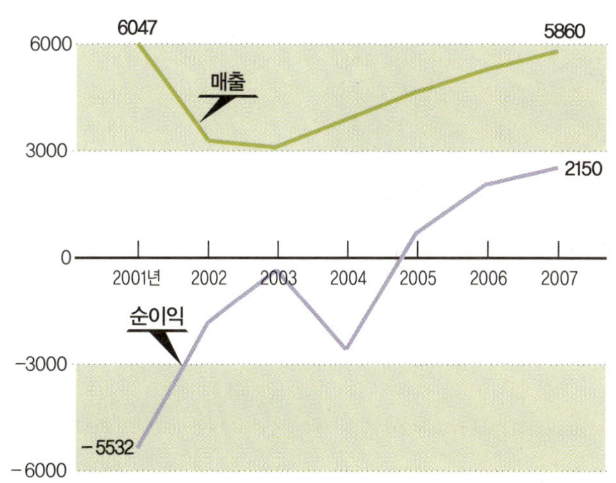

if 미래와 전략

246p
리처드 탈러
시카고대 부스 경영대학원 교수, 《넛지》 저자

254p
롤프 옌센
미래학자, 《드림소사이어티》 저자

262p
하라 켄야
무사시노 미술대학 교수

268p
필립 코틀러
노스웨스턴대 켈로그 경영대학원 석좌교수

274p
리처드 슈말렌지
MIT 경영대학원 교수

280p
빅터 펑
리앤펑 유한공사 회장

미래가 꽤 궁금한 시대다. 혹한의 겨울날 안경 쓰고 올라
탄 버스 안처럼, 글로벌 경제 위기에 강제로 탑승당하면
서 눈앞이 흐릿해진 지 오래다. 미래를 투시해보기 위해
위클리비즈가 저명한 미래학자 3명을 연속 인터뷰했다.
떠오르는 차세대 미래학자 다니엘 핑크, 미래학의 거목인
앨빈 토플러, IBM·맥킨지·코카콜라 등 주요 글로벌 기
업에 미래 트렌드를 컨설팅하는 리처드 왓슨이 그 주인
공들이다.

미래를 관통하는 콘셉트, 하나만 잡는다면?
"하이콘셉트"

예일대 로스쿨을 나온 다니엘 핑크는 앨 고어 전 미국 부통령의 수석대변인을 지냈고, 현재 미국에서 인기 높은 미래학자이자 베스트셀러 작가로 활약하고 있다. 그는 '2009 글로벌 서울포럼'에서 특별 강연을 하기 위해 방한한 길에 인터뷰에 응했다.

신문 기자와 잡지 칼럼니스트 출신인 앨빈 토플러는 《제3의 물결》《권력 이동》 등의 명저를 통해 세계적으로 이름을 알렸다. 토플러는 컨설팅사 '액센추어'가 '빌 게이츠와 피터 드러커에 이어 가장 영향력 있는 비즈니스 지도자 3위'로 선정한 바 있고, 〈파이낸셜타임스〉가 '가장 유명한 미래학자'로 꼽은 바 있다. 그는 현재 거주 중인 미국 LA에서 기자와 만났다.

리처드 왓슨은 미래 전략 컨설팅 기관인 '퓨처 익스플로레이션 네트워크(Future Exploration Network)'의 수석 미래학자이자, 칼럼니스트로 활동 중이다.

나이도, 활동 무대도 각각 다르지만 세 미래학자의 전망은 주요 키워드에서 교집합을 이뤘다. 그들은 대체로 다음과 같은 밑그림에서 서로 교직(交織)했다.

"너무 빨라지고 너무 복잡해진 세계…. 그래서 위기가 왔다. 그래도 미래는 낙관한다. 인간은 늘 위기를 이겨왔다. 도저히 양립하지 않을 것 같은 극단들이 공존(共存)하는 미래가 머지않아 열릴 것이다. 정치든 경제든 사회든 점점 스토리와 디자인이 중요해진다. 하이콘셉트(high-concept)가 각광받을 것이다. 감성과 예술까지 아우르면서 전체를 조망하는 융합과 종합의 능력을 뜻한다. 인간의 오른쪽 뇌가 주로 관장하는 영역들이어서, 우뇌(右腦)의 시대 개막이라고 표현할 수도 있다.

역사의 무게 중심과 세계의 눈길은 아시아로 쏠릴 것이다. 중국은 순항하겠지만, 잠재한 리스크를 잘 관찰해야 한다. 대한민국은 다른 나라의 미래가 이미 싹트고 있는, 미래 국가의 전형이다."

특히 세 미래학자들은 인류가 겪고 있는 이례적 글로벌 경제 위기가 '하이콘셉트의 시대', '우뇌의 시대', '융합과 통섭의 시대'의 도래를 더욱 가속화시킬 것이라는 전망에서 이견이 없었다. 무엇보다 현재의 위기가 한 분야만 깊게 파고들어간 전문가들의 조망(眺望) 능력 결여에서 비롯됐다는 진단 때문이다.

그 똑똑하다는 앨 고어 전 부통령이 연설문을 맡기고 수석대변인으로 삼은 사람이라더니, 이 43세(2009년 현재)의 젊은 학자는 과연 야무지게 말을 잘했다.

차세대를 이끌 대표적 미래학자로 꼽히는 다니엘 핑크는 대화하는 상대방의 기분이 좋아질 정도로 명쾌하고 명랑하고 명석한 문장들을 인터뷰 내내 뿜어냈다.

당신이 보기에 지금의 경제 위기는 왜 왔습니까? "아무도 큰 그림을 보지 못했거나, 혹은 보지 않았기 때문입니다. 조각만 봤을 뿐, 아무도 조각을 맞출 줄 몰랐거나 외면했습니다. 감당 못할 주택담보대출이 증권에 얹히고, 전 세계로 뿌려지는 과정에서 모두들 부분 부분에만 집착해 있었죠. 그러다가 지탱 불가능해진 것입니다."

조각에 함몰되지 않으려면 어떻게 해야 합니까? "하이콘셉트(high-concept)를 중시하고 개발해야 합니다."

하이콘셉트가 뭡니까? "예술과 감성까지 아우른 융합과 종합의 능력을 말합니다."

당신이 저서 《새로운 미래가 온다》에서 말하는, 텍스트(text, 본문 구절)에만 매몰되는 좌뇌(左腦)보다, 콘텍스트(context, 맥락)를 감지하는 우뇌(右腦)를 활성화해야 한다는 뜻입니까? "정확합니다. 당신의 설명이 더 좋네요. 내 대답을 그걸로 대체해 주세요.(웃음) 우리 모두 이 우뇌의 능력을 갖고 있습니다. 문제는 학교에서든 직장에서든 이 우뇌 능력을 중시하지 않았다는 점입니다. 사용하지 않은 근육과 같지요. 우뇌의 능력, 그러니까 공감하고 디자인하고 스토리텔링하는 것은 인간이 원초적으로 갖고 있는 능력으로 이런 자신감을 갖고 노력하면 누구나 개발할 수 있습니다. 21세기형 학교 교육은 이런 우뇌 능력을 개발시키는 것입니다."

스토리텔링은 왜 중요합니까? "가장 큰 이유는, 이제 우리에게는 팩트(fact, 사실)들이 너무나 넘쳐나기 때문입니다. 그런 팩트들을 스토리로, 문맥으로 엮어내지 못하면 팩트는 증발됩니다. 스토리는 영화 산업, 게임 산업 등 많은 산업의 기초입니다. 인간은 타고난 이야기꾼이죠. 직장에서 귀가했을 때 배우자가 '오늘 어땠어?'하고 물어보면, 컴퓨터를 켜고 파워포인트로 설명하나요?(웃음) 아니죠. 이런 일이 있었고, 그래서 저런 일이 있었고, 그다음 그런 일이 일어났다고 스토리를 말하게 됩니다. 그게 자연스럽기도 하고요."

글로벌 위기가 끝나면 세계는 어떤 미래에 직면할까요? "G20 회의 등을 통해 큰 논쟁을 거친 끝에 세계적으로 새로운 금융 규제의 그림이 그려질 겁니다. 매우 중요합니다. 그다음에 예전보다 훨씬 확대된 투명성이 구현될 겁니다. 금융 부문은 예전보다 작아지고 예전의 미국처럼 거인 같은 금융 분야는 사라질 겁니다. 그리고 사람들은 좀 더 생산적인 일에 종사하게 될 겁니다."

이 위기가 없었다고 가정했을 경우와 비교할 때, 이 위기 때문에 미래는 확 달라지나요? "흥미로운 질문이네요. 이 위기는 분명 흔적(imprint)을 남길 겁니다. 미국에서 자유 시장은 절대

미래는 어떻게 바뀔까

위클리비즈가 연속 인터뷰를 가진 3인의 저명한 미래학자들. 왼쪽부터 앨빈 토플러, 리처드 왓슨, 다니엘 핑크

다니엘 핑크는 "글로벌 경제 위기 탓에 어느 분야에서든 넓고 큰 시야를 갖고 큰 그림을 그릴 줄 아는 전문가를 원하게 됐다. 이런 '하이콘셉트의 능력', '우뇌의 능력'은 '자동화'가 결코 대체할 수 없다는 점에서 더욱 각광받을 수밖에 없다"고 진단한다.

적인 신봉의 대상이자 구세주 같았지요. 1990년대 중반에는 (정부의 개입을 상대적으로 지지하는) 민주당 출신의 클린턴 대통령도 '큰 정부의 시대는 끝났다'고 선언할 정도였으니까요."

자유 시장이 대세(大勢)인 시절이었지요. "정말 그랬습니다. 하지만 이제는 더 이상 그렇지 않습니다. 앨런 그린스펀(Alan Greenspan) 같은 인사도 자유 시장이 모든 걸 할 수 없다고 토로할 정도니, 자유 시장에 대한 신봉은 무너졌다고 보는 게 맞지요. 정부의 시대가 오고 있습니다. 이제 순수한 의미의 자유 시장 시대는 갔습니다. (그는 여기서 목소리의 톤을 높이기 시작했다.) 그런 의미에서 G20 정상회의는 역사적으로 대단히 중요한 행사로 기록될 겁니다. 앞으로 계속 이어질 G20 정상회의를 통해 각

국 최고 지도자들은 자유 시장의 적절한 역할은 어디까지이고, 또 정부의 적절한 역할은 어디까지인지 선을 긋게 될 것이고, 또 그렇게 해야 합니다. 이에 대한 2010년대의 대답은 2000년대나 1990년대와는 완전히 달라지게 됩니다."

예전과 완전히 달라지는 것은 또 뭐가 있습니까? "이번 위기로 전 세계가 얼마나 꽁꽁 서로 묶여 있는지 알게 됐습니다. 10년 전의 세계와는 완전히 다른 양상이죠. 10년 전에는 서울의 위기가 미국에 영향을 끼치지 않았고, 미국의 상황도 한국에 영향을 주지 않았지만, 이제 그런 시대는 지났습니다. 아주 즉각적으로 서로 영향을 미치죠.

증시를 보십시오. 미국민이 아침에 일어나서 아시아 증시 결과를 살핍니다. 이명박 대통령

이 오바마 대통령과 대화해야 하고, 고든 브라운이 아소 총리와 대화해야 합니다. 어느 나라도 고립해서 지낼 수는 없습니다. 모두 다 연결돼 있습니다.

미국 어린이와 젊은이가 한국 음악을 듣고 한국 영화를 보는 시대입니다. 엄청난 지식의 교류(cross-pollination)가 생기는 거죠. 기본적으로 모든 것이 빨리 흐릅니다. 좋은 사물도 빨리 흐르고 나쁜 사물도 빨리 흐릅니다. 서로 묶인 게 싫다고 이 글로벌 시스템의 문을 닫아버리면 좋은 사물도 흐르지 못하게 됩니다. 문을 닫을 수는 없습니다.

아! 그리고 무엇보다 이런 위기 덕분에 아마도 지금은 전혀 무명 인사가 5년 이내에 세계적 유명 인사로 떠오를 것입니다. 지금은 어느 회사에 있거나 창고에 있다가 엄청난 혁신자로 돌변해 나타나 우리 모두의 화제가

될 것입니다. 위기는 늘 그렇게 누구에게는 기회니까요…."

당신은 저서에서 풍요(Abundance)와 아시아(Asia), 자동화(Automation) 등 '3A'를 패러다임 변화의 원인으로 분석했습니다. 여전히 유효합니까? "네, 유효합니다. 풍요는 확연히 나타나고 있습니다. 한국이야말로 극적인 사례입니다. 당신 할아버지의 삶과 당신의 삶을 비교해보세요. 경기 침체에 따라 아시아와 자동화는 부각될 것입니다.

기업들이 더 처절하게 경비 절감을 추구하면서 가장 싸게 생산하는 법을 찾다 보면 아시아의 가치는 더욱 두드러질 수밖에 없지요. 자동화도 침체 때문에 가속화 될 겁니다. 다른 한편으로 기계가 대체할 수 있는 부분보다 통섭과 감성으로 가치를 창출하는 우뇌의 중요성이 더욱 커질 겁니다.

특히 경기 침체의 심리적 위축 때문에 사람들이 지갑을 잘 열지 않을 때 제품의 미세한 작은 개선은 상황 진전에 별 도움이 안 됩니다. 매우 두드러지고 가파른 개선, 즉 우뇌를 동원한 혁신이 있어야 소비자의 지갑을 열 수 있습니다."

당신이 말하는 하이콘셉트를 위한, 우뇌형이 되기 위한 인재의 조건은 무엇입니까? "우선 '디자인'입니다. 디자인이란 이제 기본적인 비즈니스의 필수 교양이지요. 이제 당신은 디자인이란 언어를 읽고 쓸 줄 알아야 합니다. 제품이든 서비스든 경험이든, 기능은 기본이고 디자인으로 더 강력하게 호소해야 합니다. (여기서 그는 기자가 인터뷰를 녹음하고 있던 작은 MP3 겸용 녹음기를 가리켰다.) 얼마나 예쁘고 상큼한 기계입니까."

삼성 제품입니다. "그렇죠. 절대 미국 제품은 아닐 거라고 생각했습니다. (웃음) 삼성전자도 아주 흥미로운 사례입니다. 예전에는 가장 싼 물건이란 이미지가 있었지만 이런 이미지를 디자인을 통해 바꾸면서 경쟁자들을 제쳤습니다. 이런 풍요의 사회에서 싼 가격으로

치열하게 경쟁하면서 살아남기란 매우 어려운 게임이 됐습니다. 디자인을 통해 훨씬 더 많은 가치를 창출할 수 있습니다."

'디자인' 외에는 어떤 것이 있습니까? "두 번째 조건은 '스토리'입니다. 스토리는 아까도 말했듯 사실들을 엮어 문맥을 만들어내면서 감성적 충격을 강하게 하는 것입니다. 스토리에서 차별화라든지, 강력한 마케팅이라든지, 비즈니스 리더십 등이 창출됩니다.

세 번째 조건은 '조화(symphony)'입니다. 이건 '큰 그림으로 생각하기'라고 말할 수 있습니다. 조각들을 맞춰 결합시키고, 패턴을 찾는 것이죠. 조각을 결합해서 완전히 새로운 것으로 창조하는 것입니다. 아웃소싱하기 매우 어렵고 자동화하기도 매우 어려우며 가장 중요한 요소입니다.

이제 누구나 이렇게 조화의 사고를 할 줄 아는 전문가를 원합니다. 좁고 막힌 사고의 전문가를 더 이상 원하지 않습니다. 좁고 막힌 사고의 전문가가 글로벌 경제 위기라는 재앙을 불러일으킨 것을 목격하지 않았습니까. 이제는 어느 분야에서든 더 넓고 큰 시야를 갖고, 더 큰 그림으로 생각할 수 있는 전문가를 원합니다.

네 번째 조건은 '공감(empathy)'입니다. 다른 사람의 시선으로 보고 다른 사람의 심장으로 느낄 줄 아는 능력을 말합니다. 판매나 디자인 모두에 필요한 능력이죠. 이것도 아웃소싱하거나 자동화하기 어렵습니다. 이를테면 노년층을 위한 디자인이나 제품의 경우, 젊은 디자이너는 일부러 시야가 좁아지는 안경, 민첩성을 떨어뜨리는 장갑을 끼고 체험을 해보는 겁니다. 그래야 소비자를 위한 진정한 디자인과 진정한 제품이 나옵니다.

다섯 번째는 '놀이(play)'입니다. 웃음과 유머, 게임, 기쁨을 갖고 있는 인재를 말합니다. 이런 요소는 이제 필수적이죠."

한국 독자에게 해주고 싶은 조언이 있다면? "계획을 세우지 마십시오."

미래학자가 계획을 세우지 말라니요. "말 그대로입니다. 스무 살에 이걸 하고 그래서 다음에 이걸 하고…, 하는 식의 계획은 제가 볼 때 완전히 난센스입니다. 완벽한 쓰레기죠. 그대로 될 리가 없습니다. 세상은 복잡하고 너무 빨리 변해서 절대 예상대로 되지 않습니다.

미래에는 사실들을 엮어 문맥을 만들어내는 '스토리텔링' 능력이 중요해진다

2020년쯤에는 중국을 중심으로 한 아시아가 최강자로 떠오를 것이다

대신 뭔가 새로운 것을 배우고 뭔가 새로운 것을 시도해보세요. 그래서 멋진 실수를 해보십시오. 실수는 자산입니다. 대신 어리석은 실수를 반복하지 말고, 멋진 실수를 통해 배우십시오.”

미래학의 거장 '앨빈 토플러'

미국 로스앤젤레스의 한 호텔 레스토랑에서 마주 앉은 이 81세(2009년 현재)의 노(老)석학은 목소리가 카랑카랑했고 웃음이 인색하지 않았다. '미래학의 대표적 거장'인 앨빈 토플러는 “자고로 미래를 정확히 전망한다고 큰소리치는 사람은 믿으면 안 된다”며 웃었다. 《제3의 물결》 《권력 이동》 등의 저자로 이름난 그는 최근 《불황을 넘어서》란 제목의 책을 한국에서 펴냈다. 사실 이 책은 신간은 아니다. 1975년에 발간했던 《발작적 경제위기 리포트(The Eco-Spasm Report)》를 다듬어 재출간했다.

왜 처음 쓴 지 30년도 넘은 책을 다시 펴냈습니까? “어느 날 한 잡지의 에디터가 나에게 전화를 걸어와 '당신이 1975년에 쓴 책을 최근 다시 읽은 적이 있느냐'고 물었습니다. '현 경제 상황과 흡사하다'는 얘기였는데 저도 오랜만에 내가 쓴 책을 읽고 놀랐습니다. 오래전 쓴 그 책의 소제목들이 오늘날 신문 헤드라인처럼 느껴졌기 때문입니다.”

이 위기를 전혀 알 수조차 없었던 1975년에 내다본 위기의 맥락이 오늘날과 비슷하다면, 분명 경청할 가치가 있을 것이다.

그는 이 책에서 '항공기 문이 갑자기 열리면서 식판, 수하물, 승객 등이 일시에 날아가는 광경을 생각해보라'며 언젠가 찾아올 자산 디플레이션 위기의 발발 장면을 가상(假想)했었다. 그런데 지금 우리가 겪고 있는 글로벌 경제 위기야말로 항공기 문이 갑자기 열리면서 자산 가치가 빨려나갔다는 묘사에 딱 들어맞지 않는가?

미증유의 현 글로벌 경제 위기는 왜 왔습니까? “가장 중요한 핵심은 '복잡성'과 '속도'입니다. 오늘날의 정치, 경제, 사회 등 모든 분야는, 심지어 전문가가 보기에도 너무 복잡해졌습니다. 어마어마한 복잡성입니다. 경제와 사회가 움직이는 속도 역시 상상을 초월할 정도로 빨라졌지요.

그런데 금융을 비롯한 민간 부문은 빛의 속도로 움직이지만, 공공 부문의 속도는 제자리걸음입니다. 이런 엄청난 복잡성과 속도는 미래에도 오랜 기간 중요한 현상으로 이어질 겁니다. (그는 여기서 잠시 말을 멈추고 얼음물을 마신 후 다시 답변을 이어갔다.) 더구나 정량화(定量化)할 수 없는 지식의 비중이 크게 증가하고 있으므로, 과거의 경제 모델들로는 현실을 설명하기 점점 어려워졌습니다. 경제의 규모도 과거보다 훨씬 커졌고, 세계화도 상당히 진행됐지요.

결론적으로 과거와 비교조차 할 수 없는 복잡성과 속도, 규모, 세계화가 오늘날의 위기를 만들었으므로, 1930년대 대공황의 틀을 현 위기에 들이대는 경제학자들의 이론은 틀렸습니다. 역사는 반복되지 않습니다. 정치, 경제, 사회, 문화를 두루 종합한 사회적 생태계를 주목해야 합니다.”

이 위기를 극복하는 희망은 언제쯤 보일까요?
"낙관론자냐 비관론자냐에 따라 다르겠지
요….(웃음) 내 아내 하이디는 비관론 쪽이고,
나는 낙관론 쪽입니다. 아무래도 그녀가 현명
한 것 같습니다.(웃음) 비관론이 유리하긴 합니
다. (앨빈 토플러에게 부인 하이디 토플러는 '연구 동지'
이자 공동 저자이다.) 제가 볼 때 이 위기를 극복
하려면 경제학자들에게만 맡겨놓아서는 안
됩니다. 지금의 위기는 경제뿐 아니라 사회
시스템 전반과 관련돼 있기 때문입니다. 그런
데도 경제학자들은 자신들만이 이 병을 고칠
수 있는 전문의라고 착각합니다. 경제학자들
이 충분히 이해하지 못하는 주요 변수들을 사
회학, 정치학, 인문학 등의 전문가들이 나서서
챙길 수 있도록 리더십이 작용해야 합니다."

당신이 낙관적인 이유는 무엇입니까? "지구상
에서 인류만이 오랜 기간 동안 미래를 조망
하고 대처하는 능력을 키워왔습니다. 이번에
도 그 능력이 발휘될 겁니다. 과거를 돌이켜
봐도 재앙이 발생해도 늘 좋은 면은 있게 마
련이었습니다.
이번에도 인류는 위기를 통해 새 지식과 새
기술을 재창조하고 마침내 새로운 돌파구를
마련하는 지혜를 보여줄 겁니다. 또한 앞서
말한 '엄청난 속도'가 호재가 될 수도 있습니
다. 쾌속(快速) 덕분에 이 위기를 벗어나는 해
법도 세계적으로 빨리 공유되고, 결론적으로
이 위기에서 빨리 빠져나갈 수 있을 것으로
기대합니다."

**앞으로 10년이 지난 2020년쯤에는 누가 세계의
최강자일까요?** "여러 차례 강조하지만 미래는
누구도 모릅니다.(웃음) '미국의 시대'가 끝났
다고들 하는데, 그렇지는 않은 것 같습니다.
하지만 미국이 내리막길인 것은 맞습니다. 그
러면 누가 올라올까요. 제 생각으로는 역시
중국을 중심으로 한 아시아입니다. 단, 중국
의 발전 가능성은 과대평가된 측면도 없지 않
습니다. 중국 내부에 잠재된 리스크가 과소평
가되고 있기 때문입니다. 다행인 것은 중국
정부의 리더십이 대체로 현명하다는 점이죠.

이를테면 중국 정부가 제2의 물결(산업화)과
제3의 물결(후기 산업화와 정보화)을 동시에 추
진하겠다고 결정한 1983년의 선택은 지혜로
웠습니다."

한국을 어떻게 평가하십니까? "IT 분야에 관한
한 한국은 지금까지 아주 잘해왔습니다. 앞
으로도 세계 최고 국가 중 하나가 될 것입니
다. 역동적인 한국인은 지금의 위기에서도
미래로 나아가는 창의적인 방법을 발견할 것
입니다."

**이 위기 때문에 당신이 그리는 미래도 달라지나
요?** "물론 달라지는 면도 있을 겁니다. 하지
만 기본적 스토리 라인은 비슷합니다. 예를
들어, 내가 생각하는 미래의 대표적 변화 중
하나는 '직장'의 변신입니다. 지금처럼 집에
서 출근해 직장으로 간다는 개념은 확 바뀔
겁니다. 집에서 일하는 재택(在宅)근무, 사무실
이 정해지지 않은 탄력적 근무가 확산될 겁니
다.
생각해 보세요. 연료를 절약하고 교통 문제를
해결하고, 사무용 건물 건축 문제에도 긍정적
영향을 주지 않겠습니까. 속도가 점점 중요해
지는 미래 트렌드에도 부합하고 말이죠. 이
런 미래에 대한 통찰이 있다면, 재정 지출을
통한 인프라 건설에서도 어떤 분야에 집중해
야 하는지 세부적 지혜를 얻을 수 있지요."

**앞으로 5~10년 후쯤의 미래에는 어떤 인재가
촉망 받을까요?** "음…. 좀 상투적 표현이지만,
창조적 인재가 각광 받을 겁니다. 전문가의
장벽, 기존 사고의 틀 같은 것을 깨고 넘나드
는 인재, 더 열려 있고 더 신축적인 인재가 긴
요해질 겁니다. 관료주의나 기존 시스템에서
벗어나 정치, 경제, 사회를 두루 다 조망할 줄
아는 인재가 필요합니다. 정치인이든, 기업인
이든, 학자든, 공무원이든 말입니다."

그런 인재가 되려면? "그러니까 교육 제도가
확 바뀌어야 합니다. 나는 빌 게이츠와 만나서
도 이 부분에 대해서는 맞장구를 치며 이야기

한 바 있습니다. 왜 다들 똑같은 나이에 입학하고 똑같은 나이에 졸업해야 합니까. 미래형 인재를 키우려면 현 교육 시스템을 수선하는 정도로는 안 됩니다. 전체를 바꿔야 합니다.”

미래학자 리처드 왓슨도 다니엘 핑크처럼 '우뇌(右腦)'를 강조했다. 앞으로 점점 우뇌가 관장하는 영역이 더욱 중요해지고 각광받는다는 진단이었다.

그에게 “기업인들에게 미래와 관련해 어떤 충고를 주겠느냐”고 묻자, 그는 “시간이 갈수록 마케팅의 승부가 하이테크(high-tech)보다 하이터치(high-touch)에서 갈리는 추세가 확연해질 것”이라고 운을 뗐다. “첨단 기술은 계속 발전하지만, 그럴수록 기술보다 감성과 디자인이 더욱 중요해진다”는 게 그의 설명이었다. 그는 “정보 수집과 분석을 담당하는 좌뇌(左腦)보다 감성·디자인을 맡는 우뇌(右腦)가 경제와 경영의 중심으로 떠오를 것”이라며 “이제 기업이 아니라 각각의 개인이 가치를 창출하는 세상”이 되고, “옛날에는 삐딱하다고 눈총 받던 사람이 창의적이고 혁신적인 인재로 대접받을 것”이라고 예상했다.

정말 우뇌형 인간이 중요합니까? “그렇습니다. 세계적 컨설팅회사인 맥킨지를 보세요. 10년 전만 해도 신입사원 중 60% 이상이 MBA(경영학 석사)였지만, 지금은 40% 선으로 떨어졌고, 그 빈틈을 예술 전공자들이 채우고 있습니다.”

산업의 예를 들어 구체적으로 설명해 주신다면? “좋은 예로 자동차 산업을 들 수 있습니다. 자동차는 모든 기술이 구현되는 플랫폼입니다. 그런데 아마 애플이 새로운 감각과 터치로 최신 자동차를 만든다면 정말 재미있고 의미 있는 변화가 생길 겁니다. 실제로 그런 일이 생길 가능성이 큽니다. 이렇듯 급진적이고 의미심장한 변화나 혁신은 기업 내부나 산업 내부에서 시작되지 않을 겁니다. 외부에서 초래될 겁니다.

그러니 기업하는 사람들은 늘 시선과 관심을 내부보다 외부에 두어야 합니다. CEO라면 하루에 2시간은 창 밖을, 산업 바깥을 쳐다봐야 합니다. 너무 바빠서 그렇게 못 하는 경우가 많은 게 현실이지만, 자신의 틀에, 너무 가까운 미래에만 집착하다 보면 기업을 망치게 됩니다.”

또 다른 충고가 하신다면요? “신뢰와 윤리를 담은 브랜드가 더욱 중시될 겁니다.”

그의 최신 저서 《퓨처 파일》을 보면 스스로를 '냉소적 낙관주의자(cynical optimist)'라고 묘사하는 대목이 나온다.

무슨 뜻입니까? “미래에 대해 기본적으로 낙관주의자란 뜻입니다. 수많은 사람들이 최악의 시나리오를 상정하고는 그로 인해 너무 큰 두려움에 시달리는 나쁜 버릇이 있습니다. 과거에 어땠습니까. 전쟁과 질병에 대한 공포로 지구가 망할 것이란 극단적 우려까지 나왔지만, 결국 어떤 지표를 보더라도 세상은 좋아졌습니다.

제3차 세계대전? Y2K 문제?(2000년이 되면서 컴퓨터 표기 혼선 탓에 빚어질 것으로 우려한 엄청난 부작용) 별일 없었습니다. 현재의 기후 변화에 대한 우려도 분명히 일리는 있지만 그렇게 심각하지는 않을 겁니다.

그런데 문제는 미래에 대한 과도한 우려가 현재에도 영향을 미칠 수 있다는 점입니다. 조류 인플루엔자가 유행해 수억 명이 죽을지 모른다는 공포에 시달리면서, 이미 매년 수백만 명씩 걸려 사망에 이르는 에이즈의 심각성은 간과하는 식입니다. 단, 저는 미래를

마케팅 승부도 '하이테크' 보다 '하이터치'에서 결정될 것이다. 따라서 기술보다 감성과 디자인이 더욱 중요해진다

유토피아로 보지는 않는다는 뜻에서, 분명히 여러 문제는 있을 것으로 본다는 뜻에서 '냉소적' 입니다."

지금의 경제 위기에도 그런 낙관론이 적용됩니까? "물론 앞으로 약 2년은 대단히 힘든 시절이 되겠지만, 역시 어마어마한 재앙은 생기지 않은 채 넘어갈 겁니다.

물론 지금의 글로벌 경제 위기는 피부에 와 닿는 상황이므로 사람들의 공포가 이해는 됩니다. 아마 세상 변화의 속도, 위기 전파의 속도가 너무 빨라져서 걱정도 배가되는 것 같습니다."

지금의 위기가 그렇게 만만하지는 않은 것 같은데요. "1930년대 대공황처럼 되지는 않는다는 의미입니다. 무엇보다 경제 시스템에 아주 많은 돈이 투입됐고, 돈이 흐르면 최악의 불황은 피할 수 있을 겁니다. 미국과 영국은 크게 힘들겠지만 그럭저럭 넘어갈 겁니다. 다만 중국이 큰 리스크입니다. 중국은 이번 위기의 타격을 상대적으로 덜 받을 것으로 보지만, 만에 하나라도 중국 경제가 엄청난 실업률 등으로 인해 주저앉는 최악의 상황이 생긴다면 그것이야말로 재앙입니다. 엄청난 역사적 전환점이 될 것입니다."

미래를 준비할 때 꼭 머리에 담아둬야 할 핵심을 정리하신다면? "핵심이라… 5가지로 정리할 수 있습니다. 우선 '인구 노령화', '1인 가구 급증'을 들 수 있습니다. 각국 정부들은 애써 무시하거나 과소평가하는 경향이 있지만 정말 큰 변화이자 화두(話頭)입니다. 노년층은 건강과 행복을 위해 막대한 돈을 지출할 겁니다. 1인 가구가 늘면서 도심 소형 주택의 수요가 늘고 개인적 소비도 증가할 겁니다. 기업과 정부는 이런 흐름의 맥을 놓치지 말아야 합니다.

둘째, '파워의 이동'입니다. 세계적 파워의 축은 미국을 떠나 유럽을 거쳐 아시아로 가고 있습니다. 아시아에서도 중국은 당연히 무시할 수 없는 세력이지요."

가까운 미래에 '인구 노령화'는 큰 변화이자 화두가 된다. 이들은 건강과 행복을 위해 막대한 돈을 지출할 것이다

한국은 어떻습니까? "한국은 세계의 미래가 벌써 싹트고 있습니다. IT 환경을 보면 확연히 느낄 수 있습니다. 미래 국가의 전형입니다. 정말 재미있고 아름답고 역동적인 나라입니다. 미래의 중심권에 한국이 위치합니다.

그의 '핵심 정리'는 다시 이어졌다.

"셋째, 세계적 연계성이 더욱 증가할 겁니다. 지금의 경제 위기도 이런 연계성의 부작용이라 할 수 있습니다.

넷째, '첨단 기술의 발달'을 꼽을 수 있습니다. 특히 로봇과 인공 지능의 발달이 두드러질 겁니다. 다섯째, 지속가능한 성장의 추구가 화두로 떠오를 겁니다. 물, 에너지, 환경 등의 문제 말입니다."

당신이 전망하는 미래 세상의 가장 큰 특징은 무엇입니까? "얼핏 봐서는 도저히 공존하기 힘들 것 같은 양상들이 공존(共存)한다는 것입니다. '양극화'와 '공존'으로 정리할 수 있습니다. 원래 대형 트렌드가 생기면 그 역류(逆流)가 나타나게 마련이고, 이 와중에 어중간한 가운데는 없어지게 됩니다.

이를테면 기업도 엄청나게 큰 글로벌 기업은 살아남고, 또 아주 작은 로컬 기업도 공존할 겁니다. 24시간 패스트푸드 가게가 성업하지만, 유기농 슬로푸드 음식점도 번창할 겁니다. 진보와 보수, 국가주의도 적절하게 공존할 겁니다."

당신이 생각하는 뛰어난 미래학자는 누군가요? "음…, 역사가들입니다. 그들은 문맥(context)을 이해하니까요."

당신이 지식과 지혜를 얻는 원천은요? "저는 많이 읽습니다. 신문은 말할 것도 없고 책과 잡지 등을 두루 읽습니다. 제 컴퓨터의 시작 홈페이지는 〈뉴욕타임스〉죠. 제 독서 리스트에는 약 200개의 각종 읽을거리가 올라와 있습니다.

저는 또 많은 사람과 이야기를 나누고 여행을 다닙니다. 읽기와 대화하기와 여행하기에서 패턴과 연계성을 찾지요." WeeklyBIZ

피터 번스타인

피터 L. 번스타인 투자컨설팅
(Peter L. Bernstein, Inc.) 대표

"부자가 되고 싶은 인류의 피할 수 없는 운명"

조지 루카스의 영화 〈스타워즈〉 시리즈에 등장하는 '마스터 요다(Yoda)'. 그는 어둠의 세력에 맞서는 제다이 전사들을 길러낸 스승이자, 제다이들이 혼란과 두려움에 사로잡힐 때마다 길을 밝혀주는 등불과 같은 존재다.

2009년 작고한 피터 번스타인은 '월가(街)의 요다'로 꼽혔다. 10대 시절 대공황을 경험했고, 하버드대에서는 JF 케네디(전 미국 대통령)와 함께 공부하며 우등 졸업했다. 제2차 세계대전에 정보 장교로 참전했고, FRB(미 연방준비이사회) 연구원을 거쳐 윌리엄스 칼리지에서 강의도 했다.

아버지가 만든 투자회사를 물려받아 수십억 달러를 직접 굴리기도 했던 그는 1974년 〈저널 오브 포트폴리오 매니지먼트〉를 창간, 기관투자가들에게 과학적인 투자 기법을 전수하며 제다이보다는 요다의 길을 걷는다.

그는 해박한 경제사 지식을 바탕으로 리스크(risk)나 금(金)의 역사 등 다양한 주제에 대한 책을 10여 권이나 썼다. 이 중 리스크의 역사를 집대성한 책 《리스크》는 그 해 가장 혁신적이고 통찰력이 뛰어난 경영 도서로 선정되고 에드윈부즈상, 서켈프스상 등 주요 출판상을 휩쓸며 세계적 베스트셀러에 올랐다. 노장 경제학자인 존 케네스 갤브레이스(John Kenneth Galbraith)는 이 책에 대해 "신(神)에 대한 도전을 이끌어냈다"고 극찬했다.

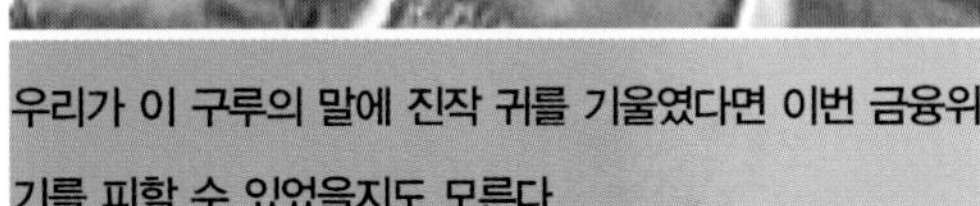

우리가 이 구루의 말에 진작 귀를 기울였다면 이번 금융위기를 피할 수 있었을지도 모른다.

피터 번스타인은 경제 위기가 닥치기 전 2004년 〈머니〉지와의 인터뷰에서 미국의 쌍둥이 적자(재정적자와 경상수지 적자) 문제를 '트윈 타워(Twin Tower)'라고 부르며 자신을 가장 불안하게 만드는 문제라고 했다. 그는 "과도한 차입이야말로 모든 경제적 재앙과 혼돈의 근원이라는 점을 경제사가 입증하고 있다"고도 했다.

그는 자신의 이름을 딴 투자컨설팅 회사를 운영하면서 〈월스트리트저널〉과 〈뉴욕타임스〉〈파이낸셜타임스〉 등에 정기적으로 칼럼을 썼다. 그러나 아쉽게도 그는 위클리비즈와 인터뷰를 가진 지 3여 개월 만인 2009년 6월 5일 지병으로 세상을 떠났다.

역사를 보면 여러 차례 금융 위기가 있었습니다. 그런데 왜 금융 위기는 되풀이되는 겁니까? "투자자들이 스스로를 과신(過信)할 때 위기가 싹틉니다. 새로운 전망과 새로운 혁신, 그리고 새로운 투자자들이 무대에 등장하고, 돈 벌기가 정말 쉬워 보이고, 위험은 과소평가되고…. 그러면 결과는 필연적이죠. 이런 과정은 더 부자가 되고 싶은 욕망을 좇는 인류에겐 타고난 운명과 같아서 미래 역사에서도 되풀이될 수밖에 없을 겁니다. 사람들이 잠시 동안 아주 보수적이 될 수도 있겠죠. 그러나 궁극적으로 결과는 똑같을 겁니다."

인생에서 여러 차례 위기를 목격하셨을 텐데, 이번 위기는 과거와 어떻게 다른가요? "이번 위기는 아주 특별합니다. 세 가지 측면이 있는데, 첫째는 금융 부문에서 발생한 문제의 복잡성입니다.

둘째는 기록적으로 큰 가계(家計) 부채로부터 디레버리징(deleveraging, 부채 및 투자 축소)을 하라고 재촉하는 압력입니다. 끝으로 미국에서 촉발된 위기가 아주 빠르고, 드라마틱하게 글로벌 충격으로 전이됐다는 겁니다.

어떤 측면에선 대공황에 견줄 만큼 상황이 나쁘다고 느낄 수도 있죠. 10대 시절에 겪었던 대공황은 정말 끔찍했습니다. 그러나 이번 위기는 원인이나 영향으로 볼 때 대공황과는 다릅니다. 최악은 아니고, 두 번째쯤 됩니다."

언제쯤 경제 위기가 극복될까요? "끝을 단정 짓기가 쉽지 않아요. 문제가 여전히 남아 있을 겁니다. 그래서 지금처럼 어려운 상황이 오랫동안 지속될 겁니다."

1~2년 전과 같은 상태로 돌아갈 수는 있을까요? "대답하기 쉽지 않은 질문인데…. 다시 그 상태로 돌아갈 수는 없을지도 모릅니다. 금융 부문이 정상화되기까지는 오랜 시간이 걸릴 겁니다. 아마도 위기가 끝나면 모든 경제 주체들이 새로운 세상(new world)으로 들어가게 될 겁니다. 어떤 모습일지 정확히는 알 수 없지만…."

미국 경제가 2009년 말쯤에 회복된다고 말하면 너무 낙관적일까요? "연말쯤이면 경기 하강이 멈추는 징후가 나올 겁니다. 하지만 지금 미국 금융 시스템엔 근본적인 문제가 있습니다. 미국 소비자들은 그동안 과도한 차입을 해왔어요. 그런데 이제 소비자는 차입자(borrower)가 아니라 예금자(saver)가 되어야 합니다. 이 문제가 경제 회복의 발목을 잡을 수 있어요. 하지만 어쨌든 연말쯤이면 바닥을 찍지 않을까 생각합니다."

이번 금융 위기를 통해 우리가 배워야 할 교훈은 무엇일까요? "우리는 결코 미래를 알지 못합니다. 그러니 그에 맞게 행동해야만 합니다. 리스크 관리는 수학이 아닙니다. 우리가 알지 못하거나 예상하지 못한 일이 닥쳤을 때 생존(survival)하기 위한 시스템, 그게 바로 리스크 관리죠. 분산만 하지 말고, 헤지(hedge)도 하세요(Don't just diversify, hedge!).

생존은 시장이나 경쟁자를 이기는 것보다 더 중요합니다. ('미래를 알 수 없다'는 그의 말은 무겁게 다가왔다.) 1958년에 저는 이 말의 진정한 의미를 알게 됐습니다. 당시 경기는 아주 좋았고, 사람들은 처음으로 인플레이션을 걱정하기 시작했습니다. 만약 제가 1958년에 채권을 샀다면, 주식보다 더 많은 돈을 벌었을 겁니다. 당시 주식 배당 수익률이 채권수익률 밑으로 떨어지는 미증유의 사건이 벌어졌거든요.

이런 일은 금융 역사에서 한 번도 볼 수 없었던, 아무도 예상하지 못했던 현상이죠. 왜냐하면 사람들은 주식이 채권보다 더 위험하기 때문에 당연히 수익도 높아야 한다고 믿었거든요. 그때 나를 '꼬맹이'(kid)라고 부르던 내 파트너는 이렇게 말했죠. '걱정 마, 저절로 다시 돌아갈 거야. 이건 현실이 아니고, 지속가능하지도 않으니까.'

하지만, 그때 이후로 주식 배당 수익률이 채권을 웃돈 적은 없습니다. 그 사건은 제게 미래를 예측할 수 없다는 점을 일깨워주는 결정적인 계기가 됐어요."

그렇다면, 이렇게 충격적인 일이 벌어졌을 때 우리는 어떻게 대처해야 합니까? "보편적인 해법은 없어요. '미래가 어찌 될지 모른다(We don't know what the future holds)'는 걸 늘 되새기는 수밖에요. 미래를 알고 있다고 생각하는 사람들이야말로 가장 위험합니다. 그리고 당신의 판단이 옳았을 때야말로 당신에게 가장 위험한 순간입니다. 과신하게 될지 모르니까요.

늘 당신의 판단이 잘못될 수 있다고 생각하고, 그럴 때도 살아남을 수 있는 방안을 강구해야 해요. 확률보다 훨씬 중요한 것이 결과입니다.(확률이 낮더라도 최악의 경우가 생길 경우 큰 타격을 받는다는 의미다.)"

투자할 때 우리는 왜 리스크를 감수해야 합니까? 그걸 피할 수는 없나요? "왜 없겠어요. 현찰을 그냥 쥐고 계세요. 해답은 명확합니다. 하지만 리스크가 없으면 수익도 없죠(No risk, no return). 미래를 알지 못하는 한 리스크는 존재할 수밖에 없어요. 리스크란 예상됐던 것보다 더

금융 위기는 더 큰 부자가 되고 싶은 인류의 피할 수 없는 운명이다

월스트리트의 대표적 투자 구루였던 피터 번스타인

많은 일이 벌어질 수 있다는 뜻입니다. 달리 표현하면 '앞으로 무슨 일이 생길지 모른다'고 말하는 것이죠.

수익을 기대하면서 기꺼이 리스크를 무릅써야 전진(progress)할 수 있습니다. 리스크를 감수할(risk-taking) 기회가 가장 많이 주어진다는 점에서 자본주의는 최고의 시스템입니다."

그는 자신의 저서 《리스크》에서 이렇게 주장했다. "현대와 과거를 결정짓는 것은 바로 '리스크에 대한 지배'다. 인류는 리스크를 지배할 수 있었기에 신(神)의 변덕에 따라 좌지우지되는 미래에서 벗어날 수 있었다. (중략) 리스크 감수는 현대 서구사회를 이끌어가는 기폭제가 됐고, 프로메테우스와 마찬가지로 신에 대항해 미래를 어둠 속에서 끌어내 적대의 대상에서 기회의 대상으로 바꾸었다."

승자가 되고 싶다면 지금이 기회

그렇다면 지금처럼 모든 사람이 리스크를 회피하려고 할 때가 오히려 투자 기회가 될 수도 있지 않을까요? "맞습니다. 지금이 그런 시기의 시작이라고 볼 수 있어요. 주식 시장은 위험을 떠안겠다고 생각하면 선택의 범위가 넓은 곳입니다. 그게 바로 내가 주식에 투자하는 이유이기도 하지요. 주식은 결코 헐값이 된 적도 없었지만, 다른 자산처럼 미치지(crazy)도 않았어요."

2009년초 세계 증시 반등을 놓고 베어마켓 랠리 논란이 뜨거운데, 어떻게 될 것 같습니까? "꽤 파워풀한 상승세를 보이고 있긴 한데. 어떡하죠. 난 오래 전부터 증시 전망을 하지 않아서….(웃음) 사람들은 예측을 좋아하죠. 하지만, 많이들 빗나갑니다. 나는 전망에 가치를 두지 않습니다. 그리고 정말로 어떻게 될지 몰라요. 결코 모릅니다."

장기 투자가 단기 투자보다 가치 있다고 생각하십니까? "맞아요, 당연하죠. 장기적으로 주식 시장은 경제 시스템이 붕괴되기 이전보다 더 높이 올라갈 겁니다. 하지만 문제는 '언제, 어디서, 어떻게 투자해야 할 것이냐'는 아무도 모른다는 거죠. 내가 겸손해서 그럴까요. 하지만 10년 전에 이 질문을 했어도 똑같은 답을 줬을 겁니다."

그럼, 지금 같은 불확실한 시장에서 투자자들은 어떻게 해야 승자가 될 수 있나요? "당연히 누구나 승자(勝者)가 되려고 하지, 패자(敗者)가 되고 싶진 않겠죠. 내 생각엔 극단적 결과에 대비한 헤징(hedging)이 무엇보다 중요합니다. 지금 상황에서는 초단기 국채와 금(金) 같은 자산을 포트폴리오에 포함시켜야 합니다. 그건 인플레이션과 디플레이션 가능성 둘 다에 대비한 것이죠.

장기 국채를 사는 것도 고려할 수 있겠죠. 미국 경제가 장기간 하강하는 상황을 감안하면 안전성을 확보하는 수단이 될 수 있어요. 회사채 시장도 흥미롭기는 한데, 주의해야 합니다. 직접 투자보다 뮤추얼펀드(mutual fund)에 투자하는 방식이 좋아요. 나도 그렇게 하고 있습니다.”

만약 수중에 10만 달러가 있으면 어떤 주식을 사시겠어요? “그건 절대 대답할 수 없는 질문인데….(웃음) 나도 주식 투자를 약간 하고 있어요. 그건 분명하지만….”

구체적인 포트폴리오를 얘기해 주실 수는 없나요? “안 돼요.(웃음) 답변 자체에 큰 가치가 없기 때문이죠. 그래도 답을 해야 한다면 인덱스 펀드에 투자할 겁니다.”

헤지와 분산의 원칙을 신봉하는 그로서는 어쩌면 당연한 답일 수도 있다. 그는 자신의 포트폴리오 전략에 대해 이렇게 설명한 적이 있다.

“나는 투자이론의 대가인 해리 마코위츠(Harry Max Markowitz, 노벨경제학상 수상자)를 충실하게 따르고 있죠. 마코위츠가 ‘주식과 채권에 얼마씩 투자해야 하느냐’는 질문을 받았을 때, 그의 대답은 간단했습니다. ‘정확히 50대 50으로 하세요.’”(미 투자전문지 〈어드바이저 퍼스펙티브스〉)

오바마에게 조언한다면
“집값 하락부터 막아라”

주제를 바꿔, 위기에 빠진 세계 경제에 대해 질문을 던져봤다. 그는 위기 극복을 위해 세계 각국 정부에 좀 더 과감한 정책을 주문했다.

“정부가 지금 하고 있는 노력보다 더 많은 것을 해야 합니다. 이건 정말 낯선 경험이라서 어떤 방식이 효과가 있을지 누구도 정확하게 알지 못해요. 상황이 달라지기 시작했지만, 더 많은 노력을 해야 효과가 있을 겁니다.”

만약 백악관에서 오바마 대통령과 5분 정도 만날 기회가 주어진다면 무슨 얘길 해주시겠습니까? “‘집값 하락만은 꼭 막으라’는 제언을 하

어떤 훌륭한 사람과 투자 모델이 다음에도 잘 할거란 보장은 없다

겠습니다. 주택 가격이 계속 떨어지면 신용 및 금융 시스템에 대한 압박이 끝나지 않을 것입니다. 주택 가격은 경기의 선행 지표(leading indicator)인 동시에 문제의 시발점입니다.”

이번 위기가 끝나고 난 뒤에도 월스트리트가 세계 금융의 중심적 위치를 유지할까요? “그럴 겁니다. 미국은 여전히 세계에서 가장 부유한 나라 아닌가요. 물론 예전과 똑같지는 않겠지만, 미국이 ‘넘버원’ 그룹의 자리를 유지할 것만은 분명합니다.”

월스트리트가 과거처럼 압도적인 ‘넘버원’은 아니란 말씀인가요? “맞습니다. 월스트리트의 모든 구조가 달라졌지만, 여전히 그들에겐 노하우가 있지 않습니까. 자본도 있죠. 독보적이지는 않아도 여전히 ‘넘버원’ 지위에 있을 겁니다.”

투자 전략가로서 가장 힘들었던 시절은 언제였습니까? “1970년대에 저는 장(場)을 낙관적으로 봤습니다. 그런데 나머지 사람들은 비관적이었죠. 1958년에는 그 반대였습니다. 저는 비관적이었는데, 두 번 다 100% 틀렸어요. 하지만 변명은 하지 않겠습니다. 저는 지금도 배우고 있는 중이니까요. 시장에서 50년 이상을 지냈지만 아직도 모르는 게 많습니다.”

그는 한 인터뷰에서 “투자와 관련해 버리고 싶은 습관이 있다면 무엇인가”라는 질문에 “미래가 어떻게 될지 안다고 자신하는 것”이라고 했다. 하지만 그는 시간이 갈수록 겸손해져 갔고, 또 거기에 익숙해졌다고 했다. 그는 칵테일파티 같은 데서도 입 다물고 있으려고 노력했다. “세상엔 늘 아주 똑똑해 보이는 사람, 그리고 잘 들어맞는 투자 모델이 있기 마련입니다. 하지만 제가 배운 것은 가장 훌륭한 사람과 투자 모델이 다음에도 잘 할 것이란 보장이 없다는 사실입니다.”

칼럼니스트나 전문가 중에 가장 좋아하는 사람은 누구입니까? “전 제 의견에 동의하지 않는 사람을 좋아해요. 자기 의견에 동조하는 글을 읽는 것은 쉽죠. 하지만 그건 시간 낭비입니다.

제 견해에 반박하는 사람은 드문데, 그 중엔 짐 그랜트(Jim Grant, 미국의 저명한 언론인)가 최고라고 생각해요. 그는 항상 새로운 것을 일깨워주고, 무언가 배우려고 하며, 도발적입니다.”

증손자들에게 투자나 인생과 관련해 해주고 싶은 말이 있습니까? “두 가지를 얘기하고 싶습니다. 첫째는 파스칼의 법칙(Pascal’s Law)이죠. ‘결정(decisions)과 선택(choices)의 결과가 미래의 확률을 지배한다’는 겁니다.

다른 하나는 투자에서 리스크란 필연적(inevitable)이지만, 필요가 없을 때조차 리스크를 짊어지려고 하지 말라는 겁니다. 그건 인생에서도 마찬가지예요.” WeeklyBIZ

누리엘 루비니

뉴욕대 스턴 경영대학원 교수

그는 사람들이 서브프라임이 무엇인지 전혀 몰랐던 2005년부터 "미국 주택시장의 투기적 붐에 의해 일생에 한번 보기 힘든 경제위기가 발생할 것"이라고 예견했다. 당시만 해도 그는 사람들의 비웃음을 샀지만, 2년 뒤부터 그의 비관적 예견들은 사실이 됐다.

특히 그가 2008년 2월 자신의 블로그에 쓴 '금융 재앙으로 가는 12단계' 시나리오는 섬뜩하리만큼 차례차례 적중해 그의 명성을 세계적으로 높였다.

누리엘 루비니 교수는 자신의 외모만큼이나 어두운 경제 전망으로 '닥터 둠(Dr.Doom)'이란 별명을 얻었다. 하지만 그는 본인의 주장처럼 닥터 둠이 아니라 '닥터 리얼리스트(Dr.Realist)'인지 모른다.

세계 경제 위기가 지나간 후 거대 은행은 어떻게 될까요?

"대마불사(大馬不死)이면서 대마불구(大馬不救)"

2009년 5월 누리엘 루비니 교수가 보는 미래는 여전히 걱정할 일로 가득 차 있었다. 위클리비즈와의 인터뷰에서 그는 "낙관론자들이 '푸른 새싹'을 이야기하지만, '누런 잡초'들이 도처에 널려 있다"면서 "잡초가 언제 발목을 잡을지 모른다"고 말했다. 또한 미국 경제가 2009년 중반쯤 바닥을 칠 것이고 강한 회복세를 보일 것이라는 일부 낙관론자들의 견해를 일축하면서 "회복은 빠르기보다 늦을 것이며, 회복세는 강하기보다는 약할 것"이라고 말했다. 그는 미국 경제의 바닥은 2009년 말께나 돼야 찾아올 것이며, 2010년 이후 플러스 성장으로 돌아서더라도 2년 정도는 잠재성장률인 2.75~3%를 밑도는 1~2% 정도의 성장률에 그칠 것이라고 전망했다. (2009년 11월 OECD는 미국 경제성장률을 2009년 −2.5%, 2010년 −2.5%, 2011년 −2.8%로 전망했다.) 그는 "더블 딥(double dip, 한번 회복되던 경제가 다시 추락하는 것), 혹은 W자형 경기 침체도 배제할 수 없다"고 말했다. 그는 당장은 아니지만 미국의 재정적자가 급증해 국가 신용등급이 떨어질 수도 있다고 경고했다.

당신은 타고난 비관주의자입니까? "저는 늘 올바른 판단을 하려고 노력합니다. 회복의 신호가 보이면 가장 먼저 회복이라고 말할 겁니다. 사람들은 지난 2년 동안 6번이나 '바닥이 왔고, 회복세가 시작됐다'고 했습니다. 그러나 그때마다 시장의 대답은 '그렇지 않다' 였습니다. 그런데 저는 이제 적어도 아시아나 신흥경제권은, 지금처럼 적절한 정책이 유지된다는 것을 전제로, 중기적 관점에서 성장이 이뤄질 것으로 봅니다. 미국의 경우도 경제의 동력과 다양한 기술과 벤처캐피털과 기업가 정신을 유지하면서 주택시장과 개인의 파산 문제 등을 잘 해결한다면 성공적으로 경제 회복의 출발점을 찾을 수 있다고 전망합니다."

이번 위기는 미국 제국의 쇠퇴를 알리는 신호며 달러의 몰락은 피하기 어려운 문제다

그는 거의 웃지 않았다. 웃음이 보일락말락 입 꼬리를 스치고 지나간 게 딱 한 번, 그리고 끝이었다. 그의 어조는 낮게 가라앉아 있었고, 거의 기복이 없는 모노톤이었다. 그는 잠시 말을 멈추다 다시 이어나갔다.

"1997~2004년에 저는 주로 신흥시장의 위기, 아시아와 러시아, 브라질의 위기를 연구 대상으로 삼았습니다. 2004년부터는 미국의 취약점을 집중적으로 연구했고, 미국이 마치 가장 큰 신흥시장 같다는 점을 발견했습니다. 그만큼 경제에 변동성이 컸다는 얘기입니다. 그러니 저는 지난 10년간 전 세계 곳곳에서 각기 다른 시점에 발생하는 위기를 주로 연구하면서 위기에 대해 이야기해온 셈입니다. 그러나 저는 영원한 약세론자는 아닙니다. 이제 지속 가능한 회복에 대해 말할 수 있게 돼 기쁩니다. 저는 최근 분석을 통해 L자형 침체라든가, 아마겟돈이나 재앙과 같은 상황은 지났다고 말하고 있습니다. 2009년 말쯤에는 경제 회복세가 시작될 것으로 보입니다."

자신이 영원한 비관론자가 아니라고 열심히 변명 아닌 변명을 하는 그의 모습에서 기자는 역설적으로 희망의 싹을 발견할 수 있었다. 루비니 교수는 이야기할 때 많은 비유를 들곤 한다. 예를 들어 '두 좀비은행을 합병하는 것은 두 주정뱅이가 서로에게 기대는 것과 마찬가지'라고 했고, 2009년 4월 증시의 반등에 대해서는 '죽은 고양이의 반등(dead cat bounce)'이라는 표현을 썼다. 위클리비즈와의 인터뷰에서도 그는 '푸른 새싹(green shoots)이 아니라 노란 잡초(yellow weeds)'라든지, '대마불사(大馬不死, too big to fail)가 아니라 대마불구(大馬不救, too big to save)'와 같은 현란한 어법을 구사했다.

경기가 회복돼도 회복세가 약할 것으로 보는 이유는 무엇입니까? "근본적인 금융의 불균형이 해소되지 않았습니다. 금융기관과 정부, 기업의 근본적 문제들이 충분히 처리되지 않았습니다. 보호주의가 대두되고 있고, 글로벌 불균형 또한 해소되지 않았지요. 지나치게 많

은 소비를 했던 나라들 - 미국을 비롯해 영국, 아일랜드와 두바이, 호주, 뉴질랜드 등 - 이 소비를 충분히 줄이지 않았고, 지나치게 많은 저축을 했던 나라들 역시 저축을 줄이거나 내수에 돈을 쓰지 않고 있습니다. 금융 시스템은 총체적 붕괴는 면했지만, 문제가 도처에 널려 있습니다. 서브프라임에 그치지 않고, 프라임, 상업용 부동산, 신용카드, 오토론, 레버리지론 등 문제가 널려 있습니다. 물론 리먼브러더스가 그랬듯이 또 다른 금융기관이 갑자기 무너져 급사(急死)할 위험은 이제 없어졌다고 볼 수 있지만 마치 칼에 1000번 찔리는 것처럼 조금씩 조금씩 피를 흘리며 서서히 죽어가는 식의 위험은 남아 있습니다. 시스템적인 금융 위기에서 회복하는 데는 몇 년의 시간이 걸립니다."

모하메드 엘 에리언(Mohamed El-Erian, 세계 최대 채권펀드 운용회사인 핌코의 CEO)은 "이 위기가 끝나더라도 그 뒤의 세상은 지금과는 아주 다를 것"이라고 말했습니다. 그는 또 "지금 각국이 쓰고

새벽은 아직 오지 않았다. 여전히 세계 경제는 파릇파릇한 새싹 대신 누런 잡초가 무성한 형국이다

위기가 지나간 후 세계는 보다
불확실해지고 허약해질 겁니다.
유럽의 어떤 은행들은 대마불구(大馬不救)인
상황이고 정부가 민간에 지나치게 개입해
상장 잠재력을 떨어뜨릴 수 있습니다.

있는 비전통적인 정책들이 예측할 수 없는 문제들을 낳을 수 있다"고 말했습니다. 당신이 보는 위기 후 세상은 어떤 세상입니까? "그의 의견에 매우 공감이 갑니다. 그가 '지난 15년간 미국이 연 3%씩 성장하던 시절은 잊고, 2% 이하를 생각해야 할 때'라고 말한 데 대해서도 공감합니다. 그의 말처럼 세계는 보다 불확실해지고 허약해질 겁니다.

재정적자 문제를 예를 들어 보겠습니다. 예전엔 보통 신흥시장 국가들의 소버린 리스크(sovereign risk, 국가 부도 위험)가 문제가 됐습니다만 요즘은 반대입니다. 선진국들이 문제가 되고 있습니다. 유로존의 몇몇 국가들은 막대한 재정적자를 안고 있으며, 이를 보전하는 것이 어려워질 수 있습니다.

유럽의 어떤 은행들은 대마불사(大馬不死)일 뿐만 아니라 대마불구(大馬不救, 너무 커서 구제하기 힘든 것)인 상황입니다. 또한 정부가 민간에 지나치게 개입해 성장 잠재력을 떨어뜨릴 수 있고, 재정적자를 해결하기 위해 세금을 올릴 수도 있습니다. 장차 인플레이션도 문제가 될 수 있습니다."

"미국, 장기적으로 국가신용등급 하향 조정 가능성 있다"

많은 사람이 인플레이션을 걱정하고 있습니다. 하지만 인플레이션 걱정은 너무 이르다는 사람도 있습니다. 당신은 어떻게 생각하십니까? "적어도 앞으로 2년 동안 세계 경제의 문제는 인플레이션이 아니라 디플레이션일 겁니다. 물론 통화를 찍어서 재정적자를 막는다면 인플레이션 압력은 가중될 겁니다.

그러나 돈이란 찍어내기는 쉽지만, 거두기는 어려운 법이죠. 나중에 의회에 가서 세금을 올려달라고 하기도 어렵습니다. 결국 두 자릿수 인플레이션도 가능하다는 얘기지요. 그러나 인플레이션은 2012년 이후의 문제가 될 겁니다."

얼마 전(2009년 5월) S&P가 영국의 국가 신용등급 전망을 '부정적'으로 낮췄습니다. 사람들은 미국의 신용등급 강등 가능성을 우려하고 있습니다. 가능성이 있습니까? "단기적으로 본다면 가능성이 거의 없습니다. 예를 들어 6개월 이내에 현재 트리플 A(AAA)인 미국의 신용등급이 아래로 떨어질 가능성은 제로에 가깝습니다. 그러나 영국의 신용등급 전망이 하향됐고, 스페인과 아일랜드는 이미 트리플 A등급을 잃었습니다.

선진국 경제들이 얻어야 할 교훈은 중기적인 재정 건전성에 신경써야 한다는 사실입니다. 미국 의회예산국은 공식적으로 향후 10년간 정부 부채가 GDP의 40%에서 80% 수준으로 늘어날 것으로 예상했습니다. 공공 부채가 9조 달러나 늘어나는 셈입니다. 이런 막대한 재정적자에서 벗어나는 길은 세 가지입니다. 첫째, 국가 부도를 내는 겁니다. 둘째, 인플레이션을 통해 실질 부채 부담을 줄이는 겁니다. 셋째, 세금을 올리는 겁니다.

다시 말해 재정적자란 공짜 점심(free lunch)이 아닙니다. 만일 3년 정도 뒤 미국이 막대한 재정적자를 쌓고 이를 통제하는 데 실패한다면, 사람들은 미국을 새로운 각도로 보게 될 거고 국가 신용등급의 하향도 있을 수 있습니다."

루비니 교수는 위기 이후 세상의 또 하나의 특징으로 미국과 달러의 몰락, 그리고 아시아와 중국, 그리고 위안화의 부상을 꼽았다. 그는 최근 〈뉴욕타임스〉 기고에서 "이번 위기는 미국 제국의 쇠퇴를 알리는 신호이며 우리는 아시아의 세기로 들어서고 있다"고 주장했다. 그는 "달러의 몰락은 10년이 걸릴지도 모르지만, 피하기 어려운 문제"라면서 "달러를 대체할 대안은 위안화가 될 것"이라고 주장했다.

최근 경제 회복 신호들이 나오는데 달러 가치가 하락하고 있습니다. 왜 그런가요? 달러화 붕괴의 시작일까요? "글로벌 금융 시스템의 붕괴 위험이 극단으로 치닫는 상황에서는, 사람들은 가장 안전하다고 느껴지는 자산으로 가고 싶어합니다. 물론 미국의 거시경제나 금융의 펀더멘털이 매우 나빴고, 아주 엉망인 적도 있었던 것은 사실입니다. 그런데 선진 경제권은 다르냐, 아닙니다. 유럽은 미국보다 더 나빴고, 영국이나 일본도 마찬가지 상황이었습니다. 결국 상대적으로 펀더멘털이 어디가 더 나쁘냐에 달려 있습니다. 불행하게도, 혹

은 다행히도 미국 국채는 세계적으로 찾아보기 어려운 AAA등급의 안전 자산입니다. 그런데 경제가 조금 회복되면서 위험 회피의 정도가 좀 약해질 경우에는, 사람들이 미국 국채나 미 달러 자산을 팔고 빠져나와 다른 국가의 자산이나 신흥 경제권의 자산으로 이동하게 됩니다. 이런 과정이 그런 역설을 설명할 수 있을 겁니다."

한국을 비롯한 아시아 국가들은 이번 글로벌 금융 위기로 외환보유고를 많이 쌓지 않으면 위험하다는 사실을 다시 한번 절실히 깨달았습니다. 그러나 이렇게 하는 것은 글로벌 불균형을 더욱 키우는 것이 아닙니까? 이런 딜레마를 어떻게 해야 합니까? "한국과 같은 나라들이 막대한 외환보유고를 쌓고 있는 것은 외부의 충격에 대한 일종의 완충장치(buffer)라는 점에서 이해가 갑니다. 그러나 그 완충장치는 여러 측면에서 비용이 비쌉니다. 거의 제로에 가까운 금리를 주는 미 재무부증권 등에 돈을 묶어 놓아야 합니다. 그런 '보험 비용'을 낮출 수 있는 몇 가지 대안이 있습니다.

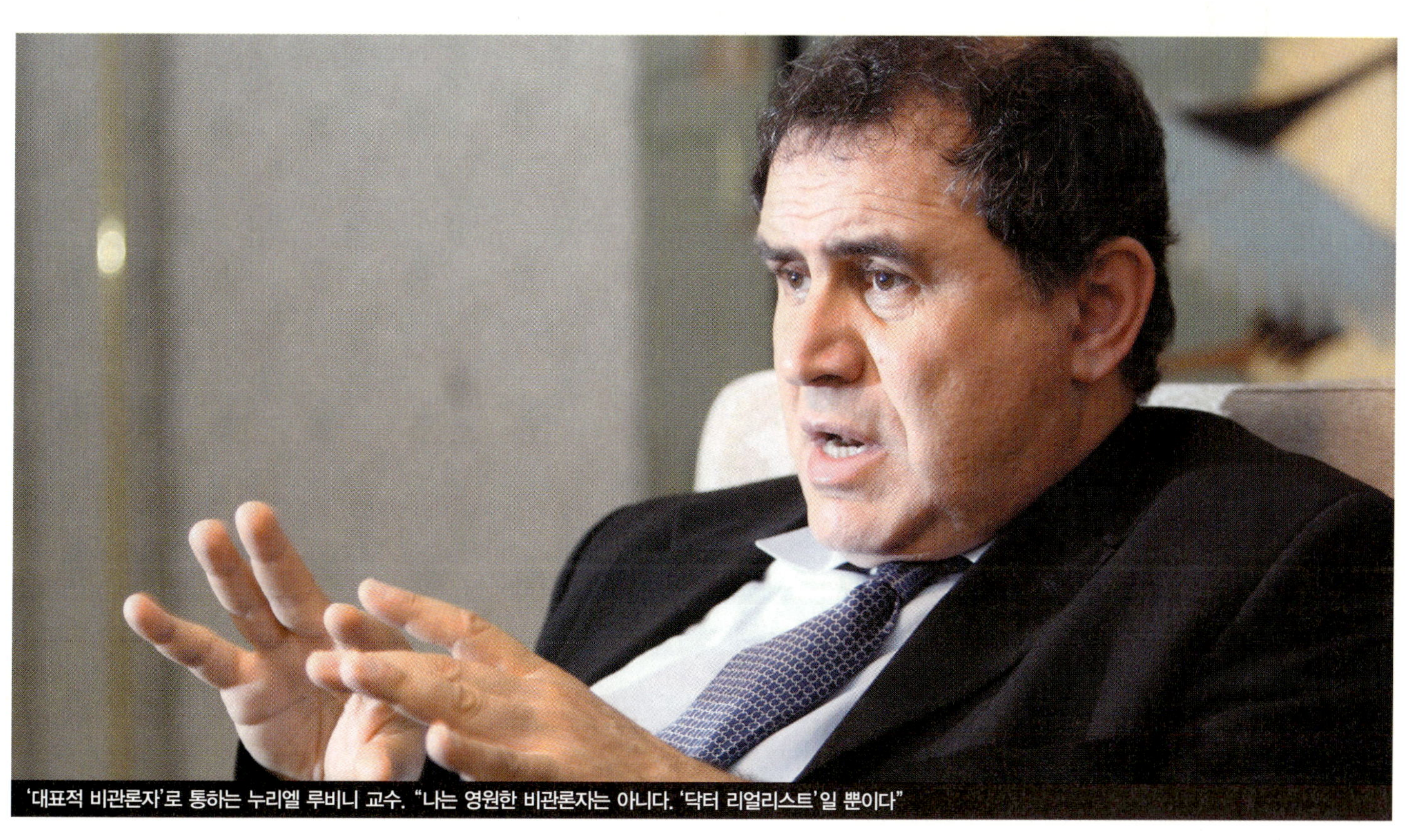

'대표적 비관론자'로 통하는 누리엘 루비니 교수. "나는 영원한 비관론자는 아니다. '닥터 리얼리스트'일 뿐이다"

우선, 아시아 국가들이 외환보유고 공동기금을 만드는 겁니다. 둘째, 유사시 IMF가 마련한 새로운 정책자금을 이용하는 겁이다. 물론 아시아 국가들이 IMF에 대해 나쁜 기억을 갖고 있다는 사실을 알고 있습니다. 하지만, IMF도 10년 전의 실수로부터 배운 게 많습니다. IMF는 이번 금융 위기 과정에서 어려움을 겪은 국가들—멕시코나 콜롬비아, 폴란드—에 대해 많은 부대조건을 달지 않고 많은 돈을 지원했습니다. 2000억 달러나 되는 돈을 제로 금리에 묶어놓는 것은 해당 국가를 위해서도, 세계 경제를 위해서도 좋지 않습니다."

그러나 2009년 5월 28일 신제윤 기획재정부 차관보는 "경상수지 흑자를 통해 외환보유고를 꾸준히 쌓는 것만이 국제금융시장에 따른 외환 변동성을 줄일 수 있는 방법"이라고 말해 한·미 간에 큰 인식의 격차를 드러냈다.

이번 위기로 경제학의 역할에 대한 비판이 일고 있습니다. 현실 문제 해결에 도움이 안 된다는 것입니다. 경제학은 어떻게 변해야 합니까? "저를 포함해 많은 경제학자들은 이번 위기를 조금씩이나마 예견했다고 생각할 것입니다. 그러나 전체적으로 보면 경제학은 이 위기를 놓쳤습니다. 그런데 경제학만 틀린 게 아닙니다. 정부도 그랬고, 금융기관도 그랬고, 신용평가기관들도 그랬습니다. 많은 사람이 이 거품이 영원히 계속될 것이라고 오판했습니다. 대중과 군중의 지혜가 광범위하게 실패한 것이죠. 대중의 광기(狂氣)까지는 아니더라도, 대중의 환각(幻覺)과 미망(迷妄)이었습니다. 모두가 거품에 빠져 살면서 혜택을 보면 모두가 거품을 놓치게 됩니다.

물론 경제학자들에게도 잘못이 있습니다. 제 생각에 많은 아카데믹 경제학, 박사 학위를 받는 경제학은 너무 기술적으로 변한 나머지, 너무 모델(model)에 따르는 식이 됐습니다. 물론 그것도 경제학으로서 가치가 있습니다. 하지만 데이터를 잘 관찰하고 경험에서 나온 사실을 더 중시한다면 경제학과 모델이 상아탑에 머무는 데 그치지 않고 현실과 가까워질 수 있을 겁니다.

또 하나 이번에 배운 것은, 거시경제학과 금융시장의 복잡한 상호 작용이 중요한 주제로 떠올랐다는 점입니다. 많은 거시경제학자는 그들의 모델에 발전된 금융 시스템의 모습을 제대로 담지 않은 채 돈과 금융을 분석합니다. 반면 많은 금융 전문가들은 경제 전체를 보지 않고 '부분 균형'만 염두에 둡니다. 그 두 부분을 결합하는 것, 즉 거시경제의 최고 아이디어와 금융시장에서의 최고의 아이디어를 합치는 것이 매우 중요합니다."

만약 이명박 대통령을 만나 세 가지 충고를 한다면? "우선, 글로벌 경제를 향해 개방을 추구해왔던 한국의 장기 전략이 유익했다는 점을 환기시키고 싶습니다. 물론 이런 전략 때문에

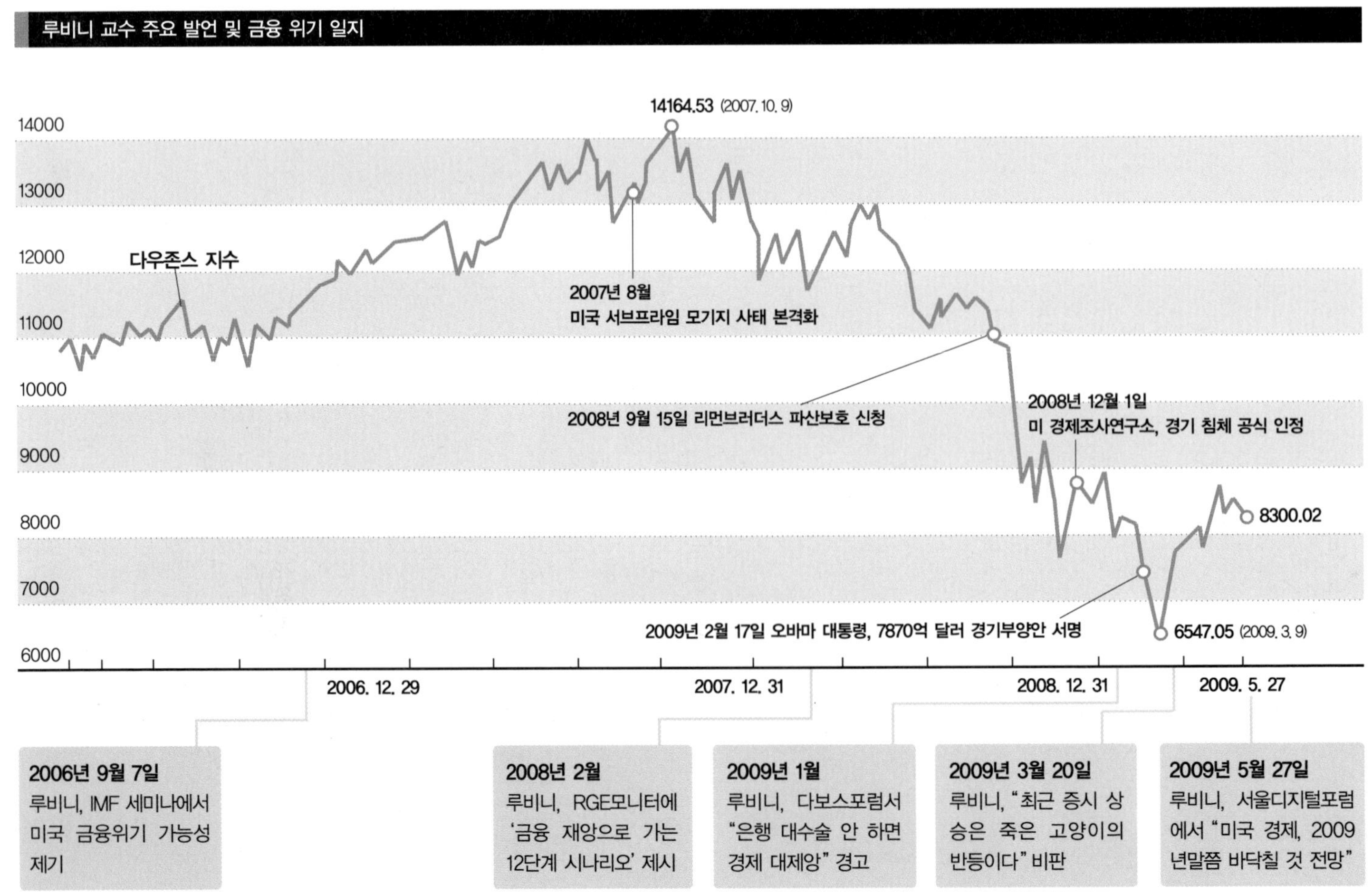

이번처럼 외부 충격에 시달려야 하는 경우도 있지만, 그건 10년에 한 번 올까 말까 한 사건입니다. 그저 차가 덜컥거리는 수준의 단기적인 충격이고, 장기적으로는 유익하다는 뜻입니다. 둘째, 한국에는 아직 더 개선할 영역과 일이 남아 있다는 점을 말하고 싶습니다. 서비스 부문의 생산성 향상도 중요하고, 질질 끌고 있는 금융 분야 문제의 해결도 그렇습니다. 몇몇 분야에서는 잉여 생산능력의 구조조정도 필요합니다. 마지막으로, 이런 경제 위기 속에서도 인재와 기술에 대해서는 장기적 관점에서 투자를 하는 노력이 매우 소중하다는 점을 강조하고 싶습니다.”

2008년에 자유낙하하던 세계 경제의 학점을 'D-'나 'F'였다고 가정한다면, 지금은 어떤 학점을 주시겠습니까? “상대적으로 볼 때 지금 이 시점에서 미국과 중국이 유럽과 일본보다 잘하고 있습니다. 유럽과 일본의 정책 집행자들은 약간 시대에 뒤처지고 있구요. 특히 일본은 심각하게 구조적이고 정치적 문제가 있는 것으로 보입니다. 반면 중국을 포함한 대부분의 신흥시장 국가들은, 선진국의 경기와 성장에 너무 의존적이라는 단점은 여전하지만, 요즘 호전의 기운을 받고 있습니다. 학점을 매기기는 어렵지만, 굳이 말하자면, 미국은 B이고 중국과 신흥시장들은 B+를 줄 수 있겠죠. (그는 대답이 쉽지 않은 듯 이 대목에서 ‘유 노 you know’를 네 차례나 반복하고는 잠시 쉬었다가 말을 이었다.) 유럽과 일본은 B-와 C 사이인 것 같습니다.”

한국은 어떻습니까? “중국과 신흥시장에 묶어서 말한 셈입니다. 가장 우수한 집단에 속합니다.”

B+에서 A를 향해 가고 있다고 봐도 됩니까? “(이 대목에서 그는 거의 처음으로 보일 듯 말 듯한 미소를 지었다.) 아니, 저는 지금 이 시점에서는 어느 나라도 A영역으로 평가하고 싶지 않습니다. 다만 중국과 한국과 신흥시장 국가들이 A로 복귀할 것이라는 희망적 견해를 갖고 있습니다. 그러나 아시아가 전통적인 방식의 회복, 즉 서구 경제가 반등해 소비가 급증하고 수입(輸入)이 늘어날 때 그 혜택을 보겠다는 식의 회복을 기대하고 있다면, 이번에는 실망하게 될 겁니다. 왜냐하면, 이번에는 미국 경제가 비록 회복되더라도, 예전보다 덜 소비하고 덜 수입하면서, 약한 달러를 기반으로 수출을 더 하는 식의 경제로 바뀔 것이기 때문입니다. 2002~2004년의 경기 회복기엔 미국이 회복되면서 곧바로 아시아가 회복되는 전통적 양상을 보였지만, 이번에는 다를 겁니다. 그래서 내수(內需) 증진이나 아시아 지역 내에서의 소비 증가가 중요한 겁니다. 그래야 더 지속 가능합니다. 그렇지 못하면, 실망감이 클 것입니다.”

그는 낙관을 논하면서도 엄격한 전제 조건을 달고 있었다. 하지만 다른 사람도 아닌 바로 닥터 둠으로부터 받은 ‘B+’ 학점이라면 희망을 가져도 될 것 같았다. _{WeeklyBIZ}

Who is

누리엘 루비니 교수는 현재 뉴욕대 스턴 경영대학원 교수이자 경제 컨설팅 회사인 RGE모니터의 회장을 맡고 있다. 하버드대에서 국제경제학으로 박사를 받은 뒤 예일대에서 교편을 잡았고, IMF와 미 연준, 세계은행, 이스라엘은행 등에서 일했다. 클린턴 정부 시절 백악관 경제자문위원회 수석 이코노미스트를 거쳐 티모시 가이트너 당시 재무부 차관보(현 장관) 자문역으로 일했다.

그는 1959년 터키 이스탄불에서 유태계 이란인 부모로부터 태어났다. 그의 가족은 테헤란과 텔아비브를 거쳐 밀라노(이탈리아)에 정착했으며, 그는 보코니대(밀라노)를 나왔다. 그는 현재 미국 시민이며, 영어와 페르시아어, 이탈리아어, 히브리어를 구사한다. 그의 영어는 여러 나라의 악센트가 섞여 특이한 느낌을 준다. 그는 한 번도 결혼하지 않았다.

루비니 교수는 2006년 9월 IMF 강연에서 "미국 경제는 앞으로 몇 개월, 혹은 몇 년 후 일생에 한번 볼까 말까 한 주택 버블 붕괴와 모기지 부도, 모기지 담보부 증권의 폭락을 겪을 것이고, 이로 인해 글로벌 금융 시스템의 기능 정지와 깊은 경기침체를 겪게 될 것"이라고 전망했다. 당시만 해도 청중들은 그의 주장에 코웃음을 쳤다. 하지만 불과 1년 후 그의 전망은 사실이 됐다. 일부 경제학자들은 그의 연구 방식이 정통적이지 않고 주관적이라고 비판하지만, 그의 정확한 예측력은 그런 비판들을 잠재웠다.

글로벌 금융 위기는 그에게 명예와 돈(그가 운영하는 RGE모니터는 경기침체에도 불구하고 성업 중이다.), 그리고 동료들의 인정 등 모든 것을 안겨줬다. 그는 〈타임〉지 선정 ‘세계에서 가장 영향력 있는 인물 100’에 포함됐고, 〈프로스펙트 매거진〉에 의해 ‘현존하는 세계 지식인 100명’ 중 2위에 랭크됐다.

그는 티모시 가이트너 재무부 장관과 래리 서머스 백악관 국가경제위원장과 가끔 만나며, 그의 의견들은 오바마 정부의 정책 결정에도 많이 반영된다. 그가 미국의 경제 위기를 예견한 것은, 1990년대 아시아와 남미의 경제 위기에 대해 연구한 것이 밑거름이 됐다. 당시 그는 경제 위기를 겪은 나라들이 공통적으로 거액의 경상수지 적자를 안고 있고, 외국으로부터의 차입에 의존하고 있으며, 이것이 부동산시장 버블을 가져왔다는 사실을 발견했다. 그는 2004년부터 미국이 이와 비슷한 문제인 쌍둥이 적자를 안고 있다는 점을 지적하면서 미래에 경제가 붕괴할 가능성이 있다고 경고하기 시작했다.

토머스 프리드먼

〈뉴욕타임스〉 칼럼니스트,
《세계는 평평하다》《코드 그린》 저자

Thomas L. Friedman

월요일 오전 10시 워싱턴DC, 토머스 프리드먼의 여비서
는 분주했다. 쉴 새 없이 전화를 받으며 이메일을 체크했
다. 프리드먼은 문을 걸어 잠그고 칼럼을 쓰고 있었다.
갑자기 떠오른 악상을 기록해야만 하는 작곡가처럼, 그는
기자와의 인터뷰를 15분 미뤘다. 여비서는 브라질 유력
신문의 인터뷰 요청 전화를 기자의 면전에서 거절했다.
그녀는 숨을 돌리며 "프리드먼은 24/7(하루 24시간, 일주일
내내) 일한다"고 말했다.
2008년 〈월스트리트저널〉이 선정한 세계 경영 사상가
20인 중 2위. 《렉서스와 올리브나무》《베이루트에서 예루
살렘까지》《세계는 평평하다》 등 책을 낼 때마다 수백만 권
씩 팔리는 세계 최고의 베스트셀러 작가. 퓰리처상을 세
번 수상해 더 이상 수상 자격이 없는 저널리스트. 바로
토머스 프리드먼이다.

IT 다음엔 무엇이 올까요?

"ET.
모두 살리던가 모두 죽던가"

세계화와 시장 개방의 전도사였던 그는 요즘 환경 혁명의 전도사로 탈바꿈했다. 그는 위클
리비즈와의 단독인터뷰에서도 뜨겁고(지구 온난화), 평평하고(세계화), 붐비는(인구 증가), 세 가
지 현상이 결합된 세계에서 살아남는 유일한 방법은 '녹색 혁명'이라고 거듭 강조했다.
다시 말해 '지옥의 연료'이자 '더러운 연료'인 화석 연료(석유와 석탄 등)에 기반한 성장 시스
템에서 '천국의 연료'이자 '깨끗한 연료'인 풍력과 수력·태양력 등 신·재생에너지 성장 시
스템으로 모든 체제를 바꾸는 것이다. 이것을 가능케 해주는 '에너지 테크놀로지(ET)' 산업
을 주도하는 기업이나 국가가 미래를 지배하게 될 것이라고 그는 단언했다.
프리드먼은 전 세계를 휩쓸고 있는 이번 경제위기를 레버리지(차입)의 방대한 규모, 레버리
지의 세계화와 복잡성, 그리고 글로벌 경제의 중심인 미국에서 위기가 터졌다는 점에서 '금
융 핵폭탄(financial nuclear bomb)'이라고 규정했다. 현재 미국에게는 '모든 사람을 구제하든
지' 아니면 '전체 시스템을 버리는' 두 가지의 극단의 선택만 남아 있을 뿐이며, 모럴해저드
(도덕적 해이)를 방지할 수 있는 보다 나은 제3의 선택을 할 수 없는 상황이라고 진단했다.
프리드먼과의 인터뷰는 2008년 12월 8일 워싱턴에 있는 뉴욕타임스빌딩 7층 사무실에서 1
시간 동안 진행됐다. 그는 인터뷰 동안 끊임없이 조어(造語)를 만들어내고, 비유를 들려고
애썼다. 가령 북한의 미래를 전망하면서, "북한이 주식이라면 공매도(short, 空賣渡)하겠다"
라든지, 모럴해저드 문제를 설명하면서 열심히 맞벌이하는 프리드먼 부부와 이웃집 서브프
라임 모기지 차입자를 비교하는 식이다.

**당신은 세계화의 긍정적인 면을 강조해왔습니다.
하지만 세계화는 월가발(發) 서브프라임 위기마저
세계화시켰지요. 이번 금융 위기는 세계화의 또
다른 그늘을 드러내고 있는 것 아닙니까?** "저는
세계화의 밝은 면과 어두운 면을 모두 얘기해
왔습니다. 다만 제가 얘기하고 싶은 것은 세
계화는 우리가 본격적으로 시작하지도 않았
고, 멈출 수도 없다는 것입니다. 우리가 할 수
있는 최선은, 좋은 면을 최대한 끌어내고 나
쁜 면은 완화시키는 것이지요."

이번 위기는 월가에서 시작됐지만, 세계로 확산 됐습니다. 특히 개도국들은 더 큰 고통을 받고 있지요. 《렉서스와 올리브나무》에서 당신은 세계 화를 통해 맥도날드를 상징하는 '골든 아치'의 풍 요가 전파된다고 설파했지만, 지금 개도국들은 '골든 아치' 대신 한번 회복되던 경제가 다시 추 락하는 '더블 딥'을 경험하고 있습니다. 결국 개 도국은 세계화의 손쉬운 희생양이 되고 마는 게 아닌가요? "그것은 나라마다 다릅니다. 한국 은 세계화로 가장 큰 혜택을 본 나라입니다. 삼성, 대우 등 글로벌 기업들을 배출했지요. 만약 세계화가 아니었다면 한국의 현재 생활 수준은 한참 뒤처졌을 겁니다. 한국 이상으로 세계화의 혜택을 본 나라를 생각할 수 없을 정도입니다. 한국은 물건을 만들어 글로벌하 게 판매했지요. 문제는 세계화가 아니라 개별 국가가 얼마나 스스로를 잘 보호할 수 있는 체제를 갖췄느냐는 겁니다. 좋은 펀더멘털과 은행에 대한 강력한 규제를 갖추고, 높은 저 축과 훌륭한 금융 소프트웨어를 갖춘 국가는 이번 위기에서 충격을 덜 받을 것입니다."

미국의 문제는 무엇입니까? "미국의 금융 소프 트웨어는 썩고 부패했습니다. 사람들은 결코 판매하거나 구입해서는 안 되는 상품을 팔았 습니다. 모기지를 제공하면서 계약금도 없고, 2년간 원금을 조금도 낼 필요가 없는 상품을 팔았습니다. 이런 모기지를 묶어 증권으로 팔 았지요. 해서는 안 되는 일이었어요. 감독당국 과 신용평가사는 이런 상품에 'AAA' 도장을 찍었고요. 우리의 금융 소프트웨어는 '탐욕 바이러스'에 감염돼 부패했습니다. 금융 소프 트웨어를 청소하고, 금융 하드드라이브를 깨 끗하게 하기 위해서는 '안티 바이러스 처방' 을 받아야 합니다."

안티 바이러스 처방을 좀 구체적으로 설명해 주 시죠. 금융기관에 대한 보다 많은 규제를 말씀하 신 겁니까? "물론 어떤 금융상품에 대해서는 반드시 더 많은 규제가 있어야 하지만 반드시 전체적으로 규제가 더 많이 늘어나야 한다는 의미는 아닙니다. 안티 바이러스 처방에서 중 요한 게 두 가지입니다. 먼저 레버리지에 제 한을 두어야 합니다. 다른 사람의 돈으로 베 팅하는 금액에 제한을 두어야 합니다. 자기 돈으로만 30대 1의 베팅을 하면 문제가 안 됩 니다. 하지만 이 남자의 돈으로 30대 1의 베 팅을 하고, 다시 저 여자의 돈으로 30대 1의 베팅을 하는 식으로 일을 벌였다가 잘못되면 핵폭발이 일어납니다. 둘째는 투명성을 높여

야 합니다. 어떤 일이 진행되는지 볼 수 있으 면 위험을 측정할 수 있지요."

파생상품은 미국 금융산업 혁신의 산물이고, 최 상의 기술 상품이 아닙니까. 파생상품이 왜 이처 럼 위험해졌습니까? "과잉(excess) 때문입니다. 너무 많이, 너무 멀리 나가면 결국 잘 모르는 사람들이 그것을 갖고 플레이를 하게 됩니다. 이에 따라 금융상품이 리스크를 줄이는 대신 높이고 마는 것입니다. 지금 사람들은 돈에서 돈을 만듭니다. 보다 나은 비행기를 만들고, 달로 로켓을 쏘아올리는 공학 대신 비정상적 인 방법을 동원해 돈에서 돈을 만드는 공학을 사용합니다. 이는 빗방울에 내기를 거는 것과 같습니다. 어떤 빗방울이 먼저 창문에 도달할 것인지 알아맞히는 식입니다. 돈에서 돈을 만 드는 이런 일이 시작되면 전 세계 모든 사람 들이 달려듭니다. 일이 잘못되면 금세 활활 타오를 수 있는 위험한 금융 시스템이 만들어 지는 것이지요."

미국 정부는 현재 조 달러 단위의 경기 부양책을 거론하고 있습니다. 상상이 잘 가지 않을 만큼 큰 돈입니다. 이런 식으로 돈을 쏟아 붓는 정책이 단 기적으로 불가피하다고 하더라도 장기적으로 부

'지옥의 연료'이자 '더러운 연료'인 화석 연료에 기반한 경제 시스템에는 희망이 없다

작용이 있지 않겠습니까? "물론입니다. 여기에는 모럴해저드의 문제가 있습니다. 예를 들어, 저와 아내는 둘 다 직장이 있고 열심히 돈을 모아 일정 금액의 계약금을 지불하고 모기지로 집을 샀습니다. 모기지 원리금 상황을 거르지 않기 위해 하루도 쉬지 않고 일을 했지요. 그런데 내 옆집 사람은 서브프라임 모기지(비우량 주택담보대출)를 얻었습니다. 계약금도 없고, 2년 동안은 원금 상환도 할 필요가 없었지요. 집값이 계속 오를 때는 문제가 없었지만 이제 떨어지기 시작하면서 문제가 생겼습니다. 모기지를 갚지 못하자 은행에서 와서 옆집 프리드먼 부부가 내는 모기지의 절반으로 깎아 주겠다고 합니다. 저와 아내는 하루도 쉬지 않고 열심히 일을 해서 모기지를 밀리지 않았지만 옆집 사람은 제대로 된 소득도 없이 집을 사놓고 모기지가 밀리니까 다시 할인받는 불공평한 일이 발생하고 있습니다. 우리는 현재 이런 상황에 처해 있습니다.

우리는 두 가지 중 하나를 선택해야만 하는 상황에 직면했습니다. 첫째는 모든 사람을 구제(bail out)하는 것입니다. 전혀 구제받을 가치가 없고, 구제받아서는 안 되는 사람까지 모두 구제하는 옵션이지요. 이 선택이 아니면 전체 시스템을 잃어버리는 것입니다. 우리에겐 이 두 가지 선택밖에 없습니다. 보다 공평하고 책임감 있는 해결책을 제시하는 제3의 메뉴는 없습니다. 왜냐하면 잘못해서 벌을 받아야만 하는 사람, 가령 나쁜 은행가와 모기지 소유자, 집을 소유해서는 안 되는 데 무리하게 집을 산 사람 등을 벌주기 시작하면 시스템이 붕괴되기 때문이죠."

자동차 '빅3'를 구제해야 한다고 생각하십니까?
"자동차 빅3는 구제받을 가치가 없다고 생각하지만 자동차 빅3는 우리가 닥친 문제의 전형적인 예입니다. 바로 내 이웃과 같습니다. 그는 보다 책임감 있게 살았어야 했습니다. 하지만 내 이웃이 파산하도록 내버려두면 내 집값이 떨어집니다. 나는 파산한 집 옆에 살고 있고, 은행은 파산된 집을 절반 가격에 팔아 치울 것입니다. 그렇게 되면 내 집값이 떨어져

훨씬 많은 손해를 보게 됩니다. 이것이 GM 등 빅3의 딜레마입니다. 다른 사람들을 파산하지 않게 하려면 빅3를 구제해야 합니다."

결국 빅3를 구제하는 게 불가피하다는 얘기네요.
"불가피합니다. 이런 얘기가 있습니다. '당신에게 1000달러를 빚졌다면 그것은 내 문제다. 하지만 100만 달러를 빚졌다면 그것은 당신 문제다.' 이것이 GM 스토리입니다."

유럽의 자동차 메이커들이 빅3 구제 움직임을 보면서 같은 요구를 자국 정부에 하고 있습니다. 자칫 빅3 구제가 보호무역주의 혹은 민족주의 물결이 일도록 자극할 수 있는 것 아닌가요? "당연합니다. 하지만 솔직히 한국은 한국의 자동차 회사를 돕고 있고, 유럽은 자신들의 자동차 회사를 돕고 있습니다. 이 문제에 있어서 숫처녀(virgin)는 없습니다. 조심해야 합니다.(웃음) 우상을 숭배하지 않는 곳은 없습니다."

하지만 미국은 그래도 가장 순수한 형태의 자본

주의를 지향해 오지 않았습니까? "맞습니다. 개인적으로는 현재 벌어지고 있는 일을 좋아하지 않습니다."

일각에서는 이번 경제 위기를 놓고 미국이라는 수퍼 파워가 쇠퇴하는 신호로 보고 있습니다. 동의하십니까? "미국의 파워가 약해지고 있다고 하지만 이것은 다른 나라들도 마찬가집니다. 미국의 영향력이 축소됐지만 저는 돈을 미국 은행에 맡깁니다. 미국 경제는 혁신을 할 능력이 있습니다. 땅에 파이프를 묻고 오일을 빨아먹는 경제와 저렴한 노동력에 의존해 대량 생산을 하는 경제와 비교해보십시오. 어떤 경제를 지지하겠습니까. 어떤 나라의 은행에 돈을 맡기고, 주식시장에 투자하겠습니까. 당연히 미국입니다."

이번 경제 위기가 세계화에 심각한 부정적 영향을 미칠 것으로 보십니까? "틀림없이 심각한 영향을 줄 것입니다. 하지만 어떤 방향으로 전개될지 예측하기엔 너무 이르지요."

'코드 레드'의 시대는 가고
'코드 그린'의 시대가 옵니다.
하루 빨리 ET(energy technology)를
만나야 합니다.

오바마노믹스는 새로운 뉴딜정책에 대해 말하고 있습니다. 새로운 뉴딜정책은 대체 에너지 등 녹색 성장을 바탕으로 해야 합니까? "'그린 뉴딜(Green New Deal)'이라는 말은 제가 만들어낸 것입니다. 저는 이런 방향으로 가야 한다고 믿습니다. 우리는 구제(bail out)만 해서는 안 되고 새로운 것을 건설(build up)해야 합니다. 이 위기를 지나면서 새로운 산업을 만들어야 합니다. 정부의 지원으로 연명하는 기존 산업만으로는 안 됩니다. 다음 산업은 ET(에너지 테크놀로지) 산업입니다. 청정 수력 에너지, 청정 공기 시스템과 같은 산업이지요. 이것이 가장 거대한 차기 글로벌 산업이 될 것이라는 점은 분명합

'2009 그린포럼'에 참석한 경영사상가, 토머스 프리드먼

니다. 미국은 ET 혁명의 리더가 될 것입니다."

오바마노믹스는 녹색 성장을 추구하고 있는 것으로 보입니다. 당신은 책에서 녹색 성장은 반드시 전체 시스템이 함께 돌아가는 접근을 해야 의미가 있다고 강조하고 있는데, 오바마노믹스는 시스템적 접근을 하고 있습니까? "아직까지는 아닙니다. 하지만 전체 그림을 그려 가고 있는 단계입니다. 따라서 아직 비판을 하고 싶지는 않습니다. 그런 주문을 하기엔 아직 이릅니다."

ET 혁명이 오마바 정부에서 이른 시일 내에 일어날 것으로 보십니까? "ET 혁명은 규제(regulation)가 아닌 혁신(innovations) 솔루션을 필요로 합니다. 그러려면 적절한 시장이 형성되어야 하고, 가격이 이를 이끌어야 합니다. 소비자들의 행동과 수요를 진정으로 바꿀 수 있는 휘발유세(稅)와 탄소세를 도입해야 합니다. 이런 세금을 도입하지 않은 채 무작정 디트로이트에 가서 '그린 카'(친환경차)를 만들라고 해도 소용이 없습니다. GM에 프리우스(토요타의 하

이브리드카)만 만들라고 해도 휘발유세가 없다면 소비자들은 사지 않을 것입니다. (휘발유세나 탄소세로 휘발유 가격을 높게 유지해야 비로소 소비자들이 휘발유를 적게 쓰거나 안 쓰는 친환경차를 구매할 것이란 의미이다.) 대신 중고 SUV(지프형 차)를 살 겁니다.(웃음) 오바마 정부는 녹색 성장의 중요성을 진정으로 이해하고 있습니다. 매우 현명하지요. 하지만 중요한 것은 이를 촉발하는 중요한 열쇠는 가격이라는 점입니다. 휘발유세와 탄소세가 있어야 소비자들의 행동을 바꿀 수 있습니다. 그래야 시스템적 접근을 할 수 있습니다."

고공 행진을 하던 유가가 추락하고 있습니다. 유가 하락으로 ET 혁명은 김이 좀 빠진 것 아닌가요? "맞습니다. 그런 우려를 하는 게 당연합니다. 제가 책을 쓸 당시 국제 유가는 배럴당 140달러 선이었지만 지금(2008년 12월)은 40달러 선입니다. 하지만 가격 이외에 다른 요인도 함께 고려해야 합니다. 기후 변화와 지정학적 영향을 생각해야 합니다. 1970년대에는 오일을 소비하면서 단지 가격만 생각하면 됐습니다. 지금은 오일을 소비할 때 이것이 기후에 미치는 영향과 핵무기 개발을 추구하는 이란의 마무드 아마디네자드(Mahmoud Ahmadinejad) 대통령에 미치는 영향도 함께 생각해야 합니다. (그는 높은 유가는 이란을 비롯한 산유국들의 독재 정치체제, 즉 석유 독재를 강화하는 역할을 한다고 주장한다.) 또한 가격도 여전히 중요합니다. 모든 훌륭한 그린 제품을 만들어도 가격 인센티브가 없으면 소비자들이 구입을 하지 않을 겁니다. 휘발유세와 탄소세를 도입해 가격 인센티브가 생겨야 진정으로 소비자들의 행동을 바꿀 수 있습니다."

경제 위기를 겪고 있는데, 지금이 ET 혁명을 시작하기에 적절한 시기라고 보십니까? "저는 경제 위기 이전에 책을 쓰기 시작했지만 지금이야말로 가장 적절한 시기라고 생각합니다. 경제 침체에서 빠져 나오기 위해서는 단순히 구제가 아니라 새로운 건설이 필요합니다. 당신

은 GM의 대형 SUV인 '허머(Hummer)'를 몰아서 이 경제 침체에서 탈출하기를 원합니까. 저는 아닙니다. 이렇게 하면 또 다른 경제 침체에 도달할 뿐입니다. 저는 완전히 다른 미래를 원합니다."

당신은 새로운 시대의 국가 전략으로 '코드 그린(Code Green, 녹색 성장 전략을 지칭하는 프리드먼의 조어)'을 강조하고 있습니다. 하지만 냉전시대의 전략인 '코드 레드(Code Red, 적색경보, 공산주의에 대한 대응 전략)'와 달리 '코드 그린' 시대에는 소련과 같은 분명한 적이 보이지 않습니다. 그러다 보니 주목도와 응집력이 떨어지는데 이 문제를 어떻게 풀 수 있습니까? "코드 그린 시대에도 기후 변화 그리고 오일 파워에 의존하는 독재 국가와 같은 외부적 위험이 있습니다. 더구나 코드 그린 시대에는 기회도 함께 있지요. 다음에 오는 거대한 글로벌 산업을 소유할 수 있는 기회가 있습니다. 에너지 테크놀로지를 소유한 국가는 경제 안보, 에너지 안보, 국가 안보, 혁신 기업을 확보할 수 있고 지구적 차원의 존경을 받을 것입니다. 저는 이 국가가 미국이길 바라고, 당신은 한국이길 원할 겁니다. 단순히 위협만 부각해서는 안 되고 이런 기회가 함께 강조돼야 합니다."

당신은 그린 성장 전략의 모델로 덴마크를 꼽았습니다. 덴마크는 인구 550만 명의 작은 나라인데, 그린 성장 전략은 틈새시장에 만족할 수 있는 소규모 국가에나 적당한 모델 아닙니까? "좋은 질문입니다. 제 대답은 '노(No)'입니다. 미국과 같은 대국에도 적용할 수 있는 전략입니다. 미국은 큰 내수 시장을 갖고 있습니다. 그런데 그걸 미국 스스로는 놓치고 있고, 다른 소국들이 이용하고 있습니다. 예를 들어 미국에서 판매되는 윈드 터빈 3개 중 1개는 덴마크 제품입니다. 그 기술을 미국에서 가져간 것인데도 말이죠. 또 셀룰로오스 에탄올을 만드는 세계에서 가장 유명한 효소(酵素) 회사가 다니스코(Danisco)와 노보자임스(Novozymes)인데, 미국에서 활동하지만 둘 다 덴마크 회사지요. 다시 말해 기회는 많은데 미국이 놓치고 있을 뿐입니다."

과거 경제 혁명들은 기술 혁명이 주도했습니다. ET 혁명에선 아직까지 이런 기술 혁명이 보이지 않는데요. "그것은 시장의 형성을 통해서만 가능합니다. 적절한 가격과 표준, 규제가 필요하지요. 이를 통해 10만 명의 혁신가를 자극하고, 10만 개의 차고에서 연구가 일어나고, 10만 개의 그린 제품 실험이 진행될 것입니다. 이 가운데 1000개는 유망할 것이고, 100개는 매우 멋질 것이며, 이 가운데 2개는 차기 '그린 마이크로소프트'와 '그린 구글'이 될 겁니다."

나는 최경주의 팬

당신은 책에서 골프 얘기를 종종 하더군요. 골프는 당신에게 어떤 의미가 있습니까? "제게 골프는 일상으로부터의 탈출입니다. 저는 가끔 프로 골퍼의 캐디도 합니다. 2008년 4월 시니어 골프대회에서는 US오픈 챔피언에 두 번 오른 앤디 노스(Andy North)의 캐디를 했습니다. 저는 미네소타에서 아버지와 함께 골프를 하면서 성장했습니다. 개인적으로는 최경주의 팬입니다. 한국은 내가 골프를 해보지 못한 몇 안 되는 국가입니다. 아름다운 한국 골프장에서 플레이해보고 싶습니다."

골프에 관한 책을 쓸 계획이 있다고 알고 있는요. "아마도 다음 번 책이 될 겁니다."

좋은 칼럼을 쓰는 비결은 무엇입니까? "화학 작용입니다. 마치 핀볼 게임처럼 어떤 생각이 떠오르면 여기저기 부딪히면서 무언가를 만들어냅니다. 저는 점들을 연결하는 재주가 있는 것 같습니다. 그것이 어떻게 가능한지는 모르지만요. 마치 음악이 머릿속에 떠올라 그것을 연주하는 것과 같습니다."

어떤 글이 좋은 글입니까? "좋은 글은 말 그대로 좋은 글과 좋은 분석이 결합된 것이라고 생각합니다. 좋은 리포팅과 좋은 글, 좋은 분석은 좋은 저널리즘을 만들어내지요."

책을 낼 때마다 베스트셀러가 됐습니다. 잘 팔리는 책을 만드는 자신만의 요리법을 공개해주시조. "가장 중요한 것은 스스로에게 이렇게 질문하는 것입니다. '과연 독자들이 다음 장을 넘기고 싶을까.'
우선 사람들이 다음 장을 넘기고 싶어하는 주제를 고르세요. 그리고 많은 스토리와 개인적인 일화를 동원해 독자들을 끌고 가세요. 하지만 기저에는 매우 심각한 분석이 깔려있어야 합니다. 예를 들어 《세계는 평평하다》는 매우 간단한 아이디어입니다. 하지만 근저에는 매우 심각한 논쟁을 담고 있습니다. 정확하게 단순화하려면 먼저 매우 깊게 이해해야 합니다." WeeklyBIZ

'2009 그린포럼'에 참석한 토머스 프리드먼이 '미래를 위한 녹색혁명'이라는 주제의 기조연설에서 지구와 인류에게 닥친 각종 문제를 해결할 수 있는 방법은 녹색혁명뿐이라고 강조하고 있다

토머스 프리드먼은 〈뉴요커〉지의 표현대로 전 세계 수백만 명의 삶에 일상적으로 영향을 미치는 '글로벌 엘리트'다. 그의 칼럼은 〈뉴욕타임스〉에 매주 2회 실리며, 아랍의 〈아샤크 알-아우사트〉지를 비롯해 전 세계 수십 개 신문에도 게재된다. 그는 퓰리처상을 세 번이나 받아서 더 이상 수상 자격이 없다. 국제 문제를 주로 다루는 그의 칼럼은 깊이와 대중성을 겸비했다는 평가를 받는다. 1980년대 중동(中東) 근무시절 레바논 난민촌 학살사건, 팔레스타인의 저항 운동을 취재한 기사로 두 차례 퓰리처상을 받았고, 그의 첫 저서 《베이루트에서 예루살렘까지》(1989)는 '미국 도서상(National Book Award)'을 수상했다.

그러나 그의 이름이 전 세계에 알려진 결정적인 계기는 두 번째 저서 《렉서스와 올리브나무》(1999)였다. 세계화의 의미를 다룬 이 책은, 기자로서 세계 곳곳을 누비며 직접 보고 듣고 경험한 세계화의 여러 모습을, 그의 전매특허인 절묘한 비유를 곁들여 명쾌하게 풀어낸다. 그는 냉전 이후 급속히 확산된 세계화의 물결을 '렉서스'와 '올리브나무'라는 두 상징물로 압축한다.
일본 토요타의 최고급 승용차인 렉서스는 곧 세계화, 그리고 더 좋은 상품과 서비스를 만들고자 노력하며 경제적 번영을 구가하는 세상을 상징한다. 반면 올리브 나무는 사람들이 자신의 준거점으로 삼는 그 무엇, 예컨대 민족 정체성과 문화, 종교 등을 의미한다. 프리드먼은 세계화가 연착륙하기 위해서는 렉서스와 올리브가 조화와 균형을 이뤄야 한다고 주장한다.

프리드먼은 911테러 이후 세계 정세와 흐름이 어떻게 바뀌었는지 보여주는 칼럼 모음집 《경도와 태도》(2002)로 세 번째 퓰리처상을 수상했다. 이어 《세계는 평평하다》(2005)에서 프리드먼은 세계화 이론을 집대성했다. 그는 2000년대 이후 인터넷과 전자상거래, 이메일이 확산되면서 세계의 문턱과 경계가 사라지는 현실을 "둥근 지구가 점차 평평해지고 있다"는 비유를 통해 설명한다. 평평해진 세상의 주역은 더 이상 국가나 기업이 아니라 개인이다. 지구촌 어디에 살든 정보화 기기를 통해 전 세계와 협업하고 영향력을 행사할 수 있기 때문이다. 인도에 있는 회계사가 바다 건너 미국 중소 회계법인의 세금 정산 업무를 대행하는 것처럼 말이다. 이 책은 〈파이낸셜타임스〉와 골드만삭스가 공동으로 제정한 '올해의 경제경영서'에 선정됐다.

그는 오늘의 자신을 만들어 낸 결정적인 해로 1968년을 꼽는다. 유대계 미국인인 그는 고교 1학년(tenth grade)이던 당시 부모와 함께 이스라엘을 방문했고, 그때부터 그의 중동에 대한 몰두가 시작된다. "중동에 가기 위한 방편으로 언론에 투신했다"고 할 정도였다.

그의 글은 미국의 패권주의를 옹호하고, 친(親)이스라엘 경향을 띤다는 비판도 받고 있다. 노암 촘스키 MIT 명예교수를 비롯한 일부 지식인들은 프리드먼이 아랍권을 비이성적이고 민주주의에 적대적인 곳으로 묘사한다고 비판한다. 《코드 그린》에서 프리드먼은 미래 세계 경제의 생존 전략 키워드로 녹색 혁명(친환경 에너지 혁명)을 제시한다. 물론 그 혁명의 주체가 미국이어야 하고, 미국이 변해야 세계가 변한다는 그의 소신에는 변함이 없다.

**프리드먼이 분석한
한국과 북한**

프리드먼에게 한국은 세계화에 가장 성공한 나라 중 하나이자, 빠른 국민성을 가진 '사이버 부족'이 사는 뜨거운 지역 중 하나이며(〈렉서스와 올리브나무〉), 델(Dell)로 상징되는 거대한 글로벌 공급 체인에서 중요한 공급자 중 하나(〈세계는 평평하다〉)로 각인돼 있다.

한국은 산업화에 늦었지만, IT 혁명 시대엔 '초기 채택자(early adoptor)'였습니다. 한국이 ET 혁명에서 성공하려면 무엇을 해야 합니까? ● "한국은 정보혁명 시대에 단순히 초기 채택자일 뿐만 아니라 '초기 적응자(early adaptor)'였고, 혁신가였습니다. 한국이 이제 ET 혁명에서 성공하려면 먼저 지금 어디에 위치하고 있는지 이해해야 합니다.
한국은 지금 '뜨겁고, 평평하고 붐비는 세계'에 속해 있습니다. 이런 세계에서 깨끗한 물, 청정 에너지 등의 에너지 테크놀로지는 '클린 자동차'를 만들어 내고, 앞으로 거대한 글로벌 산업이 될 것이며 또 되어야 합니다. 그렇지 않을 경우, 우리는 지구에서 살아남을 수 없기 때문입니다. 이것은 확실합니다. 다만 어떤 나라의 어떤 기업이 ET를 선도할지 모를 뿐입니다. 한국이 성공하려면 적절한 산업 정책을 통해 이런 시장을 자극해 에너지 테크놀로지를 개발하는 혁신가를 키워야 합니다."

당신의 '평평한 세계'에서 북한은 어떤 의미입니까? ● "북한은 비정상 국가입니다. 기본적으로 강한 이데올로기에 의해 지배되고 있는 경찰국가이고 독재 정부를 갖고 있지요. 매우 강한 이데올로기와 압제를 통해 어렵게 세계와 단절하고 있습니다. 하지만 북한은 공룡과 같은 존재입니다. 공룡의 운명이 어떻게 됐는지는 우리 모두가 알고 있지요."

당신은 칼럼에서 남한과 북한을 가르는 비무장지대가 베를린 장벽처럼 무너질 것이라고 예견한 바 있는데요. ● "물론이지요. 만약 북한이 주식이라면 저는 공매도(空賣渡, 주가가 앞으로 떨어질 것으로 예상해 주식을 미리 팔아버리는 것)할 겁니다."

앤서니 볼튼

펀드매니저, 피델리티 인터내셔널
(Fidelity International Ltd.) 투자 부문 대표

Anthony Bolton

영국 〈가디언〉지는 앤서니 볼튼에 대해 "이름만으로도 막대한 무게와 엄숙함을 느끼게 하는 영국 최고의 펀드매니저"라고 평가했다. 영국 〈더 타임스〉지는 2008년 10월 그를 벤저민 그레이엄, 워런 버핏 등과 함께 글로벌 '톱 10' 투자 구루로 선정했다.

그렇다면 앤서니 볼튼을 전설로 이끈 마법의 연금술은 무엇일까. 그는 스스로를 '역발상 투자가(contrarian)'라고 부르며, 20세기 최고의 투자 대가였던 존 템플턴(John Templeton)의 적자(嫡子)임을 부인하지 않는다. "주식을 사기에 가장 좋은 시기는 시장에 '피(blood)'가 낭자할 때다. 다른 사람들이 미친 듯이 팔고 있을 때 사라. 그리고 다른 사람들이 탐욕스럽게 매입할 때 팔아라."

2007년말 펀드 운용에서 손을 떼고 피델리티 인터내셔널의 투자 부문 대표를 맡아 젊은 펀드매니저들의 멘토 역할을 하고 있는 그를 위클리비즈가 전격 인터뷰했다.

주식 시장을 예측할 때 절대 하지 말아야 할 것은?

"경제 전망에 의존하는 것"

미국을 대표하는 펀드매니저 하면 워런 버핏이나 피터 린치(Peter Lynch)를 떠올리는 사람이 많을 것이다. 그러나 대서양 건너 유럽에도 수퍼스타가 한 명 있다. 국내엔 이름이 덜 알려져 있지만 앤서니 볼튼이 바로 그 주인공이다.

그는 영국에선 전설적 인물이다. 그의 신화는 1979년말 세계적 자산운용회사인 피델리티 인터내셔널의 간판 펀드인 글로벌스페셜시추에이션펀드(GSSF) 운용을 맡으면서부터 시작됐다. 그는 이 펀드를 2007년 말까지 28년간 운용하면서 연평균 19.5%의 경이적인 수익률을 기록했다. 더욱 놀라운 것은 28년간 한 해도 빠짐없이 시장 평균(주가지수)을 능가했다는 점이다. 인덱스 펀드의 창시자인 존 보글(John Bogle)은 "장기적으로 시장 평균 수익률 이상을 올리는 투자자가 나올 확률은 30분의 1보다 낮다"고 지적했다. 볼튼이 이 기적과도 같은 일을 해낸 것이다. 예컨대 그가 펀드를 설정한 첫해에 1000만 원을 맡겼다면 2007년엔 14억 원이 됐을 것이다. 300만 파운드로 출발한 펀드 규모도 지금은 60억 파운드(약 11조 5000억 원)로 불어나 영국에서 최대 규모를 자랑한다.

그의 실적은 뮤추얼펀드의 제왕으로 불렸던 피터 린치를 오히려 능가한다. 볼튼과 함께 피델리티에서 일했던 린치는 1990년 은퇴하기 이전까지 13년간 미국에서 '마젤란펀드'를 이끌면서 2700%의 누적수익률을 올리고 펀드 규모를 1800만 달러에서 140억 달러로 키웠다. 그러나 그는 13년 중 두 해는 시장 평균을 상회하는 데 실패했다. 위클리비즈는 피델리티 홍콩사무소에서 그를 만나 약 1시간 30분 동안 단독 인터뷰했다.

주식 시장이 언제쯤 바닥을 찍을까요? "제 경험으로 보면 주식 시장 예측은 정말 쉽지 않죠. 제가 공개적으로 강하게 시장 전망을 내놨던 것도 6번쯤에 불과해요. 오늘도 바로 그날인데요. 제 생각에 시장이 2009년 3월에 바닥을 찍었고, 새로운 불 마켓(bull market, 강세장)은 이미 시작됐어요." (그의 예측대로 2009년 3월 9일 6547로 금융 위기 이후 최저점을 찍었던 다우존스 산업지수는 11월 중순 1만 선을 돌파했다.)

그의 눈빛과 어조는 확신에 차 있었다. 사실 그는 2008년 9월말 미국 정부의 은행 구제 금융안이 의회에서 부결돼 증시에 비관론이 팽배할 때조차 이렇게 말했다. "내 평생 주가가 지금처럼 쌌던 걸 본 적이 없다. 영국 증시는 바닥에 근접했다." 그리고 그는 이때부터 이미 개인 돈을 펀드에 투자하기 시작했다고 밝혔다.

바닥을 찍었다는 근거는 뭡니까? "주식 시장의 저점(低點)을 포착할 때 세 가지는 큰 도움이 되고, 한 가지는 별 도움이 되지 않습니다. 도움이 되는 세 가지 중 첫째는 주식 시장의 사이클을 보는 것이죠. 시장이 얼마나 오랫동안, 얼마나 큰 폭으로 상승 또는 하락했느냐는 겁니다. 둘째, 사람들의 심리(sentiment)와 행동인데, 사람들이 주식 시장에 대해 낙관(bullish)할 때 저는 신중하고, 사람들이 비관(bearish)할 때는 오히려 낙관합니다. 마지막으로 장기적인 가치 평가(valuation)가 있습니다. 저는 20년 이상의 가치 평가를 중시합니다."

도움이 안 되는 한 가지는 무엇입니까? "경제 전망에 의존하는 것입니다. 왜냐하면 시장이 좋을 때 경제 전망은 늘 환상적인데, 지금처럼 안 좋을 때면 거꾸로 항상 암울하지 않습니까. 그것만 갖고 시장 타이밍을 맞추기는 굉장히 힘들어요.

제가 보기에 경제가 아직 좋지는 않지만, 덜 나빠지고 있다는 조기(早期) 신호가 보이기 시작했어요. 몇 개월간 그런 신호가 좀 더 계속될 것으로 봅니다. (그는 '왜 지금이 투자할 때인가'를 10여 가지 지표를 보여주며 상세히 설명했다. 가장 대표적인 게 지난 100년간 미국 증시 사이클이다.) 미국 주가가 2007년부터 2009년 4월까지 57%가 떨어졌어요. 대공황 때 1929년부터 1932년까지 86% 떨어진 이후 두 번째로 나쁩니다. 이게 무슨 뜻이겠어요. 오를 일만 남았다는 거죠. (그는 이어 미국의 시가총액 대비 머니마켓펀드 MMF 수탁액 비율 그래프를 가리켰다. 현재 이 비율은 50%로 30년 만에 최고치를 기록 중이다.) 투자자들이 손실을 우려해 현금 보유 비중을 늘리고 있다

사람들이 팔고 있을 때 사고, 사람들이 건너지 않을 때 건너라

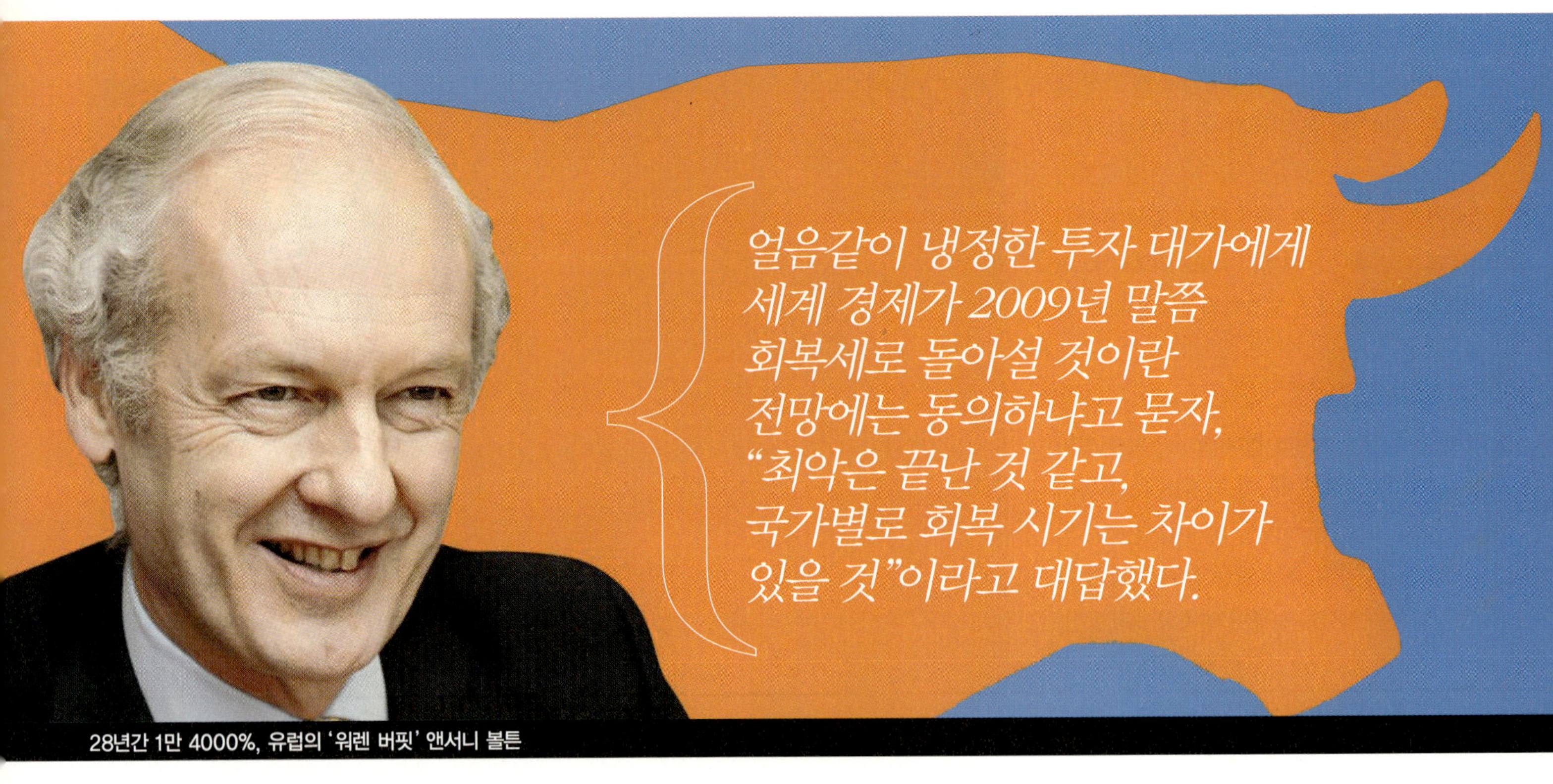

28년간 1만 4000%, 유럽의 '워렌 버핏' 앤서니 볼튼

는 뜻이죠. 시장에 투자 대기자금이 많기 때문에 강세장이 오면 더 강한 상승이 나타날 수 있습니다."

왜 지금이 증시 바닥인가

월가(街) 일각에선 최근 글로벌 증시 상승세를 두고 여전히 '베어마켓 랠리(bear market rally, 약세장 속의 일시적 상승세)'라는 시각을 거두지 않고 있다. 그러나 볼튼은 위클리비즈와 가진 인터뷰에서 다양하고, 객관적인 지표를 제시하며 바닥론을 주장했다. 그는 사전에 '새로운 강세장인가?(A new bull market?)'란 제목의 30여 쪽짜리 별도 자료를 준비해 왔다.

볼튼은 주식 시장의 사이클부터 짚어나갔다. 그는 주식 시장의 '심리적 로드맵(sentiment roadmap)'이란 개념을 먼저 설명했다. 이 로드맵은 주가 사이클에 따른 투자자의 심리 변화를 14단계로 보여준다. 즉, 상승 초기 낙관(optimism)에서 시작해 흥분(excitement) → 스릴(thrill)을 거쳐 최고점에서 도취(euphoria) 상태를 거친 뒤 주가가 떨어지면서 우려(anxiety) → 부인(denial) → 두려움(fear) → 좌절(desperation) → 패닉(panic) → 항복(capitulation) → 낙담(despondency)의 단계를 거쳐 바닥에서 우울

(depression, 최저점)을 느낀 뒤 다시 희망(hope) → 안도(relief)의 단계로 올라간다는 것이다. 볼튼은 "지금 우리는 우울의 단계에서 벗어나기 시작했다"고 말했다.

또 다른 심리적 지표들도 지금이 바닥임을 보여주고 있다. 유럽의 헤지펀드가 얼마나 위험을 무릅쓰고 투자하고 있는지를 보여주는 순노출률(net exposure)은 4년 만에 사상 최저 수준인 15%까지 떨어졌다. 2008년 초엔 60%를 웃돌았다. 미국 리서치업체인 NDR이 12가지 심리지표를 혼합해 만든 투자심리 지수는 2009년 3월 30으로 사상 최저점을 찍은 뒤, 4월엔 60까지 회복됐다. 볼튼은 "기업 내부 사정에 가장 밝은 임원들의 자사주(自社株) 거래 비율도 2008년 초보다 3배 이상 급증하고 있다"고 설명했다.

가치 평가 측면에서도 강세장 징후가 뚜렷하게 나타나고 있다. 기업들의 잉여현금흐름(free cash flow)이 2009년 3월 8%에 육박, 50년 만에 사상 최고치를 기록했다. 볼튼은 "이 지표를 보면 기업들이 얼마나 많은 현금을 쌓아 놓고 있는지를 알 수 있다"면서 "주가가 오를 수밖에 없는 상황"이라고 말했다.

그는 미국과 유럽 각국의 소비 심리를 알 수

있는 구매자관리지수(PMI)가 2009년 3월에 바닥을 찍고, 상승세로 돌아선 점도 긍정적인 신호로 꼽았다. 금융 위기의 진원지였던 미국 주택시장도 회복세로 돌아서고 있다. 주택가격은 2009년 2월을 기점으로 하락 폭이 크게 줄었고, 주택 판매량도 소폭이나마 상승세로 돌아섰다. 모기지금리 하락과 미 정부의 구제책에 힘입어 2008년 말 100까지 떨어졌던 주택구입능력 지수는 최근 180까지 급격히 회복됐다.

볼튼은 "주식 시장은 항상 6~12개월 뒤의 상황을 미리 반영한다"면서 '주식은 경기에 선행(先行)한다'는 점을 잊지 말라고 했다.

앤서니 볼튼은 세계 경제가 2009년 말쯤 회복세로 돌아설 것이란 전망에는 동의하느냐고 묻자, "최악은 끝난 것 같고, 국가별로 회복 시기는 차이가 있을 것"이라고 말했다. 일부 국가는 2009년 중순쯤, 일부는 2009년 말쯤 터닝포인트가 올 것으로 예상했다. 그러나 그는 "빠른 회복은 기대하지 않고, 서서히 좋아질 가능성이 크다"고 단서를 달았다.

볼튼은 희망적인 메시지를 많이 토해냈지만, 절대 흥분하지는 않았다. 스스로 '감정에 잘 좌우되지 않는 사람(fairly unemotional man)'이

라고 강조한 것처럼 그는 인터뷰 내내 차분했고, 정확히 두 번밖에 웃지 않았다. 사진기자가 인터뷰가 끝난 뒤 "웃는 사진이 별로 없어서 어쩌냐"고 걱정할 정도였다.

"금융주에 주목… 제조업은 너무 고평가돼"

이젠 어떤 주식을 사야 할지 말씀해 주시죠. "(처음으로 웃으면서) 음, 우선 소비 민감 업종(consumer cyclicals)이죠. 소매, 자동차, 미디어, 건설처럼 소비 지출에 민감한 업종을 말합니다. 1930년대 이후 미국에서 새로운 강세장이 시작될 때마다 항상 성과가 좋았던 업종이죠. 딱 한번 2002년에만 마이너스 수익률을 기록했어요.

둘째, 내재 가치보다 저평가된 가치주는 강세장이 올 때마다 거의 항상 좋은 실적을 냈어요. 현금 창출(cash flow) 능력이 뛰어나거나, 주당 순자산비율(PBR)이 낮은 주식을 눈여겨볼 필요가 있습니다.

셋째, 기술주인데요. 이 종목은 2000년대 초 이른바 'TMT(Technology-Media-Telecom)'가 주도했던 강세장에서 엄청난 수익률을 냈다가 추락했어요. 하지만 그로부터 10년쯤 지났으니 이젠 다시 좋아질 시점이 됐습니다. 끝으로 가장 관심 가는 종목이 바로 금융주예요. 지난 약세장에서 금융주가 하락을 주도했듯이 이번 강세장에선 회복을 이끌 것으로 믿습니다."

금융주는 아직 리스크가 크지 않나요? "모든 금융주가 아니라 은행주를 말합니다. 물론 지금 사람들이 가장 혐오하는 주식입니다. 그러나 역사적으로 지금 가격이 가장 낮은 것도 분명합니다. 사실 저도 28년 동안 투자하면서 은행에 큰 비중을 두지 않았습니다. 분석도 어렵고, 뭔가 속임수가 있다는 생각도 들고…. 하지만 지금은 은행주를 사기에 가장 좋은 시점입니다. 투자은행보다는 상업은행을 말합니다."

그러나 그는 제조업에 대해서는 비관적이었다. 그는 책상 위에 놓인 차트를 손으로 짚어가며 설명했다.

"1980년대 이후 미국 제조업의 EBIT(세전영업이익)는 평균 6~8%였어요. 하지만 지난 3~4년 동안 10%를 넘었습니다. 아직도 많은 기관에선 10%를 넘을 걸로 예측하죠. 사람들이 너무 낙관하고 있어요. 제조업 수익률은 곧 역사적 평균 수준으로 떨어질 것으로 봅니다."

볼튼은 원자재(commodity)나 주식, 회사채, 부동산의 경우도 이번 위기에서 성과가 안 좋았지만 앞으로 수익률이 점점 좋아질 것이라고 했다. 다만 "국채와 현금은 별로"라며 고개를 저었다. 안전(安全) 자산이어서 수익률이 거의 없다는 의미였다.

볼튼은 한국 시장에 대해 물어보자, 아쉽게도 "솔직히 전혀 모른다"며 미안해했다. 반면 그는 중국에 대해선 상당한 관심을 보였다.

왜 중국을 주목해야 합니까? "저는 장기적 관점에서 중국을 중시합니다. 지난 6년 동안 H주식(홍콩 증시에 상장된 중국 기업 주식)의 흐름을 꾸준히 지켜봤죠. 제가 펀드를 운용할 때도 자산의 4~5%는 중국 주식에 투자했어요. 그러다 2007년부터 글로벌 경기 침체와 올림픽 후유증이 우려돼 보유했던 주식을 거의 다 팔았습니다. 그런데 최근 열흘 동안 직접 중국에 다녀왔는데, 고무적인 신호가 보였어요. 신용(credit)이 팽창되고 있다는 겁니다. '과연 계속될 수 있을까'라는 의문이 들었는데, 이번에 가서 보니 당분간 지속될 것으로 생각됩니다. 금융과 부동산 쪽에 아주 좋은 소식이라고 할 수 있어요."

돌연변이같이 저평가된 주식을 사라

볼튼의 투자 철학은 최근 출간한 자신의 두 번째 책 《흐름을 거슬러 투자하라(Investing Against The Tide)》제목에 그대로 녹아 있다. 28년 투자 경험이 집약돼 있는 이 책에서 그는 "가치 투자자가 되려면 대다수가 하는 행동과 반대되는 것을 생각해야 한다. 모두가 매수(buy)에 집중한다면 매도(sell)하는 것을 생각하라"고 말했다.

솔직히 역발상 투자는 두려운 선택 아닌가요? "역발상 투자가 어려운 건 외로운 선택이기 때문입니다. 모든 사람은 자신의 결정에 누군가 동의해 주기 바라고, 함께 가고 싶어하죠. 그리고 역발상도 너무 빨리 앞서 가서는 안 됩니다. 트렌드는 한동안 지속되니까요. 그래서 저는 항상 기술적 분석을 하면서 매수·매도 타이밍을 잡고 있습니다."

역발상 투자는 펀드매니저에게도 쉽지 않은 결단이라고 그는 인정했다. "성과가 매년 좋을 수는 없죠. 1~2년 나쁠 수 있어요. 그래도 저는 역사적으로 봤을 때 가치 평가 측면에서 돌연변이(anomaly) 같은 주식들을 갖고 끈기 있게 기다렸습니다. 1~2년은 기본이죠. 종목당 주식 보유 기간이 평균 18개월이었어요. 가장 중요한 것은 기다리는 겁니다."

돌연변이 같은 주식이란 게 뭡니까? "저평가된 주식이란 뜻인데, 예컨대 기업 구조조정이나 개혁을 통해 가치 개선이 이뤄지고 있는 기업, 한 업종 내에서 뚜렷한 이유 없이 저평가된 종목 등을 들 수 있겠죠."

지금의 금융주 같은 것 말인가요? "네, 그렇습니다."

그럼 계속 기다리다가 언제 팔아야 하나요? "저는 주식을 팔 때 세 가지 이유가 있습니다. 먼저 저는 주식을 살 때 종목마다 투자를 왜 해야 하는지 논거(thesis)가 분명하게 있는 주식을 삽니다. 만약 그런 논거가 깨진다면, 다시 말해 투자할 당위성이 없다면 팔아야 합니다. 손실을 보더라도 말이죠. 두 번째, 언젠가 투자한 주식의 돌연변이 같은 성질이 사라지면 더는 보유할 이유가 없습니다. 그러면 팝니다. 끝으로 매력적이라고 생각해서 어떤 종목에 투자했는데, 이와 비슷하거나 더 좋은 게 나오면 갈아타야 합니다."

하지만 저평가된 주식을 개미들이 어떻게 찾아낸단 말인가? 그는 투자 종목을 단순화하라고 충고했다. "워런 버핏은 개인투자자의 경

1900년 이후 약세장(bear market)에서의 미국 증시 수익률

1901~03	06~07	09~14	19~21	29~32	32~33	37~38	46~49	61~62	68~70	73~74	76~78	87	98	2007~09
	−38			−86%		−55		−28		−48		−35	−20	−57

자료 : 피델리티 인터내셔널

우, 10개 종목 이상에 투자하지 말라고 했어요. 저 생각엔 10개는 아니라도 20개 이상은 안 된다고 봅니다. 저도 지금까지 펀드에 보유했던 종목이 120개를 넘지 않았어요.”

볼튼은 같은 피델리티 그룹에서 일했던 피터 린치와 깊은 교분을 쌓았다. 특히 더바디샵(The Body Shop)이란 종목을 놓고 린치와 몇 년에 걸쳐 토론을 하기도 했다.

피터 린치는 볼튼의 투자 스타일을 이렇게 표현했다. “그는 99%의 빛과 단 1%의 열을 가진 사람이다. 그는 가장 영국적인 의미에서 쿨(cool)하다. 열정적이지만, 쉽게 흥분하지 않고, 대단히 침착하다.”

그는 때론 냉철함을 넘어 냉혹한 모습마저 보였다. 지난 2003년 영국 지상파 채널 ‘ITV’의 회장으로 내정됐던 마이클 그린을 축출한 사건이 대표적이다. ITV는 미디어 기업인 칼튼과 그라나다의 합병으로 탄생했다. 그런데 당시 두 회사의 주식을 보유했던 볼튼은 소액주주를 규합해 경영 능력이 부족하고 주주 이익도 고려하지 않는 그린을 쫓아냈다. 영국 언론은 이후 볼튼에게 ‘소리 없는 암살자(The Quiet Assassin)’란 별명을 붙여줬다. 그러나 볼튼은 이 별명을 좋아하지 않는다.

그러나 그런 볼튼도 지난 1990년대 초 어이없게 당한 경험을 털어놨다. 당시 잘못된 투자로 3년 연속 실적이 악화됐고, 처음이자 마지막으로 회장에게 불려가 “투자 전략을 재검토해야 하는 것 아니냐”며 사실상 최후통첩을 들어야 했다.

“보유 주식이 휴지조각이 됐던 때였어요. 하

그러고는 고작 찾아간 식당이 길 건너편에 있었어요. 너무 이상해서 곧장 주식을 팔았습니다. 과연 몇 달 뒤 이 회사는 스페인 사상 최대의 파산 회사로 기록됐어요."

볼튼은 현역 시절에 기업 탐방을 중시했다. 그가 28년 동안 기업 탐방 결과를 메모한 노트만 무려 80권이 넘는다. 지금도 이 노트를 자신의 사무실에 보관하고 있다. 그는 "기업 경영진을 만날 때 그들이 해주는 얘기를 모두 믿어선 안 된다"며 "반드시 크로스 체크해야 한다"고 말했다.

이제 현역에서 물러난 볼튼은 "30년 동안 기다려준 아내와 함께 카리브해로 여행할 수 있게 돼 기쁘다"고 말했다.

나는 폴리팩(Polly Peck)이라고 당시 터키에서 영국으로 과일을 수입하는 회사였죠. 나중엔 영국 100대 기업에 들 만큼 커졌어요. 다른 하나는 파크필드(Parkfield)라고 역시 대기업이었습니다. 이들 기업의 경우, 경영진과 여러 차례 좋은 미팅을 가졌는데, 어느 날부터 사업이 좋지 않다는 소문이 돌아서 사무실을 방문했고, 경영진과 오랫동안 얘기를 나눴어요. 둘 다 '헛소문이다. 모든 게 다 좋아지고 있다'고 얘기했고, 난 완전히 설득당했어요. 그런데 몇 주 후 두 회사는 파산했어요.

그 뒤로 저는 투자하는 모든 회사의 대차대조표를 철저하게 들여다보기 시작했습니다. 기업 리스크를 평가할 때 가장 중요하게 보는 게 대차대조표예요."

그럼 가장 수익률이 좋았던 기업은요? "노키아(Nokia)가 좋은 투자였습니다. 지금은 휴대전화를 만들지만, 과거에 TV와 신문, 신발 같은 여러 비즈니스를 했죠. 그런데 이 회사는 1990년대에 3년 사이 CEO가 4번이나 바뀌고, 마지막 CEO는 자살하는 등 기업 상황이 엉망이었어요.

자살 사건이 있고 난 뒤 새로 선임된 CEO가 중요한 사실을 말해줬어요. '다른 모든 사업을 매각하고, 단말기 사업에 주력하겠다'는 것이었어요. 또 하나는 '단말기 사업의 수익성이 생각보다 높고, 전망도 아주 밝다'고 했어요. 당시 단말기 시장은 아직 초기 단계여서 사람들은 주식을 사지 않았어요. 반대로 저는 그 주식을 대규모로 사들였고 상당한 실적을 올렸습니다."

28년간 기업 탐방 기록한 노트만 80권 넘어

그는 좀 황당했던 케이스도 소개했다.
"스페인에서 가장 잘나가는 기업이었는데, 바르셀로나의 본사를 찾아갔어요. 그런데 정문에 무장한 보디가드들이 서 있었어요. 처음엔 별 생각 없이 지나쳤어요. 그런데 미팅이 끝나고 그 회사 오너가 점심을 먹자고 했는데, 보디가드가 총을 들고 차에 함께 타더군요.

펀드매니저를 그만두기로 한 이유가 있나요? "큰 자산을 운용하려면 엄청난 집중도와 시간이 필요하고, 수많은 정보를 소화해야 합니다. 하루에 3~4개 기업을 늘 검토해야 했어요. 이젠 좀 더 새로운 것을 해보고 싶어요."

피터 린치도 가족을 위해 정점에서 은퇴했습니다. 그와 비교해 본다면요? "그와 비슷합니다. 다행히 저는 자식들(3명)이 장성해서 많은 시간을 할애할 필요가 없어요. 제가 가장 사랑하는 것 중 하나가 클래식 음악이고, 취미는 작곡이에요. 앞으로 작곡에 더 많은 시간을 보내고 싶습니다."

그는 작곡에 조예가 깊어 지난 2006년 런던 세인트 폴 대성당에서 자신이 직접 작곡한 합창곡을 발표했고, 최근엔 교향곡을 만들었다. 그는 "아직 연주할 장소를 찾지 못해 아쉽다"고 말했다. WeeklyBIZ

Who is

피델리티는 1969년 미국에서 설립된 자산운용 회사로 전 세계를 대상으로 하는 '피델리티 인터내셔널(FIL)'과 미국이 주무대인 '피델리티매니지먼트 & 리서치(FMR)' 등 크게 2개의 회사로 나뉘어 운영 중이다. 앤서니 볼튼과 피터 린치는 두 회사를 각각 대표하는 펀드매니저였다. 두 회사의 자산 규모(2008년 9월 기준)는 각각 2000억 달러, 1조 2000억 달러에 이른다. 한국에는 2005년 첫 진출했으며, 국내에서 설정한 펀드 규모는 약 5조 원이다.

로버트 쉴러

예일대 경제학과 교수

Robert J. Schiller

뉴욕에서 자동차로 2시간쯤 걸리는 코네티컷주(州) 뉴헤이븐의 예일대 캠퍼스. 로버트 쉴러 교수의 연구실은 캠퍼스 내 코웰재단경제연구소 1층 출입구 쪽에 있었다. 20㎡ 남짓한 자그마한 방에서 그는 비서와 같은 책상을 쓰고 있었다.

"야, 성, 적…", "로, 버, 트, 쉴…" 인터뷰에 앞서 그의 저서 《야성적 충동》의 한국어판을 건넸더니, 그는 더듬더듬 한국어로 제목을 소리 내어 읽었다. 깜짝 놀라, "한국어를 아느냐"고 물었더니, 그는 "몇 년 전 제자들 초청으로 한국에 며칠 머무르면서 심심풀이로 배웠다"고 말했다. 세계 경제 회복의 열쇠를 쥐고 있는 것이 미국 주택시장이고, 쉴러 교수는 이 분야에서 세계에서 몇 손가락 안에 꼽히는 권위자이다. 기자는 그에게 주택시장에 대한 집중 인터뷰를 시작했다.

투자의 일환으로 주택을 사는 건 어떻습니까?

"새 차 100대를 사서 창고에 보관했다가 20년 후에 파는 것과 같은 짓"

2000년 3월 10일 기술주 중심의 나스닥 지수가 5048로 사상 최고치를 찍었다. 그 즈음 미국 서점에는 《비이성적 과열(Irrational Exuberance)》이라는 제목의 책 한 권이 선보였다. 이 책의 서문은 이랬다. "지금 주식시장은 투기적 버블의 전형적인 모습이다. 사람들은 주식이라는 주문(呪文)을 외우며 돈을 쏟아 붓고 있다." 불길한 예측은 한 달여 만에 현실이 됐다. 나스닥 지수는 4월 14일 3321를 기록, 최고점 대비 30% 이상 폭락했다. 이른바 '닷컴 버블'의 붕괴를 알리는 서막이었다.

그로부터 5년이 지난 2005년 이 책의 개정판이 나왔고, 서문 내용은 이렇게 바뀌었다. "과거 어느 때보다 강한 주택 투기 열풍이 뿌리내리고 있다. 사람들은 집값이 계속 오르면 나중엔 집을 결코 사지 못할 것이라고 우려해 집을 사는 데 몰입하고 있다. 이것이 바로 버블의 징조이며, 궁극적인 파멸을 부를 수 있다." 그리고 2년 뒤 미국 주택시장 버블 붕괴에서 비롯된 서브프라임 모기지 사태는 전 세계 경제를 파국으로 몰아갔다.

이 책의 저자가 바로 로버트 쉴러 교수다. 그에겐 종종 '카산드라(Cassandra, 불길한 예언을 하는 사람)'란 음울한 별칭이 따라붙는다. 두 번의 대형 버블 붕괴를 정확히 예측했으니 틀린 말도 아니다. 그런 그가 최근 '이야기(story) 경제론'이란 독특한 이론을 주장해 경제계에서 큰 주목을 끌고 있다. 요약하자면 이랬다.

"거시 경제의 상승과 하락은 근본적으로 이야기에 의해 일어난다. IT 버블과 주택 버블을 낳았던 것도 이야기였다. 빠르게 세계화되는 경제에서 내 주변의 친구와 이웃, 가족 모두가 성공할 수 있다는 '아메리칸 드림'이었다. 그러나 지금 그 거대한 이야기가 통째로 무너졌다. 경제가 회복되려면 우리에게 자신감을 불어 넣을 새로운 이야기가 필요하다. 불행히도 아직은 그것이 없다. 이번 경기 침체가 장기화될 것이라고 보는 이유가 여기에 있다."

지금 주식을 사야 할 때입니까? "기업 수익 대비 주가수준이 역사적 평균 수준으로 떨어지긴 했지만, 세계 경제가 여전히 위험하기 때문에 주식을 많이 보유할 때인지 확신할 수 없습니다. 과거 여러 차례 버블 붕괴 때의 경험으로 보면 주가는 과도하게 하락(overshooting)하곤 했어요. 더 나쁜 뉴스들이 나오면서 주가를 더 떨어뜨릴 수 있어 걱정됩니다."

주택시장은 어떻습니까? "미국 주택시장이 회복하는 데는 5년 이상이 걸릴 것입니다. 지난 10년 동안 사람들은 세계 경제가 급속하게 성장해서 땅이 부족하고, 주택을 사야 할 때라는 생각을 가졌죠. 사람들의 머릿속에 이런 그림이 있었죠. '모든 가격은 오른다. 유가가 오르고, 원자재도 오르고….' 주택을 포함해서 모든 것이 부족해지고 있다는 아주 단순한 생각을 하게 됐던 겁니다. 일종의 '골드 러시(gold rush)' 같은 것이었죠. 사람들은 그래서 주택도 사고 싶어했어요. 그런데 이제 우리는 모든 가격이 떨어지는 걸 보고 있습니다. 사람들이 앞으로 어디로 갈지 모르겠지만, 아마 예전과 같은 느낌을 다시 갖게 되지는 않을 것 같습니다.

투자의 일환으로 주택을 사는 것은 매력적이지도, 현명하지도 않습니다. 과거를 살펴보면 주택 투기보다는 토지 투기가 더 많았습니다. 집은 시간이 갈수록 가치가 떨어지고, 관리도 해야 하고, 시간이 지나면 유행에도 뒤떨어집니다.

결국에는 그걸 부수고 싶어집니다. 그게 좋은 투자가 되겠어요? 투자 수단으로 집을 사는 것은 마치 100대의 새 차를 사서 창고에 집어넣고 보관했다가 20년 후에 파는 것과 마찬가지입니다. 이게 과연 현명한 생각인가요? 평범한 사람이 1만 에이커의 땅을 사는 것은 어렵겠죠. 그러나 사람들은 집에 대해서는 잘 알고 있고, 나도 투자할 수 있다고 생각합니다. 그래서 결국 그건 아마추어들의 게임이 되고 마는 겁니다."

미국 주택시장이 바닥을 쳤다고 보십니까? 아니면 어떤 긍정적인 신호라도 있나요? "글쎄요, 바닥을 친 건지 강한 의심이 듭니다. 주택 가격은 지난 3년(2009년 기준) 동안 계속 떨어졌지요. 최근엔 정말 빨리 떨어졌어요. 집값 하락은 악화된 시장 심리를 대변하는 것이라고 생각해요. 개선된 신호가 있느냐고 물었는데, 지난 3개월(2009년 4~6월) 동안 소비자 신뢰(consumer confidence)와 주식 가격에서는 그런 신호가 있었죠.

2009년 3월 이후 미국뿐만 아니라 전 세계 주식 시장이 마찬가지였죠."

그러나 쉴러 교수는 "당분간 주택 가격은 기껏해야 횡보(level-off)하는 정도이거나 계속 떨어질 가능성이 크다"고 예상했다. 미국 집값은 케이스–쉴러 지수(Case-shiller Index) 기준으로 2006년 4월 이후 32.2%가 하락했지만 아직은 바닥이 아니라는 것이다. 그의 설명은 이랬다.

"지금이 살 기회라고 생각하는 사람들도 있고, 일부에서는 부동산 시장에 뛰어들 때라며 열광하고 있다는 인상도 받아요. 만약 그런 사람이 충분히 많다면 다시 붐이 시작될 수도 있을 겁니다. 하지만 현재로서는 그렇게 되기 힘들다고 생각

해요. 의심스러워요.

역사적으로 주택시장은 주식시장과 강력한 상관관계가 없었습니다. 예를 들어 대공황 때를 보면, 1933년 루스벨트가 미국 대통령에 취임한 뒤 주식시장이 4개월 만에 2배로 뛰었어요. 사람들은 루스벨트가 문제를 해결하고 있다고 생각했어요. 하지만, 주택시장은 그렇지 않았어요. 여전히 모기지(mortgages) 문제로 고통받는 사람들이 많았어요. 주택시장은 주식시장과 연결되지 않았던 것이죠. 지금도 비슷한 상황이라고 생각해요. 많은 주택이 압류당하고 있고, 완공된 주택은 팔리지 않아서 엄청난 재고(在庫)로 남아있어요. 이런 것들이 주택시장에 후유증을 낳고 있어요. 두 시장의 이야기(story)는 전혀 속성이 다른 것입니다. 이것이 바로 제가 주택시장이 당분간 계속 떨어질 것이라고 생각하는 이유예요."

집은 시간이 갈수록 가치가 떨어지고, 관리도 해야 하고, 유행에도 뒤떨어진다

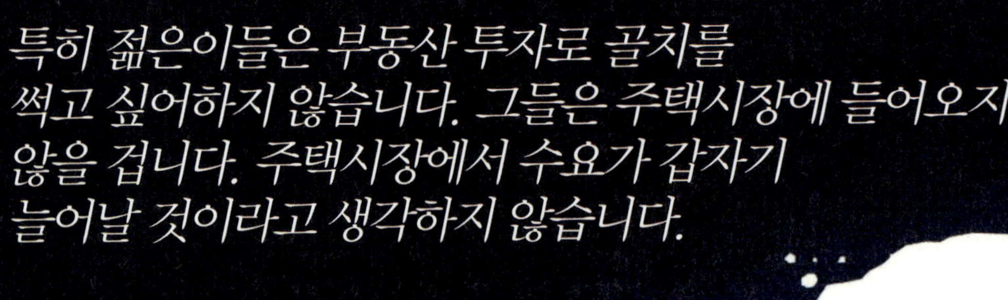

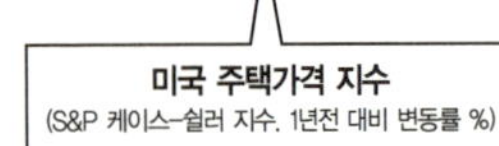

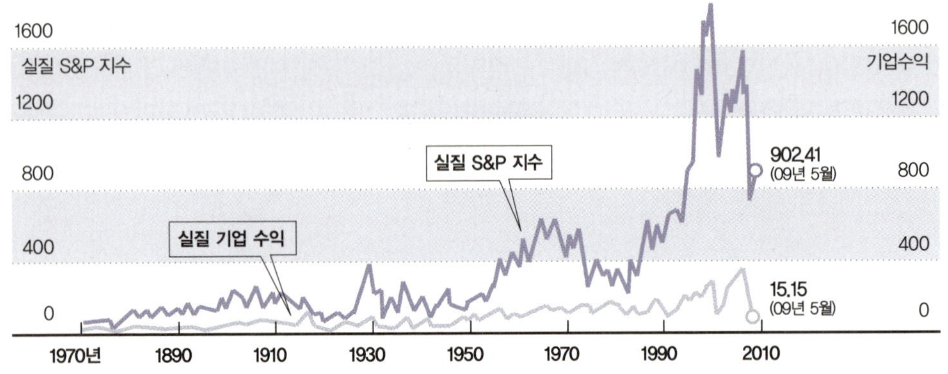

그럼, 앞으로 주택시장엔 어떤 이야기가 펼쳐질까요? "많은 사람이 자신의 라이프스타일 결정을 바꾸고 있습니다. 지금 많은 사람은 집을 소유할 것인지, 세 들어 살 것인지 고민하고 있어요. 대부분은 집을 언제 사고팔아야 할지 고민할 필요 없이 세 들어 사는 것도 좋다고 결정하고 있어요. '집을 살 필요가 있나? 은행 대출을 받아야 하고, 빚을 못 갚으면 집을 압류 당해서 창피당할 위험도 있고, 왜 그런 것 때문에 귀찮아져야 하나?' 이런 생각을 갖고 있죠. 그리고 그게 수요를 줄게 됩니다.

특히 젊은이들은 부동산 투자로 골치를 썩이려 하지 않아요. 부모들의 집을 떠나 집을 사는 것이 현명한지 다시 생각해 보고는 그냥 부모들과 함께 사는 것을 선택하기도 합니다. 즉 그들에겐 부동산 투자에 대한 흥분이 없어요. 5년 전만 해도 달랐어요. 당시 부모와 함께 사는 젊은이들은 이렇게 생각했어요. '나는 성인이 되고 싶다. 집을 나가서 나의 길을 가고 싶다.' 집을 사는 것은 그렇게 하는 하나의 방법이었죠.

그러나 지금은 만약 나의 길을 가고 싶다면 자신의 일에 더 집중하거나, 박사 학위를 따든지 해야 하지 않을까요. 주택을 사는 것은 더 이상 아닌 것 같습니다. 그래서 그들은 주택시장에 들어오지 않을 겁니다. 신뢰 지수가 높아져도 갑작스러운 변화를 보기는 어렵습니다. 수요가 갑자기 늘어날 것이라고 생각하지 않아요."

쉴러 교수는 "2000년대 들어 미국뿐만 아니라 전 세계 많은 나라가 동시에 주택 버블을 겪었다"면서 그 원인을 '중국과 인도, 그리고 다른 나라들의 급속한 발전'에서 찾았다. 그는 "감각 있는 사람들은 빨리 부자가 됐고, 그들에겐 '부동산을 사야 한다'는 생각이 자리잡고 있었다"고 말했다.

쉴러 교수의 지적은 지난 2000년대 중반 이후 한국 투자자들의 심리와 궤를 같이한다는 생각이 들었다. 한국에서는 아직도 '강남 불패(不敗)', '집은 무조건 사두면 오른다'는 믿음이 수그러들지 않고 있다. 그러나 쉴러 교수는 "우리가 다시 예전과 같은 마음으로 돌아갈 수 있을지 모르겠다"며 회의적인 반응을 보였다.

주식 시장, PER는 정상… 불확실한 경제 변수

주식 전문가이기도 한 쉴러 교수는 최근 블룸버그와의 인터뷰에서, "몇 달 전보다 주식 시장을 덜 비관적으로 본다"고 말해 비관론을 접은 것 아니냐는 분석이 나왔었다. 그러나 그의 대답은 달랐다.

당신은 저서 《비이성적 과열》에서 PER(주가수익비율, 주가를 1주당 순이익으로 나눈 것으로 높을수록 주가가 고평가됐음을 의미)가 높을수록 증시 붕괴 가능성이 높다고 지적했는데, 지금 미국 증시의 PER는 어느 수준인가요? 역사적 평균보다 높은가요? "저는 컴퓨터를 이용해서 10년 평균 PER를 산출하는데 그동안 주가가 많이 떨어져서 지금은 거의 장기 평균 수준이에요. 15가 약간 넘는

로버트 쉴러 교수는
'집 사두면 무조건 오른다'는
스토리는 과거지사라고 말했다

정상 수준입니다. 하지만, 그럼에도 불구하고 경제 상황이 나빠지고 있어서 별로 안전하지 못하다는 생각이 들어요.

주택시장에도 비슷한 용어가 있는데, PRR(Price Rent Ratio, 집값 대비 임대료 비율)입니다. 그동안 주택가격이 많이 떨어져서 지난 30년 동안과 비교하면 약간 높은 정도에 불과합니다. 건축비 대비 집값 비율(Price Construction Cost Ratio)도 계속 떨어지고 있어요. 몇 년 전과 달리 우리가 더 이상 터무니없이 집값이 높은 세상에서 살고 있지 않은 것은 분명히 맞습니다."

다우 지수가 1만 5000 포인트를 넘을 것으로 생각하세요? "1999년 어떤 TV 쇼에 출연해서 제가 했던 질문이 생각나네요. 그 쇼에 '다우 3만 6000'이란 책의 저자들도 함께 출연했죠."

3만 6000이라고요? "(웃음) 네, 그래요. 책이 그 당시 막 나왔는데, 그들에게 물었죠. '혹시 책 제목을 바꾸기에는 너무 늦었나요? '다우 1만 5000'은 어때요?'라고 했지요.(웃음) 분명히 장래에 그런 일(3만 6000 포인트 회복)이 일어날 겁니다. 하지만, 지금 상황에서는 꽤 먼 얘기죠."

쉴러 교수는 최근 행동경제학자이자 2001년 노벨경제학상 수상자인 조지 애컬로프(George Akerlof) 미 U.C. 버클리 교수와 함께 《야성적 충동》이란 책을 출간했다. 이 책에서 쉴러 교수는 경제를 움직이는 핵심 요인으로 야성적 충동과 자신감, 이야기를 꼽았다. 이 세 가지 요소는 긍정적으로 발현되면

쉴러 교수는 경제를 움직이는 핵심 요인으로 야성적 충동과 자신감, 이야기를 꼽았다

'기업가 정신'으로 이어져 경제에 활력을 불어넣는다. 반면, 자신감이 지나치면 야성적 충동은 투기 붐으로 연결된다.

야성적 충동이란 구체적으로 무엇일까? 그의 이야기를 들어보자. "원래 2000년 전 '스피리투스 애니멀리스(spiritus animalis)'란 라틴어에서 나온 말이에요. 사람을 움직이는 활기찬 정신이라는 뜻이죠.

그런데 이 말을 근대적 의미로 처음 쓴 인물이 바로 존 메이너드 케인스(John Maynard Keynes)예요. 그가 1936년에 쓴 《고용, 이자 및 화폐의 일반이론》에서 처음 등장했죠. 그는 당시 야성적 충동이 사람들로 하여금 비즈니스를 시작하고, 직원을 고용하고, 돈을 소비하도록 움직이는 정신이라고 말했죠. 그런데 그는 이 충동이 경제 이론으로는 분석하기 힘들다고 생각했어요. 왜냐하면 그건 사람들이 잘 모르는 것, 불확실한 것에 어떻게 대처하느냐와 관련되기 때문이죠.

경제학자들은 경제를 확률이나 숫자로 설명하고 싶어합니다. 이런 일이 일어날 확률, 저런 일이 일어날 확률 말이죠. 그리고 우리는 그런 확률을 잘 알고 있다고 생각해요. 그런데 사실 우리는 미래에 대해선 정말 무지합니다. 그게 근본적인 문제인 거죠. 만약 사람들이 완벽하게 합리적이라면 무력해져서 아무런 일도 벌이려 하지 않을 겁니다. 당신이 사업을 시작한다고 생각해 보세요. 정말 열심히 하려고 하겠지만, 장차 무슨 일이 벌어질지 모릅니다. 불확실한 게 너무 많아요. 경제가 좋아질지, 경쟁에서 이길 수 있을지, 그 어떤 것도 상상할 수 없어요. 그럼에도 불구하고 사람들은 일을 벌입니다. 바로 야성적 충동 때문입니다.

토요타를 한번 보세요. 토요타가 1930년대에 설립됐을 때, 사람들은 '미친 것 아니냐'고 생각했죠. 이미 자동차 산업은 미국과 유럽이 지배하고 있었기 때문이죠. 하지만 그들은 사업을 시작했고, 결과적으로 잘 됐어요. 이해가 안 되죠.

만약 그들이 합리적이었다면 사업을 시작할 수 없었을 겁니다. 그게 바로 우리가 확인하기 힘들고 예기치 못한 야성적 충동의 움직임입니다."

그런데 요즘 기업들은 야성적 충동의 기반이 되는 자신감을 잃은 모습 아닙니까? "음, 우리는 대공황 이후 처음으로 자본주의의 충격을 목격했습니다. 그게 우리에게 어떤 영향을 줄까요? 자신감이 이토록 많이 흔들렸던 적은 없어요. 이번 경기 침체의 영향은 일반 대중보다는 특히 사업하는 사람들에게 더 강력해 보입니다.

기업가가 아닌 일반인들은 대부분 집과 직장을 잃지 않았고, 주식도 많이 갖고 있지 않아요. 많은 사람이 두려움은 있지만, 상처가 크지는 않죠. 대부분의 사람들은 은행이나 연준(FRB)이 어떻게 돌아가는지 모릅니다. 위기는 일반인에게는 멀리 있는 것처럼 보이죠. 이슈가 뭔지 이해를 잘 못하죠.

하지만 사업가들은 걱정이 많습니다. 그들은 은행이 적절한 자본을 갖는다는 게 무슨 의미인지를 잘 알고 있습니다. 그리고 모든 게 불확실하다는 겁니다. 사업가들이 불안해하고 돈을 안 쓰면 경제 전반에 영향을 미칩니다. 은행 대출과 IPO(기업공개) 시장이 거의 죽어 있어요. 비즈니스 자신감이 큰 타격을 입었습니다."

그럼 야성적 충동이 회복될 가능성이 있을까요?

"경제는 이야기에 의해 움직입니다. 한때 인터넷 버블과 커뮤니케이션 혁명에 대한 스토리가 있었죠. 그건 정말 생생한 이야기였죠. 모든 사람이 그런 일이 일어나는 걸 눈으로 봤고, 우리의 일상은 전자제품에 둘러싸여 있었으니까. 그리고 그건 호경기의 이야기가 됐죠.

그런데 그게 최근 불황 이야기로 대체되면서 사람들은 대공황을 말하기 시작했어요. 모두 두려움에 빠졌죠. 그런데 일단 대공황 스토리는 사라진 것처럼 보이고, 사람들은 예전보다 걱정을 덜 하고 있어요. 그럼 낙관적인 이야기는 무엇일까요? 오바마 스토리가 있는데, 미국뿐 아니라 전 세계 사람들을 고무시키는 이야기의 하나라고 생각해요. 그런데 그걸로 충분한지는 자신이 없어요. 저는 다음 이야기가 무엇이 될지 알아내려고 노력하는 중입니다."

중국의 부상(浮上)도 낙관적인 스토리가 되지 않을까요?

"어떤 사람들은 지금이 중국의 시대라고 말하는데, 정말 그런지는 모르겠어요. 어쨌든 중국은 뭔가를 계속 발견해 왔어요. 경제 성장에 해를 끼쳤던 정치 체제에서 벗어났고, 수천 년 동안 대단한 문명을 이뤄냈죠.

개인적으론 중국의 부상을 기대하고 있어요. 지금의 위기도 중국을 막지는 못할 겁니다. 뭔가를 이루려면 50년쯤은 걸리겠지만 중국은 계속 전진할 겁니다.

저는 과학과 발견을 좋아해요. 지금 중국과 다른 아시아 나라들의 새로운 발견을 기대하고 있어요. 금세기는 이들 나라의 수십억 사람들이 감춰뒀던 잠재력을 발휘하는 세상이 될 것입니다. 그 얘기는 미국과 독일이 위협받는다는 뜻이기도 하지만, 그래도 그것은 좋은 뉴스라고 생각해요. 살아 있어서 신나는 시대입니다(It's great time to be alive)."

좋은 이야기들이 우리를 기다리고 있는 건가요?

"예. 맞아요. 자본주의의 좋은 점은 인간의 공격 본능에 배출구를 제공한다는 것이죠. 누굴 다치게 하는 걸 말하는 게 아닙니다. 사람들은 본래 공격적이에요. 그러니 비즈니스 세상에서 서로 싸우도록 해보자는 겁니다. 물론, 다치는 사람은 없어요.(웃음)"

그러나 쉴러 교수는 펀더멘털에 문제를 일으킨 두 가지 사건, 즉 '누적된 주택 재고'와 '자동차 산업의 붕괴'로 인해 사람들이 기존에 갖고 있던 자신들의 삶의 방식이나 생각을 바꾸게 될 것이고 이는 실물 경제 회복을 더디게 할 것이라고 지적했다.

"라이프 스타일의 변화, 의사 결정의 변화라고 할 수 있죠. 지금 사람들은 저축을 더 하거나, 새 차를 너무 자주 사면 안 되겠다고 결심합니다. 과거에는 주식이나 부동산 투자로 돈을 벌 수 있기 때문에 저축할 필요가 없다고 생각하는 경향이 있었지만 지금은 반대가 됐죠. 이번 위기를 통해 사람들은 오랫동안 갖고 있던 기본 가정들에 대해 다시 생각하게 됐고, 오랫동안 그런 상황이 지속될 겁니다. 결국 야성적 충동의 결핍으로 인해 경제 부진이 생각보다 오래갈 것 같아요. 제가 말하는 야성적 충동이란 무엇을 할 것인가에 대한 가정을 의미합니다. 예컨대, 사업가가 될 것인가, 시인이 될 것이냐 하는 거죠. 그런데 지금은 시인이 돈을 더 많이 버는 것 같아요.(웃음)"

최근 글로벌 위기는 야성적 충동이 최악의 위기를 잉태한 경우라고 할 수 있다. 쉴러 교수는 이처럼 야성적 충동이 부정적으로 발현하는 것을 막기 위해서는 국가의 적절한 개입이 필요하다고 지적했다. 그는 자신의 책에서 정부를 부모에 비유했다. 부모는 분명한 한도를 정해서 아이들이 야성적 충동에 사로잡히지 않도록 해야 하지만, 그 한도가 너무 엄격해서 아이들의 독립심과 창의성을 해쳐서도 안 된다는 것이다.

위기에는 정부의 개입이 반드시 필요한 건가요?

"이번 같은 시기에는 사람들이 부정적인 자기 실현적 예언(negative self-fulfilling prophecy)을 하게 되죠. 비즈니스 환경이 좋지 않으니 지출도 안 하고, 투자도 하지 않고, 고용도 하지 않겠다고 생각합니다. 그러면 그게 정말 사실이 됩니다. 개인이 이걸 바로잡을 수 있는 방법이 없어요. 스스로 낙관적이 되겠다고 결정할 수는 없다는 겁니다.

따라서 정부만이 문제를 풀 수 있죠. 지출을 통해 해결할 수 있어요. 자신감이 무너지기 전에 빨리 그런 일을 하면 경제가 앞으로 나가게 할 수 있습니다. 미국 의회가 올해 통과시켰던 경기 부양책 규모는 GDP의 2%였죠. 그건 충분하지 않을 수 있지만, 자신감의 붕괴를 막기에는 충분합니다. 그래서 우리는 심리적으로 큰 피해를 보지는 않았던 겁니다."

쉴러 교수는 2008년 리먼브러더스 파산 이후 미국과 전 세계가 대대적인 경기 부양책과 재정 지출에 적극 나서야 한다고 줄기차게 주장해왔다. 그는 경기 급등기에는 다른 의미에서 정부의 시장 개입이 필요하다고 강조했다.

"그럴 때 정부는 과잉을 막으려고 시도해야 합니다. 우리는 지난 30년 동안 정부가 그런 일을 결코 해서는 안 된다고 말하는 경제 환경에서 살았죠. 그런데 그건 실수였어요. 지금의 위기는 경제 이론의 과오(過誤)에서 초래된 측면도 있어요. 경제 이론은 '규제 없는 경제'의 완벽함을 지나치게 칭찬했어요. 그들은 야성적 충동의 근본적인 취약성(vulnerabilities)을 이해하지 못했던 겁니다. 바로 야성적 충동의 변화에 의한 취약성 말이죠.

자본주의 시스템에 개입하는 정책을 편다는 점에서 오바마 정부를 비판하는 사람도 있습니다. 그러나 저는 그런 개입이 너무 심하지만 않다면 올바른 방향이라고 생각합니다. 아마도 우리는 여기에서 더 앞으로 나아갈 것이고, 그런 뒤에는 정부가 자본주의 시스템에 덜 개입하는 방향으로 돌아갈 수 있는 방법을 고안하기 시작해야 합니다."

"세계 각국 정부는 이번 기회를 활용해 자본주의가 더 잘 작동하도록 해야 합니다. 그건 더 나은 자본주의 인프라를 구축하고, 금융을 민주화하는 걸 뜻합니다. 국민을 위해 더 잘 작동하는 자본주의와 위험 관리(risk management) 시스템이 필요합니다. 사실 이번 금융 위기는 위험 관리의 실패가 근본 원인이었죠.

예컨대, 사람들은 분산투자의 원칙을 어겼어요. 사람들은 하나의 도시, 하나의 집에 집중 투자했고, 금융기관들은 그 돈의 90%를 빌리라고 부추겼어요. 그래서 평생 저축한 돈으로 높은 레버리지 투자를 하게 됐어요.

지금 정부는 눈앞의 위기에만 초점을 맞추고 있는데, 더 나은 자본주의 시스템을 개발하는 데에도 초점을 맞춰야 합니다."

"무엇보다 경제 시스템을 개선할 수 있는 기회를 갖고 있다는 점을 강조할 겁니다. 대공황기에 루스벨트는 그런 기회를 잘 활용했어요. 그런 기회를 놓치면 안 됩니다. 루스벨트는 미연방준비제도이사회(Fed)과 증권거래위원회(SEC), 연방예금보험공사(FDIC) 같은, 중요한 새 경제 기관들을 출범시켰죠. 저는 미국의 경제 시스템이 국민을 위한 자본주의 시스템으로 더 잘 작동할 수 있기를 기대하고 있어요."

"2008년에 제가 쓴 책 《버블 경제학》에서 세 가지를 강조했습니다. 첫째는 정보 인프라를 개선하라는 겁니다. 여기에는 많은 요소가 들어 있는데, 하나는 많은 국민이 금융 상담을 받을 수 있도록 해야 한다는 것이죠.

국민들은 잘 모릅니다. 그들에겐 금융에 대해 자문해줄 사람이 없어요. 금융상품을 팔려고 하는 세일즈맨은 있지만, 그들은 상담사가 아니죠. 금융정보 공시 강화나 금융상품안전위원회 같은 소비자 지향적인 금융 상품 규제 제도 도입도 필요합니다. 두 번째는 시장을 더 넓히라는 겁니다. 증권 외에 다른 위험에 대해서도 파생상품 거래(derivative trades)를 허용해야 한다는 것이죠. 개인적으로 그런 회사를 하나 만들기도 했죠. 하지만, 정부의 지원이 필요합니다. 사람들이 처하는 주요한 위험을 헤지(hedge)하기 위해서는 그런 위험을 거래할 수 있도록 해야 합니다. 그런 위험 중에는 부동산 가격 하락 위험도 있고, 사람들이 의료비 부담이 늘어날 것을 걱정하니 그런

무너진 성공신화, 아메리칸 드림을 대신할 새로운 스토리가 필요하다

것도 헤지할 수 있어야 합니다. 연금펀드(pension fund)도 헤지해야 합니다. 수명(longevity) 리스크도 있는데, 평균기대수명이 올라가는 위험을 말합니다. 이것 역시 경제가 당면한 커다란 리스크입니다. 우리는 사람들이 얼마나 오래 살지 몰라요. 의료비는 올라가는데, 수명은 길어집니다. 이것들 역시 거래돼야 하는 불확실성입니다. 교육비도 학부모들이 알지 못하는 또 다른 위험이죠. 사람들이 이런 모든 위험을 스스로 헤지할 수 있도록 허용해야 합니다.”

마지막은 어떤 게 있나요? “더 좋은 소매 금융상품입니다. ‘지속적인 워크아웃형 모기지(continuous workout mortgage)’를 먼저 꼽을 수 있죠. 이 상품은 상환 능력이나 주택 시장의 변화에 따라 모기지 조건이 지속적으로, 예를 들어 매달 조정되는 모기지를 말합니다. 홈에퀴티(home equity, 주택 가격에서 기존 모기지 대출잔액을 빼고 남은 가치)에 대한 보험도 좋은 예가 될 겁니다. 사람들은 자신이 소유한 주택의 명목가치나 시장가치 감소에 대비할 수 있어야 합니다. 흔히 화재나 지진에 대비해 보험을 들죠. 하지만 현대 경제에서 이런 재난보다 더 큰 위험이 바로 ‘시장 리스크’입니다. 그런데 사람들은 지금 스스로 그런 위험에 대비할 방법이 없습니다.”

오바마가 이런 생각들을 했으면 좋겠어요. 기회도 있고요. 그에겐 진정한 변화를 추구할 의무가 있고, 뭔가 할 수 있는 기회도 있어요. 그러니 주도권을 쥐어야 합니다. 그건 위험을 감수하는 행위이겠지만 말입니다. 루스벨트 대통령은 1930년대에 새로운 것을 시도하는 걸 두려워하지 않았습니다. 모든 것이 실험이었죠. 오바마는 우리가 지금 겪고 있는 위기를 다시 겪지 않도록 예방하기 위해 더 생산적이고 효율적인 경제를 준비해야 합니다. 사람들이 생산적이고, 좋은 결정을 내리는 경제에서 산다면 훨씬 신나겠죠.”

당초 1시간으로 예정했던 인터뷰는 1시간 20분을 넘어서고 있었다. 나중에야 깨달았지만 인터뷰 내내 쉴러 교수는 숫자를 거의 사용하지 않고도 자신의 이론을 물 흐르듯 펼쳐냈다.

당신에게 가장 큰 영향을 미친 사람은 누구입니까? “준비를 안 한 질문이군요. 저는 심리학자인 아내 버지니아를 먼저 꼽고 싶어요. 저는 항상 그녀와 대화합니다. 다른 사람 중에는 내가 미시간대학 학부에 다닐 때 만났던 심리경제학자 조지 카토나(George Katona)가 있죠. 그에게 큰 감명을 받고, 심리학 공부를 하게 됐어요. MIT대 은사이신 로버트 소로우(Ro-

bert Solow)와 프랑코 모딜리아니(Franco Modigliani) 교수도 있어요.”

혹시 예측이 빗나간 적이 있습니까? “글쎄요, 저는 항상 예측도 헤지하려고 노력하죠….(웃음) 아마 분명히 있었는데…. 그래요, 유가(油價)예요. 저는 유가가 그렇게 급등했다가 떨어질지는 몰랐어요. 조금 놀랐어요.”

혹시 최근에 읽었던 책 중 가장 기억에 남는 책이 있습니까? “미국 작가인 에드워드 벨라미(Edward Bellamy)의 《뒤를 돌아보면서(Looking Backward)》라는 책을 최근에 읽었습니다. 책은 1887년의 시점을 기준으로 2000년까지 미국 사회의 달라지는 모습을 상상해서 쓴 소설입니다. 이 책에서 그는 미국이 자본주의를 포기하고, 사회주의를 택해 사회주의의 낙원이 될 것으로 그렸죠. 신용카드라는 용어가 처음으로 나오기도 하지요.”

인터뷰가 끝난 뒤 그는 사진작가의 요청으로 10여 분 동안 다양한 포즈를 취하면서도 결코 웃음을 잃지 않았다. 그는 사진 찍을 때 ‘치즈~’를 한국에서는 어떻게 부르냐고 묻기도 했다. 환한 웃음만큼이나 희망적인 이야기들을 그가 찾아내길 바라면서 기자는 그의 방을 나왔다. WeeklyBIZ🔖

에릭 매스킨
2007년 노벨경제학상 수상자

정부의 역할을 최소화 하면서 자유방임에 가까운 시장 경제를 지향해온 미국에서도, 매스킨 교수와 같은 '메커니즘 디자인' 이론가들은 자유시장경제의 한계를 보완하기 위해 '적절한 규제' 라는 정부의 '보이는 손'이 필요하다고 주장한다.

자원이 비교적 효율적으로 배분되는 시장 경제와는 달리, 공공재 등은 자원의 효율적 배분이 잘 이뤄지지 않는다는 데 주목하는 것이 '메커니즘 디자인'이다. 가령 정부가 아무리 좋은 의도로 정책을 만들어도, 당초 의도한 효과는 잘 나타나지 않는다. 사람들이 자기 이익을 앞세워 솔직하게 의견을 말하지 않기 때문이다.

가령 마을에 다리를 놓으려고 하면, 찬성론자들은 필요성을 과장하는 반면, 반대론자들은 피해를 과장한다. 그 사이에서 정부는 경매, 자진신고제 등의 공공 정책으로 보다 효율적인 자원 배분을 유도하게 만드는 것을 연구하는 분야가 '메커니즘 디자인' 이론이다.

정부가 하는 일은 왜 이렇게 성과가 없을까요?

"그래서 메커니즘 디자인이 필요한 법"

비가 주룩주룩 쏟아지던 2009년 9월 21일 오전 8시 연세대 서울 캠퍼스의 상경대학 건물 B121호 강의실. 통상적인 대학 첫 강의보다 한 시간 빠른 오전 8시에 강의가 시작됐는데도 100명 가까운 학생들의 열기로 후끈했다.

이날 강의는 2007년 '메커니즘 디자인(mechanism design)' 이론으로 레오니드 후르비츠(Leonid Hurwicz), 로저 마이어슨(Roger B. Myerson) 교수와 함께 노벨경제학상을 공동 수상한 에릭 매스킨 교수가 이 대학 경제학과 3~4학년생들을 대상으로 '게임 이론'을 가르치는 시간이었다.

매스킨 교수는 SK 석좌교수 자격으로, 2009년 가을 서울에 머물면서 한 학기 동안 연세대 상경대학에서 강의를 했다. 이날 그와의 인터뷰는 2시간짜리 수업이 끝나고도, 1시간 넘게 기다려서야 시작할 수가 있었다. 수업이 끝나고 10명 남짓한 학생들이 연구실로 찾아와 질문을 했기 때문이다. 그는 기자에게 양해를 구한 뒤 학생을 한 사람 한 사람 앞에 앉혀놓고 차근차근 설명을 해주었다. 연구실엔 텅 빈 책장이 덩그러니 벽에 붙어 있었고, 책상 위에 달랑 컴퓨터만 있었다.

책도 없는 연구실에서, 한 학기 동안 연구 활동은 어떻게 하시나요? "문제 푸는 건 연필하고 종이만 있으면 되고, 인터넷이 있잖아요. 경제학 연구는 더 이상 책이 필요하지 않아요. 모든 최신 자료와 중요한 연구 논문을 인터넷으로 검색할 수 있기 때문에 컴퓨터만 있으면 되지요."

해외 대학에서 이렇게 학생들을 가르친 경험이 있으세요? "중국, 대만, 일본, 한국에 일주일 정도씩 단기 특강을 한 적은 있지만, 이렇게 몇 달씩 외국에 머물면서 강의하기는 이번이 처음입니다."

'메커니즘 디자인' 이론은 일반인들에게는 아직 생소합니다. 좀 쉽게, 간략히 설명해 주세요. "메커니즘 디자인이란 한 사회의 목표를 달성하기 위해 '제도(메커니즘)'를 '설계(디자인)'하는 것을 말합니다. 예를 들어 어떤 사회의 목표가 교통 혼잡을 줄이는 것이라고 가정해 봅시다. 그걸 달성하는 방법에는 여러 가지가 있지요. 첫째는 교통 체증이 심한 구역을 통제해 버리는 방법, 둘째로는 혼잡통행료를 징수하는 방법, 셋째는 대중교통을 적극 지원해 이용하기 편리하도록 만들어서 자가용 이용률을 낮추는 방법, 넷째는 휘발유에 세금을 높게 매겨 자가용을 갖고 다니기 부담스럽게 만드는 방법 등이 있겠지요. 이런 것들 중의 하나를 선택할 수도 있고, 여러 방법을 섞을 수도 있습니다. 어떤 한 목표를 달성하기 위한 여러 정책들 가운데 어떤 것이 최적인지를 결정하는 것이 메커니즘 디자인입니다."

언제, 어떻게 '메커니즘 디자인'의 아이디어를 얻게 되신 건가요? "제가 '메커니즘 디자인'을 만든 건 아니고, 노벨경제학상을 공동 수상한 후르비츠 교수가 창시했습니다. 저는 '메커니즘 디자인' 이론이 어디에 잘 적용되는지 어디에 적용 안 되는지에 대한 해답을 더 연구한 것이지요."

'메커니즘 디자인'은 어떤 분야에 적용됩니까? "정부나 공공 당국이 각각의 정책을 입안할 때 '메커니즘 디자인'을 적용할 수 있습니다. 예를 들면 교통, 환경오염, 기후변화, 세금 제도, 소득 재분배 등에 적용할 수 있지요. 민영화 과정에서도 '메커니즘 디자인'을 적용할 수 있습니다."

매스킨 교수는 미국 통신위원회가 주파수 대역을 매각하기 위해 경매를 실시한 것 등을 사례로 꼽으며, 공공재를 민영화하는 과정에서 경매 등의 방식을 동원하는 것이 자원을 효율적으로 배분하는 '메커니즘 디자인'의 성공 사례라고 설명한다.

선거 제도에 대한 논문도 쓰셨지요? 그런 것도 '메커니즘 디자인'에 해당됩니까? "선거 방법도 여러 가지가 있습니다. 한 사회의 목표를 달성하는 데, 어떤 선거 제도가 최선의 방법인지를 설명하는 것이 '메커니즘 디자인'입니다."

한국의 대선 투표는, 50% 미만을 얻어도 무조건 최다 득표자가 승자가 됩니다. '메커니즘 디자인'의 관점에서 보자면, 이런 선거 제도는 어떻습니까? 별로 바람직한 제도가 못됩니다. 가령 A, B, C 세 후보가 있다고 생각해 보세요. (매스킨 교수는 종이를 가져와 연필로 열심히 적어가면서 설명했다.) 유권자의 35%가 A-B-C 순을, 33%가 C-B-A 순을, 32%가 B-A-C 순으로 지지했다고 생각해 보세요. 유권자의 선호도를 따져보면 압도적 다수인 65%(33%+32%)가 A보다는 B를, 역시 압도적 다수인 67%(35%+32%)가 C보다는 B를 선호한다는 해석이 가능합니다. 그런데도 B가 아니라 단순한 다수결 원칙에 따라 35%를 얻은 A가 당선되는 것이지요. 이것은 유권자의 뜻을 제대로 반영한 선거 제도가 아닙니다.
게다가 이런 선거 제도는 유력 후보가 아닌 나머지 제3의 후보가 선거 결과에 영향을 미쳐 결과를 바꿔버릴 수도 있어요. 가령 이변을 일으켰던 지난 2002년의 프랑스 대선을 생각해 보세요. 우파의 자크 시라크(Jacques

어떤 방법이 목표 달성에 최적인지를 결정하는 것이 '메커니즘 디자인'이다. 하나를 선택할 수도 있고 여러 방법을 섞을 수도 있다

수학자 출신의 매스킨 교수는 "수학은 예술처럼 아름다운 학문이며, 경제학은 세상에 도움을 줄 수 있는 학문이라 매력적"이라고 말했다

Rene Chirac) 대통령, 좌파의 리오넬 조스팽 (Lionel Jospin) 후보가 경합을 벌이는데, 대선 1차 투표에서 극우파 르펜(Jean-Marie Le Pen) 이 2위를 차지하는 돌풍을 일으키는 바람에 유력 후보였던 조스팽이 1차 투표에서 탈락 하는 사태가 벌어졌지요."

그렇다면 이런 대선 제도의 단점을 어떻게 보완 할 수 있나요? "가령 미국 샌프란시스코시(市) 는 시장 선출 방식을 이렇게 바꿨어요. 유권 자들이 단 한 명의 후보만 찍는 게 아니고, 1 순위 후보를 찍고, 나머지 후보들에 대해서도 차순위를 매길 수 있게 했어요. 이 경우, 순위 에 따라 가중치를 주고 이를 나중에 합산하면 유권자들이 원하는 것을 득표에 좀 더 잘 반 영할 수 있게 되지요.

가령 나는 C후보를 찍지만, 절대로 B후보가 당 선되기를 원하지 않는다면, C후보를 1순위로, A후보를 2순위로, B후보를 3순위로 매기는 것 이지요. 그에 따라 가중치를 주면 득표 결과에 서 그런 유권자 의중이 반영될 수 있어요."

한국 대선에는 10여 명의 후보가 나옵니다. 그중

에서 유의미한 후보는 2~3명에 불과하지요. 나 머지 후보는 유권자들이 잘 알지도 못하는데, 어 떻게 일일이 다 순위를 매기나요? 그런 제도가 과연 신빙성이 있을까요? "유권자가 후보 10명 모두에 대해 다 순위를 매길 필요는 없습니 다. 유권자에게 옵션을 주는 거지요. 원하는 1 명만 찍을 수도 있고, 2~3명에게만 순위를 매길 수도 있게 하는 것이지요."

글로벌 금융 위기에 대한 얘기로 넘어가겠습니 다. 이번 위기의 원인이 무엇이라고 보십니까?

글로벌 금융 위기는 적절한 규제가 이뤄지지 않은 데서 온 실패입니다. '시장이 규제보다 낫다'는 생각에 지나치게 집작했던 탓입니다. 적절한 규제가 있었다면 위기의 강도를 줄일 수 있었을 것입니다.

"적절한 규제가 이뤄지지 않은 데서 온 실패 라고 봅니다. 미국에서 시작된 이번 글로벌 금융 위기는 기본적으로 상환 능력이 없는 사 람들에게까지 너무 많이 대출을 해주는 바람 에, 은행이 너무 많은 리스크를 떠안게 된 데 서 비롯됐습니다.

문제는 금융 부문이지요. 과도한 대출을 해주 는 것이 한 은행에 그치지 않고, 다른 은행들 에도 영향을 미쳐 너도나도 대출 경쟁이 벌어 졌지요. 은행마다 과도한 리스크를 떠안지 못 하게 하는, 적절한 규제가 없었기 때문에 빚 어진 결과입니다."

미국은 왜 적절한 규제를 통해 심각한 위기를 막지 못하고 금융회사를 방치한 것인가요? "하하, 좋은 질문인데요. 정부가 개입하는 것보다는, '시장이 규제보다 훨씬 낫다'는 이념에 미국이 그동안 지나치게 집착한 결과이지요. 이제, 좋은 규제를 창출하는 것은 '메커니즘 디자인'의 영역이 되겠네요, 하하하."

그렇다면 당신은 적절한 금융 규제 장치만 있었더라면 이번 같은 금융 위기는 일어나지 않았을 것으로 보는 건가요? "역사적으로 위기는 늘 있었습니다. 위기를 완전히 막을 수는 없다고 해도, 적절한 규제를 통해 위기의 강도를 줄일 수는 있었겠지요."

그동안 주류 경제학은 인간은 합리적이고, 시장은 효율적이라는 가정 위에서 전개되어 왔습니다. 이번 위기로 인해, 기존 경제학은 더 이상 쓸모없어진 겁니까? "설사 모든 사람이 합리적으로 행동한다고 해도, 전체 시스템이나 시장이 늘 효율적으로 작동하는 건 아닙니다. 내 행동이 상대방에게 영향을 미치는 '외부요인'이 되어, 그 결과로 사회 전체에 비효율적, 비합리적 결과를 초래할 수 있습니다. 따라서 개인의 합리성만으로, 규제받지 않은 시장이 제대로 작동하는 건 아닙니다.

가령 환경오염을 생각해 보세요. 내가 운전을 하면 매연을 내뿜습니다. 그렇다고는 해도 운전하는 것이, 내게는 합리적인 결정입니다. 왜냐하면 내가 내뿜는 매연이 당장 내게 심각한 영향을 가져오는 것은 아니기 때문이지요. 하지만 모든 개개인이 스스로의 관점에서 합리적이라고 생각되는 결정을 내려서, 반드시 전체에 최적의 결과를 가져오는 건 아닙니다. 정부가 세금을 부과한다든가, 적절한 환경 규제를 가해 오염을 막아야 할 상황이 되어버리지요. 은행도 마찬가지입니다. 너무 많은 오염을 배출하지 않도록 규제를 가하는 것처럼, 은행도 너무 많은 리스크를 떠안지 않게 하는 규제가 필요합니다."

글로벌 위기 이후 금융 산업의 규제 방안이 논의되고 있습니다. 어떤 규제가 필요하다고 보시나요? "하나는 상환 능력을 갖추지 못한 사람들에게 대출을 해주지 않는 최소한의 대출 기준을 만드는 것이고, 또 하나는 은행이 과도한 위험을 떠안지 못하도록 레버리지에 대한 규제를 만드는 것이지요."

이번 위기는 똑똑한 사람들이 모여 가장 합리적 의사 결정을 내린다고 여겨져 온 미국 월가에서 시작돼 엄청난 재앙을 초래했습니다. 그렇다면 합리적인 것과 윤리적인 것은 양립 불가능한 것인가요? "메이도프 사건에서도 드러났듯, 이번 위기 때 사기 사건도 드러났습니다. 물론 윤리적인 측면을 더 강조할 필요도 있습니다. 하지만 단순히 월가 금융맨들의 부도덕한 행위에서 이번 위기가 초래됐다고는 생각지 않아요. 개별 은행의 이해관계와 전체 금융 시스템 간의 충돌(conflict) 상황이 위기를 가져온 것입니다. 따라서 금융인들에게 윤리 교육을 시키는 것보다 더 필요한 것은 정부가 룰(rule)을 만드는 것입니다. 금융 산업에 대한 적절한 규제가 위기의 원인이 된 이런 충돌 상황을 줄여줄 수 있다고 봅니다."

개인적인 질문으로 넘어가 보겠습니다. 원래 수학을 전공하셨는데, 왜 경제학으로 바꾸셨나요? "저명한 경제학자 케네스 애로(Kenneth Joseph Arrow) 교수의 영향이 컸습니다. 수학은 그 자체로 흥미롭지만, 경제학은 세상을 돕는 데 힘을 발휘하는 학문이라는 점에서 특히 매력을 느꼈습니다."

노벨상 수상 이후 삶이 달라졌나요? "지금처럼 인터뷰 요청도 쇄도하고, 하하하. 전 세계로부터 초청을 받아 여행도 많이 하게 됐지요. 하지만 노벨상이 결코 '목표'는 아니었어요. 수상 기회가 극히 적은 노벨상이란 일종의 복권처럼 주어지는 행운이니까 스스로가 설정할 수 있는 합리적 '목표'는 아니지요. 중요한 것은 관심을 가진 분야에 꾸준히 집중해서 해답을 찾아가는 과정 그 자체겠지요." _{WeeklyBIZ}

Who is

에릭 매스킨 교수는 1950년 미국 뉴욕 태생으로 1972년 하버드대에서 수학을 전공하고, 1976년 응용수학으로 박사 학위를 받았다. MIT(1977~1984년)와 하버드대(1985~2000년) 경제학과 교수를 지낸 데 이어, 2000년부터 미국 뉴저지주 프린스턴에 있는 고등연구소(Institute for Advanced Study) 석좌교수로 있다. 1930년 설립된 고등연구소는 수학·자연과학 등 순수 학문의 연구로 명성이 드높은 세계적 연구기관이다. 과거 알베르트 아인슈타인이 연구했던 곳으로도 유명하며, 이 연구소 출신 가운데 노벨상 수상자가 12명에 달한다. 아인슈타인과 인연이 남다른지, 현재 매스킨 교수가 살고 있는 고등연구소 사택은 예전에 아인슈타인이 살았던 곳이라고 한다.

그동안 학술지에 110여 편의 논문을 게재했다. 〈경제연구리뷰(Review of Economic Studies)〉 등 주요 학술지의 편집장도 역임했다. 2003년 계량경제학회 회장을 지냈다.

리처드 탈러

시카고대 부스 경영대학원 교수, 《넛지》 저자

변기 밖으로 튀는 남자들의 소변량을 줄이는 방법은?

"소변기 중앙부분에 파리 한 마리를 그려놓아 보라"

Richard H. Thaler

요즘 세계에서 가장 영향력 있는 경제학 교수를 꼽으라면, 이 사람을 꼽는 데 별 이견이 없을 것이다. 무엇보다 세계 각국의 대통령들이 그를 주목하고 그의 조언을 받고 있으니 말이다. 리처드 탈러가 주인공이다.

그가 쓴 책 《넛지》를 이명박 대통령이 2009년 8월 초 휴가를 떠나기에 앞서 청와대 전 직원에게 선물하는 바람에 한국에서도 유명해졌다. 오바마 대통령은 최근 탈러 교수가 '넛지'의 개념을 가미해 설계한 '점진적 저축증대 프로그램(Save more tomorrow)'을 미국 중소기업 근로자들을 위한 저축 장려책으로 채택해 발표했다. 《넛지》의 공동 저자인 캐스 선스타인(Cass R. Sunstein) 교수는 오바마 행정부로 영입돼 백악관의 요직을 맡았다. 호주의 케빈 러드 총리와 차기 집권을 노리는 영국 보수 야당의 데이비드 카메론 당수도 '넛지' 이론에 큰 관심을 나타내면서 탈러 교수를 만났다.

원래 '넛지(nudge)'는 '팔꿈치로 슬쩍 찌르다', '주의를 환기시키다'라는 뜻의 영어 동사다. 탈러 교수가 행동경제학의 용어로 개념화한 '넛지'란 '타인의 선택을 유도하는 부드러운 개입'을 의미한다.

특히 정책 결정자가 공공 정책을 결정할 때 부드럽게 개입해 국민들에게 좋은 결과를 유도하는 '사회적 넛지'가 필요하다는 메시지를 담은 《넛지》는 2009년 비즈니스북 가운데 베스트셀러를 기록했다.

위클리비즈가 인터뷰하려고 백방으로 노력하던 중에 선물처럼 그가 한국에 왔다. 시카고대 부스 경영대학원 동문회 행사를 위해 호주, 싱가포르, 홍콩, 대만, 중국, 한국, 일본 등 아시아태평양 7개국을 3주간 여행하는 일정 중에 방한한 것이다.

왜 '넛지'라는 단어를 선택하게 됐나요? '넛지'는 미국에서 흔히 쓰는 단어인가요? "그렇진 않아요. 미국에서도 사람들이 뜻은 알지만 흔히 쓰는 단어는 아닙니다. 우리 철학에 딱 맞는 단어라서 선택한 것이지요. 우리 철학이란, 요약하자면 '선택 설계자(choice architect)'가 매우 점잖게 슬쩍 미는 정도의 자유주의적 개입주의(libertarian paternalism)인데, 그 의미에 딱 맞는 단어가 바로 넛지입니다."

'슬쩍만 찔러 남의 행동을 변화시킨다'는 '넛지' 이미지 때문인지, 유튜브에서 본 통통한 이미지 때문이었는지, 만나기 전에는 그가 무척 거구일 것으로 생각했다. 하지만 은발에, 정장 차림으로 나타난 탈러 교수는 생각보다 작았다. 실례를 무릅쓰고 키를 물었더니 "5피트 6인치(약 167cm)"라고 했다.

테니스를 즐겨 치다, 2004년에 전 골프를 시작했다는 탈러 교수는 그런 인생의 수많은 어려운 선택을 "골프 연습장에서 공의 종착지도 모른 채 계속 퍼팅 연습을 하는 것과도 같다"고 비유했다. 가령 과일 고르기 요령 같은 것은 매일 장을 보면서 반복에 의해 학습되고 결과도 금방 드러난다. 같은 홀을 향해 10번의 퍼팅 연습을 하면 공치는 감각, 거리 가늠하는 법 등을 쉽게 배우는 것과 같은 이치다. 하지만 공이 어디로 멈추는지 볼 수 없는 채로 하루 종일 퍼팅 연습을 하는 것 같은 선택

도 있다. 어쩌다 한 번 가입하는 까다로운 조건의 대출 상품이나 보험, 10년 만에 한 번 살까 말까 한 집 구입 등이 이런 선택에 해당한다는 것이다. 바로 이런 상황이 넛지가 필요한 상황이라고 탈러 교수는 말한다. 그가 말하는 '넛지'의 개념을 이해하기 위해 두 가지 사례를 살펴보자.

사례1 네덜란드 암스테르담에 있는 스키폴 공항의 남자 화장실. 이곳은 '화장실을 청결하게' 같은 훈계조의 캠페인 문구는 붙어 있질 않다. 그런데도 소변기 밖으로 튀어나가는 소변량을 단번에 80%나 줄이는 '쾌거'를 이뤘다. 특이점은 딱 하나. 남성들이 볼일 보는 소변기마다 중앙 부분에 파리 한 마리가 그려져 있다. 그런데 어떻게?

사례2 미국 미네소타주는 납세자를 네 그룹

으로 나눈 뒤 각각 이런 안내문을 보냈다. 이 네 가지 중에 가장 효과를 발휘한 것은?
① 여러분이 내는 세금은 교육, 치안, 화재 예방 같은 좋은 일에 쓰입니다.
② 조세 정책을 따르지 않으면 처벌을 받게 됩니다.
③ 세금 용지 작성법에 대해 이렇게 도움을 드리겠습니다.
④ 이미 미네소타 주민의 90% 이상이 납세의무를 이행했습니다.

기존 경제학에서 말하는 대로 인간이 완벽하게 '합리적 동물'이라면 이런 질문도 필요 없다. 누군가의 개입 없이도, 가장 합리적이고 바람직한 행동을 할 것이기 때문. 하지만 현실의 인간은 딴판이다.

사례1의 경우, 별 생각 없이 화장실에 볼일

인간이 합리적이라면 누군가의 개입은 필요없다. 그러나 현실의 인간은 딴판이다

우리는 매일 넛지에
둘러싸여 삽니다.
가령 학교 식당에서
음식을 어떤 식으로
배열하는가도 학생들의
음식 선택에 영향을
끼칩니다. 인간은 허점
투성이고 그저 살짝
옆구리만 찔러줘도
바꿀 수 있지요.

Nudge

행동경제학의 틀을 잡고 책 《넛지》로 세계 정책 결정자들의 관심을 끌고 있는 리처드 탈러 교수

보러 들어온 남성들이 시쳇말로 파리 한 마리에 '낚였다'. 소변기의 파리 그림을 발견하고는 그곳을 조준, '집중 발사'를 하는 바람에 소변이 밖으로 튀질 않아 화장실이 청결을 유지하게 된 것이다.

사례2의 답은? ④번이다. "남들 다 냈다는데, 나만 세금 안 냈다니…" 하는 불안감을 자극한 문구가 가장 높은 자진 납세를 이끌어냈다. '집단 동조 심리'가 인간의 기본 속성이라는 데 착안한 접근법이다. 그저 참신한 아이디어 정도로 웃어넘길 수 있는 이런 사례들을, 행동경제학자 탈러 교수는 '넛지'로 개념화해냈다.

책 《넛지》에는 대조적인 두 유형의 인간, '이콘'과 '인간(휴먼)'이 등장한다. '이콘'이란 '극히 합리적이고 자신의 이익을 추구하는 경제적 인간', 즉 '호모 이코노미쿠스(homo economicus)'의 줄임말이다. 기존의 경제학은 이콘을 전제로 논리의 뼈대를 세워나간다.

하지만 현실 속에 사는 인간(휴먼)은 허점투성이다. "살 빼야지" 하면서도 마구 먹고는 숟가락 놓자마자 후회하고, 날로 늘어나는 뱃살에 "운동해야지" 하면서도 하루하루 미루다 한달 가고 1년 가고, "저금해야지" 하면서도 멋진 옷, 멋진 차에 눈이 팔려 예금 잔고를 바닥내고야 만다.

탈러 교수가 바라보는 것은 바로 이 허점투성이의 인간이다. 이런 속성상 도처에 널린 선택 설계자에 의해 인간의 행동은 좌우되며, 따라서 더 나은 삶을 유도하기 위해 슬쩍 옆구리를 찔러주는 정도의 악의 없이 가벼운 개입, 즉 '넛지'가 필요하다는 '자유주의적 개입주의' 논리를 펼친다.

우리는 매일 '넛지'에 둘러싸여 살고 있다

정통경제학의 가설을 비판하는, 행동 경제학에 관심을 갖게 된 건 언제부터입니까? "대학원 시절부터였어요. 저는 종종 저녁 식사에 손님을 초대하면서 와인과 함께 즐길 만한 안주로 캐슈너트라는 열매를 그릇에 담아서 내놓아요.

식사 전에 캐슈너트를 다 먹어버려 밥맛이 없을까봐 캐슈너트 그릇을 치워버리면 '이콘'에 가깝다고 여겨지는 경제학자 손님들조차 저더러 '고맙다'고 해요. 경제학에서 가정하는 '합리적 인간'과는 달리, 현실의 인간은 얼마나 유혹에 쉽게 넘어가는가를 보여주는 사례지요. 노벨경제학상을 받은 허버트 사이먼(Herbert Alexander Simon) 교수는 기존에 경제학과 관련된 가정이 너무 비현실적이라 행동에 관련된 새로운 경제학이 필요하다고 말했었지요."

당신 스스로는 어떤가요? 이콘과 인간, 어느 쪽에 더 가까우세요? "뭐, 경제학 할 때나 이콘처럼 생각하겠지만, 먹고 마시고 행동하는 건 인간이지요.

언젠가 파리 갔을 때 지하철을 탔는데, 지하철 승차권의 한쪽에만 마그네틱 처리가 되어 있었어요. 검표기에서 마그네틱이 위로 가게 했더니 잘 되더군요. 그 다음부터는 파리 갈

때마다 쭉 그렇게 지하철을 탔어요. 한데 알고 보니 그 승차권은 어느 쪽으로 넣어도 상관 없었어요.

이콘은 경제학 교과서에나 나오는 상상 속의 생명체입니다. 매우 똑똑해 MBS(주택저당증권)를 보고 위험하다고 판단하고, 기회는 절대 놓치지 않고, 항상 자기 이익(self interest)을 극대화하는 쪽으로 움직이지요. 하지만 인간은 어떤 MBS가 위험한지 아닌지도 잘 모르고, 집중도 제대로 못하는 제한된 합리성을 갖고 있어요. 또 이콘보다 훨씬 착하지요."

인간이 불완전하다고 해서, 아무리 사소하다고는 해도 누군가의 개입이 정당화될 수는 없지 않나요? "하지만 우리는 매일매일 넛지에 둘러싸여 삽니다. 가령 학교 식당에서 음식을 어떤 식으로 배열하는가도 학생들의 음식 선택에 영향을 미치지요. 몸에 좋은 과일을 좀 더 눈에 띄는 곳에 두고 살찌는 단 음식을 뒤로 둘 수도 있고, 반대로 살찌는 음식을 앞에

인간은 '살 빼야지' 하면서도 마구 먹고 숟가락 놓고 후회하는 허점투성이다

놓을 수도 있고, 그냥 음식을 무작위로 놓는 방법도 있겠지요. 이 가운데 학생들의 건강을 돕는 넛지가 가능한 것이지요.

만약 당신이 심각한 병에 걸려 의사가 수술을 권한다고 상상해 보세요. 의사가 '이 수술 받은 사람 100명 중에 90명이 5년 후에도 살아 있다'고 한다면 아마 수술 받았을 겁니다. 하지만 '수술을 받은 사람 100명 중에 10명이 5년 내로 죽었다'는 말을 들었다면요? 그 말 듣고도 수술했을까요?

식당에 음식을 놓는 사람, 수술을 권하는 의사, 정책을 결정하는 대통령 모두 '선택 설계'를 구현하는 선택 설계자에 해당됩니다.

건축가가 설계하는 대로 사무실도, 방도, 화장실도 만들어지듯이 선택 설계란 피할 수가 없어요."

보통 경영 서적이나 처세서를 읽으면 주눅들 때가 많다. 보다 완벽에 가깝게 설정된 사람을 모델로, 자신을 철저히 바꾸라는 주문을 해대기 때문이다. 하지만 《넛지》를 읽었을 때는 그 반대였다. 너무 귀찮아 손해 보는 것도 감수하는 인간, 남들 가는 대로 우르르 틀린 답을 좇아가는 인간이 지극히 정상이다. 오히려 그런 속성을 감안해 제도를 만들라고 제안한다.

"TV에서 보던 프로그램이 끝나도 귀찮아서 그냥 같은 채널의 다음 프로그램을 계속 보는 경향이 있습니다. 이런 현상유지 심리 때문에 어떤 제도에 어떻게 '디폴트 옵션(아무것도 하지 않을 때, 그냥 자동적으로 적용되는 선택조건)'을 설정하느냐가 사실 무척 중요합니다."

그렇다면 디폴트 옵션을 바꾸어 정책 효과를 높인 사례가 있나요? "미국은 401(k) 같은 연금 제도가 있습니다. 세금 공제도 되고, 많은 경우 기업주들이 근로자 기여분만큼 돈을 지원하는 등 근로자들에게 유리한 제도인데도 자격 요건을 갖춘 사람들 중에 30%가 등록을 하지 않았어요.

이럴 경우, 디폴트 규칙을 바꾸는 것도 '넛지'입니다. 그전까지는 신청서를 내야만 가입이 되기 때문에 가입하지 않는 것이 디폴트였습니다. 하지만 자동 가입 방식을 도입해 굳이 가입하지 않겠다는 서류를 내지 않는 한 자격이 되는 사람은 무조건 가입되는 디폴트 규칙을 세워 가입률을 높였죠."

탈러 교수는 비슷한 예로 장기(臟器) 기증률을 높이기 위한 디폴트 규정에 대해서도 책에서 소개한 적이 있다. 탈러 교수는 "이번에 한국에 오기 전에 호주를 방문해 케빈 러드 총리를 만났는데, 장기 기증을 받은 경험을 가진

'넛지'는 복잡한 조건의 펀드 상품에 투자할 때처럼 어렵고 까다로운 결정을 해야할 때 유용하다

러드 총리가 '넛지'를 감안한 장기 기증 제도에 많은 관심을 나타냈다."고 설명했다.

하지만 모든 경우에 정부가 일일이 넛지 정책을 만들어내야 하나요? 어떨 때 넛지가 더 필요한가요? "가령 이게 맛있는 사과인지, 맛없는 사과인지는 먹어보면 누구나 알 수 있어요. 굳이 넛지가 필요하지 않습니다. 하지만 복잡한 조건의 펀드 상품에 투자할 때는 좋은 사과인지, 썩은 사과인지처럼 한눈에 구별해낼

수가 없어요. 이처럼 어렵고 복잡하며 발생 빈도가 낮은 결정에 대해, 그리고 적절한 피드백이 금방 제공되지 않아 학습 기회도 없을 때 넛지가 필요합니다. 가령 복잡한 모기지의 경우, 전문 지식을 갖춘 전문가들의 도움을 받을 수 있게 넛지를 하는 것이 필요하지요."

기존의 주류 경제학은 '인간은 합리적이고 시장은 효율적'이라는 가정 위에 출발합니다. 하지만, 가장 합리적 집단으로 여겨지던 미국 월가에서 글로벌 금융 위기가 시작됐다는 건 기존 경제학의 실패를 뜻하는 것인가요? "기존 경제학의 실패를 꼬집는 글은 많았어요. 하지만 경제학자 입장에서 '나는 옳고 당신은 틀렸다'는 식으로 말하고 싶지는 않아요. 다만 이번 위기로 시장 체제가 잘 작동하고 있다고 말하기는 더 이상 힘들게 됐지요. 돌이켜 보면 매 10년마다 위기가 왔습니다. 일본의 거품 붕괴, 1987년의 증시 대폭락, 1997년의 아시아 금융위기, 닷컴 버블, 현재의 글로벌 금융 위기…. 모든 경제 주체가 합리적으로 행동한다면 이런 일이 있을 수가 없겠지요.

앨런 그린스펀도 2008년 11월 '내가 인간이지 이콘은 아니라서 두 가지 실수를 했다'고 말했어요. 첫째는 지나치게 은행을 믿었다는 것. 둘째는 MBS와 같은 파생상품을 구입하는 사람들이 '공짜 점심'을 얻고 있는 것으로 알았는데, 공짜 점심은 없었다는 것이지요."

그렇다면 행동경제학자의 관점에서 이번 글로벌 금융 위기의 원인을 어떻게 진단하십니까? "두 가지 중요한 요인이 있어요. 첫째는 세계가 극도로 복잡해졌다는 점입니다. 얼마전까지만 해도 모기지가 그렇게 복잡하지 않았어요. 30년 만기에, 고정금리로 대출조건이 간단했지요. 그런데 모기지가 너무 많고 복잡해져서 티저 금리(대출의 첫 1~2년간만 적용되는 낮은 금리) 같은 것도 생기고, 모기지 브로커가 등장해서 재대출해주는 것도 생기고…. 그러니 인간들이 이것을 처리하는 데 더 어려움을 겪게 된

것이지요.

둘째는 고도로 전문화된 금융의 문제점이에요. 대출의 증권화 기법 등이 발달하면서, 금융회사들도 이에 적절히 대처하지 못했지요. 물론 세계화 덕분에 한국과 같은 나라의 번영도 가능해졌고, 나 역시 세계화에 반대하는 사람은 아니지만, 이번 위기를 계기로 세계화의 다운사이징이 불가피하다고 봅니다. 위기의 발단은 미국의 부동산대출에서 시작했지만, 저 멀리 아이슬란드 경제까지 망가졌지요. 불과 20년 전에는 상상도 할 수 없던 일입니다."

각국에서 위기 재발 방지를 위한 금융부문의 규제 개선책이 활발히 논의되고 있습니다. 어떤 방향으로 제도 개선이 이뤄져야 할까요? "더 나은 공시(公示) 시스템이 필요합니다. 충분한 공시가 이뤄져 대형 금융회사들이 지나친 시스템적 리스크를 떠안고 있거나 않은지, 레버리지(대출)가 얼마나 되는지 등을 투명하게 공개해서 회사 경영진조차 리스크(위험) 정도를 모르

는 상황이 되풀이되도록 해서는 안됩니다. 또한 지나치게 많은 임금과 보너스 등 보상 체계를 규제하는 방안도 논의되고 있는데, 제 생각엔 보상 금액의 수준을 규제하는 건 불가능하다고 봅니다. 대신 보상 구조를 바꾸는 것이 필요해요. 가령 지금은 회사가 오르막길을 달릴 때는 엄청난 보너스를 챙겨가면서, 회사가 내리막길을 달려도 그걸 도로 토해내는 구조는 아닙니다. 그래서 CEO나 금융인들이 엄청난 리스크도 감수하려는 심리가 생기게 되지요. 따라서 위쪽, 아래쪽 다 책임지게 만드는 구조를 만들면 너무 많은 리스크도 감수하려는 심리를 제어할 수 있지요."

오바마 대통령이 넛지에 관심을 갖는 이유는?

공동 저자인 캐스 선스타인 교수가 오바마 행정부에 합류했지요? 그렇다면 넛지를 반영한 정책이 더 많이 이뤄지겠네요. "캐스는 오바마 대

통령이 과거 시카고대 법학대학원에서 강의하던 시절부터 친하게 지낸 오랜 친구 사이입니다. 백악관에서 규제 관련 일을 하게 됐는데 미국 언론에서는 그를 '규제의 차르(전제군주)'라고 부르지만, 저는 그를 '넛지 사령관'이라고 부르지요. 자유방임에 가까운 부시 전 대통령 시절에 비하면 분명히 규제가 많아지는 것은 맞지만, 캐스의 접근법이 그리 심한 규제를 주장하는 건 아닙니다."

왜 오바마 대통령을 비롯, 많은 정책 결정자들이 그토록 '넛지'에 관심을 갖나요? "넛지는 적은 비용으로 효과를 내는 정책인데 왜 마다하겠어요? 위기의 재발을 막으려면 이젠 이콘이 아니라, 인간을 위한 정책을 만들어야 해요. 캐스와 오바마 대통령, 벤 버냉키, 래리 서머스 모두 한 단어를 공유합니다. 바로 '실용주의'지요. 오바마 대통령은 결코 이념에 사로잡히지 않고, 효율성을 추구합니다. 벤 버냉키 FRB 의장을 재임용한 것만 봐도 알 수 있

인간은 누구나 귀차니스트. 그래서 '디폴트 옵션'을 어떻게 설정하느냐가 중요하다

대통령선거 기간에 오바마 진영을 도우셨지요?
"오바마 캠프의 경제 참모를 맡은 경제학자 오스턴 굴스비(Austan Goolsbee) 교수에게 이런저런 자문을 했어요. 양당 모두 투표 독려 전화를 하면서 유권자들에게 지지를 호소했는데, 우리는 특히 심리학적 측면을 고려한 조언을 했지요. 유권자들에게 어떤 방식으로 질문을 하느냐에 따라서도 투표율과 지지율이 달라지거든요."

영국 언론들은 당신을 '데이비드 카메론(영국 보수당 당수)의 구루'라고 부르더군요. 언제, 어떻게 그를 만났고, 넛지가 영국 보수당의 어떤 정책에 반영이 됐나요? "카메론 당수가 내게 직접 전화를 걸어 '교수님, 이런 문제는 어떻게 생각하시나요' 하고 직통 전화를 주고받는 사이는 아니고요. 처음에 카메론 당수의 스태프에게서 연락이 왔고, 2009년 3월 영국에 갔을 때 만나게 됐어요. 차기 총선에서 영국 보수당이 승리할 것으로 예상되는데, 그렇다면 '넛지'를 응용한 정책들이 반영되겠지요."

정부 개입보다는 시장 기능을 중시하는 신자유주의의 본산인 시카고대에서 부드럽다고는 하지만 개입주의 아이디어가 나온 건 좀 의외입니다. "시카고대라고는 하지만, 제가 몸담고 있는 부스 경영대학원은 훨씬 자유롭고 다양한 사고를 하거든요."

법학을 전공한 캐스 선스타인 교수와 함께 책을 쓰셨지요. 《넛지》는 법학과 경제학의 공동 작업을 의미하나요? "캐스와 저는 시카고대의 오랜 동료예요. 서로 이런저런 얘기를 나누다 책 쓰자는 데 의견을 모았어요. 캐스는 행동경제학을 공공 정책이나 법에 적용하는 데 관심이 무척 많아요.
우리가 책을 쓸 때의 목표는 크게 두 가지였습니다. 첫째는 행동경제학의 아이디어를 좀 더 중요하다고 생각되는 세계 문제에 적용해보려고 했어요. 두 번째 목표는, 공공정책과 관련된 철학을 만들 때 왼쪽도, 오른쪽도 아닌 중간에 있는 철학을 만들자는 것이었지요.

'넛지'는 강압적이지 않으면서도 부드럽고 효율적인 정부를 기대한다

어요. 버냉키 역시 탈정치적인 인물이지요. 우리는 이 책을 쓸 때 좌도, 우도 아닌 중도의 공공 정책을 추구했습니다. 이 책에 관심을 가진 이명박 대통령은 보수파, 데이비드 카메론도 보수파지요. 오바마는 민주당입니다. 좌우를 떠나 정책 결정자들이 이 책이 유용하다고 생각하고 있다는 증거지요. 심지어 중국에서도 관심을 보이고 있어요."

오바마 대통령을 처음 만나게 된 건 언제입니까? "2004년 일리노이주 상원의원에 출마한 후보 시절에 처음 만났습니다. 우리 아파트에 사는 이웃이 오바마를 위한 기금 모금자였어요. 그 때만 해도 오바마는 3위의 무명 후보였어요. 듣도 보도 못한 사람이었는데, 그를 처음 보고는 그 총명함과 카리스마에 큰 인상을 받았어요."

정부가 너무 강해지면 어떤 위험이 있는지를 우리 모두 알고 있어요. 민주주의를 좋아하는 이유는, 정부의 힘이 제한되어 있기 때문입니다. 우리가 원하는 것은 효율적인 민주주의이고, 이 책의 목적도 바로 강압적이지 않으면서도 부드럽고 효율적인 정부를 만들자는 데 있습니다."

공저인데 그럼 두 분이 어떻게 단락을 나눠 쓰신 건가요? "우리는 완벽하게 한목소리를 내길 원했어요. 서로 탁구 치듯 한 사람이 원고를 써서 보내면 다른 사람이 고치고, 그걸 다시 보내오면 또 고치고, 이런 식으로 한 챕터마다 20번씩 고쳤어요."

행동경제학은 세 사람의 만남에서 비롯됐다

당신이 개척자적인 역할을 한 행동경제학 얘기로 넘어가겠습니다. 심리학자로서 노벨경제학상을 수상한 카너먼 교수는 자신의 학문적 업적에 대해 탈러 교수의 공헌을 언급한 적이 있습니다. 어떤 계기로 그런 학문적 '융합'이 일어난 것인가요? "1977~1978년에 스탠퍼드대에 가 있었어요. 그 때 카너먼 교수와 그의 오랜 동료인 트버스키 교수도 와 있었는데, 우리 셋이 잘 어울렸어요. 저는 그분들에게 경제학을 가르쳐 주었고, 그분들은 제게 심리학을 가르쳐 주었어요. 그렇게 경제학과 심리학이 만나 행동경제학이 시작된 겁니다."

행동경제학은 이제 30년 정도의 짧은 역사를 가진 신생 분야입니다. 기존 경제학의 가정에 비판을 가한 행동경제학이 앞으로 기존 경제학을 대체할 수 있다고 생각하시나요? "네 그리고 아니오. 둘 다요.(웃음) 앞으로 기존 경제학에서도 행동경제학을 점점 더 많이 필요로 하게 될 것입니다. 아직도 신생 분야여서 개척할 분야가 많아요. 역사가 30년밖에 안되는데 계속 발전하고 있어요.
카너먼 교수와 함께 1994년엔가 행동경제학 서머스쿨을 만든 적이 있어요. 2년에 한 번 열리는데 이제 새로운 젊은 세대가 형성됐어요. 그렇다고 우리가 주류 경제학을 파괴하려는 건 아닙니다."

책에서 시종 '좋은 의도의 부드러운 개입'을 강조하지만, 반드시 좋은 넛지만이 있는 건 아니라고 생각됩니다. 가령 인터넷 공간에서 공개적으로 많은 사람이 누군가에게 영향을 가하려는 넛지를 시도합니다. 잘못된 정보나 소문이 순식간에 퍼져 사회적 파장을 일으키고, 그로 인해 사회적 비용이 발생하지 않나요. 그런 나쁜 넛지를 어떻게 최소화할 수 있나요? "음, 물론 나쁜 넛지로 인한 사회적 비용이 발생하겠지만, 그렇다고는 해도 폐쇄된 사회에서의 사회 검열보다는 비용이 적게 든다고 생각합니다."

인터뷰의 마지막 질문은 '넛지'의 성공 사례로 탈러 교수가 늘 첫손가락에 꼽는 암스테르담 스키폴공항 남자 화장실의 파리 그림으로 되돌아갔다.

그런데 처음 파리 그림을 봤을 때는 파리를 정조준하려던 사람들이, 그게 누군가의 의도가 개입된 '넛지'라는 사실을 알게 된다면 다른 심리가 작용하지 않을까요? 인간의 자유 의지를 갈망한다면, 일부러 엉뚱한 곳에 일을 본다든가 해서 '넛지' 효과를 반감시킬 수도 있을 것 같은데요. "(깔깔 웃으며)그럴 수도 있겠지만, 아직은 파리 그림이 효과를 내고 있습니다. (그러면서 자신의 책을 펴 사진 한 장을 가리켰다.) 넛지를 알린다고 해서 넛지 효과가 떨어진다고 생각지는 않아요. 이 길을 보세요. 시카고의 동쪽 경계선인 미시건 호수를 끼고 펼쳐진 도로인데, 경치는 아름답지만 S자 커브가 계속 있어 위험해요. 시카고 시 당국은 최근에 감속을 유도하기 위해 커브 구간에 마치 간격이 좁아지는 것처럼 하얀 선을 표시했어요. 저는 매일 이 길로 운전하는데, 넛지라는 걸 알지만 저절로 속력을 줄이게 되거든요.
파리 그림? 넛지인 걸 알고 일부러 파리 그림을 피해가는 사람도 있겠지만, 아마도 새로운 목표를 세우지 않을까요? 파리를 더 열심히 맞혀 아예 파리 그림을 싹 지워버리겠다고 작정하고 더더욱 정조준할 것도 같은데요." **WeeklyBIZ**

Who is

리처드 탈러 교수는 행동경제학 중에서도 특히 행동금융(behavioral finance)의 창시자로 손꼽힌다. 1945년 9월 12일 미국 뉴저지 태생으로, 로체스터대에서 석·박사 학위를 마쳤다. 코넬대와 MIT 경영대학원을 거쳐 현재 시카고대 부스 경영대학원 교수로 재직 중이다. 또한 국가경제연구소(National Bureau of Economic Research) 연구원으로, 위클리비즈가 인터뷰한 적이 있는 또 다른 저명한 행동경제학자 로버트 쉴러 예일대 교수(234쪽 참조)와 더불어 행동경제학 분야의 주요 프로젝트를 공동 진행해왔다.

그는 지난 1987~1990년 학술지 〈경제학 전망(Journal of Economic Perspectives)〉에 '이상 현상들(anomalies)'이라는 제목으로 기존의 경제이론으로 이해하기 힘든 현상들을 연재하는 특집을 게재, 행동경제학을 체계화하고 널리 알리는 데 결정적 기여를 했다. 이 논문들을 모아 《승자의 저주(The Winner's Curse)》라는 책으로도 펴냈다. 또한 저축, 투자에서부터 마케팅에 이르기까지 다양한 분야의 논문을 썼다.

기존에 국내에 나온 책에서는 그를 '리처드 세일러'로 소개한 경우도 있다. 이번에 본인에게 물어보니 그는 "원래 독일계 이름이라 탈러로 발음하는 게 맞지만, 미국에서는 나를 미국식 발음대로 세일러라고 부르는 사람도 많다"고 설명했다.

롤프 옌센
미래학자, 《드림소사이어티》 저자

Rolf Jensen

똑똑한 경영자란 어떤 경영자입니까?

"꿈꾸는 경영자"

"요즘 한국은 별일 없나요? 세계적 대기업(삼성)이 검찰 조사를 받고 있다면서요?"(김용철 변호사가 제기한 '삼성 50억 원 비자금' 의혹을 둘러싸고 진행됐던 삼성특검 수사를 말한다.) 인터뷰를 하려고 수천 킬로미터를 날아온 기자에게 그가 먼저 질문을 쏟아냈다. 그는 한국에 대한 관심이 남달랐다. "한국은 워낙 역동적인 곳이라 계속 관심을 가져야 해요."

롤프 옌센은 2001년 덴마크 미래학 연구소 소장 자리에서 은퇴한 뒤 드림컴퍼니를 차렸다. 기업의 미래 전략에 대한 경영컨설팅이 주 업무. 그는 스스로를 '최고상상책임자(CIO, Chief-Imagination-Officer)'라고 부른다. CIO라는 직함은 그가 1999년 주창한 '드림소사이어티(Dream Society)론'의 요체를 담고 있다. "MBA들이 지배하는 기계적 효율성의 기업은 점차 도태될 것이다. 미래는 꿈꾸는 경영자들의 시대다. 가난과 배고픔이 사라진 세계에서 소비자들은 재미와 스릴, 사랑, 윤리적 자부심 같은 정서적 만족을 원하고 있다"고 주장한다.

지난 세기에 그가 '미래'라고 지칭했던 시대는 현실이 되고 있다. '드림소사이어티'를 꿈꾸는 이 미래학자의 예언은 늘 '족집게'였다. 롤프 옌센이 다시금 주목받고 있는 것도 이 때문이다.

옌센은 "미래의 기업은 소비자에게 차별화된 감성적 경험(emotional experience)을 제공함으로써 가치를 창출한다"고 예언했다. 지금 글로벌 시장에서 성공을 거둔 기업들은 옌센의 기대에 충실히 부응한 회사들이다. 애플의 아이팟, 토요타의 렉서스, 삼성전자의 휴대전화를 생각할 때 소비자들은 뚜렷한 이미지를 떠올린다. 이들 상품에는 그것만의 독특한 경험과 이야기(story)가 있는 것이다. 옌센은 "그 이야기들은, 다름 아닌 그 기업과 경영자들의 꿈이 체화(體化)한 것"이라고 했다.

(삼성 얘기가 나온 김에 그에게 삼성그룹에 대한 질문을 던져보았다.) **드림소사이어티의 관점에서 보면, 삼성은 기업의 중요한 자산인 '명성'에 치명적 타격을 입은 것이 아닐까요?** "기업 경영 과정에서 악재는 발생하게 마련입니다. 이번 사건은 삼성이 자신의 가치를 증명할 수 있는 기회입니다. 할리우드 영화에 등장하는 의로운 영웅들은 돈이나 권력 대신 항상 사랑(가족과 연인)을 선택합니다. 사람들은 바로 그 점에 열광하죠. 만약 삼성이 자신의 명성에 걸맞은 모습을 보여준다면 이는 삼성의 새로운 신화가 될 것이고, 사람들은 삼성의 새 이야기에 감명받을 겁니다."

위클리비즈는 많은 기업인과 경영학 교수들에게 "가장 만나고 싶은 경영의 구루(guru)가 누구인지" 물어보곤 한다. 롤프 옌센은 가장 많이 이름에 오르는 학자 중 한 사람이다.

당신의 저서이자 전매특허가 된 '드림소사이어티 (dream society)'의 개념을 한 마디로 정의해 주십시오. "머리(brain) 못지않게 가슴(heart)이 중요해진 시대라고 정의할 수 있습니다."

상상력으로 무장하라

요즘 기업들이 처한 상황을 보면 이 말이 딱 들어맞는다. 드림소사이어티의 소비자들은 기업에 감성적 만족을 요구한다.

글로벌 브랜드의 커피 한 잔을 마시면서 뉴요커가 된 듯한 느낌을, 발랄한 디자인의 프랑스산 핸드백을 메고 파리지앙이 된 듯한 기분을, 타이거우즈와 똑같은 골프화를 신고 최경주가 광고한 골프채를 휘두르면 마치 그들처럼 라운딩할 것 같은 자신감 말이다. 단순히 기술과 가격 경쟁력만 신봉하는 기업이 만든 제품은 결코 월마트나 까르푸의 매장을 벗어날 수가 없다.

이런 상황에서 기업이 요구하는 직원은 힘세고 성실한 '마당쇠'가 아니다. 소비자를 매혹시키고 새로운 블루오션을 찾아내는 아이디어와 상상력이 넘치는 창조적 인재들이다. 옌센은 "노동은 얼마든지 기계와 컴퓨터로 대체할 수 있다. 오직 상상력만은 영원히 인간의 능력으로 남을 것"이라고 강조했다.

1999년 덴마크에서 《드림소사이어티》 초판이 출간된 이후, 글로벌 경영의 트렌드는 책의 예언처럼 크게 변화해 왔다. 한때 강력한 경영자의 리더십이 각광 받았지만, 지금은 '리더 없는 창조적 조직', '목표에 따라 능동적으로 변화하고 진화하는 조직'이 21세기의 경영 기법으로 각광 받고 있다. 경영자의 리더십 역시 구성원에 대한 통제력이 아닌 동기 부여 능력으로 변화하고 있다.

하나의 신념과 무궁무진한 상상력으로 무장한 소수 정예의 조직이 드림소사이어티의 이상적

(ideal) 기업이다. 이들은 마치 몽골의 유목전사를 닮았다. 전리품보다 전사의 명예를 중시한다는 점에서도 그렇다. 옌센은 "미래 기업의 구성원들은 말 많고 탈 많은 스톡옵션보다, 조직의 인정과 명예를 얻는 것을 더욱 중요시할 것"이라고 예상했다.

드림소사이어티의 기업은 안팎으로 커뮤니케이션의 도전을 받는다. 소비자에게 감성적 경험을 전달하고, 조직내 구성원들에게 창조적 일체감을 불어넣는 것은 훌륭한 '이야기(story)'를 통해 이뤄지기 때문이다. 그는 "어느 때보다 홍보가 중요해지고 있다"고 말했다.

드림소사이어티는 지금도 진화 중이다. 기업들은 더욱 세련된 감성 만족 전략을 내놓고 있고, 다품종 소량 생산 기법의 발전에 힘입어 개인화된 상품(personalized product)들이 나오고 있다. 그는 "드림소사이어티는 더 이상 미래가 아닌 현실"이라고 말했다.

당신은 《드림소사이어티》라는 책으로 유명해졌습니다. 이후 당신의 생각은 변화하지 않았나요? "드림소사이어티에 대한 개념이나 생각은 변하지 않았습니다. 다만 지난 10여 년간 설명하는 방법이 계속 바뀌고, 발전해 왔습니다.

최근 경영자들을 대상으로 하는 강의에서는 인간의 욕구와 뇌 구조의 상관 관계에 빗대서 표현하곤 합니다. 즉 과거에는 이성과 언어를 관장하는 대뇌 피질(neo cortex)이 지배하는 세계였다면, 이제는 뇌의 안쪽에 있는 감정 중추(대뇌 변연계, limbic brain)가 지배하는 세상이라고 말하지요."

책에서 시장(market)을 총 6가지로 구분하셨는데, 이중 가장 중요한 시장은 무엇인가요? (옌센은 시장이 소비자의 어떤 감성적 요구에 부응하느냐에 따라 시장을 '모험 이야기 시장', '사랑과 소속감 시장', '돌봄의 시장', '정체성 시장', '마음의 평화 시장', '신념의 시장'으로 나누었다. 이를테면 그린피스Greenpeace는 신념의 시장에 속하는 단체이다.) "'사랑과 소속감의 시장'이 으뜸입니다. 연인을 위해 꽃이나 반지를 사주거나, 비싼 레스토랑에서 근사한 저녁을 먹는 행위, 크리스마스나 생일날 가족들에게 주는 선물을 주는 행위가 모두 여기에 속합니다. 먹고 사는 데 아무 영향도 없는 일에, 소득의 상당 부분을 쓰고 있는 것이죠.

더구나 이 시장은 미래 성장 가능성이 높습니다. 앞으로 더 많은 나라들의 경제 개발이 이뤄지고, 개인적이고 서구적인 생활 방식이 확산될수록, 사람들의 외로움과 고독감은 더욱 커질 겁니다. 따라서 사랑과 소속감의 시장과, 여기에 속하는 산업 역시 엄청나게 커질 수밖에 없습니다."

기업들은 드림소사이어티의 세계에 어떻게 적응해야 합니까? "드림소사이어티 시대의 소비자들은 감성적 만족을 위해 기업에 항상 새로운 이야기와 아이디어를 요구합니다. 이는 기업의 경영과 조직 원리 자체가 달라져야 한다는 것을 의미합니다. 과거의 기업은 직원들이 물리적 노동력을 제공했지만, 이제는 직원들의 머릿속에 들어 있는 지식과 창조력이 더 중요해졌다는 얘기입니다.

노동은 얼마든지 기계와 컴퓨터로 대체할 수 있습니다. 덴마크에선 상점, 레스토랑, 호텔, 정부에서 이용되는 노동력의 최대 80%를 기계와 컴퓨터로 대체할 수 있다는 조사 결과도 있습니다. 사무실에서 일어나는 생산은 조립라인의 기계적 과정이 아니라, 지적이고, 대단히 사회적인 과정이라는 점에서, 직원은 더 이상 기업의 구성요소(component)가 아니라, 기업에 동화된 일부분입니다. 기업이 내세우는 신념과 이야기에 구성원들이 모두 동화되어 있다는 점에서 더욱 그렇습니다.

더 이상 기계적 조직의 기업은 성공할 수 없습니다. 구성원들이 서로 느슨하고 수평적인 네트워크로 이어져 있는 역동적 조직이 미래의 기업입니다. 이들은 동일한 신념과 아이디어, 목표로 뭉쳐져 있습니다. 과거 수렵채취 경제 시대의 부족 사회나, 몽골의 유목 부족을 떠올리면 됩니다."

지난 10여 년간 그런 예상이 맞아 떨어지고 있습니까? "선진국 기업들을 보면, 이미 그런 변화가 활발하게 일어나고 있는 참이죠. 요즘 글로벌 경영의 트렌드를 보면 관리와 규율보다는 열정과 가치를 강조하고 있습니다. 심지어 어떤 회사들은 직원들이 공유하고 있는 가치관에 근거해 회사가 일사불란하게 움직이는 조직, 이른바 '리더가 없는 조직(leaderless organization)'을 추구하고 있지요. 경영자에게 요구되는 리더십 역시 효율적인 통제(control)가 아니라, 동기(motivation) 부여로 변화하고 있습니다. 드림소사이어티식 경영이 자리 잡고 있다는 증거입니다. 하지만 이러한 변화는 매우 느린 과정입니다. 본격적인 변화를 확인하려면 몇 년 더 지나야 할 겁니다."

'인정'이 스톡옵션보다 중요해

개인의 삶에서 일과 놀이의 구분이 없어지고, 직

소비자들은 감성을 만족시키는 새로운 이야기에 열광한다

장은 제2의 가정이 될 것이며, 일은 '힘든 재미'가 될 것이라고도 주장하셨는데요. "벌써 대부분의 직장(workplace)에서 반복적인 노동이 기계와 컴퓨터에 의해 대체되고 있습니다. 일이 주는 육체적 고통은 분명 줄어들었습니다. 회사에서는 즐겁고 열정적으로 일하던 사람이, 집에서 침울해하는 경우도 많습니다. 기업의 계층 구조가 점점 평평해지고, 직원들에게 더 많은 자율성과 동기를 부여하면서 일에 대한 만족도가 높아지고 있습니다. 기업은 가족의 생계를 제공하는 수단이 아니라, 자신이 좋아하는 일을 하는 놀이터이자 돈을 벌어가는 공간이 되어가고 있습니다. 구글의 사무실을 보면 이런 분위기를 느낄 수 있습니다. 하지만 솔직히, 일이 더 재미있어졌다고는 말 못하겠습니다. 제 개인적 기준으로 봐서는, 직장에서 보내는 시간이 점점 늘어나면서 가정생활이 점점 희생되고 있기 때문에, 진정한 삶의 재미로부터는 멀어지고 있는 셈입니다."

기업의 자산 중에 인재가 차지하는 비중이 점점 커지고 있으므로 이를 회계에 반영할 수 있는 방법이 나와야 한다고 지적하셨는데, 어떤 방법이 있을까요? "드림소사이어티의 관점에서 보면, 기업의 자산에서 물적 자산이 차지하는 비중은 10%, 인적 자산이 차지하는 비중이 90%입니다. 브랜드 가치, 근로자와 소비자간에 공유된 감성, 지적 재산권, 직원들의 협력으로 창출된 가치 등이 모두 광의의 인적 자산에 포함됩니다. 이제는 자본마저 글로벌한 금융 시장에서 전문가들이 지닌 고도의 금융 테크닉을 이용해 구해오기 때문에, 인적 자산에 일부 포함된다고 할 수 있습니다. 이렇게 보면 사실 지금까지 기업들과 회계사들은 살아있는 자산이 아니라 죽은 자산만 따져왔다고 할 수 있습니다. 기업의 성공을 좌우하는 것은 다름 아닌 직원들이 만들어 내는 아이디어나 기업 문화이기 때문이죠. 이를 측정하기 위한 과학적 방법이 아직 개발되지는 않았지만, 일단 기업이 쓰는 총 인건비가 인적 자산(human assets)과 맞먹는다고 볼 수 있을 겁니다. 만약 기업이 직원들을 해고하면

'경영의 노스트라다무스' 롤프 옌센

> *갈수록 사람들은 외로움과 고독을 느낍니다.*
> *따라서 '사랑과 소속감의 시장'과 여기에*
> *속하는 산업 역시 엄청나게 커질 겁니다.*

줄어든 인건비 액수만큼 인적 자산도 줄어든다고 볼 수 있기 때문이죠."

임직원들의 성과 보상책으로 스톡옵션이 주로 활용되어 왔는데, 스톡옵션의 부작용에 대한 논란이 많다 보니 성과 보상을 위한 다른 방법을 찾는 기업들이 많습니다. 어떤 방법이 있을까요? "드림소사이어티 시대의 기업 조직과 문화라면, 조직 내의 인정(recogni- tion)이 스톡 옵션이 주는 만족감을 충분히 상쇄해 줄 수 있을 겁니다. '당신은 우리 조직의 중요한 멤버이

고, 우리는 당신이라는 존재를 당연하게 여기지 않는다'는 것이죠. 이런 만족감은 가정에서 부모나 형제, 자녀로부터 받는 정서적 만족감과 비슷한 것입니다. 물론 어느 정도 물질적인 보상도 있어야겠지만, 반드시 스톡옵션이 아니더라도 물질적 보상을 해줄 수 있는 방법은 많습니다."

리처드 브랜슨, 스티브 잡스는 소비자 감성 채워주는 훌륭한 이야기꾼

드림소사이어티 환경에서 기업들은 소비자에게

독특한 경험을 주는 '이야기(story)'를 통해 더 큰 가치를 창출해낸다고 말씀하셨죠. 예를 들어 '우리 제품에는 이런 전통과 철학이 있습니다' 같은 것 말입니다. 하지만 이것만 강조하다 보면 R&D보다 이야기를 효과적으로 전달하기 위한 마케팅이나 홍보에만 너무 힘을 쏟게 되는 것은 아닐까요? "물론 마케팅과 홍보가 어느 때보다 중요해졌다는 것은 엄연한 사실입니다. 제품의 질과 가격에 더불어, 거기 내재되어 있는 스토리의 비중이 점점 높아지고 있기 때문입니다. 품질의 면에서 별 차이가 없는 상품끼리 경쟁한다면 이야기의 힘이 경쟁력을 좌우하게 될 것입니다.

하지만 가장 기본적인 물질적 차이까지 이야기가 메울 수는 없습니다. 드림소사이어티는 농업사회와 산업사회, 정보화사회의 유산에 기반하고 있습니다. 기술과 정보의 가치 없이

가장 좋은 성과 보상책은 조직 내의 '인정'이다. 이런 만족감은 가족으로부터 받는 정서적 만족감과 비슷하다

이야기가 전부일 수는 없습니다. 또 한 가지 중요한 것은, 소비자를 대상으로 한 이야기뿐만 아니라, 기업 내부의 이야기, 즉 임직원들의 감성과 열정을 관통하는 이야기('기업 문화'를 의미)에 대한 홍보도 중요하다는 것이죠. 이제는 기업 문화가 기업의 능력과 가치를 결정하니까요. 시장을 향한 홍보뿐만 아니라, 내부적 홍보가 무척 중요해진 겁니다."

기업의 가치를 높이는 이야기가 있다면, 반대로 그 가치를 깎아 내리는 반(反)이야기(anti-story)도 있을 텐데요. 기업은 어떤 전략으로 맞서야 합니까? "드림소사이어티에서 이야기와 반(反)이야기간의 싸움은 시장에서 가장 중요한 투쟁이 될 것입니다. 맥도날드와 소비자들간의 이야기 전쟁을 예로 들어 보죠.

맥도날드와 소비자들은 햄버거에 들어가는 고기가 정상적인 고기인지, 감자튀김을 튀기는 기름이 건강에 유해한지, 필수영양소는 부족하고 칼로리만 높은 게 아닌지 끊임없이 싸우고 있습니다. 언젠가는 가장 진실된 가치를 담은 이야기가 승리할 겁니다.

맥도날드는 분산화(decentralization)의 전략을 이용해 효과적으로 대처해왔습니다. 즉 다양한 제품을 내놓고 제품의 스펙트럼을 넓힘으로써, 이야기 전쟁의 전선을 길게 늘어뜨리고 적의 공격이 흩어지도록 합니다. 예를 들어 맥도날드 식품이 '트랜스 지방 덩어리'라고 비난하는 이야기에 대항하기 위해 다양한 저지방, 저칼로리 제품을 선보이고 있습니다. 또 고급 재료를 사용한 프리미엄 제품을 출시해 맥도날드가 싸구려 음식을 만들어 판다는 이야기에도 반박하고 있죠.

일반적으로 작은 기업들이 성공을 거두면서 더 큰 기업이 되어 갈수록 반이야기의 공세를 피할 수 없게 됩니다. 결국은 가장 진실되고 가치 있는 이야기가 인정받고 받아들여질 겁니다. 기업들은 자신의 이야기가 얼마나 진정성을 띠고 있는지, 얼마나 소비자들의 마음을 얻을 수 있는 것인지, 끊임없이 성찰하고 이를 개선시켜 나가야 경쟁에서 살아남을 수 있습니다."

영화감독 스티븐 스필버그, '해리포터'의 작가 조앤 롤링 같은 사람을 드림소사이어티를 이끌어가는 훌륭한 이야기꾼(storyteller)으로 꼽았는데, 기업인들 중에도 이런 사람들이 있습니까? "버진(Virgin) 그룹의 리처드 브랜슨(Richard Branson) 회장, 애플의 스티브 잡스 회장이 대표적이죠. 브랜슨 회장은 자신의 웹사이트에서 "너무나 많은 소비자들이 독과점적이고 비효율적인 대기업으로부터 형편없는 대접을 받고 있다. 이런 일이 벌어지고 있는 시장에서 소비자들을 구해내자는 것이 버진 그룹의 사명이다"라고 설명하고 있습니다. '뻔뻔'하기 이를 데 없는 이런 이야기가 후발주자라는 버진 그룹의 단점을 장점으로 바꿔놓습니다. 그리고 그의 이야기에 동감한 버진 그룹 고객들에게 만족감까지 줍니다.

스티브 잡스 회장은 소비자들에게 또 다른 차원의 감성적 만족을 주고 있습니다. 아이팟, 아이폰, 아이맥 제품에서 느낄 수 있는 '디자인 쾌감'이 바로 그것이죠. 아이팟보다 기능적으로 더 우수하고 저렴한 제품은 분명 있습니다. 하지만 사람들은 애플 제품에 담겨 있는 잡스 회장의 디자인 철학에 기꺼이 비용을 지불합니다.

우리는 어느 순간 그들의 꿈과 열정에 사로잡혔습니다. 그리고 그들이 창조한 새로운 라이프스타일에 동참하기 위해 기꺼이 돈을 지불합니다. 투자자들도 투자하고 싶어 안달이죠.”

이타적 자본주의, 창조적 자본주의라는 개념이 등장하고 있습니다. 빌 게이츠나 워런 버핏 같은 사람들은 엄청난 돈을 기부하고, 대기업들은 사회 공헌과 환경 보호에 막대한 돈을 씁니다. 아예 기업의 목표가 이윤이 아니라 공공선(public good)이라고 주장하기도 하는데, 기업들이 왜 이렇게 바뀌고 있나요? “예전에 미국에서 심리학자들에게 ‘미국의 대기업들을 사람으로 친다면, 그들은 어떤 종류의 사람인가?’ 하는 질문을 던진 적이 있습니다. 놀랍게도 ‘싸이코패스(psychopath, 반사회성성격장애)’라는 대답이 나왔지요. 이윤에 집착하는 미국의 기업들의 속성을 잘 집어낸 겁니다.

그런데 갑자기 사회 공헌 등 선행을 통해 경영을 잘 할 수 있다는 기업들이 등장했으니, 정말 재미있는 현상입니다. 하지만 이것 역시 드림소사이어티의 상황입니다. 기업 자체도 이윤의 극대화보다 환경을 지키고 가난한 사람을 도움으로써 발생하는 감성적 만족에 점점 몰두하고 있는 것이죠.

사람들의 ‘좋은 기업’에 대한 가치관 역시 단순히 돈을 많이 버는 기업에서 감성적 만족을 주는 기업으로 바뀌고 있습니다. 앞으로 5~10년이 지나면 이윤만 추구하는 기업은 문제가 될 것입니다. 예를 들어 10년 전만 해도 환경에 대해 콧방귀를 뀌던 BP나 엑손(Exxon), 셸(Shell) 같은 대형 석유기업들이 지금은 친환경적인 사업을 하려고 무진장 노력하고 있지요. 셸은 주유소에서 ‘셸은 좋은 회사예요!’라고 쓰인 곰 인형을 나눠주더군요.”

드림소사이어티의 다음에는 어떤 시대가 옵니까?
“아직 알 수 없습니다. 분명한 것은 과거의 물질주의로 돌아갈 수는 없다는 사실입니다. 다른 방식, 다른 이야기들이 등장할 겁니다. 감성적 만족을 추구하는 방식이 더욱더 세련되어 가고 있습니다. 특히 개인의 다양성이 증대되는 것이 새로운 트렌드라고 말할 수 있습니다. 다품종 소량생산이 극단화 되면서 주문형 자동차나 청바지 등 개인화된 상품이 등장하고 있는 것이 좋은 사례입니다. 대량 생산의 시대는 가고, 개인화된 상품이 등장하고 있는 겁니다. 심지어 유럽에서는 개인을 위한 맞춤형 맥주나 감자, 우유, 소금 상품까지 등장하고 있지요. 게다가 소비자가 공동 생산자 혹은 디자이너로 참여하는 경우도 나타나고 있습니다. 소위 프로슈머(prosumer) 혹은 아마추어-프로들(amaproffs)의 등장입니다.

극단적인 경우에는 생산자와 소비자의 구분이 무너지고 있죠. 위키피디아, 리눅스 같은 웹2.0 시대의 산물들이 그렇습니다. 이들은 이윤에 대해 별로 생각하지 않기 때문에, 기존의 자본주의적 경제 관념을 무너뜨리고 있지요. 지금 준비하고 있는 새 책 《드림소사이어티: 다음 세대(Dream Society: Next Generation)》에서 드림소사이어티의 더욱 발전된 형태에 대해 이야기할 겁니다.”

롤프 옌센의 드림소사이어티론은 주로 기업과 시장, 개인과 사회의 문제를 다루고 있다. 하지만 이를 국가 차원의 전략에 적용하려면 어떻게 해야 할까? 기자가 이에 대한 몇 가지 질문을 던지자 그는 “맞아요, 과거 경제개발

통제하는 리더십은 개인의 상상력을 말살시킨다

분명한 것은 과거의 물질주의로 돌아갈 수는 없다는 사실입니다. 감성적 만족을 추구하는 방식이 더욱더 세련되어 가고 있습니다. 다시 말하면 대량 생산의 시대는 가고, 개인화된 상품이 등장하고 있는 겁니다.

이 그랬듯, 한국인들은 국가 차원의 전략을 좋아하죠"라고 너털웃음을 터뜨리며 질문에 답했다.

드림소사이어티가 상정하는 사회는 부유한 선진 국가에서나 가능한 것 같은데, 개발도상국에는 어떻게 적용될 수 있습니까? "물질적 풍요를 누리는 광범위한 중산층의 출현은 분명히 드림소사이어티의 중요한 사회적 배경입니다.

물론 이런 중산층은 대부분 선진국에 많지요. 하지만 최근 중산층의 확대는 글로벌한 현상입니다. 중국이나 인도, 남미 국가들을 보면 국민의 다수가 여전히 가난한 상태이지만, 중산층의 수가 점점 늘어나고 있습니다. 단적으로 한국보다 중국의 중산층 수가 훨씬 많을 겁니다. 이 부유한 소비자들은 이미 드림소사이어티를 경험하고 있다고 볼 수 있겠죠. 따라서 개발도상국이나 제3세계 국가의 기업들도 미리 대비해야 합니다. 이들은 대부분 내수시장에서 평범한 제품들을 만들고 있습니다. 우선 이런 틀을 깨려고 노력해야 합니다. 잘 찾아보면 분명히 자신들만이 갖고 있는 독특한 가치와 이야기를 발견할 수 있을 겁니다. 이를 어떻게 자신들의 상품에 녹여낼 수 있을지 고민해야 합니다.

국가적인 차원에서 보면, 관광 산업이 좋은 출발점이 될 겁니다. 어느 나라든 역사적 장소와 유물이 있고, 이와 관련된 풍부한 이야기들이 있습니다. 이것들을 어떻게 잘 개발해서 활용하느냐가 관건입니다."

중국이 드림소사이어티의 단계로 들어서려면 얼마나 걸릴까요? 또 한국은 어디쯤 가 있습니까?

"중국은 앞으로 20년은 걸릴 겁니다. 충분한 경제적 성장과 함께, 소비자들이 물질보다 감성적 가치를 소비할 준비가 되어 있어야죠. 중국은 아직 갈 길이 멀다고 할 수 있습니다. 하지만 벌써 수천만 명에 이르는 중국의 고소득층은 이미 드림소사이어티의 시대에 접어들고 있다고도 말할 수 있겠군요. 한국은 지금 드림소사이어티로 이행해 가는 과정에 있습니다. 소비행태, 라이프스타일 등 대부분의 면에서 그렇습니다."

드림소사이어티의 시대에 한국이 국가 경쟁력을 육성하려면 어떤 정책적 방법이 가능할까요?

"우선 감성적 가치를 전달할 수 있는 이야기를 개발(story mining) 하세요. 이는 석유나 우라늄 같은 전략적 자원의 채굴만큼 중요합니다. 정체성과 고유 문화는 나와 남을 차별화할 수 있는 이야기들이 무궁무진한 보고(寶庫)입니다. 남의 이야기에 눈독을 들이기 전에 먼저 고유의 이야기부터 캐내 보세요.

한국은 지난 50여 년간 근대화, 산업화, 정보화를 단번에 이뤄내는 과정에서 고유의 문화적 유산들을 많이 잊어버린 것 같아 안타깝습니다. 바로 한국적인 뿌리와 문화입니다. 드림소사이어티로 성공적으로 이행해 가려면, 그 동안 잊어버리고 있던 것들을 다시 건져내야 합니다.

기업과 문화산업에서 활동할 수 있는 훌륭한 이야기꾼을 육성하는 것도 중요합니다. 나라 안에서 100~500명의 이야기 인재를 찾아 보세요. 이런 사람들은 분명 어딘가에 산재해 있습니다. 이미 훌륭한 이야기꾼들일 것이므로 별도의 교육을 시킬 필요는 없을 겁니다. 이들에게 충분한 경제적 지원을 해준다면, 새로운 이야기 자원을 끊임없이 창출하여 국가 경제에 큰 기여를 할 수 있을 겁니다."

옌센은 집필과 출장으로 바쁜 나날을 보내고 있다. 기자가 방문했을 당시에도 새 책을 집필하는 동시에 크로아티아(Croatia) 관광 산업 진흥을 위한 전략 컨설팅을 위해 코펜하겐과 자그레브(Zagreb)를 오가는 생활을 하고 있었다.

"언젠가는 나도 은퇴를 해야 하겠죠. 더 이상 미래를 꿈꾸지 못하는, 내 상상력이 다하는 날이 오면." WeeklyBIZ

하라 켄야
무사시노 미술대학 교수

原研哉

햅틱(haptic)은 '촉각'을 뜻하는 영어 단어로 국내 소비자들에겐 휴대전화 이름을 통해 널리 알려졌지만, 디자인 분야에선 이미 몇 해 전부터 각광받기 시작한 개념이다. 시각과 청각뿐만 아니라 촉각까지 디자인의 영역으로 끌어넣어 제품을 개발하는 것을 말한다. 마케팅의 초점이 '눈을 사로잡는 시대'에서 '오감(五感)을 파고드는 시대'로 이동하고 있음을 상징하는 핵심 개념이다.

이런 햅틱 이론의 중심에 있는 사람이 하라 켄야 교수다. 그는 이미 지난 2004년 '햅틱전(展)'이라는 이름의 전시회를 기획했다. 재스퍼 모리슨(Jasper Morrison)과 후카사와 나오토(深澤直人) 등 세계 톱 수준의 제품 디자이너들을 그러모아 오감에 소구하는 새로운 디자인 개념을 제안했다. 디자인 회사인 일본디자인센터㈜ 대표를 겸임하고 있는 그의 디자인 철학은 '담백(淡白)'이나 '아날로그적인 감성'과 같은 단어로 요약할 수 있을 것이다. 그의 디자인 철학이 구현된 대표작 중 하나가 신개념 패션 브랜드인 무인양품(無印良品, MUJI)이다. 저서 《디자인의 디자인》 《리디자인》은 디자인 전공자들의 필독서이기도 하다.

미래 마케팅의 화두는 무엇입니까?

"햅틱(haptic), 인간의 모든 감각을 자극하라"

그에게 삼성전자의 휴대전화인 '햅틱폰'을 아는지 물어본 것은 어쩌면 당연했다. 이른바 '햅틱 이론'을 집대성한 인물이 바로 그이기 때문이다. 일본을 대표하는 디자이너 중 한 사람인 하라 켄야 교수. 햅틱 이론의 주창자인 그의 대답은 뜻밖에도 "햅틱폰을 한 번도 본 적이 없다"는 것이었다. 마침 기자가 갖고 있던 햅틱폰을 건넸다. 그런데도 첫 반응은 심드렁했다. "애플의 아이폰 비슷하네…." 그러던 그가 진동 터치를 요리조리 누르고, 햅틱의 야심작인 '주사위 게임'에 도달했을 때 작은 탄성을 내뱉었다. "와, 이거 갖고 싶은데요. 인터랙션(interaction)이 꽤 훌륭해요. 소니가 분발해야겠는데…."

하라 교수는 "삼성전자의 햅틱폰은 사람의 감각에 대응하는 새로운 디자인 분야를 제안하고 있는 나에겐 바람직하고 재미있는 시도로 보인다"고 말했다. 하지만 그는 "다만 터치 패널이 진동하는 것은 기술적인 측면의 햅틱으로 커다란 단서의 시작일 뿐이며, 감성적으로 햅틱의 개념을 확장시켜야 할 것"이라고 조언했다.

그의 첫인상은 무뚝뚝했다. 그랬던 그가 굳은 표정을 허물기 시작한 것은 햅틱폰과 아이리버의 USB 등 한국의 IT 제품이 화제로 올랐을 때였다. 두 눈 가득 호기심을 채우고 자신의 대표 이론 '햅틱론(論)'과 '리디자인론'을 이야기하기 시작했다.

당신은 촉각을 중요한 디자인 요소로 포함해 디자인의 지평을 넓혔습니다. 당신이 주창한 '햅틱 이론'을 쉽게 설명해 주십시오. "색깔과 형태뿐만 아니라 '소비자가 어떻게 느끼게 할 것인가'도 디자인의 영역입니다. 인간은 아주 섬세한 '감각의 다발'입니다. 이 감각을 활용해 세상을 새롭게 느끼고 보다 풍부하게 만들어 가자는 것이 햅틱 이론이죠."

① "바나나야, 우유야?" 바나나 자체를 눌러 만든 것 같은 바나나 우유 패키지. 맛을 촉감으로 표현해 햅틱을 구현했다. 후카사와 나오토가 햅틱전에서 선보인 작품

② 빨래가 아니다. 가만히 보면 '여자 화장실'이란 표기가 보인다. 하라 켄야가 빨래처럼 빨 수 있는 천으로 만든 우메다 병원의 안내 사인. '최고의 청결'이라는 메시지를 하얀 천에 담았다

③ 가운데 심이 사각형으로 된 화장지. 한번에 휙 풀리지 않아 쓸데없는 자원 낭비를 막았다. 리디자인전에 출품된 반시게루 작품

개념이 좀 추상적입니다. "햅틱전에 참여한 디자이너 중 한 명인 재스퍼 모리슨이 한 말을 들으면 이해가 갈 겁니다. 제가 모리슨에게 햅틱전 기획 의도를 설명했을 때 그는 '오감(五感)으로 느끼고 저절로 침이 나오게 만드는 디자인이 맞느냐'라고 반문했습니다. 즉 고기를 맛있게 굽고 있는 모습을 보면 저절로 입안에 침이 고이는 것처럼 햅틱은 보이지 않는 감각을 자극하는 것입니다."

소비자의 오감(五感)을 파고들어라

2008년 한국에서도 열린 햅틱전은 규모는 작지만 새로운 개념을 제시한 획기적인 전시로 평가받았다. 바나나 껍질의 모양과 질감을 살린 바나나 우유팩(사진① 참조), 두부의 촉감을 살린 두부 모양 두유팩, 이끼가 깔려 있어 보기만 해도 폭신해 보이는 게다(げた, 일본 나막신) 등 오감을 일깨우는 디자인들이 선보였다.

구체적으로 당신의 작품에서 어떻게 햅틱을 구현했습니까? "산부인과, 소아과 병원인 우메다(梅田) 병원의 사인(sign)시스템 의뢰를 받았을 때 얘기를 해보죠. 저는 임산부가 출산 후 마음의 평화를 느낄 수 있게 하고 싶었습니다. 그렇다고 청결 상태가 좋지 않은 민박처럼 느끼게 하고 싶지는 않았습니다. 그래서 생각한 것이 새하얀 면(綿)으로 양말이나 샤워

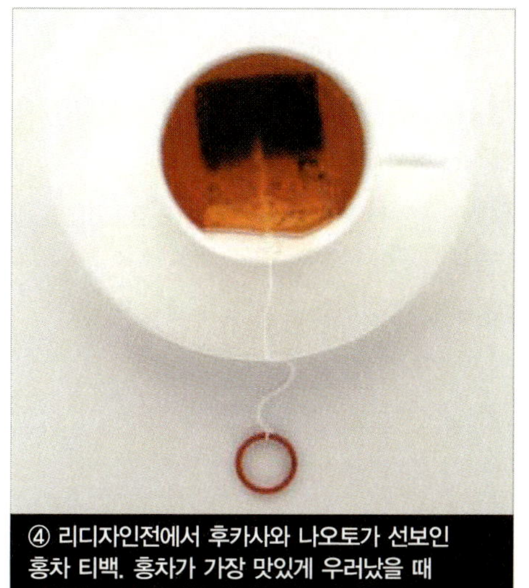

④ 리디자인전에서 후카사와 나오토가 선보인 홍차 티백. 홍차가 가장 맛있게 우러났을 때 티백의 고리와 같은 색이 된다. 사람들의 무의식적인 인지 행위를 포착한 디자인

캡 형태의 사인을 만드는 것이었습니다. 줄에 매달거나 벽에 붙여서 때가 묻으면 벗겨서 빨 수도 있지요.(사진② 참조) 물론 귀찮은 방법입니다. 애초에 쉽게 더러워지지 않는 비닐을 쓰거나, 흰 색 대신 짙은 색으로 사인을 만드는 것이 당연할지 모르지요. 하지만 그런 발상을 반대로 바꾸어봤습니다. '더러워지기 쉬운 것을 항상 청결하게 한다'는 것을 실천해 보이고 싶었기 때문입니다. 마치 고급 레스토랑이 하얀색 테이블보를 사용하는 것처럼 최고의 청결함을 보이기 위해서였습니다.

긴자의 마쓰야 백화점을 리뉴얼 할 때 '공간

⑤ 비행기의 방향을 달리해 입·출국을 표시한 여권 스탬프. 작은 차이로 사람을 웃게 만든다. 리디자인전에 전시된 사토 마사히코 작품

의 감촉'을 디자인했습니다. 백색 건물 외벽에 반구(半球) 형태의 물방울 무늬를 요철 모양으로 찍었습니다. 쇼핑백도 건물 외벽처럼 백색에 물방울 패턴을 넣어 VI(비주얼 통합, Visual Identification) 작업을 했지요. 또 리뉴얼 오픈 광고용 포스터엔 자수를 놓고 지퍼를 달아 촉감을 마케팅의 새로운 수단으로 활용했습니다.(266쪽 사진 참조)"

두 사례는 하라 켄야식 '발상의 전환'의 정수를 보여준다. 디자인뿐만 아니라 기업 전략 역시 경쟁 기업과 다른 새로운 시각의 접근이

중요하다. 그러나 그게 어디 말처럼 쉬운가.

이런 발상은 어떻게 할 수 있습니까? "'새로움'의 의미에 대해 다시 생각해 봐야 합니다. 지금의 상품이 낡은 것처럼 보이게 해서 새 것을 사도록 강요하고 과도한 소비를 부추기는 문화는 머지않아 반드시 쇠퇴합니다. 익숙한 일상에서 신선한 빛을 발견하는 것이 중요합니다. 제로(zero)에서 새로운 것을 만들어내는 것도 창조지만, 분명히 알고 있을 법한 것에 대해 '얼마나 알지 못했었나'를 다시 인식하는 것, 기존의 것을 미지화(未知化)해서 새롭게 받아들이는 것도 창조입니다."

이야기는 자연스럽게 햅틱과 함께 그의 디자인 이론의 양대 축을 이루는 '리디자인(redesign, 다시 디자인한다)'으로 넘어가고 있었다. 리디자인은 '합리적인 물건 만들기'를 위해 그가 제안한 사고방식으로, 주변에서 흔히 볼 수 있는 사물을, 처음으로 돌아가 다시 디자인해 보는 것이다. 지난 2000년 그가 건축가와 디자이너, 패션디자이너 등 각 분야 전문가 32명과 함께 개최한 같은 이름의 전시회 '리디자인전(展)'은 디자인의 새로운 가능성을 일상의 재발견에서 모색한 전시였다.

그 전시회에서 종이 건축으로 유명한 건축가 반 시게루(坂茂)는 심이 사각형으로 생긴 화장지를 만들었다.(사진③ 참조) 사각형이기 때문에 화장지를 당길 때 휙 풀리는 게 아니라 작은 저항이 생겨 오히려 불편하다. 하지만 불필요하게 종이가 많이 풀리는 것을 막아 '자원 절약'을 실현한 디자인이다. 후카사와 나오토는 홍차 티백 손잡이를 홍차가 제일 맛있어지는 시점의 색깔로 된 고리로 디자인했다.(사진④ 참조)

하라 교수는 이 작은 전시회에서 디자인의 과잉에서 탈피해 본질로 돌아가고 싶어하는 사람들의 심리를 구현했다. 그는 "홍콩, 밀라노, 상하이 등 전 세계 10여 개 도시를 순회 전시했고, 글래스고에서는 2만 명이 넘는 관객이 전시장을 찾았다"면서 "디자인이 지니고 있는 '합리성'이라는 본질에 세계가 다시 주목하

고 있음을 느꼈다"고 말했다.

당신이 생각하는 디자인은 무엇이고, 디자이너의 역할은 무엇입니까? "지금까지의 디자인이 형태나 색깔에 신경 썼다면, 이제는 감각의 내부를 자극하는 디자인의 시대입니다. 디자인은 브랜딩이 아니라 가까운 미래(近未來)의 산업을 예견하고 보여주는 작업이지요. 디자이너의 역할은 그 산업의 미래를 비주얼라이즈(visualize, 시각화)하는 것이구요."

저성장 시대, 경기 침체기에 기업들은 디자인 전략을 어떻게 세워야 할까요? "디자인은 단순히 소재나 기술 개발로 차별화해서 매력적으로 보여주는 것이 아닙니다. '본질'을 바꿈으로써 가까운 미래의 산업을 제시하는 것입니다. 예컨대 휴대전화를 디자인할 경우, 휴대전화를 '제품'으로 접근하지 말고 '커뮤니케이션의 형태'로 생각해야 합니다. '휴대전화로 어떻게 소통이 일어날까' 하는 생각에서 출발해야 합니다. 제품을 알리는 방식도 바뀌어야 합니다. 지금의 휴대전화 광고는 하나같이 탑재된 첨단 기술을 보여주는 데만 초점이 맞춰져 있지요."

만약 휴대전화 신제품 광고 담당자라면 어떤 광고를 하시겠습니까? "콩트 형태로 전화받는 장면만 50~100컷을 모아서 보여주고, 사람들로 하여금 등장인물이 어떤 상황에 있는지 상상해 보도록 하겠습니다. 50대 여성이 울고 있는 장면을 아무 소리 없이 보여줬을 때, 그 여성이 왜 울고 있을까에 대해 많은 생각을 하게 됩니다. 형태보다는 소통 방식을 어떻게 해석해서 디자인을 반영할 것인가가 중요하다는 말입니다."

한국과 일본 제품의 디자인 차이는 무엇이라고 보십니까? "한국은 '스타일링'에 관해서는 일본보다 훨씬 앞서 있다고 생각합니다. 한국 학

생은 해외로 유학을 많이 간다고 들었습니다. 반면 일본은 국내파가 많지요. 유학을 많이 간다는 것은 '글로벌하다'는 의미로 받아들여집니다. 그런데 글로벌은 생산, 유통, 금융 등 경제의 영역에 해당되는 용어이고, 문화는 글로벌한 가치가 아닙니다. 문화의 본질은 로컬리티(locality, 지역성)에 있습니다. 자신의 문화를 자신의 언어로 고민하고, 그것을 세계적인 문맥으로 전달하는 것이 중요합니다. 디자인도 마찬가지입니다. 자국의 문화를 다듬어서 외국 사용자들이 그들의 환경에서 해석할 수 있도록 해야 합니다."

세계 시장에서 '재팬 디자인(Japan design)'은 하나의 브랜드가 됐습니다. 일본 디자인의 정체성은 어떤 겁니까? "역사적으로 일본은 15세기 후반, 세계 모든 양식의 영향에서 피하려는 듯

평범하고 단순한 형태를 추구했습니다. 이 단순함은 서양의 '심플(simple)'과는 다릅니다. 사람의 생각이나 감정을 담아내는 '빈 그릇'과 같은 것입니다. 강한 메시지를 표현하지 않고, 다양한 메시지를 담아낼 수 있는 '엠티니스(emptiness)'를 내보이는 것, 이것이 일본 디자인의 독창성입니다. 제가 아트디렉터를 맡고 있는 '무지(MUJI)'의 콘셉트도 바로 이 엠티니스지요."

일본에 비해 한국은 고유의 정체성을 아직 정립하지 못했다는 자성이 일고 있습니다. "솔직히 한국다움에 대해선 잘 모르겠습니다. 한국도 이제 스스로 한국다움에 대해 되돌아보고 정

체성을 고민해봐야 할 시기가 아닌가 합니다. 이미 지난 과거에서 놓친 부분이나 모르고 넘겼던 가치를 재발견해 한국다움을 찾아야 합니다. 일본도 그랬지만, 20세기 후반에는 모던한 것에 대한 강박으로 기술, 산업, 기능만 강조했습니다. 이제는 그 과정에서 놓쳤던 가치를 되살려야 합니다.

과거에서 현대적인 디자인의 소스를 발견할 수 있습니다. 이번에 한국에 와서 뭘 살까 한참 고민하다가 다기(茶器) 세트를 사가야겠다고 생각했습니다. 현대적으로 해석될 수 있는 디자인 소스가 많이 보였습니다.”

‘한국’ 하면 어떤 이미지가 떠오르십니까? (잠깐 생각하더니) 의욕적(意欲的)이다, 하이테크스기루(ハイーテク過ぎる, 지나치게 첨단 기술을 좋아한다), (디자인적으로) 소니를 이겼다.” (단정적인 앞의 두 문장에 비해, 소니를 언급하는 부분에는 끝이 살짝 올라갔다.)

‘소니를 이겼다’는 말의 의미는 무엇입니까? “삼성, LG 같은 한국 기업들이 세계적인 디자인상도 많이 받고, 정책적으로도 디자인을 강화하고 있어 소니를 이긴 것 같습니다. 그런데 이게 너무 지나쳐 스타일링만 강조하는 우를 범해서는 안 됩니다.”

디자인으로 시장이라는 토양을 비옥하게 하라

‘좋은 디자인’과 ‘잘 팔리는 디자인’은 다른 것 같습니다. 무엇이 바람직한 디자인입니까? “인기 디자인을 무턱대고 쫓아가기보다는 장기적으로 어떻게 될지 생각해봐야 합니다. 과식을 했다고 생각해봅시다. 부른 배에 맞춰 벨트 구멍을 하나 더 뚫어 늘리고, 이것을 몇 번 반복하면 몸은 편안해질지 몰라도 결과적으로 몸은 그 편안함에 길들여져 뚱뚱해질 거고 벨트는 구멍이 뻥뻥 뚫려 보기 흉해질 것입니다. 디자인도 마찬가집니다. 좋아하는 것, 인기 있는 디자인을 지향했을 때 불필요한 장식이나 요소가 덕지덕지 붙은, 좋지 않은 디자인을 양산할 수 있습니다. 디자인은 씨에서 싹이 트는 부분을 건드려 자극하는 것이 아니라 씨가 멋진 싹을 틔울 수 있도록 ‘시장’이라는 토양 자체를 일구는 역할을 해야 합니다.”

당신은 ‘시장’이라는 토양을 비옥하게 만들기 위해 ‘(소비자에 대한)**욕망의 에듀케이션**(교육)**’이 필요하다고 말한 적이 있습니다. 무슨 의미입니까?** “오늘날 소비자들의 욕구는 마케팅에 의해 빈틈없이 ‘스캔’됩니다. 지금 일본에서 팔리는 자동차는 일본인의 자동차에 대한 욕망을 정밀

좋은 디자인이란 어떤 것인지 묻자 하라 켄야는 자신의 배를 두드렸다. “배가 나온다고 벨트에 구멍을 뚫으면 몸은 더 뚱뚱해져요. 벨트도 구멍이 숭숭 뚫려 보기 싫어지고요. 긴장을 주는 디자인이 좋죠. 내 배는 이미 나왔지만…(웃음)”

하게 스캔해서 제품에 반영한 결과입니다. 결국 상품의 모태가 되는 시장의 '욕망 수준'이 글로벌 시장에서 상품의 성패를 좌우하는 것이지요. 감각이 뒤떨어진 나라의 시장 눈높이에 맞춰 만든 상품은 그 나라에서는 잘 팔리지만, 글로벌 시장에선 팔리지 않습니다. 반면 감각이 뛰어난 나라의 수준에 맞춰 만든 상품은 그 나라뿐만 아니라 후진국에서도 잘 팔립니다. 결국 디자인은 단순히 마케팅의 수단이 되어서는 안 되고, 궁극적으로 사용자의 욕망 수준을 '에듀케이션'할 수 있어야 합니다."

<u>인터뷰 중에 "소니가 분발해야 겠는데…"라고 여러 번 말씀하셨는데, 소니의 분발을 촉구하는 이유는 무엇입니까? 혁신 제품의 상징과도 같았던 소니가 지금과 같이 정체된 것은 무엇 때문이라고 보십니까?</u> "테크놀로지의 성과를 일본의 미의식을 통해 표현한 소니와 같은 기업을 보면 항상 가능성을 느낍니다. 일본의 미의식은 '섬세, 정중, 정밀, 간결'로 요약됩니다. 이것을 현재나 미래의 문맥으로 어떻게 활용할 것인가가 중요합니다. 소니는 자칭 '글로벌 기업'이지만, 일본인인 제게 소니는 늘 일본적인 기업으로 비쳐져 왔습니다.

글로벌을 지향한다고 해서 일본적인 문화의 근원을 잊어서는 안 됩니다. 그런데 지금의 소니는 문화에 대한 의지와 미의식이 부족합니다."

<u>경영자들은 좋은 디자인과 나쁜 디자인을 구별하는 안목을 어떻게 가져야 하며, 디자이너를 어떻게 활용해야 할까요?</u> "디자인이 단순히 제품 외관을 스타일링 하는 작업이라는 생각을 버려야 합니다. 이는 위험한 접근법입니다. 기업의 비전을 담은 디자인을 해야 합니다. 경영과 마찬가지로 디자인도 단기 사이클로 보지 말고, 긴 스팬(span)으로 생각해야 합니다. 단기적인 이윤 추구를 위해 디자인을 도구로 삼을 것이 아니라, 장기적인 안목에서 시장과 사용자의 수준을 끌어올려 세계적으로 우위성을 발휘할 수 있는 디자인을 해야 합니다."

<u>세상이 요구하는 디자인은 끊임없이 변하고 있습니다. 세상의 변화를 어떻게 수용해야 합니까?</u> "디자이너는 어느 정도 경험과 연령을 쌓지 않으면 디자인을 할 수 없습니다. 순발력과 미성숙도 매력이 될 수 있지만, 원숙과 성숙, 세련과 억제도 디자인의 중요한 요소지요. 우아함은 '절제'라고 하는 태도에서만 나올 수 있습니다. 저는 20대엔 디자인을 하고 싶어 발버둥치며 돈을 모았습니다. 그땐 허공에 둥둥 떠서 지내던 시절이지요. 두 발을 땅에 붙일 수 있게 됐다고 느낀 건 최근입니다."

<u>화제를 좀 바꾸겠습니다. 오세훈 서울시장은 간판 정비와 동대문 디자인플라자 신축 등을 통해 서울의 이미지를 만들려고 애쓰고 있습니다. 그러나 한편에서는 비판적인 시각도 있습니다. 디자인적 관점에서 서울을 어떻게 보십니까?</u> "도시의 매력 중 하나는 '혼돈'에 있습니다. 도쿄나 서울은 전통과 서양 문화가 혼란스럽게 뒤섞인 도시입니다. 전통이나 현대, 둘 중 어느 하나에 초점을 맞춰서는 혼돈의 매력을 살릴 수 없습니다. 일본은 행정적 규제가 느슨하기 때문에 어디에 어떤 건축을 지어도 대부분 허용이 됩니다. 결과적으로 혼돈이 생겨나지만, 동시대의 활력이 만들어지지요. 세계 어디에도 없는 건축물이 탄생돼 세계 건축 트렌드를 리드하기도 합니다. 도시 만들기는 조급해서도 안 될 문제이며, 결론을 급하게 내려서도 안 됩니다."

인터뷰 말미, 기자는 그에게 조그만 선물 하나를 건넸다. 하라 교수의 '엠티니스'를 디자인 철학으로 삼고 있는 국내 IT업체 아이리버에서 그에게 꼭 주고 싶다며 기자에게 전달을 부탁한 '도미노'라는 USB메모리였다. 포장과 제품 디자인을 꼼꼼히 살펴보던 그의 입에서 또 한번의 탄성이 새나왔다. "야, 소니가 진짜 분발하지 않으면 안 되겠네!" WeeklyBIZ

건물의 외벽이 열린다? 하라 켄야 교수는 마쓰야 백화점 리뉴얼 공사 기간 동안 지퍼가 조금씩 열리는 형태로 가림 막을 바꿨다. 리뉴얼에 대한 기대감과 호기심을 불러일으키기 위한 발상이다

'이것으로 충분하다'는 느낌 주도록

"우리는 고객에게 '이것이 좋다', '이것을 꼭 사야 한다'고 강요하는 제품을 만들지 않습니다. 고객들이 이성적으로 '이것으로 충분하다(This is enough)'는 느낌을 얻는 제품을 만듭니다."

무인양품(無印良品, 일본 발음은 '무지루시료힌', MUJI)의 영문 공식 사이트에 들어가면 나오는 이 회사의 브랜드 철학이다. '이것으로 충분하다'는 무지의 철학을 만들어 낸 사람이 바로 하라 켄야 교수다. 그는 2001년부터 무지의 아트디렉터를 맡아 광고부터 제품 라벨까지 무지의 디자인 전략을 총관리 하고 있다.

1983년 탄생한 무인양품은 이름 그대로 '상표가 없는 좋은 제품'을 표방하며, 생산 과정을 간소화하고 가격 거품을 걷어내 선풍적인 인기를 끌고 있다. 현재 일본에 250여 개를 비롯해 런던, 뉴욕, 서울 등 주요 도시에 매장을 가지고 있다.

'이것으로 충분하다'는 철학이 나오기 전까지 무지가 20년 가까이 표방한 철학은 '이유가 있어 싸다'였다. 엇비슷해 보이지만 두 개념엔 미묘한 차이가 있다. 전자는 '합리적인 저가격대'를 말한 개념이고, 후자는 '저가' 자체를 표방한 개념이다. 가격으로 절대 비교하자면 전자가 더 비싸다.

하라 교수는 "중국과 동남아시아 시장이 부상하면서 가격 우위를 점하기 힘든 상황이 됐다. 그렇다고 무지가 표방하는 '좋은 품질'을 버리고 가격 경쟁을 선택할 수는 없었다. 그 결과 가장 현명한 가격대를 찾고, 그것을 소비자들에게 전달하기로 했다"고 말했다. 그는 '이것으로 충분하다'는 가치관을 에코(친환경) 시대에 필요한 '세계 합리 가치(world rational value)'란 개념으로 확장하고 있다. 합리적인 생산 과정으로 불필요한 폐기물을 줄이고, 녹색 가치를 추구한다는 것이다. 전 지구적인 관점으로 기업의 가치를 한 단계 업그레이드하는 과정이다.

하라 교수가 꼽는 무지의 성공 요인은 한마디로 '이성적인 합리성'이다. "저가임에도 불구하고 고가보다 더 멋지게 느껴지는 것은 이성적인 디자인으로 만들어졌기 때문이다. 타월 한 장을 보더라도 명품이라는 느낌보다는 '이 정도면 디자인적으로 적당하다'는 느낌을 주는 게 핵심이다. 세상은 생활의 기본과 보편을 제시하는 디자인을 점점 필요로 할 것이다."

요즘 디자인은 형태보다 질감

보르도 TV는 삼성전자의 글로벌 히트 상품이다. 이로써 삼성 TV는 세계 1위로 올라섰다. 이 TV의 성공과 디자인 경쟁력은 TV 프레임인 플라스틱의 미묘한 표현에 있다. 소비자가 그 표면으로부터 갖고 싶다는 욕망을 불러일으키는 그런 표현이다.

고급스럽고 먹음직스러우며 완성도 높은 표면 질감(質感). 말로 표현하기 힘든 그 느낌이 바로 소비자의 마음을 자극한 것이다.

오늘날 많은 가전제품이 형태보다 표면 질감에서 승부를 걸고 있다. 아마도 그 시작은 애플의 '아이팟'이었을 것이다. 한국의 MP3 플레이어들이 한창 미국에서 좋은 성적을 내고 있을 때, 아이팟이 등장하자 모두 꼬리를 내렸다. 한국의 MP3 플레이어들은 매번 형태와 색상을 바꿔가면서 나름 최선을 다했다. 하지만 그 무수한 형태의 '창(槍)'이 단 한 가지 표면 질감이라는 창 앞에 무릎을 꿇은 것이다. 애플은 재료 개발과 마감에 전력을 투구했고, 그것이 성공으로 이어졌다.

그 뒤로 전 세계 모든 가전제품들이 이음새 없고, 깊이감이 묻어나는 그 표면 질감을 질투하기 시작했다. 그 결과 형태는 거의 비슷비슷해지고 있다. 전 세계 기업이 이른바 'CMF'에 열중하고 있다. 바로 '색깔(color), 소재(material), 마감(finishing)'이다. 그 연구개발의 성과는 최종적으로 '표면 질감'에 집중된다.

대신 형태는 점점 평범(normal)해지고 있다. 평범한 형태에 색다른 질감의 표현만으로 새로움을 느끼게 하는 게 관건인 것이다. 이런 트렌드를 주도하는 대표적인 디자이너는 영국의 재스퍼 모리슨과 일본의 후카사 나오토다. 그들은 '수퍼 노말(super normal)' 전(展)을 개최하기도 했다. 이는 또한 하라 켄야가 디자인 디렉터로 있는 무인양품의 디자인 철학과도 일맥상통한다.

한국에서는 가전제품의 표면에 꽃이나 보석류를 장식하는 트렌드가 몇 년째 큰 인기다. 하지만 이것은 세계적인 시각으로 볼 때는 디자인의 후퇴를 의미한다. 강조해야 할 제품의 표면을 오히려 감추는 것이기 때문이다.

오늘날 세계적으로 표면 질감에 대한 엄청난 투자는 바로 제품의 재료 그 자체의 물성(物性)을 연구하는 것이다. 그러나 패턴 장식은 그런 재료의 즉물성을 증발시켜버린다. 그런 제품을 보면, '어설픈 재료로 만들어서 꽃(표면 장식)으로 감추는 거 아니야'라는 인상을 지울 수 없다. 어느 화장품 회사의 광고에 주목할 필요가 있다. "여자의 피부는 권력이다." 이제 제품의 피부, 표면 질감이야말로 권력인 세상이 되고 있다.

필립 코틀러

노스웨스턴대 켈로그 경영대학원 석좌교수

과거는 이성의 시대, 현재는 감성의 시대, 그다음 시대는?

"영혼의 시대"

마케팅, 나아가 경영학을 조금이라도 공부해 본 사람들에게 코틀러 교수는 경외의 대상이다. 2008년 〈월스트리트저널〉 선정 비즈니스 구루 1위에 오른 게리 해멀이 코틀러 교수에게 바친 헌사를 들어보자. "MBA 졸업생 중 그의 박학다식한 책을 읽느라 고생하지 않은 사람이 드물고, 또 대부분 그런 고된 과정 속에서 엄청난 영향을 받았다. 기업들에게 그의 저서만큼 실질적인 도움을 준 책도 없다."(〈이코노미스트〉 2008년 9월)

코틀러 교수는 2001년 〈파이낸셜타임스〉가 선정한 '세계에서 가장 영향력 있는 비즈니스 거장' 랭킹에서 잭 웰치와 피터 드러커, 빌 게이츠 다음으로 4위에 이름을 올렸고, 2008년 〈월스트리트저널〉 선정 비즈니스 구루 6위에 올랐다. 2003년 〈하버드비즈니스리뷰〉의 '가장 영향력 있는 비즈니스 거장 50명'에 꼽히기도 했다. 특히 그가 1967년 36살에 펴낸 《마케팅 관리》는 모두 13차례 개정판이 나오며 지금도 많은 대학에서 경영학 교과서로 쓰인다. 2009년 6월 실제 그를 만났을 때 78세라는 나이가 믿기지 않을 정도로 얼굴에 주름이 적었고, 몸도 탄탄해 보였다.

한때 마케팅의 성공 사례로 손꼽히던 스타벅스가 왜 요즘 어려움에 빠졌을까? 콜게이트치약과 메리어트호텔의 공통점은 무엇일까? 불황으로 문을 닫는 병원들이 속출하는 이때, 메이요클리닉에는 왜 환자들이 몰릴까?

'마케팅의 아버지'로 불리는 필립 코틀러는 이렇게 말한다. "많은 기업의 CEO와 경제학자들은 시장이 성장하고 지속적으로 번영하는 상황, 또 수요가 감소하고 경기 침체로 이어질 수 있는 불안정한 상황, 이렇게 이분법적 시각으로 시장을 봅니다. 이는 아주 구닥다리 방식이에요. 지금은 9·11테러가 발생하고, 허리케인 카트리나가 몰려오고, 곧 서브프라임 모기지 사태가 연이어 덮치는 상황입니다. 이를 구태의연한 그래프로 설명할 수 있을까요?"

과거의 정형화된 모델로는 요즘의 시장 흐름을 분석할 수 없다는 얘기다. 지금 우리가 맞고 있는 시대는 이전과는 판이하다. 격동의 발생이 일상화돼 '새로운 보편성(new normality)'이 된 시대, 즉 영원한 위기의 시대에 접어들었다는 것이 이 거장의 냉엄한 현실 진단이었다.

지금 세계 경제에 드리운 불황을 어떻게 보고 계십니까? "불황(recession)은 언젠가 회복되기 마련이지요. 경기는 사이클이니까요. 타이밍이 문제이긴 하지만…. 하지만 진짜 문제는 이런 단순한 사이클이 아닙니다. 전혀 예상하지 못한 위험에 끊임없이 노출된다는 것, 바로 격동(turbulence)의 시대를 맞이하고 있다는 것입니다. 격동이란 마치 비행기가 난기류에 휩싸이는 것처럼 순간적으로 발생하는 돌발사태입니다. 그런데 이런 쇼크가 앞으로 더 자주, 더 예리하게 발생할 것입니다. 세계화와 기술의 발전이 이를 재촉합니다. 따라서 불황이 끝난다고 문제가 해결되는 것은 아닙니다. 이게 무엇을 의미할까요? CEO가 밤잠을 자서는 안 된다는 것입니다. 우리는 지금 24시간 곱하기 7일의 세계에 살고 있습니다."

그렇다면 기업들의 대응 전략도 바뀌어야 겠네요. "그렇습니다. 상품 가격을 낮추고, 비용을 줄이고, 신규 투자를 연기하는 식의 전통적인 불황 대응 전략으로는 부족합니다. 우선 신기술의 탄생이나 법·제도의 변화, 금융시스템 붕괴 같은 격동을 재빨리 감지할 수 있는 공식 조직을 가동해야 합니다. 바로 '조기 경보 시스템'이죠. 또 이를 바탕으로 기업이 처할 수 있는 여러 시나리오를 만들어 봐야 합니다. 마지막으로 각 시나리오에 맞는 전략을 마련하고, 실제 상황이 닥쳤을 때 미리 준비한 시나리오를 순발력 있게 가동해야 합니다."

코틀러 교수는 이를 혼돈에 대응하는 전략이라는 의미에서 '카오틱스 모델(Chaotics model)'이라고 이름 붙였다. 그리고 이런 시스템을 갖추고 있으면 얼마든지 위기를 기회로 바꿀 수 있다고 말했다. 그렇다면 위기가 일상화된 이 시대에 기업이 새로운 기회를 포착하는 구체적 방법은 무엇일까? 코틀러 교수는 8가지 화두(話頭)를 던지며 이 질문에 대한 해답을 제시했다.

① 스타벅스는 왜 매력을 잃었나?

2년 전 인터뷰(위클리비즈 2007년 8월 11일자)에서 스타벅스를 가장 스마트한 기업으로 꼽았던 걸 기억하시는지요? 하지만 요즘 스타벅스는 많이 어렵습니다. 당시 당신의 평가가 틀렸던 건가요? "그때 스타벅스의 사업 모델은 아주 훌륭했습니다. 사무실과 집의 중간쯤 되는 새로운 공간을 제시해 소비자들의 마음을 움직였지요. 친구들과 노닥거리면서 비싸지만 다양한 커피를 즐길 수 있고, 책을 보고 일을 할 수도 있지요. 하지만 그 뒤, 특히 경기 침체가 시작되는 시점을 전후해 스타벅스는 중요한 실수들을 하게 됩니다. 그 원인들을 분석해 보면, 격동의 시대에 성공의 비결과 실패의 원인을 찾을 수 있지요."

당신이 발견한 원인은 무엇인가요? "상황이 변했습니다. 바로 경쟁자가 등장한 것이죠. 맥도날드나 던킨도너츠 같은 경쟁사가 질 좋은 커

피를 내놓은 것입니다. 매장도 완전히 고쳐서 오랫동안 앉아 있을 수 있게 됐어요. 그때도 스타벅스는 아마 '햄버거나 파는 맥도날드가 우리를 위협하겠어?'라고 자만했을 것입니다. 예상치 못한 경쟁자의 출현이라는 일종의 격동(turbulence)을 만났는데, 이를 감지하지 못한 것입니다.

그리고 이전의 성공에 도취돼 혁신을 소홀히 했습니다. 매력 있는 신제품을 개발하지 않았고, 기존 제품에 어떠한 변화도 주지 않았어요. 초기의 창업 정신도 희석됐습니다. 예전엔 직원들이 고객 이름을 직접 친근하게 부르며 맞이했는데, 이젠 사람들이 많이 몰리니 기계적으로 주문을 받아 커피를 건넬 뿐입니다. 또 에스프레소 머신을 많이 들여 놓으며 아늑함은 점차 사라지고, 소음만 늘었어요. 사람들은 결국 '저렇게 긴 줄에 들어가서까지 사 먹어야 하는 거야'라는 생각을 하게 됐습니다. 성공이 결국 실패 원인이 된 것입니다. GM의 몰락도 비슷한 이유입니다."

GM은 어떤 문제가 있었던 겁니까? "GM은 자살한 셈입니다. 너무 편협한 시야를 가지고 있었고, 또 너무 자만했어요. 그래서 자기 눈을 가리고 있었어요. 예전엔 대형차를 만들어도 잘 팔렸습니다. 예전부터 소형차의 필요성을 느끼고 있었지만, 절박하게 생각하지 않고 대충 만들었지요. 정부가 연비(燃費) 기준을 높이려고 하면 로비하기에만 급급했어요. 소비자의 요구를 외면하고 정유회사와의 관계에 더 신경을 썼어요. 이런 것이 기업의 체질이 되고, 문화가 되어 버린 것이 문제의 핵심입니다."

코틀러 교수는 잠깐 말을 쉬더니 《좋은 기업을 넘어 위대한 기업으로》의 저자 짐 콜린스(Jim Collins)의 최신작 《위대한 기업은 어떻게 망하는가(How the Mighty Fall)》를 한번 읽어 보라고 권했다. 이 책은 기업이 망하는 과정을 5단계로 요약했다. 즉 성공에 대한 자만심 → 무절제한 성장 → 위험 신호 무시 → 무분별한 회생 방안 → 사라지거나 명맥만 유지 단계로 이어진다.

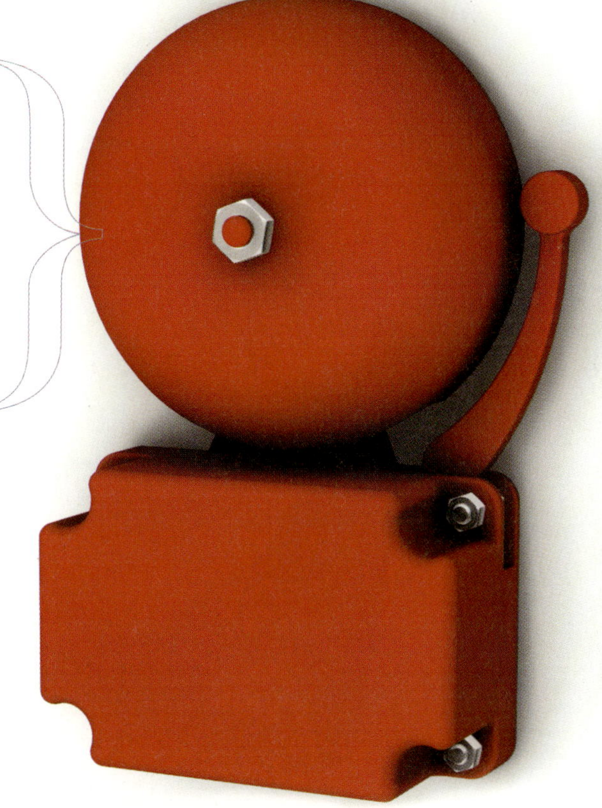

지금 GM처럼 존폐의 위기에 몰렸거나 스타벅스처럼 어려움을 겪는 기업들은 어떻게 대처해야 하나요? "이런 일이 발생할 때는 세 가지가 중요합니다. 먼저 사람입니다. 닛산을 수술한 카를로스 곤(Carlos Ghosn)처럼 GM의 낡은 문화를 바꿀 수 있는, 즉 변화의 동인이 되는 사람(change agent)이 필요합니다. 둘째, 브랜드가 관리되어야 합니다. 제가 만약 GM의 CEO라면 경쟁력 없는 어중간한 브랜드는 모두 정리할 겁니다. 마지막으로 회사의 핵심역량을 찾아 구조를 개편(recomposition)하는 것입니다. GM은 자기의 사업을 승용차 제조로만 국한하면 안 됩니다. '대중의 교통수단을 개선하는 회사'로 회사의 사명(mission)을 재정의하고, 버스나 기차 같은 것도 만들 수 있어야 합니다."

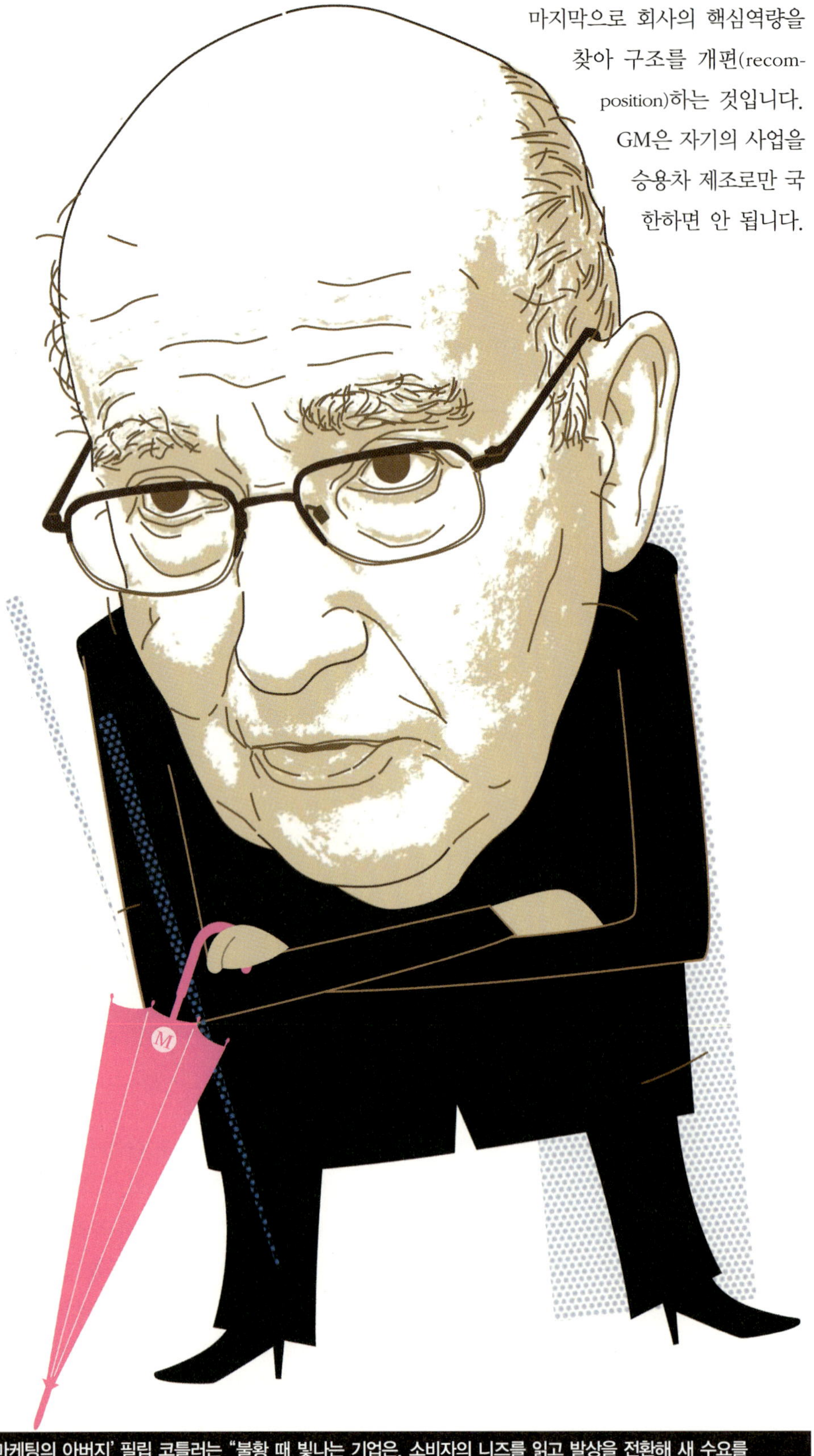
'마케팅의 아버지' 필립 코틀러는 "불황 때 빛나는 기업은, 소비자의 니즈를 읽고 발상을 전환해 새 수요를 창출하고 어중간한 브랜드는 정리한다"고 말했다

② 남성복 업체 '조셉 뱅크'는 불황기 소비자의 지갑을 어떻게 열었나?

그럼 요즘 같은 불황에서 성공하는 기업은 어떤 특징이 있나요? "미국에 조셉 뱅크(Jos.A.Bank)라는 남성복 업체가 있어요. 이 회사는 최근 양복 구입자가 비자발적으로 직장을 잃으면 최대 199달러까지 돈을 돌려주고, 양복도 돌려받지 않겠다는 캠페인을 시작했어요. 그 양복을 입고 직장을 구하라는 뜻이지요. 이 캠페인 후 매출이 꽤 늘었다고 합니다."

미국에서 현대자동차가 실직하면 차를 되사주겠다고 하는 것과 비슷한 마케팅이네요? "네. 현대자동차의 마케팅도 성공적이지요. 중요한 것은 소비자의 니즈입니다. 격동의 시기가 닥치면 이전에 없던 새로운 니즈가 생깁니다. 실직에 대한 두려움이 그런 겁니다."

실직의 공포 이외에 다른 새로운 수요는 어떤 게 있을까요? "제가 자동차 회사의 CEO라면 이런 것도 한번 해보겠어요. 지금 구매한 차의 가격이 나중에 떨어지면, 그 차액을 보상해 주는 겁니다. 소비자들은 불황이 지속될

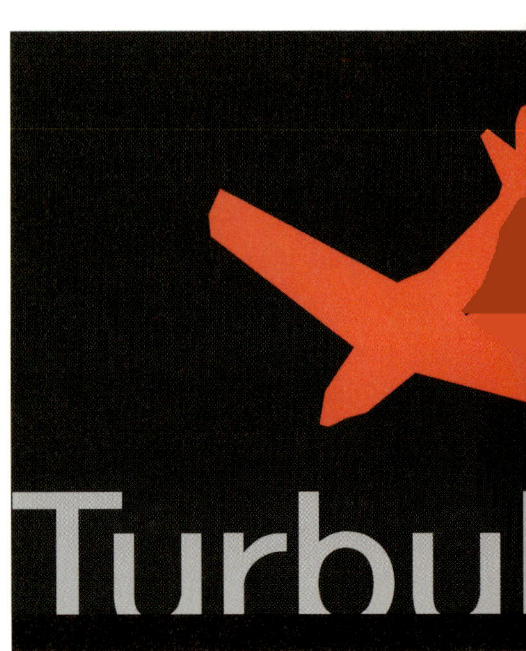

경우, 상품 가격이 나중에 더 떨어질 것으로 보고 구매를 미루고 있습니다. 이런 니즈를 파고드는 것이지요."

그는 경기 침체기에 기회를 거머쥔 기업의 예로 멕시코의 한 호텔을 꼽았다. 신종 플루로 관광객이 줄어들자 이 회사는 색다른 캠페인을 시작했다. 이 호텔에 투숙한 뒤 신종 플루에 감염된 고객에게는 앞으로 세 차례의 휴가 패키지를 무료로 제공하겠다는 것이었다.

③ 미국 환자들이 메이요 클리닉에 몰리는 이유는?

새 수요를 파악한 다음에는 어떻게 해야 합니까? "경쟁사와 차별화된 제품이나 서비스를 제공하는 겁니다. 미국 종합병원 중에 메이요 클리닉(Mayo Clinic)이 있습니다. 이 병원은 환자가 오면 다양한 전공의 의사들과 과학자, 헬스케어 전문가들이 팀을 이루어 진료를 합니다. 환자는 다각적인 진료를 한번에 받을 수 있지요. 이런 장점 때문에 돈 있는 환자들이 이 병원에 몰리고, 불황에도 타격이 거의 없지요."

메이요 클리닉의 핵심 가치는 '고객이 최우선 (The needs of the patient come first)'이다. 불황 속에서도 2008년 72억 달러의 매출을 올려 전년보다 4.3% 정도 성장했다.

서비스의 품질이 경쟁력이군요? "발상의 전환이 중요한 것이지요. 예전엔 의사는 자신의 진료실에 있고, 환자가 돌아다니며 진료를 받는 게 당연한 것처럼 생각했습니다. 하지만 환자 입장에서 생각하면, 여러 의사들이 함께 들어오면 시간도 줄어들고 훨씬 정확한 진료를 받을 수 있지요.

가격 정책도 마찬가지입니다. 맥도날드는 기존 햄버거의 반값 수준인 타코(멕시코식 샌드위치) 메뉴를 출시해 햄버거 살 돈조차도 없는 사람을 끌어들였어요. 반면 다른 패스트푸드 업체들은 햄버거 가격이 부담스러운 소비층에는 별로 주목하지 않았습니다. 2009년 맥도날드 매출이 2008년보다 6~7% 정도 늘었어요."

④ 콜게이트치약과 메리어트호텔의 공통점은?

불황에는 역시 저가(低價) 제품이 위력을 발휘하는 것 같습니다. "그렇다고 저가에만 집중해서는 곤란합니다. 불황 이후도 생각해야지요. 그런 점에서 콜게이트치약과 메리어트호텔의 사례를 들여다볼 필요가 있습니다. 이들의 공통점은 다양한 가격대의 제품을 보유하고 있다는 것입니다."

어떤 방식인가요? "콜게이트치약의 가격은 1.3달러부터 5.5달러까지 다양합니다. 이번 경제위기로 4~5달러대 고가 제품의 매출은 줄었지만, 중저가 제품은 늘었습니다. 그러나 만약 호황이 오면 반대 현상이 나타나겠지요. 메리어트호텔도 다양한 가격대의 호텔 체인을 운영하고 있습니다. 메리어트호텔의 하룻밤 객실료는 200달러 정도입니다. 하지만 같은 호텔 체인인 코티야드호텔의 객실료는 120달러 수준입니다. 이것도 비싸다면 80달러짜리 페어필드인으로 가면 되지요.

다양한 가격대의 상품을 가지고 있으면 호황과 불황에 모두 대비할 수 있고, 그만큼 새로운 기회를 잡을 가능성이 높아지는 겁니다."

⑤ 벽돌과 시멘트로도 차별화할 수 있다고?

일반 소비재가 아니라 다른 기업에 물건을 파는 B2B 회사들은 어떻게 차별화할 수 있나요? "멕시코의 세계적인 시멘트 기업 시멕스(Cemex)를 볼까요? 시멘트를 마케팅한다는 게 좀 우습게 들릴 수 있지요. 하지만 이 회사는 이런 선입견을 깼습니다.

이 회사는 멕시코의 가난한 사람들에게 집을 지어주는 캠페인을 진행했습니다. 땅을 살 수 있도록 대출을 도와주고, 집을 지을 수 있도록 설계도도 제공하고, 벽돌을 저렴하게 구입할 수 있게 했습니다. 그 결과 시멕스는 멕시코에서 가장 존경받는 기업이 됐습니다."

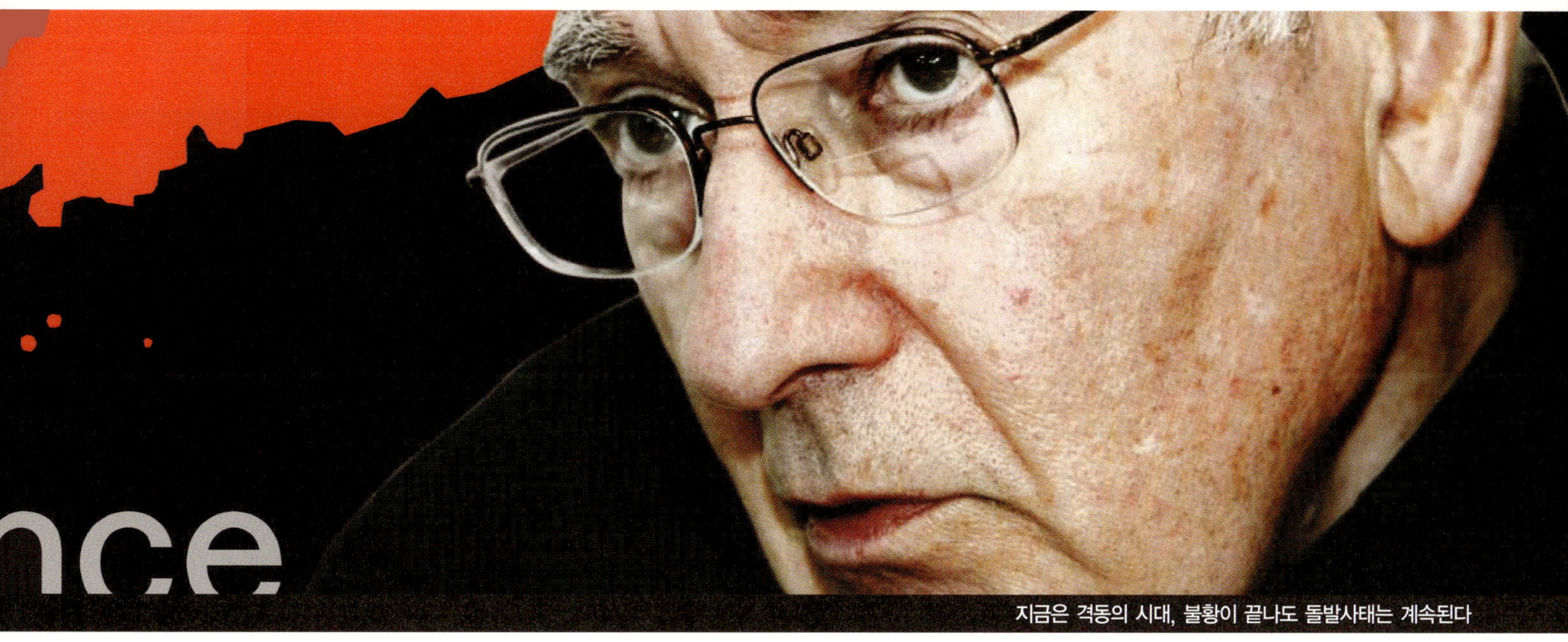

지금은 격동의 시대, 불황이 끝나도 돌발사태는 계속된다

요즘의 소비자들은 '환경에 신경 쓰고,
사회에 동정심을 보여주는 기업이라면
내게 특별한 혜택을 주지 않아도 그냥 좋다'
라고 생각합니다. 이렇듯 미래의
마케팅은 사람들의 영혼에 호소하는
'마케팅 3.0'에 초점을 맞출 것입니다.

최근의 한 연구를 보면 불황기를 맞아 전면적으로 지출을 삭감한 기업의 약 48%가 시장에서 유리한 입지를 빼앗겼거나 사업에서 실패했다고 합니다."

그럼 어떻게 해야 합니까? "어떤 부분이 불필요한지를 가려 내야 합니다. 마케팅 비용이 너무 높은지, R&D 비용이 너무 많은지 원점에서 재검토해야죠. 이전의 관행을 모두 무시하고 제로 베이스 예산 편성(zero-based budgeting)을 하라는 겁니다."

구체적 사례를 든다면? "지난 2000년 A.G. 래플리(Lafley) 회장이 P&G의 CEO 자리에 올랐을 때, 상황이 별로 좋지 않았습니다. 그는 마케팅 비용이 굉장히 높다는 것을 알았어요. 상품 구색이 지나치게 많았고, 현지화가 너무 과도해 제품 포장이 나라마다 다르고 제품에 들어가는 원료까지도 다 달랐지요. 많은 기업이 로컬화하기를 바라지만, P&G는 도가 지나쳤던 거죠.

그 결정을 국가별 책임자들이 내렸기 때문입니다. 그래서 래플리 회장은 원료 배합과 포장의 표준화를 추진했습니다. 제품의 종류도 줄였습니다. 세제라면 그에 들어가는 향(香)의 종류도 줄였습니다. 또 매출이 적은 브랜드는 과감히 포기해 세제(洗劑) 브랜드는 10여 개에서 6개로 축소했지요. 그렇게 해서 전체 예산 중 마케팅 비용이 차지하는 비중을 25%에서 20% 수준으로 낮추었습니다."

B2B 마케팅에 성공한 다른 사례도 있나요? "미국에서 건설용 벽돌을 만드는 아크미 벽돌(Acme Brick)이라는 회사가 있어요. 이 회사는 자신들이 생산한 벽돌에 대해 100년간 보증을 해줍니다. 100년 동안 만약 벽돌에 하자가 생기면 적절히 보상해 주겠다는 내용을 담은 증서를 집주인에게 주지요. 그런데 실제 벽돌에 문제가 생겨 보상을 요구하는 사례는 적다고 합니다. 결국 아크미 벽돌은 큰 비용을 들이지 않고도 튼튼하다는 점을 확실하게 각인시킬 수 있었지요."

⑥불황기엔 줄여야 한다. P&G는 마케팅 비용을 어떻게 줄였나?

위기가 닥치면 기업은 움츠러들게 됩니다. 비용 절감은 어떤 식으로 해야 합니까? "가장 잘못된 것은 전 부서에 대해 일률적으로 예산을 20% 삭감하라고 하는 겁니다. 그러면 부서장은 또 각 팀장에게 무조건 20%씩 깎으라고 하지요. 그러다 보면 자신도 모르는 사이에 회사의 장점과 강점을 없애게 됩니다. 무서운 일이죠.

⑦ 격동기 기업엔 왜 여성 임원이 더 필요한가?

기업이 위기에 대처하기 위해서는 이를 빨리 감지해야 합니다. 어떤 노하우가 있나요? "여러 가지 방법이 있겠지요. 방법이 너무 많기 때문에 여기서는 원 포인트 레슨을 할게요. 당장 기업 임원진의 여성 비율을 높여 보세요."

이유가 뭔가요? "여성이 남성보다 주변 시야가 더 발달해서 위기를 빨리 감지할 수 있기 때문입니다. 수퍼마켓에 가서 기저귀를 사오라고 한번 시켜보세요. 남성은 기저귀와 자신이 좋아하는 맥주만 사서 올 겁니다. 하지만 여성은 이것저것 훑어보고, 더 필요한 것이 없는지 살펴볼 겁니다. 2000년대 초 노르웨이는 대기업의 경우 이사회의 40%를 여성으로 해야 한다는 법을 제정했지요. 이건 성(性) 평등뿐 아니라 기업을 위해서도 아주 좋은 조치입니다."

⑧ 왜 마케팅 3.0인가?

당신은 오랫동안 마케팅의 진화 과정을 지켜봐 왔습니다. 그 과정을 요약한다면 어떻게 될까요? "초창기의 마케팅은 소비자의 생각(mind)에 호소하는 방식이었습니다. 우리 회사 세제의 세탁력이 가장 뛰어나다고 강조하는 것입니다. 고객이 합리적이라면 품질 좋은 세제를 산다고 생각하는 것이죠. 이런 방식을 저는 '마케팅 1.0'이라고 부릅니다. 여기서 한발 나아간 '마케팅 2.0'은 감성(heart)을 자극하는 것이지요. 이 브랜드의 옷을 입으면 당신도 세련된 패션리더가 될 수 있다는 메시지를 던지는 겁니다."

코틀러 교수는 궁극의 마케팅으로 '마케팅 3.0'이란 개념을 제시했다.

"저는 최근 《마케팅 3.0》이란 책을 냈습니다. '마케팅 3.0'은 사람들의 영혼(spirit)에 호소하는 것입니다. '환경에 신경 쓰고, 사회에 동정심을 보여주는 기업이라면 내게 특별한 혜택을 주지 않더라도 그냥 좋다.' 이렇게 생각하는 것이 요즘의 소비자들입니다. 현명한 기업들은 그런 소비자들에게 다가서고 있는데, 이것이 바로 '마케팅 3.0'입니다. 이런 기업이 되려면 품성(character)과 진정성(authenticity), 그리고 배려하는 마음(caring)을 조직의 DNA에 심어야 합니다."

필립 코틀러가 말하는 마케팅

코틀러 교수는 40년 이상 대학에서 마케팅을 가르치고, 저서만 50권에 이른다. 그는 스스로의 학문 인생을 어떻게 평가하고 있을까?

지금까지 주장했던 내용 중 수정하고 싶은 것이 있으신가요? "운이 좋게도 특별히 틀린 것은 없었다고 봅니다. 다만 좀더 강력하게 이야기하지 않아 아쉬움이 남는 게 있습니다. 저는 이전에 고객 중심으로 마케팅을 하라고 말했어요. 돌이켜 보면 한발 더 나아가 '고객과 함께 미래를 준비하라'고 주장하는 게 더 옳았다는 생각입니다. 디자인이나 R&D 같은 활동에 고객을 적극 참여시키라는 겁니다. 고객을 고객이 아닌 파트너로 보는 것이지요. '공동 창출(cocreation)' 개념이라고 할 수 있는데, 덴마크의 블록 장난감 기업 '레고'가 아주 잘하고 있어요."(26쪽 '조르겐 빅 크누드스톱' 인터뷰 참조)

최근의 관심사는 무엇인가요? "최근 《가난으로부터의 탈출(Up and Out of Poverty)》라는 책을 썼는데, 부제(副題)가 '사회 마케팅적 해결(Social Marketing Solution)'입니다. 마케팅에서 쓰는 기법을 활용해 가난한 사람들이 빈곤에서 빠져나오도록 돕는 방법에 대한 내용이지요. 그들이 마약을 하지 않고, 말라리아에 걸리지 않게 하는 캠페인에 마케팅 기법을 응용하는 것입니다."

지금까지 쓴 책 중 가장 애착이 가는 책 딱 한 권을 꼽는다면? "최근 13판까지 나온 《마케팅 관리》입니다. 이 책은 〈파이낸셜타임스〉가 선정한 역사상 최고의 책 50권에 포함되었어요. 그 리스트에는 애덤 스미스의 《국부론》도 들어 있는데, 그런 책과 함께 리스트에 오르다니 저 자신도 놀랐습니다."

경제학을 전공했다가 마케팅으로 방향을 바꾸었는데, 그 이유는 무엇이었습니까? "어릴 때 경제학자가 되고 싶었지요. 그런데 경제학은 수학으로 다루기 쉬운 모델을 만들기 위해 명제를 아주 단순화합니다. 모든 소비자들은 효율 극대화를 위해 상품을 구매하고, 생산자는 이익 극대화를 위해 사업을 한다는 식이죠. 하지만 모두가 알다시피 현실은 그렇지 않지요.

그래서 사람들의 생각과 마음, 무의식 이런 것에 관심을 가지게 됐고, 결국 마케팅을 전공하기로 결심했습니다. 저는 마케팅이 미시경제학과 거시경제학이 커버할 수 없는 경제학의 빈 공간을 채워준다고 생각해요. 실생활에서 생산과 소비 주체들이 어떻게 행동하는지 설명해 주니까요."

마케팅을 공부하는 게 재밌으신지요? "어떤 사람들은 트렌드만 좇다 보니 좀 공허하다고 하기도 합니다. 돌이켜 보면 제가 마케팅이란 학문을 하게 된 것이 얼마나 다행인지 모릅니다.

마케팅은 매우 다이내믹한 학문이고, 연구 대상도 수없이 많습니다. 사실 구애하는 것도 결국은 자신을 상대에게 마케팅하는 것이지요.

마케팅을 크고 넓게 보아야 합니다. 마케팅을 음료수나 자동차를 파는 행위에만 국한하고 싶지 않습니다. 심지어 금연 캠페인에도 적용할 수 있지요."

저술 아이디어는 어디서 얻나요? "성공한 사람들을 보면 두 부류로 나눌 수 있습니다. 두더지처럼 한 분야를 파고드는 경우가 있지요. 또 여우처럼 호기심이 많아 여기저기 기웃거리는 사람이 있습니다. 저는 여우 타입이어서 기업뿐 아니라 대학과 미술관, 병원 등의 마케팅도 담당하고, 미국·유럽·아시아 등 여러 지역을 돌아다니지요. 그런 과정 속에서 아이디어를 얻습니다."

마지막으로 꼭 하고 싶은 말은? "위기가 닥치면 누구나 움츠러들기 마련이지만, 아무것도 안 하면 안 됩니다!(Don't do nothing!) 지금 당장 무얼 할까 고민하기보다 5년, 10년 후를 생각해야 합니다. 그때 지금을 되돌아보면서 '우리의 꿈이 무엇이었나'라고 하면 무엇을 말할 수 있을까 생각해 보세요. 지금의 의사결정이 5년, 10년 후에 어떤 영향을 주는지 생각해야 합니다. 미래를 향해 마음을 열어 놓으세요." **WeeklyBIZ**

리처드 슈말렌지

MIT 경영대학원 교수

과연 어떤 비즈니스 모델이 성공할까요?

"촉매 기업이 돈 긁어 모으는 세상"

비자카드, 소더비, 이베이, 구글…. 이 기업들의 공통점은 뭘까?

정답은 '제품을 직접 만들지도 않으면서 중간에서 엄청난 돈을 번다'는 것이다. 리처드 슈말렌지 교수는 이런 기업들을 지목, "수천 년 동안 이어져 내려온 '비밀의 암호'를 성공적으로 해독해 냈다"고 평가했다. 또 이들 기업이야말로 21세기의 '연금술사'라고도 했다.

이들 기업의 비밀의 암호는 무엇일까? 정답은, 서로가 서로를 필요로 하지만 직접 일일이 만나기 힘든 2개의 다른 집단을 발견한 뒤 둘을 효과적으로 연결시켜 주는 일이다. 예를 들어 구글의 경우 정보를 필요로 하는 사람(네티즌)과 그들에게 홍보나 광고를 해야 할 사람(기업)들을 서로 연결시켜 준다.

이런 비즈니스 모델로 돈을 버는 사람은 과거에도 많았다. 중세부터 있었던 결혼 중매업자나 부동산 중개업체 등이 대표적이다. 다만 오늘날에 와서 비즈니스 아이템이나 중개 방식, 그리고 소비자가 진화했을 뿐이다. 이를테면 인터넷이라는 가상 공간이 만남의 장소가 되기도 하고, 게임이나 패션 등 관심사에 따라 이해 관계자 그룹이 과거보다 훨씬 세분화됐다.

제품도 안 만들면서 돈 왕창 버는 기업들 – 구글, 소더비, 한국의 싸이월드…. 집단과 집단을, 소비자와 공급자를 연결시켜주는 이런 '현대판 봉이 김선달' 기업들을 리처드 슈말렌지 교수는 자신의 공저서 《카탈리스트 코드》에서 '촉매 기업'이라고 불렀다. 둘 이상의 서로 다른 물질 사이에서 반응을 일으키거나 반응을 촉진하는 물질인 촉매(觸媒, catalyst)와 닮았다는 이유에서다.

미국 보스턴의 MIT 연구소에서 만난 슈말렌지 교수는 멋진 콧수염을 갖고 있었다. 그는 자주 웃음을 터뜨렸으며 한번 웃기 시작하면 한동안 멈추지를 못하는 유쾌한 성격이었다. 그는 기자가 들려주는 '싸이월드' 같은 한국 인터넷 기업 이야기에 깊은 관심을 보이기도 했다.

'손 안 대고 코 푸는' 이들 촉매 기업들의 경제학 속으로 들어가보자.

왜 촉매 기업이라고 부르죠? 촉매라는 아이디어는 어떻게 얻었습니까? "제목이 좀 어렵죠? 다들 과학 교과서인 줄 안다니까요…. 어느 날 문득, 요즘 각광 받는 회사들과 화학 재료의 촉매 사이에 비슷한 점이 많다는 생각을 했습니다. 예를 들어 이베이는 물건 파는 사람과 사는 사람을 인터넷에서 연결해 줍니다. 또 마이크로소프트는 컴퓨터 운영 체제를 만들어 소프트웨어 개발업자들과 사용자를 이어줍니다. '어라, 이거 촉매랑 똑같잖아.' 촉매 반응은 보통 2개의 다른 물질 사이에서 더 가치 있는 물질을 만들어 내지만 촉매제 자체가 사라지는 것은 아니지 않습니까? 한국엔 어떤 기업들이 여기에 해당할까요?"

한국에는 '싸이월드'라는 인터넷 커뮤니티가 있습니다. 개인 홈페이지의 아바타(사이버공간에서 사용자의 역할을 대신하는 애니메이션 캐릭터)를 꾸미기 위해 옷도 사고, 가구도 사고, 음악도 삽니다. "오~ 세상에, 정말 멋진 촉매 기업이군요. 그렇게도 돈을 버는군요. (그는 한참 웃음을 터뜨렸다.) 3차원의 가상 공간을 꾸며 놓은 '세컨드라이프(Second Life)'와도 비슷하네요. 한국처럼 인터넷이 발달한 나라에서는 얼마나 다양한 촉매 기업이 탄생할지 주목할 만합니다.

얼마 전 한 학생한테 이렇게 얘기한 적이 있습니다. '자네에게는 마이스페이스(Myspace) 같은 인맥 관리 사이트들이 있어 학교 동창 친구들과 평생 연락 놓칠 일은 없겠네.' 제 경우만 해도 고등학교 친구들 중 연락하는 사람이 거의 없거든요."

촉매 기업은 아이디어만 좋으면 땅 짚고 헤엄치듯
쉬울 것 같습니다. "천만에요. 촉매 기업을 운영하기는 오히려 전통 기업보다 더 어려워요. 두 집단을 모두 만족시켜야 하고 아슬아슬한 균형을 타야 하죠. 구글은 방문자들의 신경을 건드리지 않을 정도로 광고를 게재하면서도 최대한 광고 클릭 수가 많아지도록 해야 합니다. 가격을 시소타기 식으로 잘 책정하는 것도 과제 중의 하나입니다."

촉매 기업은 가격을 어떻게 부과해야 하나요? "누가 누구를 더 많이 필요로 하는지를 알아내세요. 보통 서비스나 상품을 공급하는 쪽과 이것을 가져가는 쪽이 있습니다. 이 중 상대방을 더 절실하게 필요로 하는 사람에게 비용을 더 물리도록 하세요.

증권거래소를 예로 들어 볼까요. 증권거래소는 주식을 팔려는 기업과 주식을 사려는 투자자 모두가 고객입니다. 그런데, 거래소는 투자자에게 거래 비용을 물리는 반면, 주식을 팔려는 기업에게는 비용을 물리지 않습니다. 왜 그럴까요? 많은 기업들을 유치해 상장시켜야만 투자자들이 몰려들고 선택지가 많아지기 때문입니다. 거래소가 좋은 기업들을 유치하려면 당연히 더 편하고 거래 비용이 적어야 하겠죠.

그런가 하면 요즘 신문사들은 인터넷으로 전환하면서, 기사를 점점 더 무료화하고 있어요. 독자들을 더 많이 끌어 모아야 광고주들에게 더 비싼 광고료를 청구할 수 있으니까요. 물론 기사의 질도 높여야 한다는 과제가 있긴 합니다. 아주 어려운 균형이죠."

이 대목에서 기자는 한국의 일부 결혼 중매 업체들이 남자 회원보다는 여성들에게 더 많은 회비를 청구하고, 여성 중에서도 나이가 많을수록 회비가 높아진다고 그에게 말해줬

상대방을 더 절실하게 필요로 하는 사람에게 비용을 더 물리는 촉매 기업의 가격정책. 그래서 나이트클럽에서 여자는 입장료를 내지 않는다

다. 그러자 그는 박장대소를 하며 "누가 더 절박한지를 확실하게 보여주는, 성공적인 가격 정책"이라고 말했다.

그는 그러나 "나이트클럽은 보통 여자들에게 돈을 받지 않고 남자에게 돈을 받는 경우가 많다"고 부연했다. "하룻밤 노는 상대를 찾는 데는 남자들이 더 적극적이고, 결혼할 상대를 찾는 데는 여자들이 더 적극적이기 때문"이라고 그는 설명했다.

'촉매 기업'이라는 신조어를 만들어낸 장본인이 바로 리처드 슈말렌지 교수지만, 그 또한 예전에 촉매 기업에 투자했다가 실패한 적이 있다.

"치과 의사들이 의료 용구를 복잡한 채널을 통해 사는 것을 보고, 직거래를 시도한 적이 있습니다. 하지만 참패를 당했죠. 유통 채널들이 의료 용구 제조업체들에게 '만약 우리를 통하지 않으면 의사들과 연결시켜 주지 않겠다'고 협박을 한 거죠. 우린 이런 문제를 미리 생각해 보지 않았기 때문에 제대로 대응할 수가 없었습니다."

슈말렌지 교수는 "촉매 기업은 매우 유망하지만 사업을 시작하기 전에 정말 연구를 많이 하라"고 충고했다. "촉매 기업의 세계는 뒤엉켜 있어요. 배합에 성공하면 '팡'하고 대박이 나지만, 잘못 다뤘다간 된통 화상(火傷)을 입습니다. '촉매'라는 비유가 잘 맞아 떨어지죠?"

단순히 물건을 모아 놓고 파는 수퍼마켓과 이베이 같은 촉매 기업은 어떤 점에서 다르나요? "동네 수퍼마켓은 '단면(one sided)' 기업이고 이베이는 '양면(two sided)' 기업입니다. 월마트는 중간 정도 되고요. 단면 기업은 공급 사슬의 한 부분에 불과합니다.

하지만 양면 기업, 즉 촉매 기업은 새로운 시장을 탄생시킵니다. 이베이는 물건 가격이 수요와 공급에 따라 움직이는 거대한 '경매 시장'을 대중 속으로 가져왔어요. 물건을 팔려는 사람과 사려는 사람들이 서로 수요 공급에 의해 가격을 결정하죠. 나이트클럽도 양면 기업인 셈입니다. 남성과 여성을 한 자리에 모아 놓고 '연애'라는 새로운 시장을 창출하죠. 양면 기업과 단면 기업의 또 다른 중요한 차이점은 고객을 몇 개의 그룹으로 나눌 수 있느냐는 겁니다. 수퍼마켓은 물건을 사가는 손님한테만 신경 쓰면 됩니다. 하지만 이베이는 물건을 사 가는 사람뿐 아니라 물건을 팔려는 사람들에게도 신경 써야 합니다. 양쪽이 모두 고객인 셈입니다."

촉매 기업이 제조 기업보다 더 가치 있나요? "아니오. 반드시 그렇지는 않습니다. 차를 파는 르노 같은 회사가 반드시 필요하죠. 하지만 미래 경제에서 촉매 기업은 갈수록 전통 기업보다 더 중요한 역할을 하게 됩니다. 인터넷 기술이 발전하고 통신 비용이 급격히 떨어지면서, 이용자들이 시공간을 뛰어넘어 보다 쉽게 상호작용하고 있거든요. 촉매 기업은 비용을 거의 들이지 않고 높은 가치를 창출해 내는 신비한 비즈니스예요. 요즘 〈포브스〉의 세계 부호 명단 추이를 살펴보면 촉매 기업 출신이 많아진다는 것을 알 수 있을 겁니다."

실제로 대표적인 촉매 기업인 마이크로소프트의 빌 게이츠 회장이 〈포브스〉 부자 랭킹

세계 3위에 올라 있고, 세계적인 데이터베이스 회사인 오라클의 로렌스 엘리슨(Ellison)이 14위, 구글 창립자인 세르게이 브린(Brin)과 래리 페이지(Page)가 각각 32, 33위를 차지하고 있다.

슈말렌지 교수는 촉매 기업의 유형은 크게 세 가지로 나뉜다고 소개했다.

①중개자(matchmakers) ②관중 동원자(audience builders) ③비용 절감자(cost minimizers)가 그것이다.

중개자는 이베이, 나스닥처럼 거래 성사를 위한 인프라를 제공하는 기업들이다. 관중 동원자는 구글이나 〈월스트리트저널〉, BBC처럼 많은 손님들을 끌어 모은 뒤 광고를 실어 돈을 버는 회사들을 말한다. 또 비용 절감자는 MS 윈도, 소니 플레이스테이션처럼 공동 운영 체제를 개발하고 관리해줌으로써 양쪽의 그룹이 좀 더 효율적으로 일할 수 있도록 도와주는 기업이다.

어떻게 자신의 기업이 '촉매 기업'으로 적합한지 알 수 있죠? "일단 첫째는 서로를 필요로 하는 두 개의 다른 집단이 있는지를 확인해야 합니다. '내가 장(場)을 열어주면 불꽃이 튀면서 이들의 이익이 확대될까'라는 질문이죠. 그 다음에는 '과연 내가 성공적인 장을 마련할 수 있을까'를 스스로에게 물어봐야 합니다. 시소를 타듯 설계를 잘 해야 하고, 가격 책정도 적당해야 합니다."

처음 아이디어를 냈다고 그 기업이 계속 1등을 유지한다는 보장이 없습니다. 어떻게 관리를 해야 할까요? "촉매 기업은 커뮤니티 구축, 촉진, 관리 등 크게 세 가지 업무를 성공적으로 해내야 합니다.

예를 들어 미국에서 성공한 데이트 중개 업체

중에 '8분 데이팅'이라는 게 있습니다. 이 업체는 독신자들을 유명 레스토랑에 모이게 한 다음, 각자 다른 이성 회원들과 돌아가면서 8분씩 일대일 대화를 갖게 합니다. 행사가 끝나고 온라인에 접속해서 마음에 드는 상대를 지정하고 대답이 오면 연락처를 교환하는 시스템입니다. 회비는 약 35달러입니다.

이 업체의 첫째 성공 전략은 '물 좋은(groovy)' 남성과 여성들이 행사에 참석하도록 유도해 커뮤니티를 '구축'한 겁니다. 두 번째는 동시다발적 데이트를 통해 만남을 촉진했습니다. 더 중요한 것은 다양한 원칙을 통해 커뮤니티를 '관리'하는 것입니다.

예를 들어 '편안한 대화를 위해 행사 중에는 상대방 연락처를 묻지 못한다'는 원칙이 있습니다. 이처럼 고객이 최고의 거래 상대자를 찾을 수 있도록 믿을 만한 정보를 제공하고 만남의 장소를 원활하게 운영하는 것이 중요합니다."

촉매 기업들은 저가(低價) 정책을 펼수록 더 성공적일까요? "규격화된 물건이라면 가격이 큰 문제겠죠. 똑같은 제품이라면 조금이라도 더 싼 걸 사려고 할 테니깐. 하지만 서비스라면 얘기는 달라집니다. 싸이월드처럼 가상(假像)의 옷을 사느라 돈을 펑펑 쓰는 젊은 사람들이 많습니다. 일단 고객 그룹으로 끌어들이는 게 어려우니깐 이들을 유치할 때는 공짜로 가입시켜 주거나 아무런 대가를 받지 않는 경우가 많습니다. 그 대신 처음엔 아주 기본적인 혜택만 줍니다. 벌거벗은, 못생긴 아바타를 주는 거죠. 하지만 한번 중독된 회원들은 이 아바타를 예쁘게 꾸미는 데 돈을 아끼지 않을 겁니다.

세상이 바뀌었어요. 한번 생각해 보세요. 10년 전만 해도 온라인에 있는 내 인형을 위해 옷도 사고, 신발도 사준다고 했다면 저더러 '미쳤다'고 했을 겁니다.(웃음) 제 친구는 결혼을 했는데도 인터넷에 사이버 애인을 따로 두고 있어요. 진짜 애인처럼 엄청나게 공을 들이더군요. 어머나 이런 세상이. (그는 두 손을 양 뺨에 갖다 대고 웃었다.)"

인터넷이라는 공간은 촉매 기업들의 필수 전략이 될까요? "인터넷은 공동의 플랫폼(platform)을 값싸고 빠르게 제공해 준다는 데 큰 의미가 있습니다. 플랫폼! 이게 키워드입니다. 일종의 연결 고리죠.

온라인의 장점은 큰 비용을 들이지 않고 비즈니스 구조를 자유자재로 바꿀 수 있다는 겁니다. 자동차의 디자인을 바꾸는 것과는 다르죠. 인터넷에서 기능을 바꾸고 싶다면 프로그램만 살짝 조작하면 됩니다.

기술 변화는 미처 생각지 못했던 경쟁자를 만들어 내죠. 예를 들어 오프라인 경매업체인 크리스티의 경쟁자는 20세기 초반까지만 해도 비슷한 구조를 갖고 있는 소더비였어요. 하지만 지금은 인터넷을 무대로 하는 이베이

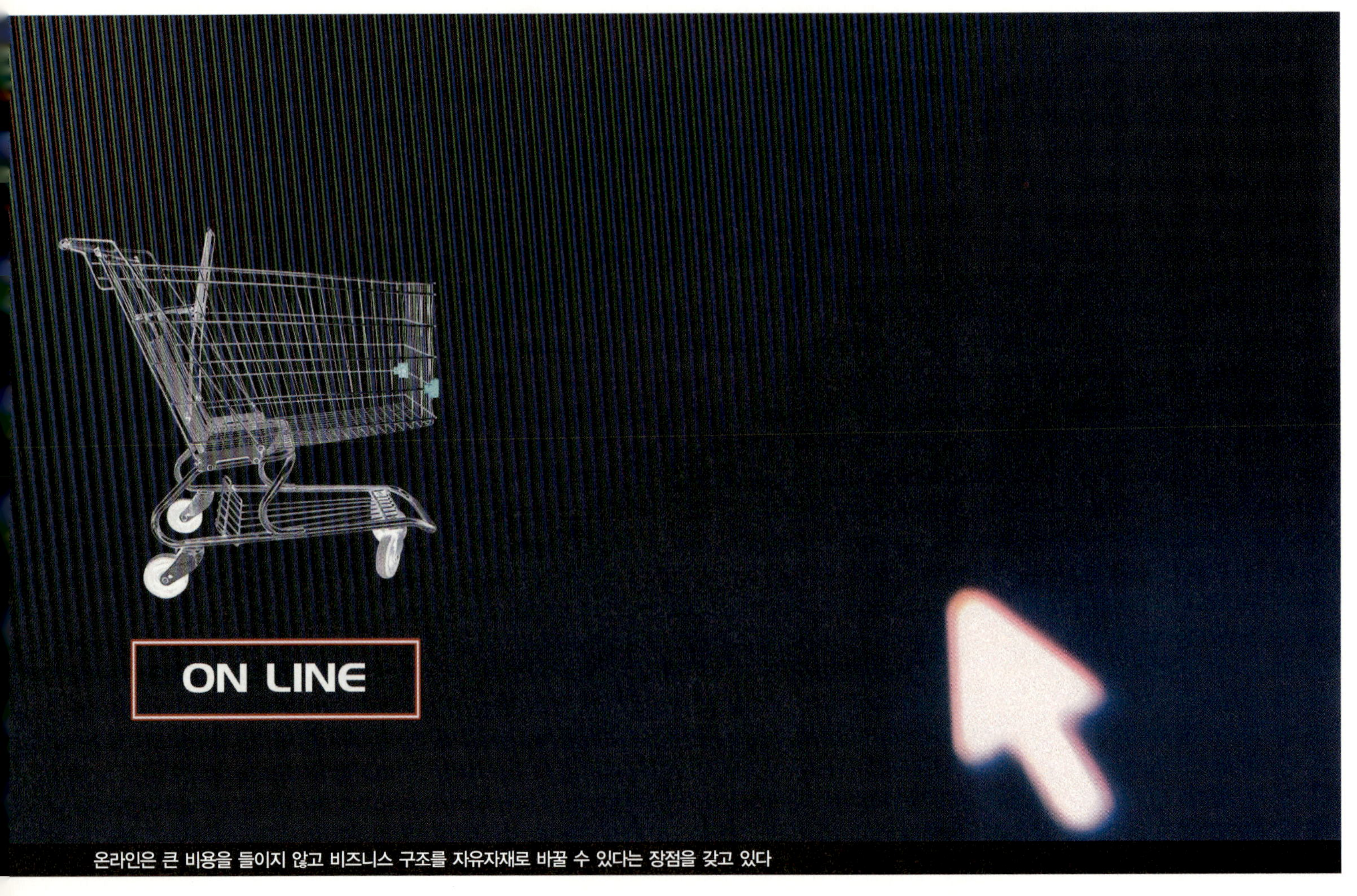

온라인은 큰 비용을 들이지 않고 비즈니스 구조를 자유자재로 바꿀 수 있다는 장점을 갖고 있다

라는 완전히 새로운 촉매 기업으로부터 도전
받고 있어요."

앞으로 뜰 촉매 기업은?

앞으로 뜰 촉매 기업은 어떤 것이 있을까요? "자
동으로 운전되는 스마트 자동차 같은 것을
생각해볼 수 있죠. 이렇게 되면 운전자들은
차에 앉아 있는 동안 시간을 보낼 재밋거리
를 찾게 될 겁니다. 자동차 내부에 장착할 엔
터테인먼트 프로그램이 뜨겠죠. 하지만 정말
조심해야 합니다. 닷컴 붐 때처럼 많은 기업
들이 새로운 시장에 진입했다가 실패하고 갈
겁니다. 예를 들어 냉장고 속에 무엇이 들어
있는지를 말해주는 '스마트 냉장고'가 성공
할 수 있을까요? 나 같으면 그냥 냉장고 문을
열어보겠습니다."

**촉매 기업이 특별히 주의해야 할 점이 있다면
요?** "언제든지 예상치 못한 적에게 당할 수
있다는 것입니다. 전통 기업보다 훨씬 더 빨
리 후발주자에게 따라 잡힐 수 있어요. 아무
리 혁신적인 아이디어를 내 놓았다고 해도 그
후에 그것을 더 잘하는 기업이 나타나면 상황
은 금방 역전됩니다.
비디오 게임 시장의 경우를 볼까요. 소니는
닌텐도를 잡아먹었고, 이제 마이크로소프트
의 X박스가 소니를 잡아먹고 있어요. 눈 깜
짝할 사이죠."

한국 기업들에게 조언을 부탁 드립니다. "시장
이 움직이면 흐름에 따라서 움직이세요. 기득
권을 쥔, 전통 기업들은 변화를 거부해서 어
려움을 겪습니다. 그런 기업들이 언젠가 '우
리 업계에서는 내가 최고야. 하지만 우리는
더 이상 이런 방식으로는 이익을 계속 내기는
힘들어'라고 고백하는 순간이 옵니다.
하지만, 기술의 진화는 전통 기업들에게 위협
이 될 수도 있지만, 새로운 기회가 될 수도 있
습니다. 당신이 전통 기업 경영자라면 새로운
촉매 기업들을 적(敵)으로 생각하고 공격하기
보다는 오히려 협력하십시오. 즉, 물이 흐르
는 방향을 보고 몸을 트세요." **WeeklyBIZ**

리처드 슈말렌지 교수는 규제 및 반(反)독점 정책 분야의 세계적 학자.
2007년까지 10년간 MIT 경영대학원인 슬로언 스쿨 학장을 지냈으며, 현
재 교수로 재직 중이다.
1989년~1991년 미국 백악관 경제자문위원회(CEA) 위원으로 활동했으며,
미 법무부 반(反)독점국과 미 연방무역위원회 등 많은 국가 기관과 민간 기
업을 상대로 자문해 왔다. 마이크로소프트 반독점 소송에서 마이크로소프
트를 옹호하는 전문가 증인으로 진술하면서 유명세를 떨쳤다. 2006년에
출간한 《보이지 않는 엔진(Invisible Engines)》이라는 책은 미국출판협회로
부터 최고의 비즈니스북으로 선정됐다.

Focus

**한국의
촉매 기업은** 21세기를 관통하는 경영 키워드를 꼽으라면 '혁신(innovation)'과 '창의성
(creativity)'을 꼽을 수 있다.

그러나 혁신 기업의 원동력인 창조적 에너지를 극대화한다는 것은 말처
럼 그리 쉬운 일은 아니다. 리처드 슈말렌지 교수가 제시하는 촉매 기업
은 이를 위한 또 하나의 통찰력을 제시해 준다. 촉매 기업의 대표적인 상
품으로 신용카드를 꼽을 수 있다.

현금이나 수표만이 결제 수단이었던 시절, 신용카드는 구매자와 판매자
사이에서 양쪽을 만족시켜주고 새로운 사업 기회를 창출했을 뿐만 아니
라 시장의 판도까지도 바꾸어 버렸다.

그렇다면, 한국을 대표하는 촉매 기업은 누구일까?

인터넷 커뮤니티 '싸이월드'가 대표적인 예이다. 개인 홈페이지라는 가
상의 웹 공간에서 아바타를 꾸미기 위해 옷을 사고, 가구를 거래한다. 홈
페이지에 좋은 음악을 흐르게 하기 위해 MP3 파일을 거래하기도 한다.

온라인 채팅과 교통 정보 등을 제공하는 '네이트온'도 빼놓을 수 없다.
옥션이나 인터파크처럼 온라인을 통해 구매자와 판매자를 연결해 주는
기업도 대표적인 촉매 기업에 속한다.

생소했던 파티 문화를 한국 시장에 도입한 파티전문업체 '클럽프렌즈'도
일종의 촉매 기업이다. 파티를 매개로 한 미팅을 주선하는데, 이벤트 업
체나 음식점, 문화 관련 업체들과의 제휴를 통해 과거에 없던 서비스를
고객에게 제공하고 있다.

촉매 기업은 온라인을 매개로 한 업체에 한정되지 않는다. 전통적인 제
조업체들도 촉매 기업의 성격을 가지고 있는 경우가 있다. 전자 분야의
신제품 개발 속도가 빨라지면서 설비 투자에 대한 위험을 줄일 목적으로
생산·제조만을 위탁 받아 전문적으로 서비스하는 생산 전문 회사인
EMS(electronic manufacturing service) 업체들이 이에 해당한다.

한국에 촉매 기업이 많은 것은 우연이 아니다. 인터넷과 IT기술의 발전이
라는 토대가 뒷받침하고 있는 것이다. 이는 촉매 비즈니스의 플랫폼을
값싸고 효율적으로 구축할 수 있도록 도와준다.

빅터 펑

리앤펑 유한공사(Li & Fung Ltd.) 회장

홍콩을 대표하는 기업 중에 '리앤펑'이란 회사가 있다. 의류와 장난감, 액세서리 등 소비재를 생산하고 수출하는 회사다. 2008년 매출은 한화로 19조 원이 조금 넘는다. 여기까지는 그리 놀랄 만한 이야기가 아닐지도 모른다. 삼성전자 매출의 4분의 1정도이니 말이다. 그러나 2008년 〈비즈니스위크〉는 이 회사를 세계에서 가장 영향력 있는 회사 29개 중 하나로 선정했고, 〈포브스〉는 아시아에서 가장 놀랄 만한 50개의 기업 중 하나로 꼽았다.

이 회사의 모토는 이렇다. "원하는 것이 무엇이든 말만 하십시오. 그러면 당신에게 맞는 '가상의 공장'을 만들어 드리겠습니다. 3만 개의 공급업자로 이루어진 네트워크가 중국 시안(西安)의 진시황 무덤을 지키는 적갈색 군인들처럼 준비돼 있습니다."

디지털 시대, 제조업체의 생존법은?

"글로벌 공급사슬을 편성하고 '작은 존 웨인'을 키워라"

'리앤펑'이란 회사는 단 하나의 공장도 소유하고 있지 않으며, 단 한 명의 재봉사도 고용하고 있지 않다. 그러면서 매년 20억 벌 이상의 의류를 생산한다. 어떻게?

예를 들어 미국의 어느 의류회사가 이 회사에 남자 반바지 30만 벌을 주문했다고 하자. 그러면 이 회사는 단추는 중국, 지퍼는 일본, 실은 파키스탄에 주문한다. 파키스탄에서 받은 실은 중국에 보내 직물로 짜서 염색하게 한다. 이 모든 것을 꿰매는 일은 방글라데시의 공장에 맡긴다. 이 회사는 이런 방식으로 전 세계 40개국에 퍼져 있는 3만 개의 공급업자(공장)와 200만 명 이상의 공급업체 직원들을 움직인다. 이 회사가 직접 월급을 주는 직원은 그 1%도 안 된다.

2009년 4월 홍콩 리앤펑 본사의 쇼룸을 방문하니 마치 작은 백화점 같았다. 코카콜라와 디즈니로부터 토이저러스, 카르스타트켈레(독일의 대형 백화점)에 이르기까지 세계적 기업들의 브랜드를 단 옷이며 장난감이며 액세서리들이 전시돼 있었다. 이 회사가 관리하는 브랜드만 900개가 넘는다.

경영계에서는 이 회사가 하는 일을 '공급사슬 관리(Supply Chain Management, SCM) 서비스'라고 표현한다. 제조 원가가 싼 공장을 찾는 일에서부터 디자인, 원자재 조달, 제조 관리, 운송, 통관에 이르기까지 고객사가 원하는 모든 일을 대행한다. 세계 최대 아웃소싱업체 '리앤펑'의 빅터 펑 회장은 수십 년간 시행착오를 통해 이룩한 리앤펑의 비즈니스 모델을 최근 책으로 풀어냈다. 《평평한 세상에서의 경쟁 전략》이 그것이다.

책을 보면서 마치 토머스 프리드먼의 《지구는 평평하다》의 실전 매뉴얼 같다는 느낌을 받았습니다. 이 책에서 말하려 했던 것은 무엇인가요? "프리드먼의 책을 읽었을 때 매우 흥미를 갖게 됐습니다. 그가 묘사하는 세계가 제게 매우 친숙했기 때문이죠. 우리는 지난 20년간 그런 세계에서 일해 왔으니까요. 그의 말대로 세계가 평평해진다면 어떻게 글로벌 기업을 만드는가 하는 것이 바로 제 책이 대답하려 한 것입니다. 그 가장 효율적인 방법은 내가 모든 것을 소유하는 것이 아니라 글로벌 공급사슬을 편성해서 팀으로 움직이는 것입니다."

빅터 펑 회장의 프로필을 보면, 도대체 부족한 게 무엇인가 하는 생각이 들 정도이다. 그는 16억 달러(약 2조 원)의 재산으로 〈포브스〉의 홍콩 부자 랭킹 12위에 올랐다.

게다가 그는 하버드대에서 경제학 박사 학위를 받고, 하버드 경영대학원 교수를 역임했다. 지금은 파리에 본부를 둔 국제경제협력기구인 국제상업회의소(ICC) 회장을 맡고 있으며, 2003년 홍콩 행정수반 선거 때 후보로 거론되기도 했다.

그럼에도 그는 인터뷰 내내 편안하고 소탈한 모습을 보여줬다. 질문에 대해 대답할 때는 그대로 받아 쓰면 책이 될 수 있을 정도로 짜임새가 있어서 학자의 면모가 묻어났다.

빅터 펑 회장은 자신들의 방식은 토요타의 생산 모델과 비교된다고 말했다.

"토요타에선 협력기업의 모든 것이 매우 엄격하게 통제되지요. 반면 우리의 방식은 '느슨한 연계(loose coupling)'로 묘사할 수 있습니다. 예를 들어 어느 공급업체가 우리와 파트너가 됐을 때 우리는 그 업체가 우리를 위해서만 독점적으로 일하기를 원하지 않습니다. 우리는 그 업체의 100%가 아니라 30~70%만 원합니다. 물론 30% 이상은 돼야 중요한 파트너가 될 수 있겠죠. 그러나 그렇다고 해서 100%를 원하지는 않습니다."

왜 그런가요? "공급업체가 우리 말고 다른 사람하고도 일해야 새 아이디어가 생기고, 새로운 것을 배울 수 있기 때문입니다. 그래야 우리의 공급사슬도 살아 숨 쉬게 되죠. 늘 배우고, 늘 변화하면서 말입니다.

우리의 공급사슬은 종종 새로운 멤버를 넣고, 팀원이 바뀌기도 합니다. 팀이 폐쇄된 조직이 되어서는 안 됩니다. 그런 면에서 우리는 안정적이고 장기적인 파트너십을 추구하지만, 다른 한편으로 느슨한 네트워크이기도 합니다."

토머스 프리드먼을 만난 적이 있습니까? "그는 제 좋은 친구입니다. 3~4년 전부터요. 하지만 그를 안 것은 더 오래됐죠. 1994년인가 1995년인가 기자이던 그가 홍콩에 와서 저를 인터뷰한 적이 있습니다."

기업이 공급사슬을 편성할 때 가장 중요한 것은 무엇입니까? "우선 전체 공급사슬의 개념적인 틀을 잡고 시스템을 만드는 것이죠. 그리고 팀원 모두가 박자를 맞추어 가도록 지휘해야 합니다.

두 번째 포인트는 공급사슬이 글로벌해지는 만큼 여러 국적의 사람들을 다루고 함께 일하는 데 익숙해져야 한다는 것입니다. 저는 제

오늘날의 경쟁은 기업 대 기업이 아니라 팀 대 팀, 즉 하나의 공급사슬과 다른 공급사슬간의 경쟁이다

자신이 오케스트라의 지휘자와 비슷하다고 생각합니다.

오늘날 경쟁이란 기업 대 기업이 아니라 팀 대 팀, 즉 하나의 공급사슬과 다른 공급사슬 간의 경쟁을 의미합니다. 이때 중요한 것은 지휘자의 역할입니다. 오케스트라 지휘자가 재능 있는 음악가들을 이끌어가는 것처럼, 강한 공급업자의 네트워크를 설계하고 이끌어가는 키잡이가 필요합니다.”

그렇다면 피해야 할 것은 무엇입니까? “공급사슬에 적대적인 관계가 나타나는 것입니다. 공급사슬에서 힘 있는 이가 자신의 이익만을 취하려 할 경우 이런 일이 생기게 됩니다. 적대 관계는 공급업자의 창의성을 꺾고, 유연성을 떨어뜨리는 등 여러 가지 방식으로 공급사슬 전체의 효율성을 떨어뜨려 모두에게 손해가 됩니다.”

한국의 일부 대기업은 하청업체들을 너무 쥐어짠다는 비판을 받기도 합니다. “축구를 혼자 할 수 없는 것처럼 네트워크는 공생(共生) 관계입니다. 바이어가 공급업자를 쥐어짜면 공급업자는 그다음 공급업자를 쥐어짜고, 그 공급업자는 또 그다음 업자에게 그렇게 하고 해서 모든 공급사슬이 그렇게 돼버립니다. 이렇게 모든 사람이 쥐어짜서는 안 됩니다. 일을 처리하는 옛날식 방법이죠.”

무역 중개에서 공급사슬 관리로 초점을 바꾸면서 비약적 발전

리앤펑은 1906년에 빅터 펑 회장의 할아버지가 중국 광저우에 설립했다. 처음엔 서구의 고객들에게 중국에서 만든 도자기와 비단을 수출하는 일을 했다. 제2차 세계대전 이후엔 홍콩에서 만든 저가 의류와 장난감들이 추가됐다.

무역업을 주로 하던 이 가족 기업에 근본적인 개혁이 일어난 것은, 1970년대 초 빅터 펑 회장과 동생인 윌리엄 펑 사장이 미국 유학에서 돌아온 뒤였다.

두 사람은 단순 무역 중개에서 벗어나 전체 공급사슬을 관리하는 일로 사업의 초점을 바꾸었고, 부가가치를 크게 높일 수 있었다. 거세게 몰아친 글로벌화 물결과 세계의 공장으로서 중국의 부상은 형제에게 날개를 달아줬다. 리앤펑의 매출은 1992년부터 2006년까지 22% 이상의 연평균 성장률을 기록했다.

현재 공장이 하나도 없는데, 공장을 직접 가져보고 싶다는 생각은 안 해 보셨는지요? “사실 1950~1960년대만 해도 우리는 공장을 많이 갖고 있었습니다. 저의 삼촌은 플라스틱 조화(造花)를 만들기 시작했고, 뒤에 완구도 만들었습니다. 하지만 아버지와 삼촌은 1950년대 말부터 1960년대 초까지 공장을 팔기로 결정했습니다. 이유는 매우 간단합니다.

우선 하나의 공장으로는 부족하다는 문제가 있고, 또 어떤 업종에서 공장을 하나 가지면 그 업종에 있는 다른 모든 공급업자와 이해의 상충 문제가 생깁니다. 즉 그들이 경쟁자로 생각하기 때문에 협력을 얻을 수 없게 되지요. 따라서 공장을 하나도 안 가지고 전체 시장에서 구매하는 게 더 낫습니다.”

소비자 니즈가 급변하고 있습니다. 소비자들이 점점 관심을 갖는 요구는 무엇이며, 이에 어떻게 대응해야 합니까? “소비시장 변화 중 가장 중요한 것은 욕구의 단편화(斷片化, fragmentation)입니다. 그래서 작은 시장, 틈새시장들이 요구되지요. 헨리 포드는 검은 차 하나만 만들면 됐습니다. 대량 생산이죠. 하지만 요즘 사람들은 남과 다르기를 원합니다. 다른 사람과

리앤펑의 반바지 생산 네트워크 편성 사례

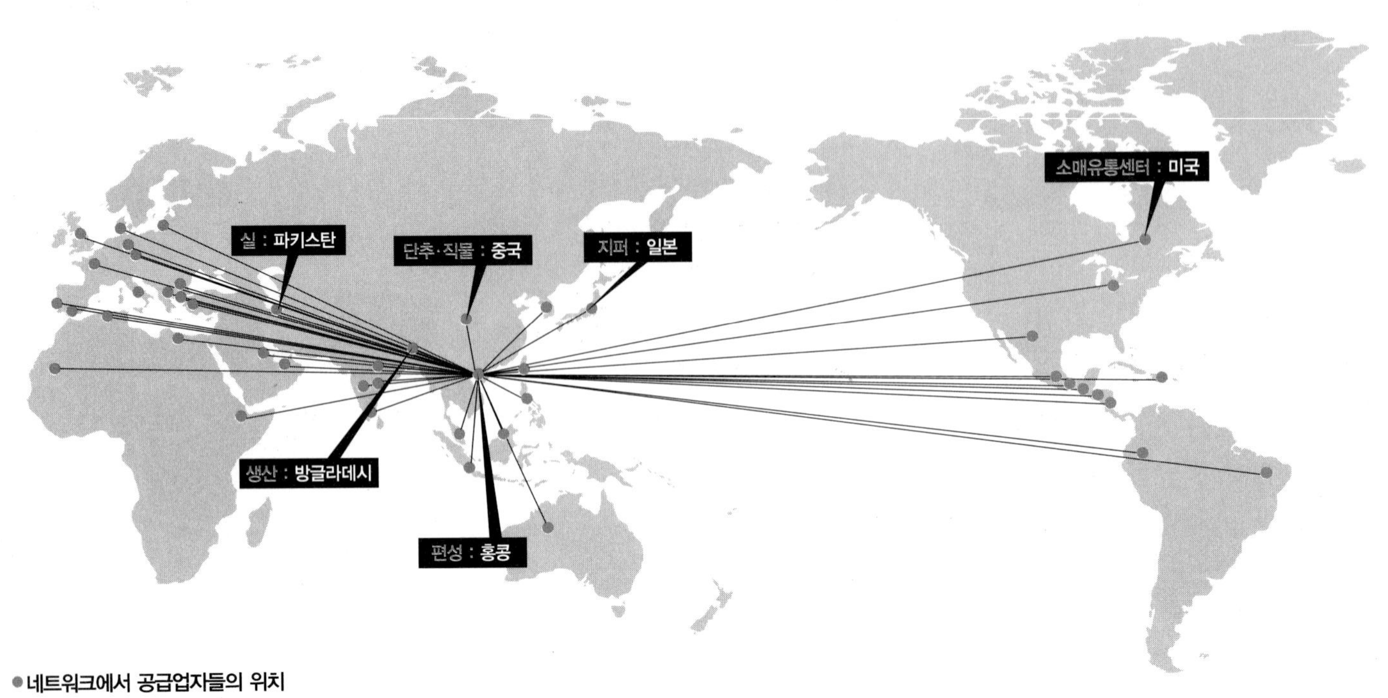

● 네트워크에서 공급업자들의 위치

똑같은 옷을 입고 싶어하지 않습니다. 기업엔 가장 큰 도전입니다.

전체 시장은 꽤 정확히 전망할 수 있으나, 작은 부분 시장은 수요가 올랐다 내렸다 매우 전망하기 어려운 시대입니다. 이 문제에 대한 제 대응책은 마지막 순간까지 어떤 물건을 구매할지 결정을 늦추는 것입니다. 시장으로부터 가장 많은 정보를 얻을 수 있도록 기다리고 또 기다렸다가 결정을 하죠.

왜냐하면 가장 위험한 것은 시장이 원치 않는, 잘못된 제품을 구매하는 것이기 때문입니다. 그런데 이렇게 하려면 주문과 선적 사이의 소요 시간(turnaround time)을 최소화해야 합니다."

유연한 조직을 위해 사내에 '작은 존 웨인'들을 키운다

공급사슬이 세계화되면서 기업들은 충격과 피해에 더 많이 노출되고 있습니다. 공급사슬의 어느 한쪽에 문제가 생기면 그 공급사슬의 전체 기업이 영향을 받습니다. 기업들은 어떻게 대처해야 하나요? "글로벌 공급사슬은 매우 개방된 시스템이므로 충격에 영향을 받기 쉽다는 것은 확실합니다.

한 가지 드릴 수 있는 말은 유연해야 한다는 것입니다. 9·11 테러 때 많은 사람이 저희에게 물었습니다. 공급사슬이 무너지느냐고요. 하지만 그런 일은 없었습니다. 물건을 뉴욕으로 보낸다고 할 때 가는 길은 여러 가지입니다. 뉴욕으로 직접 가지 않아도 캐나다를 거칠 수도 있고, 미국 동부가 아닌 서부나 남부로 우회할 수도 있고. 글로벌 공급사슬이 가는 길은 여러 가지입니다."

공급업자들에게는 어떤 것을 강조합니까? "한가지 늘 강조하는 것은 법과 규정을 준수하라는 것(vendor compliance)입니다. 우리와 함께 일하려면 노동이나 환경 등 엄격한 기준을 만족시켜야 합니다. 이것만 담당하는 우리 회사 직원이 수백 명입니다.

물론 우리는 바이어에게 좋은 가격을 제공해야 합니다. 하지만 낮은 가격은 보다 효율적

세계 공장을 지휘하는 글로벌 객주 '리앤펑'의 빅터 펑 회장

글로벌 공급사슬은 충격에 쉽게 영향을 받기 때문에 무엇보다 유연해야 합니다. 이쪽 길이 막히면 저쪽 길로 갈 줄 알아야 하는 거죠.

공장을 소유하지 않더라도 공급사슬 관리를 통해 부가가치를 창출할 수 있다

인 운영과 생산성 향상, 공정 혁신 이런 것들로부터 와야지 컴플라이언스의 희생으로부터 와서는 안 됩니다.

리앤펑, 그리고 우리 바이어의 명성이 무엇보다 중요하니까요. 우리는 어느 공장이 너무 싸게 물건을 제공하는 것을 원하지 않습니다. 그렇게 싸다면 뭔가 잘못된 게 있다는 것을 아니까요. 뭔가 나쁜 원자재를 쓰거나, 아니면 노동자를 착취하거나 말입니다."

펑 회장은 평평하고 변화무쌍한 세상에서 살아남기 위해 기업은 유연한 조직이 돼야 한다고 강조한다. 그는 자신이 지향하는 조직 문화를 '크지만 작은 기업(big small company)'이라고 설명했다.

"큰 기업을 만들기 위해 큰 관료주의를 만들어서는 안 된다는 의미입니다. 리앤펑이 가장 중요시하는 가치가 바로 기업가 정신입니다. 우리는 이것을 위해 조직에 작은 사업단위(unit)들을 만들어 각기 자율적으로 움직이게 합니다. 저는 이들을 '작은 존 웨인들(Little John Waynes)'이라고 부릅니다."

존 웨인이요? "예. 서부 영화를 보면 존 웨인이 대열 앞에 서서 큰 소리로 명령을 내리고 나쁜 녀석들에게 총을 쏘죠. 우리의 사업 단위들도 그렇습니다. 각기 30~50명 정도로 구성돼 있는데, 리더, 즉 작은 존웨인들이 조직을 움직입니다.

우리는 현재 300개의 사업단위를 갖고 있습니다. 그들은 마치 자신의 사업을 하는 것처럼 일합니다. 월급쟁이가 아니라 말입니다. 존 웨인이 되면 무엇을 얼마에 팔지, 이윤 중에서 얼마를 보너스를 가져갈지 모든 게 자유입니다."

보호주의는 중소기업에 가장 큰 타격이 될 것

세계가 평평하다지만 최근 글로벌 금융위기로 다시 울퉁불퉁해지고 있는 것 같습니다. 지금도 공급사슬 지휘자의 역할이 여전히 중요한가요? "물론입니다. 더욱더 필요합니다. 지난 10~20년간 세계가 번영한 것은 지구가 평평해졌기 때문입니다. 장벽을 부쉈기 때문이죠. 그러나 글로벌 금융위기로 보호주의(protectionism)가 다시 오고 있습니다.

최근 각국 정부가 내놓는 경기 부양책을 보면 뭔가 보호주의적인 요소들이 있습니다. 보호주의가 되면 지구는 다시 울퉁불퉁해 집니다. 그리고 공급사슬은 더 이상 작동하지 않게 됩니다.

글로벌 공급사슬의 중요한 기여는 중소기업도 글로벌 무대에서 경쟁할 수 있게 해줬다는

것입니다. 예전엔 모든 것이 수직적으로 통합
됐고, 모든 것이 한 공장 안에서 이뤄졌습니
다. 그러나 지금은 모든 사람이 공급사슬의
일부분을 담당하고, 그 분야의 전문가가 될
수 있습니다. 그런데 글로벌 금융위기로 보호
주의가 실제적인 위협이 됐고, 중소기업이 가
장 타격을 받을 수 있습니다. 우리가 이것을
방치해 우리가 그동안 이룬 것들을 하도록 둔
다면 정말 수치스런 일입니다."

그는 이 대목에서 배석한 한 여성 임원에게
"그렇지 않아요, 줄리? 우리가 중소기업에 많
은 기회를 주지 않아요?"라고 물었다.

<u>당신은 FTA(자유무역협정)와 같은 양자(兩者) 협정
을 비판하면서 다자간(多者間) 협정이 필요하다고
역설해 왔습니다. 하지만 도하라운드와 같은 다
자간 협정의 체결 가능성이 요원한 마당에 FTA
는 차선책이 될 수 있지 않을까요?</u> "(웃으며) 동
의하지 않습니다. 저는 제 인생 전부를 통틀
어서 다자주의자였습니다. 홍콩에서 다자주
의는 모든 게임의 룰이었고, 우리 모두는 이
것으로부터 혜택을 받았습니다.
양자주의가 무엇이 문제인지 아세요? 모든
사람이 양자주의가 차선이라고 생각하면, 누
구도 다자주의를 열심히 추구하지 않을 것입
니다. 다자주의는 마치 벽돌로 쌓은 벽과 같
습니다. 모든 사람이 그 벽에서 벽돌을 하나
씩 꺼낸다고 생각해 보세요. 한 개, 두 개, 열

개라면 몰라도, 50개를 빼낸다면 벽이 무너
지고 말 것입니다.
세상이 양자주의로만 연결되면 너무 복잡해
집니다. 비용이 너무 많이 들고, 비즈니스는
작동하지 않을 것입니다."

<u>당신은 홍콩의 다른 재벌들과 달리 집 외에는 부
동산을 거의 소유하고 있지 않은 것으로 알려져
있습니다. 부동산을 사지 않는 이유는 무엇입니
까?</u> "우리의 소명(commitment)은 무역 비즈
니스이니까요. 이것이야말로 저와 우리 가족
모두의 에너지가 향해 있는 곳입니다. 우리
의 비교우위이고, 또 핵심역량입니다. 다른
사람은 부동산에 강하지만, 우리는 그렇지
않습니다."

한국의 경영자들이 이 회사로부터 배울 점은
크게 두 가지일 것이다.
첫째, 제조업체들의 경우 중국이나 동남아시
아 기업의 거센 도전을 받고 있어 새로운 생
존 논리가 필요하다. 공장을 소유하지 않더라
도 공급사슬 관리를 통해 부가가치를 창조하
는 리앤펑식 기업 운영은 하나의 대안이 될
수 있을 것이다.
둘째, 우리 대기업들도 많은 협력업체를 두고
있지만, 종종 강압적이라는 비판을 받는다.
그런 기업들은 협력업체 관리를 업(業)의 요체
로 삼는 리앤펑의 철학과 노하우에서 배울 것
이 있을 것이다. WeeklyBIZ

네트워크는 공생관계다. 바이어가 공급업자를
쥐어짜면 공급업자는 그다음 공급업자를 쥐어짜고….
서로 도미노식으로 얽혀있는 관계다

Who is

리앤펑은 1906년 설립된 세계적인 소싱(sourcing) 전문 무역회사 그룹이다. 주력 기업인 리앤펑 유한공사
외에 유통 업체인 IDS그룹, 편의점 체인인 써클K와 성안나 베이커리를 경영하는 CRA 등 3개 사가 홍
콩 증시에 상장돼 있다. 이밖에도 비상장 계열사가 여럿 있다. 페라가모의 아시아 지역 유통망과 토이저
러스의 아시아 판매권도 보유하고 있다.

2008년 리앤펑 유한공사는 전년보다 19.8% 늘어난 1107억 홍콩달러(약 17조 9000억 원)의 매출을
올렸으나, 순이익은 24억 2000만 홍콩달러로 2007년 보다 21% 감소해 7년 만에 처음으로 감소
세를 기록했다. 미국이 최대의 시장으로 매출의 62%를 차지하며, 유럽이 29%를 차지한다. 2008
년에 의류 전문 공급회사인 마일즈(Miles) 패션그룹을 인수한 데 이어 2009년 2월엔 미국의 패션
회사인 리즈클레어본(Liz Claiborne)을 인수했다.

철저한 자기원칙

288p
말콤 글래드웰
《아웃라이어》《티핑포인트》《블링크》 저자

302p
조르지오 아르마니
조르지오 아르마니 창립자

296p
바비 브라운
에스티 로더 소속 '바비브라운' 브랜드 CEO

308p
손정의
소프트뱅크 사장

314p
존 포트만
포트만 홀딩스 회장

318p
차민수
전(前) 미국 프로포커 수입랭킹 1위
세종대 관광대학원 겸임교수

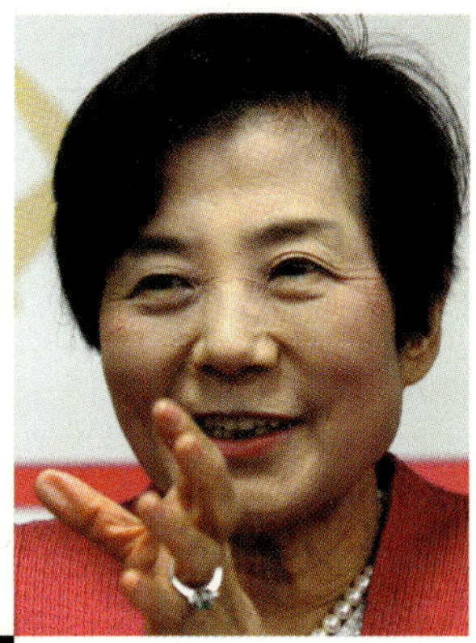

320p
시노하라 요시코
템프스텝 사장

326p
류촨즈
레노버 창립자

334p
케빈 켈리
하이드릭앤스트러글스 CEO

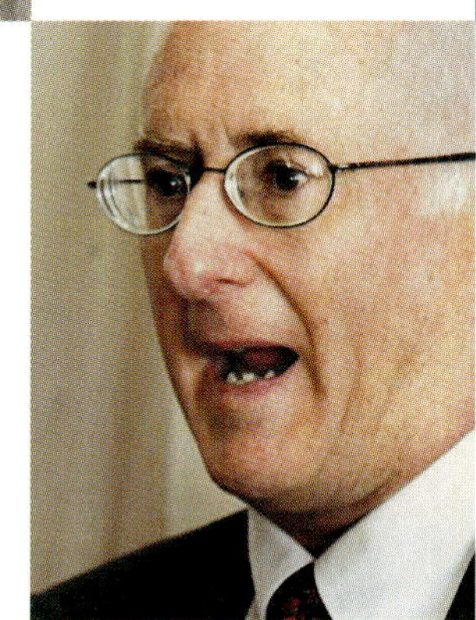

340p
로버트 루트번스타인
미시간주립대 생리학과 교수

# 346p CCL
CCL(창조적 리더십 센터)
리더십 분야의 세계적 비영리 교육기관

(Center for Creative Leadership)

말콤 글래드웰

《아웃라이어》《티핑포인트》《블링크》 저자

Malcolm Gladwell

말콤 글래드웰의 아파트는 뉴욕 맨해튼 그리니치빌리지에 있었다. 짙은 붉은 빛이 도는 3층짜리 아파트 입구의 현관엔 3층에 사는 그의 이름이 'M.G'라는 약자로만 표시돼 있었다. 초인종을 누르자 레게 파마 머리에 캐주얼 차림을 한 그가 나타났다.

사진상으로 '매우 활달하고 재미있는 사람'이라고 생각했던 기자의 순간적 판단은 대화를 나눌수록 틀렸다는 게 점점 분명해졌다. 그는 차분하고 진지했다. 주로 오전에 글을 쓰고, 오후에 사람을 만나는 그는 "글을 쓴다는 것은 어려운 일"이라며 몇 시간 이상 붙들고 있을 수 없다고 했다.

이것저것 다양한 영역을 넘나들며 일상 속에 숨어있는 비밀을 벗겨내는 글과 달리, 인터뷰 동안 그는 자신이 알고 대답할 수 있는 영역을 넘어서지 않았다. 그가 5년 만에야 새로운 책을 내놓은 이유를 알 듯했다.

성공한 사람들의 공통점은 무엇입니까?

"1만 시간의 땀과 노력"

세계적인 경영사상가 말콤 글래드웰을 만난 것은, '허드슨강의 기적'으로 불리는 US에어웨이 여객기의 불시착 사건 발생 나흘 뒤인 2009년 1월 19일이었다. 당시 미국 언론은 155명의 목숨을 구한 '체슬린 설렌버거' 기장의 영웅담으로 넘치고 있었다. 글래드웰에게 설렌버거 기장의 성공 요인을 묻자 그는 딱 한 가지를 지목했다. "1만 9000시간의 비행 경험."

언론에서 떠드는 설렌버거 기장의 타고난 재능과 성품에 대해서는 한마디도 하지 않았다. '1만 9000시간을 비행할 정도로 그가 노력했다'는 류의 자수성가 스토리도 글래드웰은 거부한다. 1만 9000시간의 비행 경험을 쌓을 수 있었던 환경. 이것이 글래드웰이 하려고 하는 얘기다. 성공은 영웅적인 한 개인의 작품이 아니라 부모의 지원과 사회적 환경ㆍ문화적 유산 등 철저히 '그룹 프로젝트'의 결과라고 그는 믿는다.

보통 사람의 범주를 넘어서 뛰어난 성공을 거둔 사람을 뜻하는 아웃라이어(outlier). 글래드웰은 아웃라이어들의 성공 비결을 '1만 시간 법칙'과 '마태복음 효과'로 요약한다. 1만 시간은 어떤 분야에서 숙달되기 위해서 필요한 절대 시간이다.

이 시간은 그러나 누구에게나 주어지지 않는다. '무릇 있는 자는 받아 풍족하게 되고 없는 자는 그 있는 것까지 빼앗기리라'고 적은 성경 마태복음의 구절이 적용된다. 가령 캐나다의 스타 아이스하키 선수들의 생년월일을 보면 1, 2월생이 압도적으로 많다. 빨리 태어난 아이들이 체격이 크고, 따라서 학교의 선수로 선발될 가능성이 높다. 그런데 한번 학교 선수로 선발되면 지역 대회 등 상위 대회 출전 기회가 많아지고, 아이스하키를 더 잘하게 되고, 더 많은 훈련 시간을 쌓는 부익부(富益富)의 선순환에 들어간다. 출발점의 작은 차이가 큰 차이를 낳는 기회로 이어지는 것이다.

'허드슨강의 기적'을 만든 설렌버거 조종사는 전형적인 '아웃라이어'로 보입니다. 당신의 이론을 이 사건에 적용한다면. "허드슨강에 떨어진 US에어웨이 항공기 사고는 매우 전형적이고 일반적인 사고입니다. 기적이 발생했던 가장 중요한 요인은 설렌버거 조종사가 1만 9000시간의 비행 경험을 갖고 있었다는 점이죠. 내 책에서 1만 시간 법칙의 중요성을 강조했는데, 이는 어떤 분야에서 숙달되기 위해 필요한 절대 시간입니다. 그런 적절한 훈련이 없었다면 성공적으로 비행기를 허드슨강에 착륙시킬 수 없었을 겁니다."

KAL기 괌 추락, 월가의 몰락

글래드웰은 《아웃라이어》에서 1997년 대한항공 여객기 괌 추락 사건을 한 장(章)을 할애해 분석하고 있다. 그는 마지막 순간의 블랙박스 해독을 통해 사고의 원인을 분석한다. 원인은 조종실의 권위주의적 문화에 있었다. 위기의 순간에도 기장에게 예의를 갖추기 위해 돌려 말하는 부기장의 한국적 '완곡 어법' 때문에 기장의 판단 실수를 바로잡지 못하는 대목이 나온다.

괌에서 추락한 KAL기의 경우 조종실 내의 상명 하복 분위기가 결국 추락에 이르도록 했다고 분석합니다. 하지만 일반적으로 위기 상황에서는 더욱 권위적이고 명령적 질서가 필요한 것 아닌가요?
"물론 아주 제한된 상태에서 몇 가지 결정만 내리고, 처리해야 할 정보가 적다면 권위주의적 모델은 효과적으로 작동할 수 있습니다. 하지만 조종실에는 너무 많은 정보가 있고 위기상황에서는 더욱 그렇습니다. 요구들이 너무 많고, 너무 많은 결정을 내려야 하며, 너무 많은 정보를 처리해야 하지요. 아무도 그걸 혼자서 처리할 수 없습니다. 비행기는 매우 복잡하고, 무엇보다도 두 사람이 조종하도록 설계되어 있으니까요. 비행기를 디자인한 사람은 권위주의적 명령이 아니라, 기장과 부기장이 정보와 결정을 공유하고 나누도록 설계했습니다."

당신은 큰 성공과 실패 뒤에는 강력한 문화적 영

'허드슨강의 기적'은 1만 9000시간의 비행경험을 가진 기장이 있었기에 가능했다

향이 있다고 밝히고 있습니다. 그렇다면 월가의 문화도 월가의 실패에 영향을 미쳤을까요? "물론입니다. 월가의 전형적인 문화가 현재의 위기에 이르도록 했습니다. 만약 제가 책을 다시 쓴다면 KAL기 괌 추락 사고 대신 월가 은행의 실패에 대해 썼을 겁니다.

괌에서 추락한 KAL기의 미국 버전(version)이 씨티은행이죠. 부패한 씨티의 문화는 적절한 리스크 관리에 대한 인식이 없었고, 직원은 조직의 이익 대신 자기가 받는 보수에 따라 움직였으며, 장기적 안목 대신 단기적 목표를 추구했습니다. 씨티는 매우 문제가 많은 조직이었습니다."

그들도 권위주의적인 모델을 갖고 있었습니까?
"아니요, 그 반대입니다. 오히려 권위주의적 모델이 필요했습니다. 씨티를 포함한 월가의 은행들은 직원들이 너무 많은 권한을 가졌었지요. 이를테면 28세의 직원이 5000만 달러에 대한 투자 결정을 내렸습니다. 하지만 28세는 그런 결정을 내릴 나이가 아닙니다. 문화의 영향은 한 방향으로 작용하지 않고, 구체적 상황에 따라 다릅니다. 한국의 권위적 문화가 KAL기 괌 추락 사고에 영향을 미쳤다고 해서, 이 문화가 모두 잘못된 것은 아닙니다. 다른 상황에서는 매우 잘 작동할 수 있습니다. 씨티은행과 월가의 은행엔 보다 많은 수직적 의사결정 구조가 필요합니다."

스스로 낙관론자로 부르는 글래드웰은 묘하게도 집단 자살이나 비행기 추락 같은 극한의 실

미국 뉴욕 러과디아 공항을 이륙한 직후 새떼와 충돌해 뉴욕 허드슨강에 불시착한 US에어웨이 여객기 승객들이 비행기 날개 위에서 구조를 기다리고 있다

패 경험을 중요한 분석 도구로 사용하고 있다.

왜 실패 사례에 그렇게 관심이 많으십니까? "실패에 더 복잡하고 중요한 정보가 담겨 있습니다. 사람은 비일상적인 것에서 뭔가 배울 수 있습니다."

월가 종사자들의 경험 부족이 월가가 몰락하는 원인이 되었다는 말입니까? "유일한 원인이라고 얘기하는 것은 아닙니다. 월가의 몰락에 기여한 원인 중 하나라는 거죠. 많은 사람들이 단기적으로 경제의 한 측면만을 보았기 때문에 치명적인 결정을 내렸습니다. 자산 가격이 계속 올라간다고만 생각한 것이죠. 때론 경제가 다른 쪽으로 방향을 튼다는 것을 고려하지 못했습니다."

현재와 같은 경제위기 상황에서 비즈니스맨이 참고할 만한 '티핑포인트'(tipping point, 글래드웰의 저작이면서 극적인 변화의 시점을 의미)나 '블링크'(blink, 글래드웰의 저작이면서 무의식에서 섬광처럼 일어나는 순간적인 판단을 의미)가 있습니까? "티핑포인트 이론을 적용해 본다면 현재 경제 위기에 이르도록 한 티핑포인트는 리먼브러더스의 파산이었습니다. 금융 시스템을 더 이상 신뢰할 수 없다는 신호를 전 세계로 내보낸 거죠. 이때부터 금융 시스템이 붕괴됐습니다.

역으로 생각하면, 금융 시스템을 재건하기 위해서는 금융 시스템이 믿을 만하다는 신호를 보낼 수 있는 티핑포인트가 필요합니다. 하지만 이것은 훨씬 어려운 일입니다. 왜냐하면 사람들이 전 세계 주요 은행들이 건전하고 생존할 수 있다는 것을 진짜로 믿을 수 있어야 하기 때문이죠. 은행들의 건강성을 대중에게 보여줄 수 있는 티핑포인트가 나타날 때 금융 시스템도 복원될 것입니다.

소비자들도 자신감을 잃었습니다. 더 이상 소비를 하지 않으려고 하죠. 6개월 뒤 자신의 직업을 보전할 수 있을지, 투자한 돈을 회수할 수 있을지 자신이 없기 때문입니다. 소비자들의 자신감을 회복할 수 있는 어떤 일이 일어나야 합니다."

미국 CEO와 한국 CEO를 비교한다면 어떻습니까? "한국 CEO들과 비교할 때 미국 CEO는 훨씬 이기적입니다. 미국 CEO는 자기가 먼저고, 회사는 나중이죠. 회사가 자기 것이라고 생각합니다. 한국을 비롯한 아시아 CEO들을 만나 보면 반대입니다. 그들은 회사를 위해서 일한다고 생각합니다. 각각의 경우 장단점이 있습니다. 하지만 요즘 시대에는 아시아 CEO들의 태도가 더 맞는 것 같습니다."

왜 그런가요? "개인에게 너무 많은 권한이 주어지면 리스크가 더 커지기 때문입니다. 개인들은 오류를 저지르고, 실수를 할 수 있습니다. 특히 미국 CEO들은 6개월, 1년 등 단기적인 시각을 갖고 있습니다. 아시아 CEO들처럼 5년, 10년 길게 내다볼 수 있어야 회사에 좋습니다."

1만 시간 법칙

마태복음 효과

창의와 창조도 훈련 끝에 온다

당신은 성공이 개인의 노력보다는 오히려 '그룹 프로젝트'라고 말합니다. 왜 그렇습니까? "성공은 집합적인 산물입니다. 또 환경의 함수죠. 세대와 시간, 장소와 운(運), 기타 한 사람을 둘러싼 여러 조력들이 합쳐진 것입니다. 저는

어떤 개인의 특별한 노력 이외의 나머지 요소들을 강조하고 싶습니다. 자수성가했다고 떠드는 사람들의 말을 곧이곧대로 믿어서는 안 됩니다.

형과 아버지가 미국 대통령이었고, 할아버지가 상원이었던 젭 부시(Jeb Bush) 플로리다 주지사조차 스스로를 자수성가했다고 말합니다. 자수성가했다고 말하는 사람들을 자세히 들여다보면, 다른 사람들의 도움이 결정적이었는데도 말이죠."

《아웃라이어》는 성공하려는 사람보다는 성공을 도와주려는 사람들에게 더 도움이 될 것 같습니다. 자녀의 성공을 바라는 부모에게 조언하신다면? "저는 공공정책을 입안하는 사람들을 염두에 두고 이 책을 썼습니다. 지역공동체와 국가, 정부 등의 차원에서 결정을 내릴 때 필요한 것을 적은 것이고, 개인적인 차원을 염두에 둔 것은 아닙니다. 하지만 학부모에게 조언한다면, 두 가지를 지적하고 싶습니다.

첫째는 1만 시간 법칙입니다. 어떤 일에 숙달하려면 그 정도의 절대 훈련시간이 필요합니다. 부모는 자녀들이 열심히 훈련할 수 있도록 기회를 만들어 줘야 합니다. 한국의 문화에서는 낯선 얘기가 아니겠지요. 한국의 부모들은 이런 책임감을 강하게 느끼니까요.

둘째는 부모가 자녀들을 도와줄 때 다양한 스타일이 있다는 것입니다. 하지만 어떤 스타일이든 부모가 적극적으로 나서 자녀들이 게임의 법칙을 이해하도록 돕는다면 자녀들은 엄청나게 유리해집니다. 제가 책에서 강조했던 것은 성공은 그냥 저절로 얻어지는 게 아니라는 사실입니다. 성공하기 위해서는 많은 사람들이 여러 차원에서 적극적으로 개입해 도와줘야 합니다."

아웃라이어들은 창의적인 특징을 갖고 있습니다. 반면 1만 시간 법칙은 반복 훈련의 중요성을 강조합니다. 얼핏 모순되게 들리는데요. "빌 게이츠와 비틀스, 체스게임 챔피언들을 보세요. 한결같이 창의적(creative)이고, 창조적(inventive)인 사람들입니다.

하지만 창의와 창조는 일정한 시간의 준비를 필요로 합니다. 그들 스스로를 표현하기 위해서죠. 창의적인 음악을 하기 위해서는 먼저 음악을 익혀야 합니다. 탁월한 바이올리니스트가 되려면 먼저 바이올린을 잘 다뤄야 합니다. 그냥 일반적인 차원이 아니라 대단히 전문적인 수준에서 숙달되어야 합니다.

지식의 기초가 있어야 창의와 창조의 핵심에 도달할 수 있습니다. 이것이 1만 시간 법칙입니다.

1만 시간은 하루 3시간씩, 일주일 꼬박, 10년

을 보내야 확보되는 시간입니다. 특별한 일을 하기 위한 훈련 단위죠. 타이거 우즈는 탁월하게 창의적이고 창조적인 골퍼이지만, 그렇게 되기 위해서 매일 아침 일어나 골프 훈련을 통해 창의적인 골프를 하는 데 필요한 기초를 쌓아온 것입니다."

한국식 교육은 완벽한 모델

말콤 글래드웰은 가난한 학생들을 대상으로 방학과 방과 후에 주입식 교육을 실시하고 있는 뉴욕의 실험적 공립학교인 '아는 것이 힘 프로그램(KIPP, knowledge is power program)' 모델을 예찬하고 있다. 1만 시간 법칙을 달성하도록 강제로 기회를 부여하는 수단이라는 주장이다.

당신은 KIPP 모델을 예찬하지만, 한국에서는 모든 교육이 이런 식이어서 문제라고 봅니다. 똑같은 종류의 인재만 양산해 내는 것이 아니냐는 우려의 목소리가 큽니다. "재미있는 이슈입니다. KIPP는 지금까지 방치돼 왔던 어린 학생들을 위한 교육 모델입니다. 고등학교도 제대로 졸업하지 못하는 학생들이 대상이지요. 부모들

은 매우 가난하고, 그들이 좋은 직업을 얻을 가능성은 매우 희박합니다. 그래서 그들에게 단지 대학에 갈 기회를 주는 것입니다. 절대 바닥에서 빠져나올 기회를 말하는 거지요. 그런 학생들에게 한국은 완벽한 모델입니다.

우리는 당신들의 문제를 기꺼이 받아들이고 싶습니다. 상위의 사람들에게서 창의적인 것을 만들어내는 것은 완전히 다른 별개의 이슈입니다. 그러나 그런 사람들도 어릴 때 기본적인 것을 가르치는 교육에서부터 출발해야 합니다. 열심히 공부하고, 끈질기게 붙들고 늘어지는 것을 가르쳐야 합니다.

책에 쓰지 않았지만 유명한 수학자 앤드루 와일즈(Andrew Wiles)를 예로 들 수 있습니다. 그는 '페르마의 마지막 정리'를 증명했지요. 그는 그의 세대, 아마도 20세기의 가장 위대한 수학자일 것입니다. 그는 페르마 정리를 증명하면서 유명해졌는데, 이를 증명하는 데 무려 7년이 꼬박 걸렸습니다. 바로 그 한 문제를 풀기 위해서 매일 매달렸지요. 가장 위대한 수학자가 되기 위해서는 매일 꾸준하게 정말 열심히 공부해야 합니다.

주입식 한국 교육이 문제라고 제기했는데, 저

는 이것을 기본적인 것을 달성하기 위해 필요했던 일이라고 말하고 싶습니다. 한국의 다음 과제는 바로 그 기반 위에서 새로운 것을 쌓는 것입니다. 이미 획득한 것을 바탕으로 다음 단계로 나가는 도전을 해야 합니다. 그렇다고 지금까지 한국이 쌓아온 것이 문제인 것은 아닙니다. 필수적인 것이었지요. 미국에서는 많은 어린이들이 기본적인 훈련을 제대로 받지 못하고 있습니다. 우리는 기꺼이 한국이 갖는 문제점을 받아들이고 싶습니다."

그렇다면 KIPP모델 혹은 한국식 교육 모델이 개발 단계에서는 유용하지만, 선진 단계에서는 잘 작동하지 않는 모델이라고 해석할 수 있을까요? "맞습니다. 부모들이 적극적으로 자기 방식대로 아이들을 가르치고, 늘 책에 둘러싸인 환경에 있는 학생이라면 어떻게 하든 관계가 없습니다. 하지만 부유하지 못한 가정 출신의, 개발 단계에 있는 학생들에겐 매우 필요한 모델입니다.

그 결론이 국가에도 적용될 수 있습니까? "물론 국가에도 적용됩니다. 한국은 제2차 세계대전 이후로 상대적으로 짧은 시간 동안 경제적 번영을 누려왔습니다. 만약 한국이 기초를 닦지 않았다면 이런 경제적 성취가 불가능했을 겁니다. 하지만 미국은 150년 동안 기초를 다져왔습니다. 단계가 서로 다릅니다."

미국은 각 분야에서 창의적인 최고의 인재를 길러내고 있습니다. 한국을 포함한 일본, 중국 등 동아시아 국가들이 미국처럼 창의적인 최고 인재를 길러내려면 어떤 시스템이 필요할까요? "한국을 비롯한 아시아 국가의 학생들은 충실한 지식 기초 교육을 받은 상태에서 미국으로 건너와 창의적이고 창조적인 환경에 노출됩니다. 우리가 한국에서 배워야 할 것은 어린이들의 일반적인 수준의 교육을 향상시키는 방법이고, 한

국은 미국에서 최고 수준의 요구에 부응하는 방법을 배워야 합니다. 미국 최고 교육기관처럼 보다 개방적이고, 도전적인 교육기관을 세울 필요가 있습니다.

재미있는 것은 우리 아버지는 수학자여서 늘 이런 문제에 대해 저와 얘기하곤 하는데, 요즘 전문 수학 저널에 발표하는 사람 중엔 중국 학자가 매우 많다고 합니다. 우리 아버지는 매우 재능 있는 중국 학자들과 많이 교류하고 있고, 더 이상 아시아적 교육이 창의성이나 창조성을 질식시킨다고 생각하지 않습니다."

미래를 예측할 수 있다고 믿는 것은 오만

글래드웰은 서브프라임 모기지 위기가 터지기 훨씬 전인 2006년 2월 〈뉴욕타임스〉와의 인터뷰에서 자신이 인터뷰한 인물 가운데 자신과 비슷한 인물로 수학자이면서 월가의 투자전문가인 나심 탈레브(Nassim Taleb)를 꼽았다. 탈레브는 월가 위기 이후 《블랙 스완》이

세계적 경영사상가이자 베스트셀러 《티핑포인트》《블링크》《아웃라이어》의 저자인 말콤 글래드웰

라는 책을 통해 과거의 경험이나 자료로 미래를 예측하는 것이 얼마나 위험한 일인지 조목조목 증명해 '월가의 새로운 현자(賢者)'라는 별명이 붙은 인물이다.

당신이 탈레브와 비슷하다고 느낀 이유는 무엇입니까? "제가 탈레브와 비슷하다고 했던 것은 우리 둘 다 미래는 예측할 수 없다고 믿고 있기 때문입니다. 그는 미래는 알 수 없는 것(unknowable)이라고 말합니다. 그렇기 때문에 우리가 미래에 대처할 수 있는 유일한 방법은 예측하지 못한 일이 발생할 수 있는 것(eventuality)에 대비하는 것입니다. 월가의 사람들은 미래를 분명하고 확실하게 이해하고 있다고 믿었습니다. 그들은 리스크가 여기에서부터 저기까지 있다는 식으로 생각했습니다.

하지만 리스크가 정말 여기서부터 저기까지 인지는 알 수 없습니다. 우리는 정말 미래에 뭐가 있는지 알 수 없고 그렇기 때문에 예측할 수 있는 것처럼 가장해서는 안 되지요."

미래에 일어날, 예측할 수 없는 일에 어떻게 대비할 수 있습니까? "어떤 의미에서는 대비할 수 없다는 말이 맞습니다. 월가의 사람들은 가령 모기지의 경우, 일정 부분을 떼어내서 예상되는 위험에 대비합니다.

하지만 탈레브는 위험이 어느 정도로 예상된다는 가정 자체가 틀렸다고 말합니다. 얼마나 위험한지 알 수 없다는 거죠. 우리가 미래에 발생할 위험을 알 수 없다고 인식하면, 예를 들어 모기지가 잘못됐을 경우에 대비해 유보해 두는 돈을 2배, 3배 더 늘리기 마련입니다. 결국 더 보수적으로 되는 겁니다. 미래에 불쾌한 일이 발생했을 때 이에 따른 충격을 줄이도록 대비하자는 거지요."

글래드웰은 많은 책을 쓰지 않았지만, 책을 낼 때마다 밀리언셀러가 됐다. 그런 면에서 그 또한 아웃라이어라고 할 수 있다. 그래서 글래드웰에게 "아웃라이어 이론을 스스로에게 적용해 보라"고 요청했다.

〈월스트리트저널〉이 선정한 세계의 경영 대가		

〈월스트리트저널〉 2008년 5월 6일자

1위 게리 해멀
직업 : 컨설턴트
핵심 주장 : 관리 혁신(management innovation)
2008년 11월 22일자 — 위클리비즈 인터뷰 게재일자

2위 토머스 프리드먼
〈뉴욕타임스〉 칼럼니스트 / 세계화와 지역적 분화
2008년 12월 20일자

3위 빌 게이츠
마이크로소프트 창립자 / IT가 세상을 바꾼다

4위 말콤 글래드웰
작가 겸 칼럼니스트 / 작은 변화로부터 발생한 큰 변화
2009년 2월 14일자

5위 하워드 가드너
하버드대 교수 / 다중지능(multiple intelligences)
2008년 11월 1일자

6위 필립 코틀러
노스웨스턴대 교수 / 기업의 사회적 책임 활동
2007년 8월 11일자

로버트 라이시
전 미국 노동부 장관
소비자 투자자가 아닌 시민으로서 권리 찾기

8위 대니얼 골먼
작가 겸 심리학자 / 감성지능(EQ), 사회지능(SQ)

9위 헨리 민츠버그
캐나다 맥길대 교수 / 효과적인 조직 설계

10위 스티븐 코비
작가 / 사람 기업의 성공 비법
2007년 1월 6일자

말콤 글래드웰은 '당신은 당신의 일에
1만 시간 쏟아부었나, 아니라면
성공을 말하지 말라'고 말한다

런 면에서 저는 매우 독특한 지적 환경에서 자랐고, 저의 글쓰기는 이런 환경에서 영향을 받았습니다."

당신은 무한한 지적 호기심으로 다양한 영역을 넘나들며 글을 쓰고 있습니다. 익숙하지 않은 분야에 대해서는 어떤 식으로 배웁니까? "제 자신을 적응시킵니다. 그리고 집중하지요. 그 분야에 대해 나보다 잘 아는 사람에게서 배웁니다. 하지만 일단 적응하면 나머지 과정은 같습니다. 꾸준히 같은 일을 하는 것입니다."

다양한 영역의 학문 분야를 들여다보는 게 힘들지 않습니까? "제가 구하는 지식은 엄청난 깊이를 요하는 것이 아닙니다. 물론 해당 분야를 이해하기 위해 책과 전문잡지를 읽고, 과학자들과 긴 대화를 통해 내가 지식을 잘못 전달하지 않도록 노력합니다."

한 달에 몇 권이나 책을 읽습니까? "각종 전문잡지를 제외하고 5~6권쯤 읽습니다."

당신은 새로운 장르를 개척했습니다. 일상에서 벌어지는 일 뒤에 숨어있는 패턴을 발견해내고 있는데, 이 장르는 대유행이 됐습니다. 이유가 뭐라고 생각하십니까? "인기가 있어서 좋기는 한데, 솔직히 이유는 잘 모르겠습니다. 추측해 보면, 사람들의 일상이 복잡해져서 그것을 알려고 하는 강한 욕구가 있는 게 아닌가 하는 생각이 습니다."

"〈워싱턴포스트〉에서 근무하면서 글을 썼습니다. 거기서 1만 시간 훈련을 쌓았다고 볼 수 있지요. 지금 일하는 〈뉴요커〉지는 세계적으로 권위 있는 잡지입니다. 그곳에서 저는 많은 지원을 받고 있습니다. 많은 사람들이 나를 도와주고 가르치고 있습니다.

제 책은 타이밍도 좋았습니다. 제가 책을 낼 때쯤 비즈니스맨들은 비즈니스 세계 밖의 시각에서 뭔가 영감을 발견하기를 원했습니다.

저는 비즈니스맨을 위한 비(非)비즈니스 책을 썼지요. 사회학과 심리학 등에 관해서 썼지만, 비즈니스맨들은 그런 비(非) 비즈니스 영역에서 통찰력을 구했습니다."

아버지는 수학자이고, 어머니는 심리 치료사이고, 당신은 역사학을 전공했더군요. 이런 배경도 당신의 다양한 글쓰기에 영향을 주었을 것 같은데요. "맞습니다. 모든 게 다 갖춰져 있었습니다. 그 좋은 글이란 어떤 글일까요? "좋은 글은 독자들을 끌어들이면서 뭔가 의미가 있는 아이디어를 제공하는 이야기여야 합니다. 또 좋은 글은 분명(clear)해야 합니다. 간단하고 우아하게 설명할 수 없으면 독자들을 잃고 맙니다. 작가로서 실패하는 거지요."

당신은 광고에 관심이 많은 것으로 알려져 있습니다. 당신이 생각하는 좋은 광고란 무엇입니까? "광고는 기본적으로 '끼어들기(intervention)'입니다. 우리는 뭔가 다른 일을 하다가 광고와 마주치기 마련입니다. 누군가 끼어든다면 사람이든 일이든 즐겁거나 교육적이었으면 하죠. 광고가 재미있고 재치 있다면 그 광고를 좋아하고 따르기 마련입니다."

당신의 책을 광고할 때, 가장 효과적인 미디어는 무엇일까요? "입소문입니다. 사람들이 책에서 뭔가 얘기하고 싶은 아이디어나 스토리를 발견하고, 그것을 다른 사람에게 말하면 책은 성공합니다. 광고는 부차적이죠."

그는 주로 조용한 사무실을 버리고 북적대는 카페에서 글을 쓴다. 혹시 산만한 카페의 분위기가 그의 생각을 자극하는가 싶어서 물었더니, 이유는 단순했다.

"제가 〈워싱턴포스트〉에서 글을 쓰기 시작했기 때문입니다. 소란스럽고 큰 편집국의 분위기에서 글을 쓰는 데 익숙합니다." WeeklyBIZ

Who is

'세계적 이야기꾼'으로 통하는 말콤 글래드웰은 영국에서 태어난 캐나다인으로, 〈워싱턴포스트〉 기자를 거쳐 지금은 〈뉴요커〉에 글을 쓰고 있다. "인간사의 상상할 수 있는 모든 영역에서 일화와 비사들을 끌어댄다"는 〈타임〉지의 평가처럼, 그는 풍부한 사례를 장착한 신선한 분석과 매력적 문장으로 독자의 눈길을 잡아채며 두 권의 저서를 연이어 밀리언셀러에 올려놓았다.

《티핑포인트》와 《블링크》로 명성을 얻은 그를 2008년 〈월스트리트저널〉은 '세계에서 가장 영향력 있는 경영 사상가 20인' 중 4위로, 2005년 〈타임〉지는 '세계에서 가장 영향력 있는 100인'으로 선정했다. 최근 펴낸 《아웃라이어》도 출간과 동시에 〈뉴욕타임스〉 주간 베스트셀러 1위에 올랐다.

오피니언 리더들의 관심권을 오랫동안 점유해온 이 월드 스타의 일관된 메시지는 과연 뭘까?

《블링크》의 한국어판을 감수한 연세대 심리학과 황상민 교수는 "그의 저술 밑바닥에는 '비선형(非線型)과 불연속(不連續)의 세상 이치'에 대한 통찰이 꾸준히 흐른다"고 분석한다.

다시 말해 말콤 글래드웰은 중요한 변화나 핵심적 사고는 자고로 '선형적, 연속적, 순차적, 논리적'이라기보다 '비선형적, 불연속적, 폭발적, 직관적'으로 일어나거나 전개된다고 본다.

첫 저서 《티핑포인트》에서 그는 대박 상품이나 메가트렌드의 발생과 진화 과정에 천착한다. 즉, 마치 '전염'처럼 번져가던 유행이 극적으로 폭발할 때 대박 상품이나 획기적 트렌드가 점화(點火)된다는 게 그의 설명이다. 그리고 그는 이런 '전염'의 3가지 법칙을 제시한다. 네트워크가 강하고 열정이 뜨거운 소수가 핵심 병력으로서 '전염'에 앞장서야 하고(소수의 법칙), 대중의 뇌리에 끈적하게 달라붙는 메시지가 있어야 하며(고착성 요소), 상황과 환경과 맥락이 맞아 떨어져야 한다(상황의 힘)는 것이다. KAIST 테크노경영대학원 이제호 교수는 "글래드웰은 마케팅이 원인과 결과가 단순하게 이어지는 메커니즘이 아니라 복잡계(複雜系)의 원리가 적용되는 분야라는 사실을, 피부에 와닿는 생생한 사례들을 통해 극적으로 설명해냈다"고 평가했다. 국내에서도 이를테면 '입소문 마케팅'의 위력이 현장 전문가들 사이에서 회자되고는 있었지만, 《티핑포인트》를 통해 비로소 그 과학적 근거가 제시되고 공감대를 넓히면서 신제품 론칭 등에서 본격적인 마케팅 주요 채널로 대접받게 됐다는 평가다.

또 다른 밀리언셀러 《블링크》는 2초 안에 일어나는 순간적인 판단력, 즉 우리가 '직감', 혹은 '육감'으로 흔히 부르는 직관의 능력이 어떻게 성공적 선택과 연결되는가를 분석했다. 그는 인간이 평소에는 분석적이고 논리적인 뇌를 차근차근 사용하지만, 중대한 순간을 포착할 때는 의식의 닫혀진 문 뒤에 숨어있는 뇌, 직관의 뇌를 폭발적으로 사용한다고 본다. 그리고 이렇게 영감 어린 직관적 결단이, 데이터를 곰곰 따지고 논리를 세워서 내린 결정보다 더욱 현명하고 통찰력 넘칠 수 있다는 게 그가 제시하는 메시지다.

전문가들은 그의 최신작 《아웃라이어》도 '1만 시간의 학습량만 채우면 누구나 달인이 될 수 있다'는 식으로만 해석하면 저자의 취지를 상당 부분 오인한다고 진단한다. 황상민 교수는 "단순하게 1만 시간이란 양보다 '마니아'처럼 한 가지 일에 빠져드는 '1만 시간의 몰입'이 중요하다"고 말했다. 결국 어떤 기회, 어떤 환경 덕분이든 그런 몰입을 통과해야, 마치 '티핑포인트'를 거친 것처럼 비선형적, 불연속적 업그레이드를 경험하면서 '아웃라이어'가 될 수 있고, '블링크'의 결단을 내릴 수 있는 경지에 이른다는 게 글래드웰의 총체적 메시지라는 분석이다.

바비 브라운

에스티 로더 소속 '바비브라운' 브랜드 CEO

메이크업 세계의 정상에 선 비결은 무엇입니까?

"열린 뒷문과 기본"

'자연스러움과 당당함이 강력한 아름다움을 뿜어낸다'는 가설을 입증하고, 이를 세계 정상의 브랜드로 키워낸 메이크업 비즈니스의 연금술사(鍊金術師). 바비 브라운이 누구인가를 탐문(探問)한 끝은 이렇게 요약된다.

'연금술사(Alchemist)'는 실제로 FGI(Fashion Group International, 패션·디자인 업계의 국제적 모임)가 2008년 10월 뉴욕에서 개최한 '스타의 밤' 시상식에서 그녀에게 바친 헌사(獻辭)다. 그동안 그녀를 표현하는 단어는 세련, 모던, 명쾌, 품격, 실용 등이었다. 하지만 기자는 이번 인터뷰에서 바비 브라운에게 내재된 경영의 요소들을 찾으려 했다. 그녀는 "나는 경영은 잘 모른다"고 했지만, 그의 말 곳곳에는 경영학자들이 강조하는 천부적인 '비즈니스 본능'이 담겨 있었다.

그녀가 생각을 바꾸면 전 세계 여성들의 얼굴이 달라진다. 그녀는 세계 최고의 메이크업 아티스트였다. 그녀의 손길을 거쳐간 고객들은 세계 최고 아름다움의 상징이었다. 거기서 그녀는 이미 세계 최고였다. 그러나 머무르지도 만족하지도 않았다. 그래서 직접 창조에 나섰고 그 결과 세계 정상의 메이크업 브랜드 '바비브라운'이 탄생했다. 만일 그녀가 메이크업 아티스트에 머물렀다면 'CEO 바비 브라운'은 없었을 것이다. 이 엄청난 변화를 만든 요인은 그리 특별한 것은 아니었다. '도전과 창조'라는 가장 기본적이면서 근본적인 기업가 정신이었다.

위클리비즈는 2008년말, 뉴욕 맨해튼 '소호(SOHO)'의 '575 브로드웨이 빌딩' 4층 집무실에서 바비 브라운을 만났다, 그녀는 현재 에스티로더 소속 브랜드인 '바비브라운' CEO를 맡고 있다.

당신이 성공을 얻어낸 비밀은 뭔가요? "제 답변은 '뒷문'과 '기본'입니다. 우선, 당신 앞에 문이 있고, 당신은 꼭 그 문 안에 들어가야 하는데 그 문이 닫혀 있다면? 열리기를 기다릴 건가요? 뒷문을 통해서라도 들어가야지요. 기다리다가는 기회를 놓칩니다. 저는 열린 문을 늘 찾았습니다.

둘째로, 기본이 항상 이기는 것 같습니다. 제가 발견한 것은 아주 단순한 사실, 즉 모든 사람의 얼굴 피부 톤은 '옐로(yellow)'라는 겁니다. 얼굴이 옐로면 옐로 화장품을 바르는 게 자연스럽고 기본입니다. 서양인도, 동양인도, 흑인도 발라보면 피부에 맞다는 걸 알거든요. 저는 이 기본을 제품에 적용시켰고, 처음 내놓은 옐로 톤을 일관되게 지켰습니다."

첫 번째 '뒷문' 이야기는, 경영전략 분야의 석학인 이브 도즈 인시아드(INSEAD) 교수가 저서 《신속 전략 게임》에서 내놓은 분석과 맥이 닿아 있었다. 도즈 교수는 "변화가 빠른 상황에서는 전략적 민첩성이 절실하게 필요하다"며 "군대에 비유하자면 적진 돌파를 위해서는 거창한 정보를 모두 모으는 것보다 적을 임의로 정찰한 후 반응이 가장 약한 곳을 찾아 집중하는 작전이 훨씬 효율적"이라고 했다.

두 번째 비결 '기본'은, 1990년 미시간대 경영대의 C. K. 프라할라드(Prahalad) 교수와 런던대 경영대학원 게리 해멀(Gary Hamel) 교수가 발표해 유명해진 경영 이론, '핵심역량(core competence)'을 떠올리게 했다. 경쟁 기업에 비해 경쟁적 우위를 확보할 핵심적 경쟁력을 명쾌하게 설정하고 이를 지속적으로 통합, 관리해야 한다는 이론이다.

바비 브라운과의 인터뷰가 계속될수록, 그녀에게 '옐로'는 잘 발굴되고 관리된 '핵심 역량'이었음이 분명해졌다. 다시 '뒷문'과 관련된 질문을 던졌다. 신속하게 '열린 뒷문'을 찾는다는 것은 기업들에겐 요즘 같은 경제위기를 기회로 활용할 수 있는 돌파구가 될 수 있기 때문이다.

위기를 극복한 사례를 들어주시지요. "2006년에는 세계 각국에서 출범한 많은 브랜드들이 치열한 경쟁을 벌였습니다. 뉴욕을 중심으로 미국 동부권에서 압도적 위치였던 우리 브랜드도 위기를 맞았지요. 그래서 '자연스럽다'는 우리 제품의 특성은 유지하면서도, 당시 세계적 트렌드인 '글로우(반짝거리면서 촉촉하고 빛을 받으면 빛난다는 뜻)'를 살릴 수 있는 신제품이 뭐가 있을까 신속하게 연구했습니다. 그래서 출시한 제품이 수분 크림을 바른 듯한 느낌의 '루미너스 모이스처라이징 파운데이션'입니다. 피부 잡티만 가리거나 피부색만 보완하는 기존 파운데이션의 개념을 바꾼 것이지요."

'루미너스 모이스처라이징 파운데이션'이란 바로 한국에서 '물광'이란 별칭으로 폭발적 인기를 끈 그 제품이다. 여성 소비자들 사이에서 "얼굴에 바르면 물광을 낸 구두처럼 피

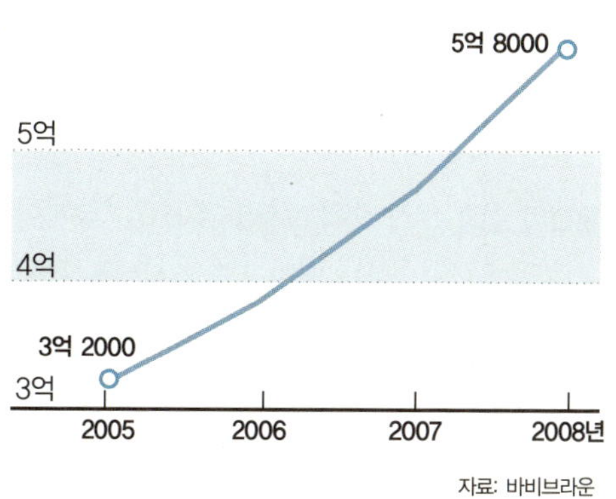

'바비브라운' 글로벌 매출액 (2005~2008 회계연도)

회계연도는 전년도 7월~당해연도 6월, 즉 2008회계연도는 2007년 7월~2008년 6월임. 단위 : 만 달러

자료 : 바비브라운

부가 반짝인다"고 입소문이 나면서 이런 애칭을 얻었다.

'루나'란 브랜드로 유명한 국내 메이크업 아티스트 조성아씨는 "바비 브라운은 혁신의 와중에도 모든 제품에서 '자연스러움', '내적 아름다움', '당당함'이라는 콘셉트를 한 번도 잃지 않고 일관되게 지켜왔다."며 "그래서 매우 특별한 세계적 메이크업 경영인이라는 데 이견이 없다"고 평했다.

인생의 변곡점 된 에스티 로더와의 M&A

바비 브라운은 또 다른 일화를 얘기했다.

"이런 일도 있었어요. 사업 초창기에 주문 판매하던 립스틱을 백화점에 입점시켜야겠다고 결심했습니다. 그래서 가장 끌렸던 버그도프 굿맨(Bergdorf Goodman) 백화점을 찾아갔더니, 담당자가 꽤 관심을 보이면서 '긍정적으로 검토하겠다'고 하더군요.

그런데 며칠 후 '시기가 적절치 않으니 나중에 다시 보자'고 전화를 걸어왔어요. 절망감이 밀려들었지만, 순간적으로 '마침 삭스 핍스 애비뉴(Saks Fifth Avenue)로부터는 입점해 달라는 연락이 왔는데 그 쪽으로 가야겠다'고 답한 후 전화를 끊었습니다. 그러자 5분 후 버그도프 굿맨으로부터 '다음 주에 들어오라'는 전화가 오더군요. 제 성공의 시동이 걸리기 시작했습니다."

그녀는 1995년에 큰 변곡점을 맞는다. 본인의 이름을 브랜드로 내걸고 경영해온 자신의 회사를 세계적 화장품 대기업인 '에스티 로더'에 넘기고, 스스로 바비브라운의 제품 개발을 전담하는 브랜드 CEO로 들어앉은 것이다.

"회사가 커지니 경영 담당자들이 나를 국내외 어디든 판매 일선에 나서라고 독촉했어요. 가정을 중시하는 나에게는 너무나 불행한 일이었습니다. 판매 일선은 내가 잘하는 공간이 아니어서 감당하기도 어려웠구요. 회사의 번창이 저에게는 위기처럼 다가왔고 고민이 깊어졌습니다. 그러자 남편이 '그들은 그들의

전쟁에서 이기라고 하고, 우리는 우리의 전쟁에서 승리하자'고 충고하더군요. 마침 매각 제의를 해오던 에스티 로더에 회사 지분을 넘기기로 결정했고, 지금도 잘한 결정이라고 생각합니다."

결국 바비 브라운은 에스티 로더에 들어간 이후에도 계속 번창했다. 치열한 경쟁 속에서 브랜드와 회사를 살리기 위해 과감하게 M&A를 선택한 것이 적중한 것이다. 이제 '옐로우'로 넘어갈 차례.

정말 모든 여성의 피부톤은 '옐로우'인가요? "제가 메이크업 아티스트로 수많은 경험을 쌓았기 때문에 그걸 알 수 있었어요. 저는 지금도 메이크업을 직접 하지요. 다른 사람들이 만든 화장품으로 메이크업을 해주면서, 저는 늘 제가 하고 싶은 표현이 잘 되지 않는 게 불만이었습니다. 색조를 찬찬히 분석해보니, 모든 여성 피부의 기본은 옐로우라는 게 보이더군요. 지금까지도 제가 만난 거의 모든 여성들은 다 옐로우 피부를 갖고 있습니다. 이렇게 여인들의 진정한 스킨

톤을 이해한 것이 제 성공의 가장 큰 비결이라고 생각합니다."

이 대목에서 그의 남편으로부터 전화가 걸려왔다.
"지금 한국의 〈뉴욕타임스〉와 인터뷰 중이에요. 걱정 마요. 예쁘게 하고 나왔으니까…. 한국 기자가 도대체 바비 브라운은 왜 이렇게 멋진지 알고 싶어하는데, 당신이 좀 대답해줄래요?(웃음) 바이…."

그녀는 통화를 마친 후 사진기를 들어 인터뷰 장면을 찍더니 "오늘 엄마가 뭐 했는지 아이들에게 보여줘야겠다"며 크게 웃었다. 가정과 남편을 극진히 아낀다는 풍설(風說)이 확인되는 순간, 대화의 주제가 잠시 바뀌었다.

당신의 최고 우선 순위는 무엇인가요? "남편이고 가족이에요. 저는 매일 저녁 6시에는 뉴저지의 집으로 가 있습니다. 가족과 일 사이에서의 균형이 제 총체적 성공의 기초입니다. 이번 주에는 이틀

씩이나 외부 저녁 식사 약속이 있는데 극히 이례적인 경우입니다. 저는 오후 6시 반에는 집에서 남편과 아들들과 저녁을 먹고 나서 함께 텔레비전을 봅니다. (그녀는 아들 셋을 두었다.) 그리고 저는 청소를 하지요. 매우 평범한 엄마이자 주부여서 정말 행복합니다."

다음 우선 순위는 무엇입니까? "그 다음은 몸매와 건강입니다. 자주 녹차나 카모마일차를 마시고, 아무리 바빠도 저는 거의 매일 체육관에 가서 운동을 해요.

몸매가 중요한가요? "제가 보는 성공 비결은 이래요. '친절하라. 친절을 받은 사람은 당신을 잊지 않는다. 누구로부터도 끊임없이 배워라. 절대 불만을 말하지 말라. 절대로 포기하지 말라. 그리고 몸매를 잘 가꿔라.' 몸매는 성공하는 사람의 기본이라고 봅니다."

이쯤에서 다시 '옐로우' 이야기로 넘어갔다.

그런데, 흑인 여성들의 피부도 옐로우입니까? "그럼요. 그들도 기본적으로는 옐로우 베이스입니다. 아주 가끔은 블루 톤이나 레드 톤이 강한 경우가 있지만요. 또 영국계의 정말 하얀 피부를 갖고 있는 극히 일부 여성은 핑크 톤이기도 합니다. 그래도 옐로우를 기본으로 삼은 저의 색조 팔레트 12~14색으로 커버할 수 없는 여성을 만난 적이 없어요. 한국 여성을 비롯한 아시아 여성들의 피부는 옐로우가 기본이라는 제 판단에 가장 부합하는 경우이지요."

그런 '옐로우 전략'이라면, 다른 경쟁사도 따라올 수 있는 것 아닌가요? "음, 제 생각에는 다른

바비 브라운이 말하는 행복과
성공의 퍼즐조각 – 가족, 건강, 친절, 몸매

회사가 따라하려 해도 기본이 정말 '옐로우' 라는 걸 확신하지는 못한 것 같아요. 그래서 확실하게 집중하지 못했구요. 저는 저의 판단에 집중하면서 단순하고 실용적인 제품을 만들려고 했습니다. 누구나 매우 쉽게 사용할 수 있으면서도 싫증나지 않도록 배려했구요. 다행히 제 판단은 이제 보편적으로 인정받았다고 봅니다. 또 우리는 새로운 것을 만들어도 옐로우라는 핵심, 자연스러움이라는 핵심은 절대 바꾸지 않았습니다. 다만 '자연스런 진화'를 시켰지요."

그게 당신의 전략인가요? "음…, 그게 전략일까요? 저는 그냥 상식이라고 생각합니다. 제가 하는 것은 늘 상식이었어요."

당신에게 '아름다워지는 비결'을 묻는다면? "아름다움은 '편안함'과 '자신감'과 '당당함'이라고 말합니다. 당당하게 아름답다고 믿으면 아름다워집니다. 불안하면 아름다울 수 없이

메이크업의 연금술사 바비 브라운. 그녀는 다른 사람을 화장해주는 일을 하다가 세계 정상급 화장품 브랜드를 개발하고 화장품 회사를 설립했다

세계 정상급 메이크업 브랜드 '바비브라운' CEO집무실의 바비 브라운. 그녀의 집무실은 뉴욕 맨해튼 '소호(SOHO)'에서 최고급 건물로 통하는 '575브로드웨이 빌딩' 4층에 있다. 위의 작은 사진은 기자가 바비 브라운을 만나 인터뷰를 하는 모습

요. 제 철학은 간단히 말해, 모든 여성들은 기본적으로 다 아름답고 또 아름다워질 수 있다는 겁니다. 약간의 올바른 지식과 올바른 제품으로 무장한다면, 모든 여성은 스스로 훌륭한 메이크업 아티스트가 될 수 있어요. '자연스런 아름다움'이란 '당신에게 정말로 적절한 메이크업'을 뜻합니다. 당신을 건강하고 신선하게 빛나게 하지요. 다른 말로 하면 당신 스타일에 맞는다면 엄청나게 화려한 립스틱으로도 당신은 자연스러울 수 있는 겁니다. 그래서 전통적 미인은 아니더라도, 자연스러움과 스타일을 통해 믿을 수 없을 만큼 아름다워지는 경우를 흔히 봅니다."

유명인을 광고 모델로 쓰지 않는 것도 그런 이유

> 저는 정체성이 확실한 사람,
> 의견이 있는 사람, 진실한 사람,
> 관습을 깨는 것을 두려워하지 않는 사람을
> 좋아합니다. 언제나 '예스'라고 말하는
> 사람을 정말 싫어하지요.

인가요? "예, 그렇지요. 저는 유명인이나 배우는 여성들의 대표가 아니라고 생각합니다. 왜 당신과 전혀 닮지 않은 사람을 모델로 삼습니까? 그들은 당신과 너무 다르죠. 저는 당신과 닮은 모델, 당신이 조금만 가꾸면 비슷해지는 사람을 모델로 삼습니다. 그게 '자연스러움'을 추구하는 철학과도 부합되지요."

'때묻지 않는 간결' 추구하는
로(raw) 트렌드와 접목

한국 여성을 위한 충고가 있다면? "화장품을 충동 구매하지 마세요. 가끔 창백할 정도로 하얀 피부로 메이크업을 하는 경우가 있는데, 적절히 그을려 보이는 피부가 더 멋있을 수

있다는 것을 생각하세요.
어떤 한국 여성들은 너무 화장을 많이 하는데, '마스크'를 쓰지 말고 메이크업을 하도록 하시고 또 어떤 한국 여성들은 여전히 눈썹 문신을 하는데, 제발 그러지 마세요."

홍성태 한양대 경영대학 교수는 "근래 '꾸미지 않고 때 묻지 않은', '간결한 것'을 추구하는 경향인 '로(raw)'가 마케팅과 소비의 강력한 트렌드로 떠올랐다"며 "바비브라운은 이런 '로' 트렌드를 일찍부터 내면화한 선구자라고 볼 수 있다"고 말했다. '가공되지 않은 날 것'이란 뜻으로 풀이되는 '로' 트렌드는 점점 정교해지고 인공적으로 변해가는 제품에 대한 사람들의 거부 반응을 반영한다는 분석이다.

당신은 영감(靈感)을 어떻게 얻나요? "저는 15세 소녀들과 함께 있을 때는 내가 정말 15세라고 생각하고 대화에 몰입합니다. 30세와 이야기할 때는 내가 30세이죠. 트렌드는 주변에 있고 저는 그걸 읽어냅니다. '이 상품이 통할까 안 통할까' 궁금하면 저는 친구에게, 주변 사람에게 묻지요. 친구가, 주변 사람이 '좋다'고 하면 틀림없이 다른 사람도 좋아합니다. 그리고 무엇보다 영감은 내가 가장 기대하지 않는 순간에 벼락처럼 옵니다. 스키장에서 발

그레해진 내 아들 볼의 홍조(紅潮)에서 새 화장품의 아이디어를 얻습니다."

직원을 뽑을 때 무엇을 봅니까? "피부를 편안하게 다루는 사람을 찾습니다.(웃음) 또 정체성이 확실한 사람, 의견이 있는 사람, 진실한 사람, 관습을 깨는 것을 두려워하지 않는 사람을 좋아합니다. 언제나 '예스'라고 말하는 사람을 정말 싫어하지요."

책을 왜 열심히 쓰나요? (그녀는 곧 다섯 권째 저서를 낸다.) "글 쓰는 일을 사랑하기 때문입니다. 인터넷을 검색하다 보면 광고에 도달하는 경우가 많아요. 저는 기본적으로 인쇄된 종이가, 특히 책이나 신문이 정말 믿을 만하다고 생각합니다. 저와 우리 가족은 신문을 사랑해요. 제 남편은 신문을 5개나 봅니다."

그녀는 대답을 마치자, 직원을 시켜 현재 개발 중인 신제품 샘플을 가져오라고 했다. 그녀는 곧 출시될 이 제품이 얼마나 잡티나 검버섯, 기미를 가리는 데 얼마나 효과를 내는지 실연(實演)까지 하면서 보여줬다. 1시간여 진행된 인터뷰가 끝나자 바비 브라운은 웃으며 악수를 청했다. 그녀는 명쾌한 발음으로 "감사합니다"라고 말했다. WeeklyBIZ

Who is

바비 브라운은 영화배우 등 스타들에게 화장을 해주다가 화장품을 개발해 세계 정상의 메이크업 경영인이 됐다.

1957년 4월 미국 시카고에서 태어났고, 에머슨대에서 무대 화장을 전공했다. 〈보그〉 등 여러 잡지사에서 브룩 실즈, 롤링 스톤스, 나오미 캠벨, 수잔 서랜던, 앤디 맥도웰을 비롯한 유명 배우와 모델의 메이크업을 담당하며 이름을 알렸다.

평소 기존 화장품 색조에 불만이 많던 바비 브라운은 직접 화장품 창조에 나섰다. 1990년 직접 혼합한 10가지 색상을 화학회사에 들고 가 립스틱을 만들었고, 이듬해 자신의 이름을 브랜드로 내걸고 회사를 세웠다. 같은 해 '버그도프 굿맨' 백화점에 입점한 후 립스틱 제품의 공급이 수요를 따르지 못할 정도로 판매에 성공했다. 1994년 '투데이 쇼' 등 방송에 출연하면서 유명인사 반열에 본격 올랐고 매출이 급상승했다.

1995년 에스티 로더의 요청을 받고 지분을 팔았지만, '바비브라운' 브랜드 CEO를 계속 맡았다. '바비브라운' 제품은 현재 세계 50여 개국 460개 매장에 진출해 있다.

이 중 서울 롯데백화점 본점 매장이 매출액 5위권에 속한다. 이사벨라 로셀리니, 기네스 팰트로, 티나 터너, 위노나 라이더, 시에나 밀러 등 쟁쟁한 스타들이 그녀의 손을 거쳐갔다. 현재 뉴저지에서 남편과 아들 삼형제, 두 마리의 개와 함께 살고 있다.

조르지오 아르마니

조르지오 아르마니 창립자

조르지오 아르마니와의 인터뷰는 2008년 4월 16일 이탈리아 밀라노에 있는 아르마니 전용 전시장(Armani theater)에서 이뤄졌다. 삼성 아르마니 TV 출시 행사가 끝난 직후였다. 아르마니는 2007년 9월 이탈리아 밀라노 패션쇼에서 삼성전자와 공동으로 아르마니 폰을 선보였으며, 아르마니 TV는 삼성과의 두 번째 인연이다.

전시장엔 아르마니의 토털 가구, 인테리어 브랜드인 아르마니 카사(Armani Casa) 제품이 진열돼 있었다. 그는 인터뷰 내내 동그란 렌즈 모양의 은색 안경테를 습관처럼 매만졌다. 수십 년간 정상을 지켜온 거장 디자이너 조르지오 아르마니.

1974년 그의 이름을 따 설립된 패션 회사 조르지오 아르마니는 전 세계에 320개 매장과 5000명의 직원을 두고 있으며, 연간 매출이 20억 유로(약 3조 2000억 원)에 달한다. 그는 어떻게 패션 디자이너를 넘어 하나의 '아이콘'이 될 수 있었을까.

20년 전이나 지금이나 스타일이 똑같다면 문제 아닌가요?

"일관성은 장점이지 단점이 아닙니다"

군살을 찾아보기 힘든 탄력 있는 몸매에 짙은 남색의 반팔 티셔츠, 몸에 딱 달라붙는 검정색 재킷과 바지, 그리고 가죽 스니커즈. 조르지오 아르마니는 회색빛 머리만 아니라면 70대 중반이라고 도저히 믿기 힘들었다.

코발트 블루 색인 그의 눈빛은 기자를 빨아들일 것처럼 날카롭고 강렬했다. 하지만 그는 인터뷰 내내 엷은 미소를 띠었다. 그는 영어를 잘 알아 들었지만, 잘 말하지는 못한다. 그와의 인터뷰는 영어와 이탈리아어의 2단계로 이뤄졌다. 단순하고 절제된 옷차림은 그의 인생과 철학을 압축해서 표현해 주는 듯했다. 아르마니 본인이 아닌 누가 입더라도 '아르마니구나' 하는 인상을 받을 수 있는, 전형적인 아르마니 풍(風).

아르마니 풍이란 무엇입니까? "절제된 우아함과 세련됨, 단순하고 깨끗한 선(線), 중성색(neutral color), 그리고 미(美)와 편안함, 실용성의 조화입니다. 옷은 입는 사람의 개성을 살리는 수단일 뿐입니다. 결코 옷이 사람을 압도해서는 안 됩니다."

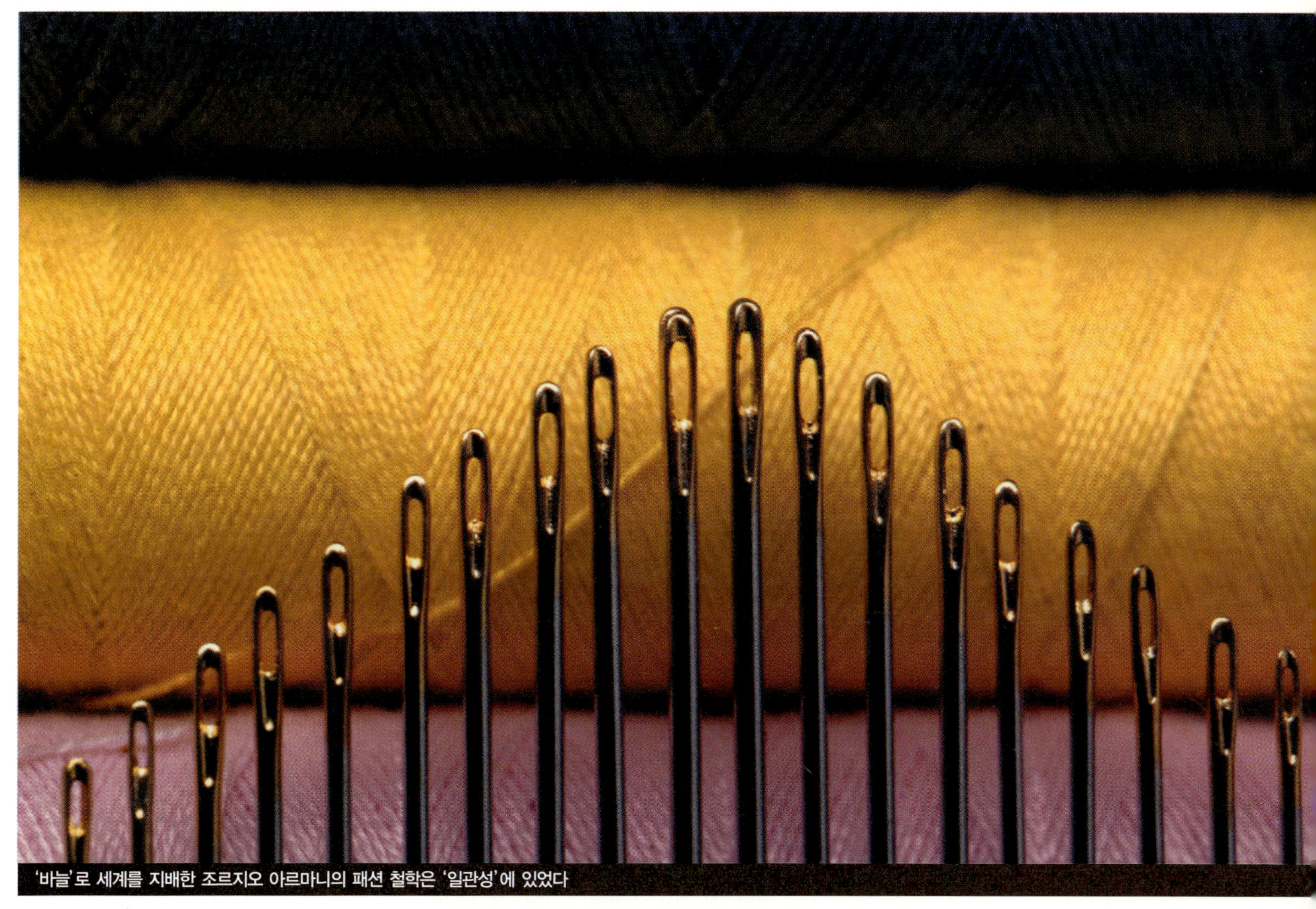

아르마니는 한국 남성 패션에도 지대한 영향을 끼쳤다. 풍성하게 감싸는 오버 사이즈가 상식이었던 남성 정장에 아르마니는 잘록한 허리 선과 흐르는 듯한 실루엣의 미학(美學)을 일깨워주었다.

하지만 아르마니 패션에 대해 '20년 전이나 지금이나 바뀐 게 없다'는 비판도 끊임 없이 제기되고 있습니다. 일생의 라이벌이었던 고(故) 잔니 베르사체(Versace)는 당신의 스타일을 회계사의 이미지에 비교하기도 했는데요. 아르마니의 특징은 '튀지 않고 언제 봐도 똑같다'는 것인데, 이것은 장점이자 단점이지 않나요? "일관성(consistency)은 장점이지 결코 단점이 될 수는 없습니다. 지난 30년간 저는 다른 패션 브랜드가 어떻게 하든, 일시적인 유행에 흔들리지 않고, 나만의 길을 걸어왔어요. 시간이 흐르면서 저는 제 직감이 대체로 맞았다는 것을 느낄 수 있었습니다. 무슨 일을 하든 마찬가지입니다. 갑자기 마음이 변해 흔들리곤 하면 길을 잃게 되고 결국엔 아무런 의미도 없어지게 됩니다."

아르마니는 이제 자신의 '패션 제국'을 우리 삶의 모든 영역으로 확대하는 일에 남은 인생을 걸고 있는 것처럼 보인다.

이제 사람들은 아르마니 카페에서 아침을 먹고, 아르마니 옷과 선글라스, 시계 차림으로 출근해 아르마니 휴대폰으로 통화하고, 집에 와서는 아르마니 침대에서 자고, 아르마니 TV를 보며, 아르마니 호텔과 리조트에서 휴가를 보낼 수 있다.

당신이 원하는 것은 무엇입니까? "옷에 국한돼 온 제 디자인을 생활 속 어느 곳에서든 표현하고 싶습니다. 즉 입는 것뿐만 아니라 먹는 것 그리고 생활하는 것 모두에서 사람들이 제 디자인을 느낄 수 있도록 말이죠.

저의 디자인 비전을 새로운 영역으로 확대하는 작업이지요. 아르마니 브랜드의 위대한 점은 그것이 일관된 디자인 미학에 기반한다는 것이죠. 따라서 아르마니 이름을 단 모든 것은 서로 연관돼 있습니다. 저는 모든 가구와 직물, 액세서리가 조화를 이루는 분위기를 느끼고 싶습니다. 이러한 통합(integration)이야말로 아르마니를 다른 브랜드와 차별화시키는 방법이라고 생각합니다."

아르마니 패션 제국은 오로지 아르마니 개인에 의해 구축됐고, 지금껏 운영되고 있다. 그는 완벽주의자다. 그는 패션쇼의 소품으로 쓰이는 꽃 장식 하나, 패션 모델의 발 걸음 하나까지 직접 챙긴다. 그는 아르마니 호텔과 리조트의 경우에도 가구, 인테리어는 물론 직원 유니폼까지 직접 디자인에 참여하고 있다고 말했다.

왜 이렇게 작은 부분에까지 관여하시는 겁니까?
"뭔가 인생에서 의미 있는 것을 이루기 위해서는 가장 작은 디테일에 신경을 쓰는 것이 필수적입니다.
뭔가 비범한 것을 창조하기 위해서는 집요할 정도로 가장 작은 디테일에 철저하게 몰두해야 합니다."

인터뷰를 하면서도 그의 절대적 카리스마를 느낄 수 있었다. 인터뷰에 배석한 홍보·마케팅 담당 직원 4명은 인터뷰가 시작되기 전부터 아르마니의 등 뒤 1m 정도 떨어진 지점에서서 그의 말 한마디, 눈빛 하나까지 주시하며 긴장하는 모습이었다. 아르마니를 뺀 그의 스태프 모두가 서로를 성이 아닌 이름으로 부르지만, 아르마니에게만은 미스터 아르마니(Mr. Armani)라고 부른다.

당신에게 '일'이란 무슨 의미입니까? "일은 저의 열정입니다. 저는 주말이면 절망에 빠집니다. 무엇인가에 집중할 만한 것이 없기 때문이죠. 때문에 제 삶에 활력을 유지하기 위해선 계속 일을 해야 합니다. 건강만 허락한다면 앞으로 25년은 더 일하고 싶습니다."

당신은 완벽주의자인 동시에 워커홀릭(worka-holic)으로 불립니다. 하루 일과는 어떤가요? "사실 저는 특별한 날이 아닌 이상 매일 아침 무엇을 해야 할지 전혀 모르는 상태에서 일어납니다. 회사에는 오전 9시 30분쯤 도착합니다. 사진, 호텔, 아르마니 카사, 매장 등 그날 주요 현안에 따라 해당 부서로 인도를 받죠. 일은 항상 많습니다. 때문에 문제가 발생하면 그것을 해결하는 데 5초 정도밖에 안 걸립니다. 대신 그때의 제 창의력은 최고에 이르죠."

최근 출간된 아르마니 전기(傳記)에서 그는 "디자인을 구체화하는 데 한 치의 오차도 있어서는 안 되고 마음에 들지 않는 것은 절대 수용하지 않는다"고 말했다.
그런 탓일까, 그는 "조명, 사진작가, 관객 등 무대에 모든 것이 준비돼 패션쇼를 시작하려

는 순간, 의상이 모조리 사라지는 악몽을 자주 꾼다"고 고백했다.

요즘 명품 브랜드의 트렌드에 대해 어떻게 평가하시나요? "최근 럭셔리 브랜드를 보면 너무 튀려고 하는 것(to shock or to be showy) 같습니다. 하지만 제게 있어서 럭셔리란 품질(quality)입니다."

다른 명품 브랜드들은 여성 고객이 80% 이상입니다. 반면 아르마니는 남성 고객의 비율이 절반 정도를 차지합니다. 그 이유는 무엇이라고 생각합니까? "저는 남녀노소를 불문하고 누구에게나 다가가고 싶습니다. 저는 남자든 여자든 태어나서부터 유년기, 성인에 이르기까지 다양한 스타일을 제시하고 싶습니다."

조르지오 아르마니에게 럭셔리란 '품질'이다

만약 그렇다면, 여성 고객을 더 유치하기 위한 전략은 없나요? "특별한 계획은 없습니다. 다만 시간과 문화 그리고 습관에 의해 발전돼 온 제 영감(inspirations)에 따를 뿐입니다.
여성의 경우 사회 생활이나 일상에서 자신감 있고 편안해야 한다는 게 제 신념입니다. 여성들이 일시적인 유행을 넘어 더 여성스럽고 우아해지면 좋겠습니다."

당신은 지난 2000년 이후 사업 분야를 패션에서 홈 컬렉션(가구 및 인테리어) 그리고 호텔과 리조트에 이르는 라이프 스타일 산업으로 확장해 왔습니다. 새로운 분야로 진출하는 주된 목적은 무엇입니까? "저는 도전을 좋아합니다. '아르마니 카사'를 통해 저는 지난 30여 년간 발전시켜온 저의 패션 철학과 언어를 주거 환경으로

확장하고 싶었습니다.
이번에 삼성전자와 함께 아르마니 TV를 출시한 것도 마찬가지입니다. 고객들에게 아르마니의 새로운 면모를 보일 수 있는 기회가 되니까요."

아르마니 호텔과 리조트는 다른 호텔과 무엇이 다른가요? "아르마니 브랜드의 가장 큰 장점은 일관성입니다. 아르마니라는 이름이 걸린 모든 것은 서로 연관이 있는 것이죠. 따라서 제가 디자인한 호텔과 리조트에서는 가구와 쿠션, 촛대, 램프가 모두 조화를 이루면서 더욱 친밀하고 아늑한 공간을 즐길 수 있을 겁니다. 호텔과 리조트에 들어선 순간부터 나갈 때까지 아르마니의 디자인 속에서 생활하게 되는 것이죠."

아르마니뿐 아니라 베르사체, 불가리, 샤넬 등 세계적인 패션 기업들이 브랜드 확장(brand expan-sion)에 적극 뛰어들고 있습니다. 패션뿐 아니라 카페, 레스토랑, 더 나아가 인테리어, 호텔 사업에 참여하고 있는 것이죠. 이로 인해 고유의 패션 브랜드로서 자산 가치가 떨어진다는 평가도 나옵니다. "브랜드의 다양성을 보여주는 것이 어떻게 브랜드 가치를 감소시킬 수 있다고 생각하는지 모르겠습니다. 저는 오히려 반대라고 생각합니다. 다른 영역으로의 확장은 성장이고, 진화이기 때문입니다.
그렇다고 모든 패션 브랜드들이 이렇게 할 수 있는 것도 아닙니다. 본래의 가치를 간직하면서 브랜드를 확장하려면 진정으로 일관성 있는 비전과 접근 방법이 필요하기 때문이죠."

주거 인테리어 디자인에서도 '아르마니 스타일'이 있다면 그것은 무엇입니까? "아르마니 인테리어는 절제된 우아함과 세련미로 집약됩니다. 동시에 편안하면서도 실용적인 미(美)의 조화가 핵심입니다.
아르마니 정장이 아름다우면서 늘 편안하게 입을 수 있는 것과 마찬가지로 아르마니 인테리어도 세련될 뿐 아니라 일상 생활에서 실용

조르지오 아르마니가 2008년 1월 프랑스 파리에서 열린 '아르마니 봄·여름 패션쇼'에 나와 청중들에게 인사하고 있다

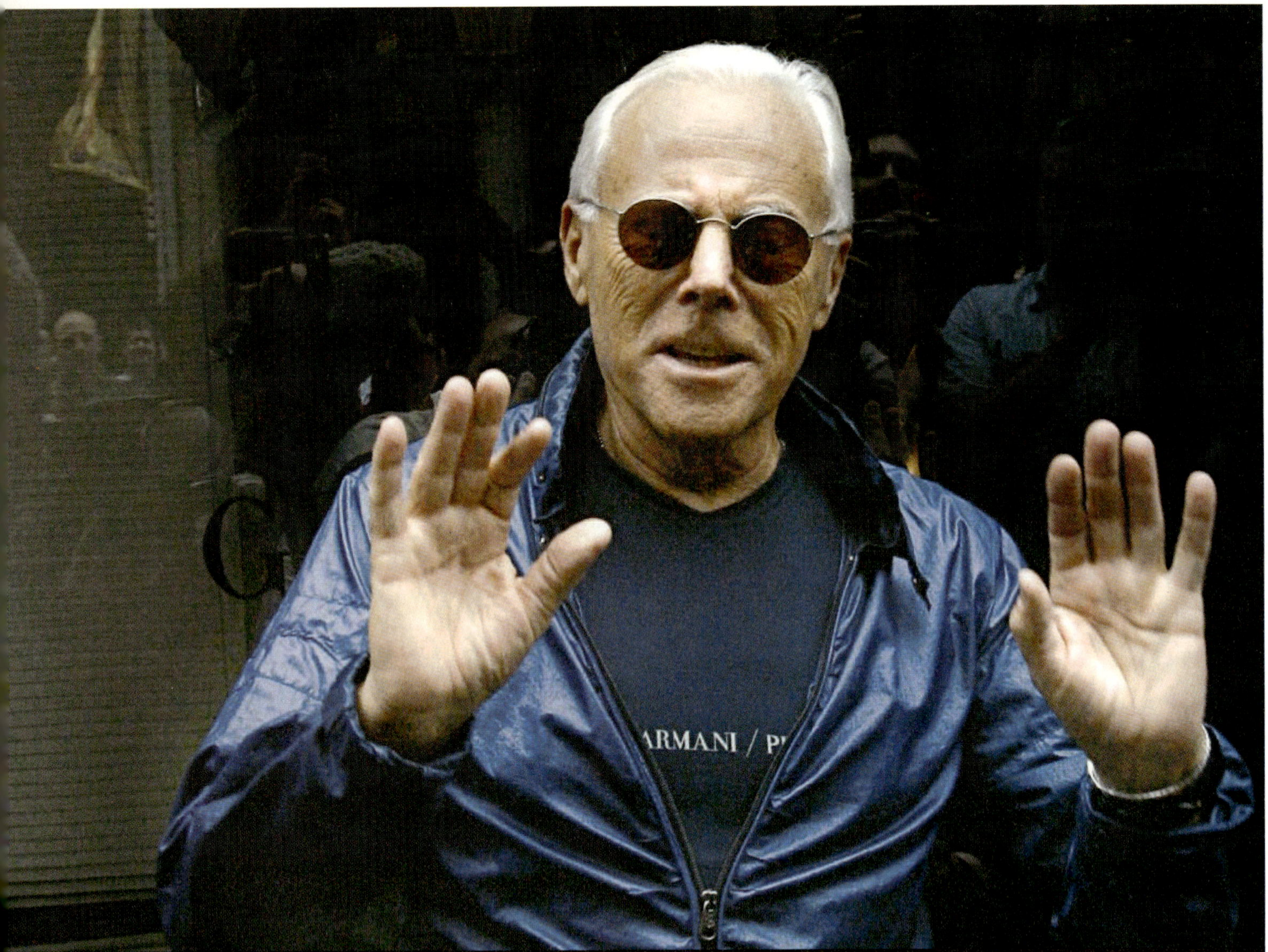

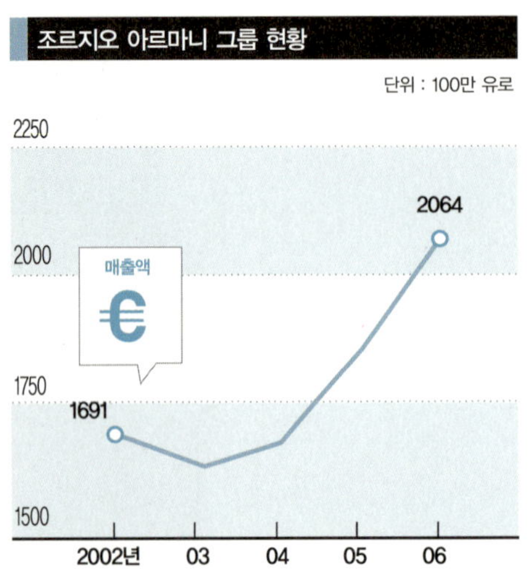

입고 먹고 자는 인간의 삶 전체를 아르마니 디자인으로 꾸미고 싶다는 조르지오 아르마니

적이고 기능적이어야 합니다."

최근 서로 다른 산업 간에 브랜드와 디자인, 그리고 기술이 융합되고 있습니다. 일례로 한국의 고급 아파트 개발자가 유명 패션 디자이너에게 인테리어 콘셉트 개발을 의뢰했습니다. "그런 현상은 한국뿐 아니라 이탈리아, 프랑스, 러시아, 미국에서도 나타나고 있어요. 저로서는 더없이 좋은 기회라고 생각합니다.
아르마니 카사는 고급 주거단지를 개발하는 건설업체뿐 아니라 개인 고객의 인테리어 디자인까지 컨설팅해주는 사업을 전개하고 있는데, 이미 큰 성공을 거두고 있습니다. 한국에서도 인테리어 디자인 서비스를 핵심 사업으로 준비하고 있습니다."

조르지오 아르마니 그룹 현황

단위 : 100만 유로

아르마니 그룹은 매출액이 3조 원을 넘는 거대 기업으로 발전했습니다. 디자이너로서만 아니라 기업가로서의 역할과 자질도 많이 필요할 것 같습니다. 경영인으로서의 성공 비결은 무엇입니까? "비전과 일관성입니다."

당신은 "모든 사람이 고객이 되는 것을 바라지 않는다. 3%만 내 옷을 이해해주면 된다"고 했는데, 지금도 그런 생각에 변함이 없습니까? "오늘날 아르마니의 영역은 기성복부터 최고급 맞춤복에 이르기까지 다양합니다. 조르지오 아르마니는 상류층을 겨냥한 브랜드인 반면 아르마니 진(Armani Jeans)과 엠포리오 아르마니(Emporio Armani), 아르마니 익스체인지(Armani Exchange)는 미국과 영국에서 대중적인 인기를 얻고 있습니다.
물론 정직하게 말하면 저의 고객 베이스는 최상류층입니다. 하지만 저는 이로 인해 기회를

잃는다고는 생각하지 않습니다. 저의 품질에 대한 집착은 저가 시장을 겨냥하지 않는다는 것을 의미합니다.”

2006년 아르마니의 홈(인테리어) 컬렉션의 경우 동양적인 색깔이 짙었다는 평가를 받았습니다. “당시 동양적인 디자인은 유럽에서는 성공을 거둔 반면, 아시아 시장에서는 아르마니 스타일답지 못하다는 평가를 받았습니다. 지금 생각해 보면 동양적인 미를 그렇게까지 강조하지 않는 대신, 아르마니 디자인에 좀 더 충실했어야 했다는 생각입니다. 하지만 저는 한번 실수를 하면 왜 잘못됐는지 되돌아보며 같은 실수를 되풀이하지 않습니다.”

그렇다면 앞으로 아르마니 제품에서 동양적인 미는 배제되는 것인가요? “아닙니다. 패션에 있어서 동양의 미는 굉장히 중요한 요소입니다. 특히 저는 우아한 분위기가 배어 나오는 동양적인 분위기를 좋아합니다. 지난 30년간의 제 컬렉션에서 동양의 미를 여기 저기서 찾아 볼 수 있습니다.”

그는 다음 일정을 의식하는 듯 연신 시계를 보았다. 배석한 스태프들은 “더 이상 질문을 못받는다”고 재촉했다. 하지만 그의 허락을 받아 마지막 질문을 던졌다. 그것도 당돌한 질문을.

현존하는 최고령 디자이너라는 말도 있습니다. 은퇴할 계획은 없나요? “(그는 질문이 끝나기도 전에 굳은 표정을 지으며 말했다.) 없습니다. 은퇴하면 뭘 할지조차도 전혀 생각해 본 적이 없습니다. 아르마니가 없는 제 인생은 생각할 수 없으니까요.”

그는 곧 웃음을 짓더니 “고맙다”는 인사와 함께 악수를 했다. 그리곤 총총히 자리를 떠났다. 2007년 출시된 아르마니 카사 제품의 이름은 A로 시작됐다. 2008년은 B로 시작한다. 과연 아르마니 제품명의 첫 글자가 Z까지 이어질 수 있을지 궁금하다. WeeklyBIZ

Who is

아르마니 패션은 남녀노소를 모두 아우르지만, 아르마니의 높은 명성은 주로 남성복에서 축적됐다. 조르지오 아르마니는 특히 현대적이면서도 절제되고 차분한 재킷 디자인으로 ‘재킷의 왕’이란 별명을 얻었다.

1934년 이탈리아 피아첸차(Piacenza)에서 태어난 조르지오 아르마니는 연극용 가발을 만들던 친할아버지와 가구를 만들던 외할아버지의 피를 이어받아 어려서부터 손기술이 뛰어났다. 그는 의사가 되기 위해 밀라노국립대 의학부에 진학해 2년간 공부했지만, 적성에 맞지 않아 중퇴한다.

백화점에서 사진사로 아르바이트를 시작한 그는 백화점 쇼윈도 장식과 남성복 구매담당 보조로 일했다. 그러다 유명 패션업자인 니노 체루티(Nino Cerruti)에게 ‘옷을 고르는 감각이 탁월하다’고 인정받아 1964년 남성복 디자이너의 길로 접어든다.

그는 1974년 사업가 세르지오 갈레오티와 함께 조르지오 아르마니사(社)를 설립, 남성 기성복을 선보였고, 이듬해 여성복을 내놓았다.

아르마니는 1970년대 이탈리아인의 옷차림을 완전히 바꿔놓았다. 딱딱하기만 하던 남성 정장에는 편안함과 세련미를 줬고, 우아함만을 고수하던 여성복에는 힘과 실용성을 부여했다. 그는 할리우드 유명 스타들의 옷을 디자인하면서 국제적인 명성을 얻기 시작했다. 특히 영화 〈아메리칸지골로〉(1980)에 출연한 리처드 기어의 의상 디자인을 맡아 유명 인사가 됐다.

그는 경쟁 관계이던 잔니 베르사체(Gianni Versace)와 많은 말다툼을 벌였다. 두 사람은 급기야 한날한시, 즉 1992년 9월 8일 저녁 7시 30분에 패션쇼를 열겠다고 선언했으며, 가족들의 중재로 간신히 불상사를 피했다.

그는 지난 2006년 여성 모델 애나 캐롤리나 레스턴이 목숨을 잃자 말라깽이 모델 기용을 금지한 최초의 디자이너이기도 하다.

그가 선글라스를 즐겨 쓰는 데는 이유가 있다. 제2차 세계대전 당시 친구들과 불발탄을 갖고 놀다 발생한 폭발 사고로 친구는 죽고 아르마니는 심한 화상과 함께 눈을 다쳤다. 그는 20일간 안대를 하고 어두운 방에 누워 있어야 했다. 그의 눈은 지금도 완전한 상태는 아니다.

그는 진한 청색 옷을 즐겨 입는다. 이탈리아 밀라노에 있는 그의 집의 커다란 옷장은 긴 복도를 다 차지하며 문짝이 48개나 되는데, 무수히 많은 진청색 티셔츠들과 거의 비슷한 디자인의 검정 혹은 베이지색 바지들로 가득 차 있다.

그는 독신이며, 여동생과 조카들이 경영에 참여하고 있다. 〈포브스〉지에 따르면 그의 재산은 41억 달러(약 4조 3000억 원)에 이르는 것으로 추정된다.

2008년 5월 미국 뉴욕의 메트로폴리탄 박물관 패션쇼장을 찾은 조르지오 아르마니(오른쪽)가 영화배우 조지 클루니, 줄리아 로버츠와 함께 포즈를 취하고 있다

孫正義

왜 어떤 경영자는 성공하고 어떤 사람은 실패합니까?

"옳은 이념을 추구하고 옳은 비전을 가져야"

맨손에서 거부(巨富)를 축적한 사람은 많다. 손정의 사장이 달랐던 것은 처음 사업을 시작할 때부터 성공을 확신하고, 이기는 게임을 했다는 점일 것이다. 그의 어법대로라면 '승률 70%의 게임', 성공할 수밖에 없는 비즈니스 모델을 구사한 것이다.

승률 70%의 비결은 비전과 통찰력이다. 그는 정보혁명의 숨소리가 까마득했을 26년 전에 이미 거대한 파도를 감지하고, 파급 경로 곳곳에다 남보다 앞서 투자를 해놓았다.

아무 곳이나 투자한 것이 아니다. 승률 70%의 진짜 비밀은 '인프라(기반시설) 전략'에 있다. 디지털 정보공간에서 누구나 이용해야 하는 인프라를 장악함으로써 정보혁명의 큰 흐름 전체를 자기 것으로 만들겠다는 것이다. 즉 손 사장은 인터넷·통신 네트워크 같은 정보의 '도로'나, 포털·미디어 같은 정보의 '입구(入口)'를 확보해 부의 원천을 장악하려 한다. 자동차 회사 몇 개가 망해도 고속도로 사업자는 통행료 수입을 올릴 수 있는 것이나 마찬가지 원리다. 이것을 손 사장은 '중립성의 법칙'이라 부른다. 불확실한 개별 요인에 좌우되지 않고 큰 흐름을 타는 곳, 즉 인프라에 투자함으로써 성공 확률을 극대화한다는 전략이다.

나라마다 '대표 부자'가 있다. 한국에 이건희 삼성 회장, 미국에 빌 게이츠 마이크로소프트 회장이 있다면, 지금 일본을 대표하는 부자는 단연 손정의(일본명: 손 마사요시) 소프트뱅크 사장이다.

〈포브스〉는 2007년 5월 발표한 세계의 부자 랭킹에서 손 사장을 일본 1위에 올렸다. 재산 평가액은 58억 달러(약 5조 4000억 원). 제조업의 나라 일본에서 디지털 정보혁명의 풍운아가 최고 부자로 등극했다.

보수적인 일본 재계에서 손 사장은 이단아요, 질서 파괴자였다. 그는 기업 사냥을 백안시하는 일본 비즈니스 세계에서 질풍노도와 같은 M&A로 사업 영역을 확장해왔고, 미국식 경영 수법과 직설 화법으로 숱한 화제를 뿌렸다.

위클리비즈는 도쿄 시오도메의 소프트뱅크 본사 접견실에서 노타이 셔츠 차림의 손정의 사장을 만나 성장의 비밀을 물었다.

2002년 서울에서 인터뷰를 한 이후 5년 만에 뵙습니다. 그때에는 인터넷이 소프트뱅크의 중심이었는데, 지금은 주력이 통신으로 바뀐 느낌이 듭니다. "소프트뱅크 창립 때부터 저의 비즈니스 주제는 한결같았습니다. 그것은 정보혁명의 리딩 컴퍼니(선도기업)가 되겠다는 것입니다. 그런 비전 위에서 처음엔 소프트웨어 유통사업을 했고, 인터넷, 브로드밴드, 휴대전화로 사업을 계속 확장해왔으나 사실은 전부 같은 것입니다. 즉 정보혁명을 선도하겠다는 기본전략에서 파생된 것입니다. 휴대전화도 앞으로는 '인터넷 머신'이 될 것입니다. 즉 인터넷에 들어가는 입구가 PC이기도 하고 휴대전화이기도 한 것입니다."

정보혁명의 인프라를 장악한다는 전략인가요?
"그렇습니다. PC든, 휴대전화든, TV든 간에, 이것을 다 망라하는 디지털 인프라 회사가 되려고 합니다. 그 인프라의 기반 위에 인터넷 포털 같은 플랫폼도 제공하고, 그 위를 떠다니는 콘텐츠까지 풀세트로 통합해서 제공할 것입니다. 즉 정보혁명에 관한 모든 것을 종합적으로 제공하려 합니다."

과거엔 플레이어(콘텐츠 생산)**보다는 연출자**(인프라 사업)**가 되겠다고 했는데 전략이 바뀌었나요?** "둘 다 하겠다는 겁니다. 다만 우선순위로 치면 인프라가 선(先)이지요. 콘텐츠란 수많은 플레이어가 활약하는 무대입니다. 성공해도 부분적인 성공이요, 실패해도 나중에 만회가 가능합니다.
반면 인프라는 3~4개 회사가 완전히 지배하는 분야입니다. 선점당하면 후발자의 추격이 힘들지요. 그래서 먼저 인프라의 넘버원 포지션을 취하겠다는 것을 최우선 전략으로 채택하고 있습니다. 그 위에 플랫폼과 콘텐츠를 충실하게 제공하려 합니다."

디지털 인프라의 지배자

손 사장의 기업 사냥은 6개 분야를 축으로 한 디지털 인프라 기업에 집중돼왔다.
야후(인터넷 인프라)에 투자하고, 컴덱스(전시회 인프라)며 야후BB(브로드밴드 인프라), 보다폰 재팬(무선통신 인프라) 등을 사들여 디지털 세계 곳곳에 포진하는 거대한 인프라 기업군(群)을 구축했다.
손 사장은 부분적, 국지적 포지션보다 전체적 역할을 선호한다. 그는 디지털 혁명 전체를 조감하며 '무대'를 제공하는 것이 자신의 역할이라고 규정한다. 그의 야심의 크기는 그의 전기에 기록된 발언에서 엿볼 수 있다.

"나는 일개 배우보다 디지털 혁명 전체를 기획하는 연출가가 되고 싶다. 빌 게이츠나 루퍼트 머독(Keith Rupert Murdoch, 뉴스 코퍼레이션 회장)이 아무리 훌륭한 수퍼스타라 해도 그들이 춤추는 무대는 내 것이다."

손정의 사장은 인터넷 통신·네트워크 같은 정보의 '도로'나, 포털·미디어 같은 정보의 '입구'를 확보해 부의 원천을 장악한다는 '인프라 전략'을 구사한다

소프트뱅크 창립 때부터 저의 비즈니스 주제는 한결같았습니다. 정보혁명의 리딩 컴퍼니가 되겠다는 것입니다. 이 비전 위에서 모든 비즈니스 활동을 결정했습니다.

손정의 사장은 디지털 혁명 전체를 조감하며 '무대'를 제공하는 것이 자신의 역할이라고 말한다

인터넷 버블이 한창이던 시절, 한 인터뷰에선 이런 말도 했다.

"소프트뱅크는 플레이어(선수)가 되지 않는다. 일류 선수를 모아 게임을 기획할 뿐이다."

그랬던 손 사장이 이번 인터뷰에선 연출가(인프라 제공자)뿐 아니라 플레이어(콘텐츠 생산자)도 되겠다며 야심의 폭을 한층 넓혔다. 비유하자면, 축구장을 운영하면서 선수로도 뛰겠다는 것이다. 그는 인프라–플랫폼–콘텐츠로 수직 계열화되는 '디지털 종합그룹'의 꿈을 꾸고 있었다.

글로벌하게 본다면 소프트뱅크의 최대 경쟁자는 누구입니까? "역시 구글이죠. 구글이 지금은 플랫폼과 콘텐츠뿐이고 인프라는 없지만 앞으로는 휴대전화 같은 인프라에도 진출할 것으로 봅니다."

손사장이 세운 '인생 50년 계획'*에 따르면 지금 대승부를 할 시점인데, 무엇입니까? "2007년 8월이 저의 50세 생일이었습니다. 50대로 접어 들었으니 벌여놓은 승부들을 완성하는 단계로 넘어가야지요. 1조 엔, 2조 엔 규모의 투자를 해서 큰 승부를 거는 것은 보다폰(영국의 무선통신회사) 매수로 대체로 일단락됐습니다. 이젠 브로드밴드와 모바일 인프라를 쥐고 있고, 콘텐츠도 갖고 있으니 이것을 확실히 발전시켜 넘버원 포지션을 갖는 것이 지금부터 10년간의 가장 중요한 과제입니다."

*인생 50년 계획, 손 사장이 10년 단위로 설계한 인생 플랜을 말한다. '20대에 깃발을 올리고, 30대에 수천억 엔 단위의 군(軍)자금을 마련하고, 40대에 큰 승부를 펼쳐, 50대에 완성한다'는 내용이다. UC버클리대 유학생이던 19세 때 결혼식 후 부인 앞에서 설파했다고 한다.

3000번의 시뮬레이션

2006년 초 보다폰 일본법인의 매수는 2조 엔짜리 거래여서 리스크가 대단히 컸을 텐데요. "일본의 M&A 사상 최대였죠. 현금 매수로는 세계두 번째라고 합니다. 실패했다면 그룹 전체가 망했을 정도로 리스크가 큰 딜이었죠. 저의

비즈니스 인생에서 가장 큰 승부였습니다. 그러나 승부수를 던져 보다폰을 인수했기 때문에 우리는 모바일 인프라를 확보할 수 있게 됐습니다."

그런 거대한 딜이나 중대한 의사결정을 할 때는 무엇을 기준으로 따집니까? "중요 결정을 할 때 30년 뒤의 관점에서 판단합니다. 즉 30년 뒤 우리가 가야 할 큰 전략적인 비전을 설정해놓고, 그 비전을 실현하기 위해 이 사업이 필요한 도메인(사업영역)인가, 아닌가를 따지는 것이죠. 중장기 미래에서 거꾸로 역산(逆算)해오는 겁니다."

기업 인수의 딜레마는 탐나는 기업일수록 값이 비싸다는 것 아니겠습니까? "우리는 기업을 인수할 때 그 분야의 넘버원이나 넘버원이 될 수 있는 기업을 타깃으로 합니다. 이익을 많이 내는 회사가 오히려 매수하기 쉽습니다. 가격은 비싸지만 그 기업을 밑천 삼아 쉽게 자금 조달을 할 수 있으니까요. 보통 돈 못 버는 회사가 값이 싸니까 매수하기 쉽다고 생각하겠지만 사실은 거꾸로입니다. 돈 못 버는 회사는 문제점도 많고 트러블 요인도 많아 신경 쓸 일이 더 많습니다."

당신은 평생을 승부사로 지내왔습니다. 큰 경영자가 되려면 두둑한 배짱이 필요한가요? "저는 무모한 결정을 내리지 않습니다. 보다폰 재팬을 매수할 때도 3000회의 시뮬레이션을 한 끝에 사야겠다는 결론을 내렸습니다. 물론 계산을 아무리 해도 최후엔 판단이 필요하지만, 좋은 판단을 하기 위해서는 치밀한 계산이 필요합니다.

경영이란 긴 마라톤과도 같아 때로는 실패할 수 있지만 치명적인 실패를 해서는 안 됩니다. 과학을 통해 실패할 확률을 최대한 줄여야 합니다."

손정의 사장에겐 '호언장담형(型)' 에피소드가 유난히 많은데, 초년 시절 일화로 유명한 것이 '귤 궤짝 연설'이다.

1981년 9월. 도쿄 이치가야의 허름한 사무실에서 소프트뱅크가 탄생했다. 직원이라곤 아르바이트생 2명뿐. 회사 문을 열던 날, 24세의 손 사장은 '직원 조회'를 소집했다. 2명을 세워놓고 연단 대신 귤 궤짝 위에 올라가 일장 연설을 쏟아냈다.

"5년 안에 매출 100억 엔을 올리고, 수만 명을 거느리는 거대기업이 된다." 기가 질린 직원 2명은 곧 회사를 그만두었다. 하지만 아르바이트 사원마저 등을 돌렸던 소프트뱅크는 세계 800여 개 기업, 직원 1만여 명을 거느리는 거대한 디지털 제국을 구축했다.

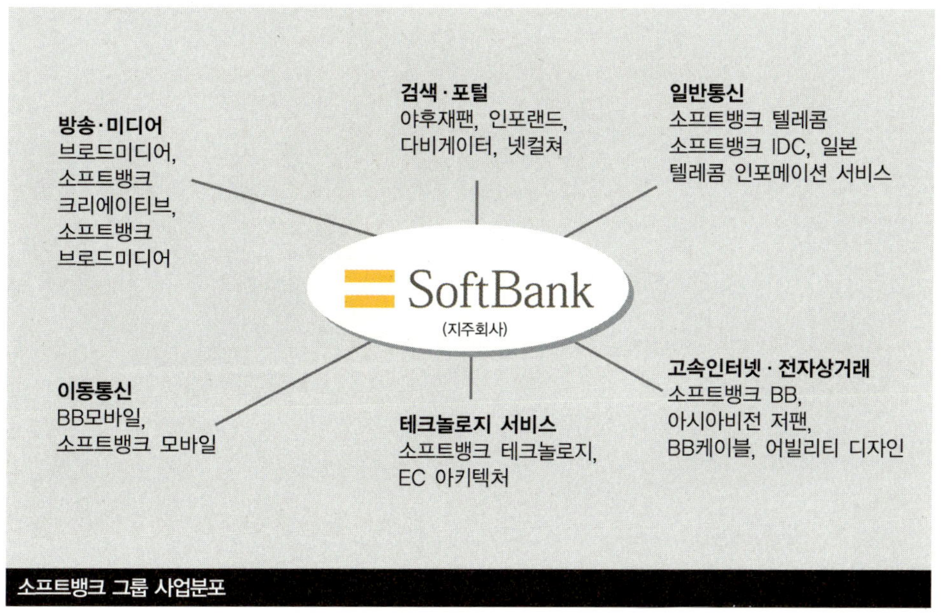

소프트뱅크 그룹 사업분포

그는 손자병법을 자기류로 발전시킨 '신(新)손자병법' *을 만들어 경영 지침으로 삼고 있는데, 여기서 그는 70% 이상 이길 자신이 있을 때 뛰어든다는 '승률 70% 법칙'을 제시하고 있다.

어떤 경영자는 성공하고, 어떤 사람은 실패합니다. 무엇이 성공과 실패를 가릅니까? "옳은 이념을 추구하고, 옳은 비전을 가져야 합니다. 손자병법에서 승리의 5대 조건으로 도(道, 대의명분), 천(天, 천시), 지(地, 지리), 장(將, 장수), 법(法, 법제도)을 제시했지요. 이 다섯 가지 요건을 밸런스 있게 구현하지 않으면 좋은 경영이 될 수 없습니다."

당신은 미국의 대학 교육을 받았고, 미국식 경영 모델을 구사하고 있습니다. 그런데도 생각은 동양적이네요. "테크놀로지는 미국식, 철학은 동

---

*신(新)손자병법, 손 사장이 기존의 '손자병법'에다 자신의 생각을 섞어 개작한 비즈니스전략 지침. '일류가 될 사업만 손대고, 공격·수비의 균형을 갖춰 시스템으로 승부한다(一流攻守群)' '전체를 조감하며 정보와 전략을 세우고 70%의 승률에서 싸운다(頂情略七鬪)' 등의 내용

양식이 필요하다고 봅니다. 그래서 저는 왼쪽 뇌는 미국적 과학으로, 오른쪽 뇌는 동양적 철학으로 무장하려고 노력합니다."

정보혁명의 미래는 아시아에 달렸다

당신이 그리는 30년 뒤 정보혁명의 미래상은 어떻습니까? "30년 뒤에는 마이크로프로세서의 능력이 지금보다 약 100만 배는 커질 것입니다. 그러면 사람들이 PC, 휴대전화, TV 등을 통해 지금은 상상도 하지 못할 고도의 능력을 지니게 될 것입니다. 21세기는 지식과 지혜의 부가가치가 부를 좌우하는 시대입니다."

그때 소프트뱅크는 어떤 회사가 돼 있을까요? "우리는 21세기의 라이프스타일에 영향을 미칠 수 있는 리딩 컴퍼니가 되고 싶습니다. 그러려면 네트워크의 인프라와 정보를 제공하는 플랫폼, 그리고 콘텐츠 그 자체도 갖고 있어야 합니다. 통합된 지식정보의 토털 서비스업체가 되는 것이죠. 그때가 되면 소프트뱅크 그룹은 전 세계에 5000개 이상의 회사를 거느리고 있는 거대 기업이 되어 있을 겁니다."

그 동안 정보혁명의 리더십은 미국이 장악해왔습니다. 앞으로는 어떨까요? "미국은 대단히 뛰어난 정보혁명의 진화를 이어가고 있습니다. 실리콘밸리도 성장을 계속할 겁니다. 하지만 역시 잠재력은 아시아, 특히 중국·인도 시장이 대단히 큽니다. 중국·인도 시장에서 성공하는 회사가 최후에는 세계 최고가 될 것으로 생각합니다. 그런 의미에선 다가올 정보혁명에선 아시아 회사와 아시아의 인물이 핵심적 역할을 하게 될 겁니다."

장기적 관점에서 일본 경제는 어떻게 보십니까? 1980년대 '재팬 이즈 넘버원(일본이 최고)'의 시대처럼 강한 경제가 될 수 있을까요? "그렇게 되길 바라지만 좀처럼 어려울 겁니다. 하지만 적어도 우리가 관여하는 정보산업 분야에서 일본을 한번 더 쇄신하고 싶은 생각은 있습니다. 일본이 과거 같은 조립형 제조업으로 세계를 선도하는 것은 이제 무리입니다. 역시 하이테크 정보산업 분야에서 승부를 보아야 하는데, 저 자신이 열심히 노력하면 조금은 찬스가 남아있다고 생각합니다."

한국 투자를 늘릴 생각은요? "한국에서 훌륭한 기술과 비즈니스 모델이 나오고 있고, 한국의 젊은 기업가들이 탁월한 능력을 발휘하기 시작했습니다. 저는 한국을 높게 평가합니다. 지금은 소규모 투자를 했지만, 더 늘려가고 싶습니다. 젊은 인터넷 계통 회사와 파트너십을 맺고 싶습니다."

돈은 단지 도구일 뿐, 정보혁명 일으켜 행복한 세상 만드는 게 꿈

당신에게 부(富)란 무엇인가요? "돈이란 단지 도구라고 생각합니다. 도구를 위해 자신의 인생을 바치는 것은 지겹지 않을까요. 제가 인생을 바치고 싶은 것은 정보혁명을 일으켜 사람들을 더욱 풍요롭고 즐겁고 행복하게 하는 것입니다. 21세기의 새로운 라이프 스타일을 만드는 것입니다. 어차피 (지금 가진 돈도) 다 못쓰니까요.(웃음)
사치를 한다면 제가 좋아하는 골프라든지 와

30년 뒤에는 마이크로프로세서의 능력이 지금보다 100만 배는 커질 것이다. 사람들도 PC, 휴대전화 등을 통해 고도의 능력을 갖게 될 것이다.

인 정도일 텐데, 써봤자 얼마나 쓰겠습니까.”

골프는 여전히 싱글 핸디를 유지합니까? “제 공식 핸디캡은 2.8입니다. 비(飛)거리는 나이가 들어가니까 조금씩 줄어드는데, 한 250~260 야드 정도 나갑니다.”

골프의 라이벌은? “한국에서는 LG 구본무 회장이 호적수지요. 삼성의 제이 리(이재용 전무)도 참 잘 치더군요. 두 사람과는 날에 따라 이겼다 졌다 합니다.”

그는 골프광으로 유명한데, 도쿄 아자부(麻布)의 저택에는 그린 경사가 조절되고 비와 바람 같은 악천후도 재현할 수 있는 골프 연습장까지 갖추고 있다. 라이프 베스트 스코어를 묻자 “69타”라고 했다.

웬만한 중소기업 대표도 회장 타이틀을 다는 직함 인플레이션의 시대입니다. 소프트뱅크도 이제 대그룹이 됐는데 왜 아직 사장 직함을 갖고 계십니까? “오퍼레이션(현업)의 현장에 좀더 있고 싶기 때문입니다. 앞으로 10년 정도는 더 현장 일을 할 겁니다. 지금도 사장 타이틀은 달았지만 사실은 부장이 하는 일을 하고 있습니다. 상당히 디테일하고 실무적인 일을 하지요. 기술개발·영업에서 디자인·설계, 광고·홍보까지 현장의 젊은 사원들과 같이 뒹굴며 일을 합니다.”

그런가요? 거대 전략, 큰 비전에만 관여하시는 줄 알았는데요. “물론 벤처캐피털 투자 같은 것은 비전만 제시하고 나머지는 맡기지만 브로드밴드와 통신만큼은 직접 관여하는데, 이 일이 즐거워서 견딜 수 없을 정도입니다.”

현장 업무에 관여하려면 시간이 모자라지 않습니까? “아침 9시에 출근해 밤 11시까지 일합니다. 저로선 회사에서 일하는 것이 취미 비슷한 것입니다. 귀가한 후에도 집에서 PC로 회사 데이터를 분석하거나 업무를 봅니다. 바쁘지만 즐거우니까 문제 없습니다.”

저녁에는 외부와의 교제나 접대 자리가 많겠지요. “아닙니다. 회사 내 직원들과의 미팅이 대부분입니다. 밖에서 누구를 만나고 식사 자릴 갖는 건 잘 안 합니다.”

그래도 대외관계가 필요하지 않습니까? “그런 것 안 합니다. 담당 책임자는 있지만 소프트뱅크는 정부하고도 별다른 접촉을 하지 않습니다. 우리는 ‘네마와시’(일본말로 사전 조율이라는 뜻) 같은 것은 하지 않습니다.”

화려한 업적과 달리 손 사장의 안색에선 누적된 피로가 느껴졌다. 감기 기운일까, 얇은 기침도 했다. 인터뷰를 끝낼 시간이 다가와 기자는 마지막 질문을 던졌다.

지금 빌딩은 셋방살이(임대)라면서요. 그렇게 이익을 내는데 왜 사옥을 사지 않습니까? “빌딩 살 돈이 있다면 한 푼이라도 더 본업에 투자하고 싶군요.” WeeklyBIZ

Who is

손정의 사장은 한국계 3세다. 대구 출신의 조부가 일제 때 건너와 규슈(九州) 사가현에 터를 잡았다. 대부분의 재일 한국인들이 그렇듯이, 손 사장도 젊은 시절 정체성(正體性)의 혼란을 겪었다.

그가 한국계임을 처음 실감한 것은 유치원 시절이었다고 한다. 동네 아이가 “조센진(朝鮮人)”하며 돌을 던졌다. 머리에서 피가 흘렀지만 한국계라는 이유로 맞은 것이 더 충격이었다. 17세까지 그는 한국계임을 숨겼고, 야스모토 마사요시(安本正義)로 통했다.

그가 정체성을 되찾은 것은 미국 유학(캘리포니아 버클리대) 시절이었다. 이때부터 비로소 그는 일본 이름을 버리고 한국식 본명으로 돌아왔다. 본인은 구구절절 말하지 않지만, 폐쇄적인 일본 사회에서 그가 겪어야 했던 고초는 상당했을 것이 틀림없다.

그의 치열한 승부사 기질도 이런 배경에서 비롯된 것으로 보인다. 그는 인생도, 사업도, 한판의 승부로 보고 전술과 병법을 강조한다. “비즈니스에서 1등이 아니면 패배나 똑같다”는 유별난 ‘일등주의’로도 유명하다.

34세 때 일본 국적으로 바꾸었다. 이유는 “여권 수속이 불편했기 때문”이라고 했다. 그는 “내 본적은 인터넷”이라며 정신적 무(無)국적주의자를 자처하고 있다.

존 포트만
포트만 홀딩스(Portman Holdings) 회장

John Portman

디자인 영감은 어디서 얻으시나요?

"몰래 카메라처럼 일상의 모든 것을 관찰하는 데서"

"오늘날 세계 도심 개발의 트렌드는 오피스와 아파트, 호텔, 상가, 문화시설이 한 공간에 어우러지는, 이른바 '복합 개발'이다. 일본의 롯폰기힐스(Roppongi Hills)가 대표적인데, 그 원조라고 할 수 있는 사람이 바로 '존 포트만'이다". –부상훈 진아건축도시 대표

포트만은 샌프란시스코, 시카고, 로스앤젤레스, 디트로이트의 도심 핵심부를 디자인했고, 중국 상하이의 최대 비즈니스 복합 단지인 '상하이 센터'도 그의 작품이다. 오늘날 두바이에 올라가고 있는 많은 마천루 중 상당수도 그의 작품이다.

'애틀랜타의 아버지'라 불리는 그가 '송도의 아버지'라 불릴지도 모르겠다. 그는 바다를 매립해 조성하는 인천 송도 신도시 개발 프로젝트에 뛰어 들었다. 삼성물산, 현대건설과 함께 구성한 컨소시엄(송도랜드마크시티유한회사, 포트만이 주간사)이 2008년 1월 인천시로부터 송도지구의 11개 공구 중 6, 8 공구 개발 사업 시행자로 지정됐다.

송도지구 전체의 약 11%인 583만㎡ 부지에 2013년까지 아파트와 복합쇼핑센터, 업무시설, 골프장, 문화시설 등을 건축하는 대역사(大役事)이다. 두바이의 버즈 두바이에 이어 세계에서 두 번째로 높은 151층(601m)의 복합건물 '인천타워'도 이곳에 들어선다.

위클리비즈가 방한한 포트만 회장을 서울 광화문의 한국 사무소에서 만났다. 사무실에 들어서자마자 미래의 송도를 구현해놓은 미니어처 도시가 펼쳐졌다. "이 도시는 새로운 역사를 쓰게 될 겁니다." 그의 얼굴에 흥분과 긴장이 역력했다. "걷고 싶은 도시를 만들고 싶어요. 아침에 눈을 떠서 잠들기 전까지, 인간에게 필요한 모든 일을 이 공간에서 다 걸어 다니면서 해결할 수 있게요."

미국 조지아 주의 주도(州都)인 애틀랜타(Atlanta)는 미국에서 가장 뜨고 있는 도시 중 하나이다. CNN 본부, 코카콜라 본사, 델타항공 등 거대 기업들의 본사가 자리잡은 국제적인 도시이다. 말하자면 쇠락해 가는 지방 도시가 세계적인 첨단 도시로 탈바꿈한 셈이다.

이런 큰 변화를 이끈 주역 중 한 사람이 세계적 건축가이자 부동산 개발업자인 존 포트만이다. 스스로 창업한 '포트만 홀딩스'의 회장인 그는 1960년대 이후 30여 년에 걸쳐 애틀랜타 도시 전체를 갈아 엎고, 애틀랜타의 랜드마크가 된 피치트리센터 등을 건설함으로써 '애틀랜타의 아버지'라는 명성을 얻게 된다.

인천 송도 신도시 개발 프로젝트로 방한한 포트만 회장을 위클리비즈가 인터뷰했다.

<u>이번 송도는 어떤 점을 강조하고 있습니까?</u> "우리는 자연의 생명체입니다. 저는 한 번도 '노을'이나 '구름', '꽃'이 지겹다는 생각을 해본 적이 없어요. 매일 보는 것인데도 말이죠. 인간이 하루 생활을 하면서 이런 자연을 자연스럽게 접할 수 있는 환경을 만들고 싶습니다. 도로에서 엘리베이터에 이르기까지 자연이 배어 있도록 말이죠."

존 포트만은 디자인 관점과 도시 개발의 관점, 두 가지를 동시에 가짐으로써 새로운 도시 개념을 창조했다

존 포트만이 설계한 애틀랜타 썬트러스트플라자(왼쪽)와 비즈니스 복합단지인 상하이 센터

특별히 송도 프로젝트를 맡으신 이유는요? "송도는 바다를 개간한 땅이잖아요. 한마디로 물 위의 도시입니다. 새로운 시도죠. 저는 송도 갯벌 위를 걸어봤어요. 그리고 그 위에 펼쳐질 도시를 상상했죠. 바다 위에 지어진 도시라는 생각이 나를 흥분시켰어요. 누구도 해보지 않은 작품이니까요."

건축계와 부동산 개발 업계 양쪽에서 공적(公敵)으로 몰려

상업적으로 세계적인 명성을 얻은 포트만이지만, 건축가 커뮤니티에서 그는 늘 논란의 대상이었다. 무엇보다 건축 설계자이면서 동시에 부동산 개발자이자 투자자의 길을 걸어온 그의 남다른 이력 때문이다.

그는 이번 송도 개발 컨소시엄에도 200억 원의 자본금 중 40%를 출자했고, 향후 사업 추진 과정에서 투자자 유치가 여의치 않을 경우 추가 출자를 해야 할 수도 있다.

건축 회사는 많습니다. 포트만 홀딩스의 차별화 포인트는 무엇입니까? "우리는 무척 글로벌화된 동시에 독특한 회사죠. 우리는 건축 디자인 회사인 동시에 부동산투자 개발회사이기도 합니다. 두 가지를 동시에 하는 회사는 흔치 않죠.

제가 1953년에 처음으로 이런 개념을 들고 나오자, 사람들은 저더러 이상하다고 생각했죠. 당시에는 두 가지 업무는 완전히 분리된 개념이었거든요."

당시에는 굉장히 혁신적인 시도였겠네요. "아주 혁신적이었죠. 말들이 많았어요. 당시 건축계와 부동산 개발업계 모두에 거대한 파장을 일으켰어요. 건축계에서도 비난 받고, 부동산 개발업계에서도 비난 받고… 미운 오리 새끼였죠."

왜 비난을 받나요? "서로의 영역을 넘보지 않는다는 암묵의 동의가 있었거든요. 건축 디자이너들은 부동산 개발이나 투자에 참여하면 자신의 전문성이 침해 받는다고 생각했고, 그 반대쪽들도 마찬가지였고요. 하지만 천만에요. 사실 두 가지를 한꺼번에 보는 시야를 갖고 집행하게 되면 엄청난 생산성을 가져오게 돼요. 디자인 관점과 도시 개발의 관점이 시너지 효과를 낸다고 생각해보세요. 윈─윈(win-win) 게임이라고요."

두 가지를 동시에 하려면 힘들지는 않으신가요?
"이제 저는 건축 디자인과 투자, 개발이 두 가지 다른 일이라고 생각지 않습니다. 지구상에는 그렇지 않아도 잡동사니들이 많아요. 누군가는 전략적으로 접근해서 필요한 곳에 필요한 것만 만들어야 실제로 도움이 됩니다. 계속 새로운 건물만 찍어낸다고 더 좋은 동네가 되는 게 아닙니다."

중국 시장에서 포트만 홀딩스는 외국 건축회사 중에 점유율 1위인 것으로 알고 있습니다. "우리는 1979년 덩샤오핑(鄧小平)의 초청을 받아 사업을 벌였죠. 특히 상하이 센터 건설(1990년) 이후로 우리의 입지는 완전히 굳어졌어요. 제 아들(Jack Portman)이 지금 중국 본부를 책임지고 있어요."

두바이에 치솟는 많은 건물 중 상당 부분이 포트만의 작품입니다. 두바이라는 도시를 어떻게 평가하십니까? "두바이는 부(富)

와 땅, 욕망, 그리고 이를 실현시킬 능력이 있는 도시입니다. '이거 뭐야? 도대체' 이렇게 중얼대는 동안에도 건물이 올라가죠. 건축 공학의 실험대입니다. 갈 때마다 다른 도시로 변해있습니다. 살아 움직이는 것 같죠. 커가는 아이를 보는 것 같기도 하고. '스테로이드를 과도하게 맞은 것 같다'고 말하는 사람도 있죠.(웃음) 하지만 비전이 있고 계획 있게 발전하는 도시에요. 물론 과제는 있어요. 무서운 속도를 잘 조절하면서 조화를 이뤄내야 한다는 것이죠."

디자인의 영감은 일상의 관찰에서

건축가로서의 포트만은 호텔 건축에 아트리움 양식*을 도입해 유행시킨 일로 세계적인 명성을 얻게 된다.

숙박 기능만 있던 호텔에 회의와 업무, 쇼핑,

---

*아트리움 양식(atrium), 호텔의 중앙 공간을 하늘까지 관통시킨 뒤 실내 정원 등을 배치시키는 건축 양식. 자연광이 들어오고 환기가 잘 되며 자연 친화적이라는 장점이 있어 요즘은 보편화됐다.

레크리에이션 등의 기능을 추가해 호텔을 복합 용도의 작은 도시로 만들기 시작한 사람도 포트만이다.(도널드 클리프턴 《강점에 올인하라》) 하지만 포트만의 건축 방식은 외부 공간과의 상호작용이 제한돼 '자폐적'이라는 비판도 받고 있다.(이종호 한국예술종합학교 교수)

그가 송도에 지을 예정인 151층의 인천타워는 하층부는 오피스와 호텔이지만, 상층부엔 아파트와 콘도가 들어설 예정이다. (전체 면적 중 아파트가 26.5%, 콘도가 14%이다.) 상업용 빌딩만으로는 분양성이 떨어져 아파트를 끼워 넣었는데, 관련 법 개정에 인천시가 적극적으로 도움을 줬다.

인천타워의 설계를 보면, 아파트 구역인 상층부는 둘로 갈라져 가운데가 비어 있는 반면, 오피스 구역인 하층부는 하나로 붙어 있다. 포트만 회장은 "채광이 중요한 아파트와 콘도 구역의 채광을 극대화하고, 밖을 바라보는 조망권도 극대화하기 위한 것"이라고 설명했다.

요즘 전 세계적인 건축 트렌드는 무엇입니까?
"최첨단 기술을 100% 이용하는 것입니다. 복잡한 건축 빌딩 디자인도 그렇고, 컴퓨터 장치를 이용한 내부 구조도 마찬가지고요. 인공지능 온도조절이나 통풍은 기본이지요. 동시에 친환경을 강조하는 흐름을 볼 수 있어요. 우리가 흔히 '지속 가능한 디자인(sustainable design)'이라 부르는 것이죠.
에너지 사용을 최소화하는 건축 자재를 이용하고, 재생 가능한 재료들을 인테리어에 적극

활용하는 것이 트렌드입니다."

디자인에 대한 영감은 어디서 얻으시나요? "모든 것으로부터요. 바람, 작은 풀잎에서부터도 영감을 얻습니다. 저는 어릴 때부터 몇 시간씩 앉아서 사람들을 관찰하곤 했어요. 마치 몰래카메라처럼요. 일상의 현장을 잡아내는 거죠. 거기에 진실이 있거든요.
의자에서부터 빌딩, 혹은 전체 도시에 이르기까지 이런 사소한 생활을 반영해야 좋은 작품이 나옵니다."

유명한 부동산 투자자인 도널드 트럼프(Donald Trump)가 혹시 당신의 경쟁자인가요? "아니오. 절대 아니에요. 저는 다른 사람과 경쟁하지 않아요. 오직 경쟁자는 제 자신밖에 없습니다. 전에 했던 작품보다 조금이라도 나은 작품을 앞으로 만들어야 한다는 점에서 자신과 경쟁하는 셈이죠."

이 모든 활동과 계획의 궁극적인 목표는 무엇입니까? "세상에 기여하는 게 제 목표입니다. '나'라는 존재가 세상에 태어나서 뭔가 변화를 만들어 놓고 가고 싶어요. 인간의 환경에 도움이 되는 방식으로요.
만약 인생을 산을 오르는 과정에 비유를 한다면요, 저는 제 산이 너무 까마득히 높아서 절대로 다다를 수 없었으면 하는 바람입니다. 만약 정상에 올라버리면 두 가지 선택밖에 없잖아요. 다시 내려오든가, 아니면 거기에 앉아 있든가."

전 세계에 설계한 도시가 수십 개가 넘습니다. 자신이 건설한 도시를 걷는 느낌은 어떤 것입니까? "제게 과거란 '어제의 신문' 같은 겁니다. 말 그대로 과거 일일 뿐입니다. 흘러간 노래에 불과하죠. 저는 과거에 집착하지 않습니다. 그것을 탈피해야 한다는 생각뿐. 제 마음은 벌써 다음 프로젝트에 온통 쏠려 있습니다. 저를 흥분시키는 것은 과거가 아니라 미래이니까요." **WeeklyBIZ**

포트만의 송도국제도시는

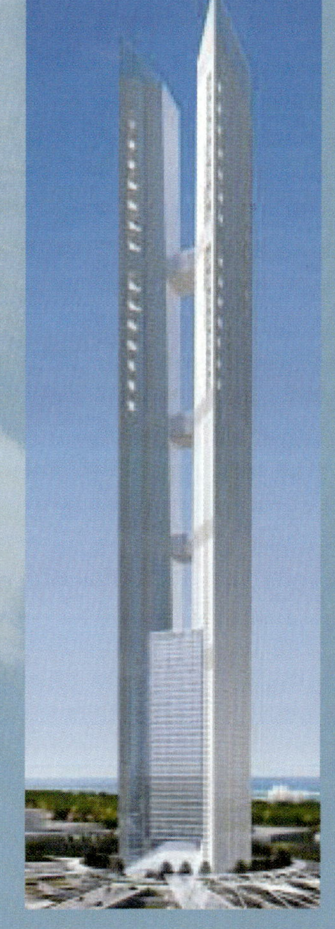

2008년 9월 17일 오전 10시 30분 인천경제자유구역 송도국제도시 인천대교 남단 6공구 건설 현장. 머리 위로 갈매기가 날아다녔다. 임시로 만든 공사용 다리 밑으로 썰물이 빠져나가자 갯벌에 인근 어민들이 나와 조개를 캐기 시작했다.

포트만 컨소시엄이 짓겠다는, 세계에서 두 번째로 높은 빌딩(인천타워, 151층, 사진참조)이 세워질 곳이 바로 이 바다 위다.

송도는 한쪽에선 매립 공사가 벌어지면서 다른 한쪽에서는 건물들이 하나둘 올라가고 있다. 6공구 인근 국제업무단지에는 64층짜리 주상복합건물 '더 샵 퍼스트 월드'가 외장 공사를 끝내고 내부 인테리어 작업을 벌이고 있었다. 65층 규모의 동북아트레이드타워는 37층 높이까지 올라왔다.

송도국제도시는 2003년 경제자유구역으로 지정됐다. 여의도를 대략 7개 합친 것만 한 규모다. 인천경제자유구역청은 이 도시에 장차 25만 4000여 명의 인구가 거주할 것으로 내다보고 있다.

송도국제도시는 11개 공구로 나뉘어 개발이 진행되고 있으며, 이 중 포트만 컨소시엄이 6, 8공구를 맡았다. 약 583만㎡ 규모. 포트만이 40%, 삼성물산과 현대건설이 각각 30%씩 출자해 만든 송도랜드마크시티유한회사가 사업 시행을 맡고 있으며, 개발 기간은 2020년까지로 잡고 있다. 사업 부지는 인천광역시로부터 매입해야 하는데, 가격이 1조 6700억 원에 이를 전망이다.

송도랜드마크시티 임채욱 상무는 "전체 사업비는 18조 원 정도로 계획하고 있다"며 "컨소시엄의 출자금 외에 금융권에서 차입하고 재무적 투자자의 투자도 유치해 자금을 조달할 계획"이라고 말했다.

그는 "업무 중심이 아니라 주거 중심 지역으로 개발할 계획"이라며 "외국인들이 고향 기분을 느낄 수 있도록 만들 것"이라고 말했다. 그는 "미국 보스턴, 플로리다 포트 로더데일 주택가, 중국 상하이 쇼핑 거리를 모티브로 설계하고 있다"고 덧붙였다.

인천타워의 경우 이르면 2009년 말부터 분양할 계획. 얼어붙은 부동산 경기가 풀릴지, 금융 시장이 경색되지 않을지 하는 점이 이번 사업의 위험 요인이라고 송도랜드마크시티 관계자는 말했다.

차민수

전(前) 미국 프로포커 수입랭킹 1위,
세종대 관광대학원 겸임교수

車敏洙

어떻게 포커 세계에서 1인자가 될 수 있었습니까?

"노름을 '공부'했다"

인기 TV 드라마였던 〈올인〉의 실제 주인공이자 세계 포커 챔피언이었고 프로 바둑기사이기도 한 차민수 씨. 그는 요즘 대기업의 초청 강사로 인기를 끌고 있다. 긴박한 상황에서 빠른 결단을 내려야 한다는 점에서 포커와 기업 경영은 닮은꼴이기 때문이다.

그는 1987년과 1996년에 각각 미국 스타 토너먼트와 수퍼볼슬림진 토너먼트에서 우승했으며, 약 10년간 미국 프로포커 수입랭킹 1위(비공인)를 기록했다. 그는 현재 세종대 관광대학원 겸임교수로 재직 중이다. 그를 만나 승부에서 이기는 비결을 들어보았다.

비즈니스를 흔히 게임이나 도박에 비유하곤 한다. '역전'이니 '룰'이니 '전략'이니 하는 말들이 '이기고 지는' 비즈니스와 게임 세계의 유사성을 잘 보여준다. 그래서 CEO는 기본적으로 승부사며 지략가다. 만약 우리가 세계 1위의 포커 플레이어를 만나 '승리의 기술'을 전수받는다면 비즈니스 묘수를 하나 알게 되는 것이다.

포커에서 승률을 높이는 방법은 무엇입니까? "상대의 패와 심리를 자로 재듯 정확하게 읽어내야 합니다. 저와 포커를 자주 같이 치는 사람이 50~200명 정도 되는데요, 저는 그들의 실력, 매너, 습관을 마치 사진을 찍듯이 기억에 넣어 놓고, 필요하면 사진 현상 하듯이 꺼내서 생각을 읽습니다. 이뿐만 아니라 이미 나왔던 패들, 딜러가 끝난 카드를 걷어가는 순서도 외워 버리죠. 단 1%의 쓸모라도 있으면 외워 둡니다. 책을 다 외웠는데 시험에 한 문제도 안 나올 수도 있지만, 한 문제라도 맞히기 위해 외우는 것과 마찬가지입니다."

세계적인 고수(高手)가 된 결정적 계기가 있었습니까? "과거 LA에서는 파이브 카드 드로(Five card draw) 게임을 주로 했는데, 제 실력이 100등쯤은 된다고 생각했었죠. 그런데, 1985~1986년쯤에 스터드(Stud)나 홀덤(Holdem) 게임 등이 시작되면서 라스베이거스 등 전국의 고수들이 몰려오기 시작했습니다. 제 실력이 2000등인지, 2만 등인지 가늠하기 힘들어졌지요. 포기하고 은퇴 하려다가 '누구는 태어날 때부터 잘했겠나' 하는 오기가 생기더군요."

고수(高手)와 하수(下手)의 차이는 무엇입니까? "하수는 시야가 좁습니다. 처음에 운전 배우면 앞만 보는 것과 같습니다."

진정한 실력은 언제 드러납니까? "지고 있을 때, 위기의 순간에 드러납니다. 잡초는 IMF 위기 때도 쓰러지지 않지만, 화초는 쉽게 쓰러지는 것과 같습니다."

위기 때 하수는 어떻게 변합니까? "스스로 무너지죠. 프로는 서서히 무너지지만, 아마추어는 언덕에서 굴러 내리는 것처럼 가속이 붙어 순식간에 내려 앉습니다. 포커에서 상대편의 돈 30%를 가져오는 데는 2~3시간이 걸리지만, 나머지 70%를 가져오는 데는 30분밖에 걸리지 않지요."

큰 실패를 겪은 후엔 어떻게 해야 하나요? "한발 물러앉아야 합니다. 그리고 차분히 공부를 해야 합니다. 모든 실패의 원인을 주위 환경으로 돌리는 사람이 많습니다. 아래 사람 탓을 하고, 노조 탓을 하고, 고유가 탓을 합니다. 그러나 생각해보면 누구에게나 조건은 똑같은 법입니다. '다른 기업은 어떻게 헤쳐 나갔나?', '내가 잘못한 것은 무엇인가?' 이렇게 되돌아보고 방법을 찾아보는 게 공부이고 자기 반성입니다."

포커에서 잃고 있을 때의 승부법이 있습니까? "흔히 질 때는 본전 생각이 나서 계속 붙잡고

비즈니스든 포커든 '상당히' 유리한 수준이 될 때까지는 큰 승부를 하지 않는다

있다가 몽땅 잃고 맙니다. 아니다 싶으면 20~30% 손해를 봤더라도 털어버릴 줄 알아야 합니다. 다시 말하면 '적게 지는 법'을 배워야 합니다."

이기고 있을 때의 승부법은요? "아마추어는 돈을 좀 벌면 빨리 튀려고 합니다. 주식으로 말하면 단타(短打)지요. 반면 프로는 이기면 느긋합니다. 이겼다 싶으면 이번엔 많은 차이로 이기려 하죠."

이기고 있다가도 한 방에 무너질 수도 있지 않은가요? "이기는 포커는 안전한 승부로 끝까지 지켜냅니다. 프로는 이긴 승부는 99% 이상 지킵니다."

이기고 있는데도 큰 돈을 걸 만한 기회가 온다면요? "1% 정도 유리한 수준이라면 큰 승부를 하지 않습니다. '상당히' 수준으로 유리해질 때까지 기다리죠. 6대4 정도로 유리하다 싶은 기회가 오면 올인합니다. 그래서 상대가 못 들어오게 하는 거죠."

6대4라면 그리 크지 않은 차이처럼 보이는데 올인하십니까? "프로는 승부를 연(年)으로 따집니다. 6대4라면 비슷한 기회가 10번 왔을 때 6번은 이긴다는 뜻입니다. 1년에 똑같은 승부를 100번, 1000번 하면 이긴다는 확률을 믿는 것입니다."

같은 프로끼리면 실력 차이가 어느 정도 납니까? "제가 세계 1위였다지만, 100위, 혹은 1000위와 실력 차가 얼마나 될까요? 손톱만큼이나 될까요? 설사 실력차이가 손톱만큼이래도 평생을 뒤집지 못합니다. 바둑에서 이창호를 한 번은 이길 수 있겠지만, 단번 승부는 의미가 없지요. 연(年)으로 따져 앞서는 것이 중요합니다."

결국 공부를 하고 확률을 믿으라는 말씀이신가요? "그렇습니다. 처음에는 자신감이 없지만, 기초부터 공부를 착실히 하고, 차차 이기는 레코드를 쌓아 나가면 '하면 이긴다'는 자신감이 생깁니다. 여태까지의 성적이 뒷받침 해주게 되는 거지요." WeeklyBIZ

사회생활이 힘들다고 말하는 젊은이들에게 하고 싶은 말은?

"그건 살면서 몇 번이라도 있는 일"

150cm 남짓한 작은 체구에 75세의 나이가 무색한 동안(童顔), 화사한 분홍색 정장의 옷차림. 그녀의 첫인상은 매출 2조 4000억 원의 대기업 사장보다는 곱게 살아온 부잣집 사모님에 가까웠다. 하지만 그녀는 세계가 인정하는, 일본을 대표하는 여성 기업인이다. 일본 2위의 인재 파견업체인 템프스텝의 시노하라 요시코 사장.

그녀는 '여성'과 '고용'이라는 두 주제에 평생을 도전했다. 그녀는 1973년 책상 하나, 전화기 한 대로 창업, 일본은 물론 세계에서 인정받는 기업을 일궈냈다. 지금 이 회사를 통해 일자리를 찾는 파견 인력은 10만 명이 넘는다.

〈포천〉지는 그녀를 2000년부터 무려 9년 연속 '세계에서 가장 영향력 있는 여성 기업인 50인'에 선정했다. 2008년 〈월스트리트저널〉도 그녀를 '아시아의 주목할 만한 여성 10인'에 선정했다. 2007년에는 가장 진취적인 창업자 한 명에게 수여되는 일본 기업가 대상을 받았다. 손정의 소프트뱅크 사장(2005년), 나가모리 시게노부 일본전산 사장(2006년) 같은 기라성 같은 기업가에 이은 수상이었다. 보수적인 일본 사회에서 여성으로서는 보기 드문 성취다.

세계가 그녀를 높이 평가하는 것은 무엇보다 그녀가 보여준 불굴의 도전정신 때문이다. 그녀는 한 차례의 이혼과 두 차례의 실직을 겪은 뒤 39세의 나이에 창업했다. 마흔을 코앞에 둔 이혼녀가 일본 사회에서 보기 드문 여성 창업 신화를 이룬 것이다.

그녀가 사업을 벌이자, 주변에서는 '인재 파견업'을 '인신매매업'으로 오해해 뜯어말렸고, 공무원들은 법에 없는 사업이니 위법이라고 경고했다. 그러나 그녀는 밤에 영어회화 학원을 열어 사업자금을 벌고, 혼자 기업체를 방문해 팸플릿을 돌리며 결국 성공을 이뤄냈다.

하지만 서울 명동 템프스텝코리아 본사에서 만난 그녀는 한없이 겸손했다. "저의 최대 장점은 나 스스로 모든 일을 할 수 없다는 점을 안다는 것"이라고 하고, "나는 실패의 여왕"이라고도 했다. 그러나 인터뷰 시간이 30분쯤 지나면서, 그녀는 30여 년의 경험에서 우러나온 의견과 조언들을 하나둘씩 풀어내기 시작했다.

마흔을 앞두고 여자 혼자 창업하기가 쉽지 않으셨을 텐데, 대단한 결심을 하셨습니다. "아버지가 일찍 돌아가시고 어머니께서 조산사(助産師)로 혼자 저를 키우셨습니다. 어머니처럼 독립적인 여성이 되고 싶다는 생각을 어려서부터 했어요. 32세 때 해외 유학을 떠나 스위스와 영국에서 비서학과 영문학을 공부했습니다. 그리고 일본에 돌아와서 영자 신문을 보고, 호주 회사에서 사람을 뽑는 걸 알았어요. 당시 남편도 없을 때라 미련 없이 호주로 옮겨 작은 시장조사 회사에서 근무했습니다. 거기서 인재 파견업을 처음 접했죠."

그 사업으로 성공할 것을 확신하셨나요? "바로 사업화할 생각은 못하고, 신기하다고만 생각했어요. 옆의 직원이 일이 있어서 일주일 쉰다고 했는데, 다음 날 그 자리가 비는 게 아니라 다른 사람이 와서 일을 해주더군요. 주변에 사람을 새로 뽑았느냐고 물어보니 '인재 파견'이라고 알려줬습니다. '참 편리하구나' 하고 생각했지만 직업으로 하겠다는 생각은 그때 하지는 않았습니다."

어떻게 창업하시게 됐습니까? "호주에서 오래 생활하다 보니 일본에서 일하고 싶었어요. 일본에 귀국해서 해외에서 쌓은 커리어를 살려 취업할 길이 없는지 찾아봤습니다.
그런데 그게 생각만큼 쉽지 않았습니다. 일본 기업에서는 여자는 아무리 열심히 일해도 당시 보조 역할에 불과했지요. 여기에 자극을 받아서 창업할 아이템을 찾다가 인재 파견을 떠올렸습니다."

70년대에 벤처 창업을 하신 셈인데, 쉽지 않으셨겠습니다. "힘들었지요. 책상 하나에 전화 한 대를 놓고 시작했습니다. 5년 정도 혼자서 그렇게 일을 했지요.
홍보 팸플릿도 스스로 만들어 기업을 돌아다녔습니다. 그래도 일본 기업들은 전혀 이해해주지 않았어요. 그동안 고생해 모은 돈 100만 엔을 회사 자본금으로 쏟아 부었는데, 금방 바닥을 보이더군요."

어떻게 돈을 버셨나요? "이대로는 안 되겠다 싶어 밤에 영어 회화 교실을 만들어 그걸로 돈을 벌었습니다. 그런데 이게 잘 맞았던 것 같아요. 당시 외국계 기업들이 마침 일본에 들어오던 시기였는데, 주로 제 사무실이 있던 롯폰기(六本木) 근처였습니다.
당시 외국계 기업들은 영어가 가능한 일본인들을 원했고, 인재 파견 사업에도 익숙했습니다. 제가 외국 기업에 영어 교실에서 훈련받은 인재들을 연결시켜주면서 일이 풀려나가기 시작했습니다."

세상은 좋을 때도 있고 나쁠 때도 있는 법이다

시노하라 사장의 기회를 잡기 위한 12개 메시지

1. 지금 하는 일에 정신 없이 열중하라.

2. 기회는 어느 날 갑자기 온다.

3. 나한테 딱 맞는 일은 어디에도 없다.

4. 남의 떡은 원래 더 커 보인다.

5. 그만두고 싶다고? 그건 살면서 몇 번이라도 있는 일이다.

6. 천직(天職)은 나중이 돼서야 알게 된다.

7. 일의 기쁨을 찾자.

8. 시작은 언제라도 늦지 않다.

9. 진짜 성공에 필요한 것은 능력이 아니라, 한 순간의 자그마한 용기다.

10. 고민을 솔직하게 이야기하면 상대방은 도와주게 돼 있다.

11. 큰 꿈을 갖고 있지 않아도 괜찮다.

12. 아예 하지 않는 것보다 실패하더라도 해보는 것이 단연 좋다.

직원들이 아무것에도 도전하지 않는 회사는 죽은 회사

최근 한국의 젊은이들은 도전의식이 많이 사라지고, 주변의 반대로 창업의 뜻을 꺾는 경우도 많은데요. "(눈을 동그랗게 뜨며) 그래요? 자신이 확신을 가지고 밀어붙이는 일이라야 성공 확률이 높습니다. 하기는 일본에서도 요새 젊은이들은 그렇지는 못한 것 같아요. 모든 게 흘러 넘쳐서 사람들이 그렇게 변한 것 아닐까요? 지금은 고생하지 않아도 된다는 의식이 너무 퍼져 있는 것 같습니다. 하지만 젊은이들에게 다시 한번 열심히 하라고 강조하고 싶네요.
겪어보니 세계는 계속 변화하고, 나쁠 때도 좋을 때도 있으면서 계속 쉬지 않고 돌아갑니다. 물론 예전에 비교하면 세상이 훨씬 더 어렵고, 생각대로 안 되긴 하죠. 그래도 무작정 꿈이 이뤄지지 않는다고 좌절하지 말고, 현실에 맞서 하나씩 개척하면서 앞으로 나아갔으면 합니다."

그녀는 《찾아라, 일의, 기쁨을(探そう, 仕事の, 歡びを)》이라는 자신의 책에서 인생에서 기회를 잡는 요령으로 12가지를 소개한다.
핵심만 요약하면 "나같이 부족한 사람도 지금 하는 일에 기쁨을 찾고 혼(魂)을 바친 결과 성공할 수 있었다. 너무 멀리서 '맞는 일'을 찾지 말고, 지금이라도 할 수 있는 일을 열심히 하라"는 내용이다. 경험에서 우러나온 소박한, 그러나 피부에 와 닿는 조언이다.

시노하라 사장은 인터뷰 내내 소탈했다. 재미있는 일화를 떠올릴 때면 큰소리로 동석한 직원들과 함께 웃고, 한국의 젊은이들 이야기가 나오면 눈을 크게 뜨며 호기심 어린 표정을 짓기도 했다.
소탈한 그녀의 성격은 템프스텝의 기업 문화에도 그대로 반영된다. 예를 들면 도쿄 신주쿠 템프스텝 본사에

시노하라 사장은 스스로를
'실패의 여왕'이라고 부른다

는 시노하라 사장의 집무실이 따로 없다. 그녀는 사무실의 열린 공간에서 다른 임직원들과 함께 일하며 편하게 대화를 나눈다.

템프스텝의 가장 큰 성공 요인은 무엇입니까?
"직원들, 그러니까 '사람들'입니다. 지혜를 뭉쳐서 유연하게 운영했기 때문이죠. 부연하자면 저는 제 최대의 장점이 '나 스스로 모든 일을 할 수 없다'고 깨달은 점이라고 생각합니다."

예를 든다면요? "저희는 사내 벤처 제도를 15년 전부터 운영하고 있습니다. 될 사업이라고 생각하면, 회사에서 가능한 한 책임을 지고 밀어주는 문화입니다. 덕분에 매우 사업 확장 속도가 빨랐습니다.
예를 들어 직원들이 모여 경리만 전문으로 파견하는 팀을 만들까 하는 이야기를 하다 보면 그게 바로 사업으로 이어지는 식이었죠. 물론 모두 성공한 건 아닙니다. 수억 엔 이상의 손실을 보는 경우도 있었죠. 제 스스로 아마 제일 많이 사업에 실패한 '실패의 여왕'일 겁니다. IT 회사를 만들었다가 실패한 적도 있었습니다. 하지만 아무것도 직원들이 도전하지 않는 회사는 죽은 회사나 마찬가지입니다."

템프스텝은 여성 직원이 많은데, 파견 직원도 여성 인력이 더 많은가요? "90% 가까이가 여성입니다. 여성 인력과 파견 제도는 서로 잘 맞는 측면이 있어요. 실제로 여성 인력이 파견 근무에 대한 만족도가 매우 높습니다."

왜 그럴까요? "일본은 선진국 중에서도 가장 왕성하게 일할 수 있는 25~35세 여성들의 취업률이 매우 낮은 나라입니다. 특히 자녀가 생겨 교육을 시켜야 할 상황이 되면 사회 분위기 자체가 여성들의 직장 근무를 달갑지 않게 받아들입니다.

하지만 파견 직원이라면 근무 시간을 비교적 자유롭게 정할 수 있습니다. 아이를 등교시키고, 오후에 시간이 남을 때 근무를 하는 거죠. 실제로 저희 회사 파견 사원들에게 조사를 해보면 현재 파견 근무 중인 기업에서 제의가 와도 정직원으로 근무하지 않고 파견사원으로 계속 근무하겠다는 응답 비율이 70%가 넘습니다."

일본 경제, 10년 장기불황 때보다 심각

화제를 최근 일본 경제 상황으로 돌리자 시노하라 사장의 표정이 자못 심각하게 바뀌었다. 그녀는 '큐우게키(급격, 急激)'라는 말을 여러 차례 반복했다.

최근 일본 기업들이 잇따라 급격한 감원을 하고 있습니다. 지금 상황이 어느 정도 심각합니까? "1990년대 버블 경제 붕괴 때보다 훨씬 심각합니다. 예를 들면 2008년 대학 4학년생들은 취업할 수 있는 곳이 두 곳 이상 확보되는 경우가 많았는데, 올 2009년은 거의 직장을 구하지 못하고 있어요.

정부의 사정도 좋지 않습니다. 1990년대 일본 정부는 재정 여유가 있었습니다. 고용을 늘리기 위해서 사업을 100조 엔 규모로 벌일 정도로 정부가 돈을 많이 풀고 노력을 했습니다. 하지만 그 같은 재정 지출은 대규모 재정적자를 불렀습니다. 일본의 국채는 900조 엔 정도에 달합니다. 그래서 지금은 돈을 쓰기 어려운 상황입니다."

하지만 인력 파견업체들에는 불황이 오히려 호기가 아닐까요? "물론 그렇게도 생각할 수는 있

템프스텝 연도별 매출

단위 : 100만 엔

연도	매출
73	31
77	
82	
87	
92	
97	
02	
07	
08년	236700

자료 : 템프스텝코리아

템프스텝의 가장 큰 성공요인은 '사람'이다. 직원들의 지혜를 뭉쳐서 사용했기 때문이다

겠죠. 하지만 지금 상황에서는 모든 업종, 모든 경제가 급격히 나빠졌기 때문에 인재 파견업도 좋을 리가 없습니다. 계약 파견이라는 건 기간이 있는 것인데, 경기가 너무 안 좋으니까 기업들이 기간을 다 못 채우고 중도에 해지를 하는 거죠.

현재 일본 전망기관들은 실업률이 6%까지 갈 것으로 보고 있습니다. 이건 과거 대비 최악의 상황입니다. 2000년 IT 버블이 붕괴 됐을 때 실업률이 5.4% 정도였어요. 현재 우리가 10만 명 넘게 파견을 보내놓았는데, 이 숫자가 몇 개월간 계속 줄어들고 있습니다.

지금 저희 회사 영업사원들은 파견 사원들을 실업자로 만들지 않기 위해서 굉장히 현장에서 열심히 뛰고 있어요."

기업들이 적극적인 구조조정에 들어간다는 거군요. 하지만 대안은 없습니까? 예를 들어 일자리 나누기(잡 셰어링)에 대해서는 어떻게 생각하십니까? "일본에서도 잡 셰어링에 대해서 많이 논의가 되고 있습니다. 심지어 템프스텝 본사에서도 잡 셰어링을 검토하자고 이야기하는 사람들이 있습니다. 하지만 단순히 업무를 나누는 잡 셰어링은 효율이 높지 않습니다. 특히 일본의 경우 잡 셰어링은 잘 안될 것으로 생각합니다.

좀 더 자세히 이야기하자면 일본은 서류 업무가 굉장히 많습니다. 사무실에서 근무하는 모든 사람들은 잔업 자체가 매우 많습니다. 그래서 부서별로 그 잔업을 없애고, 임금을 덜 받자는 게 현재 논의되는 잡 셰어링의 개념입니다.

하지만 여기에는 두 가지 문제가 있습니다. 첫째는 일본은 생활에 필요한 코스트(비용)가 굉장히 높은 사회라는 겁니다. 급여를 20% 이상 삭감해서 고통을 공유했을 때 과연 그 정도 급여로 생활을 유지할 수 있는 건지 심각하게 생각해봐야 합니다.

둘째는 단순한 잡 셰어링으로는 회사의 능률이 오르지 않고 향후 기업 경쟁력을 저해할 수 있다는 점입니다."

이유는 무엇입니까? "예를 들어 관리부서에 일이 늘어나서 사람을 많이 뽑았다고 합시다. 그런데 불황이 닥치고 일도 줄어드니 잡 셰어링을 하게 됩니다. 그러면 많은 사람이 적은 일을 서로 나누느라 고민에 빠지죠. 반면 영업부서는 불황 극복을 위해 오히려 일손이 더 필요한데도, 사람을 못 뽑습니다. 이래서는 회사에 능률이 오르지 않는다는 이야기입니다.

실업률을 낮추기 위한 해법으로 '일자리 나누기'보다 고용 규제를 완화해서 기업 스스로가 해법을 찾도록 하는 게 더 맞는 방향이다

이런 사태를 막으려면 단순히 일을 나누는 것 외에 직원들이 유연하게 직종을 전환할 수 있는 문화를 만들어야 합니다.

관리직에 있는 사람이 영업직으로 전환한다든가, 어떤 지점의 사람이 부족하니까 근무지를 바꿔 근무한다든가 하는 식으로 사람들이 유연하게 일할 수 있도록 만들어야 합니다.

이런 유연함이 있어야 기업은 경쟁력을 유지하면서 일자리를 보전할 수 있습니다. 단순한 잡 셰어링은 일본에 맞지 않습니다.”

 “쉽지는 않을 겁니다. 특히 일본 사회는 일자리를 창출하는 힘이 급속하게 떨어져 가고 있습니다. 그래도 그나마 유일한 해결책이 규제 완화가 아닌가 생각합니다. 부작용도 물론 있지만 규제를 완화시켜서 기업들이 스스로 움직여서 문제를 해결하도록 하는 게 효율적입니다.

그렇지 못하면 일본이라는 나라는 살아남지 못할 정도로 위기를 맞을 수 있습니다. 실제로 1990년대 10년 불황 동안 인력 고용에 대해 기업 규제를 완화했기 때문에 그나마 일본 사회는 실업률을 많이 낮출 수 있었습니다.”

“쉽게 말할 수 있을 정도의 계획이 있다면 고생하지 않겠죠.(웃음) 다만 우리는 일자리에 대한 사업을 하고 있기 때문에, 지금 하는 사업의 본질이 몰락하거나 하는 일은 없을 겁니다. 사람은 태어나면 뭐든 일을 하니까요. 다만 시대의 요구에 따라서 방향과 전략을 바꿔 가야 하겠죠.

개인적으로는 아시아 지역의 여성 인재 활성화에 노력했으면 합니다. 현실이 쉽지는 않지만, 아시아 여성들의 사회 진출이 좀 더 활발해질 필요가 있습니다.” **WeeklyBIZ**

Focus

인재 파견업 이란

‘인재 파견업’이란 고용한 근로자를 근로자 파견 계약에 따라 다른 기업에 보내 일하도록 하는 사업을 뜻한다.

미국과 프랑스에서는 19세기 초부터 시작됐다. 기업 입장에서는 필요한 업무에 자유롭게 근로자를 고용할 수 있어, 유연한 고용에 도움이 된다. 일본은 전체 노동자 중 파견사원이 주를 이루는 비정규직 비율이 35%에 달한다.

그러나 근로자 입장에서는 작업환경이나 급여에서 정직원보다 불리한 위치에 서게 되고, 후생복지도 불리할 수 있다. 일본에서는 1999년부터 근로자파견법을 개정, 파견 대상 업종을 크게 확대했다. 이에 따라 고용이 창출되고, 파견 근로자도 크게 늘었다. 하지만 최근 경제가 어려워지면서 많은 생산직 파견 근로자들이 일자리를 잃고, 범죄가 늘어나는 등 사회적 부작용이 커지고 있다.

이에 따라 인재 파견 규제를 강화할지를 놓고 거센 논란이 일고 있다. 한국에서는 일본보다 규제가 엄격해 제조 관련 단순 노무 종사자나 제조 연관성 업무는 인재 파견이 금지된다. 노동부에 따르면 한국의 파견 근로자 수는 2002년 6만 3919명에서 2004년 4만 9589명으로 줄었지만, 2007년엔 7만 5000명으로 다시 크게 늘어났다.

Who is

시노하라 요시코 사장은 1934년생으로 가나가와(神奈川)현 출신이다. 1953년 상업고등학교를 졸업하고 미쓰비시중공업에 입사했다. 한 차례 이혼하고 두 차례 실직한 뒤 1966년 스위스와 영국으로 유학을 떠나 비서학을 공부했다.

1971년 호주의 시장조사회사인 파사(PASA)의 사장 비서로 입사했다. 호주에서 인재 파견 서비스를 처음으로 접한 뒤 73년 귀국해 인재 파견업체인 템프스텝을 도쿄 롯폰기에 창업했다. 2006년에는 도쿄증권거래소 1부에 상장했다. 현재 일본에 273개 지점이 있고, 한국을 포함한 해외 11개국에 거점을 두고 있다. 경영 철학으로는 투명 경영과 사회 공헌을 특히 강조한다. 영업시 접대를 금지하는 게 대표적이다.

1998년 파견 직원 9만 명의 개인 정보 명부가 유출되는 사건으로 큰 위기를 맞았는데, 당시 시노하라 사장의 투명 경영 원칙이 큰 힘을 발휘했다. 시노하라 사장은 사건이 발생하자 즉각 영업 활동을 전면 중단하고, 개인 정보가 유출된 파견 직원들의 집을 일일이 방문해 사과하고 대책을 설명해 위기를 극복했다.

〈포천〉지에 따르면 PC 회사 레노버는 2006년 146억 달러(약 14조 원)의 매출을 올려 민영기업 중 1위를 차지했다. 국유기업을 포함한 순위로는 레노버가 중국 11위이다.

레노버의 본사는 미국에 있고 CEO도 미국인이다. 연간 2022만대의 PC를 생산하는 세계 3대 PC 메이커이며, 한국을 비롯한 60여 개국에 약 2만 5000명의 직원을 두고 있다.

이 한국의 삼성전자 격인 중국 최대 민영기업 레노버의 창업자가 류촨즈이다. 그는 '중국의 빌 게이츠'로 불리며 현재 '레전드 홀딩스'(레노버의 모기업) 회장이다.

인생의 좌우명은 무엇입니까?

"弘毅(홍이, 뜻이 넓고 굳셈)"

중국인들에게 중국을 대표하는 기업인이 누구냐고 묻는다면 십중팔구 류촨즈 회장이나 장루이민(張瑞敏) 하이얼그룹 회장 두 사람을 꼽을 것이다. 중국인들이 류촨즈 회장에 특별히 열광하는 이유가 있다. 그는 2004년 17억 5000만 달러에 미국 IBM의 PC사업 부문을 인수해 세계의 화제가 됐다. 다윗이 골리앗을 품은 격이고, 한국으로 치면 용산전자상가의 조립 PC 회사 사장이 미국 최고의 컴퓨터 기업을 사들인 격이다. 말하자면 그는 세계로 도약하는 중국의 힘을 상징하는 인물인 셈이다.

하지만 그는 늘 마음 속에 '천외유천(天外有天)'이란 중국 속담을 새기고 다닌다고 했다. 하늘 위에 또 하늘이 있다는 뜻인데, 우리 말로 하면 '뛰는 놈 위에 나는 놈 있다' 쯤 된다. "제 성격에는 자만(自慢)의 DNA가 흐르고 있습니다. 조금만 방심해도 우쭐해지기 쉬운 성격이죠. 그래서 늘 자만하지 않도록 스스로를 일깨우고 조심하고 있습니다."

그가 끝없이 기업을 확장하고 부(富)를 늘려가는 데만 몰두했다면, 그는 결코 존경받는 기업가 반열에는 오르지 못했을 것이다. 그는 일찍부터 나눔의 경영을 실천해 중국인들의 존경을 받아왔다. 그가 회장으로 있는 '레전드 홀딩스'는 레노버의 지주회사로 주식의 46%를 보유하고 있다. 그러나 그가 가진 레전드 홀딩스 주식은 2%에 지나지 않는다. 65%는 그의 창업 당시 자금을 대주었던 중국과학원이 소유하고 있고, 나머지는 임직원이 보유하고 있다. 그는 중국 최초로 스톡옵션(1989년)과 종업원지주제(1993년)를 잇달아 도입해 중국 기업에 소유권 개혁 물결을 일으켰다.

카리스마형 리더로 알려진 그를 막상 만났을 때 기자는 뜻밖이었다. 처음 본 것이 그의 청색 재킷, 눈에 띄게 닳아있는 오른쪽 소매자락이었다. 그는 영락없는 이웃집 아저씨였다.

왜 이렇게 해진 옷을 입고 계십니까? "양복은 보통 10년 이상씩 입습니다. 제가 검소해서 일부러 아끼는 것은 아니고요. 입는 데 신경을 안 써서 그렇습니다. 솔직히 돈 쓰는 방법을 잘 모르기도 하죠. 어떤 옷이 명품인지도 모르고, 명품 브랜드는 들어도 잘 기억을 못합니다."

<u>돈과 부(富)에 대한 철학을 말씀해주시죠.</u> "물질
적 부에 대한 생각은 계속 바뀌기 마련입니
다. 10여 년 전에는 내가 탄 차가 좋을수록,
내 집이 클수록 사람들이 나를 존경할 거라고
생각했어요.

그런데 어느날 한번은 차를 타고 가다가 창
밖으로 옛 동료가 자전거를 타고 가는 모습을
보면서 가슴이 아팠어요. 정신적인 부가 더
중요하다고 생각합니다. 가장 즐거운 일은 동
료들이 얻어야 할 것을 얻어 즐거운 마음으로
살아가는 것을 보는 것입니다. 나와 함께 창
업한 동료들은 지금 다 퇴직을 했지만, 주식
을 갖고 있기 때문에 회사가 발전할수록 그들
도 더 좋은 삶을 누릴 수 있죠."

그는 자신의 주식이 2%밖에 안 된다고 하면
많은 기업인들이 이상하게 생각한다고 했다.
"다들 제가 레노버를 창업했고 회사가 이만

큼 커졌으니 재산도 많을 것이라 믿죠. 하지
만 이렇게 살아왔기 때문에 조직을 단합시키
고 많은 사람들을 이끌고 일을 할 수 있었다
고 생각합니다."

경영 일선에 복귀할 가능성을 묻자 그는 손사
래를 쳤다. 그는 지난 2005년 당시 41세의 양
위안칭(楊元慶)에게 레노버 회장 자리를 넘겨
줬다.

<u>왜 레노버 경영에서 손을 뗐습니까?</u> "IT는 젊은
사람이 할 일입니다. 단거리는 젊은 사람들이
더 잘 하죠. 우리는 골프나 장거리 달리기를
하는 게 더 나은 것 같습니다. 레노버 미국 본
사는 1년에 세 번 정도 갑니다.

레노버의 주요 문제 결정에 대해서는 이사로
서 의견을 내는 정도입니다. 구체적인 경영에
는 참여하지 않습니다. 물론 경영과 관련한
보고는 수시로 받죠."

그는 요즘 골프에 푹 빠져 있다. 여름철에는
거의 매일 오전 7시에 집 근처 골프장에서 9
홀을 돌고 출근한다. 출근하면 대략 10시 정
도가 된다. "최근 들어 저는 일하는 시간을 줄
여나가고 있어요. 전문경영인이 있잖아요."
1984년 레노버를 창업한 류촨즈는 이듬해
IBM의 대리점 모임에 참석했던 일을 잊지 못
한다. 그는 아버지가 물려준 낡은 양복을 입
고 뒷줄에 앉아 있었다. 그것은 새롭고 놀라
운 경험이었다. 그는 얼마 뒤 IBM 컴퓨터의
중국 내 판매 대행에 나서게 된다.

"그러던 우리가 어느 날 IBM PC 사업부를 인
수할 줄이야 꿈에서도 상상하지 못했죠. 그것
은 생각할 수 없는 일이었고, 불가능한 일이
었죠."

그러나 2004년 그 상상할 수 없는 사건이 일
어났다. 레노버가 IBM의 PC사업부문을 통째
로 인수했다. 현재 레노버 회장인 양위안칭

순국 IT 업계의 '대부' 류촨즈 레전드 홀딩스 회장. 그의 눈매가 세계를 노려보는 듯하다

당시 사장이 밀어붙인 일이고 다른 이사들은 거의 전부 반대했지만, 류촨즈는 양위안칭의 판단력을 믿었다. 레노버는 2010년까지 IBM 브랜드를 사용할 수 있는 권리가 있지만, 2008년에 IBM브랜드를 떼기로 결정했다. 자신감의 표시인 셈이다.

레노버는 요즘 애플과 슬림 노트북을 놓고 한판 힘겨루기를 하고 있다. 애플의 스티브 잡스 회장이 2008년 1월 세계에서 가장 얇은 노트북이라는 '맥북에어'를 발표하자 레노버는 '씽크패드 X300'을 내놓았다. 무게에선 0.03kg라는 근소한 차이로 레노버의 X300이 앞섰지만, 두께는 맥북에어에 상당히 뒤졌다. X300이 1.85~2.34cm인 반면 맥북에어는 0.41~1.93cm이다.

류촨즈 회장의 확장욕은 아직 멈추지 않았다. 2007년 레노버는 네덜란드 PC업체인 패커드벨 인수에 나섰다가 경쟁 회사의 견제로 무산되기도 했다. 그는 "기업의 발전을 위해 M&A는 필요한 수단이며 레노버뿐 아니라 어느 기업도 해야 하는 것"이라며 "레노버는 주로 PC부문 M&A에 주력할 것"이라고 말했다.

인생의 좌우명은 무엇입니까? "단계에 따라 달라졌습니다. 1996~1997년 회사가 경영난을

겪고 있는 가운데 베이징과 홍콩 사이를 오가며 바쁘게 일을 했죠. 그때 책상머리에 새겨둔 글자가 '勿躁(우짜오, 조급하지 말자)'였습니다. 회사 상황이 좋아지자 더 큰 일을 하려면 '弘毅(홍이, 뜻이 넓고 굳셈)'가 필요하다고 생각했습니다. 더 긴 목표를 세워 끝까지 견지해야 된다는 뜻이죠."

'弘毅'라는 말은 지금 그의 사무실에 큰 액자로 걸려 있다.

큰 목표 세우고 사람을 포용하라

리더로서 가장 중요한 자질은 무엇입니까? "우선 목표를 잘 세울 줄 알아야 한다는 것입니다. 아주 명확한 목표를요. 미래의 큰 그림을 그려야 회사 구성원을 이끌고 앞으로 나갈 수 있죠. 두 번째는 도덕성과 품성을 갖춰야 합니다. 세 번째는 감성(感性)입니다. 큰 가슴으로 사람들을 포용해야 사람들이 단결하고, 서로 소통을 합니다. 물론 지적 능력도 필요해요. 리더는 학습 능력이 좋아야 합니다.

회사를 운영하는 데 있어 저에겐 남들보다 상대적으로 잘하는 점이 몇 가지 있습니다. 처음 10명과 회사를 세웠는데 자금이 부족했기 때문에 일한 만큼 나눠줄 수가 없었어요. 사

람들을 단결시키고 응집시키려면 내가 솔선수범하는 수밖에 없었죠. 그래서 저는 많이 일하면서도 덜 가져갔어요. 그랬더니 구성원들이 잘 따라왔어요. 제가 생각하기에 지금의 젊은이들과 비교하면 이런 점은 좀 다르다고 할 수 있겠죠.

저는 회사를 시작할 때부터 지금까지 기업의 이익을 최우선으로 뒀어요. 그리고 기업을 하면서 여지껏 파벌을 만들어서 끌어올리고 한 적이 없어요. 파벌이 없으니 '누구 사람'이란 게 없었죠."

그가 남들보다 잘한다고 생각하는 또 한 가지는 사람을 키우는 것을 아주 중시했다는 점이라고 했다. 그는 레노버가 세계적 기업으로 성장한 제1의 원동력 역시 인재를 중시했다는 점을 꼽았다.

"조그마한 회사에서는 일하는 게, 큰 회사에서는 사람을 관리하는 게 중요하다고 생각해요. 일을 할 때마다 인재 양성을 중요하게 생각했습니다.

오늘의 레노버가 다양한 영역에서 새로운 일을 전개할 수 있었던 것은 젊은 인재들이 나왔기 때문인데 이는 '감성'과 관계가 있다고 생각합니다. 좋은 실적을 모두 나 자신의 공으로 돌리거나, 모든 권력을 내가 행사하거나 하지 않았습니다. 직원들에게 능력을 발휘할 수 있는 무대를 제공했습니다."

인재 양성 방법이 무엇입니까? "능력을 발휘할 수 있는 무대를 제공하는 게 가장 중요하지요. 그리고 업무를 명확히 하고, 책임과 권한, 나중에 가져갈 수 있는 이익을 명확히 합니다. 그런 다음부터는 그들의 일입니다. 어떻게 하면 일을 더 잘할 수 있는지 스스로 생각하게 만듭니다. 우리는 이것을 '엔진 문화'라고 부르는데, 간부는 큰 엔진이고, 그 밖의 모

든 직원들은 큰 엔진과 함께 돌아가는 작은 엔진이 되어야 합니다. 밑의 직원들이 엔진에 따라 움직이는 기어가 되어서는 안 되죠. 이렇게 해야 원동력이 더 커집니다."

경영의 핵심 :
젠반쯔, 딩잔뤼에, 다이두이우

지금까지 수많은 사업에서 성공한 비결은 무엇입니까? "무엇보다 중국이 개혁·개방을 한 것이죠. 문화대혁명 때는 어떤 일도 제대로 할 수가 없었죠. 두 번째는 높은 목표를 세우고 그것을 실현하기 위해 늘 노력한 것입니다. 목표를 높게 세워야 그 목표를 향해 나아갈 수 있습니다. 세 번째는 늘 공부한 것입니다. 책에 나온 지식뿐만이 아닙니다. 외국 회사들로부터 많은 것을 배웠습니다. 미국 회사들의 중국 주재원들은 좋은 스승이었죠."

그는 자신의 인생에 가장 큰 영향을 미친 사람으로 덩샤오핑(鄧小平)을 꼽았다. "그가 없었다면 개혁·개방이 없었을 것이고, 중국은 아주 가난했겠죠. 그리고 오늘의 저도 없었을 것입니다."

그는 "중국의 개혁·개방에 불만을 가진 사람들은 북한에 가보면 좋겠다"고 했다. "북한에 가보면 아마 크게 놀랄 거에요. 어쩌면 이렇게 가난할까 하고 말이죠. '김일성'이라 부르면 안 되고 꼭 '김일성 주석'이라고 부르고, 또 '김정일 장군'이라고 불러야 하니 얼마나 불편할까요."

'류촨즈 식(式)' 경영을 이야기할 때 그가 주창한 '나무통(木桶) 이론'과 '손가락(一個指頭) 이론'을 빠뜨릴 수 없다. 나무통 이론은 여러 개의 나무 조각을 이어 붙인 나무통의 경우 가장 약한 나무조각에서 물이 새어나가는 것처럼 기업의 약점을 보완해야 한다는 논리다.

기업이 잘되고 못되고는 가장 약한 부분에 달렸다는 것이다. 또 손가락 이론은 가운데 손가락(중지)처럼 길어야 남을 찌를 수 있는 것처럼 핵심 경쟁력을 키워야 한다는 것이다. "정리하자면 기업이 가장 약한 부분을 보완한 다음에는 핵심 경쟁력을 키워야 한다는 것입니다." 지금은 중국 기업들이 너도나도 벤치마킹하는 경영 이론이 됐다.

<u>IBM을 인수한다는 일견 무모한 도전을 하게 된 계기는 무엇인가요?</u> "간단합니다. 중국 시장이 이만한 크기로 성장했는데, 이제는 세계 시장에 진출해 세계적인 명품이 돼야 이익을 높이고 성장할 수 있다고 생각했죠. 실력이 있는 기업은 반드시 세계로 나아가야 합니다. 한국의 삼성, LG처럼 말이죠."

그는 IBM을 인수할 때 세 가지의 리스크가 있었다고 했다. 첫째는 레노버가 IBM을 인수한 뒤에도 소비자들이 계속 제품을 살 것이냐는 것이다. 둘째는 IBM의 엘리트 직원들이 계속 회사에 남아 있을까 하는 문제다. 세 번째는 중국과 외국 직원들의 문화 차이를 해결하는 문제다. "지금까지 상황을 보면, 첫 번째와 두 번째 문제는 잘 해결됐습니다. 세 번째 문제는 지금 해결하고 있는 중인데, 큰 문제는 없습니다. 레노버의 실적이 큰 폭으로 성장하고 있습니다."
레노버는 일찍부터 서구식 경영 기법을 도입해 다른 중국 기업과 구별되는 경쟁력을 갖출 수 있었다.
한국경제연구원 박승록 박사는 "레노버가 IBM PC부문을 인수하기 전 레노버 본사를 방문했을 때 홍보나 관리 파트 등 여러 면에서 서구식 시스템을 받아들인 한국 대기업을 보는 듯한 느낌을 받았다"고 말했다.
류촨즈 회장은 "외국 선진기업의 노하우와 해외 경영 교과서에 나온 원리를 참고해 우리 실정과 결합해서 발전시켰다"고 말했다. "저는 이렇게 말합니다. 외국 회사들은 메뉴에 따라 음식을 잘 만든다. 하지만 우리는 늘 상황이 변하기 때문에 그때그때 맞는 메뉴를 스스로 만들 줄 알아야 한다."

그의 인사 스타일은 서구의 첨단 기업 못지않게 파격적이다. 철저히 성과와 능력 중심이다. 양위안칭 레노버 회장의 경우 입사 5년 차이던 29세 때 핵심사업인 컴퓨터 사업본부장

류촨즈식 경영 이론, 나무통 이론과 손가락 이론. 요점은 기업의 가장 약한 부분을 보완한 다음에는 핵심 경쟁력을 키워야 한다는 주장이다

으로 발탁했고, 2001년에 사장, 2005년엔 회장으로 고속 승진시켰다.

류촨즈 회장은 비즈니스는 세 개의 단어로 압축할 수 있다고 했다. '建班子(젠반쯔, 핵심적인

관리팀을 세우는 것)', '定戰略(딩잔뤼에, 발전 전략을 수립하는 것)', '帶隊伍(다이두이우, 직원들을 경쟁력 있는 인재로 키우는 것)'가 그것이다. "이는 기업 경영에 있어 가장 핵심이라고 생각합니다. 기업 경영의 처음부터 끝이죠."
그는 가장 존경하는 인물로 덩샤오핑과 함께 아버지를 꼽는다. 조종사 시험에 낙방한 그에게 아버지는 "네가 정직하기만 하면 무슨 일을 하든 너는 사랑하는 아들이다"라고 격려했다. 그는 이 말을 평생 가슴에 담고 산다고 했다. "중국말에 '生財有道(성차이여우다오, 정당한 방법으로 돈을 벌어야 하고 신용을 지켜야 한다)'라는 말이 있는데, 지금껏 회사를 운영하면서 늘 이 말을 지켜왔습니다. 이는 레노버를 경영하는 데 아주 기본적인 원칙이 됐습니다."

중국요?
미국 따라잡기 쉽지 않을 것

중국을 대표하는 기업가 류촨즈 회장은 중국의 미래를 어떻게 보고 있을까. 한마디로 '단기 흐림, 장기 맑음'이다. 물가 앙등, 서브프라임 쇼크 등으로 중국 경제가 어렵겠지만, 전반적으로 중국의 성장을 낙관했다.

<u>앞으로 중국이 미국을 앞지를 것이라는 전망도 있는데요. 언제쯤 가능할까요?</u> "결코 쉽지 않을 겁니다. 중국이 미국을 따라잡기 힘든 이유가 세 가지 있습니다.
첫째 미국의 민주체제입니다. 중국은 공산당이 이끌고 있습니다. 아직까지 중국인들의 국민 수준, 경제상황, 교육 수준 모두 미국과 같은 민주 정책을 실시할 수 없는 여건입니다. 민주정책을 실시하면 중국은 당장 혼란스러워질 것입니다. 미국의 민주제도는 하루 아침에 완성된 게 아니죠.
둘째는 교육 문제. 미국은 소질 교육을 중시합니다. 반면 중국이나 한국과 같은 아시아 국가는 주로 시험을 중시하죠.
셋째는 지리적 환경입니다. 중국과 미국은 면적이 비슷합니다. 하지만 미국은 양쪽이 바다이고, 사용 가능한 토지 면적도 넓고 자원도 풍부합니다. 인구도 중국보다 적죠. 중국의

류찬즈 회장은 레노버가 세계적 기업으로 성장한 제1의 원동력은 '인재 양성'이라고 말했다

많은 인구가 자원이자 시장 잠재력이라고 할 수도 있겠지만, 인구가 많으면 장기적인 발전과 자원의 합리적인 분배에 있어 어려움이 많습니다. 아마 미국도 중국에 추월 당하는 걸 허락하지 않을 걸요."

그는 중국의 가장 큰 도전은 사회적 갈등 해소 등 정부 정책의 성공 여부라고 말했다. 중국공산당이 '허셰(和諧)사회'(조화로운 사회)를 만들겠다고 했는데, 경제 성장을 동시에 이루면서 해결해야 하기 때문에 어려움이 크다는 것이다. 그는 "가장 걱정스러운 것은 중국이 페루 등 남미 국가와 같은 길을 걷게 되는 것"이라고 말했다.

그러면서 '중국 위협론'을 꺼냈다. 중국이 잘하면 중국은 물론 아시아, 세계에 모두 좋은

> "중국말에 '生財有道(정당한 방법으로 돈을 벌어야 하고 신용을 지켜야 한다)'라는 말이 있는데, 지금껏 회사를 운영하면서 늘 이 말을 지켜왔습니다. 이는 레노버를 경영하는 데 아주 기본적인 원칙이 됐습니다.

일이지만 반대로 중국이 잘 못하면, 전 세계에 큰 위협이 된다는 논리다. "덩샤오핑이 예전에 농담처럼 '중국인들이 모두 세계 각지로 피난가면 얼마나 큰 문제가 되겠나'라고 말한

적이 있습니다. 그냥 넘길 말이 아니지요."

그는 그러나 중국의 정치 체제 개혁과 시장경제체제의 성공이 중국 경제의 장기적 발전을 뒷받침해줄 것이라고 말했다. 중국 정부가

과학 발전을 중시하고 조화로운 사회 건설을 얘기하는 것은 올바른 방향이며, 이런 문제가 잘 해결되면 중국의 지속적인 성장이 가능할 것이라고도 했다.

중국의 10년 후, 30년 후는 어떤 모습일까요?
"중국은 성장의 여지가 여전히 큽니다. 중국은 농촌 인구가 8억 명 정도 됩니다. 농촌 인구 대부분이 앞으로 도시 인구로 바뀔 것입니다. 따라서 구매력이 상승할 여지가 크고, 시장 잠재력이 크다고 할 수 있죠.
또 하나 중국은 저임금의 노동력이 강점입니다. 이 두 가지를 잘 활용하면 중국 경제발전의 여지는 크다고 할 수 있겠죠. 물론 중국은 현재 많은 문제를 안고 있습니다. 빈부 격차 확대, 환경 오염, 자원 문제, 인구 문제 등등 말이죠. 정치·체제 개혁도 중요합니다. 정부의 업무 효율을 높이고 청렴한 조직을 만들어야 합니다.
이런 문제를 잘 해결하느냐 여부가 중국의 20~30년 후 미래에 영향을 미칠 것입니다. 변수가 많지만, 그래도 전반적으로 중국의 앞날은 밝다고 생각합니다."

빈부격차 해결은
성장에 집중해 파이 키워야

조종사가 아닌 다른 길을 걸어왔는데 후회한 적은 없습니까? "기업인으로서 과학기술의 성과로 돈을 벌고 사회에 생산 이익을 가져다 줘 보다 큰 일을 하고 있다고 생각합니다. 저는 관리에 능하다고 생각하며 기업을 하면서 이런 능력을 더 잘 발휘할 수 있었던 것 같습니다. 조종사가 안 된 것을 후회하지 않을 뿐만 아니라 조종사가 안 된 게 다행입니다. 나중에 검진을 통해 알게 된 일이지만, 저는 수면장애가 있어 아마 좋은 조종사가 못됐을 겁니다. (웃음)"

많은 창업자들이 전문 경영인 체제로 갔다가 다시 경영 일선에 복귀하곤 했습니다. 그럴 생각이 없나요? "(단호하게) 아니요. 제 생각은 이렇습니다. 회사의 핵심 관리층을 양성해서 그들을 회사의 주인으로 만들어야 합니다. 이렇게 되면 더 좋은 실적을 내려고 하겠죠. 레노버는 '가족이 없는 가족회사'가 돼야 합니다. 가족들이 기업을 운영하다 보면 개인의 재산처럼 되기 쉽습니다. 또 경영권을 가족에게만 넘겨주면 다른 능력 있는 인재를 잃기 쉽습니다. 레노버는 이런 기업이 돼서는 안 됩니다. 직원들이 모두 한 가족이 돼 단합해야 됩니다."

그는 요즘 앨런 그린스펀 전 미국연방준비제도이사회 의장이 쓴 회고록에 푹 빠져 있다. 책을 보고 나서 10권을 사서 정부 인사들과 친구들에게 읽어보라고 줬다고 했다.
그는 이 책에서 두 가지 배울 점이 있다고 했다. "첫째, 한 국가가 빈부 격차 등 사회 갈등을 해소하는 데 있어 가장 좋은 방법은 우선 성장에 집중을 해 경제 발전을 이룩한 다음 (자연스럽게) 문제를 해결하는 방식이라는 것입니다. 그렇지 않으면 포퓰리즘의 길을 걷게 됩니다. 인위적으로 평등하게 하려고 하다 보면 아르헨티나, 페루와 같은 길을 걷고, 경제가 발전하기 어렵게 됩니다.
둘째, 시장 원리로 경제를 관리해야 된다는 점입니다. 미국 닉슨 시대에 물가가 상승하자 어떤 품목은 값을 올리면 안 된다는 식의 행정적인 수단으로 간섭을 했는데, 실제 적용하는 데 어려움이 많았답니다. 국가는 사람처럼 하나의 체계로 돼 있어서 머리가 아프다고 머리만 보고, 다리가 아프다고 다리만 고쳐서는 안 되겠죠."

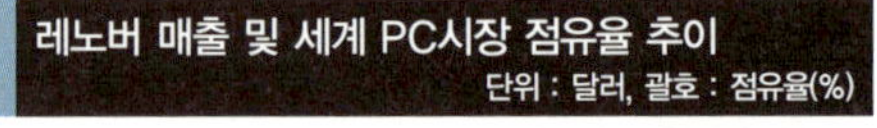

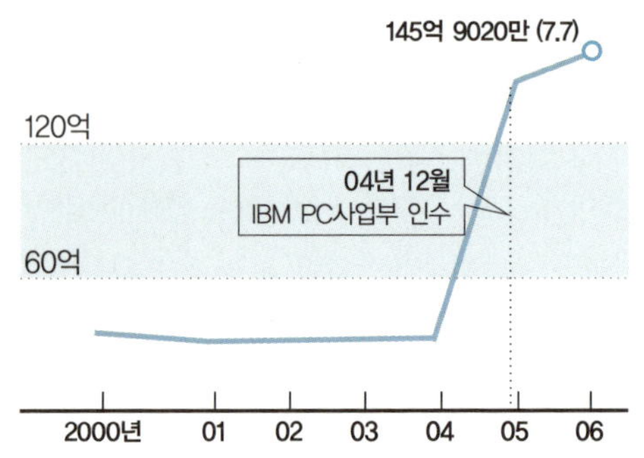

그는 일하는 시간의 상당 부분을 회의 준비에 쓴다고 했다. 두 달에 한 번 꼴로 최고위층 임원 회의를 열어 미래 전략을 중점적으로 논의한다. 또 레전드 홀딩스 계열 2개 투자회사의 이사장으로 이들 회사가 1000만 달러 이상 투자를 할 경우 결정에 참여한다. 또 레노버의 이사이기도 하다.

그는 인터뷰가 끝나고 응접실 옆의 집무실 창가에 있는 황소 조각상을 가리켰다. 조각상 아래에 '쉬스(蓄勢, 힘을 모은다는 뜻)'란 글자가 눈에 띄었다.

"고개를 숙이고 있는 저 뿔 달린 황소는 힘차게 일어설 때를 대비해서 기운을 모으고 있는 중이지요. 지금의 레노버가 그러고 있듯이."

그가 가슴 속에 또 어떤 넓고 굳센 꿈을 품고 있는지 궁금해졌다. WeeklyBIZ

레노버는 '가족이 없는 가족회사'를 지향한다. 회사의 주인은 몇 명의 가족이 아니다

Who is

중국 IT 업계의 대부로 불리는 류촨즈 회장은 물불을 가리지 않는 강인한 의지와 냉정함, 경쟁을 두려워하지 않는 도전 정신의 소유자로 알려져 있다.

그는 1944년 상하이(上海)에서 태어났다. 아버지가 은행원이어서 집안 살림은 넉넉한 편이었다. 1949년 중화인민공화국이 수립되자 그의 가족은 베이징으로 이사를 갔다. 어렸을 때 꿈은 조종사였다. 당시로서는 선망의 직종이었다. 1961년 고등학교를 졸업하면서 그는 조종사 시험을 치렀다. 하지만 그의 외삼촌이 '우파'였다는 이유로 시험에서 떨어졌다. 그는 진로를 바꿔 시안(西安)의 군사전자기술대학에 들어갔다. 그는 주로 레이더에 대해 배웠고, 컴퓨터의 길에 가까워졌다. 이때 경험은 그가 이후 컴퓨터 사업을 하는 데 기초가 됐다.

1966년 문화혁명이 시작되자 그는 광둥(廣東)성과 후난(湖南)성 일대 농촌 지역에서 노역을 하게 된다. 당시 지식인들은 농촌에서 노동을 해야 했다. 그는 1970년 베이징의 기초과학 연구기관인 중국과학원에 배치돼 컴퓨터를 연구하기 시작했다. 당시 세계적인 냉전(冷戰) 분위기 때문에 각국은 무기 개발에 힘을 쓰면서 컴퓨터 기술 개발 역시 서둘렀다. 중국도 예외가 아니었다.

1984년 그는 동료 연구원 10명과 함께 중국과학원이 지원해준 창업자금 20만 위안으로 작은 컴퓨터 회사를 차렸다. 바로 레노버이다. 이 회사는 설립 이듬해인 1985년 300만 위안, 1986년 1800만 위안, 1987년 7000만 위안의 매출을 올리며 초고속 성장을 거듭했다. 그는 "첨단 IT 기술만이 중국을 가난에서 벗어나게 할 수 있다는 생각을 했다"고 말했다. 그는 위기가 닥칠 때마다 오뚝이처럼 일어섰다. 그는 "1987년 300만 위안을 사기 당했을 때가 경영 인생에서 가장 힘들었던 순간"이라고 말했다. 300만 위안을 홍콩달러로 바꿨는데 선전(深)의 한 무역회사 사람이 사기를 치고 도망을 쳤다. 일주일 만에 돈을 찾기는 했지만, 너무도 신경을 많이 쓴 나머지 밤마다 악몽 때문에 잠에서 깨고, 심장이 밤새도록 뛰어 잠을 자지 못했다.

1990년대 중국 정부의 관세 인하 조치로 컴팩, 델, IBM 등 미국산 컴퓨터가 물밀듯 밀려 들어오면서 그는 다시 위기를 맞았다. 하지만 중국어를 입력할 수 있는 컴퓨터를 만들고, '컴맹'이 많았던 중국의 특수한 상황에 맞게 버튼 하나로 인터넷과 바로 연결이 되는 실용 컴퓨터 등을 내놓으면서 고비를 넘겼다.

류촨즈 회장은 현재 레전드 홀딩스 회장 직을 맡고 있다. 레전드 홀딩스는 지주회사로, 그 밑에 주력사인 PC제조업체 레노버를 비롯해 부동산 투자 회사(레이콤부동산개발), 투자 전문 회사(호니캐피탈) 등 5개의 자회사가 있다. 레전드 홀딩스는 중국 국가 기관인 중국과학원이 65%의 지분을 보유하고 있지만, 정부가 경영에는 전혀 관여하지 않기 때문에 민영기업으로 간주된다. 레노버는 홍콩 증시에 상장돼 있으며, 지분 46%를 레전드 홀딩스가 갖고 있다.

케빈 켈리

하이드릭앤스트러글스(Heidrick & Struggles) CEO

Kevin
Kelly

글로벌 인재가 되고 싶습니다. 무엇부터 시작해야 할까요?

"지금 하고 있는 일부터 잘해보라"

전 세계적으로 글로벌 인재 확보 전쟁이 벌어지고 있다. 지식과 창의성을 무기로 하는 글로벌 경쟁 시대를 맞아 새로운 문화에 대한 적응성과 지적 능력, 창의적인 문제 해결 능력 등을 갖춘 인재가 기업 전체의 사활을 좌우하는 시대가 됐기 때문이다. 최첨단 무기가 동원되지도 않고, 피를 흘리는 싸움도 아니지만, 인재를 빼앗느냐 빼앗기느냐에 따라 기업의 미래가 달라진다는 점에서 그 어떤 전쟁보다 치열하다.

세계 3대 인력 스카우트 회사 중 하나인 하이드릭앤스트러글스의 케빈 켈리 사장(CEO)은 "인재는 미래의 새로운 석유다. 전 세계의 '매장량'을 확인하고, 지금 당장 파이프 라인을 뚫어 인재를 끌어오지 않으면 안 된다. 글로벌 인재 전쟁의 무서운 현실을 직시하고 사내에서 글로벌 인재들을 육성해야 한다"라고 조언했다. 또 "성공한 기업의 비결은 매우 간단하다"면서 "꼭 필요한 인재를 뽑아 적재적소에 배치시키는 것"이라고 말했다.

그는 "요즘 CEO를 뽑을 때 가장 많이 보는 자질은 풍부한 국제 경험"이라고 말했다. 글러벌화가 광속(光速)으로 진행되는 시대이기 때문에 문화적 차이를 잘 이해하는 인재가 각광받는다는 설명이다.

헤이그룹 서울사무소 김기령 대표는 "인력은 있는데 쓸 만한 인재는 부족하다는 경고가 여기저기서 나오고 있다"고 지적했다. 글로벌 행보를 가속화하고 있는 국내 기업들로서는 인재 선점이 발등의 불이 됐다.

"인텔이 반도체 칩 제조에 이용하는 원료는 두 가지다. 하나는 실리콘의 소재인 모래인데 이미 충분하다. 다른 하나는 이를 가공할 두뇌, 즉 인재인데 턱없이 모자란다." 세계적 반도체 업체인 인텔의 사내 교육 담당 이사가 인재 확보의 어려움을 호소하면서 한 말이다.

세계적 컨설팅 회사인 엑센츄어는 "전 세계적으로 2010년까지 35억 명 이상의 지식 노동 인력이 필요할 것으로 전망된다"며 "앞으로 숙련된 고급 인적자원은 석유 등 천연자원보다 더 중요한 의미를 갖게 될 것"이라고 분석했다. 글로벌 인재 확보 경쟁은 얼마나 심각하며, 기업들은 어떻게 대비해야 할까? 위클리비즈가 인력 스카우트 회사 '하이드릭앤스트러글스'의 케빈 켈리 사장에게 그 해법을 들어보았다.

글로벌 기업 환경에 가장 필요한 인재는 어떤 사람입니까? "IQ(지능지수), EQ(감성지수)란 말은 많이 들어보셨죠? 요즘 인재는 CQ(cultural quotient, 문화지수)가 높아야 합니다. 요즘 뜨는 CEO들을 가만히 살펴보면 한 가지 공통점이 있는데, 모두 다양한 국제 경험을 갖췄다는 겁니다. 일반 기업들의 경우, 업무의 약 40~50%가 국제적으로 이뤄지고 있습니다. 한국 기업만 봐도 요즘처럼 국제 영업 비중이 커진 적이 없잖습니까. CEO는 결국 의사 소통을 잘해야 성공합니다. 다양한 문화권에서 일해봤다면 그만큼 국경을 넘나드는 의사 소통에 자신이 있겠죠."

국제 경험이라는 건 단번에 쌓이는 게 아닌데, 어떻게 글로벌한 인재를 길러낼 수 있을까요? "오늘이라도 당장 직원들을 해외로 내보내세요. 젊을 때일수록 더 좋습니다. 해외 지사나 조인트 벤처를 맺은 해외 파트너 기업에 파견을 보내세요. 세계가 점점 더 하나가 되면서, 소비자도 전 세계로 넓혀지고 있어요. 좋든 싫든, 영어 구사 능력도 중요한 경쟁력 중 하나입니다. 영어를 못하면 국제 인재라고 할 수 없겠죠. 직원들의 해외 경험에 투자하세요."

배움의 기회 주는 게 가장 중요

그런데 인재를 길러 놓으면 뭐합니까. 좋은 인재일수록 자꾸 회사를 옮기는데요. "사람들이 회사를 다니는 이유는 크게 세 가지입니다. 첫 번째는 즐거움을 얻기 위해서입니다. 자기가 하는 일을 진심으로 재미있어 하는 겁니다. 두 번째는 돈을 벌기 위해서죠. 자신의 가치만큼 몸값을 지불해야 그 회사에 충성하기 마련입니다. 세 번째는 '배우고자 하는 욕구' 때문입니다. 이게 가장 중요해요. 만약 배움의 기회가 사라지고, 더 이상 도전할 과제가 없다면 직업에 대한 흥미도 잃습니다."

배움의 기회란 구체적으로 무엇을 말합니까? "기업 주요 인재들의 과거 경력을 쭉 훑어 보면 흥미로운 결과가 나옵니다. 적어도 2~3년에 한 번씩 업무가 바뀌었어요. 기업이 인재에게 계속 새로운 '먹이'를 던져주며 관리를 하는 거죠. 1978년 이후에 태어난 'Y세대'들은 40대가 되기 전까지 무려 14개의 직업을 갖게 될 것이라는 조사 결과도 있어요. 새로운 세대는 '삶의 질'과 함께 '도전'을 즐겨요."

사람을 척 보면 직책에 적합한 사람인지 감이 옵니까? "사람을 빨리 파악하는 것은 예술과도 같습니다. 마음에 드는 사람, 가능성이 있는 사람, 너무 좋은 인상을 주려고 노력하는 사람, 재능이 없는 사람 등 다양합니다.
하지만 사람을 파악하기에 앞서, 사람을 찾는 기업부터 우선 파악해야 합니다. 어떤 회사인지, 어떤 산업인지, 요즘 트렌드는 어떤지. 기업과 해당 기업의 문화를 알아야지만 맞는 사람을 찾아 줄 수 있죠. 많은 기업들이 제게 '좋은 CEO 좀 구해 달'고 부탁합니다. 하지만 실제 그 말의 속 뜻은, '우리 기업이 향후 3~5년 동안 성공할 수 있게 도와달라'는 것입니다. CEO를 찾는 것은 그 기업 자체를 컨설팅 하는 것과 마찬가지입니다."

어떻게 하면 한국 기업들이 좋은 헤드헌터가 될 수 있나요? 좋은 인재 확보하는 비법을 알려주시죠. "지난 주에 뉴욕 맨해튼의 한 엘리베이터 안에서 있었던 일입니다. 슈퍼볼(프로미식축구)이 다가오던 때였습니다. 두 명의 신사가 엘리베이터를 탔는데, 그 중 한 명이 '슈퍼볼 중계를 생생하게 보려고 삼성 TV를 샀다'고 말하더군요. 그 얘기를 들은 저는 무척 흥분했어요. 5년 전만 해도 찾아보기 힘든 풍경입니다. 다시 말해, 브랜드가 그만큼 커지고 세계화될수록 좋은 인재를 뽑을 확률이 높아진다는 겁니다."

그렇다면 반대로 어떻게 하면 개인이 기업에서 커리어를 가꾸면서 클 수 있습니까? "너무 멀리 바라보지 말고, 자신이 지금 하고 있는 일을 잘해 내세요. 10년 뒤에 무엇이 될 것인지만 너무 생각하면, 지금 하고 있는 일에 소홀하게 됩니다. 너무 사내 정치(office politics)에 신경 쓰다 보면 자기 계발의 기회를 놓칠 수 있어요. 자신의 업무에서 두각을 나타내면, 우리 같은 사람이 당신을 찾아낼 테니 너무 걱정하지 마십시오."

'안'과 '밖' 구분은 무의미

실업자들은 넘치는데, 우리는 왜 매번 인력이 부족하다고 난리죠? "기업들이 단기 업적에 치중해서, 장기 과제를 잊기 때문이죠. 핵심 포지션의 후계자를 개발하고 육성하는 승계 계획(succession planning)은 너무나 중요한 일입니다. 그런데 글로벌 기업들의 약 45%만이 승계 계획에 관심을 기울여요.
우리의 차세대 CEO, 차세대 COO(운영책임자)가 누가 될지를 미리 설계하지 않기 때문에, 나중에 다급해져서야 '제대로 된 인력이 없다'고 아우성입니다.
평소 고객들에게 저는 이런 충고를 드립니다. '만약 당신이 정말로 영웅이 되고 싶다면, 오늘부터라도 '다음 세대 인재 육성'에 힘쓰라'고요. 핵심 직원들을 해외로 보내서 국제 경험을 쌓게 하고, 여러 부서로 돌리면서 다양한 기능을 익히도록 하세요. 3년은 기술운영팀, 다른 3년은 마케팅팀…. 이런 식으로요. 대부분의 기업들은 하루 하루 기계적인 업무에 파묻혀 다음 세대를 보지 못하는 경향이 있습니다."

해외에 진출하는 많은 한국 기업들에 조언 좀 해주십시오. 해외의 현지 인력을 뽑는 게 낫습니까, 국내 인력을 해외로 내보내는 게 더 좋습니까?

인재는 미래의 새로운 석유다. 당장 매장량을 확인하고 파이프 라인을 대라

"둘의 적절한 조화가 필요합니다. 저라면 일단 해외 경험이 많은 국내 인력들을 전진 배치시키겠어요. 또 해외 현지 인력을 일부 고용해서 한국 시장에 데려와 경험을 좀 시킨 뒤, 다시 내보내겠습니다. '안'과 '밖'의 경계는 더 이상 무의미해요. 이제는 '안'이 '밖'으로, '밖'이 '안'으로 돌아오는 세상이 됐죠."

한국은 단일 민족 국가라서 그런가요, 한국 기업의 외국인 CEO들이 노조와 충돌하는 등 좀 힘들어하는 것 같습니다. "문화의 장벽은 외국인 CEO가 뛰어넘어야 할 가장 높은 장벽입니다. 한국에 영입된 외국인 CEO들이 자만심 때문에 가장 많이 실수합니다. '내가 경영의 한 수를 가르쳐 주지'이런 식입니다. 잔재주나 경영 기술은 수입해 올 수 있지만, 리더십은 쉽게 이식(移植)되지 못합니다.

현지 문화에 귀를 기울이세요. 훌륭한 CEO는 호기심을 갖고 있어요. 이 회사는 일을 왜 A라는 식으로 처리할까. 인간 관계 때문일까, 아니면 규정 때문일까, 아니면 단순히 더 좋은 방법을 모르는 걸까. 이렇게 계속 의문을 가지고 풀어나가야지, 독재자처럼 일방적으로 지배하려고 해서는 안 됩니다."

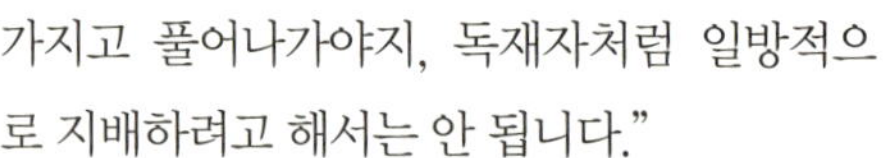

'사람'이 행복이자 재앙

그는 최근 《최고경영자(CEO)》라는 책을 썼다. 글로벌 시대 CEO가 당면하는 문제점과 성공적인 CEO가 되는 비결을 묶었다. 그는 이 책에서 세계 CEO들의 평균 재임 기간은 18~24개월이고, 세계 100대 기업 중 CEO가 10년 이상 살아남은 기업은 7%에 불과하다고 밝혔다.

왜 이렇게 CEO들의 임기가 짧아지나요? "그만큼 요구 사항도 많고, 힘들기 때문이죠. 요즘 CEO들의 연봉을 두고 말들이 많죠? 너무 과도하다고요. 액수만 들으면 사실 깜짝 놀랄 만합니다.

그런데 또 알아두셔야 할 것이 있어요. 6주 전에 금융계 종사자 450여 명을 모아 놓고 강의를 한 적이 있습니다. 그 자리에서 이렇게 물어봤어요. '이 중에서 CEO가 되고 싶은 사람이 있느냐'고. 그런데 450명 중에 4~5명만이 손을 드는 겁니다. CEO의 자질은 둘째 치고라도, CEO가 되고 싶은 열정조차 찾기 힘들어진 셈입니다. 그러니, CEO의 능력과 열정을 모두 갖춘 사람만 있다면 돈을 퍼주고라도 데려오고 싶은 게 기업의 심정입니다."

적절한 CEO의 임기는 어느 정도인가요? "적어도 5년 정도는 있어야 능력을 펼칠 수 있다고 봐요. 만약 누군가 당신에게 다가와서, '3년짜리 유효기간의 CEO 자리가 있는데, 해보겠는가'라고 제의한다면 어떻게 하시겠습니까. 특히 더 오랫동안 할 수 있는 다른 직업이 있는 상황에서라면요. 요즘 CEO가 감당해야 할 부담감은 말도 못합니다. 상장된 회사라면, 분기마다 업적을 보고해야 됩니다. 한국 기업을 노리는 사모펀드(PEF)가 엄청 많습니다. 주가가 떨어지면 그대로 먹어 치우려고 호시탐탐입니다. CEO는 이 세상에서 가장 외로운 직업일 수도 있어요."

CEO를 가장 스트레스 받게 하는 일은 무엇일까요? "제가 다른 CEO들에게 자주 물어보는 질문이 있습니다. 'CEO로서 당신을 가장 행복하게 만드는 것과 가장 괴롭게 만드는 게 뭐냐고.' 그런데 둘의 답이 똑같습니다. '사람(people)'이라는 거죠. CEO가 되면 정말 멋진 사람들과 함께 일할 수 있으니 행복을 느끼죠. 반대로 온갖 종류의 사람들을 대하다 보면, 그들이 재앙이 될 수도 있습니다.(웃음)"

요즘 가장 인력난에 시달리는 업종은 어딥니까? "고령화 사회로 인해, 생명과학과 헬스케어 업종이 크게 성장하고 있어요. 요즘 신문에서 어떤 기업이 몇백 명을 해고했느니 떠들어대지만 질병이나 노화와 싸우는 업종만큼은 인력을 못 구해서 안달이에요. IT 분야도 항상 인력이 모자라고요. 특히 임원급으로 가면 정말 사람이 없어요." WeeklyBIZ

케빈 켈리는 2006년 9월 하이드릭앤스트러글스 사장으로 선임됐다. 이 회사는 미국 시카고에 본사를 둔 세계 3대 헤드헌팅사로 연간 평균 4500여 명 이상의 임원급 이상 인력을 기업에 공급한다.

그는 〈아시아머니〉로부터 2000년 이후 4년 연속으로 '최상의 리크루터(recruiter)'로 뽑혔고, 2000년에는 〈아시아파이낸스인텔리전스〉로부터 '올해 최고의 헤드헌터'로 뽑혔다. 미국인이지만 10여 년 동안 일본에서 살았기 때문에 일본어를 유창하게 구사한다. 조지 메이슨대를 졸업한 뒤 듀크대에서 MBA를 취득했다.

Focus 1

헤드헌팅 회사의 인재발굴 ABC

헤드헌팅 회사들은 고객사가 요청하는 인재를 어떻게 찾아주는 것일까?

얼마 전 다국적 헤드헌팅 회사 서울사무소 대표 A씨에게 전화가 걸려왔다. "마케팅 담당 임원이 회사를 그만뒀는데 마케팅 전문가 좀 찾아주세요." 대기업 B사의 전화였다.

A대표는 먼저 B사를 찾아가 회사 주력 품목의 시장 트렌드, 시장점유율 등에 대한 설명을 들었다. 회사 상황에 맞는 가장 적합한 인재가 어떤 사람인지를 알아내기 위해서였다.

A대표는 "상당수 국내 기업들은 인재 스카우트를 요청하면서 구체적인 조건을 제시하기보다는 막연하게 '좋은 사람 찾아달라'는 식으로 얘기하는 경우가 많아 고객 기업을 직접 찾아가 조사한다"고 말했다. 그 뒤 A대표와 직원들은 자체 데이터베이스와 업계 인맥을 통한 추천, 인터넷 검색 등을 활용해 1차 후보로 100여 명을 선정했다.

그리고는 1차 후보자들에게 일일이 전화를 걸어 "좋은 자리가 있는데 생각이 있느냐"고 물어 의사를 타진했다. 긍정적인 반응을 보인 사람으로부터 이력서를 받은 뒤 헤드헌팅사 사무실이나 제3의 장소에서 인터뷰를 진행해 적임자를 찾았다. 이런 식으로 후보 군을 5명으로 압축했다. A대표는 "보통 의뢰한 회사가 찾는 인원의 3~5배수를 추천한다"고 말했다.

의뢰한 회사에 추천을 하기 직전에 가장 중요한 절차가 진행된다. 후보자의 직장 상사나 부하 직원, 동료, 친구 등을 상대로 평판을 조회하는 것이다. 알려지지 않은 후보자의 문제점은 없었는지 등을 알아본다. 이후 채용을 의뢰한 회사가 직접 후보자들을 면접하게 된다. 보통 2~3번에 걸쳐 면접이 진행된다. 채용 분야나 직급에 따라 인사 담당자, CEO, 회장 등이 면접에 참여한다.

회사측은 면접을 거쳐 1~2명을 최종 후보로 선정한 뒤 헤드헌팅 회사에 마지막 검증 작업을 맡긴다. 헤드헌팅 회사는 두 번째 평판 조회를 실시한다. 1차 평판 조회보다 철저하다. 업무 능력보다는 인간성이나 조직 친화력 등을 주로 본다. 이렇게 채용 과정을 진행하다 보면 대략 1~3개월 정도가 걸린다. 의뢰 회사가 채용 결정을 한 뒤 연봉 및 근무 조건을 협상하는 것도 대개 헤드헌팅사 몫이다. 하지만 대기업의 경우 최종 면접 전에 연봉 협상을 하는 경우도 있다.

채용이 확정되면 헤드헌팅 회사는 수수료를 받는다. 규모가 큰 외국계 헤드헌팅사의 경우 채용된 인력이 첫해 받는 연봉의 30% 이상을 받는다. 국내 업체가 받는 수수료는 대체로 이보다 낮으며, 15% 정도를 받는 곳도 있다. 채용이 확정됐다고 해서 다 끝나는 것은 아니다. 만일 헤드헌팅사 의뢰로 채용된 사람이 일정한 기간 이내에 그만둘 경우 헤드헌팅사는 별도의 수수료를 받지 않고 다시 사람을 찾아줘야 한다.

하이드릭앤스트러글스 코리아의 김인혜 사장은 "인재를 뽑을 때 헤드헌팅 회사의 데이터베이스가 큰 무기"라며 "미국 본사 글로벌 인재 목록에는 세계 각국 핵심 인재 200만여 명이 등록돼 있다"고 말했다.

이곤젠더 한국사무소 사이먼 김 대표는 "우리 기업은 인재를 찾을 때 학력 등 외적 조건을 우선시하는 경향이 있는데, 겉으로 드러난 스펙(spec)이 전부가 아니라 실제로 회사에 기여할 수 있는 사람을 찾는 게 중요하다"고 지적했다.

코리아헤드 정철호 사장은 "의뢰하는 회사에서 경쟁 업체에서 일하는 사람을 찍어 부탁을 하기도 한다"며 "기업체가 다른 회사에서 사람을 직접 뽑아올 경우 상대 회사에서 불만을 제기할 수 있어 이를 피하기 위해서"라고 전했다.

외국 우수인재 잘 활용하려면

LG전자가 사장급 기술 고문 P씨를 영입하는 데 2년 6개월간 공을 들였다. (회사 측은 보안 문제를 이유로 그의 국적을 공개하지 않고 동아시아 출신이라고만 밝혔다.) P씨를 영입하겠다는 목표를 세운 LG전자 L사업부장은 그가 미국, 유럽 등 해외 출장에 가면 따라가는 식으로 조금씩 친분 관계를 쌓아 나갔다. 사적인 이야기를 나누는 사이로 발전한 L사업부장은 P씨가 LG에 대해 부정적이지는 않지만, 회사를 옮길 경우 해외 출장이 잦아져 함께 사는 쇠약한 노모가 신경이 쓰인다는 사실을 알게 됐다. 이에 L사업부장은 최고 수준의 간병인을 구해주고 비용도 부담하겠다고 제안했다. 결국 P씨는 LG전자에 입사, 현지 법인에서 전자 제품 관련 기술을 자문하고 있다.

LG전자는 인사 평가 시 우수 인재 영입실적을 최고 20%까지 반영한다. 이 회사는 2008년 5월 유니레버 출신의 레지날드 불(Reginald J. Bull)을 글로벌 인재 채용을 전담하는 최고인사책임자(CHO)로 영입했다.

인사 부문에 강점이 있는 세계적 컨설팅업체인 타워스페린 서울사무소의 박광서 대표는 "2~3년 전만 해도 한국 대기업은 주로 기술 분야에서 해외 인재를 뽑았지만, 기술·품질 수준이 올라가자 이제는 마케팅·기획 부문으로 인재 채용 폭을 넓히고 있다"고 말했다.

현대차의 경우 매년 MIT, 스탠퍼드대, UC버클리대, 조지아 공대 등 미국 주요 대학과 독일 아헨 공대, 영국 옥스퍼드대, 케임브리지대 등 유럽 명문대에서 채용 설명회를 열고 매년 수십~100명 정도를 뽑고 있다.

해외 법인의 인력 현지화 작업도 급물살을 타고 있다. SK그룹은 2002년 '중국 공채 1기'를 시작으로 중국 현지에서 인재 채용을 확대하고 있다. 최태원 회장은 올 초 "앞으로 중국에서 벌어지는 많은 사업들은 전부 중국인이 맡게 될 것"이라고 말했다.

LG전자도 해외 82개 법인 중 30% 정도의 법인장을 2010년까지 외국인으로 교체할 계획이다. 이 회사 관계자는 "해외 법인의 경우 현지 인력이 90% 이상인데도 계속 한국 사람을 법인장으로 파견하는 게 효과적인지에 대해 다각적인 검토를 한 결과"라고 전했다.

그러나 국내 기업은 글로벌 기업에 비해 글로벌 인재 풀이 현저히 부족하다는 지적이다. A헤드헌팅 업체 관계자는 "최근 한 외국계 기업이 한국에 아시아 지역본부 설립을 추진하다가 총괄 사장 감을 찾지 못해 본부를 홍콩으로 옮긴 적이 있다"면서 "다국적 경영을 해본 한국인 인재가 없어 아시아 본부까지 빼앗긴 셈"이라고 말했다. 최근 글로벌 M&A를 활발하게 전개하고 있는 두산그룹 관계자는 "영어를 잘 하거나 특정 국가 사정을 잘 안다고 글로벌 인재라고 하지 않는다"며 "문화적 개방성, 고객과 시장 중심 마인드, 혁신성을 갖추고 이를 실현시킬 수 있는 인재가 진정한 글로벌 인재"라고 말했다.

2008년 1월 29일 삼성그룹 신사옥인 서울 서초동 삼성생명 서초타워 27층. 겉으로 보기에는 여느 삼성 계열사 사무실과 다름이 없다. 하지만 사무실을 걸어 다니다 보면 뭔가 생소한 인상을 받게 된다. 컴퓨터 앞에 앉아 있는 수십 명의 직원 대부분이 외국인이다. 삼성그룹이 전 세계에서 뽑은 35명의 외국 인재들이 일하고 있는 '미래전략그룹(Global Strategy Group)'이다. 이들의 이력서는 세계 최고 대학과 기업들 이름으로 빼곡하다. 와튼, 하버드 비즈니스스쿨 등 세계 톱10 MBA 과정을 마쳤거나 박사 학위를 딴 엘리트들이다. 경력도 화려하다. 노키아, HP, MS, GE, 인텔 등 글로벌 제조업체 혹은 골드만삭스, 모건스탠리, 맥킨지, BCG 등 글로벌 금융·컨설팅 회사 출신들이다. 곳곳에 있는 회의실에는 'New York', 'Beijing', 'Dubai' 등 영어 이름이 붙어 있다. 늘 글로벌한 생각을 하자는 취지라고 했다.

이곳의 인재들은 삼성전자 정보통신부문의 요청으로 아프리카 시장 공략 전략 연구 프로젝트를 진행했다. 당시 삼성전자는 노키아가 80~90%를 장악하고 있던 아프리카 휴대전화 시장의 돌파구를 찾고 있었다. 미래전략그룹은 나이지리아·케냐·모로코 등 아프리카 6개국을 집중 분석한 뒤, 삼성이 그동안 주력했던 고가 모델 대신 중·저가 모델로 시장을 공략해야 한다는 진단을 내렸다. 또한 철저한 현지화를 주문하면서 당시 아프리카 지역 광고에 백인 모델을 쓰던 것이 적절하지 않다고 지적했다. 아프리카에서 인기가 높은 축구를 마케팅에 활용하자는 아이디어도 냈다. 삼성전자는 이 같은 충고를 대부분 받아들였고, '아프리카 네이션 컵(African Nations Cup)'도 처음 후원했다.

● 연령, 성별, 인종을 넘는 인재 확보 전쟁

국내에서도 대기업을 중심으로 외국인 인재 스카우트가 활발해지고 있다. 삼성그룹은 해외 핵심 인재를 채용하기 위해 미국, 중국, 러시아, 일본, 인도 등 5개국에 '해외 채용 조직(IRO, International Recruit Office)'을 운영하고 있다. 채용 분야도 예전의 기술 분야 위주에서 마케팅·구매담당 등으로 확대되고 있다.

LG전자는 2008년 1월 최고구매책임자(CPO, Chief Procurement Officer)로 IBM에서 20년간 CPO로 근무한 경험이 있는 토마스 린튼 부사장을 영입했다. 이에 앞서 2007년 12월에는 다국적 제약사 화이자에서 동북아 지역대표를 맡았던 더모트 보든 부사장을 최고마케팅책임자에 앉혔다. 기아차는 2006년 '유럽의 3대 자동차 디자이너'로 꼽히는 피터 슈라이어 부사장을 영입한 바 있다.

● 쓸 만한 인재의 풀은 오히려 좁아져

컨설팅 업체인 엑센츄어에 따르면, 미국에서 30여 개 기업의 채용 담당자 4000여 명을 대상으로 설문 조사한 결과 입사 지원자의 평균적인 수준이 2004년 이래 매년 10%씩 낮아지고 있다는 분석이 나왔다.

글로벌 인사·조직 컨설팅 업체인 헤이그룹 서울사무소의 김기령 대표는 "미국의 베이비붐 세대의 은퇴가 시작되면서 미국 주요 기업 CEO의 절반 정도가 앞으로 10년 내에 자리를 떠날 것"이라며 "인재 고갈 위기는 미처 준비하기도 전에 다가왔다"고 말했다. 글로벌 기업들이 글로벌 인재 발굴을 전담하는 대규모 조직을 운영하며 인재 선점에 매달리고 있는 것도 이 때문이다. MS는 산업 분야별 전문가 발굴과 확보를 전담하는 300명 규모의 팀을 운영하고 있다. ABB, 일렉트로룩스 등 자회사를 보유한 스웨덴 인베스터AB는 인재 채용을 위한 전문 자회사를 설립해 운영하고 있다.

● 글로벌한 기업 문화 갖춰야

그렇다면 한국 기업들이 좋은 인재를 확보해 잘 활용하기 위해서는 어떤 노력을 기울여야 할까? 무엇보다 기업 문화 자체를 좀 더 글로벌하게 바꾸려고 노력해야 한다는 지적이다. 글로벌한 기업 문화가 정착되지 않은 기업이라면 외국의 우수 인재 유치하기가 쉽지 않기 때문이다.

둘째, 힘들게 영입한 인재가 회사에 잘 적응할 수 있도록 돕는 시스템이 필요하다. 글로벌 인사 컨설팅 회사인 이곤젠더 한국사무소 사이먼 김 대표는 "한국 기업은 인재를 뽑아 놓고 마치 무인도에 떨어뜨려 놓듯이 도와주지 않는 경우가 많다"며 "한국의 기업 문화에 적응을 잘 못해 떠나가는 인재들을 자주 본다"고 말했다.

● 장기적으로 내부 인재 육성이 바람직

셋째, 장기적인 시각에서 볼 때 외부 인재 채용보다 내부 인재를 육성하는 게 바람직하다는 주장도 많다. 김기령 헤이그룹 서울사무소 대표는 "외부에서 영입된 인재들은 회사에 대한 충성도가 떨어져 오래 머무른다는 보장이 없다"며 "외부 인재 채용보다는 내부 인재를 키우려는 노력이 더 중요하다"고 지적했다. 그는 "새 회사에 영입된 인재가 과거의 성공에 젖어 맡은 일에 대한 새로운 접근법을 너무도 천천히 찾고, 새 조직에 쉽사리 적응하려고 하지 않는 경우도 있다"고 덧붙였다. 미국 특송업체 UPS의 경우 트럭 운전사들의 높은 이직률로 고민했었지만, 멘토링, 동료 컨설팅 등 교육·훈련에 연간 3억 8000만 달러를 투입하며 내부 인재를 키운 결과 회사 조직이 한층 탄탄해진 것으로 평가받고 있다.

넷째, 인재 채용 과정에서 외적인 조건을 따지기보다 해당 기업의 가치에 적합한 인재를 뽑으려는 노력이 필요하다는 지적이다. LG경제연구원 박지원 선임연구원은 "불과 몇 년 전만 해도 기술·지식 수준이 채용의 주요 기준이 됐지만, 최근 해외 선진 기업들은 일류 대학 졸업자라고 해도 자사 문화에 맞지 않는다고 판단하면 안 뽑는 추세"라고 지적했다. 그는 "하버드대의 연구 결과, 이직(離職)의 80%가 '잘못된 채용'에 기인하며 이는 회사의 문화·가치에 적합하지 않은 인재를 뽑았기 때문인 것으로 나타났다"며 "특히 경력직은 전문성이 어느 정도 검증이 된 사람들이기 때문에 선진 기업들은 자사 문화를 수용할 의사가 있는지 여부를 채용의 주요 잣대로 삼고 있다"고 전했다. 엑센츄어 서울사무소 김희집 총괄 대표는 "외국 유명 대학에서 공부한 한국 사람들을 데려오는 것으로 만족해서는 안 된다"고 지적했다.

● 채용시 면밀한 검증 필요

다섯째, 좋은 인재를 뽑는 것 못지않게, 회사에 적합하지 않은 사람을 뽑지 않도록 신중을 기해야 한다. 국내 굴지의 대기업 A사가 해외에서 채용한 B씨의 경우 '400만 달러의 사나이'라는 별명이 붙었다. 그는 개인 사정 등으로 A사의 스카우트 제의를 거절하다가 자신이 받고 있던 실제 연봉의 몇 배에 달하는 '연봉 100만 달러'를 불렀다. 그러자 A사는 3년간 연봉 100만 달러로 계약하는 동시에 입사하는 대가로 100만 달러의 특별 보너스를 지급하는 조건을 제시했다. 그러나 그는 입사 후 기존 직원들과 잘 어울려 일하지 못했고, 계약 기간이 끝나자 회사를 떠났다.

국내 대기업들이 글로벌 인재 유치 실적을 인사 평가에 반영하면서 실적에 급급한 나머지 검증 작업을 제대로 하지 않는 경우도 있다. 외국계 헤드헌팅 업체 관계자는 "모 그룹에 입사한 해외 인력의 경우 미국 아이비리그를 졸업한 MBA 출신이라고 거짓 이력서를 썼는데도 걸러지지 않고 연봉 10만 달러에 회사를 들어간 적이 있다"고 전했다.

로버트 루트번스타인

미시간주립대 생리학과 교수

Robert Root Bernstein

창의적인 CEO가 되려면 어떻게 해야 합니까?

"예술을 즐겨라"

로버트 루트번스타인 교수는 창조 경영의 토양이 되는 '상상력과 창의력이 어떻게 나오는지' 줄곧 의문을 품었다. 창의력의 비밀을 풀기 위해 그는 역사학자인 부인과 함께 천재들의 사고 구조 분석에 매달렸다. 아인슈타인, 레오나르도 다빈치, 피카소, 리처드 파인먼 등 창의성이 빛나는 천재들에 대한 자료를 닥치는 대로 수집하고, 정리했다.

"인류의 역사를 바꾼 이들의 사고 회로에 존재하는 공통점이 눈에 띄기 시작하더군요. 이들은 모두 하나같이 '생각의 도구'들을 자유자재로 사용하는 사람들이었습니다."

루트번스타인 부부는 인류 역사상 가장 창조적이었던 사람들이 사용한 '생각의 도구'들을 13개의 단계로 정리했다. 관찰, 형상화, 추상, 패턴인식, 유추, 몸으로 생각하기, 감정이입 등 상상력과 창의력을 끄집어낼 수 있는 과정을 밝혔다. 구체적인 창의적 결과물은 결국 개개인의 창의력에 달린 것이지만, 창의적인 생각이 나오는 환경과 과정을 체계적으로 분류하는 시도를 한 것이다. 그가 쓴 세계적 베스트셀러 《생각의 탄생》은 이렇게 탄생했다.

애플의 스티브 잡스는 평소 영국 낭만주의 시인 윌리엄 블레이크의 시를 읊는다. 펩시 CEO 인드라 누이와 버진 항공의 리처드 브랜슨은 수준급 기타리스트다.

빌 게이츠는 수시로 미술 작품과 역사적 유물들을 수집한다. 사치앤사치의 케빈 로버츠는 틈날 때마다 무용수의 동작에 빠진다.

'세계에서 가장 창의적인 CEO'로 꼽히는 이들이 예술 세계와 접하는 이유는 뭘까. 미시간주립대 생리학과 교수 로버트 루트번스타인은 이에 대해 명쾌한 해답을 제시한다. "창조 경영의 출발점은 바로 예술입니다. 시와 음악, 미술, 공연 등 예술은 세상을 다르게 볼 수 있는 실마리를 제공해요. 여기서 바로 창의력이 나오죠."

'국가든 기업이든, 한 분야의 전문가보다 모든 분야를 자유자재로 넘나들 수 있는 신(新)르네상스인을 키워야 한다'고 외치는 창조 경영의 대가, 루트번스타인을 위클리비즈가 만났다. 그가 제시하는 창조력과 상상력 세계로 들어가보자.

한국에선 '창조 경영'이 화두입니다. 창의력이 충만한 천재들을 키우기 위해 기업들은 어떠한 전략을 택해야 하나요? "기업이 끊임없이 늘 고민해야 하는 게 뭔지 아세요? '어떻게 직원들에게 자유를 줄까' 하는 겁니다. 천재를 키우기 위해선 직원들에게 노는 시간을 줘야 돼요. 금요일 오후나 월요일 점심 등 시간을 정해 뭔가 다른 경험을 해보도록 하는 거죠.

단순히 영화를 보러 간다거나, 유희 시간을 주는 것도 좋지만 독특한 업무상황(working situation)을 주는 것도 고려해봄 직해요. 예를 들어 '혁신 실험실'을 설치해 예상하지 못한 프로젝트를 주고, 예상치 못한 마감시간을 제시하는 겁니다. 이렇게 뭔가 신선한 경험을 줘서 다르게 생각할 수 있는 공간을 열어줘야 해요. 또 개인과 기업이 소통할 수 있는 넓은 공간을 열어놔야 해요."

상상력도 연습하면 된다

블루오션 열풍이 지나간 후, 기업들은 이제 혁신과 창조 경영이라는 키워드에 매달리고 있다. CEO들은 앞다퉈 혁신과 창조 경영을 강조하고 있지만, 정작 창조 경영과 혁신의 개념은 혼돈 상태로 남아 있다.

"제가 생각하는 창조 경영이나 혁신은 결국, 창의력과 상상력이 있는 조직원들로부터 나온다고 생각해요. 이전에 없던 전혀 새로운 고객의 문제를 '창조'하고 이를 해결해 주는 게 바로 창조 경영입니다."

창조 경영에 대한 관심이 높아지면서, 루트번스타인 교수는 생리학자임에도 비즈니스 세계에서 인기를 누리고 있다. 지난 15년간 알카텔 루슨트(Alcatel-Lucent), 3M, 록히드마틴 등 세계적인 기업들을 상대로 '창조 컨설팅'을 해왔다. 그가 주력하는 부분은 조직 구성원들의 상상력 훈련 분야다. 결국 창조 경영은 조직 내부의 창의적인 괴짜 구성원들을 키우는 데서 시작한다고 보기 때문이다. "결국 사람, 사람, 사람입니다. 창조적인 사람 없이는 제아무리 창의적인 시스템이 있더라도 효과를 발휘할 수 없습니다."

그는 창조성이 일부 천재들에 국한된 것이 아니라고 본다. 일반인들도 연습을 통해 발현할 수 있다는 것이다.

"창조성이란 모든 사람들이 태어날 때부터 갖고 태어나는 겁니다. 우리 모두 생각의 도구를 이용하면 자기 안에 있는 창조성을 자연스럽게 발현할 수 있어요."

그는 기업들을 상대로 조직 구성원들이 자연스럽게 창조성을 연습할 수 있는 방법을 제시했다. "주로 세 가지 대표적인 방법을 제시하죠. 예술, 놀이 그리고 감정이입이 내가 생각하는 최고의 상상력 도구들이에요."

그는 놀이를 활용한 창조적 천재의 예로 페니실린을 발견한 알렉산더 플레밍을 들었다. 플레밍은 사격, 골프, 포커 등 각종 게임광이었다. 게다가 그는 골프를 칠 때 클럽 한 개만으

예술은 '독특한 경험'을 제공, 기존의 단단한 사고방식을 뒤흔든다

로 한 라운드를 돌거나, 퍼팅을 할 때 클럽을 당구채처럼 쥐는 등 통상적인 방법을 사용하지 않고 문제를 풀곤 했다. 미생물 연구 역시 그에게는 골치 아픈 과제가 아니라 박테리아와 함께하는 '놀이'가 됐다.

"어렸을 땐 우린 모두 그처럼 엉뚱하고 기발한 놀이들을 많이 하지만 성인이 되면서 이런 놀이들은 자취를 감춥니다. 기업들이 창의성을 자극하려면, 직원들을 엉뚱한(irrelevant) 놀이 속으로 몰아 넣어야 해요."

'감정이입'의 예로는 역사학자 마이클 코헨(Michael Cohen)을 제시했다. "코헨은 자유를 찾아 비밀철도를 타고 도주한 19세기 흑인 노예들의 공포와 결핍감을 떠올리기 위해 작은 나무상자 속에 몸을 웅크린 채 일곱 시간 동안 열차를 탔다고 해요. 이런 게 상상력을 극대화할 수 있죠."

'천재 직원들', 이렇게 키운다

왜 예술이 중요한가요? "기업이 예술을 가치 있게 생각한다는 것은, 곧 창의적인 인재의 가치를 높이 산다는 뜻도 돼요. 그만큼 창조와 관련된 분야에 관심이 높다는 거거든요. 창의적인 인재들은 미술 작품이나 연극, 뮤지컬을 후원하는 기업에 끌리게 돼있죠.

예술 작품은 창조적 사고의 가장 좋은 도구라고 할 수 있어요. 예술은 '독특한 경험'을 제공, 기존 사고방식을 뒤흔들어 놓습니다. 예술이 수학, 과학과 어학만큼 인재들에게 중요한 역할을 하는 이유죠."

창의력 있는 인재, 상상력 넘치는 인재는 어떤 인재를 말하나요? "뭔가 '많이 해본' 사람을 말합니다. 오늘날 기업들은 하나만 파고든 사람들

전문가들은 '모두가 아는'
문제를 해결하는
사람들입니다.
그들은 자신의
분야가 아니거나,
모르는 문제들은 해결하지
못해요. 예상치 못한
문제를 해결할 수 있는
이들이 바로 창의적인
사람들입니다.

'세계에서 가장 '창의적인 CEO'로 꼽히는 이들이
예술 세계와 접하는 이유는 뭘까.
루트번스타인 교수는
이에 대해 명쾌한 해답을 제시한다

을 선호해요. 해당 분야에 대한 전문성으로 사람을 평가하려 하죠. 하지만 창의성이 기준이 되면 얘기가 달라져요.

생각해보세요. 전문가들은 '모두가 아는' 문제를 해결하는 사람들입니다. 그들은 자신의 분야가 아니거나, 모르는 문제들은 해결하지 못해요. 예상치 못한 문제를 해결할 수 있는 이들이 바로 창의적인 사람들입니다. 기업은 늘 이런 문제에 부딪치죠. 이런 문제들에 대해 근본적인 통찰력을 갖는 사람들이 필요하단 겁니다."

창의적 인재를 어떻게 알아볼 수 있을까요? "창조성이란 아무도 생각지 못했던 문제를 '스스로 찾아내' 해결하고, 뭔가 재미있는 걸 발굴하는 능력이에요. 미술, 음악, 시 등 다른 영역의 세계도 자유자재로 활용할 수 있는 사람들이죠. 다른 세계는 뭔가 새로운 시각(perspective)을 제공해요. 다른 문화적인 배경을 접해 보는 것도 중요하죠. 흥미로운 연구 결과가 있어요. 다른 구조의 언어로 생각하는 게 창의성에 도움이 된다는 겁니다. 제 친구 중 아주 재미난 친구가 있어요. 그는 영어, 스페인어, 독일어를 구사하죠. 그는 뭔가 다른 해답을 구하고 싶을 땐 다른 언어로 생각한다고 하더군요. 다른 언어의 단어로 어떤 것을 표현하는 게 창의성에 도움이 된다고 합니다."

본인이 면접관이라면, 창의성 있는 사람을 뽑기 위해 어떤 질문을 던지시겠어요? "일단 첫 번째로 '당신의 이력에서 가장 특이한 부분을 꼽는다면 무엇을 꼽겠는가'를 묻겠어요. 별로 특이하지 않은 답을 한다면 '꽝(blank)'이죠. (웃음) 이와 함께 최근 1년 동안 다른 분야의 경력이 있는지, 다른 문화를 경험했는지 물어보겠어요. 다른 문화가 중요한 건, 얼마나 남들과 다른 사고방식(mind set)을 갖고 있는지 파악하는 데 중요합니다. 두 번째로는 당연한 질문이지만 '당신이 창조적이라고 생각하는 이유'를 묻겠어요."

쉬운 질문처럼 보이기도 하는데요. "이렇게 직설적인 질문은 쉬운 듯 보여도 절대 답하기 쉽지 않아요. 어떤 근거를 들어 자신이 창의적이라고 하는지를 보면, 그 사람이 얼마나 남들과 다른 사람인지 쉽게 알 수 있는 경우가 많습니다. 평이한 대답을 할 가능성이 높아지기 때문에 변별력이 높아질 수 있죠. 또 나머지 하나는 조금 당황스런 질문인데요. 나의 아버지가 즐겨 사용하던 질문입니다."

아버지께서 컴퓨터 관련 기업 CEO라고 들었는데요. "맞습니다. 아버지는 창의성을 채용의 기준으로 꼽곤 했어요. 예를 들어, 누군가에게 '500만 달러가 생겼을 때 뭘 할거냐'고 묻는 겁니다. 이 질문은 개인의 비전(vision)을 들을 수 있는 좋은 기회가 됩니다. 질문을 받는 사람이 진정으로 원하는 게 뭔지 알 수 있죠. 흥미로운 사실은 많은 사람들이 이런 질문을 받으면 '스포츠를 즐긴다' '어디에 뭐를 사둔다' 등 개인적인 신상과 관련된 답을 한다는 겁니다. 하지만 이런 사람들은 모두 떨어뜨렸습니다."

어떻게 대답한 사람들이 붙었나요? "기업이 원하는 창의적인 인재는 아주 구체적인 비전을 갖고 답해요. 예를 들어 컴퓨터 회사에 지원했다면 '몇 년 동안 얼마를 들여 어떤 버전의 프로그램을 개발하고, 그걸 얼마를 들여 이렇게 마케팅 하겠다'라고 말이죠. 이들은 개인적인 이유가 아니라 뭔가 비전을 갖고, 현재의 문제를 해결하는 데 돈을 쓰겠다고 답하는 사람들입니다. 뭔가 새로운 기술이나 기계를 발명하고, 이러한 발명을 할 수 있는 통찰력(insight)과 선견지명(foresight)을 갖는 사람들이죠. 혁신적인 사람은 항상 꿈과 욕망을 어떻게 실현할지 궁리합니다."

'스컹크'들이 뿜어내는 창조성,
조직을 가득 채운다

어렸을 때 했던 기발하고 엉뚱한 놀이는 창조성을 자극하는 좋은 방법이다

기업들을 상대로 20년 가까이 창조 경영 컨설팅을 해오셨는데요. '창조 경영을 하고 싶다'는 CEO들에게 어떤 조언을 하세요? "가장 중요한 것은 바로 '나보다 똑똑한 사람'을 찾는 겁니다. 혁신적인 사람을 찾고, 신선한 아이디어를 발견하고, 다양한 사람들이 꾸는 꿈 중에 더 똘똘한 걸 찾아내는 거죠. 이를 위해선 끊임없이 놀게 하면서, 새로운 아이디어를 실험할 수 있는 공간을 열어놔야 합니다. 필요하다면 독립적인 자회사를 세워 '다른 종류의' 관리자 밑에서 다른 출퇴근 시간, 다른 분위기의 공간에서 일하게 하는 것도 고려해 볼만 하죠."

어떤 기업들이 잘하고 있나요? "3M이나 록히드 마틴(Lockheed Martin) 같은 기업들이 그렇죠. 이들 기업들엔 '스컹크 팀'들이 있어요. 이 팀들은 기본적인 아이디어들을 발전시켜 나가는 곳이죠. 매우 작은 조직이지만, 이곳의 사람들은, 하루 종일 생각만 합니다. 리스크는 높더라도, 매우 혁신적인 아이디어들을 떠올리는

데 몰두하는 것이죠. 많은 인원이 있는 것은 아니지만, 이들에겐 어마어마한(tremendous) 자유가 주어집니다. 그로 인해 조직 전체에 혁신과 괴짜적인 생각을 순식간에 퍼뜨릴 수 있죠. 스컹크를 생각해보세요. 몸집은 자그마하지만, 스컹크가 뿜어내는 냄새는 방안을 가득 채우죠. 그들은 아무도 생각해내지 못한 '자신만의 문제'를 발견해 내죠. 즉, 소비자의 새로운 문제를 해결해주고자 하는 겁니다. 이게 바로 창조 경영의 출발점이에요."

'소비자의 새로운 문제를 떠올리고 해결해 주는 것', 이것이 결국 당신이 보는 창조 경영의 정의인가요? "그렇습니다. 누구도 떠올리지 못한 문제를 만들어 이를 속 시원히 해결해 주는 것, 바로 이게 내가 생각하는 창조 경영입니다. 다른 기업들을 앞설 수 있는 열쇠예요. 이를 위해선 남들과 다른 생각이 필요해요. 기업 경영 전략은 항상 예상치 못한 돌발상황에 대비해야 합니다. 보수적인 기업들은 혁신에 대

한 계획을 세워두지 않고 있죠. 이러면 문제가 생길 수 있습니다."

좀 더 구체적으로 설명해 주신다면? "신제품을 발명할 때 '나는 이러이러한 것을 만들었으면 좋겠다'고 지시하면, 그 제품은 결코 성공할 수 없을 겁니다. 이유가 뭘까요. 우리가 생각해 낼 수 있다는 것 자체가 '새롭지 않다'라는 것을 뜻하거든요. 전혀 사전에 계획이 없는 것들을 떠올리는 게 진정한 혁신의 힘입니다. 기존 방식에 갇혀 있으면 이렇게 될 수 없어요. 아무도 보지 못한 것을 보게 하려면, 일단 구성원들에게 창조성을 허락할 수 있는 분위기를 만들어줘야 합니다. 창조성은 허락될 때에만 발현이 가능해요. 유명 경영대학원에선 회계, 재무 관리 등 기존의 것을 얼마나 잘 관리하는가를 가르칩니다. 하지만 혁신을 위해선 기존의 것을 뛰어 넘어 전혀 다른 차원의 사고 방식이 필요해요."

혁신은 '도박'이다

혁신이라는 말은 많이 하지만, 사실 많은 CEO들이 이 말의 진정한 의미를 모르는 것 같은데요. "혁신은 '도박'입니다. 도박을 하려면 계속 돈을 걸어야 하죠. 또 처음부터 게임을 하지 않으면 이길 수 없습니다. 그러다 우연히 한 번 터지면 어마어마한 수익을 거둘 수 있죠. 이게 바로 혁신과 도박의 공통점이에요. 도박의 고수들은 리스크가 높은 게임에서 기회를 찾습니다. 지기 싫어서 게임 자체를 안 할 수도 있겠지만, 게임을 즐기는 사람들은 이기기 위해 도박을 하죠."

그럼 조직에서 '도박을 즐길 수 있는 사람'을 찾으려면 어떻게 해야 할까요? "끊임없이 새로운 아이디어를 갖고 놀 수 있는 사람을 찾는 게 중요합니다. 물론 지속적인 성과를 창출해 내는 성실한 사람들도 필요하긴 합니다. 하지만 결국 조직의 운명을 좌우하는 건 새로운 것을 끊임없이 만들어내고 틀에 갇히기 싫어하는 사람들이에요. 이런 사람들의 목소리가 크면 클수록 조직에 혁신의 향이 강하게 전

일상 생활에 매몰돼서는 창조성을 발현할 수 없다. 우선 창조성을 허락할 수 있는 분위기를 만들어야 한다

파되겠죠. 생각해 보세요. 많은 천재들의 어린 시절을 보면 평탄했던 적이 별로 없습니다. 하나같이 학교에서 문제아 취급을 받거나, 퇴학을 당하거나, 멍청하다고 놀림 받았죠. 이런 얘기들을 들으면서 단지 '어려움을 딛고 성공했'고만 보는 것은 나무밖에 못 보는 거예요. 보다 큰 숲을 보면, 결국 이들은 어딜 가나 괴짜였다는 사실을 발견할 수 있을 겁니다."

괴짜를 관리하는 방법이 만만치 않을 텐데요. "문제아(trouble maker)는 늘 관리하기 힘듭니다. 그들은 늘 '내가 왜 이 일을 하지?'라는 질문에 대한 답을 먹고 삽니다. 이 답이 없을 땐, 곧 싫증을 내게 되죠.
이들은 새로운 도전을 스스로 만들고, 새로운 문제를 해결하는 데 도사들이에요. 주의 지속시간(attention span)이 짧지만, 완전히 몰입할 수 있는 뭔가를 찾았을 때엔 무서운 에너지를 발휘하게 됩니다."

어찌 보면 이중적이기 때문에 더 관리하기 힘들 것 같은데요. 이들에겐 어떤 보상을 줘야 하나요? "좋아하는 것을 찾을 수 있도록 도와야 해요. 이러면 기업의 역사가 바뀔 수 있죠. 또 이들은 돈과 같은 물질적인 보상 대신, 더 많은 기회를 주는 것을 선호합니다. 자신이 내는 아이디어들을 인정하고, 더 많은 괴짜들을 붙여 주길 원하죠. 괴짜들끼리는 서로 통하는 법이니까…'."

창조적인 CEO가 되려면

기업의 역사를 바꿀 수 있는 CEO, 창조적인 CEO가 되려면 어떻게 해야 할까요? "항상 누군가의 무릎 위에 앉은 것처럼 행동하세요. 비전을 제시하는 역할은 하되, 직원들에게 이래라 저래라 가르치지 말아야 합니다.
예를 들어 신제품을 개발할 때, CEO는 절대 '이런 제품을 원한다'고 말하면 안 됩니다. 답을 갖고 시작하면, 창의적인 작품이 나올 수 없습니다. 창조 경영이란 곧 지금 우리가 '모르는'고객의 문제를 찾아내 해결해주는 겁니다. 이 문제를 찾을 수 있는 건 당신이 아니라,

당신 아래에 있는 사람들이라는 걸 늘 기억하세요."

당신은 '창조적인 CEO'를 어떻게 정의하십니까? "'엉뚱한 상황 속에 직원들을 몰아 넣는 사람'입니다. 이런 CEO는 가끔은 직원들을 당황하게 할 줄도 알고, 직원들이 낯설게 느낄 만한 환경을 끊임없이 고민합니다. 부서 간 벽도 과감하게 깰 줄 알아야 하죠. 회계 부서 사람이 어느 날 자사 광고 현장 한가운데 서 있게 된다면? 상황을 좀 다르게 볼 수 있겠죠. 창의성이 움틀 수 있는 환경을 끊임없이 만들어 주는 사람이 창의적인 CEO예요. 그래서 저는 CEO들을 상대로 컨설팅 할 때, '맞춤형 경영을 하라'고 조언합니다. 괴짜들을 다루려면, 기존의 방식과 다른 '그 무엇'이 있어야 하기 때문이죠.
많은 기업들이 하는 실수 중 가장 대표적인 게 뭔지 아세요? 바로 창조적인 사람들을 모두 기존의 부서들에 보내 비슷한 방식의 훈련 과정을 거치게 하는 겁니다. 하지만 나는 혁신적인 사람들에게 자신이 하고 싶은 일을 맡겨야 한다고 생각해요. 필요한 경우, 직책이나 부서까지 새로 만들어야 하겠죠."

CEO들이 평소에 창의성을 '연습'할 수 있는 방법이 따로 있을까요? "사물과 현상을 '낯설게, 거꾸로' 보세요. 무수히 많은 과학자들의 사례를 분석해 본 결과, 나는 이들의 공통점을 발견해 냈어요. 물론 전략 자체는 각각 다르게 나타났지만, 기본적으로 이들은 현상을 '거꾸로'보는 사람들이었어요. 어떤 패턴이든, 어떤 모양이든 항상 회전해보고, 거꾸로 보고, 다양한 각도에서 분석했죠. 이는 매우 유용한 전략입니다."

창조경영과 혁신을 위해 '이것만은 꼭 해야 된다'면 어떤 게 있을까요? "기업의 굴욕적인 경험을 완전히 해부해야 합니다. 대부분의 기업들은 자신들의 성공 스토리에만 집중할 뿐 자신들이 걸어온 역사를 제대로 기록하지 않아요. 하지만 기업의 DNA를 제대로 해독하기 위해선 성공이나 실패나 모두 똑같이 기록하는 게 중요합니다."

그는 통신 솔루션 공급업체인 '알카텔 루슨트'의 예를 들었다. 여기엔 6~8명의 문제해결사(problem solver)들로 구성된 팀이 따로 있다. 이 독특한 팀이 하는 일은 조직 밖에 서서 끊임없이 조직 내부를 관찰하고, 조직의 성공과 실패를 낱낱이 기록하는 일이다.
일단 팀 구성원들은 끊임없이 트렌드를 파악해 '이건 뭔가 좀 먹을 거리가 있겠다' 싶은 프로젝트를 추려낸다. 그 후엔 조직 내를 '탐색'해 프로젝트를 잘 해낼 수 있는 인원들을 뽑는다. 프로젝트 착수 후엔, 자문팀(advisory team)으로 역할을 바꿔 끊임없이 팀의 활동을 관찰한다. 이들은 팀 '밖'에 있기 때문에 프로젝트 팀이 놓치고 있는 중요한 사항을 제때 알려줄 수 있다. WeeklyBIZ

리더들은 가장 먼저 무엇을 바꿀까요?

"나 자신"

"내 인생을 바꿔놓은 일주일이었다."
–SC제일은행 제니스 리 부행장

"내 자신을 꽤 잘 안다고 생각했는데 완전히 착각이었다는 걸 깨달았다."
–미국 콜센터 아웃소싱 기업인 '사이키스'의 크리스토퍼 로저스 부회장

두 사람에게 이토록 큰 감동을 준 것은 어느 교육 프로그램이었다. 즉 '창조적 리더십 센터 (CCL)'라는 비영리 교육기관이 주관하는 기업 CEO 및 임원 교육 프로그램이다. 리더십 교육 기관으로는 세계 최고 중 하나로 평가 받는 이 센터는 1970년 설립돼 미국, 싱가포르 등 4개 캠퍼스에서 지금까지 전 세계 40만 명이 수료했다.

제니스 리 씨는 2006년 가을, 로저스 씨는 2007년 봄에 수료했다. 불과 5일 과정의 프로그 램인데도 불구하고, 2007년 〈파이낸셜타임스〉의 세계 비즈니스 교육기관 랭킹 7위에 랭크 됐다. 10위권에 대학이 아닌 기관으로는 유일하다.

그런데, 이곳이 어떤 곳이냐고 물었을 때 수료자들은 한결같이 "직접 체험하는 것 이외에 달 리 설명할 방법이 없다"고 말했다. 도대체 어떤 일이 벌어지기에? 기자는 직접 체험해 보기 위해 싱가포르 캠퍼스로 날아갔다. 2008년 6월 30일(월)부터 7월 4일(금)까지, 오전 8시 30분 부터 오후 6시 30분(금요일은 오전만)까지 이어지는 강행군이었다. 기자는 다른 참석자와 마찬 가지로 5일 과정을 100% 경험하며 취재했다. 일반 교육비는 무려 6800달러(약 690만 원)에 이 른다.

가기 전부터 엄청난 숙제가 이메일로 날아왔다. 200여 개의 질문에 스스로 답해야 할 뿐 아 니라, 직장 상사와 동기·후배 10여 명에게 기자에 대한 다면(多面) 평가를 보내도록 부탁했 다. 이들 또한 100여 가지 질문에 1시간씩 걸려 답을 했다. 누가 어떻게 평가했는지는 공개 되지 않으며, 합산된 결과만이 참고 자료로 제시된다.

수료식 날, 참가자들이 서로에게 졸업장을 수여하며 수료를 자축한다

첫날 : 자기 인식(self-awareness)

고풍스러운 싱가포르식 건물. 50평 남짓한 방에 둥근 탁자 3개가 놓여 있었다. 참가자는 14명. 간단하게 서로 인사를 나눴다. 모두 10개국에서 모여든 사람들로 태국 최대 음료수회사 회장부터 구글 아시아 기술 총괄 이사인 인도인, 미국 재생에너지 관련 벤처기업 법률 책임자인 아일랜드인까지 다양했다.

우리를 이끌 상근(常勤) 코치는 루크 노벨리 등 2명이었다. 루크는 "오늘부터 여러분의 리더십 여행이 시작됩니다. 매일 다른 목적의 여행입니다. 4일째 아침이면 아마 스스로에 대해 굉장히 혼란스러울 겁니다. 그게 정상입니다"라고 여행의 시작을 알렸다.

첫날은 자신을 알아가는 과정의 연속이었다. 가장 먼저 한 일은 자신의 리더십 스타일 파악하기. 참가자들은 사전에 제출한 답변을 바탕으로 각기 4개의 다른 리더십 스타일로 분류됐다.

실행자(impl ementer), 후원자(supporter), 혁신자(innovator), 비전 제시자(visualizer) 등이다. 기자는 실행자 그룹에 속했다. GE의 전 회장인 잭 웰치 등이 대표적 인물로, 목표를 세우면 저돌적으로 성취해 내는 성향이 강하다. 기자의 동기생 14명 중 무려 9명이 이 그룹에 속했다. 혁신자와 비전 제시자로는 동기생 중 각각 2명씩이 속했다.

두 그룹의 대표적 인물로는 각각 빌 게이츠와 스티브 잡스를 들 수 있다. 나머지 1명은 후원자로 분류됐다.

이어 '리더십에 가장 중요한 덕목이 무엇일까?'를 주제로 공개 토론에 들어갔다. 선택지(選擇肢)는 모두 14개. 우리는 20분 간 토론을 통해 중요도 순위에 따라 1위부터 14위까지를 매겨야 했다. 투표는 금지됐으며 토론을 통한 의견 수렴만 가능했다. 모든 과정은 카메라 앞에서 진행됐다.

토론의 결과가 중요한 것이 아니었다. 토론이 끝난 뒤 스크린을 통해 자신의 대화 방식이 어떤지 확인해 보는 순서가 있었다. 참가자들은 화면으로 보는 자신의 낯선 모습에 당황해

했다. 농담을 잘하는 독일인 한 명은 "혹시 내 농담 때문에 불쾌한 사람은 없었냐"고 일일이 확인했고, 중간에 다른 사람 말을 가로챈 중국인은 "남의 말을 끝까지 듣는 인내심을 가져야겠다"고 자책했다.

코치들은 참가자들에게 다른 사람 4명의 이름이 적힌 종이를 무작위로 하나씩 나눠줬다.

우리의 임무는 남은 프로그램 동안 이들 4명의 행동을 자연스럽게 관찰하고 마지막 날에 피드백을 주는 것. 한 가지 중요한 원칙은 구체적이어야 한다는 것. 예를 들어 '○○가 집단 토론 때 주도적으로 회의를 이끌어나가는 것을 보고 카리스마적이라고 느꼈다' 라고 명시하는 것이다.

CEO나 임원이 되고 나면 주변에서 싫은 소리를 덜 듣게 된다. 또 이미 성공한 사람들이기 때문에 남이 뭐라고 말해도 잘 바뀌지 않는다. 그렇기 때문에 역설적으로 이런 교육이 인기를 끄는 것 아닐까? 체험을 통해 자신을 객관적으로 성찰하고, 바뀌어야 한다는 의지를 다질 수 있었던 것이 이 교육의 선물이었다.

둘째 날 : 남이 보는 나(impact)

"고국에서 보내온 러브레터입니다~." 코치들이 우리에게 두꺼운 노트 하나씩을 나눠 주며 이렇게 말했다. 직장 동료들이 제출한 응답을 종합적으로 분석한 리포트다. 매일 술 마시는 중년 직장인이 건강 검진표를 받아 들었을 때

처럼 긴장감이 흘렀다

'변화에 적응 빠름', '통솔력' 등 16개 항목 중 기자의 상사가 '우리 조직에 가장 필요한 성공 요인'이라고 꼽은 것과 기자가 꼽은 것이 얼마나 일치하는지, 그리고 각 항목에 기자의 능력은 어느 정도인지가 평가돼 있었다. 예를 들어 기자가 속한 신문사에서 '결단력'이 매우 중요한 요인임에도 불구하고 기자의 점수는 상대적으로 낮았다. 반면 '빠른 학습 효과'나 '사람들을 편안하게 해주는 성격' 등의 점수는 높았다. 우리의 가슴을 가장 두근거리게 만든 것은 직장 동료들의 코멘트였다. '과거 위기 상황에서 이 사람이 다르게 할 수 있었던 점이 있다면?'이란 질문에 기자의 동료 중 한 명은 '주변에 도움을 요청해 보다 쉽게 해결할 수도 있었는데, 모든 문제를 혼자 끌어안고 끙끙댔다'고 썼다.

CCL 프로그램엔 강의나 이론 교육이 거의 없다. 대부분 실습과 토론이다. 오후엔 가상극에 참가했다. 모두 스타워즈의 주인공이 되는 시간이다. 우리가 사는 가상의 행성에는 네 부족이 있다. 공격적이고 제일 강한 군대를 확보한 '옐로(Yellow)', 자원이 풍부하고 철저한 장사꾼 마인드의 '블루(Blue)', 지혜롭고 똑똑한 인재들인 '레드(Red)', 평화를 사랑하고 이웃과 조화롭게 지내는 '그레이(Gray)'다. 이 행성에는 물이 부족해 네 부족이 협동해 댐을 만들어야 하는 과제가 주어졌다.

각 부족에게는 색깔이 서로 다른 조립식 벽돌(실제로는 스티로폼) 10개씩이 주어졌고, 네 부족의 벽돌을 모두 이어야 댐을 만들 수 있다. 설계부터 완공까지 다 해야 한다.

기자는 '그레이'족이었다. 처음엔 모두가 자기 나라가 위치한 곳에서부터 댐을 짓자고 주장, 대혼란이 벌어졌다. 이에 각 부족은 총리(prime minister)를 1명씩 뽑아 대화하기로 했다. '서로의 체면을 살리면서도 하나씩 양보하자'는 결론에 닿았고 역할을 분담했다. 블루는 원자재를 대고 공사비를 받기로 했고, 옐로는 군대 인력을 동원하고, 레드는 댐의 디자인을 담당하며, 그레이는 이들 사이에서 중재하는 역할을 담당하기로 했다.

가상극이 끝난 후 우리는 자신이 속한 부족이 무작위로 정해진 것이 아니라 자신의 성격을 반영해 센터 측이 의도적으로 정한 것을 알고 충격을 받았다. 공격적인 성향의 옐로 부족 중 한 명은 도끼로 적의 목을 치는 모양의 국기(國旗)를 만들기도 했다. 그러나 그는 나중에 "내 성격이 높은 추진력이란 장점이 될 수도 있지만, 잘못하면 지나친 공격성으로 나타날 수 있다는 것을 느꼈다"고 말했다.

셋째 날 : 어떤 의도였나요(intention)

성공하는 조직은 무언가 특별한 것이 있다. 우리는 이를 몸소 느끼기 위해 가상의 회사를 설립해 다리를 짓는 프로젝트를 진행해 보기로 했다.

CCL 코치인 루크가 CEO를 맡았다. 그는 3개의 팀을 거느린다. 그는 모든 팀에 "생수 병 5개를 받칠 수 있는 아름답고 튼튼한 다리 샘플을 만들라"고 지시했다. 재료는 아이스 바 막대와 순간 접착제. 각 팀은 이사와 실무급 부장, 그리고 2명의 건설 노동자로 이뤄진다. "막대가 부족해!" "시간이 없어. 서둘러." 팀마다 다급한 외침이 터져 나왔다. 각 팀의 이사들은 CEO의 지시사항이 적힌 쪽지를 전달받아 건설 노동자들에게 알렸다. 우여곡절 끝에 완성된 3개의 다리 중 하나는 주문대로 물통 5개를 모두 견뎌냈지만, 우리 팀이 만든 것은 2개만 버텼고, 다른 한 팀은 1개도 버티지 못했다.

팀원들은 코치와 함께 잘잘못을 토론했다. 우리의 사소한 행동까지 모두 기록한 코치는 "왜 그때 이렇게 했느냐"고 꼬치꼬치 물었다. 별생각 없이 택한 순간의 선택이었지만 나중 프로젝트에 미친 영향은 어마어마했다. 우리 팀의 경우에는 이사가 임원회의의 내용을 제대로 인부들과 공유하지 못했다. 회의 내용

중엔 중요한 공법(工法)에 대한 설명도 있었는데, 이사는 우리에게 제대로 설명하지 않았다. 그는 큰 전략 짜는 데는 열심이었지만, 위에서 밑바닥까지 같은 비전을 나누는 것에 실패한 것이다. 코치가 우리 팀 이사에게 "왜 좀더 인부들과 얘기를 나누지 않았느냐"고 묻자 그는 "시간이 너무 촉박했다"고 해명했다. 그러자 코치는 "시간은 언제나 모자라다"고 잘라 말했다.

우리는 CEO에게도 문제가 있었다고 토론했다. CEO는 A4 용지 한 장에 지시사항을 빽빽하게 적어 전달했다. 충족해야 할 요건은 모두 설명돼 있었지만, 전 직원들이 똑같은 열정과 비전을 갖기에는 불충분했다.

넷째 날 : 내 것으로 만들기
(integration)

이날 아침 강의실은 유난히 조용했다. 웃음소리 대신 침묵만 흘렀다.

"오늘은 피드백의 날입니다. 제3자를 통해 자신을 비춰보고 자기 개선의 계기로 삼을 황금 같은 기회입니다. 또 피드백을 받은 만큼 당신도 다른 사람에게 줘야 합니다. 이는 '나는 당신을 이만큼 아낀다'는 메시지와 같습니다." 코치는 이렇게 말하며 소형 녹음기 하나씩을 선물로 나눠줬다. "오늘 진행되는 대화는 모두 이 녹음기로 녹음하시길 바랍니다. 앞으로 중요한 결정을 해야 할 날이 오면 다시 이 테이프를 들어보시기 바랍니다."

오전은 자신의 전담 코치와 1대 1 면담이었다. 오전 9시부터 12시 30분까지 무려 3시간 반 동안. 기자의 코치는 30대 후반의 여성으로 코치 경력 10년이다.

코치와 기자는 동료들이 답변한 설문 결과를 펼쳐 놓고 하나씩 훑어 내려가기 시작했다. 성향 분석 결과, 기자는 남에게 호감을 잘 표현하며 조화로운 인간 관계에서 즐거움을 찾는 스타일이다. 하지만 앞장서서 의견을 피력하거나 그룹을 통솔하는 '컨트롤(control)' 부문의 점수는 크게 낮았다.

코치는 기자를 지켜본 느낌을 털어놓았다. "주변 사람들의 이야기를 아주 즐겁게 들으시더군요. 많이 웃고요. 하지만 중간에 질문을 던지는 것 외에는 말을 직접 많이 하진 않더군요. 평소에도 그런 편이신가요?" 기자는 "원래 성격도 그렇고 직업병"이라고 웃으며 말했다. 그는 수십 개의 항목에 대한 기자의 점수가 특이하게 높은 것과 낮은 것에 대해 차례로 짚어 나갔다. "혹시 직장에서 '노(No)'라고 말해야 할 때도 말을 못해 몇 날 며칠을 끙끙 앓은 적이 없나요?" "혹시 '내가 말한다고 뭐가 달라지겠어'라는 태도로 자기 의견을 말하지 않았다가, 실제로는 그 의견이 회사에 큰 도움이 될 수 있었던 적은 없나요?"

이런 저런 얘기를 하다 보니 3시간이 훌쩍 지나가버렸다. 마지막 30분을 남겨 놓고 그는 두꺼운 '코칭 사전'을 하나 건네 주며 기자에게 9번(command skills, 요구하는 기술), 16번(timely decision making, 적시에 하는 의사결정), 66번(work/life balance, 일과 삶의 조화)을 참고할 것을 권했다. 한 항목당 3페이지씩이다. 해당 기술이 결여된 원인과 해당 기술을 향상시키기 위해 필요한 행동 강령이 10개씩 적혀있다. 예를 들어 '요구하는 기술'이 부족한 것은 '비난이나 실패에 대한 두려움'이나 '통솔에 대한 부담감' 등이 가장 흔한 원인이라고 지적돼

있다. 이에 대한 행동 강령은 '내가 틀릴 수도 있다. 틀려서 창피를 당할 수 있다는 공포에 맞서라' '동네 축구 동호회라도 좋다. 사소한 것부터 리더십을 연습하라' 등이다.

오후는 참가자들끼리 서로 피드백을 나누는 시간이다. 코치는 세션을 시작하기에 앞서 한 가지 당부를 했다.

"피드백 동안 6가지 과정이 있습니다. 1번은 '경청', 2번은 또 '경청', 3번은 '좀 더 구체적으로 묻기', 4번은 '경청', 5번도 또 '경청', 6번은 '고맙다고 말하기'입니다."

참가자들은 7명씩 2개 조로 나뉘어 얼굴을 맞대고 앉았다. "○○씨, 당신은 '다리 만들기' 세션 때 우리 팀 부장이었습니다. 당신은 건설 노동자가 아니었음에도 불구하고 직접 팔을 걷어붙이고 다리 만드는 것을 도왔습니다. 이런 당신의 행동에 노동자들은 '회사는 하나'라는 자신감을 얻었습니다. 하지만 ○○씨는 결과 발표 때 너무 긴장해 말을 계속 더듬었습니다. 대중 앞에서 긴장을 통제하는 방법을 배우면 더욱 좋을 것 같습니다."

참가자들은 진지하게 들은 뒤 감사 인사를 했다. 이날 저녁 우리는 처음으로 오붓하게 회식을 가졌다.

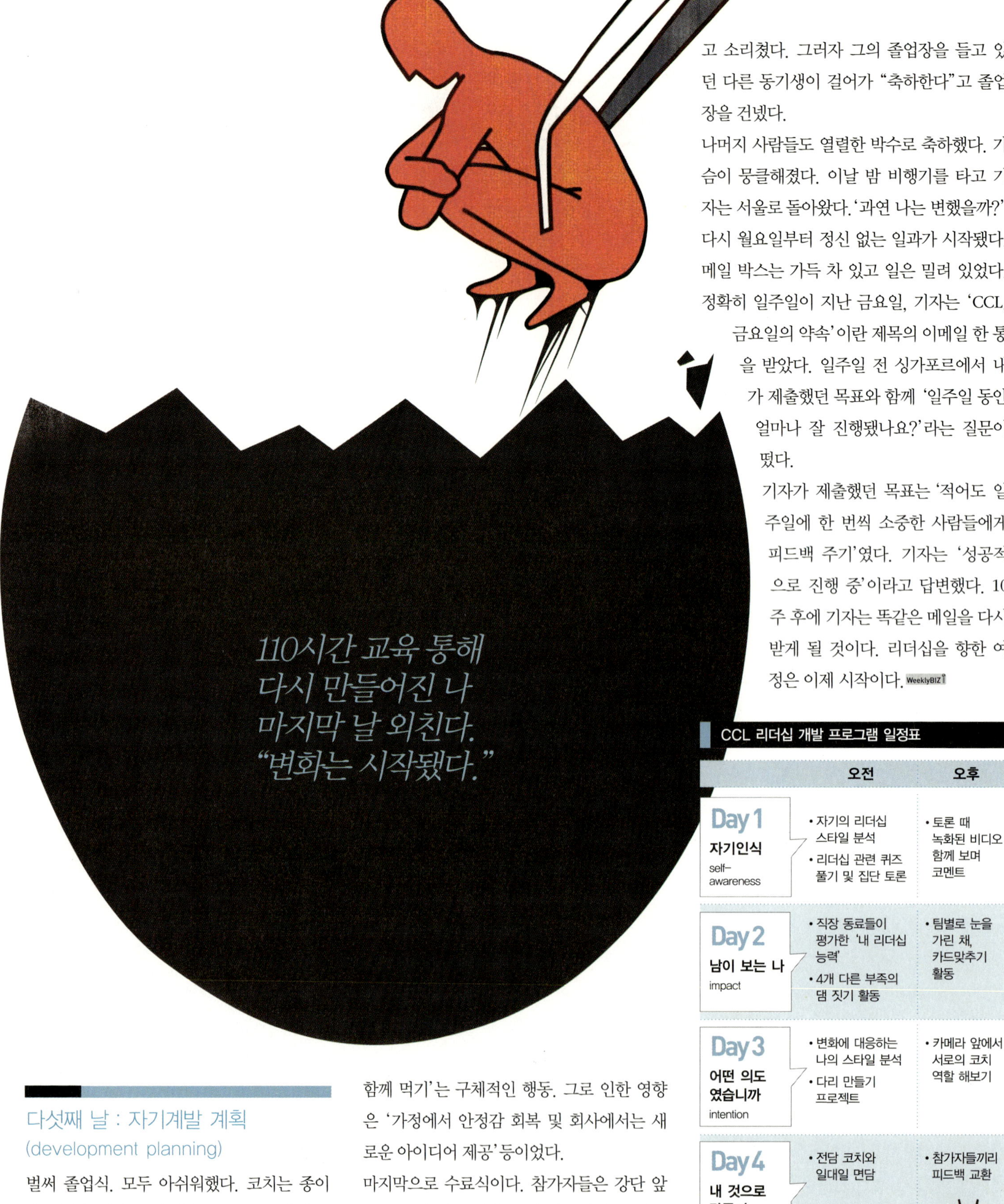

고 소리쳤다. 그러자 그의 졸업장을 들고 있던 다른 동기생이 걸어가 "축하한다"고 졸업장을 건넸다.

나머지 사람들도 열렬한 박수로 축하했다. 가슴이 뭉클해졌다. 이날 밤 비행기를 타고 기자는 서울로 돌아왔다. '과연 나는 변했을까?' 다시 월요일부터 정신 없는 일과가 시작됐다. 메일 박스는 가득 차 있고 일은 밀려 있었다. 정확히 일주일이 지난 금요일, 기자는 'CCL, 금요일의 약속'이란 제목의 이메일 한 통을 받았다. 일주일 전 싱가포르에서 내가 제출했던 목표와 함께 '일주일 동안 얼마나 잘 진행됐나요?'라는 질문이 떴다.

기자가 제출했던 목표는 '적어도 일주일에 한 번씩 소중한 사람들에게 피드백 주기'였다. 기자는 '성공적으로 진행 중'이라고 답변했다. 10주 후에 기자는 똑같은 메일을 다시 받게 될 것이다. 리더십을 향한 여정은 이제 시작이다. WeeklyBIZ

다섯째 날 : 자기계발 계획
(development planning)

벌써 졸업식. 모두 아쉬워했다. 코치는 종이 한 장씩을 나눠 주며 앞으로 10주 동안 추구할 목표 한 가지와 구체적인 계획, 그로 인한 영향을 쓰도록 했다. 예를 들면 '가족과 더 많은 시간 보내기'가 목표라면, '적어도 일주일에 2번은 7시 반에 퇴근해서 가족들과 저녁 함께 먹기'는 구체적인 행동. 그로 인한 영향은 '가정에서 안정감 회복 및 회사에서는 새로운 아이디어 제공' 등이었다.

마지막으로 수료식이다. 참가자들은 강단 앞으로 모여 둥근 원을 하나 만들었다. 코치는 한 미국인 동기생을 지적해 그가 설정한 목표를 크게 외치도록 했다.

컨설팅 회사를 운영하는 그는 "나는 앞으로 인내심을 갖고 팀원들의 말을 더 경청하겠다"

**CCL 부회장
마이클 젠킨스
인터뷰**

CCL 프로그램의 목표는 무엇이며, 이상적인 리더가 되기 위해서는 어떤 노력을 기울여야 할까? CCL의 마이클 젠킨스(Michael Jenkins) 부회장에게 들어보았다. 그는 프랑스 경영대학원인 인시아드의 총괄 이사를 역임했으며, 2003년 CCL로 옮겼다.

CCL 프로그램의 목표는 무엇입니까? ● "프로그램 전체에 녹아있는 가장 기본적인 질문은 '당신은 리더로서 자신의 모습에 대해 잘 알고 있습니까', 그리고 '당신의 행동이 다른 사람에게 미치는 영향을 잘 알고 있습니까' 입니다. 360도 다면평가, 가상극, 집단 토론 등 다양한 활동을 통해 스스로 깨우치게 합니다."

이상적인 리더는 어떤 사람입니까? ● "훌륭한 리더는 직원들에게 열정을 심어주고 비전을 만들어 내죠. 또 이들은 사람과 행정 절차 사이의 적절한 균형을 만듭니다. 비전이란 것은 아이러니컬하게도 행정 절차에 얽매인 사람들에 의해 가로막히곤 하거든요. 훌륭한 리더는 조직을 와해하지 않으면서도 그들의 한계를 깨게 하는 전략을 생각해 냅니다."

초년병 시절에는 각광 받던 인재더라도 나중에 뒤처지는 사람들이 있습니다. 이들의 특징은요? ● "실패하는 인재들의 공통점을 연구해 본 결과, 이들은 변화를 잘 견뎌내지 못했다는 공통점이 나타났습니다. 새로 부임한 상사, 새로운 부서, 다른 문화권 등 변화가 왔을 때 적응에 실패하는 겁니다. 또 다른 공통점은 이들은 팀을 구성하는 데 익숙지 않았다는 겁니다. 인재들은 대부분 보통 사람들보다 빨리 승진합니다. 그러다 보니 리더십을 채 쌓기도 전에 외부에 자신의 경영 능력을 증명해야 하는 도전에 부딪히게 됩니다."

리더십을 키우려면 구체적으로 어떻게 해야 합니까? ● "축구 선수들이 근력 단련하듯이 리더들도 자신의 강점을 유지하고 약한 점을 보완하기를 반복하면 리더십이 근육처럼 단단해집니다. 중요한 것은 조직의 리더십을 기르기 위해서는 충분한 격려가 필요하다는 겁니다. 만약 A라는 사람의 리더십을 길러주고 싶다면 우선 A를 정확히 평가한 뒤 문제점과 목표를 제시해 도전하게 하고 격려해 주는 것입니다. 이런 과정을 '코칭(coaching)'이라고 하죠."

코칭이 왜 그렇게 중요한가요? 어떻게 하면 좋은 코치가 되죠? ● "코칭을 받는 것 자체만으로 자신과 조직에 대해 더 잘 이해하게 됩니다. 또 코칭 과정에서 대화를 통해 서로를 이해하고 공통의 비전을 갖고 있는지 확인하게 되죠. 또 이렇게 함으로써 코칭 문화를 조직 전반에 퍼뜨리게 되고요. 훌륭한 코치는 상대방으로 하여금 기꺼이 리스크를 감수하고 실행으로 옮길 수 있는 편안한 환경을 만들어 줍니다. 실패를 두려워하는 조직은 혁신적인 아이디어가 절대 나오지 않아요."

Who is

CCL(Center for Creative Leadership, 창조적 리더십 센터)은 CEO와 임원들을 대상으로 하는 세계 최대의 비영리 교육기관이다. 콜로라도와 샌디에이고, 브뤼셀, 싱가포르의 4곳에 캠퍼스가 있으며, 2007년 한해 동안 전 세계 3000개 기업에서 2만 명이 수료했다. 전체 직원은 500명이며 정규 코치(coach)는 85명. 미국에서 화학회사를 경영하던 스미스 리처드슨(Smith Richardson)이 1957년에 사재를 털어 리더십 연구를 위한 재단을 설립했는데, 이것이 발전해 1970년 CCL이 설립됐다. 리처드슨은 설립 동기에 대해 "기업이 지속적으로 성장하기 위해선 훌륭한 리더가 필요하며 리더십은 훈련을 통해 후천적으로 길러질 수 있기 때문"이라고 밝혔다.

5일 과정의 프로그램이 기본인데, 내용은 참가자들의 피드백을 토대로 매년 업그레이드 된다. 코치들의 수준을 관리하기 위해 코치를 평가하는 코치가 강의 때마다 배석한다. 2007년 매출은 8200만 달러(약 830억 원). 수익은 모두 리더십 연구에 쓰인다. 매출의 약 86%는 참가자들이 지급하는 교육비에서 나오며, 6%는 각종 출판물, 나머지는 이곳에서 개발한 리더십 모델 사용료, 기부금 등으로 이뤄진다.

• 각 부의 시작페이지 사진은 본문의 사진과 중복돼 출처를 밝히지 않았습니다.
• 겉표지 _ 왼쪽 위에서 아래 순서로 조선 DB, 조선 DB, 조선 DB, 오른쪽 위에서 아래 순서로 조선 DB, (사진)시호 후카다(프리랜서) (일러스트)조선 DB, 조선 DB, 조선 DB

1부 ideation _ 새로운 생각

1. 야나이 다다시
• 기사 게재일 : 2009년 9월 19~20일자 C1, C4, C5
• 필자 : 선우정
• 사진 · 일러스트 출처 : 10쪽 블룸버그, 14~15쪽 조선 DB, 17쪽 (大)조선 DB (小)패스트 리테일링

2. 제프리 페퍼
• 2007년 6월 2~3일자 C1, C6, C7 • 박종세, 김현진, 정동일(한국 왓슨와이어트E니 소장), 정동일(미국 샌디에이고 주립대 경영학과 교수)
• 18쪽 린다 시세로(스탠퍼드대 뉴스서비스 에디터), 20~21쪽 조선 DB, 22~23쪽 린다 시세로(스탠퍼드대 뉴스서비스 에디터), 25쪽 린다 시세로(스탠퍼드대 뉴스서비스 에디터)

3. 조르겐 빅 크누드스톱
• 2009년 6월 20~21일자 C1, C5 • 이성훈
• 26쪽 레고, 28쪽 블룸버그, 29쪽 (인물)레고, 30쪽 조선 DB

4. 베르나르 베르베르
• 2008년 4월 26~27일자 C1, C5 • 강경희
• 32쪽 조선 DB, 34~35쪽 조선 DB

5. 번트 슈미트
• 2008년 1월 26~27일자 C1, C5 • 김영진
• 36~37쪽 조선 DB, 40쪽 조선 DB, 41쪽 (인물)조선 DB

6. 잭디시 세스 & 하타무라 요타로
• 2009년 9월 26~27일자 C1, C4, C5 • 백승재, 홍원상
• 42쪽 조선 DB, 44쪽 조선 DB, 47쪽 조선 DB, 48쪽 조선 DB

7. 로버트 치알디니
• 2008년 11월 8~9일자 C1, C3 • 김희섭
• 50쪽 조선 DB, 52~53쪽 조선 DB, 55쪽 조선 DB

8. 칩 히스
• 2009년 3월 14~15일자 C1, C5 • 신지은
• 56쪽 킴벌리 화이트(포토저널리스트), 58쪽 조선 DB, 61쪽 킴벌리 화이트(포토저널리스트)

9. 존 마에다
• 2009년 7월 4~5일자 C1, C3 • 장원준
• 62쪽 조선 DB, 63쪽 (인물)조선 DB, 64~65쪽 조선 DB

10. 레스터 브라운
• 2008년 3월 15~16일자 C1, C6, C7 • 호경업, 홍종호(한양대 경제금융학부 교수)
• 66쪽 조선 DB, 69쪽 조선 DB, 70~71쪽 Getty Images 멀티비츠, 72쪽 (인물)조선 DB, 73쪽 조선 DB

11. 댄 애리얼리
• 2009년 1월 3~4일자 C1, C5 • 장원준
• 74쪽 아담 헝거(프리랜서), 76~77쪽 아담 헝거(프리랜서), 79쪽 아담 헝거(프리랜서)

12. 한스-게오르크 호이젤
• 2009년 5월 2~3일자 C1, C4, C5 • 김홍수, 장원준
• 80쪽 조선 DB, 82쪽 조선 DB, 86쪽 카도 라이프치히

13. 피터 셍게
• 2007년 8월 25~26일자 C1, C5 • 김현진, 정동일(한국 왓슨와이어트E니 소장)
• 88쪽 피터 셍게, 90쪽 조선 DB

14. 이브 도즈
• 2009년 5월 16~17일자 C3 • 이성훈
• 94쪽 조선 DB, 96쪽 조선 DB, 97쪽 (인물)조선 DB

15. 지미 웨일스
• 2008년 4월 26~27일자 C1, C6, C7 • 호경업
• 98쪽 위키피디아 재단, 99쪽 (小) 위키피디아 재단, 100쪽 위키피디아 재단, 102쪽 위키피디아 재단,

16. 제임스 챔피
• 2009년 7월 18~19일자 C1, C5 • 박종세, 이성훈
• 104쪽 조선 DB, 105쪽 (小)조선 DB, 107쪽 조선 DB, 108쪽 조선 DB

2부 ism _ 변하지 않는 철학

1. 잭 트라우트
• 2008년 10월 25~26일자 C1, C3 • 장원준
• 112쪽 조선 DB, 114쪽 (大)(中)(小)조선 DB, 117쪽 (위)(아래)조선 DB

2. 테리 켈리
• 2008년 12월 27~28일자 C1, C5 • 장원준
• 118쪽 W. L. 고어 & 어소시에이츠, 120~121쪽 (大)조선 DB, 123쪽 W. L. 고어 & 어소시에이츠

3. 왕중추
• 2008년 12월 13~14일자 C1, C5 • 김희섭
• 124쪽 시호 후카다(프리랜서), 125쪽 조선 DB, 126쪽 (사진)시호 후카다(프리랜서) (일러스트)조선 DB, 129쪽 시호 후카다(프리랜서)

4. 로자베스 모스 캔터
• 2008년 5월 10~11일자 C3 • 신지은
• 130쪽 리처드 하워드(프리랜서), 132쪽 리처드 하워드(프리랜서)

5. 제프 킨들러
• 2008년 10월 18~19일자 C1, C5 • 김영수, 김현진
• 134쪽 조선 DB, 136쪽 조선 DB, 138쪽 조선 DB

6. 아리고 베르니
• 2009년 7월 11~12일자 C1, C5 • 백승재
• 140쪽 몰스킨, 141쪽 조선 DB, 142쪽 몰스킨, 144쪽 (3개의 小사진)조선 DB, 145쪽 (좌)몰스킨 (우)조선 DB

7. 헤르만 지몬
• 2008년 8월 23~24일자 C1, C5 • 강경희, 김희섭
• 146쪽 조선 DB, 148~149쪽 조선 DB, 150쪽 조선 DB

이지훈

조선일보 경제부 금융팀장, 증권팀장 등을 거쳐 현재 위클리비즈 편집장을 맡고 있다. '글로벌한 시각과 심층 분석'을 입버릇처럼 외치는 글로벌리스트이자 완벽주의자다. 서울대 경제학과를 졸업하고 동 대학원의 석사를 거쳐 한양대 경제학 박사 학위를 받았다.

박종세

조선일보 국제부 · 사회부 · 경제부를 거쳐 현재 조선일보 뉴욕특파원(차장대우)으로 활동하고 있다. 서울대 국제경제학과를 졸업한 후, 동 대학원 석사, 미국 스탠포드대 나이트펠로우십을 수료했다.

강경희

서울대 외교학과를 졸업하고 동 대학원에서 석사 학위를 취득했다. 조선일보 파리특파원, 문화부 · 산업부 기자를 거쳐 현재 조선일보 경제부 차장대우로 재직 중이며 '글은 조용하지만 힘이 세다'라고 생각하는 이상주의자다.

선우정

연세대 사학과를 졸업한 뒤 조선일보 기자로 만 19년을 일했다. 경제부 정책팀장, 사회부 기동팀장을 거쳐 특파원(차장대우)으로 도쿄에서 5년째 취재하고 있다. 일본형 자본주의의 가치와 지속가능한 성장 방식을 탐구 과제로 삼고 있다.

김희섭

조선일보 디지털뉴스부 차장대우로 활동 중이며 미국 텍사스대(UT오스틴) 경영대학원에 방문연구원으로 연수를 다녀왔다. 서울대 전기공학과를 졸업한 후 조선일보 국제부 · 사회부 · 경제과학부 · 산업부에서 근무했다.

장원준

조선일보 방송기획단 전략기획팀장(차장대우)으로, '술술 읽히는 글, 매력적인 글, 뇌리에 남는 글을 쓰자'를 모토로 삼고 있다. 서울대 경제학과를 졸업하고 미국 컬럼비아대 행정학 석사 학위를 받았으며 조선일보 사회부 · 경제부 · 산업부 기자를 역임했다.

김덕한

조선일보 정치부 · 산업부 기자를 거쳐 경영기획실 차장대우로 있다. 산업부에서 재계, 자동차, 중공업, 유통업계를 취재했다. 서울대 국문과와 동 대학원을 졸업하고, 미국 뉴욕대(NYU) 와그너스쿨에서 공공부문경영학을 공부했다.

김영진

조선일보 런던특파원과 사회부 · 산업부를 거쳐 현재 경제부 기자로 근무 중이며 주로 경제정책, 금융 분야를 다뤄왔다. 서울대 정치학과를 졸업했다.

유하룡

조선일보 산업부 기자로, 건설 · 부동산 분야만 10년 넘게 취재해 왔다. 서울대 경영학과를 졸업하고 조선일보 베트남특파원, 인터넷뉴스부 · 산업부 기자를 역임했다.

호경업

서울대 철학과를 졸업했으며 조선일보 사회부 · 경영기획실 · 산업부에서 근무했다. 현재 미국 UCLA 방문연구원으로 연수 중이다.

김승범

조선일보 산업부 기자로, '쉽고 재밌으면서도 깊이 있는 글쓰기'를 지향한다. 서울대 중어중문학과를 졸업하고 조선일보 편집부 · 사회부 · 국제부 기자를 역임했다.

백승재

조선일보 사회부 · 산업부 기자로 활동하면서 과학기술과 미디어 분야를 전문적으로 취재해왔다. 연세대 화학과를 졸업했다.

홍원상

조선일보 산업부 기자로, 2005년부터 증권 · 금융 · 부동산 분야를 맡아왔다. 연세대 정치외교학과를 졸업했으며 조선일보 사회부 · 경제부 등을 거쳤다.

이성훈

서울대 정치학과를 졸업하고 조선일보 편집부 · 사회부 · 경제부 기자를 거쳐 현재 조선일보 산업부 기자로 있다.

정철환

조선일보 경제부 기자로, IT와 금융 분야에 해박한 지식을 갖고 있다. 서울대 외교학과를 졸업하고 조선일보 사회부에서 활동했다.

신지은

고려대 신문방송학과를 졸업하고 미국 USC에서 커뮤니케이션 석사 과정을 밟고 있다. 조선일보 사회부 · 경제부에서 2009년까지 근무했었다.

김현진

영국 로이터통신, 조선일보 사회부를 거쳐 현재 조선일보 산업부 기자로 있다. 서울대 독어교육과를 졸업했으며 영어와 독어에 능통해 주로 글로벌 기업 취재를 맡았다.

KI신서 2253

위클리비즈 i

1판 1쇄 발행 2010년 2월 5일
1판 7쇄 발행 2013년 4월 10일

지은이 조선일보 위클리비즈 팀　**펴낸이** 김영곤　**펴낸곳** (주)북이십일 21세기북스
기획·편집 엄영희　**디자인** Yamoo(070-8119-1867), 엔드디자인
마케팅영업본부장 이희영
광고제휴 김현섭 김다영 강서영　**프로모션** 민안기 최혜령 김해나 이은혜
영업 이경희 정병철 정경원
출판등록 2000년 5월 6일 제10-1965호
주소 (우413-120) 경기도 파주시 회동길 201(문발동)
대표전화 031-955-2100　**팩스** 031-955-2151　**이메일** book21@book21.co.kr
홈페이지 www.book21.co.kr　**트위터** @21cbook　**블로그** b.book21.com

ⓒ 조선일보 위클리비즈 팀 2010

ISBN 978-89-509-2203-0 13320
책값은 뒤표지에 있습니다.

이 책 내용의 일부 또는 전부를 재사용하려면 반드시 (주)북이십일의 동의를 얻어야 합니다.
잘못 만들어진 책은 구입하신 서점에서 교환해 드립니다.